武内孝善著

空海伝の研究

——後半生の軌跡と思想——

吉川弘文館

目次

第二部　空海と東寺

第三部　空海と綜芸種智院

第四部　真言宗の年分度者

序論

——本書の特色と構成——

一　本書の梗概と特色

本書は、前著『弘法大師空海の研究』（二〇〇六年、吉川弘文館）[1]の続篇を意図したものであり、空海の後半生——弘仁七年（八一六）の高野山下賜の前後から承和二年（八三五）の示寂まで——における重要と考えられる事績のなか、①従来の説を訂正すべきであると思われる事項、②新しい知見がえられた事項、について論じたもので、四部十三章と附論三篇からなる。

本書に収録した時代は、機縁の熟するのをまって、みずから請来した最新の仏教＝密教をわが国に広め定着させる運動を大々的に展開して高野山伽藍と東寺伽藍の造営、東大寺における灌頂道場の建立を手がけるとともに、一方では空海の主要な思想である即身成仏思想・十住心思想等を完成し、それらの思想にもとづいた鎮護国家と人々の幸福を祈る修法に寧日なき日々を送った時代であった。

第一部では、弘仁七年と同九年の嵯峨天皇の命をうけての除災招福の修法と同十三年の東大寺における灌頂道場の建立、および平城・嵯峨天皇への灌頂授法を論じ、あわせて現存する最古の漢文による灌頂作法次第を分析した。第二部では、天長元年（八二四）からはじまる東寺造営への関与と空海の主導ではじまったとみなされてきた東寺安居会における『守護国界主経』の講説、空海亡きあとの真言宗最高のポストと考えられてきた東寺長者の成立時期を論じた。第三部では、天長五年の開設とみなされてきた綜芸種智院の構想とその開設をめぐる諸問題をはじめ、同二年の造大輪田船瀬所別当への補任、同四年の天皇主催の法華八講への出仕など、天長年間の事績を追った。第四部は、承和二年に示寂する直前の三ヶ月あまりのあいだに、五つの事柄に勅許をえて真言宗・東寺・高野山の永続化をはかった布石の見事さ、並びに真言宗の年分度者制度に込められた空海の並々ならぬ意思——天下に有用な僧をいかにして養成するか——を論じた。

本書でも、前著と同様、先行研究の博捜とその検討、ならびに徹底した史料批判にもとづいた立論を心がけた。なぜなら、空海の生涯を論じるとき、今日においてもまだ、一二〇〇年前に活躍した歴史上の空海と信仰上・伝説上の弘法大師とが混同され、渾然一体となって論じられる場合が少なくないからである。それは、伝統説を鵜呑みにしたり、自説に都合のよい史料を史料批判が全くなされないまま依用するといったことに起因するものと考える。先行研究の博捜とその検討、徹底した史料批判をおこなう所以は、このような学問的とは云いがたい現状を打破せんがためである。

その結果、本書の特色として、以下の五点をあげておきたい。第一は、東寺に関する成果であり、①従来疑われることのなかった空海への東寺下賜、②東寺安居会における『守護国界主経』講説の天長二年開始説、③東寺長者の承和三年成立説は、すべて一新されるべきとの結論にいたったことである。第二は、貴賤・貧富の別なく学びたいものに広く門戸を開放した庶民の学校とみなされてきた綜芸種智院について、信頼できる史料は二つだけであり、この二つの史料だけでは開設されていたとは断言できないと推考したことである。第三は、最晩年の空海の行動と思想が鮮明になったことである。なかでも特筆すべきことは、空海が計画したことが悉く成功した裏に、上卿《しょうけい》をつとめた藤原三守の存在があったことである。最晩年の空海は、三守抜きにしては語りえない。この上卿三守の関与については、従来、誰一人取りあげたものはいなかった。第四は、空海の宗教活動を物心両面にわたって支え、支援を惜しまなかった代表的な檀越の一人・藤原三守と空海との関係がより明瞭になったことである。嵯峨天皇の懐刀であった三守は、天皇の命をうけて空海のもとにしばしば馳せ参じ修法を依頼していたことが、三守あての空海書状から明らかになった。これらを契機として、二人は親密の度合いを増し、初期の真言教団にとって、なくてはならない最有力の檀越となったのであった。第五は、唐代の密教、およびわが国平安初期における重要な密教儀礼の一つ灌頂が、いかなる式次第によって執りおこなわれたかを知りうる唯一にして最古の史料『東塔院義真阿闍梨記録円行入壇』を翻刻紹介できたこと、並びに三十二項目の典拠を検討した結果、特色として金剛界と胎蔵系を合糅した作法次第であることが判明したことである。この記録の紹介は、今後、斯界を裨益しうるものと考える。

これらの特色の一つ一つは、空海伝の全面的な見直しをもせまるものであると自負するものである。

二　本書の構成と内容

本書は、著者が一九八〇年から二〇一三年にかけて発表した論考のなかから十五篇を選び、これに新稿一篇を加えて、一書としたものである。一書にまとめるにあたり、記述の統一をはかるとともに、若干の変更と修正をおこなった場合があるけれども、その場合は註記した。

第一部では、空海と歴代の天皇とにかかわる諸問題、すなわち藤原三守を介して嵯峨天皇と空海が密接につながっていたこと、密教を授法する際、重要な意義をもつ灌頂儀礼の正統を伝えた空海と平城・嵯峨天皇への灌頂授法を論じ、あわせて現存する最古の漢文による灌頂作法次第を紹介・分析した。

第一章「空海と嵯峨天皇・藤原三守」では、嵯峨天皇の股肱の臣であった藤原三守にあてた空海の書状三通が『高野雑筆集』に伝存することを手がかりに、これらの書状がいつ書かれたかの検討から、これまであまり知られていなかった空海と嵯峨天皇の交友の一面——嵯峨天皇が藤原三守を介して空海に修法を依頼していたこと——を論じた。嵯峨天皇の空海にたいする処遇は、漢詩文・書を高く評価してのものであって、最新の仏教＝密教の正統を伝えた密教僧としてではなかった、とみなしてきた。しかるに今回、三通のうち二通が修法にかんするものであり、かつ弘仁九年（八一八）四月下旬の修法依頼は数年来の旱魃により疲弊していた民衆を救済するためのものであった。これら新事実は、嵯峨天皇の空海観に再検討をせまるとともに、やがて初期真言教団を物心両面から支える大檀越となった藤原三守と空海との出逢いとその後の展開を考える上からも、注目すべきであることを指摘した。

第二章「『般若心経秘鍵』上表文攷」では、空海が撰述した『般若心経秘鍵』の巻末に付加されている「弘仁九年の春、天下大疫す」ではじまる上表文は、十二世紀に空海に仮託され偽作されたことをかつて論じたが、今回、偽作するとき参考にしたと考えられる事象を三つ見いだすことができたので、それら事象と上表文との連関を論じた。三つの事象の第一は、弘仁九年四月、連年にわたる日照りをうけて、諸大寺および畿内の諸寺・山林の禅場などに転経と礼仏が命ぜられていたこと。第二は、墨勅＝天皇真筆をもって命ぜられた最澄が金字の『法華経』を書写し、比叡山一山をあげて転経していること。第三は、『高野雑筆集』所収の藤原三守あて書状から、空海にも礼仏依頼があったこと、の三つである。弘仁九年は、打ちつづく旱魃と地震などで疲弊しきった民衆の姿と、そのことに強く心を痛め、八方に手を尽して困難な状況の打破をはかろうとする嵯峨天皇の姿に象徴される年であった。『般若心経秘鍵』巻末に付加された上表文は、このときの修法がイメージされて、後世に偽作されたことを推察した。

第三章「空海の平城上皇への灌頂授法」は、インド直伝の正統な密教による灌頂儀礼をわが国に伝えたのは大同元年（八〇六）に帰国した空海であって、唐長安における空海の灌頂受法の経緯と帰国後におこなわれた最澄・勤操、そして平城上皇・嵯峨天皇への灌頂授法の顛末を跡づけたものである。あわせて、この時代の灌頂儀礼がいかなる式次第にもとづいておこなわれたかが全く不明であること、弘仁十三年（八二二）の平城上皇への灌頂は東大寺真言院でおこなわれたとみなされてきたが、この時点で完成していたとは考えがたいこと、などの問題点を指摘した。

附論「現存最古の灌頂儀礼作法次第—『東塔院義真阿闍梨記録円行入壇』の研究—」は、第三章で問題点としてあげた空海が活躍した時代の灌頂儀礼を考える上で極めて有効な式次第を見つけだすことができたので、その全文を翻刻紹介するとともに、内容の分析をおこなったものである。その式次第とは、承和五年（八三八）に入唐した円行が、翌年閏正月三日に青龍寺東塔院にて義真阿闍梨から受法したときの『東塔院義真阿闍梨記録円行入壇』である。この灌頂記録は、今日伝存する最古の漢文による灌頂作法次第と考えられるものであり、今後、大いに活用されるべきものと考える。

第二部では、空海と東寺とにかかわる諸問題、すなわち、空海が東寺とかかわりをもったのはいつか、はたして空海は東寺を下賜されたのか、空海の奏請によって天長二年（八二五）から東寺安居会で『守護国界主経』を講説するようになったとの説は成り立つか、空海亡きあとの真言宗最高のポストと考えられてきた東寺長者職は承和三年の実恵を嚆矢とみなしてよいか、を論じた。

第一章「空海への東寺勅賜説」では、古来、疑われたことのなかった、空海は嵯峨天皇から東寺を下賜されたとする説は、成り立たない、再考されるべきであることを論じた。その根拠は、三つである。第一は、空海が弘仁十四年正月十九日付で東寺を下賜されたと記す最古の史料は、空海の遺言状とみなされてきた『遺告二十五ヶ条』（『御遺告』と略称す）である。しかし、『御遺告』は十世紀中ごろ、空海に仮託して創られたものであって、空海の事績を論じる場合、一次史料とはなりえないからである。ほかに信頼すべき史料があれば別であるけれども、一切ない。第二は、空海は、東寺を下賜されたとみなされてきた弘仁十四年の翌天長元年（八二四）六月、造東寺所別当に補任された。この弘仁十四年の空海への下賜説と天長元年の造東寺所別当への補任は並立しないことである。つまり、下賜されて空海個人の寺となったのであれば、公的な職掌である「造東寺所別当」に補任すること自体ありえないからである。第三は、嵯峨天皇と弘仁十四年四月に即位した淳和天皇とを比較したとき、空海を正統な密教を伝えた大阿闍梨として遇したのは淳和天皇であったことである。このことは、承和三年五月五日付で青龍寺にあてて書かれた実恵等の書状によって傍証される。何よりも、『御遺告』には「給預」とある。以上より、東寺は一日も速い完成を願ってその造営が空海に託されたと解すべきであると考えた。

第二章「東寺安居会攷」では、東寺安居会では空海の奏請によって、天長二年から『守護国界主経』を講説してきたとみなされてきたけれども、根本史料と考えられてきた史料には全幅の信頼をおくことができないことから、再考すべきことを論じた。現時点では空海の奏請状も、それに応えて出されたとみなされた太政官符にも信をおくことはできない。また、『東宝記』所収の安居会関連の史料からも、『守護国界主経』の講説を天長二年まで遡らせることはできないことを指摘した。

第三章「東寺長者攷―九・十世紀を中心として―」では、「東寺長者」なる呼称が九・十世紀の公的史料にみられないことから、その呼称の成立と職掌について論じた。従来、空海閉眼後の真言宗は、承和三年（八三六）五月十日に任ぜられた実恵を嚆矢とする東寺長者を中心として維持・運営されてきた、と解されてきた。これは、後世に編纂された『東寺長者次第』『東寺長者補任』などの記述を鵜呑みにしたものであって、九・十世紀の公文書・六国史類には、「東寺長者」は一切見出せない。現存する史料における初見は、『御遺告』であり、これにつぐのが、康平三年（一〇六〇）十一月成立の成尊作『真言付法纂要抄』である。本稿では、まず『御遺告』にみられる「東寺長者」「長者」をすべて抽出し、検討を加えた。その結果、四つの特色が認められた。（一）実恵を（初代の）東寺長者とみなすこと、（二）東寺長者とは、﨟次には関係なく、最初に僧綱に補任された者をかく称すること、（三）東寺長者＝座主大阿闍梨耶＝座主大別当と解される文章が散見されること、（四）東寺長者の職掌として、①東寺大経蔵の管理、②御願の灌頂会の大阿闍梨を勤めること、③年分度者の課試と得度、④弘福寺の管理・運営、⑤金剛峯寺の管理・運営、の五つをあげうること、の四つである。

第二に、真言宗に関する史料のなか、「長者」なる語が見られる最初の三つの史料――『醍醐天皇御記』「弁官下文」『三十帖策子勘文』――に検討を加えた。いずれも延喜十九年（九一九）十一月に書かれたものであり、三つの特色を指摘できた。（一）三つの史料には、「宗長者」「宗之長」「代々宗長者」「真言長者阿闍梨」「門徒僧綱宗之長者」といった語がみられること、（二）延喜十九年の時点で、すでに「宗長者」なる職が設置されていたとみなしうること、（三）この「宗長者」は、真言宗一門を代表する統括者の意で使用されていること、の三つである。

第三に、全国の諸寺に寺家別当が置かれていたとの指摘を手がかりに、東寺別当を検索したところ、仁和四年（八八八）五月二十四日付「東寺解由状案」の真然を初出として、九世紀末に三つの史料を見いだすことができた。

以上の結果にもとづいて、真言宗一門の統括者としての「東寺長者」なる呼称が成立する過程として、

造東寺所別当 → 伝法阿闍梨 → 東寺別当（寺家別当） → 宗長者 → 東寺長者

なる五段階を提示してみた。つまり、空海当時の造東寺所別当、実恵・真済時代の伝法阿闍梨、真然時代の東寺別当、観賢時代の宗長者をへて、『御遺告』が成立する十世紀中ごろに「東寺長者」なる呼称が確立したのではなかったか、と推察した。

第三部では、天長五年（八二八）に開設されたとみなされてきた綜芸種智院の構想とその開設をめぐる諸問題をはじめ、同二年の造大輪田船瀬所別当への補任、同四年の淳和天皇が主催した法華八講への出仕、関東に居住して灌頂を受法するなど最澄とも密接なかかわりを有していた広智禅師との交友など、天長年間における空海の事績を追った。

第一章「綜芸種智院攷」は、天長五年、貴賤・貧富の別なく学びたいものに広く門戸を開放した庶民の学校として開設されたとみなされてきた綜芸種智院について、はたして実在したか、を主題として論じたものである。その結果、開設されていたとは断言できない、との結論にいたった。その主たる理由は、三つである。第一は、綜芸種智院を考えるときの根本史料は、二つだけであること。一つは設立趣意書をかねた勧進の書である天長五年十二月十五日付の空海撰「綜芸種智院式并びに序」であり、あと一つは綜芸種智院を売却したときの承和十二年九月十日付の民部省符案である。第二は、「綜芸種智院式并びに序」は勧進の書とみなすべきであること。第三は、学びたい人すべてに門戸を開放した庶民教育の学校とみなされてきたけれども、この当時の社会状況を勘案すると、実際に学べる人がどれほどいたか、恐らく皆無に等しかったのではないか、と考えられることである。何よりも、実際に開設されていたとすれば、上記の二つ以外にも実態を知りうる史料が少なからず伝存していてもよいと想われるが、全くないのが現状である。

第二章「造大輪田船瀬所別当補任説をめぐって」は、二〇〇三年六月、考古学の発掘調査により、神戸港の起源とされる「大輪田泊」の奈良時代にさかのぼる遺構が見つかったことが報じられたことを手がかりに、空海と大輪田泊とのかかわりを論じたものである。従来、大輪田泊を論じた先行研究ではまったく取りあげられたことのなかった天長二年（八二五）三月、空海が造大輪田船瀬所の別当に補任されたとする説に検討を加え、かつ平安初期の大輪田泊の変遷を検討した。その結果、空海の生家が船を所有し交易活動をおこなっていたことが首肯されるならば(2)、空海の造大輪田船瀬所別当への補任は十分ありえたことを指摘した。

第三章「空海と法華講会―「天長皇帝為故中務卿親王講法華経願文」攷―」では、空海の願文類を分析・整理し、空海願文の特色、空海と法華八講のかかわり、伊予親王のための法華八講は怨霊を慰撫する目的で修されたことなどを論じた。空海の漢詩文を集成した『性霊集』には、追善の仏事などの際に草された四十一篇の願文が収録されている。このなか、『法華経』が書写または講讃されたときのものが七篇見いだされる。その一つに、天長四年九月、淳和天皇が施主となり、故中務卿親王すなわち伊予親王のために、薬師三尊を造立し『法華経』を書写して四日間橘寺にて法華講会を修したときの願文がある。この講会には、僧綱に属する僧はもちろん、各宗の高徳がこぞって参加しており、尋常でないものが感じられた。それは、半年あまり頻発する地震とその原因を伊予親王母子の怨霊とみなす考えに起因することを解明するとともに、このときの講会が「法華八講」であったことを「法華八講」の定義づけから説きおこし、論証した。

第四章「空海と広智禅師」は、空海から書簡ならびに「十喩の詩」を贈られた「広智禅師」の人物比定とその人となりを論じたものである。その人物比定では、従来、三説あって、どこの誰かは不明瞭であった。弘仁六年（八一五）六月に書写された高山寺蔵『金剛頂経』奥書の分析を通して、この「広智禅師」とは鑑真から「持戒第一」と称された道忠の弟子で、人々から「菩薩」と親しく呼ばれ、下野国大慈院に住していた「広智菩薩」その人であることが明らかとなった。あわせて、彼の経歴、および空海が彼を知るにいたった径路についても考察を加えた。その結果、比叡山寺で最澄から「三部三昧耶の灌頂」を受法するなど、天台教団との結びつきが極めて強い僧であったことが判明した。

附論1「空海と田少弐」は、空海撰述の願文研究の第二弾で、入唐求法から帰国直後の大同二年（八〇七）二月、九州・太宰府において、太宰少弐・田中朝臣の亡母の一周忌法要を営んだときの願文を分析したものである。その結果、①空海の願文は四段形式からなること、②空海願文の原形をなすのがこの太宰少弐の願文であること、③「田少弐」の人物比定をおこない、田中朝臣八月麻呂がその人であろうと推考されること、④『千手儀軌』の奥書から、この法会のとき空海が書写し田少弐に譲った『千手儀軌』の数奇な伝領関係が明らかになったこと、などを成果としてあげうる。

附論2「弘福寺別当攷」は、弘福寺（＝川原寺）は京から高野山への往還の宿所として淳和天皇から空海がたまわったとする説はいつまで遡りうるのか、を論じたものである。従来、この記述は九世紀末に弘福寺が東寺の末寺となったあとに創作されたとみなされてきた。筆者は、東寺に伝存する九世紀後半から十世紀初頭にかけての弘福寺検校・別当の補任に関する太政官符六通と真雅の最古の伝記『故僧正法印大和尚位真雅伝記』の検討から、つぎのように考えた。弘福寺の空海への下賜説は、まったくの創作とは考えがたく、特に空海が示寂するに際して弘福寺を真雅に付嘱する『御遺告』の記述は、少なくとも承和二年（八三五）に真雅が弘福寺別当に任ぜられた事実をふまえて書かれたものである、とみなした。

第四部では、空海が承和二年に示寂する直前の三ヶ月あまりのあいだに、五つの事柄に勅許をえて真言宗・東寺・高野山の永続化をはかった布石の見事さ、並びに真言宗の年分度者制度に込められた空海の並々ならぬ意思——天下に有用な僧をいかにして養成するか——とその後の展開を論じた。

第一章「最晩年の空海」は、空海は入寂直前の三ヶ月のあいだに、真言宗と東寺・高野山の永続化をはかるための方策を矢継ぎ早に打ち、五つの勅許をえた。従来、これらの勅許は、南都諸大寺の僧との早くからの交渉と顕教への深い造詣によるとみなされてきた。しかるに私は、これら五つの勅許が短期間に下された裏には、空海の檀越の一人であり、かつ政治の中枢にいて上卿をつとめた藤原三守が、空海と天皇とのあいだに立って、政治的手腕をもって事を処理したからであったと考える。勅許された五つの事柄とは、①後七日御修法の創始、②東寺三綱の設置、③東寺における講経の開始、④真言宗におかれた年分度者の設置、⑤金剛峯寺を定額寺とする、の五つであり、いずれも真言宗と東寺・高野山の永続化をはかるための方策であって、示寂後を見通したその布石の見事さに改めて驚歎させられるのである。

第二章「三業度人の制」は、真言宗に置かれた三名の年分度者——これを三業度人の制という——に関する根本史料を分析し、空海が弟子たちに託した意思を読みとろうとしたものである。承和二年（八三五）正月、空海の上表にもとづいて真言宗に年分度者三名——金剛頂業・胎蔵業・声明業各一人——が勅許された。このとき、真言宗に置かれた三名の年分度者を三業度人の制という。このときの太政官符は注目され、種々論じられてきた。しかし、同年八月二十日、これら三人の年分度者の選考方法・場所・期日などを定めた官符が下されたが、この官符はなぜか注目されていない。この官符には空海の絶筆とも考えうる文章が引用されており、最晩年の空海が弟子たちに託した一つの意志・メッセージを読みとることができることから、もっと注目されてよい。本稿では①官符の真偽、②上表文の作者、③内容の分析をおこなった。その結果、空海がこの三業度人の制に託したことは、東寺長者みずからが中心となって資質のすぐれた学生を選び、十八道一尊法の修行と経論の学習のために六ヶ年の籠山を課し、行学を兼ねそなえた国家に有用な僧を養成することであり、このことをもって、真言密教の永続化をはかろうとした、との結論をえた。

第三章「三業度人の制の変遷」は、承和二年に置かれた三名の年分度者は、その後、その員数・試験の場所と方法などに改変が加えられた顚末を跡づけたものである。承和二年正月、空海の奏請にもとづいて真言宗に年分度者三名が勅許された。同年八月には、年分度者に関する細則が定められ、試験を受ける者・試験をおこなう者の資格、試験の内容と場所、合格者の処遇、受戒後の高野山における六年間の籠山行などが定められた。仁寿三年（八五三）には、真済の奏請により、神護寺分として三名の増員がみとめられ、それに伴い高野山でおこなわれていた試験と得度が東寺でおこなわれるように変更された。以後、試験と得度の場所をめぐって、東寺・高野山・神護寺のあいだで確執が惹起し、年分度者の制は二転三転したけれども、延喜七年（九〇七）寛平法皇の英慮により、あらたに東寺分として四名の増員がみとめられ、従来の六名を三名ずつ高野山・神護寺分とすることにより、年分度者をめぐる三者の争いに終止符がうたれることとなった。この経緯を、根本史料にもとづいて詳説した。

宝亀五年（七七四）の空海の誕生・出自から弘仁七年（八一六）の高野山開創にいたるまでを論じた前著『弘法大師空海の研究』、そして高野山の開創前後から承和二年（八三五）三月の高野山における入寂までを論じた本書。この二冊を通覧して、三十年あまりの研究成果としては、何と微々たるものでしかないではないかと、忸怩たる想いにかられる。

とはいえ、この間を振りかえっての感想をあえて記すならば、学術的手法をもちいた空海伝研究は、いまやっと緒についたばかりである、との想いが強い。真実の空海を探し求める道は、はじまったばかりである。本書が、やがて解明されるであろう真実の空海像にいたる一里塚になることができれば、望外の喜びである。

註

（1）前著『弘法大師空海の研究』は、空海の六十二年の生涯のうち、その前半生——宝亀五年（七七四）の誕生から弘仁七年（八一六）の高野山の開創まで——を中心に論じた四部十章からなる。第一部では、空海の誕生年次とその生家である讃岐国の佐伯直について論じ、あわせて空海の誕生地を考察した。第二部では、空海の入唐にかかわる諸問題、すなわち入唐の目的、入唐にともなう出家の時期、留学僧に選任された時期、帰朝するに際して乗船した高階遠成の船をいかに解するかを論じた。第三部では、帰朝後の空海に多大な影響を与えた人物の一人、天台宗の開祖最澄との交友を中心に、二人が最初に出逢ったと考えられる乙訓寺と空海とのかかわり、並びにかつて最澄の弟子であった泰範をめぐる問題を論じた。第四部では、空海が建立した唯一の寺である高野山金剛峯寺の開創の経緯と地主の神である丹生津比売命との関連について論じた。

（2）　空海の生家が船を所有し大々的に交易活動をおこなっていたのではなかったか、との推論を拙著に収録しているので参照いただきたい（『弘法大師空海の研究』一二四～一四四頁）。

第一部　空海と嵯峨・平城天皇

第一章　空海と嵯峨天皇・藤原三守

はじめに

大同元年（八〇六）十月には唐から帰朝していた空海が、はじめて京に入ることを許されたのは、大同四年七月十六日のことであった[1]。なぜ、入京が三年も遅れたのか。その理由は種々とりざたされているけれども、確かなことは杳としてわからない[2]。ただ一つ確かなことは、同四年四月十三日、平城天皇にかわって嵯峨天皇が即位した直後に、「件の僧を請じて京都に住さしめよ」との太政官符が和泉国司に下されたことである[3]。嵯峨天皇は、京に入った空海を追いかけるようにして、『世説新語』の秀句を揮毫するよう求めたという[4]。この大同四年から、嵯峨天皇と空海との実質的な交友がはじまるのであった。

両者の交友をめぐって、かつて、

一般的には、嵯峨天皇と空海は緊密な交友関係にあったとの見方が有力であろう。だが、それは主として書・漢詩文を通してのことであった。いいかえると、最新の仏教＝密教、しかもその正統を体系的にわが国にもたらした密教僧としての空海を正しく評価し処遇したかといえば、それほど重きをおいていなかったとの印象が強い。（中略）密教阿闍梨として、天皇から厚遇されるようになったのは淳和天皇の時代であった[5]。

と評したことがある。この直接の根拠となったのは、承和三年（八三六）五月五日付の実恵等書状である。この手紙は、承和の遣唐使とともに入唐することになった留学僧の真済と真然に託して、空海が示寂したことをその師恵果和尚の墓前に報告するために書かれたものであった。そこには、

先師諱《いみな》は空海和尚、受職の号《な》は遍照金剛なり。先年入唐して法を求めて青龍寺の内供奉・諱は恵果大和尚に遇い奉る。胎蔵・金剛界両部の秘教を受学し、並びに道具付嘱等の物を賚持して本朝に帰る。道は余宗より高く、教えは常習に異なり、此の間の法匠、各おの矛楯を為し、肯《あえ》て服膺せず。㋐十余年間、建立するを得ること無し。（中略）㋑天長皇帝、譲りを受けて践祚《せんそ》するに及んで、禁闥を灑掃して壇場を建立し、始めて秘教の甘露を嘗《な》めて、㋒稍《やや》興隆の御心を発したまう。㋓帝城の東寺を以て真言の寺と為し、㋔我が和尚を以て大僧統と為す。(6)

とある。ここに、帰朝してから十余年間はその教えを広めることができなかったといい（傍線㋐）、弘仁十四年（八二三）四月に即位した淳和天皇が理解をしめされたことにより、やっと密教が注目され、東寺が真言の寺となり、空海が大僧統となった（同㋑〜㋔）と記されていた。

そのとき、嵯峨天皇が「在位した十四年間で、空海を密教の法匠として遇したのはわずかに三回、①弘仁二年十月に乙訓寺別当に任じ、②同七年七月、伽藍建立の地として高野山をたまい、③同十三年二月、東大寺に灌頂道場を建立し息災・増益法を修するよう命じた、この三回だけであった。」と記した。(7) しかしながら、嵯峨天皇の股肱の臣であった藤原三守にあてた空海の手紙によると、少なくとも上記以外に二度、空海は修法を命ぜられていたことが判明した。

さて、藤原三守(8)と聞いて、何を想起されるであろうか。誰しも最初に指をおるのは、「綜芸種智院式并に序」（以下、「綜芸種智院式」と略称す）の一説、

辞《じ》納《どう》言《げん》藤《とう》大《たい》卿《けい》左九条の宅《いえ》有り。地は弐町《じてい》に余り、屋《おく》は五間《ごけん》なり。(9)

ではなかろうか。あるいは、拙稿「最晩年の空海」(10)をお読みくださった方は、空海が承和元年から同二年にかけて、真言宗・東寺・高野山の永続化をはかって天皇に上表したことが悉く勅許された裏に、上卿《しょうけい》をつとめた三守の尽瘁があったことであろうか。

ところで、ある一部の人にしか知られていないことがある。それは、弘仁年間（八一〇～八二三）、空海が藤原三守にあてて送った書状三通が『高野雑筆集』（以下、『雑筆集』と略称す）に伝存することである。とはいえ、これら三通の書状が、誰にあてた書状か・いつ書かれたのか、については、残念ながら、いまだ定説をみるまでにはいたっていない。三守にあてた書状とみなしてよいか・差出した年月はいつか、の解明は、今後にのこされた課題である。ともあれ、ここに、三守にあてたと考えられている書状三通の宛名と書きだし部分を記してみよう。最下段の年月は、従来、想定されている差出した年月を、参考までに併記したものである。

①「左兵衛督藤相公」あて書状…「伏して承るに」………弘仁七年十月(11)
②「東宮大夫相公」あて書状……「風信厳を払い」………弘仁九年十二月十日(12)
③「吏部次郎」あて書状…………「昨日、諸公松巌を」…弘仁十年五月ころ(13)

これら三通の書状については、すでに勝又俊教・高木訷元・西本昌弘の三氏によって検討されている。特に、西本氏の論考は極めて示唆にとんでおり有益である。けれども、若干見解を異にするところがある。

そこで、本稿では、二つのことを考えてみたい。第一は、三通の書状はすべて三守にあてたものとみなしてよいか・いつ書かれたのか、である。第二は、三守あての空海書状を通じて、嵯峨天皇が空海を密教の阿闍梨としていかに遇したか、嵯峨天皇と空海・三守の三者の関係はいかなるものであったか、である。以下、弘仁期における空海と三守の交友[14]を中心に、私見をのべることにしたい。

一 先行研究の整理

さきにも記したように、『雑筆集』所収の三守にあてて書かれたと考えられる書状については、以下の先行研究がある。

①勝又俊教編修『高野雑筆集』（『弘法大師著作集』第三巻、一九七三年三月[15]）

②高木訷元『弘法大師の書簡』（一九八一年四月[16]）

③高木訷元訳注『高野雑筆集』（『弘法大師空海全集』第七巻、一九八四年八月[17]）

④高木訷元『空海と最澄の手紙』（一九九九年五月[18]）

⑤西本昌弘「『高野雑筆集』からみた空海と藤原三守の交流」（『古代史の研究』第十三号、二〇〇六年十二月[19]）

このリストからわかるように、①〜④までは、『雑筆集』の書き下し並びに現代語訳であり、そこに付された簡単な解説で、誰にあてたのか・いつ書かれたか、が記されている。これらに対して、⑤は唯一、論文のかたちをとって詳細に論じたものである。これらの驥尾に付して、書状の内容を把握するとともに、書かれた年月の確定を試みたい。

二 三守あて書状の分析・検討

『雑筆集』所収の三守あて書状三通について、順次、分析・検討したい。最初に書き下し文をあげ、ついで内容の把握と分析をおこなうことにする。

1　左兵衛督藤相公あて書状（『定本弘法大師全集』〈以下、『定本全集』と略称す〉第七巻、一一二頁）

第一通は、空海が左兵衛督藤相公にあてたものである。私に三段落にわかって書き下し文をあげる。

①伏して承《うけたまわ》るに、輔仁《ほじん》簡《えらぶ》に当たり、遷《うつ》りて相《しょう》に拝せらると。感慰《かんい》を助け奉《たてまつ》る。
②又進止《またしんし》を奉《うけたまわ》りて従《よ》り、修念すること休まず。然りと雖も、未《いま》だ好相を得ず。深く以て己《おのれ》を尅《せ》む。
③未だ審《つまびらか》ならず、聖躬如何《しょうきゅういかん》。望むらくは垂示せられんことを。幸甚、幸甚。
謹みて奉る。不宣《ふせん》。謹みて状《もう》す。
左兵衛督藤相公閣下

右を要約すると、つぎのようになろう。
①この度の人事で、左兵衛督のあなたが参議（相）を拝命なされたことを聞き、真に感悦に存じます。
②ご命令をうけてからずっと、天皇のご病気平癒の修法・祈念を執りおこなっているけれども、いまだに好き兆しがえられず慚愧にたえません。
③ついては、聖帝のご容体のご様子をお知らせたまわれば幸甚に存じます。

この書状のあてさき・書かれた年次を推定するとき、参考になりうるのは以下の二つである。第一は、「遷りて相に拝せらる」とあって、左兵衛督である藤相公が相＝参議に任ぜられたことである。第二は、「進止を奉りて従り、修念すること休まず」「未だ審ならず、聖躬如何」とあって、命を受けて天皇の病気平癒の修法をおこなっていることである。

ここで、先行研究がこの書状をいつ・誰にあてたものとみなしているか、をみておきたい。①から⑤の番号は、さきにあげた先行研究一覧の番号である。

①勝又　年月日不明とし、藤相公は何人を指すか明らかにし得ない。藤原園人か。[20]

②高木　年月日を欠いているので、具体的に誰を指すかは不明。[21]

③高木　藤原某。未詳。相公は宰相をいみするが、ここでは敬称。[22]

④高木　二説あげ、(あ)藤原三守が弘仁五年八月二十八日に左兵衛督に任ぜられているが、この頃聖帝不予のことは見られない。(い)右兵衛督とすれば弘仁元年九月十日に藤原緒嗣が補任されている。この年七月に、聖躬不予のことが見えるので、弘仁元年九月上旬に緒嗣にあてたものかもしれない。[23]

⑤西本　右の諸説を逐一批判し、(あ)弘仁七年十月二十七日、藤原三守が参議に任ぜられた直後、(い)三守にあてて出したものとみなす。[24]

これら先行研究のなか、一番妥当な説と考えられるのは、弘仁七年十月二十七日直後、藤原三守にあてて出されたとみなす西本説である。そこで、西本説を検証しておきたい。

さきに記した二つの条件のうち、第一の左兵衛督から参議に任ぜられた藤原氏をみてみよう。まず、高木説の根本的な間違いについて指摘する。それは、「相に拝せらる」の「相」を「左（右）兵衛督に任ぜられた」と解する点である。「相公」または「相」は参議の唐名であり、西本説に従うべきである。

つぎに、右兵衛督または左兵衛督から参議に任ぜられた藤原氏は、藤原三守しかいない。『公卿補任』弘仁七年（八一六）条の藤原三守の尻付き[25]によると、三守は弘仁五年正月二十二日に式部大輔に任ぜられ、同月中に右兵衛督を兼ねたけれども、同年八月二十七日左兵衛督に遷任された。二年後の弘仁七年正月十四日但馬守を兼ね、同年十月二十七日参議に抜擢されたという。

これらのことは、『日本後紀』弘仁五年八月辛未（二十八日）条に、

式部大輔従四位下藤原三守為㆓左兵衛督㆒。美作権介如㆑故。（傍線筆者）(26)

とあり、『続日本後紀』承和七年（八四〇）七月庚辰（七日）条の「三守薨伝」に、

（弘仁）五年累加㆓授従四位下㆒。拝㆓式部大輔㆒。累㆓遷左兵衛督㆒。七年兼㆓但馬守㆒。俄拝㆓参議㆒。(27)

とあることから信じてよい。以上より、式部大輔で左兵衛督であった三守は、弘仁七年十月二十八日に参議に補されたことを知りうる。

第二の条件である①天皇が不予であったこと、②命を受けて天皇の病気平癒の修法をおこなっていたことをみておく。後者にかんして、弘仁七年十月十四日、空海が嵯峨天皇の病気平癒を祈り、神水一瓶を加持し奉進したときの上表文が、『続遍照発揮性霊集補闕鈔』第九巻にみられる。本文を五段落にわけてあげてみよう。

①沙門空海言《もう》す。

②伏して聖体《せいたい》の乖予《かいよ》を承る。心神主無し。

③即ち諸の弟子の僧等と法に依りて一七日夜を結期《けつご》して、今月八日より今朝《こんちょう》に至るまで、一七日畢《お》えなんと欲す。持誦の声《こえ》響き間絶《けんぜつ》せず。護摩の火烟《ひけむり》昼夜を接す。以て神護を仏陀に仰ぎ、平損を天躬《てんきゅう》に祈誓す。

④感応未だ審《つまびらか》んぜず。己《おのれ》を剋《せ》めて肝《きも》を爛《ただ》らす。伏して乞う、体察《ていさつ》したまえ。

⑤謹んで神水一瓶《いちびょう》を加持して、且《か》つ弟子の沙弥真朗を勒して奉進す。願わくば以て薬石《やくせき》に添へて不祥を除却したまえ。沙門空海誠惶誠恐謹言。

弘仁七年十月十四日　　沙門空海上表す(28)

この上表文で注目すべき点は、左の四つである。

ア、②に「伏して聖体の乖予を承る」とあり、この「承る」は書状にいう「進止を奉る」と対応しており、③に記された修法が勅命によって執りおこなわれたことが明らかであること、

イ、「聖体の乖予」を除くため、十月八日から一七日間、昼夜をわかたず弟子たちと護摩供を修して神仏の加護を仰ぎ、ひたすら病気平癒を祈誓したこと、

ウ、修法の効果の有無を詳らかにしえず、おのが力の至らなさを責めているとの意を、④に「感応未だ審んぜず。己を剋めて肝を爛らす」と記すが、この表記は書状の「未だ好相を得ず。深く以て己を尅む」に対応していること、

エ、本日、護摩供によって加持した神水一瓶を、弟子の真朗沙弥を遣わして献上すること、

ここで、嵯峨天皇の病気についてみておく。天皇の不予は、弘仁七年九月はじめからであった。『類聚国史』巻三十四「天皇不予」の項には、

（弘仁）七年九月丙寅（四日）。聖躰不予。辛未（九日）。停二九日節一。以二聖躬不一レ平也。（傍線筆者）(29)

とあって、四日に不予となり、九日の重陽の節会はまだ平復していないため停止された。天皇の病気は本復しないまま一月余りがすぎ、十月に至って空海への修法依頼となったと考えられる。

以上を綜合すると、左兵衛督藤相公あての書状は、弘仁七年十月十四日に加持した神水一瓶を奉進した前後に、藤原三守にあてて出されたものであったことは間違いない。

2　東宮大夫相公あて書状（『定本全集』第七巻、一二八〜一二九頁）

第二通は、十二月十日付で「東宮大夫相公」にあてた蘇灯と皮衣を恵与されたことへの礼状である。私に五段落にわかって書き下し文をあげる。

①風信巌《いわお》を払い、雲書窟《むろ》を排《おしひら》く。捨恵《しやけい》厚く、喜荷《きか》深し。(あ)蘇灯《そとう》忽《たちま》ちに挙《あ》げて、長夜《じようや》朗《ほがら》かなり。(い)礼裘《れいきゆう》乍《たちま》ちに著《ちやく》し、雪裏《せつり》に汗《あせ》す。無行の小僧、何ぞ此の贈《おくりもの》に当らん。幸甚、幸甚。

②窮冬《きゆうとう》切《しきり》に寒し。伏して惟《おもんみ》れば、使後兼勝《けんしよう》ならん。貧道易量《ひんどうえきりよう》なり。

③(う)弘法利人は大士の重擔《ちようたん》、利他未《いま》だ遂げず。日夕《じつせき》に労を為す。両相の知己《ちこ》を憑《たの》むにあらざれば、何ぞ三密の玄風《げんぷう》を扇《あお》がん。風燭《ふうしよく》滅え易《やす》く、良辰《りようしん》遇《あ》い難し。徒然《いたずら》にして過さば、後会《こうえ》何ぞ期《ご》さん。

④(え)冀《こいねが》わくは方円接誘《しようゆう》して、早く法機を熟《じゆく》し、此の黄葉を吹いて、再び慧日《えにち》を搴《かか》げんことを。斯《こ》れ乃《すなわ》ち(お)二公の舟梁《しゆうりよう》、貧道の宿誓《しゆくせい》なり。勉《つと》めざるべからず。面話《めんか》未だ卜《ぼく》せず。我が労《うれい》如何。

⑤謹しみて還李《げんり》に因《よ》りて状を奉る。不宣。(か)南嶽沙門遍照金剛、謹しみて状《もう》す。

十二月十日

東宮大夫相公閣下　謹空

右を要約してみよう。

ア、東宮大夫相公に対し、蘇灯と皮衣を山房＝高野山に恵贈されたことを感謝し、

イ、「両相」の知遇をえたことにより密教を流布させることが可能となった。この機縁を大切に力をあわせて大きく花開かせたい。それが「二公」を彼岸にわたす舟であり、私の願いである、という。

この書状のあてさき・書かれた年次を推定する上で注目すべきことは、つぎの二つである。第一は、巻頭に「風信

巌を払い、雲書窟を排く」とあり、最後に「南嶽沙門遍照金剛、謹しみて状す」とあって、贈り物が高野山に届き、それに対する礼状を高野山から出したと考えられることである。

第二は、後半部分の③と④に、「両相」の知遇をえたことにより密教を流布させることが可能となった。この機縁を大切に力をあわせて大きく花開かせたい。そのことが「二公」を彼岸にわたす舟となり、私の願いでもあると記すことである。このことから、この当時の空海にとって、「両相」の存在が心のささえであったことを知りうるとともに、「両相」とははたして誰であったのかが重要となる。

それはさておき、先行研究がこの書状をいつ・誰にあてたものとみなしているか、をみておきたい。①から⑤の番号は、第一通と同じである。

①勝又　東宮大夫相公藤原冬嗣あてのもの、弘仁九年（八一八）十二月十日。(30)

②高木　高野山から東宮大夫にあてた礼状。年次がわからないため、東宮大夫が誰かは不明。(31)

③高木　具体的に誰をさすかは不詳。弘仁九年なら藤原冬嗣、同十年〜十二年であれば藤原三守にあてたもの。(32)

④高木　弘仁九年のものとすれば春宮大夫が藤原冬嗣。弘仁十〜十二年までは藤原三守。弘仁十三年三月以降は良峯安世が春宮大夫を兼任。弘仁九年十二月に冬嗣にあてたものか。(33)

⑤西本　右の諸説に検討をくわえ、弘仁九年十二月十日、藤原三守にあてて出したものとみなす。(34)

これも、従来の説を丹念に批判され、藤原三守にあてた書状とみなされた西本説に賛意を表したい。西本説の根拠は二つである。第一は、空海が「南嶽沙門」と記すのは、高野山の開創に着手した当初のものに限られることであった。例えば、弘仁十年暮春十日付の下野太守にあてた手紙に「南嶽沙門遍照」と記す。したがって、「東宮大夫相公」あての十二月十日付書状は、弘仁九年のものとみなすことができるのである。第二は、弘仁九年十二月十日付の書状とみなすならば、この時点で、春宮大夫であったのは藤原三守であった。勝又・高木の両師は藤原冬嗣説をとるけれども、これは事実を誤認しており、冬嗣ではありえない、という。このことを史料で検証しておこう。

『公卿補任』弘仁九年の条によると、この年の冬嗣と三守の経歴が記されている。すなわち、

藤原冬嗣四十四　右大将。春宮大夫。按察使。任大納言。

藤原冬嗣四十四　六月十六日任（大納言）。左近衛大将按察使如故。廿四日（廿日ひイ）正三位。

藤原三守三十四　左兵衛督。式部大輔。但馬守。六月十六（十三ひし）日兼春宮大夫（督大輔守等如元）(35)。

とある。この年六月十六日までは冬嗣が春宮大夫であり、同日大納言となった冬嗣にかわって三守が春宮大夫を兼任したのであった。したがって、弘仁九年十二月十日の時点で春宮大夫であったのは藤原三守であった。このことは、『続日本後紀』承和七年七月庚辰（七日）条の「三守薨伝」にも「九年兼㆓春宮大夫㆒」(36)と記されており、信頼してよい。

以上より、二通目の「東宮大夫相公」あて書状は、弘仁九年の十二月十日付で藤原三守にあてて出された礼状であったとみなしてよい。

最後に、「両相」「二公」についてみておく。それは、弘仁九年が、空海が唐からもちかえった経論にもとづいて体系化した真言密教を、わが国に広め定着させる運動を本格的に開始した弘仁六・七年から三年後であったからである。空海は、三守あての書状に、「「両相」の知遇をえたことにより密教を流布させることが可能となった。この機縁を大切に力をあわせて大きく花開かせたい」と書いていた。言いかえると、密教の宣布活動をはじめるにあたり、極めて重要な役割をはたしたのが「両相」であった。では、「両相」とは誰か。

この「両相」について、勝又師は「文の中の「両相（両大臣）」は藤原冬嗣と緒嗣とを指し」といい(37)、高木師は「あるいは藤原冬嗣と、緒嗣あるいは三守を指しているように思える」という(38)。一方、西本氏は「両相」の一人が三守で

あれば、残りの一人は藤原冬嗣と考えるべきであろう、といわれる(39)。

実は、一通のなかに「両相公」「両相国」の二つを用いる書状がある。「中冬霜寒し」ではじまる弘仁十二年十一月にかかれたと考えられているもので、藤原冬嗣にあてたとみなされている(40)。このなか、「両相公」は、両部の大曼荼羅を図絵できたのは「両相公」の尽力のたまものであるといい、「両相国」は、私の寿命もそう長くない、万が一のことがあれば、弟子たちのことを「両相国」にお願いしたい、という。「相公」は「参議」の唐名であり、「相国」は「太政大臣」のそれである。弘仁十二年には太政大臣はいなかったが、唯一の大臣が右大臣の冬嗣であった。これより、「両相国」というも、「両相公」と考えるならば、参議以上の二人の人物となり、一人は手紙をうけとった冬嗣である。やはり、弘仁年間にかかれた「金剛智三蔵の影一鋪」ではじまる書状のあてさきも、藤原冬嗣とみなされている(41)。このように、空海の手紙のあてさきに藤原冬嗣と同三守はみられるけれども、藤原緒嗣は登場しない。これらを勘案するならば、空海の書状にみられる「両相」「二公」「両相公」などは、冬嗣と三守であったといえよう(42)。

3 吏部次郎あて書状（『定本全集』第七巻、一一四〜一一五頁）

第三通は、吏部次郎《りぶじろう》、すなわち式部大輔《たいふ》にあてた災禍を未然に防ぐために修法を命ぜられ、その修法にたずさわる僧名と必要な支具などを書き送ったものに添えた書状である。私に三段落にわかって書き下し文をあげる。

①昨日諸公、松巌《しょうがん》を尋ぬることを労《いたつかわ》し、辱《かたじけな》くも文華《ぶんか》を恵まる。別後披諷《ひふう》して、人を思うこと已《や》まず。覚えずして口号《くごう》し、紙に報書したり。惟《おも》うに誦看《じゅかん》を垂《た》れよ。

②ⓐ昨日命ずる所の修法の人名及び支具の物、具《つぶさ》に録して馳上《ちじょう》す。望むらくは早く垂送《すいそう》せんことを。幸甚、幸甚。

③又《また》先に許すに更に山門を尋ねて、切《ねんごろ》に面諮《めんし》する事有らんと。両三日の後に、亦馬蹄《またばてい》を降《くだ》されよ。㋑災を未兆《みちょう》に防ぐは、聖賢の貴ぶ所、患《わざわい》至りて乃《すなわ》ち悔《く》ゆるは、是れ則ち愚《ぐ》なり。賊を防ぎ火を防ぐに、何ぞ遅怠《ちたい》すべけん。惟《こ》れ垂察《すいさつ》せられよ。委曲は面申《めんしん》せん。不宣。沙門遍照状上す。

吏部次郎閣下　謹空

右を要約すると、つぎの三つとなる。

第一は、傍線部㋐に「昨日命ずる所の修法の人名及び支具の物」とあり、㋑に「災を未兆に防ぐは、聖賢の貴ぶ所」とあって、攘災のために修法を依頼されていたこと、

第二は、「昨日諸公、松巌を尋ぬることを労し、辱くも文華を恵まる」とあって、何人かが連れ立って山房を訪ね、詩文（文華）を賜ったこと、

第三は、最後に「吏部次郎閣下」とあって、吏部次郎＝式部大輔にあてた手紙であったこと、

この書状のあてさき・書かれた年次を推察する場合のキーワードは、吏部次郎、攘災のための修法、山房の三つである。

それらを検討するまえに、先行研究はいつ・誰にあてたものとみなしているであろうか。同じく、①から⑤の番号でしめす。

①勝又　吏部次郎は式部省の次官であるが誰を指すか明らかでない。『年譜』は吏部次郎を笠仲守とし弘仁元年（八一〇）の薬子の乱に関連する手紙とみなす。「文華」が『文華秀麗集』をさすとすれば、成立した弘仁九年の手紙と推定されるが、いずれかは決定しがたい(43)。

②高木　『年譜』は薬子の乱に関連する手紙とみなす。そうであれば、弘仁元年ころのもの。吏部次郎を笠仲守と

す。「文華」が『文華秀麗集』をさすとすれば、この書簡は弘仁九年のもの。もし弘仁九年ならば、大疫がはやり、嵯峨天皇が『心経』を書写され、空海が『秘鍵』を撰述したことと関係あるか。(44)

③高木　「文華」が『文華秀麗集』をさすかは不詳。薬子の乱と関連させ、弘仁元年のものと考えられるからである。吏部次郎は具体的には未詳。一説に笠仲守とし、藤原冬嗣をさすという。(45)

④高木　『年譜』は薬子の乱に関連する手紙とみなし、弘仁元年ころのもので笠仲守あてとする。一説に、弘仁元年九月〜同二年十月まで式部大輔を兼任した藤原冬嗣あてとみる。また弘仁五年八月に式部大輔になった藤原三守あてとする説もある。「文華」が『文華秀麗集』とすれば、弘仁九年に三守にあてたものとなる。そうならば、旱魃がつづき大疫が流行したことと関係するか。(46)

⑤西本　右の諸説に検討をくわえ、弘仁十年五月ころ、藤原三守にあてて出したものとみなす。(47)

以上を整理すると、

吏部次郎に三説　………　笠仲守・藤原冬嗣・藤原三守、

書かれた年代に四説　…　弘仁元年・同元年〜二年・同九年・同十年五月、

がみられた。

ここで、もっとも新しい西本説――弘仁十年五月ころ・三守あて――がいかなる論拠にもとづいているかを紹介してみたい。(48)

ア、三守は、『公卿補任』によると、弘仁五年正月二十二日に式部大輔となり、同八年から十二年まで式部大輔であったと記し、同十三年から見えなくなる。よって、弘仁十二年正月九日に権中納言に昇任したとき、この職を解かれたのであろう。

イ、「文華」が『文華秀麗集』を指すとすれば、空海が返書に「文華」とだけ記すとは考えがたい。よって、この「文華」とは文章の美しく華やかなことを意味し、ここは吏部次郎から個人的に漢詩文を贈られたと解すべきである。
ウ、この書状の差出し人の「沙門遍照状上」は、同じものが『高野雑筆集』に三通みられ、そのうちの一通は弘仁十年五月前後のものである。よって、この書状もそのころのものと考えてよいであろう。
エ、弘仁十年には、旱魃が深刻化し、祈雨がさかんにおこなわれていたから、この書状にいう修法はそのことと関連するとみなされた。
オ、結論として、三守は空海のもとにしばしば足を運び、漢詩文を贈ったり、修法のことについて面談したりするなど、頻繁な交流をもっていた。
以上を根拠として、勝又・高木両師の説をしりぞけ、弘仁十年五月ころ三守にあててかいた書状であるとの新しい見解を示された。

この西本説に対して、私は二つの疑義をもつ。その第一は、西本氏のいわれる弘仁十年五月の書状であったとすると、なぜ、この当時、三守が持っていた最高の肩書き「春宮大夫」ではなく、「式部大輔」を用いたのか、についての説明がない点である。半年前の弘仁九年十二月十日付とみなした第二通の宛名は、まさに「東宮大夫相公閣下」と、「春宮大夫」が用いられていた(49)。

第二の疑義は、弘仁十年五月、空海はどこで何をしていたのか、このことへの言及がまったく見られない点である。空海は弘仁十年五月、高野山に滞在中であった(50)。前年の十一月十六日、勅許後はじめて高野山に登った空海は、翌年の七月ころまで滞在し、具体的に堂舎を建立するにあたって、結界の法を修すとともに伽藍配置をきめるなど、多忙な日々を送っていたと想われる。[51] そうであったとするならば、三守あて書状にいう「何人かで連れ立って山房を訪ね」たり、「二・三日後にまたお越し下さい」などが、簡単にできる状況ではありえなかったことになる。

三守に出した書状とみなすならば、「式部大輔」が三守の肩書きの最高であった時期、すなわち「式部大輔」に任ぜられた弘仁五年正月二十二日から「春宮大夫」に抜擢された同九年六月十六日までの期間で、しかも「攘災のための修法を依頼されていた」ので、災厄と修法をキーワードとして見直すべきであろう。

西本氏が弘仁十年五月ころとみなした大きな要因は、差出し人の署名「沙門遍照状上」とこの年旱魃が深刻化し、祈雨がさかんにおこなわれていたことであった。しかし、ここには「連れ立って山房」を頻繁に訪ねられるという地理的な位置と、肩書きの最高が「式部大輔」であったという官職にかんする視点が欠けていよう。

そこで、三守のいた「京都から頻繁に訪ねられる」「攘災のための修法」「春宮大夫」に就任する前などを勘案すると、弘仁九年四月、高雄山寺においてかいた書状であった、と私は考える。

それはさておき、西本氏の指摘する弘仁十年五月前後の旱魃と祈雨の事例をみてみよう。[52]

七月　二日　祈雨のため丹生川上雨師神に黒馬を奉納した。[53]

七月十七日　伊勢大神宮と大和大后山陵に奉幣して雨を祈った。

七月十八日　十三大寺と大和国定額寺の常住僧に当寺において三日間大般若経を転読し、甘雨を祈らせた。

七月　「是月、夏より雨ふらず、諸国の害を被る者衆し」とあり、旱魃が深刻化し祈雨が盛んにおこなわれていたことがわかる。

ここにあげる祈雨の事例は、空海が書状をかいたとされる五月からは二ヶ月あまり後のものばかりであり、「昨日命ずる所の修法の人名及び支具の物」とは直接むすびつかない。

では、筆者が考える弘仁九年四月の日照りと祈雨の事例はどのようであったか、そのことをみてみよう。(54)

四月　　三日　京畿にて祈雨す。
四月二十二日　祈雨のため伊勢に奉幣し、諸大寺、畿内の諸寺・山林の禅場にて転経・礼仏す。
四月二十三日　来る二十六日から三日間、僧綱に転経せしむ。
四月二十四日　大和吉野の雨師神に従五位下を授く。
四月二十六日　柏原山陵に祈雨す。
四月二十七日　旱災のため、前殿にて仁王経を講ず。

ここにあげた二十二日以降の日照りとその対応に苦慮する朝廷のうごきには、尋常でないものが感じられるのである。具体的にみてみよう。(55)まず、四月丙辰（三日）には「使を京畿に遣《つかわ》して祈雨せしむ」とあり、「京畿」とあるので大がかりな祈雨がおこなわれたのであった。ついで、乙亥（二十二日）の条に、

伊勢大神宮に奉幣す。又諸大寺及び畿内の諸寺・山林の禅場等をして、転経、礼仏せしむ。祈雨すればなり。

とあり、二つの点が注目される。一つは、「転経、礼仏せしむ」とあって、転読だけでなく修法がなされたことである。第二は「諸大寺及び畿内の諸寺・山林の禅場等をして」とあって、諸大寺だけでなく、畿内の諸寺ならびに「山林の禅場」でも、転経・礼仏がおこなわれたことである。特に「山林の禅場」である。なぜなら、高雄山寺がまさにこの「山林の禅場」に相当するからである。空海に「攘災のための修法が依頼された」のは、このときをおいてなかったと考える。

なぜなら、実はこのとき、最澄にも転経・礼仏の勅がくだされていたからである。(56)四月二十一日に藤原冬嗣から依頼があり、二十二日に墨勅（宸筆の勅書）がくだされた。二十三日、最澄は受諾する旨をつたえ、嵯峨天皇に献上する

ために金字の『仁王護国般若経』を書写し、二十六日からの三日間、比叡山寺において弟子達をひきいて『法華経』を転じて雨を祈ったのであった(57)。このことは、このときの転経・礼仏が極めて大がかりなものであり、最澄同様、空海にも勅命がくだったとみなしてよいであろう。「吏部次郎」あて書状に、「昨日命ずる所の修法の人名及び支具の物、具に録して馳上す。望むらくは早く垂送せんことを。」と、空海が記しているのであるから。

それはともあれ、翌丙子（二十三日）の条には、いくつもの詔がだされており、数年来の深刻な天変地異がみてとれる。すなわち、昨年秋の不作により今年の田植ができないことを記し、その対策として、正殿（紫宸殿）の使用をさけ、天皇・皇后の用途にあてる物品や日々の食事を省減すること、京職に命じて行倒れを埋葬し飢民に賑給し無実の罪で捉えられている者を放免すること、を命じている。一方で、日照りが十日以上つづいているため、二十六日からの三日間、天皇以下すべてのものは精進潔斎して仏門に帰依し、僧綱は転経すること、を命じている。実際に転経されたことを記すのが庚辰（二十七日）の条であり、「前殿に於て仁王経を講ず」と記す。これより、講経はさきに使用をさけることを命じた紫宸殿＝前殿でおこなわれたのであった。

以上より、「吏部次郎」あての書状は、弘仁九年四月下旬に、高雄山寺にてかかれたものとみなしておく(58)。

おわりに

当初は、藤原三守の生涯についても詳述し、空海との交友を概観するつもりであったけれども、長文となるので一度筆を擱くことにする。ここで、上述してきた三守にあてた三通の書状について、いま一度整理しておきたい。

「左兵衛督藤相公」あて書状は、三守が参議に昇任することを耳にした空海が祝意をのべるとともに、依頼されていた天皇の病気平癒を祈る修法の成果が思わしくないことを記しており、弘仁七年（八一六）十月十四日に加持した神水一瓶を奉献した前後にかかれたものと考える。

「東宮大夫相公」あて書状は、高野山に贈られてきた蘇灯と皮衣に謝意をのべるとともに、「両相＝三守と冬嗣」の知遇をえたことで密教宣布が可能となったので大きく花開かせたいと日ごろの支援に対する感謝と将来への希望を記しており、弘仁九年十二月十日、高野山から出されたものであった。特に注目すべきは、同年十一月十六日、勅許後はじめて高野山に登った空海を追いかけるように届けられた灯油と冬物の衣類から、いかに二人が親密であったかを知りうることである。

「吏部次郎」あて書状は、災禍を未然に防ぐために修法を命ぜられ、その修法にたずさわる僧名と必要な支具などを書き送ったときの書状であり、最新の報告では弘仁十年五月ころのものとみなされていた。しかるに、二つの点から再検討した結果、弘仁九年四月、数年来の天変地異で疲弊していた百姓の苦しみを取りのぞくため、大々的に執りおこなわれた祈雨の転経・礼仏に際してのものと考えた。

ここに取りあげた三通の書状は、弘仁七年から同九年にかけてのものであって、空海が密教の教えを日本に広め定着させる宣布活動を本格的にはじめた、まさにその時期であった。初期の宣布活動を物心両面からささえていたのが、藤原三守であり藤原冬嗣であったことを具体的に知りうる極めて貴重な史料といえよう。

これら三通の手紙から弘仁期の空海と三守との交友を考えると、一個人として空海に対していたというよりも、嵯峨天皇の股肱の臣として、天皇の意思を空海に伝える役まわりであったといえよう。弘仁七年十月中旬の手紙（一通目）では、天皇自身の病気平癒のための修法の成果について報告し、三通目の弘仁九年四月には数年来の記録的な天変地異に際して、空海に修法が命ぜられ、その連絡役を三守がはたしていたことが読みとれる。翌弘仁十年八月、高野山にいた空海は都に呼びだされ、中務省につめることになった。[59]そうして、同十三年二月、東大寺に灌頂道場をたて息災・増益の法を修すことが命ぜられたのであった。[60]このようにみてくると、弘仁七年の高野山の開創以降、密教僧としての空海にじょじょに光があたってきたことを知りうるとともに、[61]嵯峨天皇と空海、そして三守と三者の結びつきがしのばれるのである。

最後に、空海と三守との出逢いはいつだったのか、をみておきたい。明確な時期はわからないけれども、両者の出逢いは空海が唐から帰国し、入京をゆるされた大同四年（八〇九）まで遡るのではなかったか、と推察する。それは、若き日の三守は、嵯峨天皇と一心同体、懐刀のような存在であったからである。[62]つまり、弘仁十二年十一月の藤原冬嗣にあてた書状に、

大同の初年、乃《すなわ》ち岸に著くことを得たり。即ち将来する所の経及び仏像等、使の高判官に附して、表を修《つくろ》うて奉進し訖《おわ》んぬ。今上、暦を馭《ぎょ》して恩卉木《きもく》に普く、勅《みことのり》有りて、進むる所の経仏等を返し賜う。兼ねて宣するに、以て真言を伝授せよ、と。（傍線筆者）[63]

とあり、真言を伝授せよと入京を許された大同四年からはじまったとみなしておきたい。このような見方が許されるならば、両者の交友は、空海の三十六歳・大同四年から六十二歳で閉眼するまで、実に二十七年間におよんだことになる。[64]

註

（1）大同四年七月十六日付太政官符（『弘法大師全集』第五輯、四二四～四二五頁、一九一〇年十二月、六大新報社。『平安遺文』第八巻、四三三七番、三二五三～三二五四頁、東京堂書店）。なお、この官符を収録する最古の写本は、久安元年（一一四五）十月日の奥書を有する高野山大学図書館光明院文庫蔵『五大院撰集録』であろう（拙稿「光明院文庫蔵『五大院撰集録』の研究―解題・翻刻・影印―」『高野山大学論叢』第四十九巻、一～四八頁、二〇一四年二月）。

（2）入京が許されなかった要因として、①二十年の留学期間を足かけ三年できりあげて帰国したため、②大同二年十一月、おじの阿刀大足が侍講をつとめた伊予親王が謀反の罪で捕えられ自害したことの影響、③大同年間の平城天皇は、病気がちであったこともあって、仏教に無関心であった、などが取りざたされてきた。しかるに、私は、空海の入唐の成果を正しく評価できる僧が誰もいなかった、明確な評価をくだすことができなかったことが大きかったのではないか、と考える。

（3）註1に同じ。

（4）『遍照発揮性霊集』巻第四所収の「勅賜の世説の屏風書き了て献ずる表」は、上表文それ自体には書かれた年月が記されていないけれども、古来、大同四年十月四日に書かれたとみなされてきた。大同四年とみなすもっとも古い史料は、元永元年（一一一八）に聖賢が撰述した『高野大師御広伝』である（『弘法大師伝全集』〈以下『伝全集』と略称す〉第一、二四三頁、一九三五年四月、六大新報社）。

（5）拙稿「空海は東寺を下賜されたか」（『日本歴史』七百七十九号、一〇五頁、二〇一三年四月）。

（6）『弘法大師御伝』所収の承和三年五月五日付実恵等書状（『伝全集』第一、二一九頁。三浦章夫編『増補再版 弘法大師伝記集覧』九七〇頁、一九七〇年六月、密教文化研究所）。

（7）註5に同じ。

（8）藤原三守にかんする主要な論考に、つぎのものがある。（一）渡辺直彦「嵯峨院司」（同著『日本古代官位制度の基礎的研究』増補版、二七二～二七五頁、一九七二年十月、吉川弘文館）、（二）柳井滋「綜芸種智院と藤原三守」（『論集 空海と綜芸種智院―弘法大師の教育―』上巻、三〇一～三二〇頁、一九八四年十一月、思文閣出版、初出『国語と国文学』第五十四巻第十一号、一九七七年十一月）、（三）大和典子「右大臣藤原三守と前東宮学士小野篁」（『政治経済史学』第二百八号、一五～二三頁、一九八三年十一月）、（四）後藤昭雄「入唐僧の将来したもの―讃と碑文―」（『論集 平安文学』二、一六～三〇頁、一九九五年五月、勉誠社）、（五）渡里恒信「藤原三守についての一考察―嵯峨天皇との関係―」（『古代文化』第四十七巻第六号、四二～四七頁、一九九五年六月、のち同著『日本古代の伝承と歴史』二〇〇八年三月、思文閣出版に収録）、（六）拙稿①「空海の最晩年」（『密教文化』第二百十六号、一～四四頁、二〇〇六年三月）、②「空海と藤原三守―綜芸種智院攷―」（『仏教文化論集』第十一輯、九七～一四一頁、二〇一四年三月）、③「空海と藤原三守」（『密教文化』第二百三十二号、一～五四頁、二〇一四年三月）、④「『般若心経秘鍵』上表文攷」（『空海研究』創刊号、三～二八頁、二〇一四年三月）、（七）西本昌弘「『高野雑筆集』からみた空海と藤原三守の交流」

（『古代史の研究』第十三号、四〇～五六頁、二〇〇六年十二月）、（八）井上辰雄「藤原三守―蕃邸の旧臣―」（同著『嵯峨天皇と文人官僚』一六九～一八二頁、二〇一一年二月、塙書房）。

（9）『続遍照発揮性霊集補闕鈔』（以下、『続性霊集』と略称す）巻第十所収「綜芸種智院式并に序」（『定本弘法大師全集』〈以下、『定本全集』と略称す〉第八巻、一八六頁、一九九六年九月、高野山大学密教文化研究所）。

（10）拙稿「最晩年の空海」（『密教文化』第二百十六号、一～四四頁、二〇〇六年三月）。

（11）『高野雑筆集』巻上所収「左兵衛督藤相公」あて書状（『定本全集』第七巻、一一一頁、一九九二年六月）。

（12）『高野雑筆集』巻下所収「東宮大夫相公」あて書状（『同右』一二八～一二九頁）。

（13）『高野雑筆集』巻下所収「吏部次郎」あて書状（『同右』一一四～一一五頁）。

（14）後述するように、嵯峨天皇の股肱の臣であった藤原三守と空海との交友は、入京が許された大同四年からはじまり、空海が示寂する承和二年まで二十七年間に及んだと考える。この間を三期にわけると、①弘仁期（八一〇～八二三）、②天長期（八二四～八三三）、③承和期（八三四～八三五）となる。①弘仁期には、『高野雑筆集』所収の三守にあてた空海の手紙三通が伝存する。嵯峨天皇の懐刀的な存在であった三守は、空海に修法を依頼するなど天皇の使者としての姿が顕著である。しかるに、②天長期になると、綜芸種智院を開設するために邸宅を寄進するなど、三守が一個人として空海の活動をささえていこうとする姿がうかがえる。そうして、③承和期には、二ヶ月あまりの短期間に、空海は真言宗・東寺・高野山の永続化をはかって上表した六つの事柄――後七日御修法、東寺に三綱を置く、東寺における修法、真言宗の年分度者、金剛峯寺を定額寺とする、年分度者の細則――を悉く勅許されたけれども、その裏には上卿をつとめた三守の存在があり、三守を抜きにしては考えがたいことであった。まさに、檀越としての使命感あふれる姿が彷彿されるのであった。真言宗教団の確立期にあって、忘れてならない人物の一人が藤原三守である。ここでは、この弘仁期をとりあげたい。

（15）勝又俊教編修『高野雑筆集』（『弘法大師著作集』第三巻、四六五～五四三頁、一九七三年三月、山喜房仏書林）。

（16）高木訷元『弘法大師の書簡』一九八一年四月、法蔵館。

（17）高木訷元訳注『高野雑筆集』（『弘法大師空海全集』第七巻、三～一二六頁、一九八四年八月、筑摩書房）。

（18）高木訷元『空海と最澄の手紙』一九九九年五月、法蔵館。

（19）西本昌弘「『高野雑筆集』からみた空海と藤原三守の交流」（『古代史の研究』第十三号、四〇～五六頁、二〇〇六年十二月）。

(20) 勝又俊教、前掲（註15）書、五〇八～五〇九・六六二頁。
(21) 高木訷元、前掲（註16）書、八四頁。
(22) 高木訷元、前掲（註17）書、七一～七二頁。
(23) 高木訷元、前掲（註18）書、七四～七五頁。
(24) 西本昌弘、前掲（註19）論考、四〇～四三頁。
(25) 『公卿補任』弘仁七年条（『新訂増補 国史大系』〈以下、『国史大系』と略称す〉第五十三巻、八九頁、吉川弘文館）。
(26) 『日本後紀』巻第廿四、弘仁五年八月辛未（二十八日）条（『国史大系』第三巻、一二七頁）。
(27) 『続日本後紀』巻第九、承和七年七月庚申（七日）条（『同右』第三巻、一〇七～一〇八頁）。
(28) 『続性霊集』巻第九所収「弘仁天皇の御厄を祈誓する表」（『定本全集』第八巻、一六三～一六四頁）。
(29) 『類聚国史』巻三十四「天皇不予」の項（『国史大系』第五巻、二二二頁）。
(30) 勝又俊教、前掲（註15）書、五三九～五四一・六七二～六七三頁。
(31) 高木訷元、前掲（註16）書、一二九～一三一頁。
(32) 高木訷元、前掲（註17）書、一一八～一二〇頁。
(33) 高木訷元、前掲（註18）書、一一五～一一七頁。
(34) 西本昌弘、前掲（註19）論考、四三～四五頁。
(35) 『公卿補任』弘仁九年条（『国史大系』第五十三巻、九〇頁）。
(36) 註27に同じ。
(37) 勝又俊教、前掲（註15）書、六七三頁。
(38) 高木訷元、前掲（註18）書、一一七頁。
(39) 西本昌弘、前掲（註19）論考、四五頁。
(40) 『高野雑筆集』巻上所収「仲冬霜寒」書状（『定本全集』第七巻、一〇七～一〇八頁）。
(41) 『高野雑筆集』巻下所収「左大将公」あて書状（『定本全集』第七巻、一二〇～一二一頁）。なお、この書状を取りあげた論考に、つぎのものがある。（一）後藤昭雄、前掲（註8（四））論考、（二）西本昌弘「真言五祖像の修復と嵯峨天皇―左大将公宛て　空

海書状の検討を中心に―」（『東西学術研究所紀要』第三十八号、一～二三頁、二〇〇五年四月）。

(42) 藤原冬嗣と藤原三守の二人は、嵯峨天皇がもっとも信頼をよせていた廷臣であった。それは、この三人は三守を真ん中にして義理の兄弟であったからであった。すなわち、嵯峨天皇の皇后・橘嘉智子の姉安万子が三守の室であり、三守の姉美都子が冬嗣の室であり、かつ嵯峨天皇の尚侍《ないしのかみ》であった。空海は、天皇の求めに応じて、弘仁元年から同七年にかけて、たびたび書を揮毫して献上し、また唐から持ち帰った数多くの墨跡類を献納している。したがって、空海と藤原冬嗣・三守は、嵯峨天皇を中心とする唐風文化のサロンで出逢い、親密の度合いを深めていったものと考える（拙稿、前掲（註8（六）③）論考、参照）。右に記したことを端的にしめすのが渡里恒信氏作成の「三守の縁戚関係」であるので、左に引用させていただく（渡里、前掲（註8（五））論考、四四頁）。

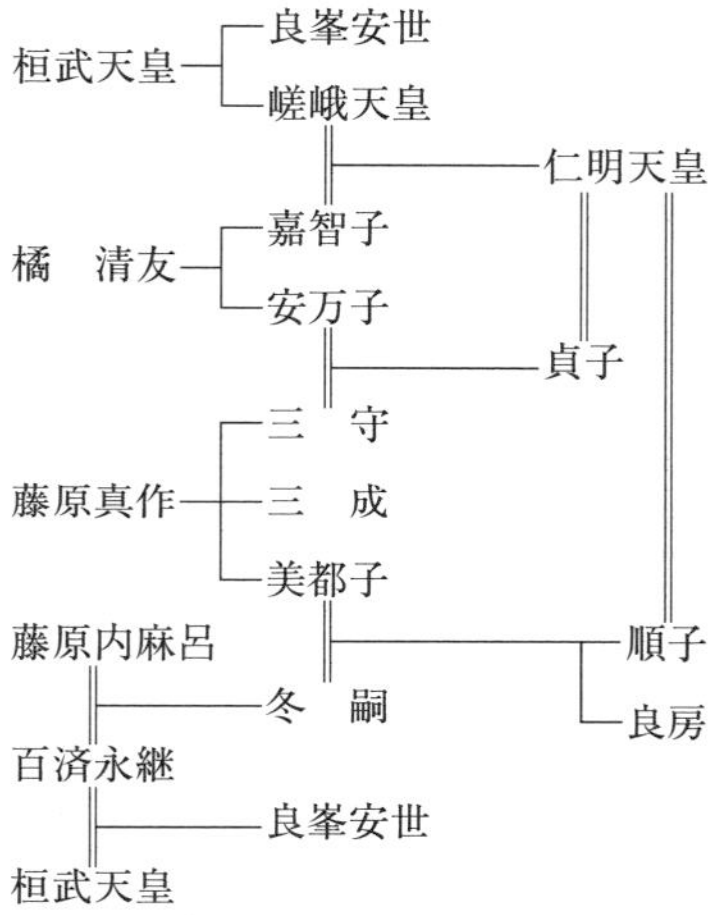

【嵯峨天皇と藤原三守の血縁関係】

(43) 勝又俊教、前掲（註15）書、五一三～五一四・六六四頁。

(44) 高木訷元、前掲（註16）書、九二～九四頁。

(45) 高木訷元、前掲（註17）書、七九～八〇頁。

(46) 高木訷元、前掲（註18）書、八二～八三頁。

(47) 西本昌弘、前掲（註19）論考、四五～四八頁。

(48) 註47に同じ。

(49) 弘仁十年五月の時点で、「従四位下」であった三守がおびていた官職はつぎの通りであった（（　）は相当位階、『公卿補任』弘仁十年条〈『国史大系』第五十三巻、九〇頁〉）。

参議・春宮大夫（従四位下）・式部大輔（正五位上）・左兵衛督（従五位上）

(50) 拙著『弘法大師空海の研究』第四部第一章「高野山の開創とその意義」を参照いただきたい（『同書』四九〇～五二四頁、二〇〇六年二月、吉川弘文館）。

(51) 弘仁十年八月十三日に書いたとみなされる書状による（『高野雑筆集』巻上所収「仲秋已涼」書状〈『定本全集』第七巻、一一二頁〉）と、空海は前年の十一月からこの年の七月ころまで、高野山に滞在していたようである。その書状には、

仲秋已に涼し。伏して惟れば、動止万福なりや。㋐空海、前年禅菴を造らんが為に、且《しばら》く南嶽に向かう。事早々なるに縁って消息を奉らず。悚息《しょうそく》何をか言わん。㋑今勅徴《ちょくちょう》に随って来って城中に入れども、就いて謁《まみ》えるに由無し。悚歎極めて深し。體察せよ。幸々甚々。（傍線筆者）

とあって、前年から禅庵をつくるために高野山にでかけていたこと（傍線部㋐）、ただいま勅命により都に帰ってきたけれども、なかなか拝謁がかなわない（同㋑）と、無礼をわびている。なお、ここに記した弘仁九年十一月から翌十年にかけての高野山滞在中のことについては、本書第一部第二章でもふれているので参照いただきたい（本書六二～六三頁）。

(52) 西本昌弘、前掲（註19）論考、四七～四八頁。

(53) ここに記す弘仁十年七月二日から同月の条は、すべて『日本紀略』前篇十四、弘仁十年の条による（『国史大系』第十巻、三〇八～三〇九頁）。

(54) 以下の弘仁九年四月の記事は、すべて『日本紀略』前篇十四による（『国史大系』第十巻、三〇六～三〇七頁）。拙稿「空海時代の天変地異」に、宝亀五年（七七四）から承和二年（八三五）にいたる天変地異の略年表を収録しているので、参照いただきたい（『密教学研究』第四十五号、二五～八九頁、二〇一三年三月）。なお、四月以降も事態はよくならなかったようで、五月九日に山城国の貴布禰神を大社とし、六月二十一日には同じ貴布禰神に従五位下が授けられた。七月七日の節会も日照りのため停止となり、同月十四日貴布禰神社と室生の龍穴に使を遣わして祈雨せしめている。

(55) 註54に同じ。
(56) 弘仁九年四月、比叡山寺において、最澄が『法華経』を転経した前後のことについては、佐伯有清先生の次の著書に詳細に論じられており、参照させていただいた。記して謝意を表する。佐伯有清『最澄と空海―交友の軌跡―』二二五～二四五頁、一九九八年一月、吉川弘文館。
(57) 藤原冬嗣からの依頼状をはじめ、比叡山寺における転経にかんする書状・願文等は、光定撰『伝述一心戒文』巻上に収録されている。(『伝教大師全集』第一巻、五三一～五三九頁、一九七五年〈復刻版〉、世界聖典刊行協会)。
(58) 「吏部次郎」あて書状から空海が攘災のための修法を依頼されていたこと、この書状は弘仁九年四月に書かれたこと、が判明した。この「攘災」と「弘仁九年」から想起されるのは、「弘仁九年の春天下大疫す」ではじまる『般若心経秘鍵』巻末に付された上表文である。上表文そのものを空海の真撰とみなすことはできないけれども、後世に偽作されたとき、参考にしたのが外でもない、さきに提示した弘仁九年四月の日照りにかんする記事であったと考える。この弘仁九年四月の記事と上表文については、別稿で詳述したい。本書第一部第二章に収録。
(59) 『高野雑筆集』巻上所収の八月十日付けの王太守あて書状に「貧道、去じ月の中《うち》に勅徴有って、且《しばら》く中務省に住す」とあり、同じく八月十三日付の書状にも「今勅徴に随って城中に入れども、就いて謁するに由無し」とある(『定本全集』第七巻、一一二～一一三頁)。
(60) 『類聚三代格』巻二所収の承和三年五月九日付太政官符(『国史大系』第二十五巻、六七～六八頁)。
(61) あるいは、「はじめに」で記した嵯峨天皇の空海にたいする遇し方を訂正すべきかも知れないけれども、後日を期することにしたい。
(62) 三守は、神野親王(のちの嵯峨天皇)が皇太子となった直後の大同元年(八〇六)五月、二十二歳で東宮主蔵正に抜擢され、ついで大同四年四月一日、神野親王が即位すると、その直後の四月十四日に内蔵助に、六月八日には二十五歳の若さで従五位下に叙せられた。この二十五歳の叙位はほとんど前例がないといわれ、大抜擢であった。なぜ、このようなことが可能であったのか。それは、三守の母が天皇の乳母であった、つまり天皇と三守は「乳兄弟」であったからであった。同年八月二十五日には、右近衛少将に任ぜられた。これと前後して、七月十六日、空海に入京すべしとの太政官符がくだされた。入京後まもなく、天皇は空海に書の揮毫を命じたとみなされている。これらのことから、少なくとも三守は、入京してから後の空海の動静は知っており、つねに意識しあう間柄ではなかったかと考える。乳兄弟については、渡里恒信、前掲（註8（五））論考を参照いただきたい。

(63)『高野雑筆集』巻上所収「中冬霜寒」書状（『定本全集』第七巻、一〇七～一〇八頁）。

(64)藤原三守の生涯については詳述することができなかったので、附録として、「藤原三守略年譜」を収録しておきたい。

附録　藤原三守略年譜

和暦	西暦	年齢	月・日	三守の事績　※初出の位階・官職をゴチとした。
延暦四	七八五	1		この年、生まれる（補・薨）　＊承和七年（八四〇）五十六歳で薨去からの逆算による。
大同元	八〇六	22	5・	**東宮主蔵正**となる。ついで美作権掾・同権介に任ぜられる（補・薨）
四	八〇九	25	4・13	**嵯峨天皇即位す**（略）
			4・14	**内蔵助**に任ぜられる（補）
			6・8	従六位下から**従五位下**に叙せられる（国・補・薨）
			8・25	**右近衛少将**に任ぜられる（補・薨）
			12・	**美作権介**に任ぜられる。兼任（補）
弘仁元	八一〇	26	9・10	右近衛少将従五位下藤原三守を**内蔵頭**とす。美作権介はもとの如し（後）　＊補任は弘仁二年九月とする。
			11・22	従五位下から**従五位上**に昇る（後・国）　＊補任は弘仁二年十一月二十二日とする。
二	八一一	27	2・	**蔵人頭**に補される（補）
			9・	**春宮亮**に任ぜられる。少将・守はもとの如し（補）
四	八一三	29	正・7	従五位上から**正五位下**に昇る（後・国）
五	八一四	30	正・7	正五位下から**従四位下**に昇る（国・補・薨）
			正・22	**式部大輔**となる（補）
			正・	**右兵衛督**を兼ねる（補）
			8・28	式部大輔・従四位下の三守を**左兵衛督**とす。美作権介はもとの如し（国）　＊補任は八月二十七日（イ本二十三日）、式部大輔はもとの如し、とす。

六	八一五	31		
七	八一六	32	正・14	**但馬守**を兼ねる（補）
			10・中旬	空海、三守に書を呈す（雑）
			10・27	**参議**に任ぜられる。式部大輔・右兵衛督・但馬守はもとの如し（補）
八	八一七	33		参議。式部大輔。左兵衛督。但馬守（補）
			7・16	**三守の妻・典侍《ないしのすけ》従四位下・橘朝臣安万子《あまこ》卒す**（略）
九	八一八	34		参議。式部大輔。左兵衛督。但馬守（補）
			4・下旬	空海、三守に書を呈す（雑）
			6・16	**春宮大夫**を兼ねる。督・大輔・守はもとの如し。（イ本六月十三日）（補）
			12・10	空海、三守に書を呈す（雑）
一〇	八一九	35		参議。式部大輔。春宮大夫。左兵衛督（補）
一一	八二〇	36		参議。式部大輔。春宮大夫。右兵衛督（補）
			正・7	従四位下から**従四位上**に昇る（国・補）
			11・10	**正四位下**に昇る（補）
一二	八二一	37		参議。春宮大夫。右兵衛督。式部大輔（補）
			正・7	**従三位**に昇る（補・薨）
			正・9	**権中納言**に任ぜられる（補・薨）
			3・	**皇后宮大夫**を兼ねる。春宮大夫は止めらる（補）
一三	八二二	38		権中納言・従三位。右兵衛督（補）
			3・20	**皇大（イ无大字）后宮大夫**を兼ねる。督はもとの如し（補）　＊薨伝は皇后宮大夫とす。
一四	八二三	39		権中納言・従三位。皇后宮大夫。右兵衛督（補）
			3・3	勅にて伴国道とともに天台宗寺家別当に任ぜらる（天台）
			4・18	**春宮大夫**となる。同日、左兵衛督を辞任す（補）
			4・19	太上皇、権中納言三守を差して、皇太子を辞するの書を今上に上らしむ（略）
			4・20	表を太上皇に上る。是より先、皇太子、権中納言三守の宅に移る（略）

			5・	**中納言**となる（補・甍）
			7・11	上表して職を辞す。許さず。あるいは皇后宮大夫・宮内卿等はもとに如し（補）
			9・12	太上皇嵯峨荘に幸す。これより先、三守、行幸すべきの状を奏す（略・国）
			11・20	従三位から**正三位**に昇る（国・補）
			11・22	重ねて上表して職を辞すも、許されず。この日、致仕す（補）
天長元	八二四	40		前中納言。正三位（補）
			12・16	**宮内卿**となる（補）
二	八二五	41		前中納言。正三位。宮内卿（補）
三	八二六	42		前中納言。正三位。宮内卿（補）
			7・15	**刑部卿**に遷る（補・甍）
四	八二七	43		前中納言。正三位。刑部卿（補）
五	八二八	44		前中納言。正三位。刑部卿（補）
			3・19	**大納言**に任ぜられる（補・甍）
			閏3・9	**兵部卿**を兼ねる（補）
			12・	空海、『綜芸種智院式并に序』を撰す。三守、九条の邸宅を空海に寄進す（性）
六	八二九	45		大納言。正三位。兵部卿（補）
七	八三〇	46		大納言。正三位。兵部卿（補）
			6・4	**弾正尹**を兼ねる（補・甍）　＊補任、天長六年の条にも記す。甍伝により、この年とす。
			10・7	**『新撰格式』**成る（略・国・補）
			11・30	基良《もとよし》親王元服す。親王に被衣、大納言三守に御衣《ぎょい》を賜う（略）
八	八三一	47		大納言。正三位。弾正尹（補）
九	八三二	48		大納言。正三位。弾正尹（補）
			8・10	天皇神泉苑に幸す。博士・生徒等に論義せしむ。大納言三守物を献ず（略・国）
一〇	八三三	49		大納言。正三位（補）
			3・6	正三位から**従二位**に昇る（続後・国・補）

承和元	八三四	50	3・11	**皇太子傅**を兼ねる（続後）　＊補任、十一月とし、イ本は三月十五日と記す。
			10・28	光定、藤原冬嗣・良岑安世・伴国道とともに四賢臣とす（伝述）
				大納言。従二位。皇太子傅（補）
			1・16	太政官ら上表す。従二位行大納言兼皇太子傅藤原朝臣三守（続後・国）
			1・29	三守、上卿として太政官符を下す（格）「維摩会立義得第僧らを旧例に依りて請い、諸寺安居講師と為すべきの事」
			2・3	三守、上卿として太政官符を下す（格）「畿内に田を班つべきの事」
			3・8	三守、上卿として太政官符を下す（格）「文章博士一員を加え置くべきの事」
			4・25	三守、上卿として太政官符を下す（格）「飛騨工を捜勘し言上すべきの事」
			11・15	三守、上卿として太政官符を下す（格）「施薬院主典一人を加え置くべきの事」
			12・24	三守、上卿として太政官符を下す（格）「真言宗五十僧内を以て東寺三綱に充つべき事」
			12・29	三守、上卿として太政官符を下す（格）「年毎に修法せしむべきの事」
二	八三五	51		大納言。従二位。皇太子傅（補）
			正・23	三守、上卿として太政官符を下す（格）「真言宗年分度者三人を度すべきの事」
			6・29	三守、上卿として太政官符を下す（格）「浮橋布施屋を造り并わせて渡船を置くべきの事」
			8・20	三守、上卿として太政官符を下す（広伝）「真言宗年分度者の学業を試み得度の日処を定むの事」
三	八三六	52		大納言。従二位。皇太子傅（補）
			5・5	実恵ら、三守を檀越の三番目に記す（広伝）
			5・9	三守、上卿として太政官符を下す（格）「東大寺真言院に廿一僧を置き修行せしむべきの事」
			5・26	太政官ら上表す。従二位行大納言兼皇太子傅藤原朝臣三守（続後）
四	八三七	53		大納言。従二位。皇太子傅（補）
五	八三八	54		大納言。従二位。皇太子傅。弾正尹（補）
			正・10	**右大臣**に任ぜられる。元東宮傅・弾正尹。傅はもとの如し（続後・補・薨）
			2・5	三守、奉献す。美を尽くす（続後・略・国）

年	西暦	年齢	月日	事項
六	八三九	55		右大臣。従二位。皇太子傅。或記〔説し〕云。還俗人云々。古人説云。病中剃頂髪云々（補）
			4・11	天皇紫宸殿に曲宴す。大臣に御衣を賜う（略）
			9・17	天皇、紫宸殿に御す。右大臣従二位皇太子傅三守、大唐の勅書を奏す（続後・略）
			10・6	遣唐使、八省院を朝拝す。唯だ大臣行事す。例なり（略）
			12・8	太政官ら上表す。右大臣従二位兼皇太子傅臣藤原朝臣三守（続後・国）
七	八四〇	56		右大臣。従二位。皇太子傅（補）
			5・9	三守、公卿・百官及び刀祢等を率いて会昌門の前庭において挙哀する（続後・国）
			5・17	三守ら十一人、喪服をやめ、平服にするよう奏上す（続後・略・国）
			6・22	左大臣藤原緒嗣・右大臣藤原三守ら奏上す（続後）
			7・7	**薨す**。贈従一位。号後山科大臣（補） 参木六年。中納言三年。前官六年。大納言十一年。右大臣三年（補） 【続後・薨伝】右大臣従二位皇太子傅藤原朝臣三守薨。使下参議従四位下左大弁安倍朝臣安仁。式部大輔従四位下藤原朝臣衛。散位従五位上藤原朝臣宗成。中務少輔従五位下笠朝臣数道等一監中護喪事上。大臣者。参議従三位巨勢麿朝臣之孫。而阿波守従五位上真作之第五子也。大同元年自二主蔵正一。累二遷美作権掾。権介。内蔵助一。四年叙二従五位下一。拝二右近衛少将一。弘仁元年加二従五位上一。尋任二内蔵頭一。春宮亮。「四」五年累加。授二従四位下一。拝二式部大輔一。累二遷左兵衛督一。七年兼二但馬守一。俄拝二参議一。九年兼二春宮大夫一。十一年授二従四位上一。是歳加二正四位下一。十二年授二従三位一。拝二権中納言一。十三年兼二皇后宮大夫一。十四年輔二中納言一。加二正三位一。天皇禅国之後。辞退侍二于嵯峨院一。天長三年除二刑部卿一。五年拝二大納言一。兼二兵部卿一。七年兼二弾正尹一。十年授二従二位一。兼二皇太子傅一。承和五年拝二右大臣一。年五十六。薨二于位一。遣二参議従四位上春宮大夫右衛門督文室朝臣秋津。民部大輔従四位下百済王慶仲等一。就レ第宣レ詔。贈二従一位一。三守早入二大学一。受二習五経一。暨二先太上天皇践祚之日一。以二藩邸之旧臣一。殊賜二栄寵一焉。立性温恭。兼明二決断一。招二引詩人一。接レ杯促レ席。参朝之次。有二一両学徒一。遇二諸塗一。必下レ馬而過レ之。以レ此当時著称。至二于諸操一。見二公卿伝一矣（続後）
			7・7	三守に従一位を贈る（続後）

仁寿三	八五三		4・18	無品成康親王薨ず。仁明天皇の第八皇子なり。母は右大臣従二位藤原三守の女・贈従二位貞子なり（文徳）
貞観六	八六四		8・3	仁明天皇の女御・正三位・藤原朝臣貞子薨ず。勅して従二位を贈る。三守の女なり（三代）
一五	八七三		3・26	前近江権守・従四位下・藤原朝臣有貞卒す。右大臣・贈従一位三守の第七子なり（三代）
元慶元	八七七		2・10	無品平子内親王薨ず。仁明天皇の女なり。母は贈従二位・三守の女・貞子なり（三代・略）

出典は（ ）に入れて示した。略称はつぎのとおり。

格＝『類聚三代格』、後＝『日本後紀』、薨＝『三守薨伝』、広伝＝『弘法大師御広伝』、国＝『類聚国史』、雑＝『高野雑筆集』、三代＝『日本三代実録』、性＝『性霊集』、続後＝『続日本後紀』、天台＝『天台座主記』、伝述＝『伝述一心戒文』、補＝『公卿補任』、文徳＝『日本文徳天皇実録』、略＝『日本紀略』。

第二章　『般若心経秘鍵』上表文攷

はじめに

『般若心経秘鍵』（以下、『心経秘鍵』と略称す）上表文とは、現行の『心経秘鍵』本文のあとに付加された「弘仁九年の春天下大疫す」ではじまる一文をさす。(1)『心経秘鍵』は、古くはこの上表文にもとづいて、弘仁九年（八一八）に成立したとみなされていた。しかるに、弘仁九年春の「大疫」が確認できないことから、今日では空海晩年の承和元年（八三四）成立説が有力視されているけれども、問題がないわけではない。(2)

それはさておき、かつて筆者は、『心経秘鍵』上表文は十二世紀の後半に偽作されたものであることを論じたことがある。(3)その根拠は、以下の四つであった。第一は、上表文に関する記述が見いだされる一等古い史料は元暦元年（一一八四）に書写された『弘法大師伝裏書』であること。第二は、上表文の内容が文献上にはじめてみられるのは、『吾妻鏡』嘉禄元年（一二二五）五月一日の条であること。第三は、弘仁九年春の「大疫」が確認できないこと。第四は、嵯峨天皇の宸筆といわれる『般若心経』が大覚寺に伝存するけれども、その装丁が上表文の表記と異なること、である。この偽作説は、偽作された年代は若干遡らせる必要があるけれども、偽作説そのものはいまだ訂正する必要はないと考える。(4)

ところでこのたび、『心経秘鍵』上表文を偽作したとき、参考にしたと想われる史料に巡りあうことができた。それらの史料に言及した論考は、いまだ皆無と思われる。

そこで、本稿では、参考までにそれらの史料を紹介することにしたい。

一　『心経秘鍵』上表文の概要

はじめに、『心経秘鍵』上表文の内容を見ておきたい。上表文の全文は、つぎの通りである。

時に弘仁九年の春天下大疫す。爰《ここ》に帝皇、自ら黄金を筆端に染め、紺紙を爪掌《そうしょう》に握て、般若心経一巻を書写し奉りたもう。予、講読の撰に範りて、経旨の宗を綴る。未だ結願の詞《ことば》を吐かざるに、蘇生の族《やから》途《みち》に亍《たたず》む。夜変じて日光赫々《かくかく》たり。是れ愚身が戒徳に非ず、金輪御信力の為す所なり。但し神舎に詣ぜん輩、此の秘鍵を誦じ奉るべし。昔、予、鷲峯説法の筵《むしろ》に陪《はべ》て、親り是の深文を聞く。豈に其の義に達せざらん、而已《まくのみ》。(5)

入唐沙門空海上表

六段落にわかって、内容を整理しておく。

①弘仁九年（八一八）の春、日本国中に疫病が大流行した。

②そのことに心を痛められた嵯峨天皇は、みずから紺紙に金泥をもって『般若心経』一巻を書写なされた。

③それとともに、私空海に講読のときの要領にて、『般若心経』の精髄をまとめるよう命ぜられた。

④私が最後の詞をつづるより前に、生きかえった人たちが路にあふれ、夜であるにもかかわらず、まるで真昼のようであった。これらは、すべて天皇のご信力によるものであった。

⑤神社に参詣するものは、この『秘鍵』を読誦してほしい。なぜなら、
⑥この『秘鍵』は、むかし、鷲峯山にて釈迦の説法を聞いたときの真意をつづったものだからである。

ここに記された「弘仁九年春の大疫」は、今日残る史料からは確認することができない[6]。しかるに、同年四月、飢饉・日照りには相当苦しめられていたようである。そのことを、項をあらためてみておきたい。

二　弘仁九年四月の飢饉・日照りの記事

正史である『日本後紀』には、残念ながら、弘仁九年（八一八）の条は闕失している[7]。そこで、『日本紀略』によって、同九年四月の社会不安をまねく事象を抽出してみたい。

四月　三日　使を京畿《けいき》に遣して祈雨せしむ。

二十二日　伊勢大神宮に奉幣す。（あ）又諸大寺及び畿内の諸寺・山林の禅場等をして、転経、礼仏せしむ。祈雨すればなり。

二十三日　是の日、詔して曰わく、「云々。（い）去んぬる年の秋稼燋傷《しゅうかしょうしょう》して収めず。今茲《ここ》に新苗播殖《はんしょく》の望《のぞみ》絶ゆ。朕の不徳にして、百姓何の辜《つみ》かあらん。云々。（う）今夤《つつし》みて天威を畏《おそ》れ、茲《こ》の正殿《せいでん》を避け、使を分ちて幣を走らせ、群神に偏《あまね》くせしめん。其れ朕及び后《きさき》の服御《ふくぎょ》の物并びに常の膳等、並びに宜しく省き減《へ》らすべし。左右馬寮《めりょう》の秣穀《まつこく》、一切権絶《けんぜつ》せしめん。云々。（え）仍《よ》りて左右京職《きょうしき》をして、道殣《どうきん》を収葬して、骼《しかばね》を掩《おお》い胔《し》を埋め、人民の飢困するものには、特に賑贍《しんせん》を加えしめよ。狴圄《へいご》の中、恐らく冤者《えんじゃ》有らん。宜しく所司をして慮《おもい》を申《の》べて放出せしむべし。云々」と。又詔すらく、

「㋔比者《このごろ》陰陽《いんよう》候に愆《たが》い、炎旱旬《じゅん》に淹《わた》る。云々。㋕今月二十六日より起して二十八日に迄《いた》るまで、惣て三箇日、朕及び公卿百官、一《いっ》に皆素食《そしょく》し、心を覚門に帰せん。凡そ厥《そ》の僧綱、精進して転経し、以て素懐に副《そ》え」と。

二十四日　河内国飢う。使を遣して賑給せしむ。

大和国吉野郡の雨師神《あましのかみ》に従五位下を授け奉る。祈雨するを以てなり。

二十六日　使を柏原山陵に遣して祈雨せしむ。

二十七日　㋖前殿に於て仁王経を講ず。旱災に縁ればなり。(8)（傍線筆者）

ここにあげた六日間の記事は、すべて記録的な日照りとそれに対応しておこなわれた祈雨のための奉幣・修法・講経などにかんするものであった。同年四月の記事は、これら以外には二つしかなく、いかに過酷な日照りであったかが知られよう。(9)

特に注目すべきは、二十二日と二十三日の条である。まず、後者からみておく。最初に「是の日、詔して曰わく」とあって、以下に詔勅がいくつか収録されているが、どこで切るとよいか迷ってしまう。ともあれ、七段落にわかってみてみよう。

第一は、「去んぬる年の秋稼燋傷して収めず。今茲に新苗播殖の望絶ゆ。朕の不徳にして、百姓何の辜かあらん。云々。」である（傍線部㋑）。「昨年秋に稔るはずであった稲は日にやけ枯れてしまい収穫できなかった。そのため、この春の田植えは絶望的となった。それらは、朕の不徳のいたすところであり、百姓らの罪ではない。」といい、社会不安をまねく事象が出来したときの常套句である「朕の不徳」をもちいて、日照りの責任が天皇自身にあることを、まず告げている。なお、前年の日照りがすさまじいものであったことは、同年三月十九日の条に、公卿たちが連年うちつづく水害・日照りによる農作物の被害が甚大なため、役人の封禄の削減を上奏し、勅許されていることからも知られるのである。その記事をあげておく。

壬寅、公卿奏して曰わく、「頃年《としごろ》の間、水旱相続きて、百姓の農業、損害少なからず。云云。伏して望むらくは、臣下の封禄を省き、暫《しばら》く国用を助けんことを。年歳豊稔ならんには、即ち旧例に復せん」と。之を許す。(10)

第二は、「今斎みて天威を畏れ、茲の正殿を避け、使を分ちて幣を走らせ、群神に偏くせしめん。」である（傍線部㋒）。日照りの責任をみとめた天皇は、「天帝の威をおそれて、儀式を執りおこなう正殿である紫宸殿に出御しないことを宣するとともに、祈雨のために全国の神々に奉幣することにした」という。奉幣にかんしては、二十二日の伊勢大神宮への奉幣、二十四日の大和国丹生川上社への授位、二十六日の桓武天皇の柏原山陵への使者派遣などからもうかがうことができる。

第三は、「其れ朕及び后の服御の物并びに常の膳等、並びに宜しく省減すべし。」である（同㋒）。「天皇・皇后がもちいる衣服の類、ならびに日々の食事などを省き減らすことにした」という。佐伯有清先生は、「水旱にさいしての形式的なものにすぎず、これによって財政を潤すものとはならなかったけれども、連年の旱魃によって国家財政が、窮迫していたさまが読み取れる」といわれる。(11)

第四は、「左右馬寮の秣穀、一切権絶せしめん。云々。」である（同㋒）。「左右馬寮の飼馬にあたえるまぐさや穀物は、しばらくは規定通りとしない」という。(12)日照りの深刻さが、天皇が日常の品々を省減し、官人の封禄を削減するまでにいたっていたことからすると、当然の処置ともいえよう。

第五は、「仍りて左右京職をして、道殣を収葬して、骼を掩い胔を埋め、人民の飢困するものには、特に賑贍を加えしめよ。」である（傍線部㋓）。左右京職に命じた二つのことを記す。一つは、道路で餓死したもの、すでに骨となり、また腐乱した死体を埋葬するように、と。あと一つは、飢えのため困窮する人民に金品をあたえて不足を補わしめるように、と。ここからは、当時の都の街なかがいかなる状態であったかをうかがい知ることができよう。

第六は、「狴囹の中、恐らく冤者有らん。宜しく所司をして慮を申べて放出せしむべし。云々」である（同㋓）。狴囹＝牢屋には、無実の罪で拘束されているものがいるであろう。そのものには、所管の役人が理由をのべて放出しなさい、という。

第七は、「又詔すらく、「比者陰陽候に愆い、炎旱旬に淹る。云々。今月二十六日より起して二十八日に迄るまで、惣て三箇日、朕及び公卿百官、一に皆素食し、心を覚門に帰せん。凡そ厥の僧綱、精進して転経し、以て素懐に副え」」である（傍線部㋔㋕）。「このところ天候不順のため、日照りが十日以上も続いている。そこで、来る二十六日から二十八日までの三日間、朕をはじめ公卿から下々の役人にいたるまで、もっぱら素食につとめ仏の教えに帰依するように。僧綱は精進・転経し、朕の想いを助けてほしい」と要請している。

これらから窺えることは、一つは数年にわたる飢饉により困窮している人々の姿であり、いま一つは、飢饉に対して「朕の不徳にして」といい、人々の苦しみを除去すべく、天皇みずからが質素な生活にあらため、奉幣・修法・講経と神仏の加護をねがい、行倒れの者を埋葬し、貧民に賑給し、無罪で捕らわれている者（＝冤罪者）を釈放するなど、あらん限りの手をうとうとする天皇の姿である。

つぎに、二十二日の条をみておく。いま一度本文をあげると、

伊勢大神宮に奉幣す。又諸大寺及び畿内の諸寺・山林の禅場等をして、転経、礼仏せしむ。祈雨すればなり。

とあり、祈雨のために、伊勢大神宮に奉幣するとともに、諸大寺および畿内の諸寺・山林の禅場等において転経・礼仏を命じたのであった。ここに、「諸大寺」と「畿内の諸寺・山林の禅場等」が書きわけられているので、「諸大寺」

とは「全国の諸大寺」であろう。

ともあれ、「転経・礼仏」を命じた場所に注目してみたい。すなわち、「全国の諸大寺、ならびに畿内の諸寺と山林の禅場等」とあって、具体的な寺院名は記されていないけれども、特に、畿内の「山林の禅場」に注視したい。なぜなら、このとき、最澄に墨勅（＝天皇宸筆のみことのり）をもって礼仏が命ぜられていたからである。つぎに、墨勅とそれに対する最澄の対応をみてみよう。

三　最澄への墨勅と比叡山寺における修法

1　藤原冬嗣の書状と最澄の返書

最澄の愛弟子光定が撰述した『伝述一心戒文』によると、弘仁九年（八一八）四月の転経・礼仏は、最澄にも命ぜられたことを知りうる。[13] 第一報は四月二十一日、左近衛大将の藤原冬嗣から最澄にあてた書状であった。そこには、

> 必ず苦しむ者は人なり。必ず救う者は仏なり。況んや近ごろ亢陽《こうよう》時を失し、稼苗《かびょう》悉く彫《いた》み、倉庫已に尽けり。何を以てか他を利せんや。惟《ただ》、澄上人は、円教を宗と為し、常に平等試を修し、一念に住して、彼の真聖《しんしょう》を驚かせり。則ち甘露降る可し。百草皆滋《しげ》らん。不宣。[14]（傍線筆者）

とあって、尋常でない日照りにさいして、最澄に祈雨が要請された。

最澄は同月二十三日、受諾する旨の返書をしたためて還使に託したのであった。その返書をあげてみよう。

> 慈は以て楽を与うるなり。悲は以て苦を抜くなり。此の心、此の念、時として憶《おも》わざること無し。昨年よりの亢《こう》陽《よう》、慈悲の念、常に痛み、常に悩む。但《ただ》、我が　主上、金色の兆《しるし》、民を一子《いっし》のごとくに育《はぐく》み、帝尭《ていぎょう》の治、徳を

万代に垂れり。旱を救うの要方は、諸仏の説く所なり。貧道、不才なりと雖も、深く仏力に憑《たの》む。雨を祈るの状、尋《つ》いで将に奉陳せんとす。謹んで還使に奉《ぶ》して将《もっ》て状す。不宣。謹んで状す。(15)（傍線筆者）

2　嵯峨天皇の墨勅と最澄の上表文

ここにあげた藤原冬嗣からの書状のほかに、嵯峨天皇真筆の勅書＝墨勅をもって、最澄に転経・礼仏が命ぜられたことを記すのは、二十六日から三日間の転経を終え、新たに金泥をもって書写した『仁王護国般若経』を献上するときに添えられた上表文であった。その全文を七段落にわかってあげてみよう。

①沙門最澄言《もう》す。

②伏して今月二十二日の　墨勅を奉《うけたまわ》るに、「今月二十六日自《よ》り起《はじ》めて、二十八日に迄《いた》るまで、摠じて三箇日、朕《われ》及び公卿百官一に皆素食して、心を覚門に帰す。宜しく精進・転経し、以て素懐を副《たす》くべし。」と。

③最澄は、行《ぎょう》、精修《しょうしゅ》に闕き、口、天旨を荷《にな》う。窃《ひそ》かに以《おも》んみれば、五濁の世、聖人、居し難く、三災の時、人天、倶に痛む。是の故に、月光、利見して、護国の法を講じ、法王、慈悲して、除難の法を開《の》ぶ。内に五忍の密網を張り、外に七難の大賊を防ぐ。

④是《ここ》を以て、㋐天台の末学最澄等、般若を金字に写し、智剣を階下に献ず。誠に願わくは深宮に安置して、朝夕に孝礼し、前に幸行《こうぎょう》に導き、遊方《ゆほう》に衛《まも》ることを為さん。

⑤即ち㋑二十六日、山寺の一衆を率い、頭を分ちて転経を修む。岫雲《しゅううん》峰に走り、炎霞消散し、細雨陰澍《いんじゅ》し、日《にっ》色《しょく》本に復す。

⑥伏して惟《おも》みるに、㋒陛下の智慮真正にして、邪道に拘《かか》わらず、慈忍世に超えて、賞罰道に順じ、聖徳天を動か

し、天沢《てんたく》即ち降る。㋓豈《あに》、最澄は微物《びぶつ》にして情誠感通ならんや。且《か》つ慶び抃躍《べんやく》の至に任《た》うること無し。
⑦謹んで㋔弟子一乗定《じょう》を遣わして、宝経を献上し、以て聞す。沙門最澄誠恐謹言。(16)（傍線筆者）

この上表文で注目すべき点の第一は、二十二日付で最澄にあてて出された墨勅のほぼ全文が②に引用されていることである。内容は、さきにあげた『日本紀略』弘仁九年四月二十三日条と同じであり、二十六日から二十八日までの三日間、朕をはじめ公卿・百官はすべて素食につとめ仏の教えに帰依するので、精進・転経して、朕の素懐を助けてほしい、というものであった。

第二は、④に「天台の末学最澄等、般若を金字に写し、智剣を階下に献ず。」（傍線部㋐）とあって、叡山であらたに金泥をもって『仁王護国般若経』が書写されたことである。帰国したばかりの最澄は、延暦二十四年（八〇五）七月十五日、弟子の経珍を使いとして、金字の法華経七巻・金剛般若経一巻・菩薩戒経一巻・観無量寿経一巻の計十巻などを「進官表」とともに奉進しており、(17)金字の経に特別のおもいを有していたのであろうか。

第三は、⑤に「二十六日、山寺の一衆を率い、頭を分ちて転経を修む」（傍線部㋑）とあって、二十六日からの三日間、叡山一山の衆僧をひきい、頭を分担して転経したことを知りうることである。その結果、山から雲がわきあがって、熱気を消しさり、細雨がふりそそいだので、太陽も本来の色に復したという。光定は別のところで、「三日のあいだ、甘雨の法を修した。細雨はあったけれども、大雨は降らなかった」（趣意）と記す。(18)また

彼の時、夜通《よもすがら》、三尊を念じまつる。㋕護命僧都、四十の大徳を率い、仁王経を講ず。彼の四日の中に、甘雨降らず。㋖五日早朝、大いに甘雨降る。光定、相《ともども》に大いに賀《よろこ》ぶ。(19)（傍線筆者）

といい、五日目の早朝に大雨がふったことを記している（傍線部㋖）。なお、僧綱所では、その上首・護命大僧都が四十口の僧をひきいて『仁王経』を講じたという（傍線部㋕）。この記録は、『日本紀略』四月二十三日の条に、精進・

転経を僧綱に命じていることと符合するものである。

第四は、細雨が降ったことに対して、「聖徳天を動かし、天沢即ち降る」と記し（傍線部(う)）、天皇の聖徳が天を動かしたからに外ならない、といい、決して最澄の力ではない（傍線部(え)）と天皇の徳を讃える語句が見られることである。嵯峨天皇は、最澄の示寂を悼み「澄上人を哭す」の詩を呈するなど、両者のあいだではたびたび漢詩がやり取りされており、緊密な間柄であったことがこの上表文からもうかがえるのである。(20)

第五は、金字の宝経とこの上表文は弟子の光定を使者として献上されたことである（傍線部(お)）。光定は、このことを別のところで

先師の表を、弁の尊《みこと》に上《たてまつ》る。則ち光定を将《ひき》いて、内裏に参らしむ。良岑大弁、先師の表を達す。(21)

と記す。これによると、光定はまず右大弁であった良岑安世のもとを訪ね、ついで、安世にともなわれて参内し、最澄の上表文と金字の『仁王経』を天皇のもとに奉ったのであった。

光定とともに天覧をおえた良岑安世は、天覧の様子を記し、あわせて引きつづき祈雨に配意してほしい旨の手紙を最澄に送っている。すなわち、

献ずる所の仁王経来《いた》りて、(あ)即ち覧せ奉る。和尚の意に随って、敢て暫《ざん》離《り》せず。惟之《ただこれ》を悉《し》られよ。幸甚、幸甚。(い)此来《このごろ》祈る所の雨、已に感応を得たり。是れ即ち和尚の戮力《りくりょく》の致す所なり。(う)但《ただ》恐るらくは伝施《でんせ》の潤い、旬日に盈《み》たざることを。冀《ねが》わくは護念を致して、念力を怠らざることを。不宣、謹んで状《しる》す。(22)（傍線筆者）

とある。傍線部(あ)は、天皇の模様である。「敢て暫離せず」とは、天皇が最澄の意をくんで、しばらくのあいだ『仁王経』から離れようとしなかった、はなそうとしなかった、との意であろうか。つづく(い)では、降雨をみたのは最澄の協力のたまものであったと、最澄を讃えている。さいごの(う)では、雨が降ったとはいえ、その潤いは十日とはもた

ないので、引きつづき護念を怠らないでほしい、といっている。

これら祈雨にかんする一連の動きをみていると、最澄の外護者として藤原冬嗣と良岑安世の姿が鮮明にうかびあがってくる。また一方で、この二人を介して、嵯峨天皇と最澄との緊密な関係もみえてくるのである。

3　二十六日付の最澄敬白文

時間が前後するけれども、三日間の転経をはじめるにあたって読まれた最澄の「願文」が、同じく『伝述一心戒文』に収録されているのでみておきたい。(23) なぜなら、祈雨法を修するのは「二霊の苦を抜済せんがため」であると明記され、これらの日照りがある怨霊によるものであるとの噂が取りざたされていたことを知りうるからである。

「願文」は、「弘仁九年四月二十六日五更、国主を資《たす》け奉《たてまつ》らんがために、発願す。」ではじまり、ついで「帰敬の文」を記す。「帰敬」は三つにわかれ、『金光明経』『仁王経』『法華経』を、それぞれ九院を定めて長講して、十方一切常住の三宝に帰命する、という。ここで留意すべきことは、長講の対象である。すなわち、第一では「一切の天神地祇を資け奉り、恨怨を起こす神祇等の、苦を離れ楽を得せしめん」がために『金光明経』を、といい、第二では「一切の国裏の百部鬼神等を抜済して、苦を離れ楽を得せしめん」がために『仁王経』を、という。そして、第三では「大日本国の開闢以来の一切国主の御霊《みたま》、延暦以前の一切の皇霊、並びに平崩・怨薨の王霊、臣霊、比丘霊、比丘尼霊、優婆塞霊、優婆夷霊、賢霊、聖霊及び六道四生受苦の一切龍鬼等の霊を資け奉り、永く三界を出て、皆悉く成仏せしめん」がために『法華経』を、という。(24) 整理すると、一つには一切の天神地祇と恨怨を起こす神祇、一切の国裏の百部鬼神等に苦を離れ楽を得せしめるためであるといい、一つにはわが国歴代の天皇の霊、皇族の霊をはじめとする一切の霊——怨みをもって死んだ霊も含まれる——を成仏せしめるためであるという。わが国のすべての神々と鬼神、すべての霊魂を対象としていることに、一種の驚きと興味をいだかされるのである。

つぎに、祈願の対象を「敬白」と書きだし、具体的に三条あげる。(25) もっとも注目すべきは、第二条である。それは、あたかも記録的な旱魃は二つの怨霊の仕業であるかのごとき語句がみられるからである。その全文をあげると、

敬《うやま》って、同法宏勝の霊、及び同法命延の霊、乃至㋐一切の怨恨の霊に白《もう》さく。諦《さと》りて般若甚深の法を聴かば、五蘊皆空ならん。何の恨みをか用いん。三科十二四諦も空ならん。無所得・無碍を以てなり。㋑怨を以て怨に報いれば、怨は止まず、徳を以て怨に報いれば、怨は即ち尽く。長夜の夢裏の事を恨むこと莫かれ。法性真如の境を信ず可し。㋒我れ今、二霊の苦を抜済し、速やかに無上の安穏楽を証ぜしめん。七難の苦を消除し得んことを願い、二霊に倶に一円の行を修せしめ、同《とも》に一乗の宝車に登りて、仏位に遊ばしめん。㋓二霊の奉為《おんため》に、新たに一乗妙蓮華経を書写し、開講供養し、種々福相資して、二霊倶に仏と成したてまつらん。(26)（傍線筆者）

とある。「一切の怨恨の霊」（傍線部㋐）に対して、「怨を以て怨に報いれば、怨は止まず、徳を以て怨に報いれば、怨は即ち尽く」（傍線部㋑）といって、儚い現世でのことを永く恨まないでほしいという。そうして、「我れ今、二霊の苦を抜済し、速やかに無上の安穏楽を証ぜしめん」（傍線部㋒）といい、さいごに二霊を成仏せしめんがために、新たに『妙法蓮華経』を書写し、講説供養するのだ（傍線部㋓）という。

これより、弘仁九年四月の時点で、打ち続く日照りは怨恨をいだいて亡くなった二つの霊によると認識されていたことは間違いない。では、二つの怨恨の霊とは誰か。佐伯有清先生は、二霊とは弘仁十年三月二十一日条に

詔すらく「朕思う所有り。宜しく故皇子伊予・夫人藤原吉子等の本位・号《ごう》を復せしむべし」と。(27)

と記された、伊予親王とその母藤原吉子であったとみなされた。(28) この二人は、大同二年（八〇七）十一月六日、謀反の罪で川原寺に幽閉され、六日後の十二日に、毒をあおいで亡くなったのであった。(29) その当時から、無実の罪を着せ

られて命を落とした、と噂され、その後惹起する天変地異に際して、常に怨霊として取りざたされたのであった。私も、二霊とは伊予親王とその母吉子であったと考えておきたい(30)。

四　空海への修法依頼

実はこの弘仁九年（八一八）の四月、空海にも修法の依頼があったと考えられる史料が伝存する。それは、『高野雑筆集』所収の吏部次郎《りぶじろう》、すなわち式部大輔《たいふ》にあてた災禍を未然に防ぐために修法を命ぜられ、その修法にたずさわる僧名と必要な支具などを書き送ったものに添えた書簡である。残念ながら、いつ書かれたかは不明である。

ともあれ、私に三段落にわかって書き下し文をあげる。

①昨日諸公、松巌《しょうがん》を尋ぬることを労《いたつかわ》し、辱《かたじけな》くも文華《ぶんか》を恵まる。別後披諷《ひふう》して、人を思うこと已《や》まず。覚えずして口号《くごう》し、紙に報書したり。惟《おもう》に誦看《じゅかん》を垂《た》れよ。

②㋐昨日命ずる所の修法の人名及び支具の物、具《つぶさ》に録して馳上《ちじょう》す。望むらくは早く垂送《すいそう》せんことを。幸甚、幸甚。

③又《また》先に許すに更に山門を尋ねて、切《ねんごろ》に面諮《めんし》する事有らんと。両三日の後に、亦馬蹄《またばてい》を降《くだ》されよ。㋑災を未兆《みちょう》に防ぐは、聖賢の貴ぶ所、患《わざわい》至りて乃《すなわ》ち悔《く》ゆるは、是れ則ち愚《ぐ》なり。賊を防ぎ火を防ぐに、何ぞ遅怠《ちたい》すべけん。惟《こ》れ垂察《すいさつ》せられよ。委曲は面申《めんしん》せん。不宣。沙門遍照状上す。

吏部次郎閣下　謹空(31)（傍線筆者）

この書状の主眼とするところは、

第一は、傍線部㋐に「昨日命ずる所の修法の人名及び支具の物」とあり、㋑に「災を未兆に防ぐは、聖賢の貴ぶ所」とあって、攘災のために修法を依頼されていたこと、

第二は、「昨日諸公、松巌を尋ぬることを労し、辱くも文華を恵まる」とあって、何人かが連れ立って山房を訪ね、詩文を賜ったこと、

第三は、最後に「吏部次郎閣下」とあって、吏部次郎＝式部大輔にあてた手紙であったこと、

の三つである。したがって、この書状のあてさき・書かれた年次を推察する場合のキーワードは、吏部次郎、攘災のための修法、山房の三つである。

では、この書状はいつ・誰にあてたものであったか。先行研究(32)を整理すると、

弘仁元年、笠仲守あて説 …………………… 勝又俊教・高木訷元①・②・③

同元年九月〜同二年十月、藤原冬嗣あて説 … 高木訷元②・③

同九年、藤原三守あて説 …………………… 高木訷元③

同十年五月、藤原三守あて説 ……………… 西本昌弘

の四説がみられた。このなか、従来の説を逐一検討してそれらを退け、新しい説を提唱されたのが西本氏であった。西本説の根拠はつぎの三つであった。

①三守は、『公卿補任』によると、弘仁五年正月二十二日に式部大輔となり、同八年から十二年まで式部大輔であったこと。

②この書状の差出し人の「沙門遍照状上」は、同じものが『高野雑筆集』に三通みられ、そのうちの一通は弘仁十年五月前後のものである。よって、この書状もそのころのものと考えてよいであろう。

③弘仁十年には、旱魃が深刻化し、祈雨がさかんにおこなわれていたから、この書状にいう修法はそのことと関連するとみなされた。

結論として、三守は空海のもとにしばしば足を運び、漢詩文を贈ったり、修法のことについて面談したりするなど、頻繁な交流をもっていた、とみなされた(33)。

この西本説に対して、私は二つの疑義を有する。その第一は、西本氏のいわれる弘仁十年五月の書状であったとすると、なぜ、この当時、三守が持っていた最高の肩書き「春宮大夫」ではなく、「式部大輔」を用いたのか、についての説明がない点である。半年前の弘仁九年十二月十日付とみなしうる書状の宛名は、まさに「東宮大夫相公閣下」と、「春宮大夫」が用いられていた。ちなみに、弘仁十年五月の時点で、「従四位下」であった三守がおびていた官職はつぎの通りであった（（ ）は相当位階(34)）。

参議・春宮大夫（従四位下）・式部大輔（正五位上）・左兵衛督（従五位上）

第二の疑義は、弘仁十年五月、空海はどこで何をしていたのか、このことへの言及がまったく見られない点である。弘仁十年八月十三日に書いたとみなされる書状によると、空海は前年の十一月からこの年の七月ころまで、高野山に滞在していたようである。その書状には、

仲秋已に涼し。伏して惟れば、動止万福なりや。(あ)空海、前年禅菴を造らんが為に、且《しばら》く南嶽に向かう。事早々なるに縁って消息を奉らず。悚息《しょうそく》何をか言わん。(い)今勅徴《ちょくちょう》に随って来って城中に入れども、就いて謁《まみ》えるに由無し。悚歎極めて深し。體察せよ。幸々甚々。（以下略(35)）

とあって、前年から禅庵をつくるために高野山にでかけていたこと（傍線部(あ)）、ただいま勅命により都に帰ってきたけれども、なかなか拝謁がかなわない（傍線部(い)）と、無礼をわびている。前年の十一月から高野山滞在中、空海

はわが国初の密教寺院を建立するにあたって、伽藍配置をきめ鎮壇の法を修するなど、寧日なき日々を送っていたと推察される。[36]

この当時の高野山は、やっと雨露をしのげるだけの草庵はあったとしても、京都からは遠隔の地であったこと、八五〇メートルの山上にあって簡単にたどり着ける場所ではなかったことを考えると、西本氏のいわれる「空海のもとにしばしば足を運び、漢詩文を贈ったり、修法のことについて面談したり」が、簡単にできる場所ではなかったであろう。書状には「何人かが連れ立って山房を訪ね、詩文を賜った」「先般、再びこの山房に来られて、懇ろに面談して相はかることを承知されましたが、二、三日後にはまたお越しください」等とあって、三守は頻繁に空海のもとを訪ねていたようである。西本氏がいわれる弘仁十年五月ころ、三守が住んでいた京都と空海のいた高野山とのあいだで、「二、三日後にはまたお越しください」などと言えたであろうか、疑問なしとしない。

三守に出した書状とみなすならば、三守が「式部大輔」に任ぜられた弘仁五年正月二十二日からこの職を辞した同十二年正月までの期間で、しかも、「式部大輔」が最高の肩書きであった時期を中心に、いま一度、検討する必要があるのではないか。三守が「春宮大夫」に抜擢されたのは弘仁九年六月十六日であったので、それ以前となる。そうして、特に留意すべきは「攘災のための修法を依頼されていたこと」である。つまり、災厄と修法をキーワードとして見直すべきであろう。

そこで、「京都から頻繁に訪ねられる」「攘災のための修法」「春宮大夫に就任する前」などを勘案するならば、弘仁九年の四月、高雄山寺においてかいた書状であると、私は考える。

ともあれ、西本氏のいわれる弘仁十年五月前後の旱魃と祈雨の事例と、私が考える弘仁九年四月の日照りと祈雨の事例とを対比してあげてみよう。[37]

表1　弘仁九年・十年の日照りと祈雨

武内指摘の**弘仁九年**の日照りと祈雨	
4・3	京畿にて祈雨す
4・22	祈雨のため、伊勢に奉幣し諸大寺・畿内の諸寺に転経・礼仏す
4・23	来る二十六日から三日間、僧綱に転経せしむ
4・24	大和吉野の雨師神に従五位下を授く
4・26	柏原山陵に祈雨す
4・27	旱災のため、前殿にて仁王経を講ず

西本氏指摘の**弘仁十年**の旱魃と祈雨	
7・2	祈雨のため丹生川上雨師神に黒馬を奉納
7・17	伊勢大神宮と大和大后山陵に奉幣し祈雨
7・18	十三大寺と大和国定額寺において大般若経を転読し、甘雨を祈らせた
7・	「是月、夏より雨ふらず、諸国の害を被る者衆し」とあり、旱魃が深刻化し祈雨が盛んにおこなわれていたことがわかる

西本氏のあげる祈雨の事例は、空海が手紙をかいたとみなす五月から二ヶ月あまり後のものばかりであり、「昨日命ずる所の修法の人名及び文具の物」とは直接むすびつかないであろう。それにひきかえ、先述した弘仁九年四月の連年にわたる甚大な日照りとその対応に苦慮する朝廷のうごきには、尋常でないものが感じられたのであった。特に、「諸大寺、畿内の諸寺・山林の禅場」において転経・礼仏が命じられ、叡山にいた最澄にもこのことが墨勅でもって命ぜられていたのであった。

以上より、「吏部次郎」あての書状は、弘仁九年四月下旬、高雄山寺にて藤原三守にあてて書かれたとみなしておく。

五 『心経秘鍵』上表文が参照した事跡

「吏部次郎」あて書状は、弘仁九年四月、前年からつづく記録的な日照りを除かんとして、諸大寺ならびに畿内の諸寺・山林の禅場等に命じて大々的におこなった転経・礼仏に際してのものと考えられた。一方、『心経秘鍵』上表文は、「大疫」の事実は確認できなかったけれども、数年前から社会不安をまねく日照りなどの天変地異が頻発し、深刻な状態であったことはまちがいなく(38)、それらのことを踏まえてかかれたとみなすと、俄然、真実味をおびてくる。つまり『心経秘鍵』上表文は、空海に攘災のための修法が命ぜられたことを踏まえて偽作されたのではなかったか、と考える。つぎに、このことを見ておきたい。

そこで、『心経秘鍵』上表文の内容と、偽作するに際して参考にしたと想われる弘仁九年四月の一連の事跡などを対比して列挙してみよう。

第一は、「時に弘仁九年の春天下大疫す」である。少なからず影響を与えたのは、『日本紀略』弘仁九年四月二十三日条にいう、①昨年秋の不作により今年の田植ができなくなったこと、②天候不順のため十日以上つづいている記録的な日照り、③左右京職に命じて道路に累々としていた行倒れ者を埋葬させたこと、であろう。特に「道殣を収葬して、骼を掩い胔を埋め」は、「大疫」のイメージ化に大きく貢献したであろう。今一つは、旱魃につづく同年七月の東国をおそった地震をうけて出された、同年九月十日の、「昔天平の年も亦斯《またこ》の変有り。因りて疫癘を以て、宇内《うだい》凋《ちょう》傷《しょう》す。前事忘れず。」との詔である(39)。数年来の諸々の災害は、天平の昔を想起させるものとして受け取られていたのであった。翌九月十一日には、疫癘を除くために伊勢大神宮に幣帛が奉られたことも参考になったであろう(40)。

第二は、「疫病の大流行に心を痛められた嵯峨天皇は、みずから紺紙に金泥をもって『般若心経』一巻を書写なさった」である。直接的には、記録的な日照りにより、田植ができない現状に対して心を痛められた天皇が、「諸大寺及び畿内の諸寺・山林の禅場等をしての転経、礼仏」と僧綱に前殿での転経を命じたことであろう。間接的には、最澄が金泥でもって『法華経』を新写したこと、嵯峨天皇が天長二年（八二五）と同三年の二度、桓武天皇のために金字の『法華経』を書写し供養していることもヒントになったのではなかったかと考える。(41)

第三は、「私空海に講読のときの要領にて、『般若心経』の精髄をまとめるよう命ぜられた」である。藤原三守にあてた書状に記す「攘災のために修法を命ぜられていたこと」、および四月二十二日条に「諸大寺及び畿内の諸寺・山林の禅場等をしての転経、礼仏」を命じていることであろう。

上表文は、そのものを空海の真撰とみなすことはできないけれども、右にみたように、記録的な日照りとそれに対してだされた詔勅、ならびに空海への攘災のための修法依頼の書状等にもとづいて、後世に偽作されたことはほぼ間違いないであろう。

おわりに

「時に弘仁九年の春天下大疫す」ではじまる『心経秘鍵』上表文は、「大疫」の事実が確認できないことから等閑に付されてきたけれども、数年来うちつづく記録的な水害・地震・日照りなどをうけて、弘仁九年四月にだされた転経・礼仏等の詔勅がヒントとなって偽作されたとみなした。

もし、この推察が首肯されるならば、空海をめぐる伝説・伝承は、まったくの荒唐無稽なものではなく、その根底に、話の核となった空海の事績が必ず見いだされるのである。そのもっとも顕著な例は、高野山の開創にまつわる飛行三鈷と丹生津比売命からの高野山譲渡説である。[42] 伝説・伝承の裏にかくされた空海の事績を推理することも、真実の空海を発見する一つの方法といえよう。

註

（1）『心経秘鍵』上表文（『定本弘法大師全集』〈以下、『定本全集』と略称す〉第三巻、一三頁、一九九四年三月、高野山大学密教文化研究所）。

（2）『定本全集』第三巻所収の『心経秘鍵』解説参照（『同書』三一四〜三一五頁）。「問題がないわけではない」といったのは、空海の経典解説の方法は天長五・六年を境として前後で大きく相違するが、『心経秘鍵』のそれは天長五・六年より前の形式によるとの指摘がなされているからである（土居夏樹「『般若心経秘鍵』の撰述年代について—諸開題に見られる経典解釈法からの考察—」『高野山大学大学院紀要』第五号、一〜一六頁、二〇〇一年二月）。

（3）拙稿「『般若心経秘鍵』の撰述年代について」を参照いただきたい（『高野山史研究』第二号、一〜一六頁、一九七八年八月）。

（4）註3に記した拙稿において、偽作された時代を十二世紀後半とみなしておいた。その後、上表文だけを平安時代の十二世紀に書写した写本二本がみつかった。一本は、保延四年（一一三八）に尊院が、一本は安元三年（一一七七）高野山にて証印が書写したものである（『定本全集』第三巻、二二一頁参照）。このように、上表文だけが単独で書写されていたことから、上表文は後世に偽作され、しかるべき時期に『心経秘鍵』巻末に付加されたものと考える。

（5）註1に同じ。

（6）確かに、弘仁九年の前半期には疫病にかんする記事はみあたらないけれども、同年九月十日・十一日の条には「疫癘」「疾疫」の語がみられる（『類聚国史』巻百七十三、災異七、疾疫、弘仁九年九月十日・十一日条〈『新訂増補国史大系』（以下、『国史大系』と略称す）第六巻、一九五頁、吉川弘文館〉）。

（7）承和七年（八四〇）に撰進された『日本後紀』は全四十巻からなるけれども、現存するのは十巻だけである。この書には、延暦十一年（七九二）から天長十年（八三三）にいたる四十二年間が収録されていた。この『日本後紀』の時代は、空海の出家・入唐から帰国、そして真言密教をわが国に弘め定着させることに師子奮迅の活動をした時代でもあった。したがって、『日本後紀』四十巻が揃っていたならば、空海の事績をいま少し具体的に知ることができると考えるが、無いものねだりをしてもはじまらない。その闕をいくらか補ってくれるのが『日本紀略』であり、『類聚国史』である。

（8）『日本紀略』前篇十四、弘仁九年四月条（『国史大系』第十巻、三〇六～三〇七頁）。

（9）日照り以外の二つの記事とは、二十三日条の「太秦公の寺に災あり。堂塔遺るもの無し」と二十七日条の「是の日、制有り。殿閣及び諸門の号を改む。皆額に題す」である。

（10）『日本紀略』前篇十四、弘仁九年三月十九日条（『国史大系』第十巻、三〇六頁）。

（11）佐伯有清『最澄と空海―交友の軌跡―』二三〇頁、一九九八年一月、吉川弘文館。

（12）飼馬にあたえるまぐさと穀物についての規定が、厩牧令1にみられる。「凡そ厩《うまや》には、細馬《さいめ》一疋、中馬《ちゅうめ》二疋、駑馬《ぬめ》三匹に、各《おのおの》丁一人給え。穫丁《かくちょう》は馬毎に一人。日ごとに、細馬に、粟一升、稲三升、豆二升、塩二夕給へ。中馬に、稲若しくは豆二升、塩一夕。駑馬に、稲一升。乾《ひ》たる草は各五圍。木の葉は二圍。周《めぐり》三尺を圍と為《せ》よ。青草は倍せよ。皆十一月上旬より起《おこ》りて乾たるを飼え。四月上旬よりは青きを給え。其れ乳牛《にゅうご》には、豆二升、稲二把給え。乳取らむ日に給え」（日本思想大系3『律令』四一三頁、一九七六年十二月、岩波書店）。

（13）弘仁九年四月、最澄に墨勅が下され、叡山で転経・礼仏したことを知ったのは、佐伯有清『最澄と空海―交友の軌跡―』によってであった（前掲（註11）書、二二五～二四五頁）。『同書』には、数年来の日照り・飢饉についても詳述されており、参照させていただいた。記して謝意を表する。

（14）『伝述一心戒文』巻上所収、最澄あて藤原冬嗣書状（『伝教大師全集』巻一、五三二頁、一九七五年四月、世界聖典刊行協会）。

（15）『伝述一心戒文』巻上所収、藤原冬嗣あて最澄書状（『同右』巻一、五三三頁）。

（16）『伝述一心戒文』巻上所収、最澄上表文（『同右』巻一、五三七～五三八頁）。

（17）『顕戒論縁起』巻上所収、延暦二十四年七月十五日付「進経疏等表」（『同右』巻一、二八二～二八三頁）。

（18）『伝述一心戒文』巻上（『同右』巻一、五三六頁）。

（19）註18に同じ。

（20）最澄が示寂する直前にも嵯峨天皇とのあいだで詩文が取り交わされていたことが、田村晃祐『最澄』に記されている（『同書』二四八～二五二頁、一九八八年二月、吉川弘文館）。

(21) 註18に同じ。

(22) 『伝述一心戒文』巻上所収、最澄あて良岑安世書状（『伝教大師全集』巻一、五三八頁）。

(23) 『伝述一心戒文』巻上所収、最澄願文（『同右』巻一、五三三～五三六頁）。

(24) 最澄願文に見られる「帰敬の文」（『同右』巻一、五三三～五三四頁）。

(25) 煩瑣になるので、本文では「敬白」三条のうちの一つだけをあげた。第一条と第三条はつぎの通りである。

①敬って十方一切仏。一切法。一切賢聖。一切三界二十八天子。天民。龍王。龍民。夜叉王。夜叉民。乾闥婆王。乾闥婆民。阿修羅王。阿修羅民。迦楼羅王。迦楼羅民。緊那羅王。緊那羅民。摩睺羅伽王。摩睺羅伽民。大日本国一切天神王等。天神民。地祇王等。地祇民。鬼神王等。鬼神民。諸山王等。諸山民。諸河王等。諸河民。諸海王等。諸海民。諸林王等。諸林民。諸野王等。諸野民。結縁同法の善知識に白さく。倶に無上菩提心を発して、前後の七難等を消滅せしめん。風雨、昼は時に順って五穀を成じ、夜は恒に護るべし。大日本の国主、安穏にして、及び皇后儲君・王子・公卿等、文武百官并せて元元、百秋を見るを得るまで常に楽を受け、六度の万行、無間に修さん。仏種を紹隆することを断ざらしむ。上求・下化して後際に尽きん。

③敬って十方一切常住仏。十方一切常住法。十方一切常住僧。菩薩。独覚。声聞衆。二十八天。梵天。帝釈。四大天王。大弁才天。大吉祥天。堅牢地神。将了知大将。二十八部。諸夜叉神。大自在天。金剛密迹。普賢大将。訶利底母。五百眷属。無熱池龍王。難陀龍王。跋難陀龍王。和修吉龍王。徳叉迦龍王。摩那斯龍王。優鉢羅龍王等。百千各眷属に白さく。各《おのおの》慈悲の心を発して、七難等を消除せよ。降雨の細雲、雨を洽《うるお》し、膏雨等を下《ふ》らし、衣食、悉く具足して、無病長寿の楽ならん。倶に一乗の行を修し、同じく四徳の台に登らん。一切恭敬常住三宝、我今、坐禅し、持念し、転経し、礼仏し、種々の修福をもて、永く龍の苦を離れしむ。早く甘雨を得せしめ、並びに七難を除かん。

(26) 最澄願文に見られる「敬白文」第二条（『伝教大師全集』巻一、五三五頁）。

(27) 『日本紀略』前篇十四、弘仁十年三月二十一日条（『国史大系』第十巻、三〇八頁）。

(28) 佐伯有清、前掲（註11）書、二三六～二三九頁。

(29) 『日本紀略』前篇十三、大同二年十月・十一月条（『国史大系』第十巻、二八六頁）。

(30) 筆者もかつて、社会不安をまねく天変地異と怨霊との関連について論じたことがある。以下の拙稿を参照いただきたい。（一）

「弘法大師と法華講会―「天長皇帝為故中務卿親王講法華経願文」考―」（中川善教先生頌徳記念論集『仏教と文化』一四五～一七三頁、一九八三年二月、東方出版。本書第三部第三章に収録）、（二）「空海時代の天変地異」（『密教学研究』第四十五号、二五～八九頁、二〇一三年三月）。

(31) 『高野雑筆集』巻上所収、吏部次郎あて書状（『定本全集』第七巻、一一四～一一五頁）。

(32) ここでは以下の三氏の論考を参照した。（一）勝又俊教編修『高野雑筆集』（『弘法大師著作集』第三巻、五一三～五一四・六六四頁、一九七三年三月、山喜房仏書林）、（二）①高木訷元『弘法大師の書簡』九二～九四頁、一九八一年四月、法蔵館、②高木訷元訳注『高野雑筆集』（『弘法大師空海全集』第七巻、七九～八〇頁、一九八四年八月、筑摩書房）、③高木訷元『空海と最澄の手紙』八二～八三頁、一九九九年五月、法蔵館、（三）西本昌弘「『高野雑筆集』からみた空海と藤原三守の交流」（『古代史の研究』第十三号、四五～四八頁、二〇〇六年十二月）。

(33) 西本昌弘、前掲（註32（三））論考に同じ。

(34) 『公卿補任』弘仁十年条（『国史大系』第五十三巻、九〇頁）。

(35) 『高野雑筆集』巻上所収「仲秋已涼」書状（『定本全集』第七巻、一一二頁）。

(36) 拙著『弘法大師空海の研究』第四部第一章「高野山の開創とその意義」を参照いただきたい（『同書』四九〇～五二四頁、二〇〇六年二月、吉川弘文館）。

(37) 西本氏指摘の文は、同氏前掲（註32（三））論考、四七～四八頁。弘仁九年四月の記事は、すべて『日本紀略』前篇十四による（『国史大系』第十巻、三〇六～三〇七頁）。拙稿「空海時代の天変地異」に、宝亀五年（七七四）から承和二年（八三五）にいたる天変地異の略年表を収録しているので、参照いただきたい（註30（二）論考）。なお、四月以降も事態はよくならなかったようで、五月九日に山城国の貴布禰神を大社とし、六月二十一日には同じ貴布禰神に従五位下が授けられた。七月七日の節会も日照りのために停止となり、同月十四日貴布禰神社と室生の龍穴に使を遣わして祈雨せしめている。

(38) 例えば、弘仁六年には大雷・大水・大規模な雷雨・暴風の記事が六月三日・十六日・二十四日・七月十三日とみえ、これらをうけて七月二十五日に左右京・畿内の田租が免ぜられ、八月三日には長雨のため伊勢・賀茂社に奉幣された。同七年には風雨を止めるための祈願・大風とその祈願の記事が七月二十日・八月十六日・九月六日とみえ、八月二十七日には信濃国で前年不作のため一万石を窮民に給した。同八年には六月に祈雨が二回（二日と四日）、七月十七日摂津に津波があり、五月二十一日に信濃と長門・

六月三日に筑前に賑給し、十月七日には常陸で不動倉が焼けている（註30の拙稿（二）参照）。

(39)　『類聚国史』は、七月に東国を襲った地震を「是の月（＝七月）、相模・武蔵・下総・常陸・上野・下野等の国、地震う。山崩れて谷埋むること数里なり。圧死する百姓、勝《あ》げて計《かぞ》う可からず」と記す。この地震に関連する記事が、八月十九日条に「使を諸国に遣して地震を巡省せしむ。其の損害甚しき者に賑恤を加えしむ」とあり、続いて同日条に「詔して曰わく」として、地震の被災地に対して租調の免除・賑恤・死者の埋葬などを命じている。そうして、九月十日、改めて詔がだされたのであった。この日の詔でも「比者《このごろ》地震い、害黎元に及ぶ。吉凶は人により、妖は自《おのずか》ら作《おこ》らず。」と、天皇の政治が天命にかなっていないからその誡めとして地震が起きたのだといい、天平年間に地震のあと疫癘が流行したことをあげ、そのときの二の舞を防ぐため国分寺にて五日間『金剛般若経』を転読し、兼ねてみそぎをおこなうよう命じたのであった。また、同じ日、弘仁八年以前の租税の未納分は免除すべきことを命じており（『国史大系』第六巻、一五九～一六〇・一九五頁）、天皇の苦悩の様子が窺われるのである。なお、「昔天平の年も亦斯《またこ》の変有り。」に該当する事象は、『続日本紀』天平四年（七三二）七月五日条の干害により奉幣・賑給・大赦を命じたこと、同六年四月七日の大地震とこの地震は政事《まつりごと》に闕けたることあるためで諸司の精励を命じたこと（十七日条）、同七年五月二十三日条の災異による大赦、同年閏十一月十七日条の疫癘の流行による大赦、などをさすという（黒板伸夫・森田悌編『訳注日本史料　日本後紀』七六三頁頭註参照、二〇〇三年十一月、集英社）。佐伯有清先生は「天平の年の災害とは、天平四年（七三二）六月以来の旱魃に引きつづく、天平六年四月からの大地震などの災害を指すのであろう」といわれる（前掲（註11）書、二四三頁）。

(40)　『日本紀略』前篇十四、弘仁九年九月十一日条（『国史大系』第十巻、三〇七頁）。

(41)　『遍照発揮性霊集』巻第六「桓武皇帝の奉為に太上御書の金字の法華を講ずる達嚫」によると、一昨年の冬月、西寺に蔵めていた嵯峨上皇宸筆の金字『法華経』が焼失したため、昨年三月、上皇は宮をあげて金字の『法華経』を書写し供養するにいたったと記す（『定本全集』第八巻、九二～九四頁、一九九六年九月）。

(42)　註36にあげた拙稿「高野山の開創とその意義」参照。

(附記)　脱稿後、金泥でもって書写した金字経に関する論考を目にしたので、参考までに記しておく。残念ながら、嵯峨天皇宸筆の金字『法華経』については言及されていない。平安初期における金字経については、後日を期することにしたい。村田みお「金字経の思想的系譜―中国六朝期から日本平安期まで―」（『東方学報』京都、第八十八冊、一五一～一八七頁、二〇一三年十二月）。

第三章　空海の平城上皇への灌頂授法

はじめに――問題の所在――

正統な密教にもとづく灌頂儀礼をわが国に最初に伝えたのは空海であった。延暦二十三年（八〇四）に入唐した空海は、八〇五年六月から八月にかけて、当代随一の密教の阿闍梨恵果和尚から胎蔵・金剛界・阿闍梨位の灌頂を受けるとともに、恵果が修得していた密教のすべてを受法して八〇六年に帰国した。「空海が伝えた灌頂」を考えるとき、つぎの四つが問題となるであろう。

第一、空海はいつ・いかなる灌頂を受法したか。

第二、空海はいつ・誰に・いかなる灌頂を授けたか。

第三、これらの灌頂儀礼はどのようなものであったか。

第四、空海は灌頂をいかに考えていたか。

このうち、第一は空海の『御請来目録』に詳述されている。第二は、弘仁三〜四年（八一二〜八一三）の高雄山寺における最澄ら二百余名に対する受明《じゆみよう》灌頂、弘仁七年七月の勤操らに対する両部灌頂、この二つ以外は詳らかにしえない。第三は、まったく手がかりがないといっても過言でない。第四は、空海の著作を丹念によむことによって、ある程度のところまでは知りうるであろうと考える。このように見てくると、「空海が伝えた灌頂」の全貌は、はなはだ不明瞭であるといわざるをえない。

ところがここに、空海がおこなった灌頂について、極めて示唆にとんだ史料がある。それは、承和三年（八三六）五月五日付で青龍寺にあてて出された実恵らの書状である。[1] この書状には、注目すべき記述が三つある。すなわち、

①帰国後十年ほどは、真言宗を立てることができず苦労したけれども、十年経って、その教えが少しずつ浸透し、諸宗の法侶や良家の子弟に、灌頂を受法するものがやや多くなっていった。

②さきの太上天皇（＝平城上皇）が宮をあげて灌頂を受け、高岳親王も出家した。やがて天皇・皇后をはじめ、公卿・道俗の男女など灌頂を受法するものが万を越えるようになった。

③門人で伝法の印可《いんか》を頂戴したものは、皇子禅師《みこぜんじ》（＝真如親王）、牟漏《むろう》の真泰、東寺の実恵、嶺東の杲隣《ごうりん》、神護寺の忠延、弘福《ぐふく》寺の真雅、東大寺の円明、入唐の真済《しんぜい》法師などがおり、一尊法を受けたものは数百人にのぼった。

の三つである。とはいえ、いつ・どこで・いかなる次第をもって授けられたのか、などの詳細については、一切不明である。

また、大きな課題が二つある。その第一は、呉殷の「恵果行状」によると、恵果は訶陵の辯弘・新羅の恵日には胎蔵の師位を、剣南の惟上・河北の義円には金剛界の大法を、義明供奉には両部の大法を授けたという。[2] つまり、恵果は人をみて灌頂と大法を授けられた。しかるに、空海が授けた灌頂には、胎蔵・金剛界・両部の別を明確に記した記録が見られない。[3] これをいかに解すべきか、である。第二は、『御請来目録』によると、空海が恵果から受法した灌頂を、胎蔵・金剛界とも「五部灌頂」と記すことである。金剛界の五部は説明がつくと考えられるけれども、胎蔵の五部はいかに解すればよいか、である。

以上のように、「空海が伝えた灌頂」には不明瞭なところが少なくない。

そこで、本稿では、空海の著作を中心に残された史料にもとづき、「空海が伝えた灌頂」にかんして、いま明確にできうることとそうでないこと、並びに今後の課題を指摘しておきたい。

一　空海の入唐と灌頂受法

1　恵果阿闍梨との出逢い

空海入唐の動機・目的は、青年時代の求聞持法の実修によって体感された強烈な神秘体験の世界が、いかなる世界であるかを探求する道程の延長線上にあった。そして唐に渡り、はじめて、体験した世界が密教なる世界であったことを知り、その世界を究めんとして恵果和尚と出逢い、和尚が持っていた密教の世界を余すところなく受法し、わが国に持ち帰ったのであった、と考える。

空海と密教との出逢いは、体験的には二十歳のころに求聞持法を修したときであり、その世界が密教なる世界であることを明確に認識したのは、入唐し、長安においてであって、「はじめに体験ありき」と申しておきたい。(4)

では、留学僧に選任されたのはいつであったか。(5)従来、空海は延暦二十三年四月に出発する二度目の遣唐使派遣に際して、新たに留学僧の選考があり、このとき選任されたとみなされてきた。しかるに、『続日本後紀』巻四、承和二年（八三五）三月庚午（二十五日）条の「空海卒伝」、延暦二十四年（八〇五）九月十一日付太政官符によると、空海は延暦二十二年四月に出家・受戒を済ませていた。この日時は、第一回目の遣唐使船が難波津を出帆した日程に符合するものであり、空海の留学僧への選任は同年正月から三月にかけてであったとみなしておきたい。

第一回目の遣唐使船が難波津を出帆したのは、延暦二十二年四月十六日であった。五日後の二十一日、瀬戸内海を航行中に暴雨疾風にあって航行不能の船がでたため、やむなくこの年の渡航は中止になった。翌二十三年七月六日、第二回目の遣唐使の一行は肥前国松浦郡田浦を一斉に出帆した。第一船には遣唐大使の藤原葛野麻呂と空海らが、第二船には遣唐副使の石川道益と最澄らがのっていた。

第一船は、三十四日後の八月十日、福州長渓県赤岸鎮に漂着した。十一月三日、州都・福州を出立した大使ら二十三名は、十二月二十三日、夢にみた長安城に到達し、宣陽坊の官宅に落ちついた。翌年二月十日、大使らは遣唐使の役目をおえて長安をあとにした(6)。

この日、空海は西明寺に移り、留学僧としての本格的な生活がはじまった。最初に取りくんだことは、密教の受法に不可欠な梵語の習得であった。先生は、醴泉寺にいたカシミール出身の般若三蔵であった。基礎を一通り学び終えた空海は、同年五月下旬、西明寺の志明・談勝らと当代随一の密教の阿闍梨恵果和尚を青龍寺東塔院に訪ねた。恵果は初対面であったにもかかわらず、修得したすべてのものを伝授しよう、と空海に語ったという。『御請来目録』は、そのことをつぎのように記す。

我、先より汝が来ることを知りて、相待つこと久し。今日、相見《まみゆ》る。大いに好し、大いに好し。報命竭《つ》きなんと欲するに付法に人なし。必ず須《すべから》く速かに香花《こうけ》を弁じて、灌頂壇《かんじょうだん》に入るべし(7)。

一目みて、空海が密教を授けるに相応しい人物であることを見抜いた恵果のこのことばから、入唐するまでの空海の前半生が、いかに充実したものであったかを読みとることができよう。

2　恵果阿闍梨からの灌頂受法

「速かに香花を弁じて、灌頂壇に入るべし」と告げられた空海は、ただちに西明寺で受法の準備をととのえ、青龍寺にとって返した。恵果からの密教受法は、六月初旬の胎蔵灌頂からはじまった。

空海は、恵果から三度にわたり、胎蔵・金剛界・阿闍梨位の灌頂を受法したという。これらの灌頂について、詳述するのが『御請来目録』である。正式の帰国報告書である大同元年（八〇六）十月二十二日付の『同目録』には、二ヶ所に恵果から受法した灌頂について記す。第一は、巻頭におかれた上表文であり、

> 我に授くるに発菩提心戒《ほつぼだいしんかい》を以ってし、我に許すに灌頂道場に入ることを以ってす。受明《じゅみょう》灌頂に沐《もく》すること再三なり。阿闍梨位を受くること一度なり。肘行膝歩《ちゅうこうしつぽ》して未だ学ばざるを学び、稽首《けいしゅ》接足して聞かざるを聞く。幸に国家の大造、大師の慈悲に頼《よ》りて、両部の大法を学び、諸尊の瑜伽《ゆが》を習う。[8]

と記される。第二は、恵果からの受法を特記した巻末にちかいところであり、そこには、

> ①六月上旬に学法灌頂壇に入る。この日大悲胎蔵大曼荼羅に臨んで、法によって花を抛《なげう》つに、偶然として中台毘《び》盧遮那《るしやな》如来の身上に着く。阿闍梨讃じて曰《い》はく「不可思議、不可思議なり」と。再三讃歎したまう。即ち五部の灌頂を沐して三密の加持を受く。此れ従《よ》り以後《のち》、胎蔵の梵字の儀軌を受け、諸尊の瑜伽観智を受く。
>
> ②七月上旬に、更に金剛界の大曼荼羅に臨んで、重ねて五部の灌頂を受く。また抛つに毘盧遮那を得たり。和尚驚嘆したまうこと前《さき》の如し。
>
> ③八月上旬にも亦《また》伝法阿闍梨位の灌頂を受く。是の日、五百の僧斎《そうさい》を設け、普《あまね》く四衆を供す。[9]

と記されている。

右の二つの記述にもとづいて、恵果和尚から受法した灌頂について整理しておきたい。第一の上表文には、最初に

発菩提心戒を授けられ、ついで受明灌頂に沐すること再三、そして阿闍梨位を受くること一度であったという。周知のように、発菩提心戒は密教の戒であり、灌頂壇に入るまえに密教の戒を授けられ、続いて受明と阿闍梨位の灌頂を授けられたことを知りうる。

この受明と阿闍梨位の灌頂がいつ授けられたかを詳述したのが、第二の個所である。すなわち、

①六月上旬　学法灌頂壇に入った。大悲胎蔵大曼荼羅（壇）に臨んで、投花得仏をおこなうと、投げた花がマンダラ中央の毘盧遮那如来のうえにおちた。ついで、五部の灌頂をうけて三密の加持を受けた。そののち、胎蔵の梵字儀軌と諸尊の瑜伽観智をさずけられた。

②七月上旬　金剛界の大曼荼羅（壇）に臨んで、再び投花得仏をおこなったところ、またもや中央の毘盧遮那如来のうえに花がおちた。ついで、重ねて五部の灌頂を受けた（重受㆓五部灌頂㆒）。

③八月上旬　伝法阿闍梨位の灌頂を受けた。

となり、六・七月が学法灌頂、八月が阿闍梨位の灌頂であったことを知りうる。

3　恵果阿闍梨から受法した灌頂の問題点

以上、恵果から受法した灌頂については、『御請来目録』の二ヶ所に記されていた。しかるに、空海みずからが書き記した文章であり、かつ同じ著作であるにもかかわらず、ここには微妙な違いと疑わしい点がみられる。

問題が残ると思われる事柄は、つぎの二つである。第一は、受法した灌頂を、上表文では「受明灌頂」と記し、巻末では「学法灌頂壇」と記すことである。この「受明灌頂」と「学法灌頂」とは、同じとみなしてよいのであろうか。

第二は、六月上旬の胎蔵灌頂を「即ち五部の灌頂を沐して三密の加持を受く」と記し、七月上旬の金剛界灌頂でも

「重ねて五部の灌頂を受く」とあって、二度とも「五部灌頂」と記すことである。このまま、二度とも「五部灌頂」とみなしてよいのであろうか。

第一の疑義についてみておきたい。わが国に伝来し展開した密教における灌頂の種類については、上田霊城師が整理している。(10) それによると、内容・目的・形式によって多くの種類が伝えられているが、もっとも一般的な分類は、①結縁《けちえん》灌頂、②受明灌頂、③伝法灌頂、の三つであるという。このうち、受明灌頂とは、

密教の修行をはじめる者に有縁の仏様＝本尊の印明《いんみょう》と修行法を授けるもので、持明《じみょう》灌頂・**学法灌頂**・受学灌頂・弟子位灌頂ともいう。(11)

と記される。これによると、「受明灌頂」と「学法灌頂」とは同じと考えてよいことになり、疑義の第一は呼称のちがいだけで、問題とはなりえないといえよう。(12)

では、第二の疑義「五部灌頂」はいかに解すればよいであろうか。七月の灌頂は金剛界であるから、問題とはなりえないとも考えうるが、六月は大悲胎蔵の灌頂壇であったことから、若干疑わしく思われるのである。

幸いにも、空海の撰になる『秘密曼荼羅教付法伝』（以下、『広付法伝』と略称する）には、「五部灌頂」なる語が三ヶ所にみられるので、参考までに列挙してみたい。

①また『貞元新定釈教録』に曰《い》わく、「龍樹菩薩の弟子、龍智と名づく。年七百余歳。今猶見《いまなおげん》に南天竺国に在《いま》して㋐『金剛頂瑜伽経』及び『毘盧遮那惣持陀羅尼法門』、五部灌頂、諸仏秘密の蔵、及び諸大乗経論等を伝授す」と。（第四祖・龍智伝、傍線筆者）

②三十一にして南天竺に往《ゆ》いて、龍樹菩薩の弟子龍智と名づくる、年七百歳にして、今猶、見に在して、七年を経て承事供養して、㋑『金剛頂瑜伽経』及び『毘盧遮那惣持陀羅尼法門』、諸大乗経典、并びに五明論を受学

し、五部灌頂、諸仏秘密の蔵を受けて、通達せずということなし。（第五祖・金剛智伝、傍線筆者）

③国王郊迎して宮中にして七日供養す。（中略）すなわち龍智阿闍梨に遇《あ》い奉って、肘行膝歩《ちゅうこうしつぽ》して従って津《しん》を問う。（中略）尋《つ》いですなわち授くるに㋒十八会の『金剛頂瑜伽』十万頌の経、并びに『大毘盧遮那大悲胎蔵』十万頌の経、五部灌頂、真言秘典経論の梵夾《ぼんきょう》五百余部をもってす。みなもってその所伝を得たりとす。（第六祖・不空伝、傍線筆者）(13)

引用文の最後に記したように、①は真言八祖のなかの第四祖・龍智伝、②は第五祖・金剛智伝、③は第六祖・不空伝の一文である。傍線部㋐㋑㋒をご覧いただきたい。注目すべきは、「五部灌頂」のまえに、共通して『金剛頂瑜伽経』と『大毘盧遮那大悲胎蔵経』（『毘盧遮那惣持陀羅尼法門』）といった金胎両部の根本経典が記されていることである。このことから、金胎ともに「五部灌頂」との認識が生じたのかもしれない。

それでは、金胎ともに「五部灌頂」とみなす考え方は、どこまで遡りうるのであろうか。さきに引用した①は、貞元年間（七八五〜八〇五）に円照が撰述した『貞元新定釈教録』の記述であった。(14)②は、①とほぼ同じ文章であるから、明らかに①をふまえて書かれたものである。③は、大暦九年（七七四）七月六日付の飛錫撰「不空三蔵和上之碑」からの引用であった。(15)このようにみてくると、あるいは不空の周辺でこのような見方がなされていたとも考えられよう。

それはさておき、実はもう一つ、空海みずから受法した灌頂について記す文章がある。師の恵果が示寂した直後の延暦二十五年正月の「本国の使に与えて共に帰らんことを請う啓」である。ここにも、

遂《つい》に乃《すなわ》ち大悲胎蔵《だいひたいぞう》・金剛界大部大曼荼羅に入って五部瑜伽《ごぶゆが》の灌頂の法に沐《ぼく》す。（傍線筆者）(16)

とある。胎蔵・金剛界ともに「五部瑜伽の灌頂の法に沐す（「沐㆓五部瑜伽之灌頂法㆒」）」とあって、この文章からも、空海自身、胎蔵・金剛界ともに「五部灌頂」であったと解していたことを知ることができ、注目される。

二　空海が授けた灌頂（一）　――高雄の灌頂――

1　承和三年五月五日付実恵等書状にみる灌頂

実恵ら空海の弟子たちは、師空海の示寂をその師恵果和尚の墓前に報告するため、請益僧真済と留学僧真然の入唐に託して、承和三年（八三六）五月五日付で青龍寺に書簡を贈った。この書簡のなかには、帰国後、空海が天皇をはじめとする多くの方に、灌頂を授けたことが三ヶ所に記されている。紙数の関係から、その部分だけをあげることにする。

①㋐十余年の間、建立を得ること無し。法水漸《ようや》く浸して人機芽を吐き、㋑諸宗の法侶・良家の子弟、灌頂を受法する者、其の数稍夥《ややおお》し。厥《そ》の後、密教の旨相い尋《つい》で上聞し、中使《ちゅうし》往還して詔問《しょうもん》絶えず。
②㋒先の太上天皇、宮を挙げて灌頂す。即ち其の第三の皇子・卓岳《たかおか》出家入道す。天、精粋を縦《ゆる》し、三密洞融《どうゆう》す。㋓既にして聖天后地・瓊枝玉葉《けいしぎょくよう》、公卿《くぎょう》太夫・道俗男女、尊卑を論ぜず、灌頂に預る者、蓋《けだ》し万を以って数う。
③然るに、㋔門人にして伝法の印可《いんか》を蒙《こうむ》る者、皇子禅師、及び牟漏の真泰・東寺の実恵・嶺東の杲隣・神護の忠延・弘福の真雅・東大の円明・入唐の真済法師等なり。各《おのおの》居処《きょしょ》に随って秘教を流伝す。㋕一尊を契る者は数百人なり。外護の大檀主は今上陛下・北面后宮、及び大納言二品藤原朝臣（三守）・右大弁四品和気朝臣（真綱）なり。（番号・傍線筆者）[17]

この書簡には、空海が入唐して恵果に灌頂を授けられてから帰国し、六十二歳で示寂するまでの密教を広め定着させる活動が集約されたかたちで記されており、空海の生涯を考える上での貴重な記録といえよう。特に、この書簡からは、密教を宣布するに際して、灌頂が重要な位置をしめていたことが窺えるのである。

右の引用文を要約すると、つぎのようになろう。

①帰国後十年ほどしてから請来した密教の教えが少しずつ浸透し、諸宗の僧侶や良家の子弟にも灌頂を受法するものが徐々に増えてきた。

②平城上皇が宮をあげて灌頂を受け、皇子の卓岳（高岳）親王も出家されるにおよんで、天皇・皇后をはじめ公卿・道俗の男女にも灌頂を受法するものがあらわれ、その数は万を越えるようになった。

③門人で伝法の印可を頂戴したのは皇子禅師（＝高岳親王＝真如親王）をはじめとする八名であり、一尊法を受けたものは数百人にのぼった。

しかしながら、空海が授けた灌頂の日時を明確にすることができるのは、

①弘仁三〜四年（八一二〜八一三）の高雄山寺における最澄ら二百余名に対する受明灌頂、

②弘仁七年七月の勤操らに対する両部灌頂、

の二つだけである。ここで、この二つを一瞥しておきたい。

2　弘仁三〜四年の高雄山寺における灌頂

空海は弘仁三年十一・十二月と翌四年三月に、高雄山寺において、最澄らに金剛界と胎蔵の受明灌頂を授けた。このときの記録が、空海筆『高雄灌頂暦名』である。まず、本文をあげてみよう。

①弘仁三年十一月十五日於高雄山寺受金剛界灌頂人々暦名
釈最澄因　　播磨大掾和気真綱

金宝　大学大允和気仲世喜　美濃種人宝

②弘仁三年十二月十四日於高雄山寺受胎蔵灌頂人々暦名

都合一百卌五人之中、太僧廿二人　沙弥卅七人
近事卌一人　童子卌五人

太僧衆数廿二人

一　僧最澄　興福寺宝幢　　二　僧賢栄　元興寺大白明
四　泰法　般若　　五　忠栄　不空成就
三　泰範　元興寺般若　　六　長栄　蓮華観音（中略、傍線筆者）

③弘仁四年

灌頂衆　金剛界三月六日高雄山寺

合

僧五

泰範師　護　　円澄師　愛
長栄師　牙　　光定師　宝波
康教師　薩埵

沙弥十二

真叡師　薩埵　　真者師　薩埵（以下略）[18]

これら三回の灌頂を整理すると、表2のようになる。

表2では、灌頂の種類を結縁灌頂とした。これは、僧だけでなく、沙弥・近事・童子なども入壇していることから、

このように考えたのであった。しかるに、最澄に授けた灌頂を持明灌頂とみなす史料がある。それは、天長九年（八三二）九月二十五日付で空海にあてて出された円澄等書状である（以下、「円澄等書状」と略称す）。

この「円澄等書状」は、最澄亡きあと、天台宗におかれた年分度者の一つ遮那業の僧を養成するには、きちっと密教を学ばなければならないと考えた円澄らが、空海に本格的な受法をお願いした書状である。ここには、高雄山寺での二度目の灌頂のあと、最澄と空海のあいだで交わされた会話が記されていることからも注目される。だが、紙数の関係から、受法した灌頂について記すところだけをあげると、つぎのようになる。

去る弘仁三年の冬、先師最澄大徳、大悲胎蔵、金剛界の両部の大法灌頂の法を受けんがために、(あ)上表して云く、「最澄、大唐に渡るといえども、真言を学ばず。今、高雄寺空海阿闍梨に於て真言の秘法を受けん」等と云々。（中略）此の誠請に依りて、其の年の十二月十五日を以て灌頂道場を開いて、百余の弟子とともに(い)持明灌頂の誓水に沐し、十八道の真言を学す。梵字真言の受学、稍々《やや》難し。(19)

ここには、問題とすべきことが二つある。一つは傍線部(あ)で、空海から灌頂を受法するにあたって、最澄が「最澄、大唐に渡るといえども、真言を学ばず。今、高雄寺空海阿闍梨に於て真言の秘法を受けん」等と上表したと記すけれども、何のための上表であったのか、である。

表2　弘仁三〜四年の高雄山寺における灌頂とその種類

年月日	金・胎	受者数	灌頂の種類
弘仁三年十一月十五日	金剛界灌頂	最澄ら四人	結縁・持明灌頂？
同　年十二月十四日	胎蔵灌頂	最澄ら百九十四人	結縁・持明灌頂？
同　四年　三月　六日	金剛界灌頂	泰範ら十七人	結縁・持明灌頂？

二つ目は傍線部(い)で、最澄が高雄山寺で空海から受法した灌頂を、「持明灌頂の誓水に沐し」と「持明灌頂」であったとし、つづいて「十八道の真言を学す。梵字真言の受学、稍々難し」と記すことである。さきに紹介した上田霊城師

の灌頂の分類によると、持明灌頂と結縁灌頂は別のものであった。灌頂の種類を再録すると、

①結縁灌頂とは、仏様とご縁を結ぶことを目的とする灌頂で、僧俗・男女の区別なく、誰でも受けることができる。

②受明灌頂とは、密教の修行をはじめる者に有縁の仏様＝本尊の印明と修行法を授けるもので、持明灌頂・学法灌頂・受学灌頂・弟子位灌頂ともいう。(20)

とあり、持明灌頂と結縁灌頂はあきらかに別のものといえる。

二つの灌頂の根本的な違いは、結縁灌頂が「僧俗・男女の区別なく、誰でも受けることができる」のに対して、持明灌頂は「密教の修行をはじめる者に有縁の仏様＝本尊の印明と修行法を授けるもの」であった。沙弥・近事・童子が一緒に受法していることからは結縁灌頂といえ、「円澄等書状」に「十八道の真言を学す。梵字真言の受学、稍々難し」からは持明灌頂となる。

とすると、高雄では、同時に「持明灌頂」と「結縁灌頂」との二つがおこなわれたのであろうか。(21)

3　弘仁七年七月の高雄山寺における灌頂

また、空海は弘仁七年七月、同じく高雄山寺において、勤操大徳らに両部灌頂を授けた。空海筆の「勤操大徳の影讃」によると、灌頂にさきだって三昧耶戒を授け、ついで両部の灌頂を授けたことを、つぎのように記す。

貧道と公と蘭膠《らんこう》なること春秋已に久し。弘仁七年孟秋に、諸の名僧を率いて、高雄の金剛道場に於いて、三昧耶戒を授け、両部の灌頂を沐せしむ。況や復、祖宗は是れ一にして法脈は昆季なり。(22)（傍線筆者）

勤操への授法は、この記録しか残っておらず、しかも簡略な記述でしかない。したがって、詳細は不明といわねばならない。ただ、ここで注目すべきは、「両部の灌頂を沐せしむ」とあって、金胎両部の灌頂を授けていることであ

る。勤操は、延暦二十四年九月、高雄山寺でおこなわれたわが国最初の最澄による灌頂を、桓武天皇に代わって受法した[23]とはいえ、密教の修行をつづけていた記録はない。この当時、勤操は僧綱の一員であったことを勘案するならば、勤操が受法した灌頂とは、本格的に密教を学ぶに先だって授けられる受明灌頂であったといえよう。

三　空海が授けた灌頂（二）——平城上皇への灌頂——

さきにあげた承和三年（八三六）五月五日付の実恵等書状に、

先の太上天皇、宮を挙げて灌頂す。即ち其の第三の皇子・卓岳出家入道す。

と記されることから、平城上皇が空海から灌頂を受法されたことが知られる。では、その灌頂とはいつ、どこで授けられたのであろうか。また、いかなる灌頂であったのであろうか。

古来、平城上皇に灌頂を授けられたとき、空海が記したのが『太上天皇灌頂文』であるとみなされてきた。そこには、

大同元年をもって曼荼羅ならびに経等を奉献せり。それより已還《このかた》、愚忠に感なくして忽ちに一十七年を経たり。[24]

なる文章がある。これより、この文章は大同元年（八〇六）から十七年をへた弘仁十三年（八二二）に記されたことになり、この年、平城上皇への灌頂がおこなわれたと考えられてきた。しかしながら、この『平城上皇灌頂文』そのものに対する疑義から、この年の灌頂を疑う見解が出されていた。[25]

しかるに、近年、弘仁十三年の灌頂はありえたとみなす報告があいついで出された。[26]それらによると、

①弘仁十三年三月二十六日付で正倉院から鏡・お香・五色絞糸などを「行法に用いる」ために持ち出したときの出

倉注文(27)

②弘仁十三年三月二十六日付でお香を「灌頂法を行ずる」ために持ち出したときの出倉注文(28)

③弘仁十三年四月十四日付でお香を「灌頂法を行ずる」ために持ち出したときの出納注文（新出）(29)

が伝存すること、勅封の正倉院御物を利用することができるのは皇室関係者をおいて考えがたいこと、から、このとき持ち出されたのは、平城上皇への灌頂のためであったとみなされるにいたった。そうして、このときの灌頂は、東大寺真言院でおこなわれたとみなされた(30)。

さきにあげた正倉院伝来の文書に「灌頂法を行ぜんがため」に持ち出されたとあることから、この年に灌頂がおこなわれたことは、ほぼ間違いないであろう。しかも、正倉院からということで、皇室関係者のために使われたことも認めざるをえないであろう。では、灌頂の場所・東大寺真言院はどうであろうか。

私は、東大寺真言院はありえない、と考える。その理由は、つぎの通りである。まず、東大寺真言院とみなす根拠をあげておく。それは、東大寺内に灌頂道場を建立し、そこで夏中（四～六月）および三長斎月（一・三・九月）に息災・増益の法を修すべきことを空海に命じた弘仁十三年二月十一日付の太政官符が伝存することであった。本文をあげると、

右大臣宣す。勅《みことのり》を奉《うけたまわる》に、去年の冬雷あり。恐らくは疫水有らん。宜しく空海法師をして、東大寺に於いて、国家の為に灌頂道場を建立し、夏中及び三長斎月に、息災増益の法を修し、以って国家を鎮《しず》ましむべし(31)。

とある。

それはさておき、東大寺真言院ではなかったと考える理由であるが、さきに紹介した正倉院文書の日付は、弘仁十三年三月二十六日、同年四月十四日であった。これらの文書に記された鏡・薬香などの出倉が灌頂の直前でなかった

としても、はたして二ヶ月あまりで灌頂道場が完成をみたであろうか。私は否と考える。いくら天皇の命令であったとしても、二ヶ月あまりで灌頂道場が建つとは考えがたいのである。

では、灌頂道場はいつ完成したか。それは、二十一僧を置き、修行させることを命じた太政官符が出された承和三年五月ころであったと考える。承和三年五月九日付の官符には、

太政官符す。

応に東大寺真言院に二十一僧を置き修行せしむべきの事（中略）

今、従二位行大納言兼皇太子傅藤原朝臣三守の宣を被《こうむ》るに偁《い》わく。今より以後《このかた》、宜しく件の院に二十一僧を置き、永く定額と為し、食堂に向かわずして、全く修行せしめ、別当の僧は其の事を専当すべし。但し住僧の夾名《きようみよう》は、専当の法師ら簡定して僧綱に牒し行ぜしめよ。若し僧に闕有らば、随以に之を補せよ。(32)

とある。これより、建物の完成するのを待って、そこに二十一口の定額僧を常住させ、修行させる運びとなったと考えるのが自然であろう。常識的に考えても、堂宇と仏像をはじめとする内部の荘厳などのすべてが完成するまでに要する時間は、数ヶ月の単位ではあり得ない。都にあり、かつ国家の事業として建立された東寺伽藍の完成に要した時間と比較したとき、十四年はむしろ短い部類に入るといってもよいであろう。(33)

右の考えが首肯されるならば、弘仁十三年に執りおこなわれた平城上皇への灌頂の場所は、東大寺真言院ではなかったことになる。では、どこであったのか。このときの灌頂の種類とともに、今後の課題としたい。

おわりに

「はじめに」に記した四つの課題のうち、③空海が受法し、授けたときの灌頂儀礼がいかなるものであったのか、④空海は灌頂をいかに考えていたか、の二つには、紙数の関係で後日を期さざるをえなくなった。最後に、③の課題について一言しておきたい。

空海の時代の灌頂儀礼の実際、すなわち、空海が受法したときの灌頂儀礼がいかなるものであったか、また、空海が授けた灌頂儀礼がいかなるものであったか、を知りうる史料は、残念ながら伝存していない。今日、灌頂儀礼の実際を知ることができるもっとも古い史料は、『東塔院義真阿闍梨記録円行入壇』(34)であると考える。これは、承和の遣唐使の一員として入唐した請益僧円行が、開成四年(八三九)閏正月三日に、長安青龍寺の東塔院において、義真阿闍梨から灌頂職位を受法したときの次第記録である。この次第記録は、はたして空海の時代まで遡らせることができるのか。史料が伝存しないので何ともいえないけれども、今われわれはこの『円行入壇記録』をもって、空海の時代を推察するしかない。

以上、空海の著作を中心に、「空海の伝えた灌頂」についてみてきた。右に記したように、肝心の実際の灌頂儀礼がいかなるものであったかを知る手がかりがないことから、隔靴搔痒の感を強くするばかりである(35)。

註

（1）承和三年（八三六）五月五日付青龍寺あて実恵ら書状（金剛仏子某撰『弘法大師御伝』下〈『弘法大師伝全集』第一、二一九～二二〇頁〉）。

（2）呉慇纂『大唐神都青龍寺東塔院灌頂国師恵果阿闍梨行状』（『定本弘法大師全集』〈以下、『定本全集』と略称す〉第一巻、一一一～一一二頁、一九九一年七月、高野山大学密教文化研究所）。

（3）後述するように、①空海は金剛界と大悲胎蔵を一具として受法したことから、金剛界あるいは胎蔵の一つだけを授けるという考えを持たなかったのであろうか。ちなみに、弘仁七年六月、勤操に授けた灌頂を「両部灌頂」と記している。

（4）空海入唐の動機・目的については、拙著『弘法大師空海の研究』所収「入唐の目的」に詳述しているので、そちらを参照いただきたい（『同書』一四六～二一一頁、二〇〇六年二月、吉川弘文館）。

（5）空海が留学僧に選任されたのがいつであったかについては、拙著『弘法大師空海の研究』所収「空海の出家と入唐」に詳述しているので、そちらを参照いただきたい（『同書』二一二～二七七頁）。

（6）延暦二十三年七月六日に肥前田浦を出帆した遣唐使の出発から帰国するまでの全行程については、『日本後紀』巻第十二、延暦二十四年六月乙巳（八日）条の大使藤原葛野麻呂の上奏文に詳述されている（『新訂増補 国史大系』〈以下、『国史大系』と略称す〉第三巻、四一～四三頁）。

（7）『御請来目録』（『定本全集』第一巻、三五頁）。

（8）『御請来目録』上表文（『同右』第一巻、三頁）。

（9）『御請来目録』（『同右』第一巻、三五～三六頁）。

（10）上田霊城「灌頂の目的と種類」（同著『真言密教事相概説—諸尊法・灌頂部—』下、四九九～五一三頁、一九九〇年六月、同朋舎出版）。

（11）『仏教大事典』所収「灌頂」の項を参照した（一六一～一六二頁、一九八八年七月、小学館）。

（12）上田霊城師は、「受明灌頂」と「学法灌頂」の違いは呼称の違いだけであることを、つぎのように記している（上田、前掲（註10）書、五〇一頁）。「瑜伽修学のための許可を得るこの灌頂を、不空訳『千手軌』には持明灌頂と称している。「出世間ノ成就ヲ求メント欲スル者ハ已ニ会テ金剛界大曼荼羅ニ入リテ本尊ノ持明灌頂ヲ受ケ、阿闍梨ニ従テ具ニ契印真言瑜伽観ヲ受ケ」と記す。『大日経』巻七、不空訳『金剛王軌』も同じく持明灌頂とよんでいる。（中略）『蘇悉地羯羅供養法』巻上と『蕤呬耶経』には受明灌頂の称を用いている。有縁の尊の印明を受ける辺よりは受明と称し、印明を誦持修行する辺よりは持明と称したもので同体である。この灌頂を初めて学法灌頂と称されたのは大師の『御請来目録』で「六月上旬ニ学法灌頂壇ニ入ル」とある。入壇以後、一尊法習学の辺より名づけられたものである。」

(13)『秘密曼荼羅教付法伝』「龍智・金剛智・不空伝」(『定本全集』第一巻、七三・七四〜七五・八五〜八六頁)。

(14)円照撰『貞元新定釈教録』巻第十四、「金剛智」の項(『大正新脩大蔵経』〈以下、『大正蔵経』と略称す〉第五十五巻、八七五頁中)。なお、『同書』の成立年代は詳らかにしえないが、序文に「自後漢孝明皇帝永平十年歳次丁卯。至大唐聖神文武皇帝貞元十六年庚辰之歳。凡七百三十四載。」と記されている(『同大蔵経』七七一頁)。この記述から、貞元年間の撰述とみなした。

(15)『不空三蔵和上之碑』は、具名を『大唐故大徳開府儀同三司試鴻臚卿粛国公大興善寺大扈智三蔵和上之碑』といい、『代宗朝贈司空弁正広智三蔵和上表制集』巻第四に収録されている(『大正蔵経』第五十二巻、八四八頁下)。

(16)『遍照発揮性霊集』巻第五所収「本国の使に与えて共に帰らんことを請う啓」(『定本全集』第八巻、八五頁、一九九六年九月)。

(17)註1に同じ。

(18)『高雄灌頂暦名』(『定本全集』第八巻、二二八〜二三七頁)。

(19)天長九年(八三二)九月二十五日付空海あて円澄等書状(得仁撰『弘法大師年譜』巻十〈『真言宗全書』第三十八、二二五〜二二七頁、一九三三年七月、真言宗全書刊行会〉)。

(20)註11に同じ。なお、上田霊城師によると、「結縁灌頂」なる語は経軌には見いだされないといい、「『大日経疏』第四に「若シ結縁ノ弟子ナラバ則チ挙手低頭ノ善モ摂セザル所ナシ」「若シ但シ結縁ノ受法ナラバ則チ論ズル所ニ非ズ」などと説かれ、伝法の弟子と区別して結縁の語が用いられている。」という(上田、前掲(註10)書、五〇六頁)。

(21)上田霊城師は、「受(持)明灌頂は必ずしも出家とは限らない」といい、「諸経軌に説く簡択弟子の条件にかない、法器と認められた者は受明灌頂を受けその後の修学を許される。『蘇呬耶経』巻上揀択弟子品には「但シ四部ノ衆若クハ本戒ヲ具シ及ビ大乗ヲ信ゼバ亦応ニ摂受スベシ」と述べ、『無量寿軌』には「若シハ在家ニテモ、浄土ニ生レント願ウ者ハ、先ヅ曼荼羅ニ入リテ灌頂ヲ得已ツテ然ル後ニ従ッテ念誦儀軌ヲ受クベシ」と、端的に説いている。」という(上田、前掲(註10)書、五〇三頁)。これによると、出家・在家の別なく、受明灌頂を受けたことになろう。

(22)『続遍照発揮性霊集補闕抄』巻第十所収「故贈僧正勤操大徳の影讃」(『定本全集』第八巻、一九四頁)。

(23)『叡山大師伝』には、つぎのように記す(佐伯有清『叡山大師伝の研究』三六一〜三六二頁、一九九二年十月、吉川弘文館)。
又臣《おみ》弘世、勅《みことのり》を奉《うけたまわ》りて口宣す。法会の所用は、多少を論ぜず、闍梨の言い髄って皆悉く奉送す。唯《ただ》し国内に本より無きものは除く。是の時勅を奉り、簡定する所の諸寺の大徳は、道証・修円・勤操・正能・正秀・広円等なり。忽《たちまち》に内侍の宣を被《こうむ》るに、各《おのおの》師を尊《たっと》ぶの法を竭《つく》して、金剛の宝戒を受け、灌頂の真位に登らん。（傍線筆者）

(24)『太上天皇灌頂文』（『定本全集』第五巻、一七頁、一九九三年一月）。

(25)たとえば、高木訷元師は「一説に弘仁十三年（八二二）には、平城上皇が空海から灌頂をうけたといわれ、『太上天皇灌頂文』が伝えられている。」といい（同著『空海―生涯とその周辺―』二三六頁、一九九七年四月、吉川弘文館）、筆者もかつて疑義を呈した（前掲（註5）書、一九三頁註24）。

(26)（一）飯田剛彦①「玻璃装仮整理文書断片の調査」（『正倉院紀要』第二十六号、一五～四五頁、二〇〇四年三月）、②「唐櫃蓋貼紙（玻璃装仮整理文書断片の内）」（口絵解説）（『正倉院文書研究』第十号、一四七～一四八頁、二〇〇五年六月）、（二）西本昌弘「平城上皇の灌頂と空海」（『古文書研究』第六十四号、一～一五頁、二〇〇七年十月）。

(27)弘仁十三年三月二十六日付出倉注文（『大日本古文書』二十五、附録六五～六七頁）。

(28)弘仁十三年三月二十六日付出倉注文（『同右』二十五、附録九二頁）。

(29)弘仁十三年四月十四日・五月六日付出納注文（飯田剛彦、前掲（註26（一）①）論考、三一頁）。

(30)飯田剛彦氏は「当該紙片の弘仁十三年の記載を含めた上記の出蔵記録は、この真言院の建立された直後であり、恐らく同所で初めて行なわれた灌頂儀のための出蔵であったと推測可能である」という（飯田、前掲（註26（一）①）論考、三四頁）。一方、西本昌弘氏は「弘仁一三年三月二六日に正倉院北倉から出蔵された鏡・雑香・五色絞糸などは、空海が平城上皇らのために東大寺灌頂道場で行った灌頂のさいに利用された可能性が高いと考えられる」という（西本、前掲（註26（二））論考、六頁）。

(31)弘仁十三年二月十一日付太政官符は、承和三年五月九日付の太政官符に引用されている（『類聚三代格』巻二〈『国史大系』第二十五巻、六七～六八頁〉）。

(32)註31に同じ。

(33)東寺は、平安京に都が遷された直後の延暦十五年（七九六）から建立に着手されたと考えられているが、空海が造東寺所別当に任ぜられた天長元年（八二四）の時点でほぼ建物ができていたとみなされているのは、金堂だけであった。

(34)『東塔院義真阿闍梨記録円行入壇』については、本文校訂と若干の検討を加えておいたので参照いただきたい。拙稿①「東寺観智院本『東塔院義真阿闍梨記録円行入壇』の研究―本文校訂―」（『高野山大学密教文化研究所紀要』第十二号、三九～七三頁、一九九九九年二月）、②「唐代密教における灌頂儀礼──『東塔院義真阿闍梨記録円行入壇』考──」（『弘法大師の思想とその展開』〈『高野山大学密教文化研究所紀要』別冊1〉一九一～二二八頁、一九九九年一月）、いずれも本書第一部附論として収録。

(35)　四つの課題のうちの「④空海は灌頂をいかに考えていたか」であるが、いまだ精査を終えていないけれども、空海が灌頂について明確に記したところは見いだしえない。灌頂を説明した文章としてよく知られたものの一つが、『不空三蔵表制集』巻第一に収載された広徳元年（七六三）十一月十四日付「灌頂道場を置かんことを請う墨勅一首」の一節、

右、不空聞く。毘盧遮那は万界を包括し、密印真言は衆経を呑納す、と。其の教えに准りて宜しく頓有り漸有り。漸とは声聞小乗登壇の学処を謂い、頓とは菩薩大士灌頂の法門を謂う。是れ詣極の夷途、入仏の正位と為す。頂とは頭頂を謂い、大行の尊高を表し、灌とは灌持を謂い、諸仏の護念を明かす。超昇出離何ぞ斯れに由る莫からん。

である（『大正蔵経』第五十二巻、八三〇頁上）。この墨勅は、『秘密曼荼羅教付法伝』の第六祖不空伝に全文が引かれている。また、右にあげた一節は、承和十年（八四三）十一月十六日付で実恵が「国家のために東寺に真言宗伝法職位を定め、并わせて結縁等の灌頂を修すべきこと」をお願いしたときの上奏文にそっくり引用されている（『類聚三代格』〈『国史大系』第二十五巻、六八頁〉）。このことから、二つのことを推察しておきたい。一つは、この当時、真言宗内で「灌頂とはいかなるものか」を論じるとき、右にあげた不空の文章が常に持ち出されていたのではなかったか、ということ。二つめは、実恵が灌頂について記すとき、師の空海のことばではなく、不空のことばを引いていることは、空海がみずからのことばで、灌頂について語った文章がなかったことを物語るものではないか、ということである。

附論　現存最古の灌頂作法次第

――『東塔院義真阿闍梨記録円行入壇』の研究――

はじめに

空海の生涯には、いくつかのエポックメーキングがあったけれども、その最大のものの一つが虚空蔵求聞持法との出逢いであり、もう一つが入唐求法であった、と私は考える。空海の入唐求法を考えるとき、いくつかの問題点が指摘されている。たとえば、櫛田良洪師はその著『空海の研究』のなかで、（一）入唐の動機とその目的、（二）誰人の推挙によったか、（三）入唐の経費、（四）入唐時における最澄との面識、（五）長安における止住先、（六）典籍・曼荼羅・密教法具などの経費の出処、（七）帰国をめぐる問題、（八）入唐で何をもたらしたか、といった諸点から、空海入唐の本質にせまろうとされた(1)。

空海の生涯をたどるとき、空海入唐の動機・目的にふれない論考はない。それら先学の見解を整理すると、（一）『大日経』に関する疑義解明のため、（二）密教受法のため、（三）密教の師を求めて、（四）灌頂受法のため、（五）秘門の法をもとめて、といった五つに集約することができる。とはいえ、これらはいずれか一つに限定して語られるわけではなく、主眼がどこに置かれているかによって分類したにすぎない(2)。そんな訳で、空海の入唐求法の動機・目的が何であったかについては、いまだ定説をみるにいたっていないといえよう。

ところで、東寺観智院金剛蔵に『東塔院義真阿闍梨記録円行入壇』（以下、『義真記録』と略称す）なる標題をもつ賢宝筆の写本が伝存する。(3)その奥書には、

開成四年閏正月三日青龍寺東塔院僧義真
録記之　准日本国承和六年也(4)

とあり、賢宝の跋文には、

霊巌和尚開成四年潤正月三日日本承和六年
従青龍寺義真阿闍梨受灌頂職位
被時次第記録也　勧修寺経蔵本書
写之　適得其本可喜〻〻　　賢宝記之(5)

とある。この標題・奥書・跋文を考え合わせると、この写本は承和の遣唐使の一員として入唐した請益僧円行が、長安青龍寺の東塔院において義真阿闍梨から灌頂職位を受法したときの次第記録であり、勧修寺経蔵本をもって賢宝が書写したことが知られる。わが国から唐に渡り、灌頂を受法した僧は、最澄・空海をはじめ入唐八家など少なくないけれども、その受法がいかなる作法次第にもとづいてなされたかは、ほとんど知られていない。(6)一方、入唐八家によって灌頂儀礼がわが国にもたらされ、それらにもとづいて執行された灌頂作法に関しても、その実際を知りうる詳細な記録・次第は多くない。(7)そのなかにあって、もし上に紹介した標題などの記述が真実を伝えるものであるならば、『義真記録』は灌頂儀礼の実際をある程度具体的に知りうる最古の史料の一つとなり、わが国の密教世界、ひいては唐代密教界における灌頂儀礼を考える上で貴重な史料となりうる、と考える。(8)

そこで、本稿では、この『義真記録』の信憑性を中心に、唐代およびわが国草創期の真言教団における灌頂儀礼に

ついて、二、三考えてみたい。

一　『義真記録』の構成・内容

はじめに、『義真記録』がいかなる構成・内容をもつ灌頂次第かをみておきたい。本題に入る前に、東寺観智院金剛蔵本『義真記録』の書誌的概要を一瞥しておく。当該写本は、その筆跡と跋文などから賢宝が書写した粘葉装本一帖で、表紙ともに十四紙からなる。その外題と内題には、

東塔院義真阿闍梨記録円行入壇

大唐青龍寺東塔院義真阿闍梨記録(9)

とあるが、全体は授戒・灌頂の次第記録（第一紙から第八紙）と「譜法伝」（第九紙から第十二紙）の二つの部分からなる。第七紙おもてに、

開成四年閏正月三日青龍寺東塔院僧義真

録記之　准日本国承和六年也(10)

なる奥書があり、外題・内題とこの奥書を総合すると、前半部は、開成四年（八三九）閏正月三日、円行が長安青龍寺東塔院の灌頂壇に入壇したときの記録であることが知られる。一方、後半部の「譜法伝」は、第九紙うらから書写されている。その全文は、空海撰述と伝える『真言付法伝』つまり「略付法伝」の第一祖・大日如来の項と同文である(11)。何故、ここに「略付法伝」が書写されているかは不明といわざるをえない。これに関して巻末に、賢宝のつぎのような跋文がみられる。

略付法伝序詞後人書加之歟(12)

賢宝も、なぜ「略付法伝」がここに書写されているかに明確な解答は出せなかったとみえ、この後半部は後人が書き加えたものではないか、と疑問を呈するにとどめている。いずれにしろ、跋文によると、この写本は、賢宝が勧修寺経蔵においてその祖本をみつけ出し、書写したことが知られる。なお、この後半部は、本稿で問題とする灌頂儀礼とは直接関係しないので、ここではこれ以上の論述はさしひかえたい。以後は便宜上、前半部分のみを「義真記録」とみなして、論を進めることにしたい。

その前半部分であるが、『結縁灌頂次第』と題して、『日本大蔵経』天台密教章疏一に収録されている(13)。これは、おそらく巻首の一文の「義真阿闍梨　記録」と記された部分にだけ目がむけられて、天台宗の初代座主義真の著述とみなし、天台密教章疏一に収めたものと考えられる(14)。しかしながら、巻首の一文は「大唐青龍寺東塔院　義真阿闍梨記録(15)」とあり、巻末にも「開成四年閏正月三日青龍寺東塔院僧義真録記之(16)」と奥書があること、内容的にみても先に紹介した東寺観智院蔵の『義真記録』とほぼ同じ構成・文章からなっていることなどから(17)、円行が青龍寺東塔院にて義真から灌頂を受法したときの記録であることは、間違いない。よって、この『結縁灌頂次第』は、「義真記録」の一本とみなすことができる。この日本大蔵経本の奥書には、

享保四歳己亥九月六日以二悉地院本一令下二秀盛一写上而校了　慈良
享和三年癸亥四月以二東叡真如院之本一令レ書二写之一　大僧都真超記
文化五年戊辰三月以二正教坊蔵本一一校了　真超(18)

とあり、『義真記録』は天台宗においても書写され、いくつかの写本が伝来していたことが知られる(19)。ともあれ、東寺観智院金剛蔵本には、明らかに落丁と考えられる個所がある。その落丁部分に関しては、この日本大蔵経本を参看

して、以下、論を進めることにする。

以上で書誌的概要を終わり、つぎに『義真記録』の構成とその内容を概観しておきたい。

まず、全体の構成を示そう。『義真記録』の中心をなす授戒・灌頂の作法次第を記した箇所の構成は、つぎのようになる。(20)

①加持香水
②灑浄
③加持支具
④請阿闍梨
⑤求受無上菩提心戒
⑥請一切諸仏菩薩金剛聖衆
⑦加持香水
⑧令飲
⑨授如来成仏無上大菩提戒
⑩入仏三昧耶真言
⑪掩眼
⑫引入
⑬法界生真言
⑭金剛薩埵加持真言

⑮如来鉤真言（大鉤召印）
⑯散花真言加持
⑰解三昧耶契真言
⑱花鬘加持真言
⑲見曼荼羅（仏眼真言）
⑳解所掩眼物
㉑結三昧耶如意珠印
㉒阿闍梨供養受者
㉓瓶灌頂
㉔金篦加持
㉕鏡加持
㉖法螺加持
㉗授金剛杵
㉘説示三昧耶偈讃
㉙受者誓戒（教令発不退心）
㉚授金剛名号（授印可）
㉛授毗盧遮那如来偈讃
㉜廻向発願

このなか、⑩〜⑮の六項目は、東寺観智院本では落丁となっているけれども、何らかの文章があったことはその前後の続き方から明らかで、日本大蔵経本によって補なった。(21) 逆に、日本大蔵経本には、⑰解三昧耶契真言の地の文

次授二此真言一三遍。於二心上一解二三昧耶契一。真言曰。

と、「唵引底瑟吒」ではじまる真言のあいだに、(22)

㋑授香水偈　㋺授歯木偈　㋩授塗香偈　㋥授花偈　㋭授香燈偈　㋬授燈偈　㋣引入受者

の七項目がみられる。しかしながら、歯木を授ける作法は、授戒作法におけるものであって、(23) 灌頂壇に臨んでの作法ではないこと、また文章の続き方からいっても不自然なので、この七項目は後世挿入されたものと考えられ、ここではとりあげない。(24) したがって、本稿ではさきに列挙した三十二の項目についてだけ検討を加えたい。

さきに列挙した三十二の項目は、①〜⑨までと⑩以下の二つの部分に大別することができる。すなわち、前者は灌頂壇に入る前に三摩耶戒を授ける授戒作法次第を記した部分であり、後者は灌頂作法次第を記した部分と考えられる。

このなか、前者の授戒作法次第は、まず香水を加持して壇上を灑浄し、歯木・塗香・白色花・燈明などの支具を加持する（①〜③）。そこに阿闍梨の出御を請い、無上菩提心戒の授法を求め、一切諸仏・菩薩・金剛聖衆の降臨を願う（④〜⑥）。そして加持香水し、（金剛水を）飲ませて三業清浄の身とし、如来成仏無上大菩提戒を授けるまでが説かれる（⑦〜⑨）。この授戒作法で注目すべきことは、具体的な授戒の作法は「無畏三蔵授戒文に依る」(25) とする点である。ここにいう「無畏三蔵授戒文」に相当すると考えられる次第に、

㈠無畏三蔵禅要

㈡最上乗受菩提心戒及心地秘訣

の二つがあるが、いずれをさすかについては不明といわざるをえない。とはいえ、㈠に対して㈡がより整備された文

表3　『義真記録』と現行の胎蔵界伝法灌頂作法との項目対照表

	胎蔵界伝法灌頂作法		『義真記録』
1	先　阿闍梨入堂礼㆑仏着㆓礼盤㆒		
2	次　表白神分供養法　如常		
3	次　取㆓大壇五瓶㆒移㆓置小壇机上㆒	教授師	
4	次　引㆓弟子㆒向㆓堂戸下㆒ 覆　面　香　三摩耶印　香象等	教授師	⑩入仏三昧耶真言 ⑪掩眼　⑬法界生真言　⑭金剛薩埵加持真言
5	次　引㆓入壇前㆒ 大鉤召印	教授師 阿闍梨	⑫引入 ⑮如来鉤真言
6	次　弟子正立㆓壇前㆒師応㆓告言㆒	阿闍梨	
7	次　契中挿㆓白花㆒投㆑花	教授師	⑯散花真言加持
8	次　誦㆓金剛解脱密語㆒令㆑解㆓弟子 所㆑結三摩耶印㆒	阿闍梨	⑰解三昧耶契真言
9	次　解㆓掩㆑眼帛㆒	教授師	⑳解所掩眼物
10	次　取㆓所㆑擲花㆒誦㆓密語㆒	阿闍梨	⑱花鬘加持真言　⑲見曼荼羅
11	次　令㆓弟子護身㆒		
12	次　四礼		
13	次　引㆓弟子㆒到㆓小壇前㆒左足踏㆓花門㆒ 右足踏㆓花台㆒令㆑座㆓台上㆒		
14	次　弟子頭上着㆓宝冠㆒		
15	次　与㆓臂釧㆒着㆑腕		
16	次　以㆓種々花香燈明等㆒供養	教授師	㉒阿闍梨供養受者（16・17）
17	次　以㆓讃詠歌歎㆒令㆑生㆓歓喜心㆒	讃衆	
18	次　持㆓白払㆒払㆓弟子身㆒	阿闍梨	
19	次　観念	阿闍梨	

20	次　五瓶行道	阿闍梨	
21	次　以㆓五瓶水㆒灑㆓弟子頂㆒	阿闍梨	㉓瓶灌頂
22	次　五仏灌頂	阿闍梨	
23	次　塗香	阿闍梨	
24	次　授㆓金剛五股杵㆒	阿闍梨	㉗授金剛杵　㉚授金剛名号
25	次　金篦加持	阿闍梨	㉔金篦加持
26	次　明鏡加持	阿闍梨	㉕鏡加持
27	次　金輪加持	阿闍梨	
28	次　法螺加持	阿闍梨	㉖法螺加持
29	次　持㆑傘覆㆓弟子上㆒旋㆓曼荼羅㆒	阿闍梨	
30	次　至㆓壇前㆒弟子慇懃礼拝	受者	
31	次　阿闍梨啓㆓請諸尊㆒		
32	次　起立対㆓曼荼羅前㆒為説㆓三昧耶㆒		㉘説示三昧耶偈讃
33	次　共還㆓着小壇所㆒		
34	次　阿闍梨執㆓五鈷杵㆒授㆓弟子㆒		
35	次　弟子誓戒		㉙受者誓戒
36	次　授㆓印可㆒		
37	次　脱㆓宝冠釧㆒		
38	次　弟子降㆓蓮台㆒着㆓戸外座㆒		
39	次　阿闍梨着㆓礼盤㆒後供養等		
40	次　降㆓礼盤㆒礼仏		
41	次　出堂		

章・内容からなるけれども、全体の構成は両者ともほぼ同一といってよく、いずれにしてもそれほど大きな違いはない。ちなみに、請来した経論疏章・仏舎利・付嘱物・曼荼羅・道具などを円行自身が記した『霊巌寺和尚請来法門道具等目録』（以下、『円行請来録』と略称す）には、㈡の『最上乗受菩提心戒及心地秘訣』一巻の名がみられる。(26)

つぎに、後者の灌頂作法次第をみていこう。

ここに、今日執りおこなわれている胎蔵界伝法灌頂作法の次第項目があるので、それと対比して『義真記録』の項目をあげると、表3のごとくなる。(27)上段が現行の次第項目であり、下段はさきに列挙した『義真記録』の項目番号と名称である。

この対照表をみると、㈠『義真記録』にすべての項目がそろっていないこと、㈡作法の順序が若干前後すること、などの相違がみられるとはいえ、大筋では両者に大きな差異はないといえよう。

それはともあれ、『義真記録』の内容をかいつまんでみておこう。灌頂の次第は、⑩入仏三昧耶真言からはじまり、以下七つの場面にわけられよう。すなわち、

㈠　弟子に覆面し、三昧耶印明を授け、金剛薩埵の加持真言を唱え、投花壇に引入し、正面にいたる（⑩〜⑭）。

㈡　大鉤召印明を誦じ、投花し、覆面をとり、仏眼の真言を念じて、曼荼羅を見せる（⑮〜⑳）。

㈢　灌頂の偈を授ける前に、受者の手に塗香を塗り、三昧耶如意珠印を結ばせる（㉑）。（教授師は）塗香・燈明・閼伽などをもって受者を供養し、（讃衆は）吉慶伽陀を唱える（㉒）。

㈣　阿闍梨は受者の頭頂に（五瓶水）を注ぎ、金篦・明鏡・法螺の加持作法のあと、金剛杵を授与する（㉓〜㉗）。

㈤　阿闍梨が受者に三昧耶偈讃を説き、これに応えて受者は誓戒を唱える（㉘・㉙）。

㈥　阿闍梨は、受者に金剛名号を授け、ついで毘盧遮那如来偈讃を授ける（㉚・㉛）。

(七) 最後に、受者が廻向発願を唱え、大日如来をはじめ諸仏・三宝などに帰命する(32)。

これをさきに提示した現行の「胎蔵界伝法灌頂作法」と比較すると、『義真記録』は、灌頂道場内における投花得仏・五瓶水を弟子の頭頂に注ぐ灌頂・説三昧耶と弟子の誓戒・そして授金剛名号の作法を中心とする記録であることが理解できよう。

二 『義真記録』の真偽（一）

では、『義真記録』は、円行が義真から灌頂を受法したときの作法次第とみなしてよいのであろうか。ここでは特に、円行の入唐の経緯と青龍寺における受法の実際をふり返り、歴史的側面から『義真記録』の真偽を検討したい。

延暦の遣唐使が派遣されてからちょうど三十年ぶりの承和元年（八三四）正月十九日、承和の遣唐使の任命がおこなわれた。この日任ぜられたのは、大使の藤原常嗣・副使の小野篁と判官四名・録事三名であった(28)。

このたびの派遣は、天台・真言両宗の強い要請にもとづいて実現したとみなされている(29)。とすると、天台・真言両宗では、派遣する僧の選任が早くからおこなわれたものと考えられる。いつ、いかなる経緯で選任・任命されたかは詳らかにしえないけれども、天台宗からは天台請益僧円仁と留学僧円載の二人が、真言宗からは真言請益僧真済と留学僧真然の二人が派遣されることになった(30)。

真済と真然の二人が乗った第三船は、承和三年七月二日、博多津を出帆し一路西に向かったが、間もなく遭難した。船頭の判官丹墀文雄の指示により、船材で作った筏に乗りうつった二人は二十三日間の漂流のすえ、南の島に流れ着き、島民の手厚い看護により一命をとりとめ、日本に帰ることができた(31)。残りの三隻の遺唐船も漂蕩し、大破した船もあったので、この年の派遣はやむなく中止となった。

承和四年正月、円行が真済・真然に替わり真言請益僧として派遣されることになった。もともと元興寺の僧であった円行が、真言請益僧に選任された経緯を、同四年正月九日付の実恵上表文は、つぎのように記している。

実恵大徳、円行の入唐を請うの表

沙門実恵言す。伏して弁官の仰せを蒙るに偁《い》わく。真言宗請益・留学の二僧、流宕《りゅうたい》を経て、纔に岸に着けり。是の如きの類、船の上に忌む所、縦い他人を換うとも、更に乗るべからず。仍りて停止に従うべし。てへれば左右、仰せの旨に随うべし。

然りと雖も、一物所を［失］うは、聖皇軫《いた》む所なり。今、真言宗、新たに聖朝に始まり、未だ幾の年を経ず。遺れる所の経法及び疑滞せる所、開き求むるに由無し。此の度、遣さずんば、何ぞ更に求むる所あらん。元興寺の僧円行、久しく真言を習い、稍く精旨を他学に得たり。亦た通悟せり。伏して望むらくは、此の僧を以て請益と為せむ。但し留学は停止に従わん。

若し此の道、国家に於いて不要ならば、敢て望む所に非ず。伏して天判を請う。欝念に勝えず、謹んで表を奉り、以て聞す。沙門実恵、誠惶誠恐謹言。

承和四年正月九日　律師伝燈大法師位実恵(32)（原漢文）

内容を整理すると、

①真言宗請益僧真済と留学僧真然は、漂流のすえ九死に一生をえて漂着した。このような者は、船上で忌む風習であるから、たとえ他の人に交替したとしても乗船すべきでない。だから、真言僧の派遣は停止しなさい、との弁官の命令には従う。

②しかるに、真言宗は新しくはじまったばかりで、幾年も経ていない。いまだ請来されていない経法（も多く）、また疑義を糺すところもない。
③だから、今回の遣唐使の便をかりて留学僧を派遣しなければ、いつこのような機会が訪れるかわからない。
④元興寺僧の円行は、久しく真言を学び、その精髄に達しており、また他の学問にも通悟している。
⑤そこで、是非この円行を請益僧に任命していただきたい。留学僧は仰せにしたがい停止する。
⑥もし、真言宗がわが国に不要であるならば、その限りではない。

となる。この上奏により、円行の請益僧としての入唐が勅許されたのであった。

弁官が「真言僧の派遣は停止すべし」と命じたにもかかわらず、なぜ円行は選任されたのであろうか。『入唐五家伝』所収の「霊巌寺和尚伝」（以下、『五家伝』と略称す）によると[33]、円行は十一歳のとき元興寺の歳栄律師に師事し、十六歳で華厳宗年分度者として出家、翌年具足戒を受けた。さらに、二十五歳のとき空海から両部の大法を受学し、ついで華厳宗第七祖であり空海の高弟でもあった杲隣から灌頂を授けられたという。円行は、さきの実恵上表文では元興寺僧であることが強調されていたけれども、本来華厳宗の僧であり、真言をはじめ諸学にも通じていたことが知られる。このような経歴から、円行に白羽の矢が立てられ請益僧に選任されたのであろう。

一方、実恵上表文にみえる請益僧派遣の目的は、「今、真言宗、新たに聖朝に始まり、未だ幾の年を経ず。遺れる所の経法、及び疑滞せる所、開き求むる[34]」ことであった。上表文が書かれた承和四年（八三七）は、空海が帰朝した大同元年（八〇六）からすでに三十一年の歳月が過ぎており、空海が請来できなかった経軌、および空海帰朝後に翻訳・著述された経論章疏の蒐集と、三十年あまりにわたってわが国真言教団内に蓄積された疑問点の解明とが、請益僧円行に課せられた入唐の目的・使命であった。それとともに、空海の示寂を灌頂の師恵果和尚の墓前に報告し、あわせて日本から携えていく信物を献呈することも、入唐僧の重要な目的の一つであった。このことは、承和三年五月五日付で青龍寺の「同法師兄」にあてた「日本国真言道場付法弟子実恵等」の書簡に、

其の後、和尚（空海）、地を南山に卜し、一の伽藍を置きて終焉の処と為す。其の名を金剛峯寺と曰う。今上の承和元年を以って都を去り、行きて住す。二年季春、薪尽き火滅す。行年六十二。嗚呼哀しい哉。南山白に変じ、雲樹悲しみを含む。一人傷悼し、弔使馳鶩す。四輩嗚咽して父母を哭するが如し。嗚呼哀しい哉。実恵等の心、火を呑むに同じく、眼沸泉の如し。死滅することあたわず、房を終焉に守る。（中略）今青龍大阿闍梨霊座料に法服二襲一夏一冬を附上す。是れ孫弟の志を表するなり。又、故和尚（空海）道場に奉供するとき、時々着用せる衲袈裟一具、同じく供養青龍曼荼羅の料に上る。(35)（原漢文、（　）は筆者）

とあることから知りうる。

承和四年七月二十二日、三隻の遣唐使船はふたたび肥前国松浦郡旻楽埼《みいらくのさき》をめざし、そろって博多津を出発した。(36)しかし、たちまち逆風に遭い、第一・第四船は壱岐島に、第二船は値賀島に漂着したとの悲しい知らせが伝えられた。いずれの船も航海をつづけることが困難となり、九月二十一日、修理舶使長官に豊前守石川橋継を、次官に筑前権守小野末嗣と判官長岑高名を任じ、修造されることになった。かくして、この年の入唐もやむをえず、みあわせる結果となった。

翌承和五年、三度目の渡海入唐が試みられることになった。同年六月十七日、まず第一・第四船が博多津を出帆した。(37)第一船には大使の藤原常嗣、天台請益僧の円仁、同じく天台留学僧円載が、第四船には判官の菅原善主を船頭に真言請益僧の円行、三論請益僧の常暁などが乗りこんでいた。(38)第一船は七月二十六日に、第四船の一行は八月二十四日に揚州城に着いた。(39)十月五日、第一・四船の一行は揚州を発ち長安に向かった。上京を許されたのは、大使の藤

原常嗣、判官の菅原善主・長岑高名など三十五名で、このなかに円行も含まれていた。(40) 一方、第二船の判官藤原豊並、法相請益僧戒明らも海州から長安に向かっていた。(41) 天台山行きを願った天台請益僧円仁・同留学僧円載、入京を希望した三論留学僧常暁はともに許可されず、揚州にとめおかれた。(42)

十二月三日、大使の一行は長安城に到着し左街長楽坊の礼賓院に旅装をといた。(43) 入京後、大使は円行の青龍寺留住をはじめ、請益僧円仁・戒明、留学僧常暁・円載等の希望がかなえられるよう、唐朝と再三かけあったけれども、事は想うように進まなかった。(44) 入京を目前にして勅許されなかった戒明は、やむなく従僧の義澄を変装させ、判官の傔従として入京させたという。(45) これら唐朝の厳しい対応は太和年間(八二七~八三五)からはじまった文宗による仏教統制政策の一環によるものであったとみなされている。

それはさておき、円行の青龍寺留住が勅許され、青龍寺におもむいたのは年が明けた翌年正月十三日のことであった。そのときの様子を、円行の帰国報告書である『円行請来録』は、つぎのように記している。

歳次己未正月十三日。依奏奉勅住青龍寺。幸遇彼寺灌頂教主法号義真和尚以為師主。其大威徳則恵果阿闍梨弟子同門義操和尚付法之弟子也。明閑三教。妙通五部。法之棟梁。国之所帰。円行幸頼聖朝之鴻恩。師主之深慈。決疑両部之大法。開悟諸尊之密法。(46)

これによると、正月十三日、奏請により、勅をうけたまわって青龍寺に住した。幸いにも青龍寺の灌頂教主・法号義真和尚に遇い、師主とした。義真和尚は恵果阿闍梨の弟子義操和尚の付法の弟子であり、三教に明るく五部に精通している法の棟梁であって、(唐朝)国家の帰依するところである。円行は、幸いにも日本国天皇の鴻恩と師主義真の深慈により、両部の大法に関する疑義を決し、諸尊の秘法に開悟することができた、という。

一方、『五家伝』には、はじめて青龍寺を訪問したときのことを

四年正月十三日。依　勅青龍寺上座内供奉講論大徳沙門円境等。迎入和尚。彼寺灌頂座主内供奉義真阿闍梨率廿余衆。机上焼海岸香。立五十賢瓶。出門迎和尚。即誦讃打鐃令入寺。即拝故恵果阿闍梨廟塔。以献本国信物等。[47]

と記している。ここには、円行自身が書いたと考えられる『円行請来録』にはみられない三つのことが記されている。その第一は青龍寺上座で内供奉講論大徳沙門の円境等が円行を迎え入れてくれたこと、第二は青龍寺灌頂座主内供奉の義真阿闍梨は二十余名の衆僧とともに机上に海岸香をたき、五十の賢瓶を立て、門から出て円行を迎えてくれたこと、そのとき讃が唱えられ、鐃が打ちならされるなかを寺に入ったこと、第三は故恵果阿闍梨の廟塔を拝し、日本から携えてきた信物等を奉献したこと、である。このなか、いずれが史実を伝えているかを確定することは、史料が限られているので、困難といわざるをえない。

ともあれ、この二つの史料は円行が青龍寺での留住を許され、はじめて青龍寺に赴いたのは正月十三日であったと記すけれども、十三日ではなく十二日であったと記す史料が存在する。一つは『五家伝』の

或記云。仁明天皇御宇承和五年戊午。霊巌寺円行和上入唐之次。実恵真雅等八个大徳附種々国信方物。贈青龍寺恵果和尚影前。遙申孫弟之礼。仍次年開成四年相当日本承和六年己未。正月十二日計。渡書状并方物等。[48]（傍線筆者）

であり、あと一つは『大正新脩大蔵経』（以下、『大正蔵経』と略称す）所収の『円行請来録』脚註、すなわち底本とした鎌倉時代写の高山寺本に「イ本は三を二とする」との指摘である。[49] これはいずれが正しいのであろうか。実は正月十三日か、十二日かの問題を解く鍵となる史料がもう一つある。それは、開成四年（八三九）正月三十日付で書かれた「青龍寺還状」である。[50] つまり、これは実恵を代表とする日本真言宗からの書簡並びに信物に対する青龍寺円鏡等の返礼の書状であり、その書き出しは

開成四年正月廿二日、日本国伝燈大法師円行、実恵和尚等八人の書を将《もたら》して、円鏡等十人に問うを得。謹んで状

を還す。函を開きて書を見るに、頂荷を倍増す。郷は海外に居し、人は日宮に近しと雖も、知音の道遺《わす》れず、重教の誠逾《いよい》よ切なり。(51)（原漢文、傍線筆者）

となっている。この巻頭の「開成四年正月廿二日」が問題であり、この還状からすると、実恵和尚等八人の書簡が青龍寺にもたらされたのは、円行がはじめて青龍寺を訪問してから十日後の正月二十二日であったことになる。何とも間のぬけた話といわざるをえない。

そこでつぎに、考察の便宜上、「青龍寺還状」の内容を個条書きにして提示してみよう。(52)

①開成四年（八三九）正月二十二日に日本国伝燈大法師円行がもたらした実恵和尚等八人の書簡に対する円鏡等十一人の還状であること。

②実恵等の書簡と信物に対する礼を述べ、東海の地に住しながら求法の誠を尽すことを讃え、唐皇帝の徳をしたって使者が派遣されたことを記す。

③日本の八人の大師は胎蔵大牟尼法を習い、金剛戒光明相会を宗とし、蘇悉地・密厳の戒儀を学んでいること。

④実恵等八人は、貞元年中に入唐し、故内供奉灌頂教主恵果和尚から受法し、帰国後、三部の大法を弘め、大灌頂師となった空海大師の門弟であること。

⑤実恵等が「祖師の霊を瞻望し」て恵果和尚の霊前に、法服をはじめ絁二十疋・綿一百屯・剃刀二十枚・牋素等の信物を贈ったこと。

⑥それに対して円鏡等十一名は、鴈塔に拝首し涕をたれて、実恵等の「異郷之重教」「殊国之懇誠」にいたく感じ入ったこと。

⑦いま使者が帰国するにあたり、謹んで書を「東国の伝燈大阿闍梨等に附」し、返礼の信物並びに経法道具等を贈

ること。

⑧そして最後に、大唐青龍寺内供奉三教講論大徳沙門の円鏡以下、文正・令則・常明・義真・法閏・義舟・常堅・義円・文賁・契宗の十一名が連署している。

これによると、円行が実恵等の書簡を青龍寺にとどけ、日本から携行した法服等の信物を恵果和尚の霊前に捧げたのは、正月二十二日であったことになる。しかしこの日付は、どのように考えても不自然といわざるをえない。なぜなら、『円行請来録』『五家伝』によると、円行はすでに十三日、または十二日に青龍寺を訪問しているにもかかわらず、入唐の目的を記した実恵等の書簡ならびに信物を、十日後の二十二日まで奉献していなかったことになるからである。いまだ確証をえているわけではないけれども、「青龍寺還状」巻首の「開成四年正月廿二日」は、転写の際の写誤であり、本来は「開成四年正月十二日」であった、と考えておきたい[53]。正月十二日、または十三日と考えることによって、円仁の日記『入唐求法巡礼行記』（以下、『巡礼行記』と略称す）開成四年二月二十日条の

真言請益の円行法師は青龍寺に入りたまいしも、ただ二十日のあいだ二十の書手を雇いて、文疏などを写したまいしのみ[54]。

とも、齟齬をきたさないからである。二十二日を十二日と考えることによって、時間的不自然さが解消される[55]。

そうすると、つぎに問題となるのは、円行がはじめて青龍寺を訪問したのは十二日・十三日のいずれの日であったか、である。これについても確たる証拠があるわけではないけれども、「青龍寺還状」を正月十二日の写誤とみなすならば、十二日が有力となる。ひとまず、円行が青龍寺をはじめて訪れたのは開成四年正月十二日であった、と考えておきたい。

『五家伝』によると、開成四年正月十五日、円行は保寿寺内供奉臨壇大徳沙門光弁等と教門について論談し、「玄義

通ぜざるは莫」かったという。このときの円行の力量に感悦した集会の大徳等は、このことを皇帝に奏聞し、円行に「内供奉講論大徳」の称号と冬の法服・緑綾六十疋および日供物等が下賜されたという。[56] このなか、「内供奉講論大徳」の称号以下については確証がえられないけれども、光弁等の大徳との論談は、『円行請来録』の巻末の記録により、ほぼ認めてよいであろう。『円行請来録』の記録は、論談の場所を青龍寺とし、論談に加わった僧は

保寿寺内供奉臨壇大徳沙門常弁
章敬寺内供奉禅宗大徳沙門弘弁
招福寺内供奉講論大徳沙門斉高
興唐寺内供奉講論大徳沙門光顕
雲花寺内供奉講論大徳沙門海岸
青龍寺内供奉講論大徳沙門円鏡[57]

の六名であったと記す。

そうして潤正月の二日または三日に、円行は青龍寺灌頂の教主義真和尚から胎蔵法の阿闍梨位灌頂を受法した。このことを『円行請来録』は

閏正月二日蒙授阿闍梨位灌頂也。左街功徳使并僧録和尚供奉大徳金剛門徒悉集道場共致随喜。斯法也観心月輪則居住凡位備仏陀之徳。誦口密言則不逕長劫頓登大覚之位。[58]

と記し、『五家伝』は

潤正月三日。随和尚授伝法阿闍梨位灌頂。又伝法門道具仏舎利等。[59]

と記す。この二つの史料からは、阿闍梨位灌頂を受法したことは知りうるけれども、それが胎蔵法・金剛界法いずれ

の灌頂であったかはわからない。このことに関して、『巡礼行記』開成四年二月二十五日条に、

真言請益の円行法師に相見みゆ。語りて云く。（中略）後に復た上奏し、僅かに勅許を蒙り、青龍寺に住せしめらる。義真座主の所において、十五日胎蔵法を受け、百僧に供したるも、金剛界法を受けず。[60]（原漢文）

とある。このとき、十五日間にわたって胎蔵法を受け、金剛界法は受けなかったことを円行自身が語ったと記している。[61] 義真が胎蔵法に精通し、金剛界法の灌頂を受法していなかったことは、海雲撰『両部大法相承師資付法記』からも明らかである。[62] よって、潤正月二日（三日）、円行が義真から受法した灌頂とは、胎蔵法の阿闍梨位のものであったといえる。

同じく、開成四年潤正月三日付で青龍寺伝法阿闍梨義真等から実恵等九人にあてた信物目録が伝存する。[63] そのなかで特記すべきは、巻頭のつぎの個所である。

五鈷鈴一

三鈷杵一

独鈷杵一

已上三事、故大徳恵果先師受持道具、宛海阿闍梨影前供養。[64]

すなわち、実恵等が恵果和尚の影前に冬の法服等を贈った返礼として、故恵果大徳が先師から受持してこられた密教法具の五鈷鈴・三鈷杵・独鈷杵各一口を、空海阿闍梨の影前供養のために贈られたことである。おそらくこの日、さきに紹介した正月三十日付の円鏡等十一名が連署した書状、つまり「青龍寺還状」とともに、これら土産の品じながら円行に託されたであろう、と想われる。

かくして、二十日余りにわたった青龍寺での受法は終わり、潤正月四日、円行は礼賓院に帰った。[65]

以上、長ながと述べてきたが、円行が義真から受法した灌頂は胎蔵法の阿闍梨位のそれであったこと、灌頂受法の日は開成四年潤正月二日、または三日であったこと、の二点を確認できた。よって、『義真記録』奥書にみえる日付

開成四年閏正月三日青龍寺東塔院僧義真録記之(66)

は、ほぼ信じてよいと考える。

三　『義真記録』の真偽（二）

これまでに、円行が青龍寺東塔院の義真から受法した灌頂が胎蔵法の阿闍梨位灌頂であったこと、受法の日が開成四年（八三九）閏正月二日（三日）であったこと、この日付は『義真記録』の奥書の記述と矛盾しないことが明らかとなった。とはいえ、これらをもってただちに、『義真記録』を円行が灌頂壇に入ったときの作法次第とみなすことはできない。なぜなら、円行みずからが記録したと考えられる『円行請来録』の請来品のリストに、『義真記録』がみあたらないからである(67)。そこで以下に、㈠唐代に撰述された灌頂に関する作法次第の考察、㈡平安初期にわが国で修された灌頂作法次第の考察、㈢『義真記録』の典拠の考察、の三つの観点から、さらに『義真記録』の真偽を検討してみたい。

安然の撰述になる『諸阿闍梨真言密教部類総録』（以下、『八家秘録』と略称す）の巻頭におかれた「三灌頂部第一」には、最澄・空海・常暁・円行・円仁・恵運・円珍・宗叡の入唐八家によってわが国にもたらされた灌頂に関する経典・儀軌・作法次第が整理されている。この「三灌頂部第一」は、

胎蔵界灌頂本経法一　　金剛界灌頂本経法二　　蘇悉地灌頂本経法三　　三摩耶戒本録法四
三摩耶戒録外法五　　加用本録法六　　授灌頂位録外法七

の七部門に細分類され(68)、三摩耶戒ならびに灌頂を授けるときの作法次第としては、四と五につぎの十七典籍が記録されている。

三摩耶戒本録法四

(1)三曼陀颰陀羅菩薩経一巻（貞元大乗律円覚梵釈）
(2)与金剛弟子入壇受灌頂法経一巻（行叡）
(3)最上乗受菩提心戒及心地秘訣一巻（無畏出一行記仁行運）
(4)無畏三蔵禅要一巻（海仁叡）
(5)灌頂三昧耶戒一巻（澄）
(6)授灌頂金剛最上乗菩提心戒儀一巻（運叡）
(7)最上乗教授戒懺悔文一巻（仁運）
(8)授菩提心戒儀一巻（海仁運珍叡）
(9)受菩提心戒儀一巻（内云最上乗教授戒懺悔文普賢瑜伽阿闍梨集不空訳貞元新入目録　私云已上三同法）
(10)菩提心戒一本（仁叡）

三摩耶戒録外法五

(11)金剛頂宗授菩薩戒法一巻（出大日経受方便学処品義釈）
(12)灌頂儀式二巻（澄和上述）

⒀授三昧耶戒及第七日夜行事一巻仁和上述
⒁菩提心戒法并授灌頂法一巻珍和上述
⒂第七日夜行法二巻二界観中院述
⒃菩提心戒儀一巻行和上述
⒄菩提心戒儀一巻日和上作[69]

これら十七典籍のなか、現存することが確認できるのは、(3)『最上乗受菩提心戒及心地秘訣』一巻[70]、(4)『無畏三蔵禅要』一巻[71]、(6)『授灌頂金剛最上乗菩提心戒儀』一巻[72]、(8)『授菩提心戒儀』一巻の四つにすぎない[73]。ちなみに、(7)『最上乗教授戒懺悔文』一巻と(9)『受菩提心戒儀』一巻は、(9)の割註に「私云已上三同法」と安然が註記しているごとく、(8)の『授菩提心戒儀』と同本と考えられるので[74]、これを一つとみなすならば、入唐八家によって請来された三摩耶戒・灌頂の作法次第は合計十五典籍となり、このなかわずかに四典籍の存在が知られるにすぎない。

このほか、伝存することが確認されている唐代撰述の三摩耶戒・灌頂に関する作法次第に、

⒅『授発菩提心戒文』一巻[75]
⒆義操撰『受菩提心戒儀』一巻[76]
⒇『阿闍梨大曼荼羅灌頂儀軌』（以下、『阿闍梨儀軌』と略称す）一巻[77]

の三典籍がある。さきの四典籍とあわせて計七典籍のなか、明らかに灌頂のときの作法次第と認められるのは、⒇の『阿闍梨儀軌』だけである。この『阿闍梨儀軌』は、古来恵果作と伝えられてきたけれども、はなはだ疑わしい。それは、空海をはじめとする入唐八家のいずれの「請来目録」にも、その名が見あたらないからである。もちろん『八家秘録』にもその名は見えない。

とはいえ、ここに一つの注目すべき奥書がある。それは、大中九年（八五五）十一月二十日、受法を終えて長安を辞そうとしていた円珍のもとに、師の法全阿闍梨から贈られた『阿闍梨儀軌』一巻の奥書である。円珍は、この儀軌を贈られた経緯を、つぎのように書きつけている。

大師題著云。此青龍和上伝持本。珍等初入㆓胎蔵㆒時。円覚禅和受㆓胎蔵灌頂㆒時。珍入㆓金剛界壇㆒時。受㆓伝教位㆒時。前後都四遍。以㆓此戒儀㆒授戒入壇。臨珍廻発。和尚特以分付。送㆑路。故記。

大中九年十一月二十日珍記[78]

この奥書からは、①この『阿闍梨儀軌』は、青龍和上すなわち法全の伝持本であること、②円珍等が初めて胎蔵法の灌頂壇に入ったとき、円覚・禅和が胎蔵灌頂を受けたとき、円珍が金剛界壇に入壇したとき、さらに伝教位を受法したときの前後四度、この戒儀をもって授戒・入壇灌頂がおこなわれたこと、③円珍が帰国の途につかんとするので、法全和上から餞別としてこの儀軌が贈られたこと、を知りうる。つまり、円珍が法全から受法した胎蔵法・金剛界法・伝教位の三度の灌頂は、ことごとくこの『阿闍梨儀軌』にもとづいて執りおこなわれたのであった。そうして、餞別としてこの儀軌が法全から円珍に贈られたのであった。法全から贈られた本には円珍の手になる裏書きがあり、そこには貞観五年（八六三）に宗叡が三井の円珍のもとに来たり、胎蔵・蘇悉地の両法を受学したこと、宗叡は入唐する前に円珍秘蔵のこの本を写しとったこと、などが記されている[79]。これらからすると、小野勝年氏がいわれるように、『阿闍梨儀軌』は円珍の録外請来とみて間違いなかろう[80]。

ともあれ、つぎに『阿闍梨儀軌』の内容をみてみよう。はじめに全体の構成を示すと、つぎのようになる。

①浄心信敬仏

②加持五色線索

③礼仏
④護持諸弟子
⑤加持塗香
⑥加持白華
⑦加持香爐
⑧加持燈
⑨加持牛五味
⑩令飲
⑪加持歯木
⑫三結修多羅
⑬覆首
⑭結三昧耶契
⑮引入壇場
⑯結金剛薩埵慧契
⑰召入金剛薩埵
⑱結忿怒金剛拳
⑲摧破諸罪
⑳真実伽陀

㉑結金剛入契
㉒擲華
㉓結三昧耶印
㉔解所掩眼物
㉕見曼荼羅
㉖引入灌頂者
㉗供養弟子
㉘吉慶讃
㉙授与灌頂（瓶灌頂）
㉚誦金剛薩埵心真言
㉛授金剛杵
㉜授与金剛名号
㉝執小金剛杵子（金篦）
㉞執鏡
㉟授商佉（法螺）
㊱説三昧耶
㊲執五股金剛杵
㊳授決定要誓密語

㊴教誡

㊵廻向発願

これらを典拠の面からみると、①浄心信敬仏の「爾時金剛手白仏言」から「即当観彼」まで[81]、⑫三結修多羅の「三結修多羅当繋等持臂[82]」、および⑪加持歯木の偈文

汝獲無等利　位同於大我　一切諸如来　此教諸菩薩

皆以摂受汝　成弁於大事　汝等於明日　当得大乗生[83]

は『大毘盧遮那成仏神変加持経』（以下、『大日経』と略称す）からの引用[84]であり、㊵廻向発願は『阿闍梨儀軌』独自のものであるけれども、残りの大部分はすべて金剛智訳『金剛頂瑜伽中略出念誦経』（以下、『略出念誦経』と略称す）巻四の「入壇授法式」からの引用である[85]。特に、『阿闍梨儀軌』の大部分をしめる『略出念誦経』の「入壇授法式」は、最初に

イ、受法者の希願　ロ、阿闍梨の慰諭　ハ、弟子発露懺悔　ニ、帰依三宝　ホ、発菩提心[86]

の五項目があるけれども、『阿闍梨儀軌』には採用されず、これにかわって『大日経』から引用された①浄心信敬仏の一文がおかれている。

右からもわかるように、『阿闍梨儀軌』の中心をなす灌頂作法は、文章的にも内容的にも『略出念誦経』の「入壇授法式」そのものといってよいほど、全面的に『略出念誦経』に依拠しているといえる[87]。

つぎに、わが国に灌頂儀礼が伝来した当初用いられた作法次第についてみておきたい。

唐において入壇し、灌頂を受法した最澄・空海をはじめとする入唐僧の多くは、帰国後、少なからず灌頂壇を設け授法している[88]けれども、それらの灌頂がいかなる作法次第にもとづいて執りおこなわれたかは、意外と知られていな

い。九世紀、真言宗においておこなわれた灌頂儀礼の作法次第として私が知りえたのは、

㈠承和十年（八四三）十二月十三日　東寺授職位灌頂私記[89]

㈡延喜元年（九〇〇）十二月十三日　法皇御灌頂行事記[90]

の二つだけである。前者は、真言宗における伝法灌頂の官許制度が承和十年十一月十六日付の太政官符によって確立したあと最初の伝法灌頂であり、同年十二月十三日東寺灌頂院において、実恵を大阿闍梨として真紹に授けられたときの記録である。後者は、同じく東寺灌頂院において、寛平法皇が益信から伝法灌頂を受けられたときの記録であり、具名は「延喜元年十二月十三日　太上法皇於東寺受贈灌頂於益信大僧都之日行事記」とある。この二つは、いずれも仁海撰『小野六帖』巻第一に収録されている。このうち、実恵が真紹に授けたときの「堂内灌頂儀式」は、

堂内灌頂儀式

第一。阿闍梨入堂就壇如常。修供養法祈誓受法之由。

第二。𑖁𑖓𑖯𑖨𑖿𑖧手執香爐。引受法者令修四礼。四礼法順礼両壇。既了屏風随隠。隠不令他人看。

第三。引受法者令登蓮花坐。

第四。令諸弟子等捧五智瓶。繞壇立受法者四角。𑖁𑖓𑖯𑖨𑖿𑖧親捧中台瓶。

第五。令受法者立蹈輪著鬘。

第六。𑖁𑖓𑖯𑖨𑖿𑖧親執鈚。為説因縁擬開眼之體。

第七。執鏡為説因縁照受者面。

第八。執螺為説因縁令受者吹之。

第九。更令大坐授五智灌頂各結本契。

第十。以五瓶置本壇了。更令向東壇坐花台灌頂。其儀式猶如前作法。

第十一。最後授伝法印了。

第十二。𑖁𑖓𑖯𑖨𑖿𑖧親執少白蓋。覆受法者礼四方壇。令諸弟子等執白払大扇等囲繞。左右前導三匝事了。𑖁𑖓𑖯𑖨𑖿𑖧本坐。

　修供養法発遣本尊。

第十三。令乞戒師随喜新𑖁𑖓𑖯𑖨𑖿𑖧徳迴向等。

第十四。音楽三四曲奏了。

次更出乞戒師祈誓集会諸人。此一条煩耳。

　如此灌頂讃音不絶。(91)


と、十四の項目にわたって記されているとはいえ、真言もなく、極めて簡略なものであって、全体の流れをおさえることはむずかしい。

一方、寛平法皇が受法したときの行事記は、

⑴可僧供事　⑵行烈次第　⑶説戒堂次第　⑷灌頂堂行事　⑸出堂行事　⑹阿闍梨房御在所行事

の六場面にわかって作法・行列の次第などが記されている。このなか、⑶説戒堂次第は比較的くわしいけれども、いま問題としている灌頂堂内における作法に関しては、はじめに胎蔵壇、ついで金剛界壇の行事が

　一灌頂堂行事
先阿闍梨前立御後立入堂。即三匝両壇了。
向胎蔵壇普礼著座如常。但御阿闍梨後御在。
次両僧綱率持金剛并讃衆入堂。向東烈座。自余衆僧不可入。但可入堂阿闍梨入室弟子一人。

次供養法如常用九方便。但宜供養法時頌心略讃三反。鈸三条前分了。

次御灌頂行事如文。但御灌頂間頌吉慶梵語讃并鈸。後分時又如先。心略讃三返鈸三条東壇了。

次金剛界壇行事
阿闍梨普礼著座如先。御在所如先。

次供養法如常　用五悔　但供養法間頌四智讃三返。鈸三条前分了。

次御灌頂如先　但御灌頂時。可頌吉慶漢語讃。

後分時又讃三返鈸三条。両壇畢（傍線筆者）(92)

と記されている。しかしながら、肝腎の灌頂の具体的な作法は「御灌頂行事如文」と記すだけで、どのような作法次第によって執りおこなわれたのかは、不明といわざるをえない。(93)

以上のように、揺籃期の真言宗における灌頂の実際がいかなる作法次第によっておこなわれていたかは、いま一つ明確にすることができない。

最後に、『義真記録』がどのような経軌に依拠して作られているかをみておきたい。

先述のごとく、円行が入壇受法した灌頂は胎蔵法の阿闍梨位であった。このことから考えると、『義真記録』は胎蔵法の本軌である『大日経』にもとづく次第かとならば、さにあらず、『大日経』からの引用文と金剛界法の本軌といわれる『略出念誦経』に典拠が求められる文とが、交互にとり入れられている点が注目される。まず『大日経』にもとづく個所は、さきに構成のところであげた次第番号によって示すと、⑩⑬〜⑮⑲㉒〜㉖㉘の十一ヶ所となる。一方、『略出念誦経』にもとづくのは、⑫⑯〜⑱⑳㉗の六ヶ所となる。紙数の関係から本文をあげることはさしひかえるけれども、『義真記録』の本文とその出典と考えられる『大日経』『略出念誦経』の原文の個所とを『大正蔵経』によって示すと、表4[94]のようになる。

この表をみれば明らかなごとく、『義真記録』は胎蔵法の本軌である『大日経』だけでなく、金剛界法の本軌『略出念誦経』からも灌頂における重要な作法の一つ投花得仏の作法が引用されるなど、両部の大経といわれる『大日

表4　『義真記録』とその出典

『義真記録』項目番号・名称	『義真記録』本文	『大日経』原文	『略出念誦経』原文
10 入仏三昧耶真言	一四六下1	一二c-10	二四九c-6
12 引入	〃4		
13 法界生真言	〃5	一二c-4	
14 金剛薩埵加持真言	〃7	一二c-1	
15 如来鉤真言（大鉤召印）	〃9	二五b-7	
16 散花真言加持	〃12		二五〇c10
17 解三昧耶契真言	（一四六下-2 一四七上-1		〃c14
18 花鬘加持真言	一四七下5		二五〇c-10
19 見曼荼羅（仏眼真言）	〃8	一三a5	
20 解所掩眼物	〃11		二五〇c-3
22 阿闍梨供養受者	一四八上1	一二a4	
23 瓶灌頂	〃4	〃a8	
24 金篦加持	〃6	〃a11	
25 鏡加持	〃9	〃a15	
26 法螺加持	〃-5	〃a-8	
27 授金剛杵	一四八下1		二五一c-8
28 説示三昧耶偈讃	〃4	一二a-1	

経』・金剛頂経の一本『略出念誦経』を典拠として作成されていることがわかった。(95)

おわりに

以上、『義真記録』は円行が義真から灌頂を受法したときの作法次第と考えてよいか否かについて、検討してきた。その結果、『義真記録』の全般的な順序・流れは、今日用いられる灌頂作法次第と大差ないものと考えられた。とはいえ、今日使用される作法次第は、種々手が加えられていて、本軌である『大日経』『略出念誦経』の原文そのままではない個所が少なからずみうけられる。それに対して『義真記録』の文章は、本軌の原文と一字一句にいたるまで異ならないといいうるほど、本軌に近いものである。(96) このことは一体何を物語るのであろうか。これは、原初形態というか、古い形を伝えているのではないか、と愚考しておきたい。もしこのような見方が首肯されるならば、『義真記録』はその標題・奥書などから知られるように、開成四年（八三九）閏正月三日（二日）青龍寺東塔院において、円行が義真から胎蔵法の阿闍梨位灌頂を受法したときの作法次第とみなしてさしつかえない、といえよう。

最後に、もう一点指摘しておきたい。それは、『義真記録』の中心をなす灌頂作法は、胎蔵法の本軌である『大日経』と金剛界法の本軌である『略出念誦経』とを典拠として、構成されていたことである。いいかえると、胎・金を合糅した次第となっている点である。ここで想起されるのが、

㈠　大唐貞元二十一年（八〇五）四月十八日、越州湖鏡東峯山道場において、最澄が順暁阿闍梨から受法した三部三昧耶の灌頂が、両部にまたがるものであったこと。(97)

㈡　空海が請来した現図曼荼羅の一つ・大悲胎蔵生曼荼羅は、本軌である『大日経』に説かれる諸仏・諸尊だけで

構成されているのではなく、金剛界系の諸尊が少なからず取り入れられていること。(98)

㈢　弘仁四年（八一三）の春、光定をはじめとする最澄の弟子達が、空海から受法した『成就妙法蓮華経王瑜伽観智儀軌』、略称『観智儀軌』は、多くの密教経典・儀軌を依用した胎金合糅の色彩の濃い儀軌であること。(99)

などである。これらを考え合わせると、大悲胎蔵系と金剛界系のあいだには、古くは明確な〃境界〃がなかったのではないか、と考えられる。ひいてはこのことからも、『義真記録』が以外と古い灌頂作法の形を伝えている、といいうるかも知れない。

残された問題は少なくないけれども、紙数がつきたのでひとまず擱筆することにしたい。

註

（1）櫛田良洪『空海の研究』第六章〜第九章、一六九〜二五八頁、山喜房仏書林、一九八一年十月。

（2）最近の研究書を中心にその代表的な著述をあげると、つぎのごとくである。㈠①守山聖真編著『文化史上より見たる弘法大師伝』一二三〜一二六頁、豊山派弘法大師一千一百年御遠忌事務局、一九三一年（国書刊行会、一九七三年復刻・一九九三年再復刻）、②羽毛田義人著・阿部龍一訳『空海密教』五〇〜五一頁、春秋社、一九九六年九月（原著は一九七二年刊）、③加藤精一『弘法大師空海伝』三〇〜三三頁、春秋社、一九八九年六月。㈡①渡辺照宏・宮坂宥勝『沙門空海』五五頁、筑摩書房、一九六七年五月（ちくま学芸文庫、一九九三年）、②福田亮成『弘法大師の教えと生涯』五二〜五四・六一頁、ノンブル社、一九八五年十月。㈢櫛田良洪、前掲（註1）書、一七九〜一八一・二三〇頁。㈣平井宥慶「弘法大師入唐の意図」（『密教学研究』第二十三号、一〇〜一二頁、一九九一年三月）。㈤①高木訷元『空海—生涯とその周辺—』四四〜六六頁、吉川弘文館、一九九七年四月、②竹内信夫『空海入門—弘仁のモダニスト—』一一四〜一一八頁、ちくま新書、一九九七年五月。

（3）東寺観智院金剛蔵、第二百七十四箱第十九号聖教（京都府立総合資料館編『東寺観智院金剛蔵聖教目録』十六、四三八頁、京都府教育委員会、一九八五年三月）。

（4）東寺観智院金剛蔵本の翻刻文を付録として収載する予定であったが、紙数の関係から不可能となった。後述するごとく、観智院本の前半部分が『結縁灌頂次第』と題して『日本大蔵経』天台密教章疏一に収録されている。よって、以下参考までではあるが、

『結縁次第』と略称して、同文の個所を提示してみたい。この奥書は「准日本国承和六年也」の一文を欠くが、『日本大蔵経』第四十一巻、一四九頁にみられる（日本大蔵経編纂会、一九二〇年一月）。

(5) 註3に同じ。

(6) 後述するように、円珍が大中九年（八五五）七月十五日に大悲胎蔵の、同年十月三日に金剛界の灌頂を青龍寺法全阿闍梨から受法したときの作法次第は、『阿闍梨大曼荼羅灌頂儀軌』であったことが知られている（本書一一六～一一九頁参照）。

(7) 本書一一九～一二二頁を参照いただきたい。

(8) ここにとり上げた『義真記録』を別にすれば、唐代に撰述された灌頂作法次第で現存することが確認できるのは、註6に記した『阿闍梨大曼荼羅灌頂儀軌』だけである。なお、この儀軌は天安二年（八五八）六月に帰国した円珍によってわが国に請来された。

(9) 註3に同じ。本書収録の翻刻文一四二・一四三頁参照。

(10) 本書収録の翻刻文一五三頁。

(11) 『真言付法伝』の第一祖・大日如来の項の「第一高祖号曰」から「則如来加持力之所到也」までが書写されている。その個所は『定本弘法大師全集』第一巻、一一九頁二行目から一二二頁四行目までである（高野山大学密教文化研究所、一九九一年七月）。

なお、『真言付法伝』は近年、苫米地誠一・堀内規之両氏によって、あらたに空海偽撰説が提唱されているので、『義真記録』に書写されていることはこの点からも注目される。とはいえ、それは全文ではなく、第一祖・大日如来の項だけであり、しかも『義真記録』前半部の授戒・灌頂作法とは直接関係しないようであるから、『真言付法伝』の真撰・偽撰を論じる場合、『義真記録』がただちに有効な史料とはなりえないであろう。よってこの問題については、別の機会に論じることとし、ここでは偽撰説をとる苫米地・堀内両氏の論考をあげるにとどめておく。㈠苫米地誠一「『真言付法伝』をめぐって」（『宗教研究』六十一―四〈通二百七十五号〉、一八四～一八六頁、一九八八年三月）、㈡堀内規之「弘法大師『真言付法伝』の真偽について」（『豊山教学大会紀要』第二十二号、一一三～一四六頁、一九九四年十二月）。

(12) 本書収録の翻刻文一五五頁。

(13) 『結縁次第』（『日本大蔵経』第四十一巻、一四六～一四九頁）。

(14) 『仏書解説大辞典』でも本書を初代座主義真の著述とみなし、以下のように解説している（『同書』第三巻、一四三頁、大森真応「結縁灌頂次第記」）。

三昧耶戒後半の後供養に始まり、香華燈塗、歯木誓水を授け、続いて投華授印明、吉慶伽陀、秘密道具を授け、更に三昧耶戒を説き、回向発願に終つてゐる、本邦撰述の私記は通途授戒壇と灌頂壇とは別立してゐるにも拘はらず、本私記は同壇に説いてゐる、但し本邦現存私記中唯一の古書である。

一方、『日本大蔵経』の解題は旧版・新版ともに、その奥書から唐僧義真の撰述とみなしているが、いずれもその内容を結縁灌頂の作法・真言を記したものとする（『日本大蔵経』解題下巻、六五六頁、一九二二年五月、鈴木学術財団編『増補改訂 日本大蔵経』第九十九巻、解題三、二七～二八頁〈三崎良周稿〉、鈴木学術財団、一九七八年三月）。

(15) 『結縁次第』（『日本大蔵経』第四十一巻、一四六頁）。

(16) 『結縁次第』（『日本大蔵経』第四十一巻、一四九頁）。

(17) 『義真記録』には明らかに転写の段階で欠落したと考えられる個所があり（『日本大蔵経』一四六頁上段-2行目「菩提戒授菩提心了」から同頁下段10行目「怛他蘖黨句舎冒」まで）、一方『結縁次第』には後世の付加と考えられる個所がある（『同上』一四六頁下段-1行目「次授香水偈」から一四七頁上段-2行目「次第如法受持」まで）が、これら以外には両者に大きな相違はみられない。

(18) 註16に同じ。

(19) 註17に記した個所であり、行数からみてちょうど一紙分が欠落していると考えられる。

(20) 全体の構成を考えるにあたり、苫米地誠一「唐代密教に於る菩提心戒授戒儀について」（斎藤昭俊教授還暦記念論文集『宗教と文化』三五七～三八二頁、こびあん書房、一九九〇年三月）を参照させていただいた。

(21) 註17・19に同じ。

(22) 註17で指摘した『結縁次第』の付加部分である。

(23) 上田霊城師が『大日経疏』にもとづく七日作壇法を解説するなかで、以下のように記していることによる（同著『真言密教事相概説―諸尊法・灌頂部―』下、五一五頁、同朋舎出版、一九九〇年六月）。

第六日夜に師資ともに澡浴して浄衣を著して入壇し、師は自身と道場と諸弟子を加持した後、法則の如く諸尊を供養し、次にいわゆる三昧耶戒作法を行う。三帰、懺悔、発菩提心、運心供養、授三世無障礙智戒、歯木作法、金剛線を弟子の臂に繋け、教誡をする等の作法である。

(24) 後世の付加とまではいっていないけれども、日本大蔵経本に誤字・脱字また錯綜が多く、意味を解しかねるところが少なくないことが、すでに三崎良周・苫米地誠一の両氏によって指摘されている。㈠三崎良周、前掲（註14）解題、㈡苫米地誠一、前掲（註20）論考、三七六頁。

(25) 本書収録の翻刻文一四三頁。
(26) 『円行請来録』（『大正蔵経』第五十五巻、一〇七二頁b）。
(27) 田中海応『秘密事相の解説』三〇三～三〇六頁、鹿野苑、一九六二年六月。
(28) 『続日本後紀』巻第三、承和元年正月十九日の条（『新訂増補国史大系』〈以下、『国史大系』と略称す〉第三巻、二三頁）。
(29) 佐伯有清『最後の遣唐使』八一～八四頁、講談社現代新書、一九七八年十月。のちに講談社学術文庫に収録、二〇〇七年十一月。
(30) 承和三年（八三六）五月五日付で唐長安青龍寺にあてて書かれた実恵等の書状に、

真言宗請益沙門真済、留学僧真然、遠く巨海に浮び師を大邦に尋ね、父母の郷を辞し、同法の地に就く。乞う、奨餝を加え、実帰を得せしめよ（『増補再版弘法大師伝記集覧』九七〇～九七一頁）。

とあり、『日本三代実録』巻四、貞観二年（八六〇）二月二十五日丙午条の真済卒伝に、

承和之初。遣レ使聘レ唐。真済奉二朝命一。随レ使渡レ海。中途漂蕩。船舶破裂。真済纔駕二一筏一。随レ波而去。泛々然不レ知レ所レ到。凡在二海上一廿三日。其同乗者卅余人。皆悉餓死。所レ活者真済与二弟子真然一二人而已。真済唯仏是念。自然不レ飢。豈非二如来冥護之所一レ致哉。南嶋人遙望二海中一。毎夜有レ光。恠而尋レ之。拯得レ着レ岸。皮膚腐爛。尸居不レ動。嶋人憐愍。収而養療。遂得レ帰二本朝一。（傍線筆者）

とあることから、真済・真然の二人が請益・留学僧であったことは間違いない。

承和の遣唐使とともに入唐を試みた真済・真然、三度目の出帆で入唐をはたした円行等、真言宗の渡海・求法僧に関する根本史料となる文書六通が伝存する。すなわち、

①承和三年（八三六）五月五日付　唐青龍寺あて実恵等書状
②同　三年五月十日付　唐青龍寺あて実恵等土毛目録
③同　四年正月九日付　実恵上表文
④同　四年四月六日付　唐青龍寺あて実恵等土毛目録
⑤開成四年（八三九）正月三十日付　実恵等あて青龍寺円鏡等書状

⑥同　四年閏正月三日付　実恵等あて青龍寺義真等信物目録

の六通である。これらの文書を収録する平安・鎌倉時代に成立した史料をあげると、つぎの六つをあげうる。

(1)金剛仏子某仁平二年（一一五二）撰『弘法大師御伝』二巻（『弘法大師伝全集』〈以下、『伝全集』と略称す〉第一、二一九〜二二四頁）
(2)国学院大学図書館蔵『円行関係文書』一巻、院政期写本（註32の高田淳論考に影印あり）
(3)藤原敦光（一〇六三〜一一四四）撰『弘法大師行化記』二巻（『伝全集』第二、七二〜七八頁）
(4)行遍（一一八一〜一二六四）撰『弘法大師行化記』二巻（『同右』第二、一六二〜一六八頁）
(5)勝賢（一一三八〜一一九六）撰『弘法大師行化記』二巻（『同右』第二、二一六〜二二一頁）
(6)東寺観智院本『大師伝記』巻下（『行化記』異本、『同右』第二、二六五〜二七〇頁）

以上を整理すると、表5のごとくなる。

表5　承和の入唐真言僧関連文書と収録史料

文書No.	御伝	円行文書	敦光本	行遍本	勝賢本	大師伝記
①	○		○	○	○	○
②	○		○	○	○	○
③		○				
④	○		○	○	○	○
⑤	○	○	○	○	○	○
⑥	○		○	○	○	○

高田淳氏は註32にあげた論考で、『行化記』に収録されているのは⑤の文書だけとされる。一方、佐藤長門氏は同じく註32にあげた論考で、④〜⑥の文書が敦光本『行化記』に収載されることを指摘されているけれども、ほかの『行化記』および『弘法大師御伝』にはふれておられない。表からも知られるように、③をのぞく、残り五通の文書をまとまった形で収録する最古の史料は、仁平二年（一一五二）に金剛仏子某が撰述した『弘法大師御伝』であろうと考える。また、③と⑤の二通の文書をもって成巻した

『円行関係文書』一巻が国学院大学図書館に伝来することから、あるいはこれら六通の文書のうち、③をのぞいた五通の文書も一括して書写され、伝来していたとみなすこともできよう。ちなみに、①②④⑥の四通の文書をもって成巻した巻子本が、「東寺文書　観智院」一号文書として京都府立総合資料館に伝存する（『東寺百合文書目録』第五、四〇七頁）。

(31)『続日本後紀』巻第五、承和三年七月十五日条（『国史大系』第三巻、五六頁）、および註30にあげた真済卒伝による。

(32) 承和四年（八三七）正月十九日付実恵上表文（『平安遺文』第八巻、三三一七頁）。これは現在、国学院大学図書館に所蔵される院政期写本を活字化したものである。この院政期写本については、つぎの論考に影印・翻刻文ならびに円行の入唐求法とその生涯が詳述されている。㈠高田淳「入唐僧円行関係文書の紹介―付、円行小伝―」（『国学院大学図書館紀要』第六号、三一～七三頁、一九九四年三月）。つぎの論考にも円行の入唐求法の経緯が詳細に論じられている。㈡佐藤長門「入唐僧円行に関する基礎的考察」（『国史学』第百五十三号、五三～九五頁、一九九四年五月）。

(33)『五家伝』（『続群書類従』第八輯上、一〇八～一一〇頁）。

(34) 註32の『平安遺文』に同じ。

(35) 承和三年（八三六）五月五日付実恵等書状（金剛仏子某撰『弘法大師御伝』下〈『伝全集』第一、二一九～二二〇頁〉）。

(36)『続日本後紀』巻第六、承和四年七月二十二日条・八月二十日条・九月二十一日条参看（『国史大系』第三巻、六八～六九頁）。

(37) 承和五年（八三八）唐に渡った遣唐使の行動の詳細については、円仁の筆録になる『入唐求法巡礼行記』（以下、『巡礼行記』と略称す）に全面的に依拠した。『巡礼行記』承和五年六月十七日条（小野勝年『入唐求法巡礼行記の研究』第一巻、九三～九四頁、鈴木学術財団、一九六四年二月〈法蔵館、一九八九年四月復刻〉）。

(38)『巡礼行記』承和五年六月二十四日・七月二日・八月八日・八月二十五日条（小野勝年、前掲（註37）書、九六～九九・一〇七～一一九・一七二～一七五・一九二～一九七頁）。

(39)『巡礼行記』承和五年七月二十六日・八月二十四日条（小野勝年、前掲（註37）書、一五六～一五八・一八九～一九一頁）。

(40)『巡礼行記』開成三年（八三八）十月四日・十月五日条（小野勝年、前掲（註37）書、二二八～二三三頁）。

(41)『巡礼行記』開成三年九月十一日・同四年二月二十日条（小野勝年、前掲（註37）書、二〇八～二〇九・四〇五～四一五頁）。

(42)『巡礼行記』開成三年九月十六日・同二十日・同二十九日・十月三日・同四日条（小野勝年、前掲（註37）書、二一八～二二二・二二五～二三二頁）。

(43)『巡礼行記』開成三年十二月十八日・同四年正月二十一日条（小野勝年、前掲（註37）書、三一九～三二一・三六九～三七二頁）。
(44)『巡礼行記』開成四年（八三九）二月二十日・同二十四日・同二十五日条（小野勝年、前掲（註37）書、四〇五～四一五・四二一～四二七頁）。
(45)『巡礼行記』開成四年二月二十日条（小野勝年、前掲（註37）書、四〇五～四一五頁）。
(46)『円行請来録』（『大正蔵経』第五十五巻、一〇七一頁）。
(47)『五家伝』（『続群書類従』第八輯上、一〇八～一〇九頁）。
(48)『五家伝』（『同右』第八輯上、一〇九頁）。
(49)『円行請来録』（『大正蔵経』第五十五巻、一〇七一頁、脚註51）。
(50)開成四年（八三九）正月三十日付「青龍寺還状」（『平安遺文』第八巻、三三一九～三三二〇頁）。
(51)註50に同じ。
(52)「青龍寺還状」の本文をあげると、つぎのごとくである。なお、これは註31に紹介した高田淳氏の論考に載る翻刻文・訓読文、『平安遺文』、および筆者の調査メモにもとづくものであり、行論の便宜上、本論中に付した①～⑦の番号を私に付した。

①開成四年正月廿二日、日本国伝燈大法師円行、実恵和尚等八人の書を将《もたら》して、円鏡等十人に問うを得。謹んで状を還す。

②函を開きて書を見るに、頂荷を倍増す。郷は海外に居し、人は日宮に近しと雖も、知音の道遺《わす》れず、重教の誠逾《いよい》よ切なり。況や我が開成皇帝、化は四極に周くし、八表来朝す。聖徳巍々として、皇道蕩々《とうとう》たり。左［街］功徳使の驃騎《ひょうき》は股肱の済々《せいせい》として、実に文武の鏘々《しょうしょう》たり。遂に鴻浜は渤澥《ぼっかい》巨浪の東に有り。是れ金鳥の玄象、始明の地にして、乃ち陽徳の出づる処なり。国を日本と号す。即ち曦和《ぎか》の景《かげ》、上りて天に翔けて、乃ち輝赫《きかく》の域なり。国君、之を宰臣に命じ我が大唐に朝宗せしむ。

③因りて彼土の［大］師八人等、並びに胎蔵大牟尼法を習い、金剛戒光明相会を宗し、蘇悉地・密厳の戒儀を学ぶを知る。

④悉く是れ故空海大師、去《いに》し貞元の中に此の国に来りて、故内供奉灌頂教主恵果和尚の処に投じ、習学して、永貞の初に至りて本国に還る。三部の大法を弘め、彼土の大灌頂師と為り、遂に門弟子八人有りて教を奉りて流化す。

⑤乃ち西のかた我が祖師の霊を望瞻し、遂に其の法服を奉る。羅綺の弥［瑰］を極め、数万里を遠しとせず、来りて之を寄せり。并びに［絁《あしきぬ》］廿疋・綿一百［屯］・剃刀廿枚、並びに牋素《せんそ》等の物、敬いて之を捧げ授くなり。

⑥　皆な之を故大師の影前に列して、一十人等涕《なみだ》を鴈塔に垂れ、墳前に拝首し、異郷の教を重んずるを感じ、殊国の懇誠を媿《はず》るなり。

⑦　今、国使の還るを相《み》て、燈を伝えて国に帰ること、これ今月に当たれり。春風習々として、鶯、新声を吟じ、流水涓々《けんけん》として、氷、旧沼に開けたり。去々たる君が意、遙々たる我が心、謹んで書を東国の伝燈大徳阿闍梨等に附す。首春尚お寒し、伏して惟《おも》みるに動止康裕ならむ。円鏡等、此の国の諸大徳等と与に、並に国恩を蒙り、悉くに法儀を安んず。伏して謝すらくは遠くは弥奇を［遣］し、均しく方物を及すことを。頂荷の誠、翰簡に喩え難し。此の地の報酬の信、備るに別紙の如し。并びに経法道具等、幸に望らくは俯して検到を賜え。

雲路［阻］遠にして、滄波淼然《ひょうぜん》たり。東日を望んで、以て之を瞻み、西天の同志を申す。既に法は異源無し。亦た之を花蔵に期せん。謹んで状を附す。不宣、謹んで状す。

開成四年正月卅日大唐青龍寺内供奉三教講論大徳沙門円鏡
伝燈内供奉持念大徳当寺主沙門文正
伝燈内供奉持念大徳沙門令則
々々々々々々々々々々々常明
々々々々々々々々々々々義真
々々々々々々々々々々々法闉
々々々々々々々々々々々義舟
々々々々々々々々々々々常堅
々々々々々々々々々々々義円
々々々々々々々々々々々文賁
々々々々々々々々々々々契宗状

日本国律大徳伝燈大法師実恵阿闍梨等座前謹空

（53）　以下にあげる「青龍寺還状」の活字本は、すべて巻首の一文を「開成四年正月廿二日」とする。このことからすると、転写の際の写誤とするには、いささか無理があるかも知れないが、あえて疑問を呈しておきたい。「青龍寺還状」の活字本とは、註30でと

りあげた『弘法大師御伝』・『弘法大師行化記』三本（敦光本・行遍本・勝賢本）・『大師伝記』と、天保十一年（一八四〇）得仁撰『続弘法大師年譜』巻一（『真言宗全書』第三八、二九五頁）、天保四年高演撰『弘法大師正伝』附録（『伝全集』第七、九五頁）の七本である。

(54) 註45に同じ。

(55) ちなみに、高田淳・佐藤長門の両氏は、ここで問題とした「青龍寺還状」巻頭の一文「開成四年正月廿二日」には、何の疑問も呈しておられない。

(56) 『五家伝』の文章をあげておく。なお、出典は註48に同じである。

同月十五日。保寿寺内供奉臨壇大徳沙門光弁等。論談教門問難。玄義莫不通。集会大徳等感悦。具以奏聞。同日。左衛功徳使仇驃騎青龍寺上座円境召之。仰曰。日本国伝燈大法師円行。可為内供奉講論大徳。即賜冬法服并緑綾六十疋及日供物等。

(57) 『円行請来録』巻末の記録の全文をあげると、左記の通りである（『大正蔵経』第五十五巻、一〇七三〜一〇七四頁）。ただ一つ気がかりなのは、『大正蔵経』本は鎌倉時代写の高山寺本を底本とし、対校本に①享保二年（一七一七）写の大谷大学蔵本、②享保年間（一七一六〜三六）刊の豊山大学蔵本、③大日本仏教全書の三本を用いているが、もっとも古い底本にこの記録がみられないことである。この記録が当初から存在したか否かについては、今後の課題としたい。なお、保寿寺の常弁を『五家伝』は光弁と記す。常弁と光弁、いずれが正しいかについては、後考に委ねたい。

右街僧録三教講論大徳沙門体虚。奉本使仇驃騎怙三覚供奉大徳六人就青龍寺与日本国伝燈大法師位円行語論本教玄理具名如後。

保寿寺内供奉臨壇大徳沙門常弁
章敬寺内供奉禅宗大徳沙門弘弁
招福寺内供奉講論大徳沙門斉高
興唐寺内供奉講論大徳沙門光顒
雲花寺内供奉講論大徳沙門海岸
青龍寺内供奉講論大徳沙門円鏡

右件大徳等所與円行大徳語論教門策目並録申聞。

開成四年正月十五日

(58) 註46に同じ。

(59) 註48に同じ。後半に記す法門道具・仏舎利について、『円行請来録』に円行自身

仏舎利三千余粒

一百粒青龍寺伝教大徳義真阿闍梨付授

二百余粒中天竺三蔵難陀付授

二千七百余粒霊仙大徳弟子付授

付属物

菩提樹葉一枚（著茎中天竺三蔵難陀付授）

沈香念珠一貫（義真阿闍梨付授）

梵夾二具（一具中天竺三蔵難陀付授　一具霊仙大徳弟子付授）　（傍線筆者）

と記している（『大正蔵経』第五十五巻、一〇七三頁）。

(60) 『巡礼行記』開成四年二月二十五日条（小野勝年、前掲（註37）書、四二五〜四二七頁）。

(61) さきにあげた『巡礼行記』開成四年二月二十五日条の「十五日受胎蔵法」に関して、小野勝年氏は、霊巌寺和尚伝によれば円行が青龍寺に入ったのは開成四年正月十三日で、礼賓院に戻ったのは同年閏正月四日であるとある。したがつてその間すべて青龍寺に居住したとすれば約二十二日間を数うとなる。十五日を正月十五日のこととすればこの日、伝法灌頂をうけたわけである。また十五日のあいだとすれば、受学受法に十五ヶ日要したことになる。上記の「将来法門道具目録」では閏正月三日に阿闍梨位灌頂を受けたと記しているから、正月十五日の伝法とは一致せず、十五日のあいだとよむ場合は実のところ二十二日間の在寺でこれまた一致しない。

と記しておられる（小野、前掲（註37）書、四二六〜四二七頁）。私は、十五日間と考えておきたい。なぜなら、円行が青龍寺をはじめて訪問したその日からただちに学習がはじまったとは考えがたく、また何も十五日間を、最初に青龍寺を訪れた正月十二(三)日から灌頂を終えて寺を辞する閏正月四日までの全期間と考える必要もない、と考えるからである。空海が恵果和尚から受法されたとき、永貞元年（八〇五）六月上旬に胎蔵法の、七月上旬に金剛界の、そして八月上旬に伝法阿闍梨位の灌頂を受法しているが、それぞれの灌頂を受けるあいだの期間は、胎蔵法・金剛界法の儀軌等の学習にあてられていたことも参考となろう。

(62) 海雲の『両部大法相承師資付法記』には、

次東塔院義操阿闍梨伝付同学僧義真景公寺深達。浄住寺弟子海雲。崇福寺僧大遇。醴泉寺文苑已上五人皆伝教伝付次阿闍梨位。（傍線筆者）

と、胎蔵法の付法記にだけしか義真の名はみられない（『大正蔵経』第五十一巻、七八七頁a）。また、円仁は『巡礼行記』開成五年（八四〇）十月十三日条に、

〔十月〕十三日。惟正をつかわして懐慶闍梨とともに青竜寺につかわして、知法の人に見《まみ》えしむ。東塔院において義真和尚あり。胎蔵を解す。日本国の行闍梨がここにおいて法を学べり。さらに法潤和尚あり。金剛界を解すれども年七十三風疾老耄《もう》せりと。

と、記している（小野勝年、前掲（註37）書・第三巻、三〇二～三〇三頁）。

(63) 金剛仏子某撰『弘法大師御伝』下（『伝全集』第一、二二三～二二四頁）。

(64) 註63に同じ。

(65) 開成四年（八三九）閏正月四日、礼賓院に帰ったあとの円行の足跡は、長安を後にした日時をはじめ、必ずしも明らかでない。『巡礼行記』開成四年二月八日条に、同年閏正月十三日付の判官長岑高名の書状が引かれ、大使常嗣が天子と対見し、かさねて天台山行きを奏請したけれども許可されなかったことが、

八日。長判官の閏正月十三日の書札をえたるに〔いえらく、大〕使が天子に対見するの日、ことに重ねて面のあたりもうしひらきたれど、また許しを蒙らず。よりて深く憂悵するものなりと（小野勝年、前掲（註37）書、四〇〇頁）。

とみえ、これに関連した記事が『同書』二月二十四日・二十七日条に

大使が宣したまいていうに（中略）対見の日にまた奏したれども、勅ありて全く許したまわず。後また重ねて奏したれども遂に許しをこうむらず（『同右』四二二～四二三頁）。

円澄がいうに（中略）然るに去月十三日には内裏に入るもの二十五人、録事は従うをえず。（中略）また留学生は道俗らすべてこのところに留まることを許さず。円載禅師のみ独り勅ありて往きて台州に留まることを許しぬ。自余はみな本郷に帰るべしと。また請益法師の台州に往くをば許さず。左右して謀をつくしたれども遂に許しをこうむらず。ここをもって歎息す」と（『同右』四三三～四三四頁）。

とみえる。この閏正月十三日の天子との対見は、おそらく長安を辞する挨拶のためのものであって、遅くとも二、三日のうちに、大使一行は長安を後にしたものと想われる。約一ヶ月のちの二月十二日、一行は楚州に到着している（『同右』四〇七頁）。遣唐使の一行は、同年三月二十二日、当地で買い求めた新羅船九隻と使用にたえうると判断された日本の遣唐第二船とに分乗して楚州を出発、四月五日海州東海山から一路日本をめざした（『同右』四五七～四五八・四八五～四八六頁）。

『続日本後紀』によると、承和六年（八三九）八月十四日、第六船の遣唐録事大神宗雄が帰朝したとの報が、同月二十日飛駅によって都にもたらされ、同二十三日には大使藤原常嗣等の乗った七隻も帰着したとの知らせが京にとどいた。そして十月九日、録事山代氏益を乗せた新羅船一隻が博多津に帰着した。この間の九月十六日、遣唐大使藤原常嗣は節刀を進つり、復命している。

円行がいずれの船に乗って帰国したかは明記する史料がなく、残念ながら不明といわざるをえない。『五家伝』によると、「同十二月六日帰来本朝」したとあるけれども、入京ではなく、本朝に帰来したのが十二月六日とするのは疑わしい。なぜなら、この前後に帰着した船はなく、新羅船九隻はすべて十月九日までに帰到し、准判官良峯長松らが乗った遣唐第二船が大隅国に廻着したとの報が都にとどいたのは、翌七年六月十八日であったからである。ともあれ、承和六年十二月十九日付で正式の帰国報告書である『円行請来録』が上進されているので、この年の十二月には入京していたと考えておきたい。

(66)　註10に同じ。

(67)　建長八年（一二五六）五月十八日に親尊が撰述した『録外経等目録』の『大正蔵経』所収本には、円行の項が欠落している（『大正蔵経』第五十五巻、一一一二～一一一三頁）。しかるに、静岡県清水市の宮崎隆造氏所蔵本には、

霊巌録外

金剛頂一切如来真実摂大乗現証大教王経一部三巻

大毘盧遮那成仏神変加持経一部七巻

金剛頂瑜伽真実教王念誦法二巻

建立曼荼羅法一巻

恵果和尚行状一巻

と、五部の経軌を録外の請来とする記述がみられるけれども、ここにも『義真記録』の名はみられない。

(68)『八家秘録』巻上（『大正蔵経』第五十五巻、一一一四頁）。

(69)註68に同じ。

(70)苫米地誠一氏は伝存しないとみなされているけれども、高野山宝寿院蔵の宝治二年（一二四八）写本と東寺観智院金剛蔵蔵の文和二年（一三五二）写本にもとづいた翻刻が公刊されている。岩崎日出男「宝寿院蔵『最上乗受菩提心戒及心地秘記』の研究㈠—本文翻刻校合—」（『高野山大学論叢』第二十八巻、一八七～二二二頁、一九九三年二月）。

(71)『無畏三蔵禅要』の平安期の古写本は少なからず伝存する。そのなかにあって注目されるのは、寛平法皇御自筆本とみなされる随心院蔵の平安中期写本である（随心院聖教類綜合調査団編『仁海僧正九百五十年御遠忌記念 随心院聖教類の研究』一六六～二〇七頁、汲古書院、一九九五年五月）。また、『大正蔵経』本（第十八巻、九四二～九四六頁）、訓読文（『国訳一切経』印度撰述部13、密教三、九～二〇頁）など数種の活字本がある。

(72)苫米地誠一氏の報告によると、東寺宝菩提院三密蔵に江戸期の写本が伝存している（苫米地、前掲（註20）論考。また、同氏には三昧耶戒・菩提心戒に関する一連の論考がある。本稿でも参考にさせていただいたので、ここに記しておく。㈠「三昧耶戒儀をめぐって」（『印仏研究』37—1、二六一～二六五頁、一九八八年十二月）、㈡「『秘密三昧耶仏戒儀』をめぐって—『入曼荼羅抄』に於る引用を中心に—」（『智山学報』第三十八号、一五～三一頁、一九八九年三月）、㈢「義操の受菩提心戒本について」（『大正大学総合仏教研究所年報』第十一号、一六〇頁、一九八九年三月）、㈣「弘法大師に於る戒について」（『智山学報』第三十九号、四五～六六頁、一九九〇年三月）、㈤「空海に於る三昧耶戒授戒作法について」（『宗教研究』63—4、一五九～一六〇頁、一九九〇年三月）、㈥前掲（註20）論考、㈦「『秘密三昧耶仏戒儀』の成立をめぐって—『授発菩提心戒文』『灌頂三昧耶戒』との関係を中心に—」（『牧尾良海博士喜寿記念 儒・仏・道三教思想論攷』四六七～四九一頁、山喜房仏書林、一九九一年二月）、㈧「高山寺所蔵『許可三昧耶戒作法』『許可作法次第』について—『秘密三昧耶仏戒儀』をめぐって—」（『大正大学総合仏教研究所年報』第十三号、四三～七八頁、一九九一年三月）、㈨「石山寺所蔵の『三昧耶戒儀』について—『秘密三昧耶仏戒儀』をめぐって—」（『智山学報』第四十号、一二三～一六六頁、一九九一年三月）。

(73)『授菩提心戒儀』（『大正蔵経』第十八巻、九四〇～九四一頁）。

(74)苫米地誠一、前掲（註20）論考、三六八～三六九頁・三八一頁の註64参照。

(75)『授菩提心戒文』は空海請来の『三十帖策子』第二十帖に収録されている。

(76)　これも苫米地誠一氏によって、東寺宝菩提院三密蔵に写本が伝存することが報告されている（苫米地、前掲（註20）論考、註72—㈢・㈥）。

(77)　『阿闍梨儀軌』は『大正蔵経』第十八巻に活字化され（一八九～一九三頁）、『国訳一切経』印度撰述部12（密教部二）に訓読文が収録されている（一五～二六頁）。

(78)　『批記集』（『大日本仏教全書』第二十八冊、智証大師全集第四、一二八五頁）。

(79)　『批記集』（『同右』一二八五～一二八六頁）。

裏書云

貞元［考元／恐観］五年。宗叡来二於三井一。学二胎蔵悉地両部法一了。略授二伝法一訖。其後叡至二禅林寺紹僧都処一。有二本意一故更受二此金剛界一也。其因縁者。紹和上此実慧僧都弟子也。宗於二慧大徳処一。初受二一字法一後受二金剛界一。叡云。有下思二本師一志上故表二受法志一。其事後。於二東七条故左少弁藤原有蔭朝臣宅一珍召。在二東寺叡師一。問二案内一。答曰。於二紹僧都処一受伝法印者。是於二三井一受二胎蔵大日尊印一更無二他事一。又叡写二此戒儀一入レ手了。諸瑜伽及大法等多抄取了。而入レ唐与二円載師一相話之後。叡意改変。即学二取円載所レ対［考対／恐封］(ママ)式歟人法一。帰レ国再三封レ之呪二咀於余一。此夢中所レ示也而導二或無レ験再三妬怒。再三趠躍。云云此善神所レ示也。後人知レ之。珍記

上件伝法印事。在レ此之日面陳如レ此。而従レ唐帰向二公輔朝臣一云。珍不レ受二伝法印仍(ママ)一。思二返三井所受法一。云云此高太夫面説也。

(80)　小野勝年『入唐求法行歴の研究—智証大師円珍篇—』下、二六八頁、法蔵館、一九八三年四月。

(81)　『阿闍梨儀軌』（『大正蔵経』第十八巻、一八九頁b-1～c9）。

(82)　『阿闍梨儀軌』（『同右』一九〇頁a-5）。

(83)　『阿闍梨儀軌』（『同右』一九〇頁a-11～a-8）。

(84)　①は『大日経』巻第二、入漫荼羅具縁真言品第二之余（『大正蔵経』第十八巻、一二頁b9～18）、⑫⑪は『大日経』巻第一、入漫荼羅具縁真言品第二之一（『同上』第十八巻、五頁c-7・五頁c-3～六頁a1）が典拠と考えられる。

(85)　「入壇授法式」なる名称は、『国訳一切経』印度撰述部11（密教部一）から依用した。灌頂作法を説く「入壇授法式」の個所は、『略出念誦経』巻第四（『大正蔵経』第十八巻、二四八頁c12～二五二頁c4）である。

(86)　これらの項目名も、『国訳一切経』にもとづく。それらの個所を示すと、『大正蔵経』第十八巻、二四八頁c12〜二四九頁b4である。

(87)　『阿闍梨儀軌』は、(一)『受菩提心戒儀』一帖、(二)『無畏三蔵禅要』一帖、(三)『伝法灌頂三昧耶戒作法』一帖、(四)『胎蔵界伝法灌頂作法』一帖、(五)『金剛界伝法灌頂作法』一帖とともに、東密における伝法灌頂の本拠とされるものである。これらについて上田霊城師は、「小野方ではこれを「小野大六帖」と称し、広沢方では「六帖重書」と称して秘伝する。この内、『阿闍梨儀軌』と(一)・(二)は灌頂および三昧耶戒儀の本拠である。(三)・(四)・(五)の作法は常に野沢通用式と称せられ、小野・広沢の諸流および中院流の灌頂の本式とされている」といわれる（上田、前掲（註23）書、五一八頁）。

(88)　たとえば、最澄は帰朝早々の延暦二十四年（八〇五）九月、桓武天皇の命をうけて二度にわたり高雄山寺で開壇授法し（『叡山大師伝』〈佐伯有清『伝教大師伝の研究』三五九〜三八五頁、吉川弘文館、一九九二年十月〉、『続日本後紀』巻第二、天長十年〈八三三〉十月二十日条、円澄卒伝〈『国史大系』第三巻、一六頁〉）、空海は同じく高雄山寺において弘仁三年（八一二）十一月十五日・十二月十四日・翌四年三月六日、最澄等二〇〇名を超える僧俗に灌頂を授けている（『灌頂暦名』〈『定本全集』第八巻、二二八〜二三七頁〉）。

(89)　『小野六帖』巻第一（『大正蔵経』第七十八巻、七六頁b〜c）。

(90)　『小野六帖』巻第一（『同右』七六頁c〜七八頁b）。

(91)　註89に同じ。

(92)　『小野六帖』巻第一（『大正蔵経』第七十八巻、七七頁c）。

(93)　『小野六帖』巻第一には、比較的詳しい「延喜十八年八月十七日大覚寺御灌頂式」なる次第が収録されている（『同右』第七十八巻、八四〜八六頁）。これは題名からも知られるように、延喜十八年（九一八）八月、大覚寺において寛平法皇が寛空など七名に伝法灌頂を授けたときの次第である。この次第と『義真記録』『阿闍梨儀軌』との比較検討は、後日に譲りたい。なお、拙著『寛平法皇御作次第集成』にも翻刻文を収載しているので、解説の一文とともに参照いただきたい（『同書』四一三〜四三二・五八七〜五九二頁、東方出版、一九九七年二月）。

(94)　「『義真記録』本文」の欄には『日本大蔵経』第四十一巻の頁数を漢数字であげ、上・下段の別と行数を記した。「『大日経』原文」「『略出念誦経』原文」の欄には『大正蔵経』第十八巻の頁数を漢数字であげ、上・中・下段の別を通例にしたがいa・b・c

と表記し、あわせて行数を記した。ただし、−10等の−は後からの行数を示す。

(95)『大日経』『略出念誦経』のいずれが主体となるかといえば、『義真記録』は『大日経』を主体とする次第であり、一方『阿闍梨儀軌』は『略出念誦経』を主体とする次第といえよう。

(96)特に『大日経』を典拠とする項目番号㉒〜㉖㉘は全同といってよい。これに対して『略出念誦経』からの引用と考えられる項目は真言に共通したところがみられる。

(97)最澄が受法した三部三昧耶の灌頂が両部にわたるものであったことについては、木内堯央『天台密教の形成—日本天台思想史研究—』五〇〜五八頁を参照いただきたい（溪水社、一九八四年四月）。

(98)空海請来の現図曼荼羅の問題については、石田尚豊『曼荼羅の研究』研究篇、二二七〜二五四頁を参照いただきたい（東京美術、一九七五年十一月）。

(99)『観智儀軌』については、三崎良周「成就妙法蓮華経王瑜伽観智儀軌について」（『東洋学術研究』第十四巻第六号、一七〜四七頁、一九七五年十一月）、同氏「青蓮院吉水蔵『法華別帖』より見た慈鎮和尚の密教思想」（同著『台密の理論と実践』一四八〜一八三頁、創文社、一九九四年九月、初出は一九九二年）を参照いただきたい。

『東塔院義真阿闍梨記録円行入壇』本文校訂

凡　例

一、本篇は、唐代およびわが国の草創期真言教団における授戒作法・灌頂作法次第を研究する上で、基本となる資料を翻刻・校訂するものである。

一、本稿には、現存最古の灌頂作法次第とかんがえられる『東塔院義真阿闍梨記録円行入壇』一帖の翻刻・校訂文、ならびに影印を収載した。

一、翻刻・校訂にあたって依用した底本および校合本は、つぎの通りである。

〈底　本〉東寺観智院金剛蔵所蔵・南北朝期写本　一帖（第二百七十四箱第十九号、重要文化財）

〈校合本〉（1）京都大学図書館所蔵『結縁灌頂次第』一冊　大正年間写（日蔵・既刊・242）

＊この写本は、つぎに記す『日本大蔵経』本の原稿である。

（2）『日本大蔵経』天台密教章疏一所収『結縁灌頂次第』活字本（二〇八〜二一一頁）

（3）『定本弘法大師全集』第一巻所収『真言付法伝』活字本（一一九〜一二一頁）

一、底本、および校合本（1）の書誌的概要を記すと、つぎのようになる。

1、東寺観智院金剛蔵所蔵『東塔院義真阿闍梨記録円行入壇』一帖

〔外題〕東塔院義真阿闍梨記録円行入壇

＊表紙右上に「根本内」の墨書、右下に「賢宝」の朱書あり。

〔内題〕大唐青龍寺東塔院義真阿闍梨記録

〔尾題〕なし

〔奥書〕開成四年閏正月三日青龍寺東塔院僧義真
　録記之　准日本国承和六年也　　＊7丁表。

〔跋文〕　略付法伝序詞後人書加之歟　　＊裏表紙見返し。
　霊巖和尚開成四年潤正月三日（日本承和六年）
　従青龍寺義真阿闍梨受灌頂職位
　被時次第記録也　勧修寺経蔵本書
　写之　適得其本可喜々々　　賢宝記之

粘葉装、一帖、南北朝期写（賢宝筆）、楮交り斐紙、たて二三・九糎、よこ一四・九糎、押界（界高一九・二糎、界幅一・七～一・八糎）、半丁七行・墨付十二丁・表紙とも十四丁、訓点なし、原表紙（焦茶）。

2、京都大学図書館所蔵『結縁灌頂次第』一冊

〔外題〕なし

〔内題〕結縁灌頂次第　　＊一枚目右肩に「卍□一八七頁カハリ」、右下に「結縁灌頂次第記」の貼り紙、その左に「中野達慧寄贈」の黒印あり。
　大唐青龍寺東塔院　義真阿闍梨　記録

〔尾題〕なし

〔奥書〕開成四年閏正月三日　青龍寺東塔院義真記録レ之

享保四歳己亥九月六日以㆓悉地院本㆒令㆘秀盛㆒写㆖而校了　　慈良
享和三年癸亥四月以㆓東叡真如院之本㆒令㆑書㆓写之㆒　　大僧都真超記
文化五年戊辰三月以㆓正教坊蔵本㆒加㆓一校㆒了　　真超

袋綴装（原稿用紙を紙縒りで綴じる）、一冊、大正年間写（中野達慧写）、たて二四・三糎。よこ一七・一糎、原稿用紙六枚、訓点（返点）、割付けの符号あり。

一、本文について

1、原則として底本の体裁を忠実に表記することを心がけた。
2、本文の行どりは底本の通りとする。
3、底本に存する二行割註は、底本通り双行で表記した。
4、字間も底本の体裁をできる限り生かすよう心がけた。
5、底本の欠損・磨滅によって判読できない文字については、校合本によって右傍に掲げ、その旨を註に記した。
6、漢字の字体は、原則として底本の字体に近いものとし、正字体などに統一しなかった。
7、底本の異体字・略字体は、現行の字体に改めた。

一、校異の表記について

1、校異等の結果は、註として脚註欄に一括して掲げた。
2、註記の箇所は、本文中にアラビア数字を付して示した。

3、註番号は各頁ごとに付した。
4、註では、文字の校異だけでなく、底本の加筆・訂正箇所などについても記した。
5、校異に使用した諸本の略称は、つぎの通りである。
㊦……東寺観智院金剛蔵所蔵本
㊧……京都大学図書館所蔵『結縁灌頂次第』
㊥……『日本大蔵経』天台密教章疏一所収『結縁灌頂次第』活字本
㊤……『定本弘法大師全集』第一巻所収『真言付法伝』活字本
一、本篇では、頭註・本文・脚註の三つの欄を設けた。
1、頭註欄には、この次第の構成番号と項目名を、検索の便のために掲げた。
2、本文欄には、右に記した要領にもとづいて翻刻した本文を収めた。
3、脚註欄には、校合本との校異・編者の註記などを記した。
一、本稿を作成するにあたり、貴重な資料の閲覧、および掲載を快くご許可たまわりました東寺寺務長砂原秀遍僧正（現在は東寺長者）ならびに宝物館の方々、京都大学図書館に、篤く御礼申し上げる。

『東塔院義真阿闍梨記録円行入壇』翻刻文

（表紙）

根本丙

（朱）「賢寶」

東塔院義真阿闍梨記録円行入壇

1 加持香水
2 灑浄
3 加持支具
4 請阿闍梨
5 求受無上菩提心戒
6 請一切諸仏菩薩金剛聖衆
7 加持香水
8 令飲
9 授如来成仏無上大菩提戒

大唐青龍寺東塔院義真阿闍梨記録

[1]□（夫欲與）人受灌頂者
先以淨三業真言加持香水灑之令淨　次[2]以金剛[3]咲
真[4]言加持[5]齒木　次加持[6]涎　次加[7]持塗香　次加持白色花
次加持[8]焚香　次加持燈　次加持灌頂　次加持所散
[9]之置壇上　[10]已上[11]加持等物各明加持七遍已各置
本處次第布列 」1オ
次令四衆内一人先請阿闍梨具如別文[12]次師□（許）
請[13]云衆等至求受無上菩提心戒一依所請各
各一心清淨利諸散乱當為請一切諸佛菩薩金
剛聖衆
[14]次作法事授戒者謹依無畏三蔵授戒文
□（先以加）持香水授与令飲彼心清淨故咸得身
□（口意三）業清淨然可堪授如来成佛无上大 」1ウ

1 祖本の磨滅なり。（ ）内㊄㊅による。以下同じ。
2 以　京天なし。
3 咲　京はじめ「咲」、訂正符号を付し、右傍に「笑」を朱書す。天笑。
4 言　京天により補う。
5 齒　京はじめ「歯」、訂正符号を付し、右傍に「齒」を朱書す。
6 涎　京天綖。
7 持　京天により補う。
8 焚　底樊。京天によりて出す。
9 之の下　京天マルあり。
10 已上　京天以上。
11 加持　京天により補う。
12 次　京天により補う。
13 云　京天了。
14 次　京天夫。

10 入仏三昧耶真言
11 掩眼
12 引入
13 法界生真言
14 金剛薩埵加持真言
15 如来鉤真言
16 散花真言加持

[1]菩提戒授菩提心了然後入諸法事
次入佛三昧耶真言
曩莫糝満多没駄喃引一阿糝迷三底哩二合
糝迷三糝摩曳引四娑縛二合[2]賀[3]引
已排帛袾行人掩眼引入三摩耶吽引
曩莫三満多没駄喃引一達摩駄睹娑縛二合
娑嚩句唅
次金剛薩埵加持真言
曩莫三満多縛日羅二合[4]赧縛日羅二合怛摩
句唅
次如来鉤真言引行人
曩莫三満多没駄喃引一怛他蘗黨句舍冒
地[5]捨哩耶鉢哩布[6]囉迦娑[7]嚩二合賀[8]引
次散花真言加持

1以下十二行、(京)(天)により補う。
2賀引 (京)はじめ「引賀」と書き、朱線で訂正す。
3引 (京)はじめ「弓」へんを「方」に書く。訂正符号を付し、左傍に「引」を朱書す。
4赧 (京)はじめ「赦」と書き、訂正符号を付し、右傍に「赧」を朱書す。
5捨 (京)(天)により補う。
6囉 (京)(天)羅。
7嚩 (京)(天)縛。
8引 (京)(天)なし。

17　解三昧耶契真言

18　花鬘加持真言

19　見曼荼羅

曩莫[1]糝満多没駄喃引一阿糝迷底哩二合糝
迷[2]二[3]三麽[4]野娑怛鑁三合[3]糝麽野吽引[5]鉢囉二合
底車嚩曰[5]囉[6]斛引入
次授此真言三遍於心上解前三昧耶契真言[7]曰
[8]唵引一底瑟[9]吒二合[10]嚩曰[5]囉二合[11]涅哩二合掉茶路反銘娑」2オ
摩二舎成餓[12]反濕嚩二合観銘娑摩纈哩二合娜[13]耶銘
阿地底瑟[9]吒二合五薩嚩悉地者六[14]悉鉢哩二合野車[15]戸
[16]唅七引[17]訶訶訶訶斛[18]八引
[19]即願金剛常[20]住堅固加持我心願授与我一切悉
地[19]即又取所擲花鬘於頂上加持念此真言曰
唵引鉢[5]囉二合底紇哩二合恨拏引怛嚩二合[21]縊韐薩
埵此云衆生摩訶摩[5]囉大力也」2ウ
次念佛眼真言令見曼荼囉
曩莫[1]糝満多没駄[22]喃一怛[23]他[24]孽多作具[25]蓊

1 糝　(京)(天)三。
2 二　(京)(天)二合。
3 麽　(京)(天)摩。
4 野　(京)(天)耶。
5 囉　(京)(天)羅。
6 斛　(京)はじめ「解」と書き、右傍に訂正符号を付し、「斛」を朱書す。
7 曰　(京)(天)により補う。
8 この行間(京)(天)七項目にわたる文章あり。後世の挿入と考えここには出さず、巻末一五九～一六〇頁に収載す。
9 吒　(京)(天)吒。
10 嚩　(底)挿入符号を付し、左傍に墨書す。
11 涅　(底)はじめ「濕」と書き、左傍に訂正符号を付し、右傍に「涅」を墨書す。後筆なり。
12 成餓反　(京)(天)式我反。
13 耶　(京)(天)那。
14 悉　(京)(天)なし。
15 戸　(京)(天)により補う。
16 唅　(京)(天)唅。
17 訶　(京)訶々々々。
18 引八　(京)(天)引入。
19 即　(京)(天)なし。
20 住　(京)(天)なし。
21 縊　(京)(天)縊。
22 喃　(京)(天)南。
23 他の下(底)「也」あり。トル。
24 孽　(底)はじめ「薩」と書き、左傍に訂正符号を付し、右傍に「孽歟」と墨書す。後筆なり。(京)(天)蘗。
25 蓊　(京)苣。

20 解所掩眼物

21 結三昧耶如意珠印

22 阿闍梨供養受者

尾也嚩路迦野娑[1]嚩賀

次誦此密語解所掩眼物[2]密語曰

唵[3]引嚩曰囉[6]二合薩埵薩嚩餤帝提田賖反汝親開目者也

斫具蒭[4]手[5]眼反伽吒那開也怛鉢囉[6]二合專也嗢伽吒

野底令開反[7]薩嚩斫具蒭[4]一切眼即五眼也嚩曰」3オ

囉[6]二合斫具蒭[4]金剛眼也阿[8]努怛囉無上法也係嚩曰囉[6]二合跛[9]

捨呼彼令観見曼荼羅偈[10]

无量倶胝劫　所作衆罪業　見此曼荼羅　消

滅盡無餘

次授灌頂偈前先以塗[11]香塗両手結三昧耶[12]如

意珠印

彼於灌頂時當[13]置妙蓮上獻以塗香燈明及」3ウ

閼伽上蔭幡蓋奏[14]攝意音樂吉慶伽他[15]等廣

多美[16]妙言

1 娑　(京)(天)莎。
2 眼　(京)(天)なし。
3 引　(京)(天)なし。
4 蒭　(京)芻。
5 手　(天)平。
6 囉　(京)(天)羅。
7 反　(京)(天)也。
8 努　(底)挿入符号を付し、右傍に「努歟」と墨書す。後筆なり。(京)(天)耨。
9 跛　(京)(天)破。
10 偈　(京)(天)也。
11 塗　(京)(天)なし。
12 耶　(京)(天)印。
13 當　(京)(天)常。
14 奏　(底)はじめ「奉」と書き、その左傍に訂正符号を付し、その左に「奏歟」と墨書す。後筆なり。
15 他　(京)(天)陀。
16 美　(京)(天)微。

23　瓶灌頂

如是而供養　令得歡喜已　親對諸如来　而自灌其頂
復當供養彼[1]　妙善[2]諸香華[3]

24　金篦加持

次應執金篦偈[4]
佛子佛為汝　決除无智瞙　猶如世醫王　善用於金籌

25　鏡加持

次鏡偈」4オ
諸法無形像　清澄[5]無垢渇[6]　無執利言説
但従因業起　如是知此法　自性无染汗
為世無比力[7]　汝従佛心生

26　法螺加持

次法螺偈
汝自於今日　轉於救世輪　其聲普周遍　吹無上法螺
勿[8]生於異恵[9]　當離疑悔心　開示於世間　勝行真言道
常作如是願　宣[10]唱佛恩徳　一切持金剛　皆當護[11]念汝」4ウ

27　授金剛杵

次授杵偈
諸佛如来灌頂儀　我今与汝灌頂竟　為成如来

1彼　(京)(天)微。
2善　(京)(天)言。
3華　(京)花。
4篦　(京)はじめ「箟」と書き、訂正符号を付し、右傍に「篦《へら》」と朱書す。
5澄　(底)證。(京)(天)により改める。
6渇　(京)(天)濁。
7力　(京)(天)利。
8勿　(底)物。(京)(天)により改める。
9恵　(京)(天)慧。
10宣　(京)(天)宜。
11護　(京)はじめ「獲」と書き、訂正符号を付し、右傍に「護」を朱書す。

體性故　汝[1][2]當應金剛杵

28 説示三昧耶偈讃

次當為[3]諸弟子等説三昧[4]耶偈讃

佛子汝從今　不惜身命故　不應捨正法　捨離菩提心

慳[5]悋一切法　不利衆生行　佛説三昧耶　汝善住戒者

如護自身命　護戒亦如意　應至誠恭敬　稽首聖尊足　」5オ

所作随教行　勿生疑慮心

29 受者誓戒

次略説戒諸弟子[6]等教[7]令發堅固精進必竟

不退之心速令獲得悉地瑜伽速令成就

30 授金剛名号

[8]次下合為諸弟子等与授金剛名号

31 授毗盧遮那如来偈讃

次授毗盧遮那如来偈讃

一切善生種　妙用[9]體无[10]身　三界如大王　遍照我頂礼

32 廻向発願

次廻向發願　」5ウ

弟子衆等[11]令道場[12]人志心合掌稽首和南具

大吉祥至於今日已入大悲胎蔵大[13]毗盧遮那

---

1 當　(底)「汝」の右下に書く。
2 當應　(京)(天)應當。
3 諸　(京)(天)語。
4 耶　(京)(天)那。
5 悋　(京)(天)恡。
6 等　(京)(天)なし。
7 令　(京)(天)なし。
8 この一行　(京)(天)なし。
9 體　(京)体。
10 身　(京)(天)貞。
11 令　(底)今。(京)(天)により改める。
12 人　(京)はじめ「人」と書き、訂正符号を付し、右傍に「入」を朱書す。(天)入。
13 毗　(京)毘。

如来大曼荼羅王得授灌頂及授金剛名号[1]
[2]唯願清浄法身遍照如来東方寶幢如来南
方[3]開敷花王如来西方[4]蓮花蔵王如来北方[5]万徳
荘厳王如来東南方普賢菩薩西南方妙吉祥
菩薩西北方観自在菩薩東北方弥勒菩薩東
」6オ
方初門中釋迦牟尼如来具[6]卅二相八十種好而
自荘厳下[7]列持明諸忿怒金剛衆加持護念
能[8]令我等誓當修習悉地瑜伽秘密教門悟入
真宗法無自性[9]之是名真空性者[10]體性[11]无[12]生之性
本来清浄[13]塵沙用[10]體若虚空甚深三昧具足
三明心通八解[14]得六神通證三解脱同[15]帰實際真
如性[16]海平等[17]性空法[10]體圓明光明遍[18]照圓成實
」6ウ
性身心清浄[19]□（遍）周法界悉地瑜伽一念相應智[20]恵
光明了達三世一切諸法[21]无[22]罣㝵故[23]是能令我等

1 名号　(京)(天)なし。
2 唯　(底)惟。(京)(天)により改める。
3 開敷花王　(京)花開敷。(天)華開敷。
4 蓮花蔵王　(京)(天)無量壽。
5 万　(京)(天)萬。
6 卅二　(天)三十二。
7 列　(底)例。(京)(天)により改める。
8 令　(底)今。(京)(天)により改める。
9 之　(京)(天)なし。
10 體　(京)体。
11 无　(京)(天)無。
12 生　(京)(天)性。
13 塵　(京)(天)塺。
14 得　(京)(天)なし。
15 帰　(京)皈。(天)歸。
16 海　(京)(天)なし。
17 性空　(京)(天)なし。
18 照　(京)円。
19 遍周　(京)はじめ「遍周」と書き、朱線をもって「周遍」と訂正す。(天)周遍。
20 恵　(京)(天)慧。
21 无　(京)(天)無。
22 罣㝵　(京)はじめ「㝵礙」と書き、訂正符号を付し、右傍に「障」を朱書し、「障礙」とす。(天)障礙。
23 是　(京)(天)なし。

奥書

誓出世間悉地成就願以[1]此功徳普及於一切我
等与衆生皆共成佛道發願廻[2]向以至[3]心歸[4]命
礼三寶
　開成四年閏正月三日[5]　青龍寺東塔院僧[6]義真
録記之[7]　[8]准日本國承和六年也 」7オ
曩謨毗輸陁達摩他跢摩訶毗盧遮那薩埵多孽跢
曩謨囉怛那計覩薩埵多蘗跢
曩謨三倶素尾他囉誓薩埵多孽跢
曩謨阿利耶弥陀跋耶薩埵多蘗跢
曩謨悪閦毗耶薩埵多蘗跢
曩謨阿利耶三摩多半怛羅冒地薩怛縛摩訶
薩怛嚩 」7ウ
曩謨阿利耶曼殊室利冒地〻〻〻〻〻〻
曩謨阿利也婆路枳弖入鉢羅冒地〻〻〻〻〻

1 以　(底)已。(京)(天)により改める。
2 廻　(京)(天)回。
3 至　(京)(天)誠。
4 歸　(京)皈。
5 三日　(京)(天)なし。
6 僧　(京)(天)なし。
7 之　(京)(天)本文これをもって終る。
8 「准日本」以下の文章(京)(天)なし。かわって凡例にあげた転写奥書あり。

曩謨阿利也末伊多隷耶冒地ゝゝゝゝ
曩謨勃陁倶羅多　曩謨跛娜謨倶羅多
曩謨嚩曰羅倶羅多　曩謨摩尼倶羅多
曩謨羯羅惹倶羅多　次可稱五大明王
曩謨摩訶孽羅多羯羅嚩倶舎薩嚩勃陁」8オ
那　曩謨嚩曰羅多跢薩縛勃陀那

＊以下六行余白」8ウ

＊九丁表余白」9オ

譜法傳
第一高祖号曰常住三世浄妙法身法界體性智
摩訶毗盧遮那如来也金剛頂経説是薄伽梵遍

照如来以五智所成四種法身於本有金剛界自
在大三昧耶自覺本初本菩提心普賢滿月不
壊金剛光明心殿中與自性所成眷属金剛手等十
六大菩薩及四攝行天女使金剛内外八供養金」9ウ
剛天女使十佛刹微塵數乃至不可説不可説微
細法身秘密心地超過十地身語心金剛自受法
樂故各各説自所證聖智境界三摩地法楞伽所
謂法佛説法者離心相應體故内證聖行境界
故大恵是名法佛説法之相者是也如是法身智
身二種色相平等平等[1]遍遍滿滿一切衆生界
一切非情界常恒演説真實語如義語曼荼羅」10オ
法教即是楞伽所謂真實説法者是也般若論
應化非真佛亦非説法者蓋為此乎應化佛報
佛法性佛所説教法各各不同故金剛頂瑜伽経説如

1 遍遍滿滿　(定)遍滿〻〻。

来變化身於閻浮提摩竭陁國菩提道場成等
正覺為地前菩薩聲聞縁覺凡夫説三乘教法
或依他意趣説或[1]自意趣説種種根器種種方便
如法修行得人天果報或得三乘解説果或進或」10ウ
退於无上菩提三無數大劫脩行勤苦[2]得成佛王
宮生雙樹滅遺身舍利起塔供養感受人天
勝妙果報及涅槃因（是明釋迦如来説法[3]及得益[4]也）不同報身毗
盧遮那於色界頂第四禅阿迦[5]膩吒天宮雲集
盡虚空遍法界一切諸佛十地満足諸大菩薩證
明警覺身心頓證无上菩提（此顯報身佛説法及得益）自受
用佛従心流出无量菩薩皆同一性謂金剛性」11オ
對遍照如来受灌頂職位彼等菩薩各説三密
門以獻毗盧遮那及一切如来便請迦持教勅
毗盧遮那佛言汝等将来於无量世界為最上

1 或の下　(定)「依」あり。
2 苦の下　(定)「方」あり。
3 及　(定)なし。
4 也　(定)なし。
5 膩　(定)尼。

乗者令得現生世出世間悉地成就彼諸菩薩受如来勅已頂礼佛足圍遶毗盧遮那佛已各還本方本位成為五輪持本標幟若見若聞若[1]入輪壇能斷有情五趣輪轉生死業鄣（此表自受用佛及自性佛説法并[2]得益也[3]）是[4]法性身所説法教是名秘密真言蔵即是一切如来秘奥之教自覺聖智脩證法門亦是菩薩具[5]受浄戒无量威儀入一切如来海會壇受菩薩[6]職位超過三界受佛教勅三摩地門具足因縁頓集功徳廣大智慧於无上菩提皆不退轉離諸天魔一切煩悩及諸罪障念念消融證佛四種身謂自性身受用身變化身等流身滿足五智三十七等[7]不共佛法門大日如来普遍常恒雖演説如是唯一金剛秘密冣上佛乗大曼荼羅法教文[8]

」11ウ

」12オ

1聞　(底)はじめ「中」と書き、左傍に訂正符号を付し、右傍に「聞」を墨書す。後筆なり。
2并　(定)及。
3也　(定)なし。
4是　(定)此。
5具の下　(定)「足」あり。
6薩　(定)提。
7等　(定)尊。
8文　(定)而。

非機非時不得聴聞信受脩行流転必待其
人必得其時誰能弘者則有七箇大阿闍梨
耶上自大日如来至青龍阿闍梨嫡々相續
迄今不絶斯則如来加持力之所致也

」12ウ

略譜法傳序詞後人書加之歟
霊巌和尚開成四年潤正月三日（日本承和六年）
従青龍寺義真阿闍梨受灌頂職位
被時次第記録也勸修寺経蔵本書
寫之　適得其本可喜々々
賢寶記之

」裏表紙見返し

1 轉　㊤傳。

（参考）

イ　授香水偈

[1]次授二香水一偈。

以我功徳力　如來加持力　及以法界力

願成安樂[2]刹

ロ　授歯木偈

次授二[3]齒木一偈。

汝獲無等利　成辨於大事　汝等於明白

當得大衆生　位同於大我　一切諸如來

此教菩薩衆　皆以攝受汝

ハ　授塗香偈

次授二塗香一偈。及真言加持。告二[4]弟子一言。下同。

願汝等具得二一切戒定[5]慧解脱知見之香一。

ニ　授花偈

次授レ花偈。作二如レ是告言一。

願汝等具得二一切如來[6]三十二大丈夫之相一。

ホ　授香爐偈

次授二香爐一偈。[7]薫二二手一時應二如レ是告言一。

願汝等獲二一切如來大悲滋潤妙色身之相一。

1以下の七項目　(京)(天)によりて出す。(京)(天)では、本稿一四八頁註8の位置にあり。

2刹　(京)はじめ「利」と書き、訂正符号を付し、その下に「刹」を朱書す。

3齒　(京)はじめ「歯」と書き、訂正符号を付し、右傍に「齒」を朱書す。

4弟　(京)第。

5慧　(京)恵。

6三十二　(京)卅二。

7薫　(京)熏。

へ　授燈偈

次授レ燈偈。已自視レ之令下弟子等一作中如レ是告言上。
　願汝等獲二得一切如來智慧光明一。

ト　引入受者

従レ此已上依二前儀則一了。卽於二道場門外一立。傳法人自
入二道場一。自啓請。然後引[1]一一依二次第一如レ法受持。

1　一一　(京)一々。

東寺観智院本

『東塔院義真阿闍梨記録円行入壇』影印

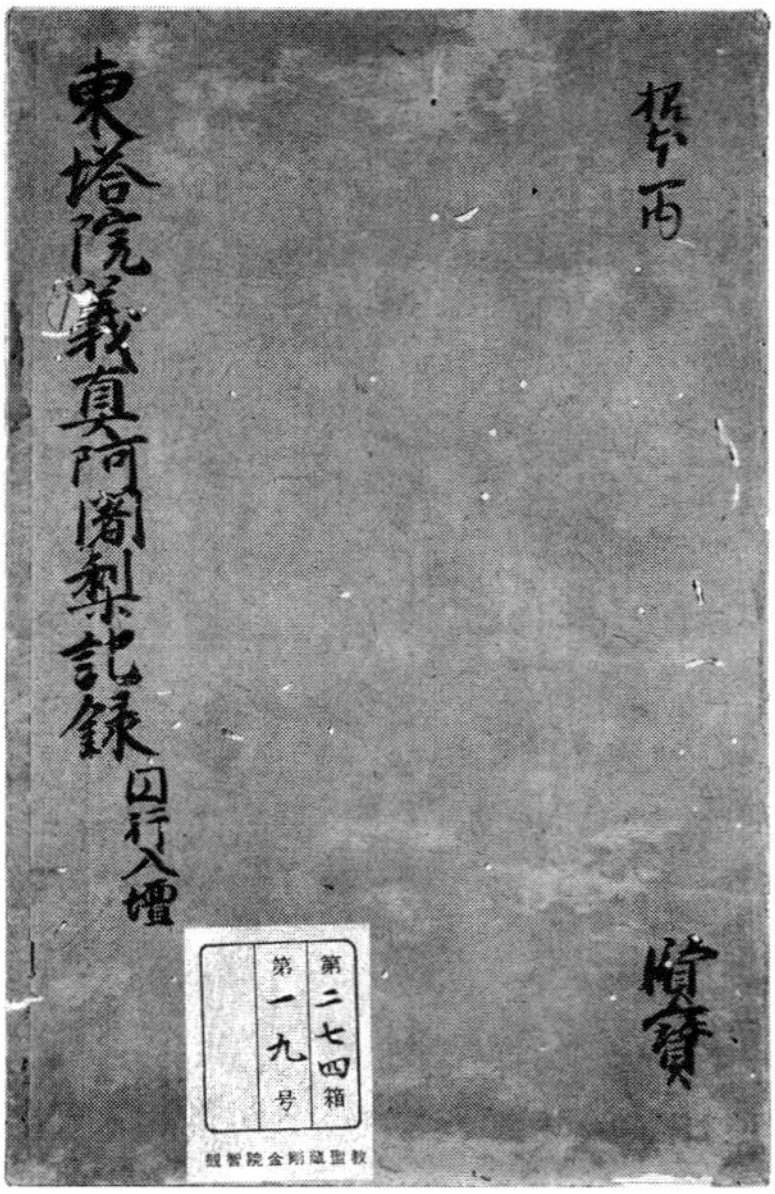

表紙

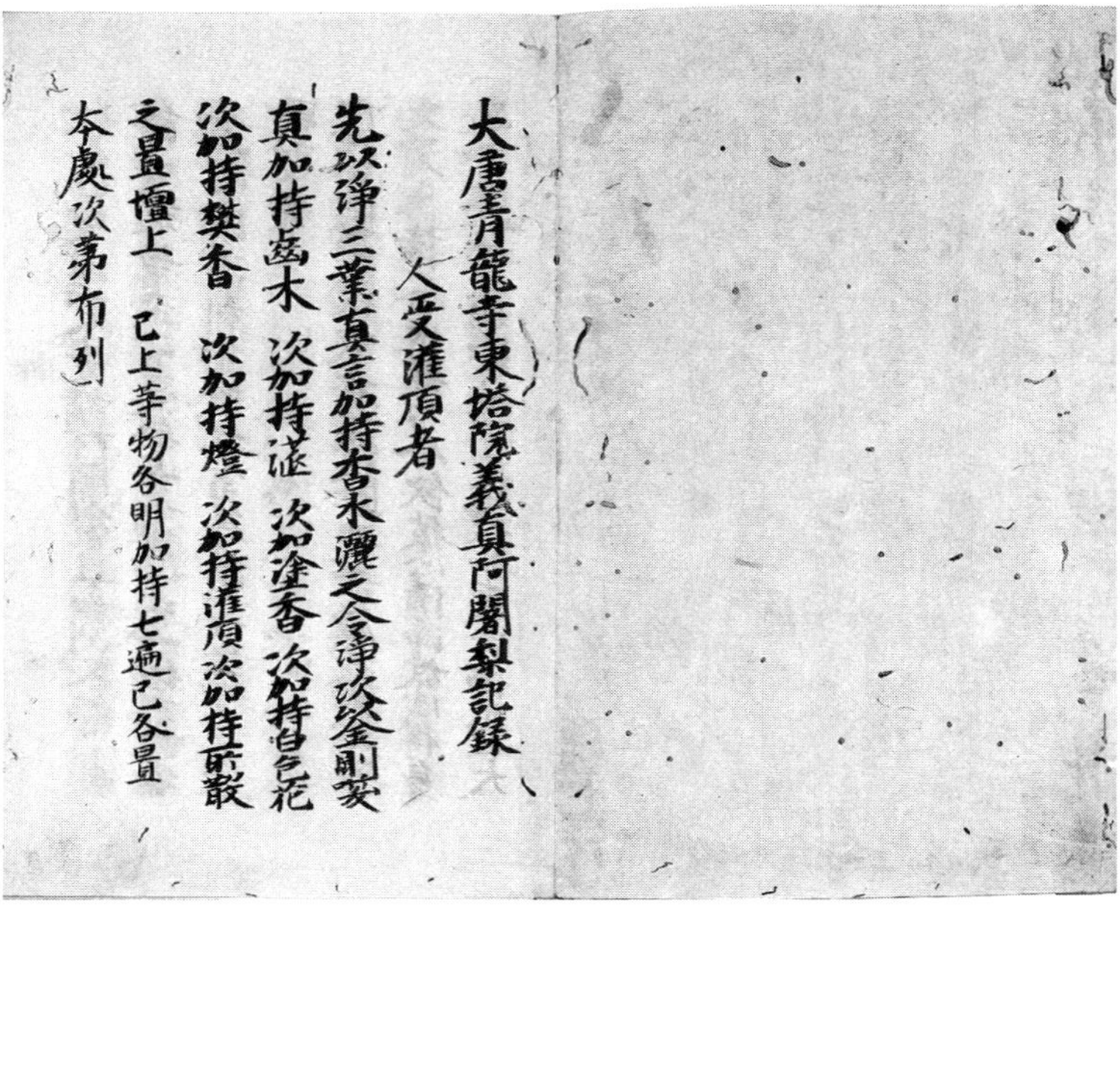

見返し

1表

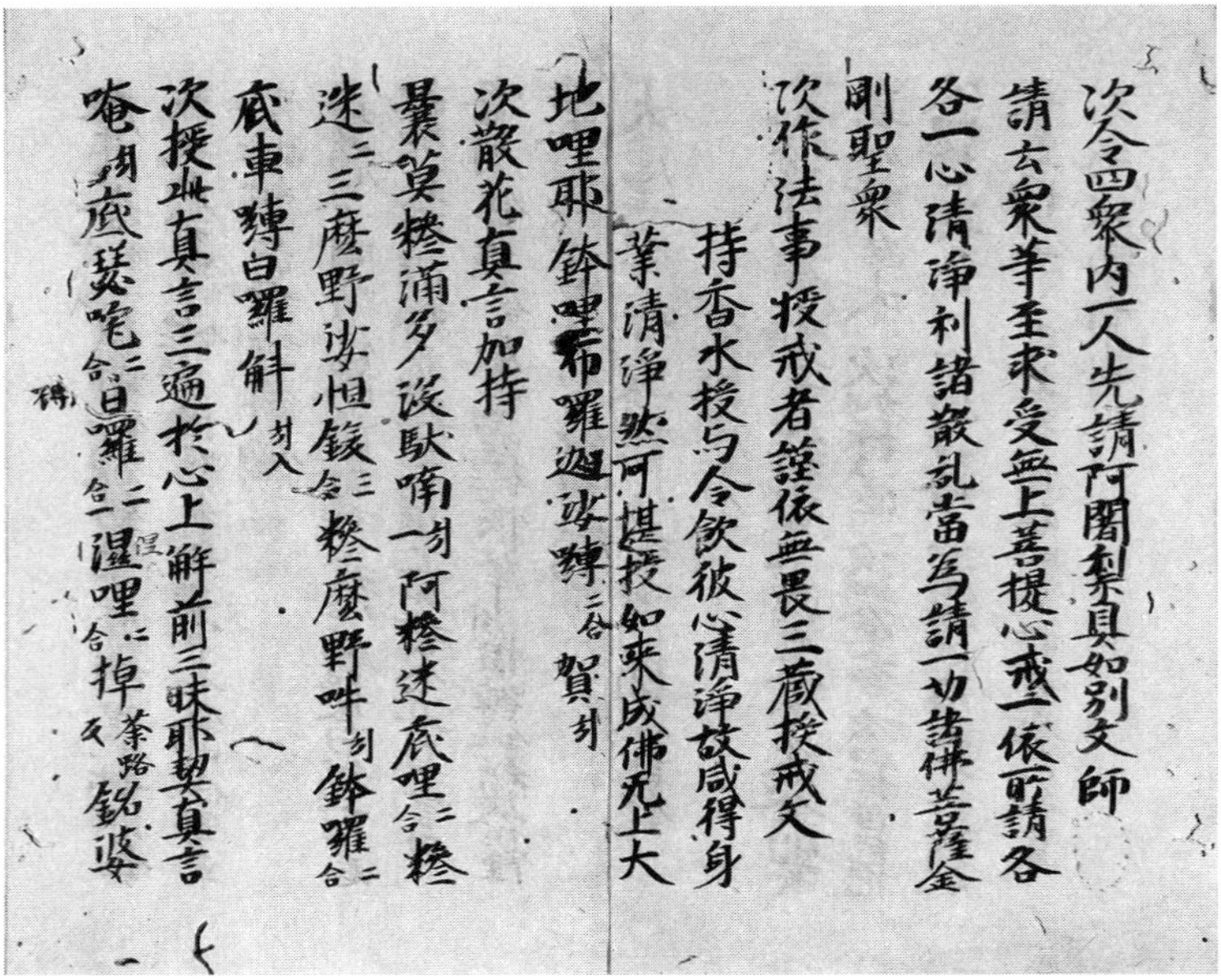
次令四衆内一人先請阿闍梨具如別文師
請云衆等至求受無上菩提心戒一依所請各
各一心清浄刹諸散乱當爲請一切諸佛菩薩金
剛聖衆
次作法事授戒者謹依無畏三蔵授戒文
持香水授与令飲彼心清浄故咸得身
業清浄然可堪授如來成佛无上大
地哩耶鉢哩布羅迦娑縛二合賀引
次散花真言加持
曩莫糝滿多没馱喃一引阿糝迷底哩二合糝
迷二三麼野娑怛鑁合三糝麼野吽引鉢羅二合
底車縛白羅斛引入
次授此真言三遍於心上解前三昧耶契真言
唵引底瑟吒二合日羅二合二涅哩二合捧反菩路銘娑

2表　1裏

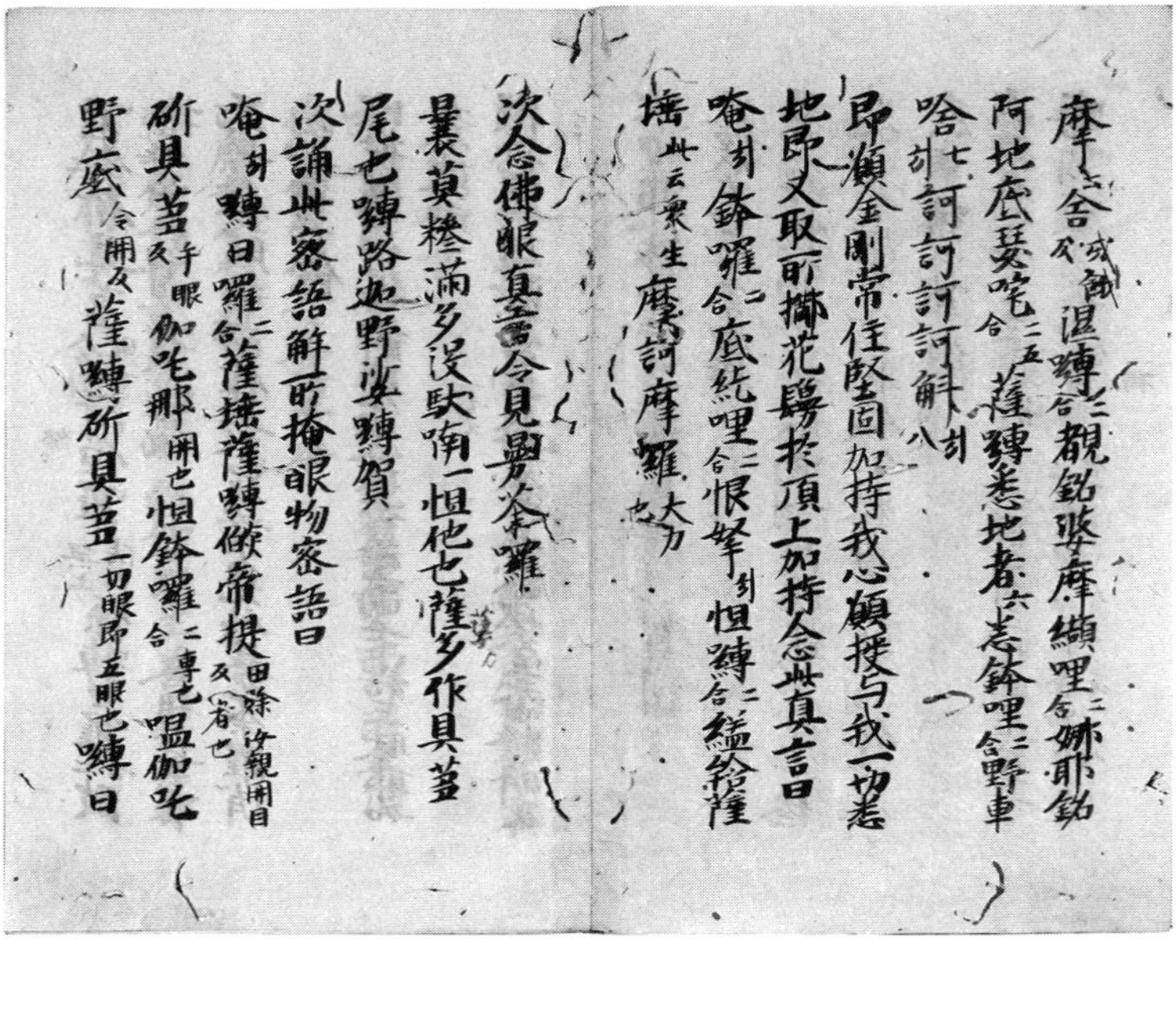
麽引合反成就涅縛二合觀銘娑麽縛哩二合姊耶銘
阿地底瑟咤二合五薩縛悉地者六悉鉢哩二合野車
哈七引訶訶訶訶斛引八
即願金剛常住堅固加持我心願授与我一切悉
地即又取所擲花縛於頂上加持念此真言曰
唵引鉢囉二合底紇哩二合恨拏二合引怛縛二合縕鈴薩
埵此云衆生麽訶麽羅大力也
次念佛眼真言令見曼荼羅
曩莫糝滿多没馱喃一怛他也薩多作具苗
尾也嚩路迦野娑嚩賀
次誦此密語解所掩眼物密語曰
唵引縛日羅二合薩埵薩嚩徐帝提
斫具芻反手眼伽吒那開也怛鉢囉二合專也嗢伽吒
野底令開反薩嚩斫具芻一切眼即五眼也嚩日

3表　2裏

3裏

囉二合斫具芻金剛眼也阿怛囉無上法也係縛日囉二合跛

捨呼 彼令觀見曼荼羅偈

无量俱胝劫所作衆罪業見此曼荼羅消

滅盡無餘

次授灌頂偈前先以塗香塗兩手結三昧耶如

意珠印

彼於灌頂時當置妙蓮上歡以塗香燈明及

閼伽上蓋幡蓋奉攝意音樂吉慶伽他等廣

多美妙言

如其所供養 今得歡喜已 親對諸聖衆 而自灌其頂

復當供養彼 妙善諸香華

次應執金篦偈

佛子佛為汝 決除无智瞙 猶如醫王善用於金籌

次鏡偈

4表

4裏

諸法無形像 清澄無垢濁 無執利言說

但從因業起 如是知此法 自性无染汙

為世無比力 汝從佛心生

次法螺偈

汝自於今日 轉於救世輪 其聲普周遍 吹無上法螺

勿生於異慧 當離疑悔心 開示於世間 勝行真言道

常作如是願 密當佛恩德 一切持金剛 皆當護念汝

次授杵偈

諸佛如來灌頂儀 我今与汝灌頂竟 為成如來

體性故 汝當應授金剛杵

次當為諸弟子等說三昧耶偈讃

佛子汝從今 不惜身命故 不應捨正法 捨離菩提心

慳悋一切法 不利衆生行 佛說三昧耶 汝善住戒者

如護自身命 護戒亦如是 應至誠恭敬 稽首聖尊足

5表

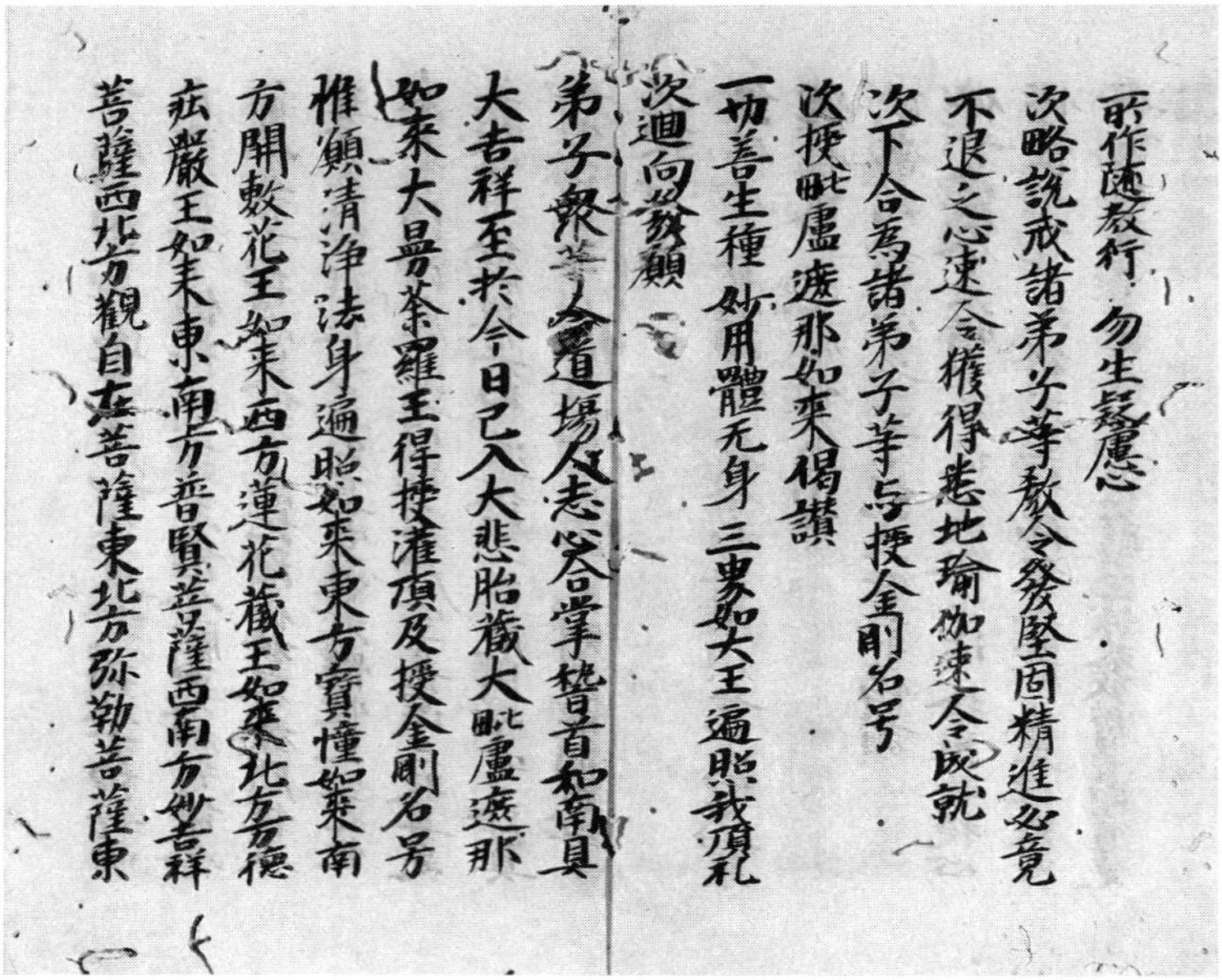
所作随教行　勿生疑慮心
次略説戒諸弟子等教令發堅固精進必竟
不退之心速令獲得悉地瑜伽速令成就
次下合爲諸弟子等与授金剛名号
次授毗盧遮那如来偈讃
一切善生種　妙用體无身　三界如大王　遍照我頂礼
次迴向發願
弟子衆等今道場以志心合掌稽首和南具
大吉祥至於今日已入大悲胎蔵大毗盧遮那
如来大曼荼羅王得授灌頂及授金剛名号
唯願清浄法身遍照如来東方寶幢如来南
方開敷花王如来西方蓮花蔵王如来北方万徳
荘厳王如来東南方普賢菩薩西南方妙吉祥
菩薩西北方観自在菩薩東北方弥勒菩薩東

5裏　6表

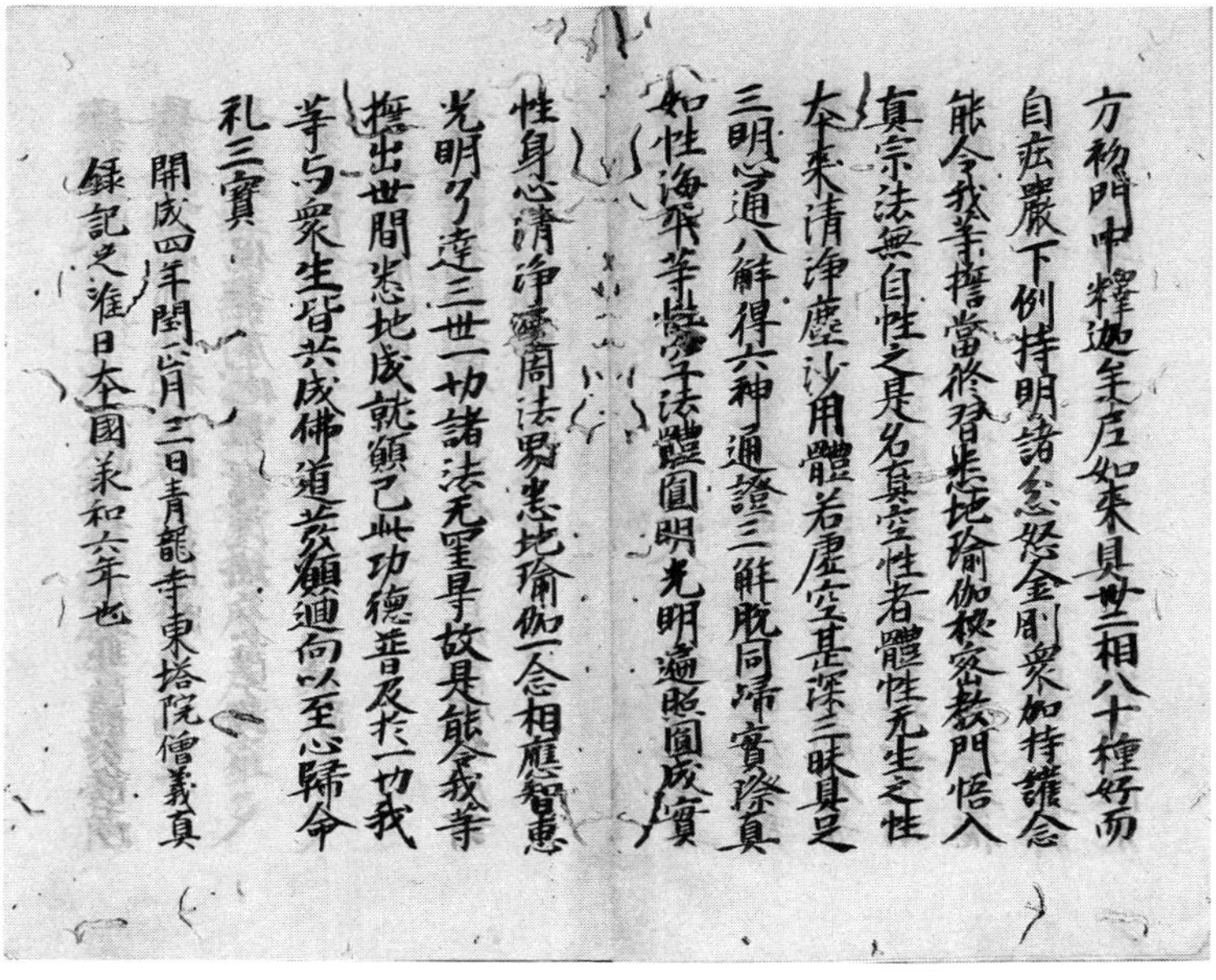
方称門中釋迦牟尼如来具卅二相八十種好而
自荘厳下例持明諸忿怒金剛衆加持護念
能令我等擢當修習悉地瑜伽秘密教門悟入
真宗法無自性之是名真空性者體性无生之性
本来清浄塵沙用體若虚空甚深三昧具足
三明心通八解得六神通證三解脱同歸實際真
如性海我等以法體圓明光明遍照圓成實
性身心清浄遍周法界悉地瑜伽一念相應智恵
光明了達三世一切諸法无罣㝵故是能令我等
擢出世間悉地成就願以此功徳普及於一切我
等与衆生皆共成佛道發願迴向以至心歸命
礼三寶
開成四年閏正月三日青龍寺東塔院僧義真
録記之准日本國承和六年也

6裏　7表

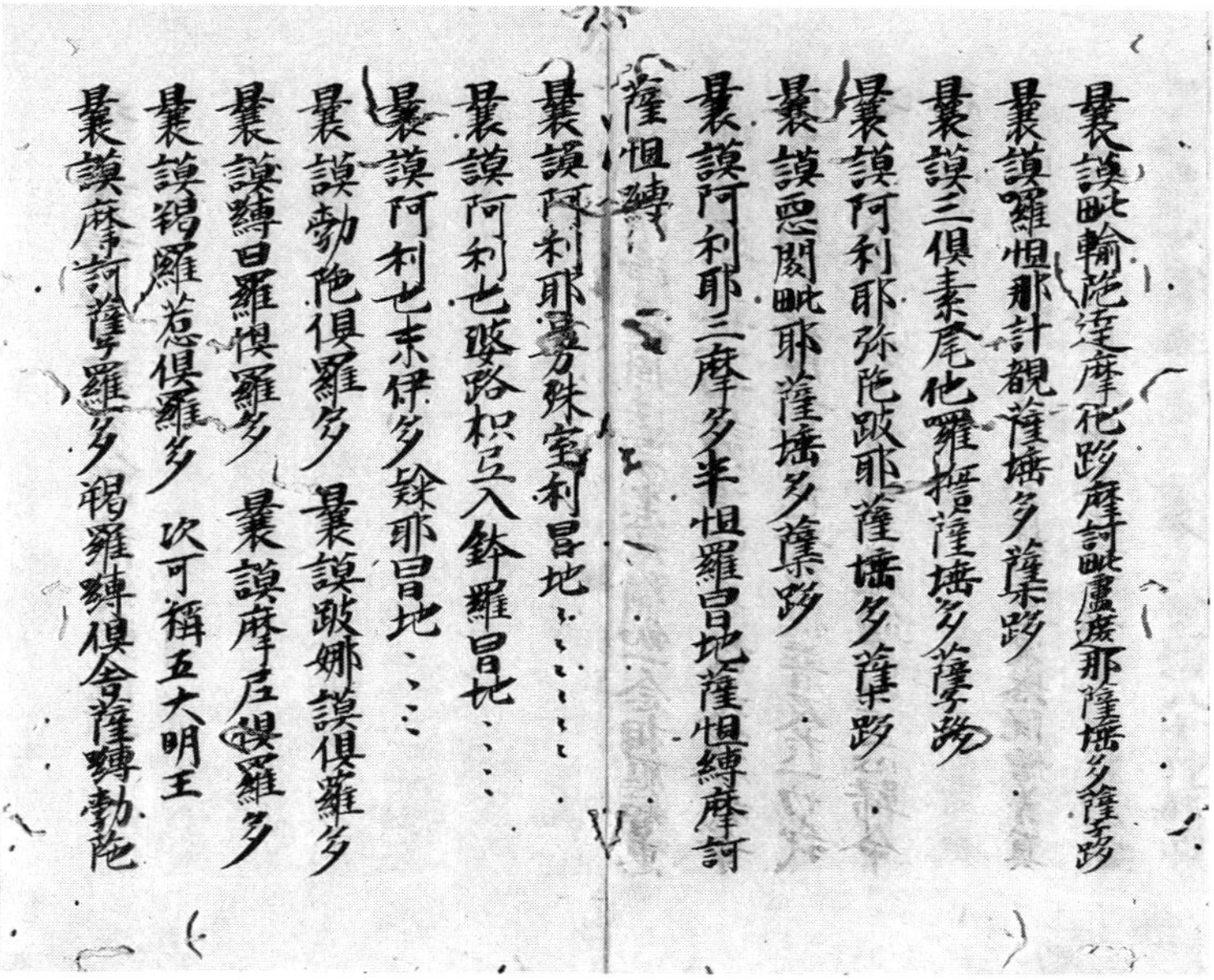
曩謨毗輸陀達摩佗跢摩訶毗盧遮那薩埵多薩跢
曩謨囉怛那計覩薩埵多薩跢
曩謨三俱素庵他羅擯薩埵多薩跢
曩謨阿利耶弥陀跛耶薩埵多薩跢
曩謨悪閦毗耶薩埵多薩跢
曩謨阿利耶三摩多半怛羅冒地薩怛縛摩訶
薩怛縛
曩謨阿利耶曼殊室利冒地……
曩謨阿利乜婆路枳帝入鉢羅冒地…
曩謨阿利乜末伊多銖耶冒地…
曩謨勃陀俱羅多　曩謨跛娜謨俱羅多
曩謨縛日羅俱羅多　曩謨摩尼俱羅多
曩謨羯羅惹俱羅多　次可稱五大明王
曩謨摩訶薩埵羅多羯羅縛俱舎薩縛勃陀

7裏　8表

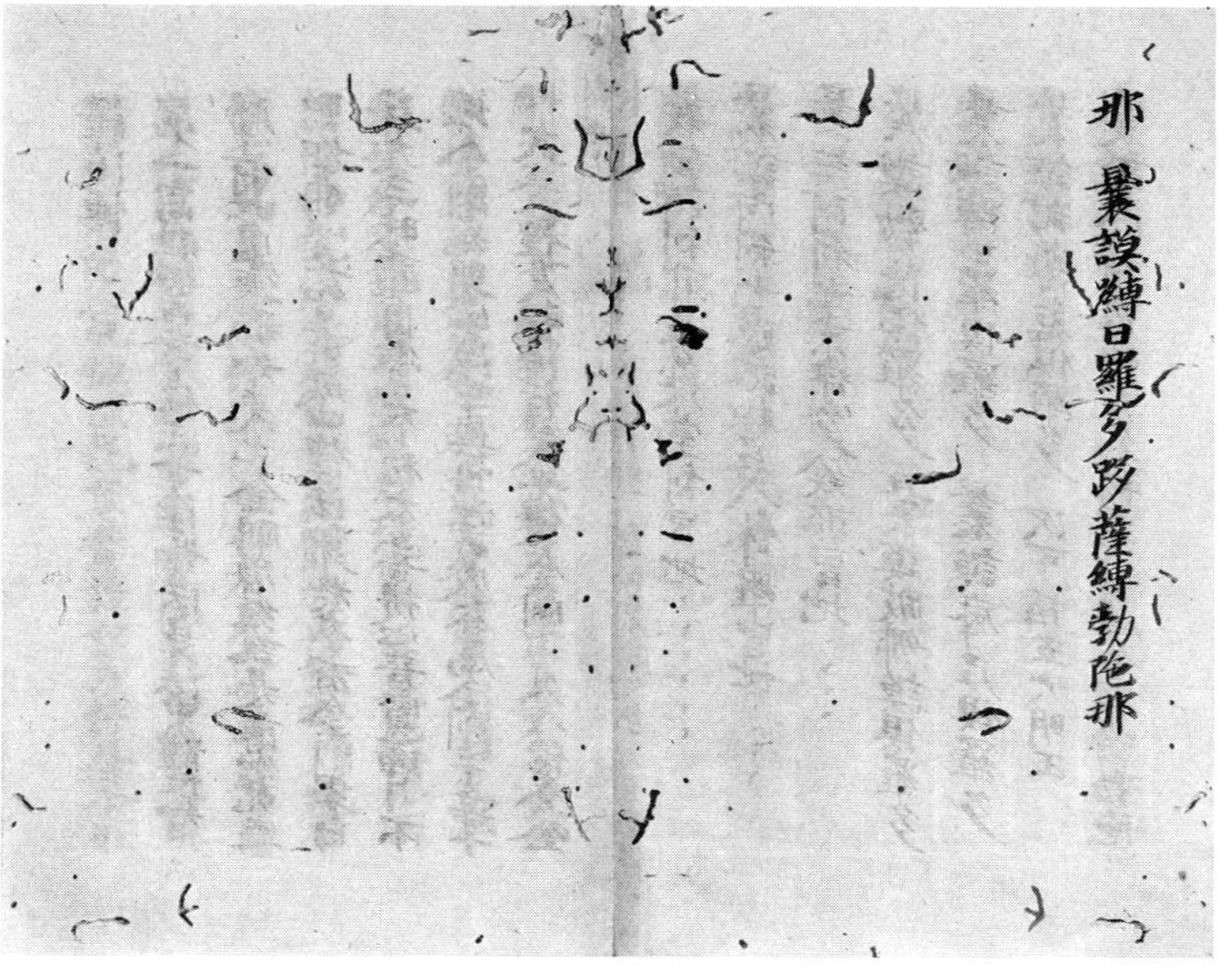
那　曩謨縛日羅多跢薩縛勃陀那

8裏　9表

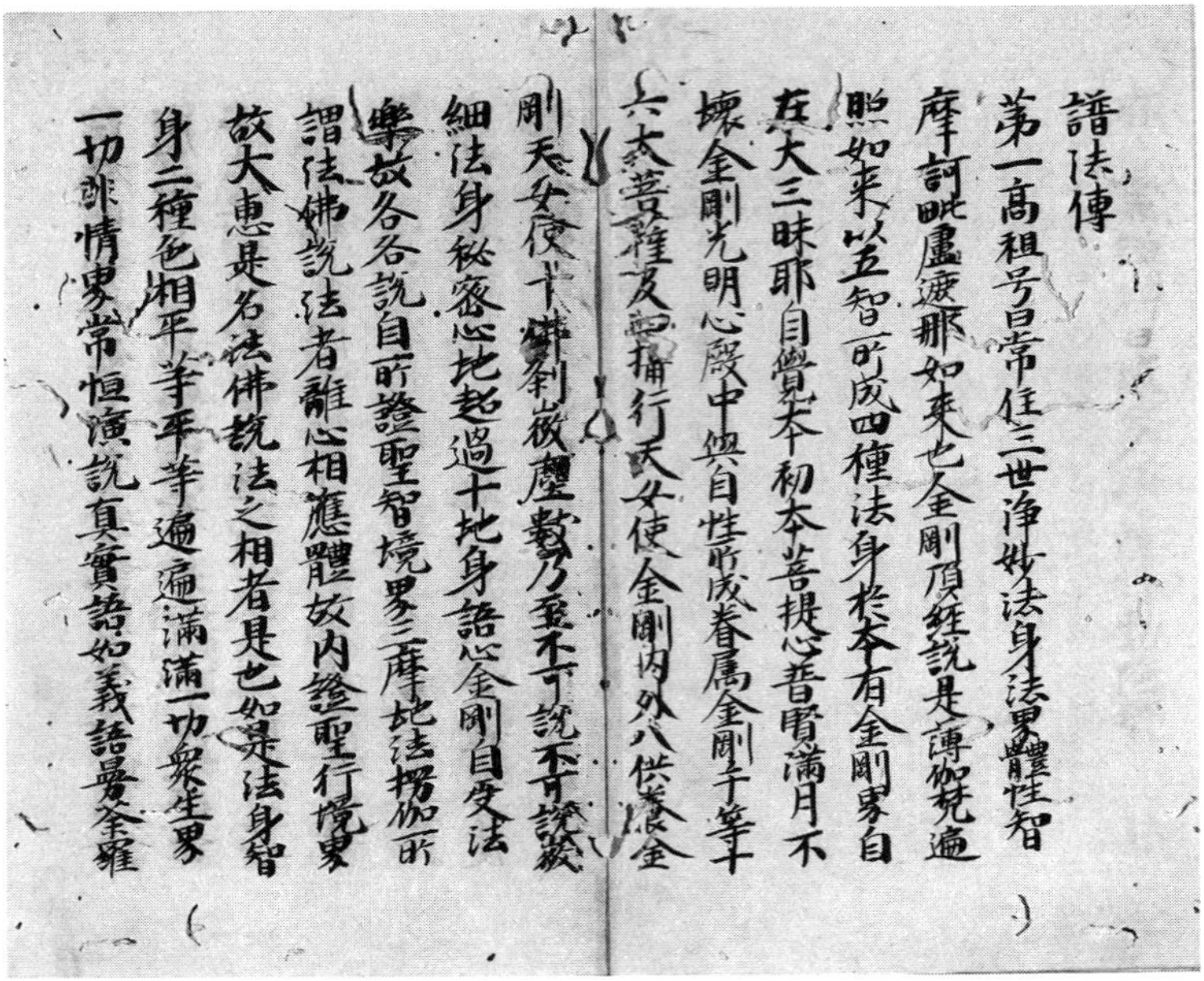
譜法傳
第一高祖号曰常住三世浄妙法身法界體性智
摩訶毘盧遮那如来也金剛頂経説是薄伽梵遍
照如来以五智所成四種法身於本有金剛界自
在大三昧耶自覺本初本菩提心普賢滿月不
壊金剛光明心殿中與自性所成眷属金剛手等十
六大菩薩及四攝行天女使金剛内外八供養金
剛天女使十佛刹微塵數乃至不可説不可説微
細法身秘密心地超過十地身語心金剛自受法
樂故各各説自所證聖智境界三摩地法楞伽所
謂法佛説法者離心相應體故内證聖行境界
故大恵是名法佛説法之相者是也如是法身智
身二種色相平等平等遍遍滿滿一切衆生界
一切非情界常恒演説真實語如義語曼荼羅

10表　9裏

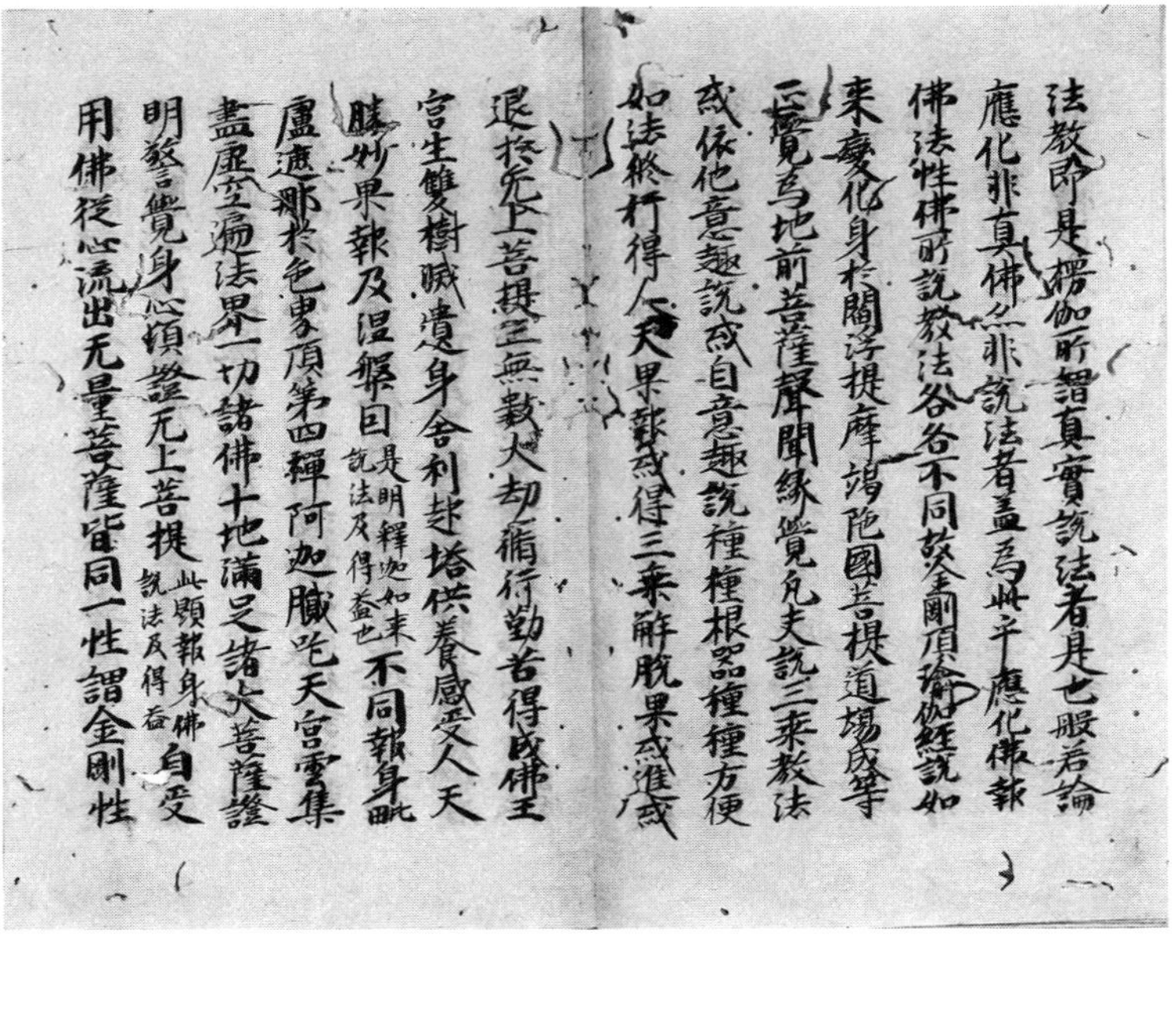
法教即是楞伽所謂真實説法者是也般若論
應化非真佛亦非説法者蓋爲此乎應化佛報
佛法性佛所説教法各各不同故金剛頂瑜伽経説如
来變化身於閻浮提摩竭陀國菩提道場成等
正覺爲地前菩薩聲聞縁覺凡夫説三乘教法
或依他意趣説或自意趣説種種根器種種方便
如法修行得人天果報或得三乘解脱果或進或
退於无上菩提三無數大劫脩行勤苦得成佛王
宮生雙樹滅遺身舍利起塔供養感受人天
勝妙果報及涅槃因（是明釋迦如来説法及得益也）不同報身毗
盧遮那於色界頂第四禪阿迦膩吒天宮雲集
盡虚空遍法界一切諸佛十地滿足諸大菩薩證
明警覺身心頂證无上菩提（此顯報身佛説法及得益）自受
用佛從心流出无量菩薩皆同一性謂金剛性

11表　10裏

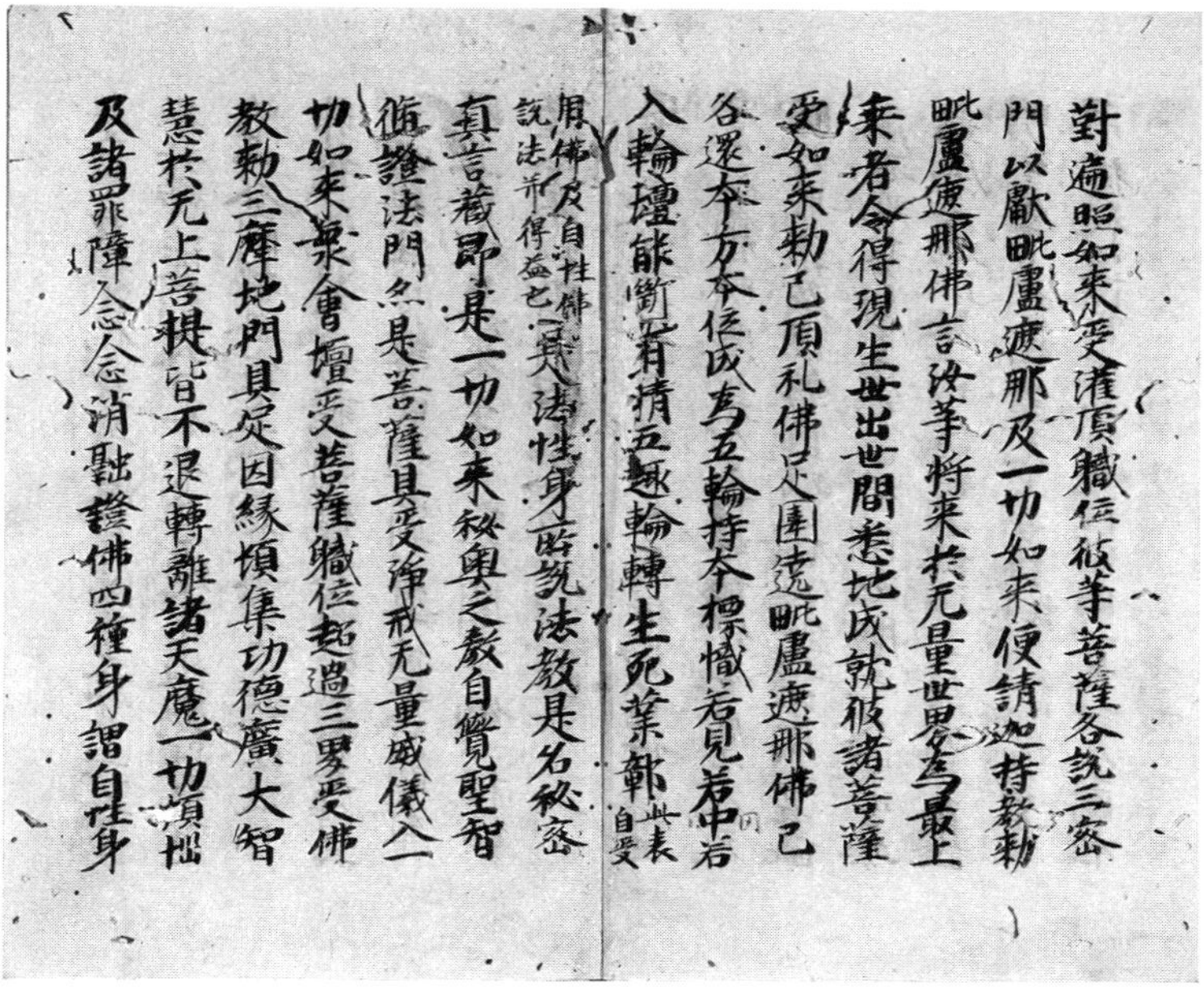
對遍照如来受灌頂職位彼等菩薩各説三密
門以獻毗盧遮那及一切如来便請加持教勅
毗盧遮那佛言汝等将来於无量世界為最上
乗者令得現生出世間悉地成就彼諸菩薩
受如来勅已頂礼佛足圍遶毗盧遮那佛已
各還本方本位成為五輪持本標幟若見若中若
入輪壇能斷有情五趣輪轉生死業鄣 此表 自受
用佛及自性佛 説法并得益也 其法性身所説法教是名秘密
真言藏即是一切如来秘奥之教自覺聖智
修證法門亦是菩薩具受浄戒无量威儀入一
切如来衆會壇受菩薩職位超過三界受佛
教勅三摩地門具足因縁頓集功德廣大智
慧於无上菩提皆不退轉離諸天魔一切煩惱
及諸罪障念念消融證佛四種身謂自性身

12表　11裏

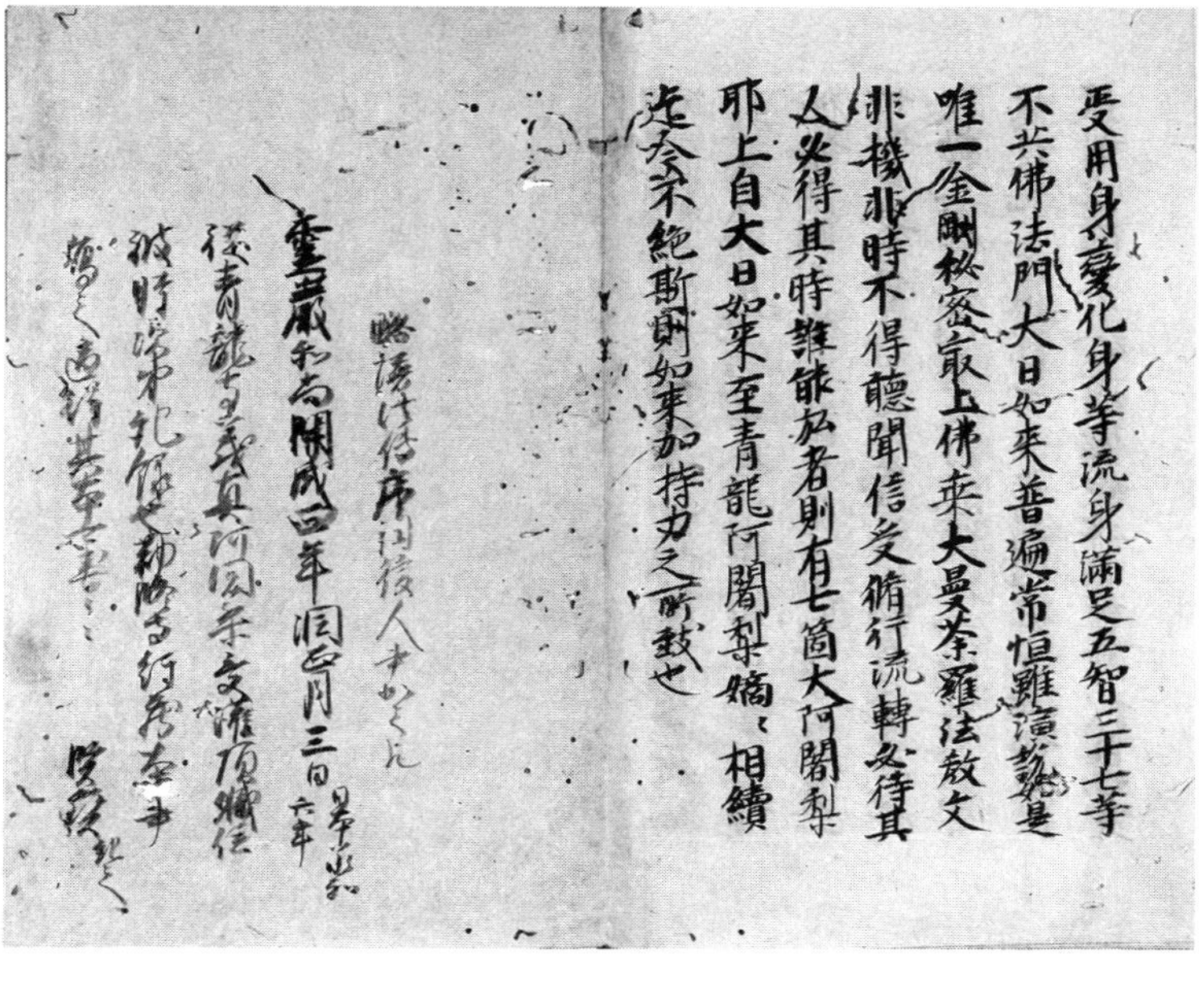
受用身變化身等流身滿足五智三十七等
不共佛法門大日如来普遍常恒演説是
唯一金剛秘密最上佛乗大曼荼羅法教又
非機非時不得聽聞信受修行流轉又待其
人必得其時雖能弘者則有七箇大阿闍梨
耶上自大日如来至青龍阿闍梨嫡々相續
迄今不絶斯則如来加持力之所致也

裏表紙見返し　12裏

裏表紙

第二部　空海と東寺

第一章　空海への東寺勅賜説

はじめに

空海と東寺のことは、古来、多くの方々によって論じられてきたけれども、それらに対して、私はいくつかの疑問・疑義をいだく。まず、それらを記してみたい。

第一の疑義は、空海は弘仁十四年（八二三）正月十九日、嵯峨天皇から東寺を下賜された、つまり東寺は空海個人の寺となった、とみなす説である。史料の面から、私はこの説はとらない。(1)

第二は、東寺長者は空海の弟子の時代に制度化され、その初代を承和三年（八三六）に任ぜられた実恵とみなす考えがある。東寺長者の名称は、九世紀以前の史料に見ることができない。したがって、東寺長者の制度そのものも、九世紀以前には溯ることはできないと考える。(2)

第三は、「高野山は即身成仏と癒しの寺、東寺は密厳国土《みつごんこくど》と情報発信の寺、といったように、高野山と東寺をうまく使い分けておられた」との見解がみられる。(3)高野山は、最初から空海の計画にもとづいて創建された寺であり、高野山で書かれた文章も少なからず残っているので、空海が高野山をいかに考えておられたかは、おぼろげながら知ることができる。しかるに、東寺は官寺であり、空海が私の寺であるとの認識をもっていたとは考えがたい。また、空海の在世中に完成を見たわけでもなかった。そのような東寺を高野山と対比して考えられるか、考えてよいか、疑わしく思うのである。

第四は、今日、東寺は「空海の寺」「真言密教の寺」、つまり「密教の寺」であるとの考えを、ほとんどの人が持っていると思われる。では、「鎮護国家の官寺」から「真言密教の根本道場」となったのは、いつであろうか。何をもって「真言密教の寺」「真言密教の根本道場」となった、とみなせばよいのであろうか。たとえば、上島有氏は、空海に下賜されたことにより、「東寺は、それまでの鎮護国家の官寺というだけではなく、真言密教の根本道場として新たな出発をすることになる」と、空海への下賜＝真言密教の根本道場とみなしておられる(4)。何か違和感をもつのは、私だけであろうか。

これらの疑義に対して、明確な答えを持っているわけではないけれども、本稿では第一の疑義について私見を記してみたい。

一　草創期東寺に関する問題点

本題に入るまえに、草創期の東寺を考えるとき、何が問題となるか、問題とされてきたか、を一瞥しておきたい。ここでは、『文化史上より見たる弘法大師伝』「第十三章　東寺の勅賜」で取りあげられる十一の項目（＝節題）を、参考までに列挙してみたい(5)。

①勅賜以前の東寺……東寺の創建はいつから始まったのか。

②東寺勅賜　…………弘仁十四年正月十九日に勅賜されたとみなしてよいか。

③東寺定額僧　………五十口は満たされていなかった。だから二十四口になった。いつ二十四口になったか。
④東寺別当　…………造東寺所にはいつまで別当と長官が置かれていたか。別当だけになったのはいつか。
⑤東寺安居会　………安居会での『守護国界主経』の講讃は、天長二年（八二五）に始まるとみなしてよいか。
⑥講堂と金堂　………講堂安置の二十一体からなる立体曼荼羅は、何を表わすのか。講堂では、いかなる儀礼がおこなわれたのか。
⑦五層塔婆の造営　…いつ完成したのか。諸尊の構想は何を表わすのか。
⑧八幡神と稲荷神の勧請　…空海と八幡神・稲荷神との関係はいかに考えるか。いつ勧請されたのか。
⑨東寺三綱　…………最初の三綱はいつ置かれたか、いかなる僧が任ぜられたか。
⑩東寺西院　…………西院は空海の住坊あととみなす説があるが、本当か。
⑪御請来の経論法具…経蔵に収納したといわれる経論・法具類はいかばかりであったか。
⑫東寺長者の制度　…東寺長者の名称が公式に使われるのはいつか。長者の任命は誰がおこなったのか。

これらには、根本史料の有無など史料的な制約があって、いずれにもいまだ定説といえるものはない、といってよい。

二　「東寺勅賜」に関する先行研究

空海は、いつから東寺とかかわりをもつようになったのであろうか。このことにふれる代表的な先行研究をみておきたい。まず、ここで取りあげる論考を列挙してみよう。

①杲宝撰『東宝記』第一「大師　勅給事」十四世紀後半の成立[6]。
②得仁撰『弘法大師年譜』巻八、弘仁十四年（八二三）条。天保四年（一八三三）刊行[7]。
③守山聖真編著『文化史上より見たる弘法大師伝』所収「東寺の勅賜」一九三一年[8]。
④渡辺照宏・宮坂宥勝共著『沙門空海』所収「東寺の経営」一九六七年五月[9]。
⑤山田耕二「東寺の歴史」一九八八年五月[10]。
⑥上島有「東寺の創建と空海への勅賜」一九九六年一月[11]。
⑦高木訷元著『空海—生涯とその周辺—』所収「東寺の給預」一九九七年四月[12]。

個々の論考はどのような史料を用い、いかに記しているか。本文をあげて検討してみよう（読みやすくするため、私に段落わけした）。

第一は、杲宝とその愛弟子賢宝によって編纂された『東宝記』第一所収の「大師　勅給事」である。私に番号を付してあげることにする。

①大師御記に云わく、「(え)弘仁ノ帝皇、給うニ東寺を以てス。歓喜ニ勝《た》えず。秘密ノ道場と成せり。努力努力《ゆめゆめ》、他人をして雑住せしむること勿《な》かれ。此れ狭き心ニ非《あら》ず。真ヲ護るの謀《はかりごと》なり。妙法円《まどか》なりと雖も五千ノ分に非《あら》ず。東寺広シと雖も異類ノ地に非ず。何を以てか之《これ》を言う。(あ)去る弘仁十四年一月十九日、東寺を以て永く少僧に給預せらる。(い)勅使は藤良房公卿なり。(う)勅書、別に在《あ》り。即ち真言蜜教ノ庭ト為《す》ること既に畢《おわ》んぬ。師々相伝シテ道場ト為《な》す者なり。豈に門徒ニ非ざる者をして猥雑センや。」と。

②成尊僧都纂要に云わく、「大唐ノ不空三蔵、勅を被《こうむ》り大官道場を以て秘蜜の場と為し、改めテ青龍寺と号ス。(お)本朝ノ弘法大師、東寺を給り、即ち真言蜜教ノ庭と為すこと既に畢んぬ、と云云。堂舎を結構シ、仏像を造

立し、年中ノ行事、僧衆ノ威儀、皆悉く青龍寺の風を移す。夫れ海内ノ伽藍幾千あるか、或は本処に擬スルハ纔ニ万の一なりや。真言一家に至っては、全く仏国ノ風範を移す。豈に同日に論ずべけんや、と云云」と。（原漢文、傍線筆者）(13)

ここには、空海の遺言状とみなされてきた『御遺告』と成尊の『真言付法纂要鈔』の一節が引かれているだけで、杲宝の見解はしめされていない。つまり、『東宝記』は、通常、典拠となる史料を引用したあとに、「私云」として編者の見解を述べるのであるが、この項に「私云」はない。とはいえ、項目名を「大師　勅給事」とすることから、杲宝は空海が東寺を下賜されたとみなしていたことは間違いない。

第二は、得仁撰『弘法大師年譜』巻八の弘仁十四年正月十九日の条である。最初に項目をあげ、ついで根本史料を列挙し、そのあとに著者の見解が記される。私に①～⑥の番号を付したが、①が根本史料であり、②以下は著者の見解をしめすところである。

○正月十九日、㋐勅して藤良房を使として東寺を大師に賜い永く真言の場と為す。是に於いて請来の法文道具を経蔵に納め畢んぬ。

①師の曰わく、「㋒弘仁の帝皇、給うに東寺を以てす。歓喜に勝へず。秘密の道場と成せり。努力努力、他人をして雑住せしむること勿かれ。此れ狭き心に非ず。真を護るの謀なり。妙法円なりと雖も五千の分に非ず。広き東寺と雖も異類の地に非ず。何を以てか之を言う。㋐去る弘仁十四年一月十九日、東寺を以て永く少僧に給預せらる。㋑勅使は藤良房公卿なり。㋒勅書、別に在り。即ち真言密教の庭と為ること既に畢んぬ。師々相伝して道場と為べきものなり。豈に門徒に非ざる者をして猥雑せしむべけんや。」

【頭註】諸弟子本全同なり、住山弟子本稍略す、真然本頗る略す、

②行化記に云わく、「今年正月十九日、東寺を以て永く給預せらる。（中略）之に因って請来の法文曼荼羅道具等并に御願の一切の経論、天台法門等、大経蔵に納む。東寺、元は是れ桓武天皇の御願にして鎮護国界の道場為り。教王護国寺と号すべし。額は是れ既に勅を奉《うけたまわ》る、而已《まくのみ》」と。

○深賢記、集記、真言伝、修行縁起、行状図絵、擢勝述記、略焉《ほぼこれ》に同じ。広伝、御伝、稲荷鎮座由来記、東寺王代記、三国伝記、釈書、本朝僧伝等、皆之《これ》を記す。

③帝王編年記に云わく、「弘仁十四年正月乙亥、僧都空海を東寺長者に補し、勅宣に依りて永く此の寺を預け給う」と。

○逸史（三イ）之を引く。史徴記略に拠る。粗《ほぼ》之に同じ。

④扶桑略記に云わく、「弘仁十四年癸卯正月十九日、勅して東寺を以て永く空海和尚に給う。年五十一勅使は大納言正三位右近衛大将兼民部卿藤原朝臣良房なり。勅書別に在り。」と。

○略頌鈔に載せる所に出づ。但し年五十一と言うは謬なり。

⑤以呂波字類抄に云わく、「弘仁十四年正月十九日東寺永く大師に給う。勅使大納言正二位右近衛大将民部卿藤原良房なり」と。

⑥河海抄に云わく、「遷都の始め、東西の大宮に玄蕃寮を置く。弘仁以来、東の鴻臚を東寺と為し、弘法大師に賜う。西の鴻臚を以て西寺と為し守敏に賜う。其の後、七条の朱雀に鴻臚を建つ、と云云」と。

○山城名勝志に引く所を以て抄出す。好古小録之を引く。守敏、修円に作る。又云う、古本拾芥抄標注に古記を引いて云はく、「東西鴻臚館の地は、延暦の遷都に定むる所にして館舎は未だ成らず。弘仁に更に七条に移し、始めて館舎を建つ。故地を護国寺と為す。東西二寺是なり。」と。此等ノ文ニ拠レバ、

東西鴻臚館の館舎は、弘仁ニ建ル所ニシテ、東寺西寺は桓武帝ノ創造ニ非ルコト明ケシ。（以下略、原漢文、傍線筆者）[14]

長い引用となったけれども、得仁の見解は項目の一文（傍線部(あ)）にみえており、弘仁十四年正月十九日、空海は東寺を勅賜されたとみなしていることは明らかである。

第三は、守山聖真編著『文化史上より見たる弘法大師伝』の「東寺の勅賜」である。先行研究のなかで、唯一、弘仁十四年正月十九日の下賜を疑うのがこの書である。すなわち、

①(あ)東寺は大師に弘仁十四年正月を以て勅賜されたものとして一般に信ぜられて居るが、それは御遺告が根本をなして居るものである。即ち廿五箇条の御遺告の第一条の終りに曰く

弘仁帝皇給以二東寺一、不レ勝二歓喜一、成二秘蜜道場一、努力努力、勿レ令二他人雑住一、非二此狭心一、護レ真謀也、雖二円妙法一非二五千分一、雖レ広二東寺一非二異類地一、以レ何言レ之、去弘仁十四年正月十九日以二東寺一永給二預於少僧一、勅使藤原良房公卿也。勅書在レ別、即為二真言蜜教庭一既畢、師師相伝為二道場一者也、豈可レ非二門徒者猥雑一哉

本朝通鑑第十二に次の如く云ふて居るのはその史料としたものは同じく前記の御遺告に拠つたものと思はれる。

正月賜二東寺於僧空海西寺於僧守敏一　浮屠氏説云賜二宸筆額於東寺一藤原良房為二勅使一

大日本史巻二十三には「十九日乙亥以二僧空海一為二東寺長者一」とあるが、これも同日を以て大師に東寺を勅賜されたことを意味して居るものであらう。

②(い)御遺告には勅書在別と云ふて居るが、その勅書が今日発見されないのは遺憾である。それで御遺告を大師の真作なりとするか、或は又真作にあらざるもその中の思想は大師の精神を盛つたものとすれば、東寺勅賜を以

て弘仁十四年正月十九日として何等異議はない。然し御遺告そのもの、真偽は古来から議論のあるところであるから、さう云ふ点から推して行けば㋒勅書の発見されない限り、また正史にその事実がない限り東寺勅賜の日は多少の疑問を残すと云ふことになるのである。

③然し御遺告が真偽未判として依用しないとしても㋓大師に勅賜されたのは弘仁十四年を下ることはないのである。㋔それは東寺に真言宗僧伍拾口を定置せしめた左の太政官符が之を立証して居る。(15)

といい、つぎに弘仁十四年十月十日付と同年十一月二日付の太政官符をあげる。特に、後者の官符に対して、「これが初めて大師に東寺を勅賜された時のものとしても敢て差支へはないやうに思はれる」(16)といい、正月十九日は疑わしいけれども、弘仁十四年に勅賜されたことは認めてよいとみなされた。勅賜されたことの根拠とする弘仁十四年十一月二日付の太政官符の真偽については、あとで検討を加えることにしたい。

第四は、渡辺照宏・宮坂宥勝著『沙門空海』「東寺の経営」の項である。私に六段落にわかってあげてみよう。

①㋐弘仁十四年（八二三）一月十九日、嵯峨天皇は藤原良房を使わして空海に東寺を給預した。これから以後、東寺を中心とした空海の活躍がはじまるのである。

②東寺は桓武天皇が延暦十三年（七九四）に平安京に遷都してからまもなくして着工したもので、平安京の南面の正門である羅城門をはさんで、その東西に建立された。（中略）

③この両寺はもちろん最初はいわゆる寺院ではなく、律令制機構の一つとして建立され、東寺西寺ともに鴻臚館《こうろかん》と呼んで、ここで外国使臣を接待したのであった。（中略）やがて嵯峨天皇は王城鎮護の寺として、㋑東寺を空海に西寺を守敏に給預したわけである。

④㋒空海がこの大寺を預けられた裏づけというべきものを考えてみよう。王城鎮護という名目は要するに新しく

建設された平安京に、南都の東大寺に匹敵するような宗教的権威を必要としたところから来ているものと思われる。そこで、この大寺の経営を誰に任せるかということになるが、空海が選ばれた理由はいくつか考えられる。

⑤これよりさき㋓空海は嵯峨天皇の特別の信任をえていたのであった。万濃池を完成し、東大寺その他の諸大寺の経営に敏腕を十分に発揮したことなども、おそらく認められていたのであろう。またのちに見る東寺五重塔の建立などから推察してみても、空海には東大寺を再建した重源のように勧進や土木事業のすぐれた才能があったことは確かである。そこで、実際問題として、一面においては、㋔空海の力によって東寺を完成させたいという考えかたも朝廷にあったのではないだろうか。

⑥空海にしてみれば、さきに開創した高野山はどこまでも修禅の道場であるから、今や、㋕東寺は密教の根本道場としてひろく天下のために活動するための中心寺院として発展せしめようとしたのであろう。『御遺告』第一条に次のようにある。（以下略、傍線筆者）[17]

ここでは、もともとは外国使臣を接待した鴻臚館であったが、早急に東寺を完成させたいとの考えのもと、弘仁十四年正月十九日、空海に東寺を給預したとみなされた[18]。

第五は、山田耕二「東寺の歴史」である。山田氏は、空海と東寺を論じるとき、一貫して「給与」の語句をもちいて論じている。私に四段落にわけてあげてみよう。

①その後東寺の建設がどのように進捗したか明らかではないが、弘仁九年（八一八）頃になってやっと金堂の建立が成った状態であったと推測される。それゆえに、㋐弘仁十四年（八二三）に空海が嵯峨天皇より給与されたときの東寺は、未だ建設の端緒についたばかりのような状態にあったと思われる。（中略）

②その空海にとって、帰国後四年目のⓘ大同四年（八〇九）に平城天皇に代って嵯峨天皇が即位したことはきわめて幸運であったといえよう。すなわち、空海は密教に対する当時の社会的要請もさることながら、「書」に対する共通の関心を通して嵯峨天皇と個人的な深い親交で結ばれ、その厚い信任と庇護を受けることになったのである。

③その結果、空海は嵯峨天皇より弘仁七年（八一六）に高野山を下賜され、さらにⓤ弘仁十四年（八二三）には官寺として造営途上にあった東寺を給与されたのである。未だ堂塔の建設が端緒についたばかりの状態にあった東寺は、ⓔ空海に給与されると同時に、その建設もまた空海の手に委ねられることになった。東寺給与の翌天長元年（八二四）に、空海は造東寺別当に任ぜられている。

④ⓞ空海は東寺を給与されると同時に、東寺に真言宗の僧侶五十口を置き東寺を真言宗専住の寺とすることを上奏して許されている（『類聚三代格』）。（中略）ⓚこうして空海は、給与された東寺を真言密教の根本道場として位置づけ、社会的活動の本拠として堂塔の建設整備に当ることになった。(19)

ここには、正月十九日はみえないけれども、「弘仁十四年（八二三）には官寺として造営途上にあった東寺を給与された」（傍線部ⓤ）と記されることから、給与されたのは他の論考と同じく「弘仁十四年正月十九日」とみなしていると考える。

第六は、上島有「東寺の創建と空海への勅賜」である。上島氏は、古代・中世の東寺を論じるなかで、東寺と空海の関連について、以下のようにみなす。

ⓐ弘仁十四年（八二三）正月十九日、嵯峨天皇は大納言藤原良房を勅使として遣わし、東寺をながく空海に勅給した。ⓘここに東寺は、これまでの鎮護国家の官寺というだけでなく、真言密教の根本道場として新たな出発をす

ることになる。嵯峨天皇が空海に㋒東寺を勅給した理由は、天皇の空海に対する個人的な信頼にあったことはいうまでもないが、またその多彩な能力に注目して、㋓東寺の造営を促進することにあったといわれている。そこで、空海は東寺の堂塔伽藍の経営に力を尽くすことになる。空海の東寺経営については、述べなければならないことも多いが、重要なものについてのみ簡単に触れることにする。（傍線筆者）[20]

ここには、「勅給」なる語句をつかって、弘仁十四年正月十九日、東寺が嵯峨天皇から空海に下賜されたとみなされている。

第七は、高木訷元『空海―生涯とその周辺―』の「東寺の給預」である。高木師は、得仁の『弘法大師年譜』にもとづいて、以下のようにみなされた。私に三段落にわけて記す。

①㋐弘仁十四年（八二三）正月に、その東寺が永く空海に給預されたのである。『帝王編年記』には、「弘仁十四年正月乙亥（十九日）、僧都空海を東寺長者に補し、勅宣に依って永く此の寺を預け給う」（得仁『弘法大師年譜』巻八）とするも、このとき空海は未だ僧都ではない。東寺長者というのも後の呼称である。『扶桑略記』にも、「弘仁十四年正月十九日、勅して東寺を永く空海和尚に給う。年五、十一勅使は大納言正三位右近衛大将兼民部卿藤原朝臣良房なり。勅書、別にあり」と記すというも（得仁『弘法大師年譜』巻八）、㋑あるいは「御遺告」などにもとづく記述であったろう。

②もともと東西両寺はいわば鴻臚館《こうろかん》としての役割をもったものであり、その性格は両寺が給預掌管せられた後も引きつがれていたと思われる。後の承和十四年（八四七）七月に、嵯峨太后橘《たちばな》嘉智子《かちこ》の意を受けて入唐した恵蕚《えがく》とともに来朝した唐の禅僧義空《ぎくう》らは、この東寺に留住せしめられている（拙稿「唐僧義空の来朝をめぐる諸問題」）。それは東寺が外国の使臣などを宿泊接待せしめるところであったことを物語っている。他面また、東西

両寺は羅城門の左右に建てられて、左右両京の安鎮を祈る寺でもあったという（『東宝記』第一）
③東寺が給預されるときの勅書が伝わっていないから、㋒空海への東寺給預の目的が何であったかは詳らかでないとしても、㋓弘仁十四年十二月二日の官符といわれるものに、

夫《そ》れ東寺は遷都の始め、国家を鎮護するために柏原の先朝（桓武帝）、建つるところなり。乞う、この状を察して、僧徒等を率《ひき》いて真教を讃揚し、禍《わざわい》を転じて福《さいわい》を修《つく》り、国家を鎮護せよといえり。（『東宝記』第一）

とあるのが、㋔朝廷の意図するところであったといえるだろう。㋕その官符は東寺に真言宗僧五十人を住せしめるというものであった。（傍線筆者）(21)

ここには、いくつかの事実誤認と思われる記事もみられるけれども(22)、高木師の見解は「弘仁十四年（八二三）正月に、その東寺が永く空海に給預された」（傍線部㋐）に尽きるといえよう。

以上、七つの先行研究をみてきた。それぞれ「勅給」「賜う」「勅賜」「給預」「給与」と用いる語句は違うけれども、いずれも弘仁十四年正月十九日、空海は東寺をたまわったとみなしていた。

そのなかにあって、ただ一つ、『文化史上より見たる弘法大師伝』だけが、弘仁十四年正月十九日の東寺勅賜を疑っている。「勅賜」はあり得たけれども、その日がいつであったかは疑問が残るという。その疑義を箇条書きにしてみよう(23)。

①東寺は、空海に弘仁十四年正月を以て勅賜されたものとして一般に信ぜられて居る。
②『御遺告』に「勅書は別に在り」とあるが、その勅書は未発見である。
③『御遺告』を空海の真作、真作とはいえなくとも空海の精神を記したものとみなせば、問題ない。
④だが『御遺告』は真偽が疑わしく、かつ勅書がない以上、弘仁十四年正月十九日は疑わしい。

⑤『御遺告』の真偽は未詳であるが、勅賜が弘仁十四年を下ることはない。
⑥その根拠は、弘仁十四年十月十日付の太政官符があるからである。この官符は、東寺に真言宗僧五十人を置き、『三学録』にもとづいて学修すべきことを命じたものである。
⑦この官符は、空海への勅賜前とみるべきか、勅賜後とみるべきか。
⑧このことを知る上で重要なのが、弘仁十四年十二月二日付の官符である。
⑨十月十日付の官符は、ただ単に、東寺を真言宗の道場とし、真言宗僧五十人を置き修学すべきことを命じただけであった。十二月二日付の官符は、五十僧をひきいて鎮護国家のために大法を勤仕せよとの命令を下したもの、と解してはどうか。
⑩十二月二日付の官符は、空海に東寺をはじめて勅賜したときのものとみなして差支えない。

以上のように、弘仁十四年十二月二日付の官符をよりどころとして、勅賜されたのは弘仁十四年の正月ではなく、同年十二月または十一月であったとみなされた。私は、この十二月二日付の官符をもって根拠とする点に疑義をいだく。以下、項をあらためて、弘仁十四年十二月二日付官符の真偽を論じることにしたい。

三　弘仁十四年十二月二日付官符の真偽

守山聖真師は、弘仁十四年（八二三）十二月二日付太政官符として、つぎのものをあげる(24)。

右大臣、宣す。勅を奉《うけたまわ》るに、件の寺をして真言宗の僧五十人を住せしむ。海公、坏《はい》に乗りて道を訪らい、秘蜜の真言を伝え、錫を杖つき禅に安じ、神呪の妙力を持ちきたる。又夫れ東寺は、遷都の始め、国家を鎮護せんが為に、柏原の先朝、建つ所なり。乞う、此の状を察せよ。僧徒等を率いて真教を讃揚し、転禍修福して国家を鎮護せよ、者《てへり》。

この官符は、『東宝記』第一「蜜教相応事」に、「弘仁十四年十一（二イ）月二日符云」として記されるけれども、単独で伝わったものではない[25]。おそらく、天長二年（八二五）三月十日付の空海上奏文から書きだしたものであろう。天長二年三月十日付の空海上奏文とは、東寺安居会に『守護国界主陀羅尼経』を講じたいとお願いしたときの文章であり、その全文はつぎの通りである。私に本文を六段にわかって記す。

東寺の毎年の安居ニ守護国界主経を講ぜんことを請うの事

①右、沙門空海奏ス。空海聞く。法ハ惟《これ》甘露、嘗《なむ》ル者は痾《やまい》を除く。道ハ惟《これ》无言、人能く宣暢ス。

②伏して惟《おもんみ》るに、皇帝陛下、徳は乾坤ニ斉シク、明は日月ニ超タリ。法輪を常ニ転シテ普く群生を利ス。当今、天下ノ諸寺、毎年の安居ニ或は最勝王経を講じ、或は法花経を演じ、或は理趣般若を説き、或は海龍王等ノ経を釈す。

③此ノ寺の堂宇、新タニ構えテ未だ経を講ずること定まらず。

④去る弘仁十四年十一月二日の官符を案ずるに偁はク。

「右大臣、宣す。勅を奉《うけたまわ》るに、件の寺をして真言宗ノ僧五十人を住さしめ、其ノ宗ノ学は、一《もつぱら》大毘盧遮那経金剛頂等ノ二百巻ノ経等に依れ、と云々。海公、坏《はい》ニ乗りて道ヲ訪らい、秘密の真言ヲ伝え、錫を杖つき禅ニ安じ、神呪の妙力を持ちきたる。又夫れ東寺は、遷都の始め、国家を鎮めんが為に、柏原先朝、建立する所なり。乞う、此の状を察せよ。僧徒等ヲ率いて真教を讃揚し、転禍修福して国を鎮め家を護らン、者《てへり》。」

⑤今、此ノ守護国界主陀羅尼経一部十巻、文は顕密ヲ括り、義は諸乗ヲ呑ム。禍を転じて福と為すの方《ほう》、降雨止風の法、具《つぶさ》ニ此の経に説く。

⑥伏して望むらくは、毎年夏中に、永く此の経を講じて国家を擁護セン。天恩允許シテ所司に宣付せんことを請う。[26]（原漢文）

この④の「去る弘仁十四年十一月二日の官符を案ずるに偁はク」の本文を取りだしたのが、守山師がいわれる「弘仁十四年十二月二日付官符」である。さきに引用したところでは、この官符を根拠に空海への下賜はありえたといわれた。しかるに、同じく「東寺の勅賜」の「東寺安居講」ではこの空海上奏文そのものを、「拙劣な文の作り方から」空海の真作ではないとみなしている。その文章をあげてみよう。

　然し吾人は此の奏請の文は大師の真作なりと云ふことに就て直ちに賛成は出来ない。大師の文章を玩味して見れば真であるか、偽であるか、或は真偽未決のものであるかは大体分るものである。右の三種の区別のうち何れに此れを分類するかと云へば、㋐吾人は偽の部類に入れて差支へないかと思ふ。それは大師の真作の文が流暢にして毫も渋滞の所がないにも拘らず、此の奏請文は頗るぎこちない所がある。而して先の弘仁十四年の官符を引用して「海公乗レ坏訪レ道伝二秘密之真言一」と云ふやうなのを入れてあるのは㋑尤も拙劣な文の作り方であつて大師の真作らしくないところを暴露して居るものである。[27] また天長二年三月十日に請ふたと云ふが三月十日と云ふことは表文に依つては知ることが出来ないのである。

この空海上奏文は、空海が筆をとったものとはいえない、と私も考える。なぜ、空海の真作といえないのか、その主たる根拠はつぎの二つである。[28] 第一は、ほぼ同様の書き出しではじまる「弘仁十四年十月十日付太政官符」は、後世、いくつかの官符類に引用されているけれども、この「同年十二月二日付官符」は引用された痕跡が全くなく、官符そのものが存在したかどうかが疑わしいことである。第二は、奏請文の内容が、天長二年時点での東寺の実情に合致していないように思われる点である。

弘仁十四年正月十九日付で東寺が空海に給預されたときの勅書が伝存していない以上、それに代わる何をもって「勅給」「勅賜」といえるか、いいうるか、を考えることは重要であろう。けれども、「弘仁十四年十一月二日付の官符」をもって、東寺は空海に勅賜（勅給）されたとはいえないと考える。以下、項をあらためて、私見を述べることにしたい。

四　弘仁十四年正月十九日「東寺給預」の検討

空海が嵯峨天皇から東寺を給預されたことを記すもっとも古い史料は、『御遺告』縁起第一のつぎの文章である。頭の番号は、私に付した『御遺告』縁起第一の段落番号である。

26吾れ、㋐去じ天長九年十一月十二日自り、深く穀味を厭《いと》いて、専ら坐禅を好む。皆是れ令法久住の勝計なり。并びに末世後生の弟子・門徒等が為に、方に今、諸の弟子等、諦《あきらか》に聴け、諦に聴け。吾が生期、今幾ばくならず。仁等《なんだち》好く住して慎んで教法を守るべし。吾れ永く山に帰らん。㋑吾れ入滅せんと擬することは、今年三月廿一日の寅の剋なり。諸弟子等、悲泣を為すこと莫れ。吾れ即滅《もし》せば両部の三宝に帰信せよ。自然に吾れに代って眷顧《けんこ》を被らしめむ。吾れ生年六十二、臈四十一なり。

27吾れ初めは思いき。一百歳に及ぶまで、世に住して教法を護り奉らんと。然れども諸の弟子等を恃《たの》んで、忩《いそい》で永く即世《そくせい》せんと擬するなり。

28但し、㋒弘仁の帝皇、給うに東寺を以ってす。歓喜に勝《た》えず。秘密道場と成せり。努力努力《ゆめゆめ》他人をして雑住令《せし》むること勿《な》かれ。此れ狭き心に非ず。真を護るの謀《はかりごと》なり。円《まどか》なりと雖《いえど》も、妙法、五千の分に非ず。広しと雖も、東寺、異類の地に非《あら》ず。何を以ってか之を言うとならば、㋓去じ弘仁十四年正月十九日に東寺を以って永く少僧に給い預けらる。勅使藤原良房の公卿なり。勅書別に在り。即ち真言密教の庭と為ること、既《すで》に畢《おわ》んぬ。師師相伝して道場と為すべき者なり。豈《あ》に門徒に非ざる者、猥雑《わいざつ》す可《べ》けんや[29]。

この『御遺告』縁起第一の記述をもって、空海と東寺について論じる方は、一人の例外もなく、空海は弘仁十四年（八二三）正月十九日、嵯峨天皇から東寺を勅賜された、給預された、とみなす。「給預」と記す方も、そのニュアンスから東寺は空海の寺となった、とみなしている。しかるに、私はこれに「否」といいたい。それは、つぎの三つの理由による。

第一の疑義は、東寺に関する記述が縁起第一の最後に取って付けたように、不自然に記されることである。周知のように、縁起第一には空海の生涯がほぼ年代を追ってつづられているけれども、嵯峨天皇から東寺を給預されたことを記すのは、生涯の最期、すなわち入定に擬せんことを論じた（段落番号の26・27）あとに、それまで編年体で記してきたことを無視した形で記されていることである。『御遺告』は少なくとも十世紀の半ば以降の成立であり、今日、空海の真撰とは見なされていない[30]。そのような『御遺告』の記述だけをもって、断定的にものをいうことはできない、と私は考える。外に、傍証することができる確かな史料があれば別であるが。因みに、弘仁十四年正月十九日のことを記す史料は、『御遺告』に続いて康保五年（九六八）の奥書を有する『金剛峯寺建立修行縁起』[31]、長保四年（一〇〇二）成立の清寿撰『弘法大師伝』[32]などがある。

第二は、さきに引用した文のなかに、嵯峨天皇から給預されたときの「勅書別に在り」と記すけれども、その存在が確認されていないことである。

第三は、空海の生涯をみわたしたとき、歴代の天皇のなか、空海を最新の仏教＝密教をわが国に体系的に伝えた阿闍梨として、正当に評価して遇したのは嵯峨天皇ではなく、天長期の淳和天皇であったことである[33]。

このことを明記するのが、承和三年（八三六）五月五日付で長安青龍寺の同法衆にあてて書かれた実恵らの書状である[34]。この手紙は、師の空海が示寂したことをその師恵果和尚の墓前に報告するために書かれたものであり、若干、誇張した表現は見られるけれども、嘘偽りは書かれていないと考える。この実恵らの書状には、つぎのように記されている。

日本国真言道場の付法の弟子実恵等白《もう》す。

ア、先師、諱《いみな》は空海和尚、（あ）受職の号《な》は遍照金剛。

イ、先年入唐して、法を求めて青龍寺《しょうりゅうじ》の内供奉《ないぐぶ》・諱は恵果大和尚に遇《あ》い奉《たてまつ》って、胎蔵・金剛界両部の秘教を受学し、並びに道具・付嘱《ふしょく》等の物を賷持《せいじ》して本朝に帰る。

ウ、道は余宗より高く、教は常習に異なり。此の間、法匠各《おのおの》矛楯《むじゅん》を為《な》し、肯《あえ》て服膺《ふくよう》せず。

エ、（い）十余年の間、建立を得ること無し。法水漸《ようや》く浸して人機芽を吐き、（う）諸宗の法侶・良家の子弟、灌頂を受法する者、其の数稍夥《ややおお》し。厥《そ》の後、密教の旨相い尋《つい》で上聞《しょうぶん》し、中使《ちゅうし》往還して詔問《しょうもん》絶えず。

オ、（え）天長皇帝、譲《ゆずり》を受けて践祚《せんそ》するに及んで、禁闥《きんだつ》を灑掃《さいそう》して壇場を建立し、始めて秘教の甘露を嘗《な》め、稍《やや》興隆の御心を発したまう。帝城《ていせい》の東寺を以って真言の寺と為し、我が和尚を以って大僧統と為す。固辞すれども免れず。[35]（以下略、原漢文）

このなか、エとオの段に注目いただきたい。要約すると、つぎのようになろう。

エ、㋑帰国してから十余年のあいだ、真言宗を十分に確立することができなかった。とはいえ、密教の教えが人びとの間にじょじょに広まってゆき、㋒諸宗の僧侶・良家の方たちのなかにも、灌頂を受法するものが多くなっていった。その後、密教の深旨があいついで天皇にも知られるようになり、勅使を派遣してのご質問が絶えなかった。

オ、㋓嵯峨天皇の譲りをうけて淳和天皇が即位なさると、宮中を掃き清めて密教修法の場が設けられ、はじめて密教の精髄を理解なされて、ようやく密教興隆が発願されました。都にあった東寺を真言の寺となし、わが空海和尚を大僧統に任ぜられました。固辞されましたが、許されませんでした。

ここに、淳和天皇は即位なされてから密教興隆を発願なされ、都にあった東寺を真言の寺となした、と記されている点に注目いただきたい。これは、空海の最期を見とどけた弟子達が書いた文章であり、しかも空海の師であった恵果の寺青龍寺に宛てたものであった。この手紙から、嵯峨天皇の時代の弘仁十四年正月十九日、東寺は空海の寺となったとみなすことはできない、と私は考える。

では、空海が東寺の造営に自らの考えを反映できるようになったのはいつであったか。それは、天長元年（八二四）六月十六日、造東寺所別当に任ぜられてからであった。

五　空海の造東寺所別当補任

空海の造東寺所別当補任について検討するまえに、空海が東寺と何らかの交渉をもっていたことが明確な史料をあげておきたい。それは、真言宗僧だけ五十人を東寺に住まわせ、『真言宗経律論目録』（以下、『三学録』と略称す）にもとづいて学修させることを命じた弘仁十四年（八二三）十月十日付の太政官符である。
まず、官符の全文をあげてみよう。

太政官符《ふ》す

真言宗僧五十人

右《みぎ》、右大臣の宣《せん》を被《こうむ》るに偁《い》わく。勅《みことのり》を奉《うけたまわ》るに、㋐件の宗僧等、今自《よ》り以後、東寺に住さしむ。㋑其の宗学は、一《もっぱら》大毘盧遮那・金剛頂等二百余巻の経、蘓悉地《そしつち》・蘓婆呼《そばこ》・根本部等一百七十三巻の律、金剛頂・菩提心・釈《しゃく》摩訶衍《まかえん》等十一巻の論等に依れ。経論目録別に在り。㋒若し僧に闕《けつ》有らば、一尊法を受学し、次第功業《くごう》有る僧を以って之に補せ。㋓若し僧無くんば、伝法の阿闍梨は、臨時に之を度《ど》し補《ほ》せしめよ。㋔道は是れ密教、他宗の僧をして雑《ざつ》住《じゅう》せしむること莫《なか》れ。

弘仁十四年十月十日[36]

ここに「経論目録別に在り」と記された「経論目録」が『三学録』[37]にあたると、従来みなされてきた。ともあれ、この官符から知られることを列挙してみよう。

①真言宗僧五十人を東寺に住まわせ、経論目録にもとづいて密教を修学する上で不可欠の経・律・論を学ばせることが命ぜられたこと。

②「道は是れ密教、他宗の僧をして雑住せしむること莫れ」とあって、東寺を真言専修の道場としたこと。

③五十人の僧に闕員が生じたときは、一尊法を受学し、功徳を積んだ僧をもって補うべきこと。もし、適格者がいなければ、伝法阿闍梨はしかるべき人を選んで臨時に得度させ、その者をもって補うべきこと。

この真言宗僧五十人を住まわせ、東寺を真言専修の寺とすることに、空海がまったく関与していなかったとは考えがたい。つまり、官符自体には空海の名はみられないけれども、この真言専修の寺とすることは、空海独自の考えであったとみなしておきたい。その根拠は、翌天長元年（八二四）九月二十七日付の太政官符である。(38)この官符は、定額寺の名称を神願寺から高雄山寺に移して神護国祚真言寺と改称すること、神護寺に胎蔵・金剛界両部の仏像を安置すべきこと、真言密教に通達した僧十四人を住まわせ鎮護国家のために修行させるべきこと、などを勅許されたときのものである。特に、この官符に引用される上奏文に、

仏像は一《いつ》に大悲胎蔵及び金剛界等に依らん。真言を解する僧二七人を簡《えら》び、永えに国家の為に三密法門を修行せしめん。其の僧に闕《けつ》有らば、道行《どうぎょう》有る僧を択び補せん。(39)

と記す点である。この官符の巻首には、「正五位下行河内守和気朝臣真綱等の上表に偁《い》わく」とあって、和気氏の上表にもとづいて勅許された形をとるけれども、この当時、空海の拠点は高雄山寺（＝神護寺）であったことから、この裏に空海の意志を読みとることができると考えるのである。(40)

空海が東寺の造営に自らの考えを反映できるようになったのは、天長元年六月十六日、造東寺所別当に任ぜられてからであった。造営がはじまってからちょうど三十年、(41)ほぼ完成していたのは薬師三尊を祀る金堂だけであり、主要な堂塔の一日も早い落慶が空海に託されたのであった。最初に計画された東寺の堂塔は、中心線上に南から南大門・中門・金堂・講堂をおき、講堂の東西と北に三面僧房を配し、南大門をはさんで東西に塔を配した興福寺式伽藍であった。(42)

ここで、天長元年六月十六日付で造東寺所別当に補任されたときの太政官符をあげておく。

太政官符《ふ》す　造東寺所

少僧都伝燈大法師位空海

右《みぎ》、右大臣の宣《せん》を被《こうむ》るに偁《い》わく。勅《みことのり》を奉《うけたまわ》るに、㋐件《くだん》の人、㋑彼の所《しょ》の前《さきの》別当大僧都伝燈大法師位長恵、造西寺所別当に遷任するの替《かわ》りに補任《ぶにん》すること件の如し、者《てへり》。㋒所《しょ》宜しく承知すべし。符到らば奉行せよ。

参議行正四位下守右大弁勲六等伴宿禰国道　　従六位上守右大史安道宿禰副雄

天長元年六月十六日

到来同月廿六日奉行、

（別筆）「先師御筆小野僧正真筆也(43)」

この官符によると、前任者である長恵が造西寺所別当に転出するのにともない、空海が造東寺所別当に任ぜられたことが知られる。天長元年六月に、空海が造東寺所別当に任ぜられたことは、翌二年から立てつづけに、

天長二年四月二十日　　空海、東寺講堂の造営を始める。〔東宝記第二(44)〕

同　三年十一月二十四日　空海、東寺五重塔の用材の運搬を官に奏請す。〔性霊集九(45)〕

といった具体的な活動の記録が残ることから信じてよいであろう。

伽藍配置は、早くに決まっていたので、空海は安置する仏像によって密教の世界を創出しようとした。講堂の二十一体からなる羯磨曼荼羅と五重塔初層の金剛界四仏がそれである(46)。唯一、密教独自の建物として、西塔にあたる位置に灌頂堂が置かれた。これらの堂塔のうち、わずかに講堂の外観ができあがっていた以外、残念ながら空海の生前に完成したものはない。

それはさておき、ではなぜ、空海は造東寺所別当に補任されたのであろうか。別当に補任された要因と考えられる事柄を、三つあげてみたい。

第一は、即位したばかりの淳和帝から絶大なる信任をえていたことである。一般的には、嵯峨天皇との親密な交友

が指摘されるけれども、嵯峨帝が空海に密教修法を依頼された例は極めて少なく、密教阿闍梨としての空海を正当に評価していたとは考えがたいのである。それに対して、淳和帝は、即位後、たびたび空海に修法を命じており、密教阿闍梨としての空海の力に期待するところ大であった。この裏には、うちつづく飢饉と怨霊による社会不安があったことは無視できないけれども。ともあれ、淳和天皇が即位してから天長年間にかけて、空海が出仕していた公的な修法の例、ならびに天皇との交流を知ることができる事績をあげると、以下の十五をあげうる。

弘仁十四年（八二三）　十・十三　勅により、皇后院において息災法を修す。(47)
　十二・二十三　勅により、大僧都長恵らとともに、清涼殿に大通法を修す。(48)
天長元年（八二四）　三・二十六　少僧都に直任される。(49)
　六・十六　造東寺所別当に補任される。(50)
　九・二十七　高雄山寺を定額寺とし、神護国祚真言寺と称して得度・経業を定む。(51)
天長二年（八二五）　三・十一　摂津大輪田造船瀬所別当に任ぜられる。（行化記所収太政官符）(52)
　四・二十　東寺講堂の指図を定む。(53)
　閏七・十九　炎旱疫病により、空海を春宮講師に任じ仁王経願文を草す。（性霊集八）(54)
天長三年（八二六）　三・十　勅により、西寺にて桓武帝の奉為に法華経を講讃す。空海願文を草す。(55)
　十一・二十四　上奏して、東寺五重塔の材木運搬を勧進す。(56)
天長四年（八二七）　一・五　天皇不予、東寺等の諸寺をして薬師悔過を修す。（国史三四）(57)
　五・一　大極殿にて大般若経を転読して雨乞す。空海、願文を草す。（性霊集六）(58)
　五・二十六　勅により、内裏に舎利を請じ、祈雨法を修す。(59)

五・二十八　大僧都に任ぜられる。(60)
九・　淳和天皇、故中務親王のために薬師三尊像を造り法華経を講ず。空海願文を草す。(61)
天長八年（八三一）　六・十四　病により、大僧都を辞せんとす。許されず。（性霊集九）(62)

一方、嵯峨天皇が在位されていた十五年のあいだで、密教僧として遇されたのは、つぎの九つである。


大同四年（八〇九）　七・十六　勅して、空海の入京を許す。(63)

弘仁二年（八一一）　十・二十七　空海をして山城国乙訓寺に住まわせる。(64)

弘仁七年（八一六）　六・十九　空海、伽藍建立のため高野山の下賜を請う。七月八日勅許される。(65)

　　　　　　　　　十・十四　嵯峨天皇の病気平癒を祈禱し、加持した神水一瓶を進献す。(66)

弘仁九年（八一八）　四・　勅により、連年の日照りに祈雨法を修す。(67)

弘仁十年（八一九）　七・　勅により、中務省に入住す。(68)

弘仁十一年（八二〇）　十・二十　空海、伝燈大法師位・内奉供十禅師に任ぜられる。(69)

弘仁十二年（八二一）　九・六　両部曼荼羅など二六鋪を図写し、四恩に報謝す。(70)

弘仁十三年（八二二）　二・十一　東大寺内に灌頂道場（真言院）をつくり、息災増益の法を修せしむ。(71)


天皇在位の年数からいうと、嵯峨天皇の方が長かったにもかかわらず、その事績は半分にすぎず、その違いが際立っていることがお解りいただけるであろう。

第二は、尊像を画き、壇を築いて本尊を招き、本尊と一体となる修法を根本とする空海の密教に対して、従来の仏教にない効験が期待されたことであった。(72)密教が貴族に受け入れられた要因も、ここにあったといえよう。

第三は、空海の人心の掌握力と民衆の動員力であった。その実績は、弘仁十二年五月の讃岐満濃池の修築別当になったときに、実証済みであった(73)。

このようにみてくると、天長元年当時、建立に着手してから三十年が経過していたにもかかわらず、金堂だけしか完成していなかった東寺伽藍の一日も早い完成を、淳和天皇が空海に託したことは間違いないと考える。

おわりに――勅賜と造東寺所別当は両立するか――

天長元年（八二四）六月十六日、空海が造東寺所別当に補任されたことは史実とみなしてよい。とすれば、従来いわれてきた、弘仁十四年（八二三）正月十九日付で空海に勅賜されたことと両立するのであろうか。私は「否」といいたい。

もし、弘仁十四年正月に勅賜された、つまり東寺は空海個人の寺となっていたのであれば、その翌年に公的な職である「造東寺所別当」に補任されるなどということがありえたのであろうか(74)。勅賜と「造東寺所別当」補任は両立しえない、と私は考える。天長元年に公的な職「造東寺所別当」に就いたことが正しいのであれば、この時点で、東寺は空海一個人のものではありえなかったのである。いまだ勅賜も勅給もなされていなかったとみるしかない。

そもそも、平安京に遷都したあと、京内に建てられた寺院は東寺・西寺の二つの官寺だけであったといわれる。その二つしかなかった官寺の一つを、僧とはいえ、僧綱にも任ぜられていない一私人でしかなかった空海に、いとも簡単に勅賜するなどということがありえたのであろうか。私は、否定的にならざるをえないのである。

いま一度、原点にかえろう。弘仁十四年正月十九日に勅賜されたとみなされる根本史料は、『御遺告』の縁起第一

であった。そこには、

去シ弘仁十四年正月十九日ニ以テ二東寺ヲ一永ク給二預《アツカ》ル於少僧一ニ。勅使藤原ノ良房ノ公卿也。勅書在リレ別ニ。即為《ナル》コト二真言密教ノ庭一ト既ニ畢《ヲハ》ンヌ。(75)

とあって、「給預」なる語句がつかわれていた。

では、「給預」とはいかなる意味であろうか。「給」は、第一には「たまふ」と訓み、「お与えになる」「くだされる」といった意味に解される。(76) 第二にはやはり「たまふ」と訓み、敬語(尊敬)の意を表わして「動作を表はす語に添へて用ひる。」とある。(77) 「預」は、わが国では「あずける」「あずかる」と訓じてきた。「給預」を素直に訓むと「預け給う」となる。この場合の「給」は、第二の用例となろう。

そうすると、『御遺告』の文章は「東寺を空海にお預けになられた」といった意味となろう。一歩ゆずって、「空海は東寺を預けられた」と解したとしても、そのことを記すのが『御遺告』であることと肝心の勅書が伝存しないことから、「預けられた」のが弘仁十四年正月十九日であったとの確証がえられないのである。

よって、空海がみずからの意志を東寺造営に反映させることができるようになったのは、造東寺所別当に任ぜられた天長元年六月からであった、とみなしておきたい。

註

(1) 弘仁十四年正月十九日、空海に東寺を給預したと記すもっとも古い史料は『遺告二十五ヶ条』(以下、『御遺告』と略称す)である。『御遺告』の成立は十世紀以降ではあるが、従来、このなかには空海の意志が反映されているとみなす見解もみられたけれども、文章・内容ともに空海とは直接の関連はない。したがって、『御遺告』を一次史料とみなし、空海の事績をこの『御遺告』だけをもって断定的にかたることはできない、と私は考える。

(2) 初期の東寺長者については、さきに検討したことがある。よって、そちらを参照いただきたい。拙稿「東寺長者攷—九・十世紀

を中心にして―」上・下（『密教文化』第二百二十号、一～三八頁、二〇〇八年三月。『密教文化』第二百二十一号、一～四七頁、二〇〇八年十二月。本書第二部第三章に収録）。

（3）頼富本宏「東寺は密教情報発信の場」（同著『空海と密教―「情報」と「癒し」の扉をひらく―』二〇四～二〇五頁、二〇〇二年九月、ＰＨＰ研究所）。

（4）上島有「古代・中世の東寺」（『新東宝記―東寺の歴史と美術―』一三頁、一九九六年一月、東京美術）。

（5）守山聖真編著『文化史上より見たる弘法大師伝』五一九～五七〇頁、一九三一年、豊山派御遠忌事務局。なお、項目の下のコメントは、私が今後検討すべきと考える事柄である。

（6）杲宝撰『東宝記』第一所収「大師　勅給事」（『国宝 東宝記原本影印』〈以下、『国宝 東宝記』と略称す〉六～八頁、一九八二年二月、東京美術）。

（7）得仁撰『弘法大師年譜』巻八（『真言宗全書』第三十八、一七一～一七二頁、一九三三年七月、真言宗全書刊行会）。

（8）守山聖真「東寺の勅賜」（同編著『文化史上より見たる弘法大師伝』五一九～五七〇頁、一九三一年、豊山派御遠忌事務局）。

（9）渡辺照宏・宮坂宥勝「東寺の経営」（同著『沙門空海』一五七～一五八頁、一九六七年五月、筑摩書房）。

（10）山田耕二「東寺の歴史」（山田耕二・宮治昭共著『東寺』〈日本の古寺美術十二〉一二一～一二三頁、一九八八年五月、保育社）。

（11）上島有「東寺の創建と空海への勅賜」（『新東宝記―東寺の歴史と美術―』一三頁、一九九六年一月、東京美術）。

（12）高木訷元「東寺の給預」（同著『空海―生涯とその周辺―』二三七～二三九頁、一九九七年四月、吉川弘文館）。

（13）註6に同じ。原本に付されている傍訓は、片カナで記した。平かなは筆者の補読である。

（14）註7に同じ。

（15）守山聖真、前掲（註5）書、五二五～五二六頁。

（16）守山聖真、前掲（註5）書、五二七～五二八頁。

（17）註9に同じ。

（18）東寺は、かつて外国使臣を接待する鴻臚館であったと記す論考がほかにもみられるけれども、鴻臚館はもともと別の場所にあったことが報告されている。詳しくは、つぎの論考を参照いただきたい。角田文衞「平安京の鴻臚館」（同著『王朝の残映』〈平安時代史の研究―第三冊―〉七八～一二〇頁、一九九二年十月、東京堂出版）。

(19) 註10に同じ。
(20) 註11に同じ。
(21) 註12に同じ。
(22) いくつかの事実誤認とは、①東寺はもともと鴻臚館であったとみなすこと、②弘仁十四年十一月二日付の太政官符は東寺に真言宗僧五十人を住せしめたときのものとみなすこと、の二つである。前者については註18を、後者については本稿の「三　弘仁十四年十一月二日付官符の真偽」を参照いただきたい。
(23) 守山聖真、前掲（註5）書、五二五～五二八頁。
(24) 守山聖真、前掲（註5）書、五二七頁。漢文体で収録されているが、『国宝 東宝記』にもとづいて、私に読み下し文とした。
(25) 『東宝記』第一「蜜教相応事」（『国宝 東宝記』八～九頁）。
(26) 『東宝記』第五所収「天長二年三月十日付空海上表文」（『国宝 東宝記』四七九～四八二頁）。
(27) 守山聖真、前掲（註5）書、五三二頁。
(28) 拙稿「東寺安居会攷」（『高野山大学大学院紀要』第十二号、八～一〇頁）に詳述しているので参照いただきたい。本書第二部第二章に収録。
(29) 『御遺告』縁起第一（『定本弘法大師全集』〈以下、『定本全集』と略称す〉第七巻、三五六頁、一九九二年六月、高野山大学密教文化研究所）。
(30) 明治時代以降、『御遺告』が空海の真撰でないことが縷々議論されてきたことについては、守山聖真「大師伝として見たる御遺告」（前掲（註5）書、一六～三〇頁）を参照いただきたい。『御遺告』の本文をあげて、『同書』が空海の真撰でないことを論じたのが上山春平『空海』（朝日評伝選24、三三三頁、一九八一年九月、朝日新聞社）である。ただ残念なことは、この著書は空海の略歴を記した第一縁起だけしか取りあげていない点である。二十五のすべての文章を視野に入れた綜合的な研究が俟たれるのである。
(31) 『金剛峯寺建立修行縁起』（『弘法大師伝全集』〈以下、『伝全集』と略称す〉第一、五〇～五七頁）。なお一言すると、『伝全集』に収録されている『金剛峯寺建立修行縁起』は、同じ書名によって伝存している写本の全文ではない。この点に関しては、以下の拙稿を参照いただきたい。拙稿①「『金剛峯寺建立修行縁起』覚書」（『山崎泰廣教授古稀記念論文集 密教と諸文化の交流』一一七

～一五〇頁、一九九八年八月、永田文昌堂）、②「『金剛峯寺建立修行縁起』の研究―（一）・本文校訂―」（『高野山大学密教文化研究所紀要』第十一号、二一～八〇頁、一九九八年三月）。

(32) 清寿撰『弘法大師伝』（『伝全集』第一、六二～六八頁）。

(33) 本稿の「五　空海の造東寺所別当補任」に、嵯峨・淳和両天皇の命をうけて空海が主宰した法会、および空海が勤仕した法会を年表風に記しておいたので、参照いただきたい。

(34) 承和三年五月五日付実恵等書状（『弘法大師全集』第五輯所収「追懐文藻」三九一～三九二頁）。この書状を収録する最古の史料は、金剛仏子某が仁平二年（一一五二）に撰述した『弘法大師御伝』（『伝全集』第一、二一九～二二〇頁）であり、これに続くのが平安末期成立の『弘法大師行化記』（『伝全集』第二、七二～七三・一六二～一六三・二一六～二一七頁）である。

(35) 註34に同じ。

(36) 弘仁十四年十月十日付太政官符（『類聚三代格』巻二所収〈『新訂増補 国史大系』（以下、『国史大系』と略称す）第二十五巻、五五～五六頁〉）。

(37) 『三学録』の全文は、『定本全集』第一巻に収録されている（第一巻、四一～六一頁、一九九一年七月）。

(38) 天長元年九月二十七日付太政官符（『類聚三代格』巻二所収〈『国史大系』第二十五巻、九三～九四頁〉）。

(39) 註38に同じ。

(40) 天長元年当時、空海が拠点としていたのは高雄山寺であったと考える根拠は、つぎの三つである。第一は、弘仁七年（八一六）から建立に着手した高野山の伽藍は、その緒についたばかりであったことである。第二は、弘仁十三年二月十一日に建立を命ぜられた東大寺真言院は、工事の最中であったことである。第三は、東寺との関係は天長元年（八二四）六月十六日、造東寺所別当に任ぜられたばかりであり、かつ東寺の伽藍はやっと金堂が完成していただけであって、工事が継続していたことから、落ち着ける場所はなかったと考えられることである。唯一、落ち着いて修法と思索がおこなえる場所は高雄山寺しかなかったのである。

(41) 東寺の建設がいつからはじまったかについての公的史料は伝存しない。したがって、建設に着手した明確な日時は不明といわなければならないが、延暦十四年（七九五）六月、紀梶長（勝長とも）が造東寺長官に任ぜられたこと（『公卿補任』延暦十五年条）をもって、本格的な工事がはじまったとみなしておきたい。このことに関しては、つぎの論考が参考となる。西川新次「造東寺長官・紀勝長について」（『仏教芸術』第百十一号、四六～五一頁、一九七七年二月）。

(42) 東寺の伽藍配置を興福寺式伽藍と称されるのは、大岡実氏のつぎの論考である。(大岡「貞観時代における興福寺式伽藍配置」〈同著『南都七大寺の研究』二九一～三二四頁、一九六六年十月、中央公論美術出版〉)。

(43) 天長元年六月十六日付太政官符(三浦章夫編『増補再版弘法大師伝記集覧』〈以下、『伝記集覧』と略称す〉五四四～五四五頁、一九七〇年六月、高野山大学密教文化研究所)。

(44) 『東宝記』第一「講堂」など(三浦章夫編『伝記集覧』五八六～六〇一頁)。

(45) 『性霊集補闕抄』第九巻「東寺の塔を造り奉る材木を曳き運ぶ勧進の表」(『定本全集』第八巻、一六六～一六七頁)。『東宝記』第一「講堂」(『国宝 東宝記』四七九～四八二頁)。

(46) 草創期東寺に関する問題点のところでも記したように、東寺講堂に安置される二十一体からなる立体曼荼羅はいかなる考え・構想のもとに創られたのか、については、空海は何も記録を残していないので、いまだ未解決であって、定説をみるまでにはいたっていない。古来、仁王経曼荼羅であるとか、仁王経法と金剛界法とを組みあわせた空海独自の二元的曼荼羅であるといった説が出されてきた。しかるに近年、主要な十五尊の構成と像容は、空海が理解していた広義の『金剛頂経』に依拠するとの説が提唱され、伝法会との密接な関連が指摘された。この伝法会との関連については、まだ議論の余地があると考える。この新しい説は、つぎの論考である。原浩史「東寺講堂諸像の機能と『金剛頂経』」(『美術史』第百六十六号、三五八～三七五頁、二〇〇九年三月)。なお、東寺講堂の問題については、いかなる法会が執りおこなわれたかを含めて、別に考えることにしたい。

(47) 『日本紀略』前篇十四、弘仁十四年十月十三日条(『国史大系』第十巻、三一七頁)。

(48) 『日本紀略』前篇十四、弘仁十四年十二月二十三日条(『同右』第十巻、三一八頁)。

(49) 興福寺本『僧綱補任』天長元年の条(『大日本仏教全書』百二十三、七九頁)。

(50) 註43に同じ。

(51) 註38に同じ。

(52) 『弘法大師行化記』(群書類従本)所収天長二年三月十一日付太政官符(『伝全集』第二、一一四～一一五頁)。なお、この官符を取り扱った論考につぎのものがある。併せてご参照いただきたい。拙稿「空海の造大輪田船瀬所別当補任説をめぐって」(頼富本宏還暦記念論文集『マンダラの諸相と文化』上、金剛界の巻、三一七～三四四頁、二〇〇五年十一月、法藏館。本書第三部第二章に収録)。

(53)　註44に同じ。
(54)　『日本紀略』前篇十四、天長二年閏七月十九日条（『国史大系』第十巻、三二一頁）。『性霊集』第八巻「公家の仁王講を修せらるる表白」（『定本全集』第八巻、一五六〜一五七頁）。
(55)　『日本紀略』前篇十四、天長三年三月十日条（『国史大系』第十巻、三二三頁）。『性霊集』第六巻「桓武皇帝の奉為に太上御書の金字の法華を講ずる達嚫」（『定本全集』第八巻、九二〜九三頁）。
(56)　註45に同じ。
(57)　『類聚国史』巻三十四「帝王十四　天皇不予」天長四年正月五日条（『国史大系』第五巻、二二二頁）。
(58)　『性霊集』第六巻「天長皇帝、大極殿に於て百僧を屈して雩する願文」（『定本全集』第八巻、九六〜九七頁）。
(59)　『日本紀略』前篇十四、天長四年五月二十六日条（『国史大系』第十巻、三二五頁）。
(60)　興福寺本『僧綱補任』天長元年の条（『大日本仏教全書』百二十三、八〇頁）。
(61)　『性霊集』第六巻「天長皇帝、故中務卿親王の為に田及び道場の支具を捨てて橘寺に入るる願文」（『定本全集』第八巻、九四〜九五頁）。なお、この願文を取り扱った論考につぎのものがある。併せてご参照いただきたい。拙稿「弘法大師と法華講会―「天長皇帝為故中務卿親王講法華経願文」考―」（『中川善教先生頌徳記念論集　仏教と文化』一四五〜一七三頁、一九八三年三月、同朋舎出版。本書第三部第三章に収録）。
(62)　『性霊集補闕抄』第九巻「大僧都空海、疾に嬰て上表して職を辞する奏状」（『定本全集』第八巻、一六五頁）。
(63)　『高野大師御広伝』所収、大同四年七月十六日付太政官符（『伝全集』第一、二四二〜二四三頁）。
(64)　『高野大師御広伝』所収、弘仁二年十一月九日付太政官符（『同右』第一、二四四頁）。なお、空海の乙訓寺別当補任説については、つぎの論考を参照いただきたい。拙稿「乙訓寺別当補任説をめぐって」（拙著『弘法大師空海の研究』三七二〜四一〇頁、二〇〇六年二月、吉川弘文館）。初出は高野山大学仏教学研究室編『高木訷元博士古稀記念論集　仏教文化の諸相』二〇〇〇年十二月、山喜房仏書林。
(65)　『性霊集補闕抄』第九巻「紀伊国伊都郡高野の峯に於て入定の処を請け乞わせらるる表」（『定本全集』第八巻、一六九〜一七一頁）。『御手印縁起』所収弘仁七年七月八日付太政官符（『定本全集』第七巻、三三五〜三三六頁）。
(66)　『性霊集補闕抄』第九巻「弘仁天皇の御厄を祈誓する表」（『同右』第八巻、一六三〜一六四頁）。『高野雑筆集』巻上所収、左兵衛督藤相公あて書状（『定本全集』第七巻、一一一頁）。

(67)『高野雑筆集』巻下所収、吏部次郎あて書状（『同右』第七巻、一一四～一一五頁）。

(68)『発揮拾遺編』所収、八月十日付王太守あて書状（『同右』第七巻、二二八～二二九頁）。

(69)『東寺要集』下所収、延喜十九年十一月九日付観賢撰『三十帖策子勘文』（『続群書類従』第二十六輯下、四五〇頁）。

(70)『性霊集』第七巻「四恩の奉為に二部の大曼荼羅并びに十護の像を図したてまつる願文」（『定本全集』第八巻、一〇八～一一〇頁）。

(71)『類聚三代格』巻二所収、承和三年五月九日付太政官符（『国史大系』第二十五巻、六七～六八頁）。

(72)「尊像を画き、壇を築いて本尊を招き、本尊と一体となる修法」とは、承和元年十二月、空海が後七日に修法せんことを請われた奏状のなかに記される一文である。すなわち、

然るに今、講じ奉る所の最勝王経は、但《ただ》其の文を読み、空しく其の義を談ずれども、曽って法に依って像を画き、壇を結びて修行せず。甘露の義を演説することを聞くと雖も、恐らくは醍醐の味を嘗《な》むることを闕かむことを。（傍線筆者）

とある（『続日本後紀』巻第三、承和元年十二月十九日条〈『国史大系』第三巻、三二頁〉）。

(73)満濃池の築堤工事は、弘仁十一年からはじまっていたが、大工事にもかかわらず人が集まらず、完成の目途がたたない状態であった。弘仁十二年五月二十七日、多度郡司たちの要請により、勅命をうけた空海が「築満濃池別当」として派遣されることになった。その経緯は、つぎにあげる『日本紀略』前篇十四、弘仁十二年五月壬戌（二十七日）の条によって明らかである（『国史大系』第十巻、三一一～三一二頁）。

讃岐国言《もう》す。昨年自《よ》り始むる萬農池の隄《つつみ》すること、工大にして民少なく、成功未だ期せず。僧空海、此の土の人なり。山中に坐禅せば、獣《けもの》は馴《な》れ鳥も狎《な》る。海外に道を求め、虚しく往きて実《みち》て帰る。茲《これ》に因《よ》って道俗風を欽《ねが》い、民庶影を望む。居すれば則ち生徒市を成し、出れば則ち追従するもの雲の如し。今旧土を離れて、常に京都に住す。百姓恋慕すること父母の如し。若し師の来るを聞かば、必ず履《くつ》を倒《さかさま》にして相迎せん。伏して請う、別当に宛てて其の事を済《たすけ》しめんことを。之を許す。

従来、空海は約三ヶ月で工事を完成させたと伝えられるけれども、大林組の試算によると、工期は九ヶ月、工事にたずさわった人員は延べ三十八万三千人という。当時、讃岐国の住民は二十万人と推定されており、そのなかで延べ三十八万三千人とは、この工事がいかに大がかりなものであったかが知られよう。『季刊大林』第四十号（特集　満濃池）、二〇頁、一九九五年八月、大林組広

報室。

（74）「造東寺所別当」が公職であったことは、その前身の職が「造東寺長官・次官」であったことから間違いないであろう。空海のほか、「造東寺（所）別当」であったことが知られるのは、空海の前任者の長恵と、親交のあった勤操である。勤操は、空海が撰述した『性霊集補闕抄』第十巻所収の「故贈僧正勤操大徳の影讃并びに序」に、つぎのように記される（『定本全集』第八巻、一九二頁）。

皇帝、之を歎じて即ち少僧都に任じて造東寺別当を兼ねしむ。今上、堯の揖譲《ゆうじょう》に膺《あた》って舜の南風を扇ぐ。公、智あって弁なり、恭にして謙なり、人を導いて倦《う》まず、物を済うに方便あるを以て、之を大僧都に擢《ぬき》んでて造西寺に転ず。（傍線筆者）

（75）註29に同じ。

（76）新村出編『広辞苑』（第四版）「たまう」の項（一六一一頁、一九九三年九月）。諸橋轍次編『大漢和辞典』「給」（第八巻、一〇五二頁）。

（77）註76に同じ。

第二章　東寺安居会攷

はじめに

古来、東寺は弘仁十四年（八二三）正月十九日、ときの天皇であった嵯峨天皇から空海に下賜されたとみなされてきた(1)。はたして、東寺は空海に下賜されたのであろうか。また、この日付は正しいのであろうか。

それはともあれ、空海が東寺とかかわりをもつ、言い換えると、空海の意思を東寺に反映させることができるようになるのは、天長元年（八二四）六月十六日付で造東寺所別当に任ぜられてからであった、と考える(2)。空海がみずからの意思を反映させることができるようになった後、最初の事績ともいえるのが、天長二年四月八日付で東寺の安居会に『守護国界主陀羅尼経』を講ずべきことが勅許されたことであったとみなされている。このときの太政官牒と称されるものが伝存するけれども、この太政官牒にはいくつかの疑義が見いだされる(3)。また、この太政官牒は空海の上奏にもとづいて出されたとみなされ、このときの上奏文と称するものが伝存するけれども、これにも疑わしい点がある(4)。このようにみてくると、東寺安居会における『守護国界主陀羅尼経』の講讃は、天長二年から始まったと直ちにみなしてよいのか、との疑義をいだくにいたった。

そこで、本稿では、東寺安居会に関する史料をあらためて精査するとともに、天長二年から東寺安居会で『守護国界主陀羅尼経』を講讃したとする説に対して、再検討を加えることにしたい。

一　東寺安居会を論じるときの根本史料

はじめに、東寺安居会を論じるときの根本史料とその内容を、一瞥しておきたい。根本史料とは、

（1）天長二年（八二五）三月十日付空海上奏文[5]

（2）天長二年四月八日付太政官牒[6]

の二つである。先行研究の整理をはじめ、たびたび触れることになるので、この二つの文書の本文ならびにその内容を要約しておきたい。

第一は、空海が淳和天皇に、東寺の毎年の安居会において、「文は顕密を括り、義は諸乗を呑む」『守護国界主陀羅尼経』一部十巻を講ずることを恒例としたいと、お願いしたときの上奏文といわれるものである。『東宝記』第五にもとづいて、本文をあげることにする。「天長二年三月十日奏状」と題して、つぎの文章を収録する。私に番号を付してあげる。

東寺の毎年の安居に守護国界主経を講ぜんことを請うの事

①右、沙門空海奏ス。空海聞く。法ハ惟《これ》甘露、嘗《なむ》ル者は痾《やまい》を除く。道ハ惟《これ》无言、人能く宣暢ス。

②伏して惟《おもんみ》るに、皇帝陛下、徳は乾坤ニ斉シク、明は日月ニ超えタリ。法輪を常ニ転シテ普く群生を利ス。当今、天下ノ諸寺、毎年の安居ニ或は最勝王経を講じ、或は法花経を演じ、或は理趣般若を説き、或は海龍王ノの経を釈す。

③此ノ寺の堂宇、新タニ構えテ未だ経を講ずること定まらず。

④去る弘仁十四年十一月二日の官符ヲ案ずるに偁わク。

右大臣、宣す。勅を奉《うけたまわ》るに、件の寺をして真言宗ノ僧五十人を住さしめ、其ノ宗ノ学は、一《もつぱ》ラ大毘盧遮那経金剛頂等ノ二百巻ノ経等に依れ、と云々。海公、坏《ハイ》ニ乗りて道ヲ訪らい、秘密の真言ヲ伝え、錫を杖つき禅ニ安じ、神呪の妙力を持ちきたる。又夫れ東寺は、遷都の始め、国家を鎮めんが為に、柏原先朝、建立する所なり。乞う、此の状を察せよ。僧徒等ヲ率いて真教を讃揚し、転禍修福して国を鎮め家を護らン、者《てへり》。

⑤今、此ノ守護国界主陀羅尼経一部十巻、文は顕密を括り、義は諸乗ヲ呑ム。禍を転じて福と為すの方《ほう》、降雨止風の法、具《つぶさ》に此の経に説く。

⑥伏して望むらくは、毎年夏中に、永く此の経を講じて国家を擁護セン。天恩允許シテ所司に宣付せんことを請う(7)。（原漢文）

この上奏文を要約してみよう。

①空海申し上げます。空海は聞いております。仏法は甘露であり、信じ讃仰する者の病を取り除いてくれると。また、仏教そのものは無言でありますが、人により遍く広められ行きわたると。

②天皇陛下の徳は天地に等しく、輝きは日月を超えています。常に仏法を盛んにし、民衆の利益に努めておられます。いま、天下の諸寺でおこなわれる毎年の安居には、『最勝王経』『法花経』『理趣般若経』『海龍王経』などが講讃されています。

③東寺の堂宇は、新たに結構されたので、まだ講経のことは定まっていません。

④去る弘仁十四年十一月二日の官符に、つぎのように記されています。

天皇のご意向は、東寺に真言宗僧だけ五十人を住まわせて、『大毘盧遮那経』『金剛頂経』など二百巻余の密教経論を学ばせなさい、とのことであります。空海は、仏教を求めて入唐し、秘密真言の教え・禅定の法・神呪の妙力などを持ちかえった。また、東寺は平安京に遷都した直後、鎮護国家のために建立なさった寺であります。この官符の内容をよく理解して、僧徒たちを率いて真実のお教えを讃揚し、転禍修福・鎮護国家を祈ることを願います、と。

⑤いま、ここにある『守護国界主陀羅尼経』一部十巻は、その文章は顕密を綜合し、内容はすべての教えを含んでいます。たとえば、禍を転じて福となす方法・降雨止風の法など、つぶさにこの経に説かれています。

⑥お願いいたしたきことは、ぜひ、毎年の夏中に、この経を講讃して国家を擁護したいので、何とぞご恩を賜り、允許の書状を所轄の役所に下していただきたきことであります。

この空海奏状には、いくつかの疑義がみられる。その最大のものは、弘仁十四年十一月二日付の官符を引用する点であるが、詳細は後述することにしたい(8)。

第二は、天長二年から『守護国界主陀羅尼経』を講ずべきことが勅許されたときの太政官牒である。その本文を『弘法大師全集』第五輯所収の「官符等編年雑集」によってあげよう。これも、私に番号を付してあげる。

①太政官牒《ちょう》す　僧綱所

②応《まさ》に東寺安居をして守護国界主経を講ぜしむべきの事

③牒す。太政官、今月七日治部省に下す符に偁《い》わく。

④右、右大臣宣《せん》す。
勅を奉《うけたまわ》るに、件の経、宜しく真言宗の僧をして、毎年夏中、永く彼の寺に講じ、禍《わざわい》を消し

福を修し、雨を降らし風を止め、年穀を饒益《にようやく》し邦家を擁護せしむべし、者《てへり》。
⑤省、宜しく承知すべし。宣に依りて之を行え、者《てへり》。
⑥綱所、此の状を察し、宣に依りて行わしめよ。
故《ことさら》に牒す。

⑦　天長二年四月八日

⑧　従六位上守《しゅ》左大史美努宿禰《みぬのすくね》清庭牒す。

参議右大臣兼《けん》陸奥出羽按察使《あぜち》従四位上行《ぎよう》勘解由《かげゆ》長官勲六等伴宿禰国道《くにみち》(9)（原漢文）

この太政官牒を要約すると、つぎのようになろう。

①「太政官牒す　僧綱所」から、この書状は太政官から僧綱所に下されたものといえる。しかしながら、後述するように、この表記には問題がある。

②この書状の主旨は、「応に東寺安居をして守護国界主経を講ぜしむべきの事」から、東寺安居会において『守護国界主陀羅尼経』を講ずることを命じたものである。

③「太政官、今月七日治部省に下す符に偁わく」とあり、天長二年四月七日付で太政官から治部省に太政官符が下され、東寺安居会において『守護国界主陀羅尼経』を講ずべきことが命じられた。

④太政官符は、つぎのような内容であった。「右大臣の宣によると、東寺の夏安居において、真言宗の僧だけで『守護国界主陀羅尼経』を講讃して、禍を消し福を増し、雨を降らし風を止め、年穀が豊かに実り、国家を擁護するために祈ることを、毎年の恒例としなさい。」と。⑤治部省は、このことを承知しなさい。

⑥⑦四月七日付の太政官符を受けとった治部省は、天長二年四月八日付で、このことを僧綱所に伝えた。

⑧この太政官牒を作成したのが美努宿禰清庭であり、この太政官牒発給の責任者が伴宿禰国道であった。

太政官牒の内容は右のようになるけれども、この官牒にもいくつかの疑義が指摘できる。たとえば、①に「太政官牒す　僧綱所」とあるけれども、⑤⑥には太政官から治部省へ下された命令を、治部省が僧綱所に下達したことを記しており、齟齬がみられる。その詳細は後述することとし[10]、その前に先行研究をみておこう。

二　先行研究の検討

東寺安居会について論じるとき、参照すべき先行研究をあげると、つぎのものがある。

（1）杲宝撰『東宝記』第五「安居講」、十四世紀後半の成立[11]

（2）得仁撰『弘法大師年譜』巻九、天長二年（八二五）条、天保四年（一八三三）刊[12]

（3）守山聖真「東寺安居講」（同編著『文化史上より見たる弘法大師伝』一九三一年刊）[13]

（4）和多秀乗「真然大徳の御生涯」（『高野山第二世伝燈国師真然大徳伝』一九九〇年九月刊）[14]

（5）上島有「東寺の歴史」（『新東宝記―東寺の歴史と美術―』一九九六年一月刊）[15]

これらの説を整理すると、三つに分類できる。

第一、天長二年三月十日付の空海上奏文・同年四月八日付の太政官牒ともに信じ、空海が三月十日付で上奏し、四月八日付で勅許されたとみなす説　……（1）（2）

第二、天長二年三月十日付の空海上奏文は疑わしいが、同年四月八日付の太政官牒は認めてよく、四月八日付で勅許されたとみなす説　……（3）

第三、二通の文書の真偽にはまったくふれず、ただ天長二年四月八日付で勅許されたとみなす説　……（4）（5）

以下、紙数の関係もあるので、主に結論の部分だけを紹介しておきたい。

第一の説は、杲宝撰の『東宝記』である。『同書』第五に収載された「安居講」の構成は、

①年中行事記云（拝堂次第・天慶六年表白）　………『国宝　東宝記原本影印』四七三〜四七九頁
②天長二年三月十日付空海奏状　…………『同書』四七九〜四八二頁
③同年四月八日付太政官牒　…………『同書』四八二〜四八三頁
④或記云　…………………『同書』四八三頁
⑤源運記云　……………………『同書』四八三〜四八五頁
⑥私云　…………………………………『同書』四八五〜四八六頁

の六つの項目からなる。(16)

①は、入堂から廻向までを寛信法務所持本にもとづいてあげる。このなか、開白で引用される「天慶六年表白」は東寺安居会ばかりでなく、わが国における安居会講経の歴史を記しているので、あとに項を別立てして検討したい。(17)

②③は、さきに紹介した空海の上奏文と太政官牒である。④は、たった一行の記事で、

或記に云はく。天長二年夏中に弘法大師、東寺に於いて守護経を講ぜらる、と云々。(18)

とある。「或記」とするだけで、出典がはっきりしない。⑤は、源運記を引用するが、内容は安居会に出仕する僧の配役と何をすべきかを記したものである。

そうして、⑥で著者の見解をつぎのように記す。私に番号を付してあげる。

㋐私に云わく。延暦十五年東寺を草創して以後、毎年安居を修し経を講ずること、聖朝歴代の御願なり。最初は

唯《ただ》最勝王経を講讃す。

㋑平城《へいぜい》天皇の大同元年延暦廿五年也勅して仁王経を講ずることを加えらる。

㋒大師に勅給の後、天長二年講堂を此の伽藍に建立して守護経を講讃することを毎年の恒規と為す。三月十日に奏聞し、四月八日に宣下せらる。右に載せるが如し。

㋓其の後、元慶五年宗叡僧正寺務の時、陽成皇帝ノ勅に依りて法花経を講ずることを加えらる。前後の講経、既に四部に及ぶも、近代の如く毎日の講讃に及ばず。

㋔夏中の六斎日に講代を以って、之を勤仕せしむ。当時の如く、講代は供僧の中、之を兼帯す。仍《よ》って、法用僧は亦《また》衆中に之を参勤す。

㋕具ニハ天慶啓白ノ文に見える。右に載せるが如し。(19)（原漢文）

杲宝が活躍した十四世紀半ばには、東寺の安居会で四つの経典が講讃されていたことを記す。延暦十五年（七九七）の草創のときはただ『最勝王経』だけであったけれども、大同元年（八〇六）に『仁王経』が、天長二年に『守護国界主経』が、そして元慶五年（八八一）に『法花経』が加えられたといい、ただし杲宝の時代には毎日講讃されていなかったという。このなか、『守護国界主経』の講讃は、天長二年に講堂が建立されてこの経を講讃することを毎年の恒規としたといい、講讃にいたる経緯は三月十日付で空海が奏聞し、四月八日に宣下せられたとみなしている。

つぎに、得仁の撰述になる『弘法大師年譜』をみておく。得仁は、『同書』巻九に「四月八日、勅して去る月請う所の安居講の事を許す官符を賜う。」との項目をたて、天長二年四月八日付の太政官牒を引用する。そうして、割註にてみずからの見解を記すが、その内容は「天慶六年の東寺安居表白」を引き、「尚詳しくは東宝記の如し」とあって、『東宝記』の説を全面的に追認した形である。(20)

第二の説は、守山聖真師である。守山師は、まず天長二年三月十日付の空海の奏請文をあげ、この奏請文を空海の真作ではないとみなす。その論拠をつぎのように記す。

㋐然し吾人は此の奏請の文は大師の真作なりと云ふことに就て直ちに賛成は出来ない。大師の文章を玩味して見れば真であるか、偽であるか、或は真偽未決のものであるかは大體分るものである。㋑右の三種の区別のうち何れに此れを分類するかと云へば、吾人は偽の部類に入れて差支へないかと思ふ。㋒それは大師の真作の文が流暢にして毫も渋滞の所がないにも拘らず、此の奏請文は頗るぎごちない所がある。㋓而して先の弘仁十四年の官符を引用して「海公乗㆑坏訪㆑道伝㆓秘密之真言㆒」と云ふやうなのを入れてあるのは尤も拙劣な文の作り方であって大師の真作らしくないところを暴露して居るものである。㋔また天長二年三月十日に請ふたと云ふが三月十日と云ふことは表文に依つては知ることが出来ないのである。[21]

ここに、傍線部㋐でこの奏請文は直ちに空海の真作とはみなせないといい、㋑で偽作の部に入れて差支えないとし、㋒〜㋔で具体的に偽作とする根拠を三つあげる。

ついで、太政官牒を全文あげ、「かうして勅許を得て新造の東寺講堂に於いて毎年四月十五日より七月十四日迄夏中九十日間安居して守護国界主陀羅尼経を講ずるのが恒例となったと云ふのである。」といい、「吾人は大師の上表文に対しては疑を挿んだが、上表文は疑はしきものであつても、天長二年の夏より東寺に夏安居が行はれたのは事実であらう。」と、太政官牒にもとづいて安居会が開始されたであろうことは認めている。しかし疑いがない訳ではないとし、三つの疑義を付す。すなわち、①未だ確実に天長二年四月十五日よりおこなわれたという文献に接していない、②『東寺長者補任』第一は、天長三年の条に記す、③伴国道の位階が、前年の空海を造東寺所別当に任じたときは「正四位下」であったのに、この官牒では「従四位上」となっており一考を要する、の三つである。[22]だが、太政官牒そのものに対する疑義はみられない。これらについては、あとで触れることになろう。

第三の説は、和多秀乗・上島有の両氏である。和多先生は、真然大徳の生涯を詳述するなかで、東寺の夏安居について、つぎのように触れている。

> 天長二年（八二五）四月、東寺に於て、毎年夏安居中に守護国界主陀羅尼経を講ずることが許された。一般に安居は僧綱、治部省、玄蕃寮の監督下に実施され、講師、読師、法用僧三口（呪願、散花、唄）等僧綱以下の許可を得て選び、四月十五日から七月十五（四）日迄、経を分けて講説された。東寺では法華経・金光明最勝王経・仁王般若経・守護国界主経の四経が講説され、講師以下の報酬や経費はすべて国費をもって運営された。しかも、守護国界主陀羅尼経自体が護国経典であり、「転禍為福、降雨止風」の鎮護国家の目的が優先した修法であった。
> これは東寺の性格上当然のことであった。[23]

ここには、出典など一切記されていない。おそらく、さきにあげた太政官牒並びに『延喜式』[24]などにもとづいて書かれたものと推察される。もちろん、太政官牒に対する疑義の指摘はない。

一方、上島氏は、東寺の歴史を論じるなかで、つぎのように記している。

> 天長元年（八二四）六月十六日、空海は造東寺別当に任ぜられた。空海をして東寺の造営に専念させるということであるが、これはまた東寺長者の始まりでもある。空海は、東寺において鎮護国家のため毎年安居に『守護国界主経』を講ずることを請い、天長二年四月八日それが許された。これが東寺における安居講（夏安居）の始まりである。そして、空海はこの講讃の場として講堂を建立することを奏上し、同じく四月二十四日に許されて講堂の建立にとりかかった。講堂の建立の時期その他については諸説がみられる。ここでは、それについて詳しく述べる余裕はないが、私はこのように理解している。それはともかくとして、この時淳和天皇は直世王を勅使と

して東寺に遣わし、講堂の建設に着手したのである。(25)

この記述は、主に『東宝記』の説にもとづいたものと推察される。つまり、①空海の上奏にもとづき、天長二年四月八日付で毎年安居に『守護国界主経』を講ずることが勅許され、②その講讃の場として講堂を建立することを奏上し、同じく四月二十四日に許されて講堂の建立にとりかかった、とみなされる点である。はたして『東宝記』の説は、信頼することができるのであろうか。私は「否」と考える。『東宝記』の記述に関しては、後に詳述するであろう。

以上、天長二年三月十日付の空海上奏文を偽作とみなす守山説はあったけれども、先行研究はすべて、東寺安居会において『守護国界主陀羅尼経』を講讃する勅許が天長二年四月八日に下され、この年四月十五日から実際におこなわれてきたとみなすことが判った。

三　空海の上奏文に対する疑義

さきにみたように、天長二年（八二五）三月十日付の空海上奏文を疑うのは、守山聖真師だけであった。守山師は、①空海の文章は流暢であって滞るところがないけれども、この奏請文は頗るぎごちなく、かつ極めて拙劣であって、到底空海の真作とみなすことはできないとする。確かに、ギクシャクする文章である点は認められよう。

これ以外に、二つのことを付け加えておきたい。

その一つは、この奏請文に引用される弘仁十四年（八二三）十一月二日付の太政官符の有無である。奏請文には、

去る弘仁十四年十一月二日の官符ヲ案ずるに偁わク。

右大臣、宣す。勅を奉《うけたまわ》るに、件の寺をして真言宗ノ僧五十人を住さしめ、其ノ宗ノ学は、一《もつぱ》ラ大毘盧遮那経

金剛頂等ノ二百巻ノ経等に依れ、と云々。海公、坏《ハイ》ニ乗りて道ヲ訪らい、秘密の真言ヲ伝え、錫を杖つき禅ニ安じ、神呪の妙力を持ちきたる。又夫れ東寺は、遷都の始め、国家を鎮めんが為に、柏原先朝、建立する所なり。乞う、此の状を察せよ。僧徒等ヲ率いて真教を讃揚し、転禍修福して国を鎮め家を護らン、者《てへり》。(26)（原漢文）

と引用する。だが、この十一月二日付の官符は、官符を集成した『類聚三代格』には見あたらず、また同時代の官符類に引用された痕跡もない。引用された最初の文章

右大臣宣す。勅を奉るに、件の寺をして真言宗ノ僧五十人を住せしむ。其ノ宗ノ学は、一ラ大毘盧遮那経金剛頂等ノ二百巻ノ経等に依れ。(27)

は、弘仁十四年十月十日付で真言宗僧五十人を東寺に住まわせることを命じた太政官符の文章とまったく同じである。その官符をあげると、

右、右大臣の宣を被るに偁《い》わく。勅を奉《うけたまわ》るに、件の宗僧等をして、今自《よ》り以後《このかた》、東寺に住せしむ。其の宗の学ぶべきところは、一《もっぱら》大毘盧遮那・金剛頂等の二百余巻の経、蘇悉地・蘇婆呼・根本有部等一百七十三巻の律、金剛頂発菩提心・釈摩訶衍等の論等に依れ。経律論目録は別に在り若し僧に闕有らば、一尊法を受学し次第功業有る僧を以て之を補せよ。若し僧無くんば、伝法阿闍梨をして臨時に度して之を補わしめん。道は是れ密教なり。他宗の僧をして雑住せしむること莫れ、者《てへり》。省宜しく承知すべし。宣に依りて之を行え。立てて恒例と為《な》せ。符到らば奉行せよ。(28)（原漢文、傍線筆者）

とあり、傍線部が同じである。十月十日付の官符は簡潔にして首尾一貫しているけれども、十一月二日のそれは整然としていない。また、弘仁十四年十月十日付の太政官符は、承和元年（八三四）十二月二十四日付(29)と同二年正月二十三日付(30)の太政官符に引用されている。よって、弘仁十四年十月十日付の太政官符は、間違いなく発給されたとみてよ

いけれども、十一月二日付の官符は後世に引用された痕跡がなく、官符そのものが存在したかどうか疑わしいのである。この点からも、空海の奏請文は疑わしいといえよう。

あと一つは、空海の奏請文の内容である。東寺のことについて、③には「此ノ寺の堂宇、新タニ構えテ未だ経を講ずること定まらず。」といい、④では「又夫れ東寺は、遷都の始め、国家を鎮めんが為に、柏原先朝、建立する所なり。」との弘仁十四年十一月二日付の官符を引用する。③の「此ノ寺の堂宇、新タニ構えテ」の解釈が問題となるけれども、東寺の堂塔がほぼできあがってきたことをうけて、空海が東寺で修法したいと願い出たのは、空海が示寂する承和二年の正月のことであった[31]。つまり、修法するときはもちろん、経典を講讃するときも、おこなえるだけの空間・堂宇が必要である。後世の記録では、安居会は講堂で修したというけれども、天長二年の時点では、やっと建物の図面ができていただけであった[32]。この修法・講讃する空間をいかに考えるかによって、空海の奏請文だけでなく、これを受けて出されたという太政官牒の信憑性も違ってこよう。

この空海奏請文の全体から受ける感じは、守山聖真師の言を俟つまでもなく、どこかギクシャクしていて、稚拙感はまぬかれない。やはり疑ってかかった方がよいであろう。

四　天長二年四月八日付太政官牒に対する疑義

つぎに、天長二年（八二五）四月八日付の太政官牒に対する疑義を二つ記してみたい。

第一は、表記の上で、一見して疑わしいところから見ていこう。今一度、太政官牒の骨格となる文章をあげてみよう。

①太政官牒す　僧綱所
②　応に東寺安居をして守護国界主経を講ぜしむべきの事
③牒す。太政官、今月七日治部省に下す符に偁わく。
④右、右大臣宣す。（中略）
⑤省、宜しく承知すべし。宣に依りて之を行え、者。
⑥綱所、此の状を察し、宣に依りて行わしめよ。故に牒す。(33)

①行目に「太政官牒す　僧綱所」とあり、これによると、太政官から僧綱所に出された手紙であると考えられる。しかるに、③行目に「太政官、今月七日治部省に下す符に偁わく。」とあり、⑤行目に「省、宜しく承知すべし。宣に依りて之を行え、」とあって、この文書には、治部省に下した官符が引用されていることがわかった。そうして、⑥行目に「綱所、此の状を察し、宣に依りて行わしめよ。」とあって、これは治部省からその所轄する僧綱所に、太政官からの命令を下達したときの文言であることは明白である。

つまり、太政官から治部省に太政官符が出され、その命令を受けた治部省が僧綱所にその命令を伝達したときの文書が、この太政官牒と称されるものであるといえる。これらを総合すると、①行目の「太政官牒す　僧綱所」は誤りであり、「治部省牒す　僧綱所」とでもすべきであろう。

第二は、先行研究の検討でみたように、多くの先学は空海の上奏文をうけて、この太政官牒は出されたとみなしてきた。もしそうであれば、空海の上奏文が引用され、それに対して天皇のご意向が「勅を奉るに、請うるに依れ」といった形で記されるべきであると考えるが、空海の上奏文がみられない点をいかに考えればよいか、である。確かに、さきに紹介した弘仁十四年十月十日付で、東寺に真言宗僧五十人を住まわせるべきことを命じた太政官符も、同じよ

うに

右、右大臣の宣を被るに偁わく。勅を奉るに、件の宗僧等をして、今自り以後、東寺に住せしむ。[34]

といった書きだしであった。上奏文の有無をはじめ、いかなる経緯でもってこの太政官符が発給されたかは不明であるが、この真言宗僧五十人を東寺に住まわせる件に、空海がまったく関与していなかったとみなすことは不自然である。おそらく、空海の意向をうけて、または空海との協議のうえで出されたであろうけれども、そのことは太政官符の上には現れていない。

天長二年三月十日付の空海上奏文には、疑わしい点がいくつも見られたので、空海の真撰とみなすことはできなかった。このこともあって、太政官牒に空海の上奏文が引用されていないことは、直接、太政官牒を疑う材料とはなりえないといえよう。

第三は、伴国道の位階である。守山師は、伴国道の位階が、前年の空海を造東寺所別当に任じたときは「正四位下」であったのに、この官牒では「従四位上」となっており一考を要する、と疑われた。今一度、ここに記されたことが事実であるかを確認しておきたい。『弘法大師全集』所収の「官符等編年雑集」に収録された天長元年六月十六日付官符の国道の位階は、

参議行正四位下守右大弁勲六等伴宿禰国道[35]（傍線筆者）

とある。一方、同二年四月八日付の太政官牒には、

参議右大弁兼陸奥出羽按察使従四位上行勘解由使長官勲六等伴宿禰国道[36]（傍線筆者）

とある。それぞれの文書に記された位階の表記だけに注目すると、守山師の指摘は正しいといえる。

では、国道の実際の位階はいかなるものであったのであろうか。まず、『公卿補任』を見ておきたい。『同書』天長

元年の条には、

従四位下　大伴国道五十七　右大弁。九月廿日兼勘解由長官。[37]

とあり、同二年の条には、

従四位下　大伴国道五十八　右大弁。勘解由長官。正月七日従四位上。十一日兼按察使武蔵守等。弁長官等如元。[38]

とある。この『公卿補任』天長二年条の正月七日に従四位上へ昇進したことは、『類聚国史』巻九十九、「職官四　叙位四」の同日の条に、

従四位下伴宿禰国道に従四位上。[39]

とあって、一致するので、ひとまず信じてよいであろう。

以上より、天長元年六月十六日付の官符に記された国道の位階「正四位下」が間違っていたのであって、守山師の疑義は成りたたない。したがって、国道の位階の表記だけをもって、天長二年四月八日付の太政官牒を疑うことはできない、と考える。[40]

五　「天慶六年表白」の検討

さいごに、『東宝記』「安居講」に収録されている「天慶六年（九四三）表白」をみておきたい。それは、杲宝がこの表白を重要視し、この表白に依拠してみずからの見解をまとめているとみなされるからである。この「天慶六年表白」は、安居会の次第を記すなかにみられ、寛信法務所持本の『東寺年中行事双紙』からの引用である。まず、本文をあげよう。

①敬て三宝の大衆に白《もう》す。

②今日、安居ノ講経を始修する御願の大意は、昔し清御原宮におわしまし天武天皇、国家を護らんが為に、災難を除き、衆生を利し、仏法を興さんが故に、白鳳八年庚辰、宮中及びに五箇の大寺に於いて、金光明経を講演せしむ。

③次に、勝宝感神・聖武皇帝、天平十三年を以て、前ノ五箇ノ大寺に於いて、更に八箇大寺を加えて、及び五畿七道ニ各おの国分二寺を建て、広く安居の講経を修す。

④次に、柏原天皇、延暦年中に、東西二寺を加え、安居の講経を修す。然るに、唯だ最勝王経なり。

⑤次に、奈良の太上天皇、延暦廿五年を以て、天下に勅して、仁王護国般若波羅蜜経を加え講ぜしむ。

⑥次に、淳和皇帝、天長二年を以て、此の伽藍に於いて、守護国界主陀羅尼経を加え講ぜしむ。

⑦次に、陽成皇帝、元慶五年を以て、又《また》法花経を加え修せしむ。

⑧然れば則ち、天武天皇庚辰自《よ》り、天慶六年癸卯歳に至るまで、惣じて二百五十四年なり。

⑨今上陛下（朱雀院）、如来の付属を承り、先皇ノ洪業を継ぎて、一天の下、法鼓を撃ち、九旬の中、法輪を転ず。

⑩仰ぎ願わくば、両部の諸尊、三世の聖衆、共に影向して聖朝の御願を証誠し、悉く円満せしめたまえ。謹んで誓願す。(41)（原漢文）

ここには、東寺だけでなく、わが国における安居会における講経の歴史も記されている。それらを年表風に整理すると、

白鳳八年（六七九）　天武天皇、安居の講経を始修し、宮中と五箇大寺において、金光明経を講演せしむ。

天平十三年（七四一）　聖武皇帝、十三大寺および諸国の国分二寺において、広く安居の講経を修す。

延暦年中　　　　　　　　桓武天皇、東西二寺を加え、安居を修せしむ。いまだ最勝王経のみを講ず。

延暦二十五年（八〇六）　平城天皇、安居の講経に仁王護国般若波羅蜜経を加えしむ。

天長二年（八二五）　　　淳和皇帝、東寺の安居に守護国界主陀羅尼経を加えて講ぜしむ。

元慶五年（八八一）　　　陽成皇帝、法花経を加え修せしむ。


となる。ここで問題となるのは、ここに記されたことが史実と一致しているか否かであろう。そこで、六国史などから、今日知りうる安居会の講経に関する年譜を作成してみよう。(42)

天武十二年（六八三）　　　この夏、始めて僧尼を請じて宮中に安居す。（書紀二十九）
天武十四年（六八五）　四・二十五　始めて僧尼を請じて宮中に安居す。（同右二十九）
朱鳥元年（六八六）　五・二十四　天皇不予、川原寺にて薬師経を説き、宮中に安居す。（同右二十九）
持統四年（六九〇）　五・十五　内裏にて始めて安居の講説す。（同右三十）
　　　　　　　　　七・十四　七つの寺の安居に出仕した僧三千三百六十三人に絁・糸・綿布を施入す。別に皇太子のために三つの寺の安居僧三百二十九人に同じものを施入す。（同右三十）
天平宝字元年（七五七）　一・五　今年の安居は五月三日から始めなさい、との勅がだされる。（続紀二十）
延暦二十五年（八〇六）　四・二十五　十五大寺の安居に、最勝王経に加えて仁王般若経を講ぜしむ。（三代格二）
弘仁四年（八一三）　一・十九　東西二寺にて始めて坐夏を行う。布施・供養は諸大寺の例に准ず。（後紀二十二）
弘仁十年（八一九）　四・八　諸大寺の安居の料は、しばらく停止する。国用が乏絶するためなり。（紀略）

承和元年（八三四）　一・二十九　維摩会立義に合格した僧を、旧例により、諸寺の安居講師に請ぜしむ。（続後紀三）

承和六年（八三九）　六・二十八　国分寺では最勝王経を、尼寺では法華経を規定の通り講ずべきことを勅す。（同右八）

承和十年（八四三）　三・二十五　新たに授戒を受けた僧を授戒後も同寺に留め、安居を修せしむ。（同右十三）

承和十一年（八四四）　四・十　大宰府管内の大隈・薩摩・壱岐などでは講読師がいない。府司と観世音寺の講師をして国内の講筵に堪えたる僧を選び講師に任ぜ、安居を行わしむ。（同右十四）

嘉祥三年（八五〇）　四・十五　飛驒国分寺僧徳厳の上奏により、旧来、未修の安居を修せしむ。（文徳一）

斉衡三年（八五六）　九・十三　春枝王卒す。能登守であったとき、大興寺を国分尼寺とし安居を修した。（同右三）

貞観二年（八六〇）　十・二十五　法隆寺の夏講業に功徳安居講をあてることを許す。（三代録四）

貞観五年（八六三）　三・十五　春雨遍ねからず、安居から秋の収穫期まで経王を講説・転読すべし。（同右七）

貞観七年（八六五）　三・十五　得度の制が乱れ、授戒しても所定の戒相を学ばず安居も修さない有様を改め、受戒を旧例によって行うべきを命ず。（同右十）

四・十五　金字仁王経を五畿七道諸国等に頒布し、安居会に講読・転経せしむ。（三代格二）

貞観十六年（八七四）　四・二十五　山城国葛野郡の興隆寺にて安居に大般若経を転読することを許す。（三代録十）

貞観十八年（八七六）　五・二十八　大和国長谷山寺にて安居に最勝・仁王の二経を講演することを許す。（同右二十八）

元慶元年（八七七）　五・二十二　諸大寺の安居講師は必ず法華・最勝・仁王の三経を講ずべきを命ず。（三代格二）

仁和二年（八八六）　四・三　雲林院の安居に法華経を講ぜしむ。（三代録四十九）

　　　　　　　　　八・九　雲林院の安居講を元慶寺の階業の例に預からしむ。（同右四十九）

昌泰三年（九〇〇）　十二・九　大和国講師をして法華寺の安居に法華経を講ぜしむ。（三代格二）[43]

この安居会略年譜とさきの「天慶六年表白」とで、年月・事項内容が一致するのは唯一つ、延暦二十五年四月、古来、ずっと講ぜられてきた『金光明最勝王経』に『仁王般若経』をくわえるべきことが命ぜられたことだけである。[44]もう少し一致する項目があれば、「天慶六年表白」をもって、天長二年から東寺安居会に『守護国界主陀羅尼経』が講ぜられたとみなすこともやぶさかではないが、一項目だけではかえって疑いの方が強くなってしまう。

ここで視点をかえよう。では、東寺安居会はどこで修されたのであろうか。『東宝記』の撰者杲宝は、

　大師に勅給の後、天長二年講堂を此の伽藍に建立して守護経を講讃することを毎年の恒規と為す。三月十日に奏聞し、四月八日に宣下せらる。[45]

と記し、講堂で講讃されたとみなされた。杲宝は、あたかも天長二年に講堂が完成していたかのように、「天長二年講堂を此の伽藍に建立して」と記しているけれども、講堂の図面ができたのが天長二年四月二十日であり、建物ができ、堂内の荘厳が済み、仏像を安置して落慶供養が執りおこなわれたのは承和六年（八三九）六月十五日であった。この落慶のことを、『続日本後紀』巻八　同日の条はつぎのように記している。

公卿咸《ことごと》く東寺に会す。御願の諸仏の開眼に縁るなり。(46)

安居会は、四月十五日から七月十四日までの三ヶ月にわたる長期の法会であることから、講堂でおこなわれたとしても、少なくとももこの落慶のあとからであったといえよう。

おわりに

さいごに、延長五年（九二七）十二月に奏進されたという『延喜式』巻二十一「玄蕃寮」の「安居」項に、東寺安居会にかんする記事があるのでみておきたい。この「安居」の項には、①安居会に出仕する役僧の種類とその選出方法、②安居会の期間、③諸寺において講説する経典の種類、④安居会の布施物の種類とその出所、が記されている。「安居」の項の全文をあげよう。

①凡そ十五大寺の安居は、寺別に講師・読師及び法用僧三口呪願、散花、唄各一口、並びに定座沙弥一口、講読師沙弥一口を請い、其の法用以上は、僧綱簡点す。但し、講師は寮充以上相い共に簡定し、普く諸宗に請い、三月下旬、治部に牒送し、治部は官に申し、四月上旬に請え。

②並びに四月十五日起《は》じめ、七月十五日尽《お》わる。

③経を分つて講説するは、

東大寺は法華・最勝・仁王般若経各おの一部、理趣般若・金剛般若経各おの一巻、

興福・元興・大安・薬師・西大・法隆・新薬師・本元興・招提・西寺・四天王・崇福など十二寺は、法華・最勝・仁王般若経各おの一部、

弘福寺は、法華・最勝・維摩・仁王般若経各おの一部、

東寺は、法華・最勝・仁王般若・守護国界主経各おの一部なり。

④其の施物は、三宝は絲卅絇、裹料は調布九尺・木綿三分、講師は絹五疋・綿十七屯・調布廿五端、読師は絹四疋・綿十屯・調布廿端、法用三口は別絹二疋・綿四屯・調布四端、定座沙弥は調布四端、綿四屯、講読師沙弥は綿二屯・調布二端、並びに本寺物を用う。但し、東西二寺は、猶《なお》官家功徳分封物を用う。但し供養は、主税大膳式を見よ。(47)

（原漢文）

このうち、①より、東寺をふくむ十五大寺の安居には、役僧として講師・読師・法用僧三口（呪願、散花、唄各一口）・定座沙弥一口・講読師沙弥一口の七名が置かれていたことを知りうる。また、法用僧以上の五名は僧綱で簡定したこと、特に講師は玄蕃寮の充《じょう》以上のものも加わって諸宗の僧のなかから簡定し、治部省・太政官に申し送って決定されたのであった。

安居の期間は、②より四月十五日から七月十五日にいたる九十日間であった。

十五大寺で講説される経典のうち、「東寺は、法華・最勝・仁王般若・守護国界主経各おの一部なり」とあって、『延喜式』の撰述が完了したとみなされる延長五年の時点で、東寺では法華経・最勝王経・仁王般若経・守護国界主陀羅尼経の四つが講讃されていたことは、ほぼ間違いない。

④には、本尊ならびに出仕した役僧の布施物が記されていて、十三大寺の費用は本寺物を充てたけれども、東西二寺は官家功徳分封物を用いたのであった。

以上、東寺安居会における『守護国界主陀羅尼経』の講讃は天長二年から始まったか否か、について、今日残る史料に逐一検討をくわえてきた。先行研究でみたように、従来、史料的には問題はあるけれども、天長二年から『守護

国界主経』は講讃されてきたとみなされてきた。しかし、東寺安居会にかんする基本的な史料には、それぞれ少なからず疑義がみとめられた。特に、その拠りどころとされてきた天長二年四月八日付の太政官牒にも、いくつかの疑義が見いだされた。また、「天慶六年表白」の記事は、その信憑性を確かめうる史料が見あたらないことから、これをもって、天長二年から講讃されたとみなすことはできない。

一等確実な史料は『延喜式』であった。この『延喜式』によると、その撰述が完了した延長五年（九二七）の時点で、『守護国界主経』が講讃されていたことは間違いない。だが、その初修がいつであったかは、史料的な制約もあって、詳らかにしえない。いまはただ、天長二年まで遡りうるとは断定できない、というしかない。(48)

註

（1）東寺は弘仁十四年（八二三）正月、嵯峨天皇から空海に下賜されたとみなす最近の論考を、参考までにあげてみよう。①山田耕二・宮治昭『東寺』には、「さらに弘仁十四年（八二三）には官寺として造営途上にあった東寺を給与されたのである。未だ堂塔の建設が端緒についたばかりの状態にあった東寺は、空海に給与されると同時に、その建設もまた空海の手に委ねられることになった。東寺給与の翌天長元年（八二四）に、空海は造東寺別当に任ぜられている。」と給与のことばが使われている（『同書』二二頁、保育社、一九八八年五月刊）。②高木訷元『空海—生涯とその周辺—』には、「弘仁十四年（八二三）正月、その東寺が永く空海に給預されたのである」として、『帝王編年記』『扶桑略記』などを引用する（『同書』二三七頁、吉川弘文館、一九九七年四月刊）、③頼富本宏『空海と密教—「情報」と「癒し」の扉をひらく—』には、「この時期における空海への東寺給預の目的と意義について（中略）東寺の場合は、官寺というプレ・ヒストリーがあり、下賜されたときには、七仏薬師像を祀る金堂のみができあがっていたという」といい、給預・下賜の二つのことばがつかわれている（『同書』一九七・二〇〇頁、ＰＨＰ研究所、二〇〇二年九月刊）。

（2）天長元年六月十六日付太政官符は、『弘法大師全集』第五輯所収の「官符等編年雑集」に収載する（『同書』四三六頁）。

（3）天長二年四月八日付太政官牒は、同じく「官符等編年雑集」に収載する（『弘法大師全集』第五輯、四三九〜四四〇頁）。

（4）天長二年三月十日付空海上奏文を引用するもっとも古い史料は、杲宝撰『東宝記』第五であろう（『国宝　東宝記原本影印』〈以

下、『国宝　東宝記』と略称す〉四七九～四八二頁、東京美術、一九八二年二月刊、『続々群書類従』〈以下、『続々群書』と略称す〉第十二、一〇四～一〇五頁)。

(5) 註4に同じ。

(6) 註3に同じ。従来、『東宝記』の記述にしたがって「太政官牒」と称してきたが、後述するように、この文書そのものを「太政官牒」と称してよいか否かについては、疑問が残ることを指摘しておきたい。

(7) 註4に同じ。ただし、片カナは『国宝　東宝記』に付された傍訓による。

(8) 本稿の「三　空海の上奏文に対する疑義」を参照いただきたい。

(9) 註3に同じ。

(10) 本稿の「四　天長二年四月八日付太政官牒に対する疑義」を参照いただきたい。

(11) 杲宝撰『東宝記』第五「安居講」(『国宝　東宝記』四七三～四八六頁、『続々群書』第十二、一〇三～一〇六頁)。

(12) 得仁撰『弘法大師年譜』巻九、天長二年条(『真言宗全書』第三十八、一九二～一九三頁、一九三三年七月)。

(13) 守山聖真「東寺安居講」(同著『文化史上より見たる弘法大師伝』五三一～五三三頁、豊山派御遠忌事務局、一九三一年)。

(14) 和多秀乗「真然大徳の御生涯」(『高野山第二世　伝燈国師真然大徳伝』六七頁、金剛峯寺、一九九〇年九月)。

(15) 上島有「東寺の歴史」(『新東宝記―東寺の歴史と美術―』一三～一四頁、東京美術、一九九六年一月)。

(16) 註11に同じ。ただし、この六つの項目は、安居会に『守護国界主陀羅尼経』が講讃されるようになったことを記す部分だけである。このあとには、①七月十四日の結願供養法、②以安居執事労任権律師事、③安居頭役勤仕人勤御影供執事否事、なる項目が収録されている。

(17) 本稿「五　「天慶六年表白」の検討」を参照いただきたい。

(18) 『東宝記』所収「或記云」(『国宝　東宝記』四八三頁、『続々群書』第十二、一〇五頁)。

(19) 『東宝記』所収「私云」(『国宝　東宝記』四八五～四八六頁、『続々群書』第十二、一〇五～一〇六頁)。

(20) 註12に同じ。ただし、「天慶六年の東寺安居表白」の誤りを頭註に記している。その部分を記すと、つぎの通りである。

〔頭註〕八年は恐らく九年庚辰たるべし。又、白鳳九年より計るに当に二百六十四年とすべし。「五」字は、亦《また》「六」の写誤なり。『類聚国史』(百七十八イ)弘仁四年正月癸酉、東西二寺に於いて坐夏を始行す。表白の延暦中に東西二寺を加うと少異なり。

(21) 守山聖真、前掲（註13）書、五三二頁。
(22) 守山聖真、前掲（註13）書、五三三頁。
(23) 註14に同じ。
(24) 『延喜式』巻二十一「玄蕃寮」の「安居」項（『新訂増補国史大系』（以下、『国史大系』と略称す）第二十六巻、五三三頁）。「安居」項の本文とその内容については、本稿の「おわりに」で取りあげているので、参照いただきたい。
(25) 註15に同じ。
(26) 『東宝記』第五所収の天長二年三月十日付空海上奏文（『国宝 東宝記』四八〇～四八一頁、『続々群書』第十二、一〇四～一〇五頁）。
(27) 註26に同じ。
(28) 弘仁十四年十月十日付太政官符（『類聚三代格』巻二〈『国史大系』第二十五巻、五五～五六頁〉）。
(29) 承和元年十二月二十四日付太政官符（『類聚三代格』巻二〈『同右』第二十五巻、五六頁〉）。
(30) 承和二年正月二十三日付太政官符（『類聚三代格』巻二〈『同右』第二十五巻、七九～八〇頁〉）。
(31) 空海は、承和二年（八三四）正月六日、東寺伽藍の建物がほぼでき上がってきたのを見計らって、東寺の功徳料千戸のうち、甲斐国五十戸・下総国百五十戸の計二百戸を僧供料にあて、東寺において修講すべきことを願い出、勅許された。このことが、『続日本後紀』巻四、承和二年正月壬子（六日）の条に、つぎのようにみられる（『国史大系』第三巻、三五頁）。

大僧都伝燈大法師位空海の奏に曰わく、「弘仁十四年の詔《みことのり》に依り、真言宗僧五十人をして東寺に住まわせ、三密門を修せしめんと欲《ほ》っす。今、堂舎已《すで》に建つ。修講未だ創《はじ》まらず。願くば、且《かつ》は東寺に入れらるる官家功徳料千戸の内、二百戸〈甲斐国五十戸　下総国百五十戸〉を以って僧供に充て、国家の為に薫修し、人天を利済せん。」之を許す。

(32) 『東宝記』第一所収の天長二年四月二十日付「講堂図帳」（『国宝 東宝記』四一～四四頁、『続々群書』第十二、九～一〇頁）。
(33) 註3に同じ。
(34) 註28に同じ。
(35) 「官符等編年雑集」所収の天長元年六月十六日付太政官符（『弘法大師全集』第五輯、四三六頁）。
(36) 註3に同じ。

(37)『公卿補任』第一篇　弘仁十五年の条（『国史大系』第五十三巻、九四頁）。

(38)『公卿補任』第一篇　天長元年の条（『同右』第五十三巻、九五頁）。

(39)『類聚国史』巻九十九、職官四、叙位四、天長二年正月七日条（『同右』第六巻、一五頁）。

(40)天長二年四月八日付の太政官牒には、伴国道とともに美努宿禰《みぬのすくね》清庭の名が記されている。清庭は、位階が「従六位上守《しゅ》左大史」であった。朝廷が作成した正式の歴史書である「正史」には、原則として「五位」以上の人しか記録されない。念のため、「六国史索引」を見たけれども、「従六位上」の清庭の記録は見あたらず、残念ながらその肩書きの正否を確認することはできなかった。

(41)『東宝記』第五所収「天慶六年表白」（『国宝 東宝記』四七三〜四七五頁、『続々群書』第十二、一〇三〜一〇四頁）。ただし、「次に、柏原天皇、延暦年中に、東西二寺を加え、安居の講経を修す。」の一行は、『東宝記』には書き落としたのか、見当たらない。よって、賢宝撰『弘法大師行状要集』巻四をもって補った（『弘法大師伝全集』第三、一五二頁）。

(42)出典は、各項目のさいごに（　）に入れて示した。よって、一つ一つの出典は省略する。（　）内は、つぎの略称をもって記した。書紀＝日本書紀、続紀＝続日本紀、三代格＝類聚三代格、後紀＝日本後紀、紀略＝日本紀略、続後紀＝続日本後紀、文徳＝日本文徳天皇実録、三代録＝日本三代実録。

(43)以上は、正史など公的な史料にみられる安居会に関する記録であった。このほか、民間でおこなわれていた安居の話が『日本霊異記』にみられる。具体的に記すと、つぎの三つである。①『同書』上巻「幼き時より網を用いて魚を捕りて、現に悪報を得る縁第十一」に「播磨の国飾磨の郡の濃於寺《のおでら》に、京の元興寺の沙門慈応大徳、檀越の請に因りて夏安居し、法花経を講ず。」とある。②『同書』上巻「凶《あ》しき人、嬭房《ちぶさ》の母に孝養せずして、現に悪死の報を得る縁　第二十三」に「或る人は、父母の奉為に塔を建立し、仏を造り経を写し、衆僧を屈請して、安居を行わしむ。」とある。③『同書』下巻「産み生《な》せる肉団《ししむら》の作れる女子、善を修し人を化する縁　第十九」に「大安寺の僧戒明大徳の、彼《そ》の筑紫の国の大国師に任《ま》けられし時に、宝亀七八箇年の比頃《ころほい》ニ、肥前の国佐賀の郡の大領正七位上佐賀君児公《こぎみ》、安居会を設け、戒明法師を請けて、八十花厳を講ぜ令むる時に、彼の尼闕《か》かさず、衆中に坐《い》て聴く。」とある（『日本霊異記』岩波古典文学大系七十、一〇一〜一〇三・一二五〜一二七・三六九〜三七一頁、一九六七年三月）。なお、この註を記すにあたっては、堀一郎『上代日本仏教文化史』上巻「安居会」の項を参照させていただいた（『同書』二七一〜二七四頁、一九四一年七月、大東出版社）。

(44)十五大寺の安居に、最勝王経に加えて仁王般若経を講ぜしむべきことを命じた延暦二十五年（八〇六）四月二十五日付の太政官符の本文をあげておく（『類聚三代格』巻二〈『国史大系』第二十五巻、五一頁〉）。

太政官符す

応に十五大寺をして毎年の安居に仁王般若経を講じ奉るべきの事

右、大納言正三位藤原朝臣雄友の宣を被るに偁わく。勅を奉るに、今聞く。禍を消し福を長《ま》し、国土を護持するは、仁王般若、斯れ最も先に居す。是れを以て天竺城中に此の業を興行するに、国家治平にして災難起らざりき。宜しく諸国国分寺に下知して、安居の内に、最勝王経に副えて、件の経を講じ奉るべし。庶くは天下安和にして朝廷無事ならしめん。今より以後、立てて恒例と為せ。其の七道諸国国分寺、此れに准ぜよ。

(45) 註19に同じ。

(46) 『続日本後紀』巻八　承和六年六月十五日の条（『国史大系』第三巻、八八頁）。

(47) 註24に同じ。引用したあとに、つぎの一条があるので記しておく。

凡そ招提寺安居講師は、当寺の浄行僧を以て、次第奏用せよ。他寺の僧を請うを得ざれ。

(48) 確証は得られなかったけれども、従来、空海の上奏にもとづいて、天長二年から東寺安居会において『守護国界主陀羅尼経』が講讃されてきたとみなされてきた。そこで、空海と『守護国界主陀羅尼経』とのかかわりを見ておきたい。紙数の関係もあるので、年表風に記しておく。空海と『守護国界主陀羅尼経』とのかかわりについては、いずれ、別稿で論じてみたい。

大同元年（八〇六）　十・二十二　空海、守護国界主経をわが国にはじめて請来す。（請来録）

弘仁元年（八一〇）　十・二十七　空海、高雄山寺にて守護国界主経等を用い、鎮護国家のために修法せんことを請う。（性霊集四）

弘仁三年（八一二）　十二・十八　最澄、空海に守護国界主経等の借覧を乞う。（最澄書状）

弘仁五年（八一四）　二・一　最澄、空海の催促により、守護国界主経等を返還す。（最澄書状）

天長元年（八二四）　九・二十七　高雄山寺を定額寺とし、得度・経業を定め、守護国界主経を転読せしむ。（三代格二）

天長四年（八二七）　五・二十二　空海、大極殿における雨乞いの願文を草し、その文中に守護国界主経を引用す。（性霊集六）

承和二年（八三五）　一・二十三　空海、年分度者三人を勅許さる。金剛頂業生の学ぶべき仏典の一つに守護国界主経を指定する。（三代格二）

第三章　東寺長者攷

――九・十世紀を中心として――

はじめに

従来、空海閉眼後の真言宗は、承和三年（八三六）五月十日に任ぜられた実恵を嚆矢とする東寺長者を中心として維持・運営されてきたと、「東寺長者補任」類に何の疑問も呈することなく、理解されてきたように思う。筆者自身も、かつて

東寺に別当職（正しくは造東寺別当）が置かれていたのは空海の在世中までで、空海が入定した承和二年（八三五）以後は新たに置かれた東寺長者職が別当職の職掌等をひきついだものと考える。[1]

と記したことがあったけれども、通説を鵜呑みにした、きわめて浅薄な認識であったと反省することしきりである。

なぜ、従来の考え方に疑義をいだくようになったのかと言えば、『遺告二十五ヶ条』（以下、『御遺告』と略称す）を精読することをはじめた最初に遭遇したのが、この東寺長者の問題であった。すなわち、『御遺告』縁起第二に、

一、実恵大徳を以って吾が滅度の後、諸の弟子の依師長者と為すべき縁起第二

①夫れ以《おもんみ》れば、吾が道の興ること、然も専ら此の大徳の信力なり。茲《ここ》に因って示し告ぐる所なり。真言を以って本宗と為《し》、顕教を以って辺教と為《せ》り。他《かれ》に眼青《がんせい》有り、自ら在して融通あり。人師国宝の本《もとい》、豈に此の大徳

に益《まさ》らんや。(2)（以下略、原漢文、傍線筆者）

とあって、この『御遺告』にもとづいて、古来、実恵が最初の東寺長者に就任したと考えられてきたふしがある。しかし、今日、『御遺告』は空海作にあらず、との説がほぼ定説となっている。(3)ほかに確実な史料があれば別であるが、この縁起第二だけをもって、実恵を初代の東寺長者とみなしてよいか否か、の問題が出来したのである。このことを発端として、そもそも「東寺長者とは何か」が解明されなければならない、との思いに立ち至った。

そこで調べ始めると、いくつも課題が出てきた。たとえば、

ア、確実視できる東寺長者の最古の史料はいつまで遡りうるのか。

イ、そもそも東寺長者の制度はいつできたのか。

ウ、東寺長者はいかなる手続きで任命されたのか。勅命によるとみなす説もあるけれども、はたして朝廷から公的に認められていたのか。認められていたとすれば、いつからなのか。

エ、東寺長者の職掌は何か。

オ、真言宗における東寺長者の位置づけはどうなっていたのか。

などである。どれをとっても、まだ十全の答えを見出だすことはできない。

そこで本稿では、いまだ中間発表の域をでないけれども、(一)従来、実恵が初代の東寺長者に補任されたとみなす際の根本史料である『御遺告』、(二)歴代の東寺長者を記す現存最古の史料である寛信撰『東寺長者次第』（以下、『長者次第』と略称す）、(三)六国史にみられる長者歴任者の経歴、(四)太政官符類にみられる長者歴任者の肩書、(五)「長者」を明記する最古の史料『醍醐天皇御記』『三十帖策子勘文』などの記述を分析し、問題点を指摘しておきたい。

一　先行研究の検討

はじめに、これまで東寺長者について、どのように考えられてきたかをみておきたい。ここに紹介するのは、つぎの八つである。

1、杲宝『東宝記』第七「四人長者始」の項、十四世紀後半の成立(4)
2、亮快『顕密威儀便覧』巻下「東寺長者」の項、元文五年（一七四〇）刊(5)
3、『密教大辞典』「長者」の項、一九三一年九月(6)
4、『望月仏教大辞典』「長者」の項、一九三六年十一月(7)
5、『国史大辞典』「長者」の項（戸田芳実稿）、一九八八年九月(8)
6、『群書解題』「東寺長者補任」の項（久保田収稿）、一九六三年二月(9)
7、湯浅吉美「東寺観智院金剛蔵本『東寺長者補任』の書誌学的報告」一九九七年三月(10)
8、真木隆行「中世東寺長者の成立—真言宗僧団の構造転換—」二〇〇一年四月(11)

まず、具体的にそれぞれの文章をあげ、そのあとに①何をもって東寺長者とみなすか、②初代の東寺長者を誰とみなすか、③東寺長者の職掌は何か、④選任の方法、の四項目に分けて、整理することにしたい。

第一は、東寺三宝のひとり杲宝の撰になる『東宝記』第七所収の「四人長者始」の項である。まず、「一長者始」とし、

弘法大師淳和天皇の御宇、天長元年六月十六日に宣下あり。同廿六日到来す。時に権少僧都。官符案は左の如し。(12)（原漢文）

と記して、空海が造東寺所別当に補任されたときの太政官符をあげる。ついで、天長元年（八二四）、神泉苑で修した祈雨法の霊験によって少僧都に任ぜられ、あわせて造東寺所別当に補任されたとし、最後に「此れ東寺長者の始めなり」と記す、成尊撰『小野纂要抄』をあげる。さらに、二から四の長者の始めを

二長者始、真済仁明天皇の御宇、承和十年十一月九日之に任ず。同日権律師に任ぜらる。

三長者始、峯斅醍醐天皇の御宇、昌泰元年月日之に任ず。時に権律師なり。

四長者始、寛忠冷泉院の御宇、安和二年壬五月十日之に任ず。時に権少僧都なり。

以上、末の長者三人、始めて置かるるときの官符案、追って之を書き載すべし。(13)

とする。

後世、東寺長者を論じるとき、この『東宝記』がよく参照されるけれども、少なからず問題が残る説明であるといえる。第一に、何をもって東寺長者とするのかが明らかでない。空海は造東寺所別当に補任されたときをもって東寺長者といい、真済は僧綱に任ぜられた日時をもってし、峯斅と寛忠とは僧綱に任ぜられたあとで長者となっている。また、第四の長者の初例を寛忠とみなす点も疑わしい。(14) このように、『東宝記』の記述からは東寺長者を明確にイメージすることは難しいといわねばならない。(15)

第二は、江戸中期の亮快の撰になる『顕密威儀便覧』巻下所収の「東寺長者」の項である。その前半部をあげると、『大師行状記』『東宝記』などを引いて、

ア密宗ノ長、詔シテ東寺ノ長者ト為《ス》。大師行状記ニ、淳和帝、イ天長元年六月、重テ師資相承ノ官符ヲ賜フ。此レ長者補任ノ始ナリ。東宝記ニ曰く、一ノ長者は大師、二ノ長者は真済、三ノ長者は峰斅《フカウ》、四ノ長者は寛忠なり。蓋シ古ヘ四人ナリ。今マ一ノ長者、二ノ長者耳《ノミ》。并ニ門主院家ニ出ツ。若シ一ノ長者ニ補セラル、寸、則ち三箇

ト云者有リ、拝堂ト云者有リ。倶ニ必ス行フ。[16]（以下略、傍線筆者）

と記す。これを要約すると、つぎの四つとなろう。①東寺長者とは密宗の長をいい（傍線部ア）、②その初代を天長元年六月に太政官符をたまわって造東寺所別当に補任された空海とする（同イ）。③古くは四の長者まで置かれていた。④今は二の長者までしかなく、それらはすべて門主・院家から選任され、一の長者に補任されると、必ず三箇と拝堂をおこなう、の四つである。選任の方法は、詔によるとする（同ア）。極めて簡略なものであり、長者の職掌については明記されていない。

　第三は、『密教大辞典』「長者」の項である。重要と思われるところだけを抽出すると、

ア真言宗総本山東寺の上首にして一宗の依止師なり。（中略）

【起源】イ東寺別当を以て東寺長者と解すれば、その初例は弘仁十四年正月大師へ東寺勅賜の時にありと云ふべし。（中略）何れにせよ東寺第一世長者は大師なり。

【沿革】①大師御入定の翌年承和三年五月十日、上足実慧大徳は東寺第二世長者に補せられ、爾来真済・真雅・宗叡・真然と次第し、一宗の碩徳連綿相続して現在に至る。②長者は初め一人なりしが、後に一ノ長者・二ノ長者・三ノ長者・四ノ長者の四人となる。（中略）これより東寺には四長者ありて寺務を執る。③後世仁和寺・大覚寺・三宝院・勧修寺等の諸門跡より、戒臈高き者を選抜して、長者に補する例となれり。

【選任】一二三四のウ長者共に勅任にして、その選器補任法は『東宝記』七に委細なり。[17]（傍線筆者）

となる。ここには、東寺長者とは東寺の上首にして一宗の依止師であり、東寺別当をもって長者と解し、その初代を空海とする（傍線部ア・イ）。また、一から四長者まですべて勅任であったとみなす（同ウ）。これらの当否については、後述することとなろう。

第四は、『望月仏教大辞典』「長者」の項である。本文をあげると、

富豪又は年令徳行の長ぜる者を云ふ。（中略）
本邦に於いても亦長老耆宿の意に用ひられ、藤原氏の長者、源氏の長者等の称あり。されど
①僧中には特にァ東寺座主の称として之を用ひ、空海の『御遺告』に東寺に長者を立つべきことを記し、ィ承和三年五月其の弟子実恵始めて之に補せられ、爾後真済、真雅、宗叡、真然等相次いで其の職を承け、
②後に仁和寺、大覚寺、三宝院、勧修寺の四門中より戒臈の次第により、ゥ代々勅旨を以て補任せらるる例となれり。（中略）
③又貞観十四年三月長者真雅正法務に補せられしより、ェ一長者は必ず正法務を兼ぬることとなり、
④又延喜十九年九月（一説二十一年）、長者観賢金剛峯寺座主職に兼補せられし以来、ォ一長者は金剛峯寺座主職を兼摂することとなれり。[18]（以下略、傍線筆者）

とある。ここでは、東寺座主を長者といい（傍線部ア）、その初代を実恵とする（同イ）。その職掌の一つとして、一長者は正法務を兼ね（同エ）、金剛峯寺座主職を兼摂するという（同オ）。また、その補任は勅旨をもってなされたとする（同ウ）。

第五は、『国史大辞典』「長者」の項である。主として歴史学上における「長者」を論じるため、仏教界におけるそれは、極めて簡略に記されるだけである。すなわち、

一群の人々のうちで、かしら立った者、「長《おさ》」となる者をいい、また有徳人《うとくにん》・富裕者を一般に長者と称している。
（中略）僧職では東寺一山の管長を長者と称した。[19]（以下略、傍線筆者）

と、東寺一山の管長を長者と称したと記すにすぎない。

第六は、『群書解題』「東寺長者補任」の項である。『法華玄賛』にもとづいて、長者の概念から説明をはじめ、

〔書名〕長者というのは、もともと法華玄賛に「心平性直、語実行致、歯邁財盈、名為二長者一」とあるように、ア財を積み徳を具えたものを称したのであるが、それが転じて、イとくに東寺でその上首に当たるものに修学に秀でたものを挙げて、これを長者と称した。東寺長者とかあるいは順位を附けて一長者・二長者などと呼んできた。

〔内容〕（中略）ウ公式に東寺長者といわれるようになったのは、承和三年（八三六）五月、実恵が権律師に任ぜられ長者に補せられてからであるべく、[20]（以下略、傍線筆者）

と記す。ここでは、東寺長者とは徳を具えたものの上首で修学に秀でたものであり（傍線部ア・イ）、その初代を実恵とする（同ウ）。

第七は、湯浅吉美「東寺観智院金剛蔵本『東寺長者補任』の書誌学的報告」である。いくつか注目すべき記述がみられるので、長文ではあるが、煩をおそれずあげてみよう。私に①〜⑦にわかって引用する。

①ア東寺長者とは文字通り、東寺（教王護国寺）の長官をいう。

②かの寺が歴史的に真言宗総本山であったがゆえに、イ一宗の上首でもある。

③ウ承和三年（八三六）五月に空海の弟子、実恵が補せられたことを以て創始とする。その後、同八年に二長者（真済）、昌泰元年（八九八）に三長者（峯斅）が増置され、さらに安和二年（九六九）、寛忠が四長者となるに及んで四人長者の例が開かれた。（中略）

④なお、エ起原を『御遺告』の文言に求めることも、『御遺告』自体の成立過程と関連して、再検討を要するものと見なければならない。

⑤因にォ実恵につき、『東寺長者補任』諸本に一致して揚げる承和三年五月十日という補任日付も、『続日本後紀』当日条には「以伝燈大法師位実恵為律師」とのみあって、長者の件は見えない。

⑥ヵ彼はこのとき初めて僧綱入りしたわけで、如何に空海の一番弟子とは言え、朝廷から見れば数多の中の一僧に過ぎず、前例の無い長者なる役職を新設して、これに補する理由は、官の側にはあろうはずも無い。『補任』の一本が「任律師、出国史、并補長者」と記すのは示唆的である（後掲のD本）。

⑦キ長者のことは官の与り知らぬところだったのではあるまいか。(21)（傍線筆者）

このなか、もっとも注目すべきは、⑦の「長者のことは官の与り知らぬところだったのではあるまいか。」との指摘である。後述するように、少なくとも九・十世紀においては、公的記録に「東寺長者」を見出すことができないことから、筆者も見解を同じくするものである。それはさておき、湯浅氏は、東寺長者とは東寺の長官で、かつ真言宗の上首でもあったといい（傍線部ア・イ）、その初代を実恵とみなされる（同ウ）。

第八は、真木隆行「中世東寺長者の成立—真言宗僧団の構造転換—」である。この論考は、中世の東寺長者を論じるのが主たる目的であるため、本稿で取り扱う初期の東寺長者に関しては、その概要を記すだけであるけれども、きわめて注目すべき指摘がなされている。まず、「長者」の呼称が定着する時期について、

真言宗の貫首呼称が「長者」に定着するのも、まさに十世紀初頭であった。それ以前の九世紀段階では、確実な史料中にその語を確認できない。その初見史料は、三十帖策子の問題に決着をつけた、延喜十九年（九一九）の東寺宛官宣旨である。それは、三十帖策子を東寺経蔵に安置させ、「宗長者」による守護を命じたものであった。(22)

と、「長者」の初見史料を延喜十九年の官宣旨とし、十世紀初頭とみなされた。さらに、

かかるァ東寺定額僧を統率し、東寺別当として、僧団の極小部分を管轄したのが、真言宗僧侶中の最高僧官在任

者（十一世紀～散位も可となる）たる長者であった。長者が複数の場合には、僧位僧官の最上位者が一長者として主導権を握ることとなる。彼らこそが、本節で明らかにしたように、ィ大阿闍梨として一宗の基幹儀礼の執行権を独占的に掌握し、東寺定額僧を中核とした真言宗僧団を統率した。更に真言宗僧の昇進に関しても、ゥ東寺定額僧や阿闍梨の推挙権を通じてその鍵を掌握していた。(23)（傍線筆者）

といい、東寺長者とは、東寺別当として東寺定額僧を統率し、僧団の極小部分を管轄し、真言宗僧侶中の最高僧官在任者をいうとされた（傍線部ア）。またその職掌を、①大阿闍梨として一宗の基幹儀礼の執行権を独占するとともに（同イ）、②東寺定額僧や阿闍梨の推挙権を掌握していたといわれる（同ウ）。きわめて示唆に富んだ指摘であるが、これらの事がらは十一世紀以降のことであり、初期の東寺長者については、いまだ多くの課題が残されていると考える。

以上、八つの先行研究をみてきた。これらを整理すると、表6のようになる。(24)

真木氏の論考によって、いくらか具体的になったとはいえ、表6をすべて綜合しても、東寺長者に関しては、いまだ漠然としたイメージしか持ち得ないのではなかろうか。解明すべきことは多岐にわたっており、東寺長者に関する研究はその緒についたばかりといえよう。（補註1）

ひとまず、本稿では、時代を観賢の活躍した十世紀前半までにしぼり、①東寺長者の職はいつごろ成立したのか、②その職掌は何か、③初期の東寺長者ははたして公的に認められた職であったのか、といった点について、以下、論を進めていきたい。

表6　東寺長者に関する先行研究の整理

	典籍論文名	何をもって東寺長者とするか	初代長者は誰か	職掌は何か	選任の方法
1	東宝記	＊明確でない	空海＝天長元年（八二四）六月の造東寺所別当への補任による		勅任による
2	威儀便覧	密宗の長	空海＝天長元年六月の造東寺所別当補任による		補任による
3	密教大辞典	東寺の上首にして一宗の依止師、東寺別当をいう	空海＝弘仁十四年（八二三）正月の東寺勅賜のとき		勅任による
4	仏教大辞典	東寺座主の称	実恵＝承和三年（八三六）五月に補任	正法務を兼ね、金剛峯寺座主を兼摂す	勅旨による
5	国史大辞典	東寺一山の管長			
6	群書解題	東寺の上首にして修学に秀でたもの	実恵＝承和三年五月の権律師補任による		
7	湯浅論考	東寺の長官にして一宗の上首でもある	実恵＝承和三年五月十日に補任		官の与り知らぬこと
8	真木論考	真言宗の貫首であり、真言宗僧侶中の最高僧官在任者である東寺別当をいう		一宗の基幹儀礼の執行権と、東寺定額僧や阿闍梨の推挙権	

二　『御遺告』にみられる東寺長者

さきに紹介したように、古来有力視されてきたのは、初代の東寺長者は承和三年五月に任ぜられた実恵であり、その根拠は『御遺告』にもとづくと考えられた。そこで最初に、『御遺告』では、いかなる意味・概念をもって「東寺長者」が語られているかを分析・検討しておきたい。

なお、『御遺告』の成立年代は、いまだ確定していないけれども、平成十九年（二〇〇七）三月、国の重要文化財に指定された金剛寺蔵本の奥書に、

安和二年七月五日以有縁本書写　暦能

（別筆朱書）「万寿二年六月十六日於車宿自僧都（仁海）御口習承已了

（[illegible]カ）求法沙門　覚源　」

（又別筆）「宮僧正覚源御書也云々　伝領成賢[25]」

とある。ここに、暦能が安和二年（九六九）七月五日に有縁の本をもって書写したとあることから、少なくとも安和二年七月には原本ができあがっていたことは間違いない。

では、内容の分析に移ろう。二十五ヶ条からなる『御遺告』のうち、何をもって「東寺長者」というのか、また「東寺長者」の職掌に関する記述がみられるのは、つぎの十条である。

第　二条　　実恵大徳を以って吾が滅度の後、諸の弟子の依師長者と為すべき縁起第二

第　三条　　弘福寺を以って真雅法師に属すべき縁起第三

第　六条　東寺灌頂院は宗徒の長者・大阿闍梨検校を加うべき縁起第六
第　十条　東寺に長者を立つべき縁起第十
第十一条　諸の弟子等、并びに後生末世の弟子とならん者、東寺長者を敬うべき縁起第十一
第十六条　宗家の年分を試度すべき縁起第十六
第十七条　後生・末世の弟子、祖師の恩を報進すべき縁起第十七
第二十条　神護寺をして、宗家の門徒長者阿闍梨に口入せしむべき縁起第二十
第二十一条　金剛峯寺を東寺に加えて、宗家の大阿闍梨眷務すべき縁起第二十一
第二十四条　東寺座主大阿闍梨、如意宝珠を護持すべき縁起第二十四

これを整理すると、

（一）何をもって「東寺長者」というのかを記す条　……第十・十一・六・三・十六条
（二）実恵を初代の長者とする条　……………………第二条
（三）東寺長者の職掌にふれる条　……………………第二・六・三・十六・十七・二十・二十一・二十四条

の三つに大別できよう。以下、（一）の何をもって「東寺長者」というのかを記す第十条から具体的にみてみよう。

第一は、東寺に長者を立つべき縁起第十、である。標目からも知られるように、本条は東寺に長者を置くべきことを規定しており、東寺長者を考える上での根本史料となるものである。はじめに、本文を三段にわかってあげてみよう。

①夫れ以《おもんみ》れば、ア吾が弟子とならん者の末世後生の弟子の内に僧綱に成立せし者は、上下の臈次を求めず、最初に成り出づる者を以って東寺の長者となすべし。

②イ長者は既に是れ座主なり。唐の法に准じて座主の号を奏聞せんと欲す。先々より思うと雖も、山に入るの間、既に忘脱せしめて未だこの事を遂げず。

③須く諸の弟子等、必ずこの事を遂ぐべし。皆是れ不要の言あるにあらず。併《しか》しながら、令法久住の謀《はかりごと》のみ。我が後の資、これを難ずること勿《なか》れ。(26)（原漢文、以下同じ、傍線筆者）

ここには、いかに解すべきか、判断が難しい箇所がいくつかある。たとえば、「吾が弟子とならん者の末世後生の弟子の内に僧綱に成立せし者」の傍線部、および「最初に成り出づる者」などである。ほぼ同様の表現が、第三条にも

諸の弟子の中に在って前《さき》に出身せん者、東寺を掌るべし。年臈の次第を求むべからず。亦《また》門徒の間に一《もっぱら》成り立たんを以って長者と為《な》すべし。(27)

と見えることから、その解釈には慎重を期さねばならないであろう。ともあれ、この第十条の文を「僧綱に補任された者」「最初に僧綱に補任された者」と解すると、全体はつぎのように要約できよう。

①僧綱に補任された者のうち、臈次には関係なく、最初に補任された者を東寺長者としなさい。

②長者はこれ座主である。唐の法に准じて座主の号を奏上し勅許をえたいと考えていた。しかし、高野山へ隠棲することばかり考えていたので、いまだ上奏するにいたっていない。

③ついては、令法久住のためであるから、諸弟子らは必ず上奏し勅許をえなさい。

ここで、三つのことに留意しておきたい。第一は、臈次に関係なく、最初に僧綱に補任されたものを東寺長者とする、との①の箇所である。第二は、長者は座主である、との②の箇所である。第三は、唐の法に准じて、座主の号を上奏し勅許をえたいと考えていたが、隠棲のことに忙殺され、いまだその手続きを終えていないので、必ず勅許をえ

なさい、との②③の箇所である。これらは、一体、何を意味するのであろうか。また、どこまで史実を伝えているのであろうか。詳細は後日を期さざるをえない(28)。

第二は、諸の弟子等、并びに後生末世の弟子とならん者、東寺長者を敬うべき縁起第十一、である。本条では、標目にもあるように、後世の弟子たちは何があろうとも東寺長者を敬い尊重しなさいと規定する。まず、本文を三段にわかってあげよう。

①夫れ以れば、大唐の法は、青龍寺の例の如し。然る所以は、彼の寺には元来、他の類あることなし。僧数千なりと雖も、皆他の徒にあらず。厥《そ》の中にも一人不和の者あらば、諸衆共に情操を和調して嗷《かまびす》しき事なからしめよ。何《いか》に況《いわ》んや、疵《し》を分ちて俗家に及ぼさん。

②方に今、冀《こいねがわ》くは一家の徒ら、仮使《たとい》数千万なりとも各互《たがい》に譲り、惜しんで他家に出だすこと勿《なか》れ。心を一にし念を専らにして、将に座主官長を敬尊すべし。彼を誹《そし》りて相互《たがい》に怨むこと莫《なか》れ。亦《また》我が師、人の師、限別を為すこと勿れ。

③亦慈眷を分つに、我が資、人の資を簡ぶこと勿れ。但し処風に随わず、宗の意に叶わず、放逸邪見ならば、更に共にすることを得ざれ。都て吾が末資にあらず。一を得て千を知れ(29)。(傍線筆者)

要約すると、つぎのようになろう。

①大唐の法とは、青龍寺の例をいうのである。その理由は、青龍寺は元来、数千人の僧がいるけれども、すべて密教僧である。たとえ、そのなかに調和を乱す者が一人いたとしても、諸衆で情操教育をおこない、大騒動にはしてこなかった。ましてや、僧の過失・争いを俗家にまで及ぼすことはなかった。

②真言一宗の門徒たちは、たとえその数が数千万人になろうとも、たがいに護りあって他宗に走るようなことのな

きように努めなさい。心を一つにし護法の念をもってまさに座主官長を敬い尊重しなさい。たがいに誹謗し怨むことのなきように。また、わが師、他の師といって弁別することのなきように。

③さらに、弟子を育成する上で、自分の弟子、他人の弟子などと差別してはならない。ただし、規律にしたがわず、真言宗の本意にたがい、勝手気ままに行動し邪見をもつものがいたならば、（そのものとは）ともに生活することはできないし、わが弟子でもない。

この条を一読すると、真言教団内はまとまりを欠く状態であったとの印象を強くうけるのは私だけであろうか。そのなかで、東寺長者を中心として建てなおしを計ろうとしているとも受けとれる文面である。この条がいかなる時代を背景として書かれているかについては、後考を俟つことにしたい。

第三は、実恵大徳を以って吾が滅度の後、諸の弟子の依師長者と為すべき縁起第二、である。本条は、先述したように、実恵の徳を讃えて初代の東寺長者とすべきことを定めたものと解されてきた。本文を二段にわかってあげると、

①夫れ以れば、吾が道の興ること、然も専ら此の大徳の信力なり。茲に因って示し告ぐる所なり。真言を以って本宗と為、顕教を以って辺教と為り。他に眼青有り、自ら在して融通あり。人師国宝の本、豈に此の大徳に益らんや。

②仍って大経蔵の事、一向に此の大徳に預く。但し若し実恵大徳不幸の後は、真雅法師を以って処分せしめ封納し開合せよ。之に依りて未だ情を知らざらむ弟子等に封開せしむること勿れ。愚かなる情をもって師師の長短深浅、必ず他家に語らんか。慎むべし。慎むべし。(30)（以下略）

となる。①では、真言宗が盛んになったのは、ひとり実恵大徳の信力によるとして、実恵を東寺長者とすることをここに告示するという。②では、大経蔵に関する一切のことを実恵大徳に預けるとし、実恵没後はその役目を真雅に託

すとする。これより、東寺長者の職掌の一つに、東寺大経蔵の管理をあげることができよう。

第四は、東寺灌頂院は宗徒の長者大阿闍梨、検校を加ふべき縁起第六、である。本条では、一つに実恵に東寺灌頂院を完成させるべきことを、二つに東寺長者が御願の灌頂会の阿闍梨を勤めるべきことを命じたものである。さっそく、本文を四段にわかってあげてみよう。

①右の院は、未だ造り畢らずと雖も、且《かつがつ》伝燈の志を始む。

②此の間、思う所千廻なりと雖も、早々に山に入りて此の志を遂ぐるにあらず。

③然れば則ち、実恵大徳、一向に造功を畢るべし。亦《また》諸の荘厳は、先々に語るが如くすべし。

④恒例の灌頂の阿闍梨は、ア門徒の内、最初に成り立たん者を以って御願を修せしむべし。若し殊に病いの妨げ有らば、次の人を以って之を請用すべし。若し是れ辞退せば、永く吾が後生の弟子・門徒にあらず。宜しく応に信奉すべし。(31)（傍線筆者）

④の傍線部アの「最初に成り立たん者」は、さきに問題とした第十条の「最初に成り出づる者」とほぼ同じ語句であるので、同じ意味に解しておく。ともあれ、本文を要約すると、大略つぎのようになろう。標目は「東寺灌頂院は真言宗徒の長者である大阿闍梨が管理・運営すべきこと」となり、本文は、

①東寺灌頂院は、未だ完成していないけれども、密教の法燈を後世に伝えるために計画したものである。

②この間、種々思いを廻らしていたけれども、早々に高野山に隠棲したので、それらの計画を成し遂げることはできなかった。

③そこで、実恵大徳はひたすら灌頂院の完成に努めてほしい。また諸々の荘厳については、前々から語ってきたようにしてほしい。

④恒例の灌頂の阿闍梨は、真言宗門徒のなか、最初に僧綱に任ぜられたもの（伝法者と成ったもの）によって、御願の務めをおこないなさい。もしこの者が病などでおこなえないときは、次の伝法者をもって起用しなさい。これを辞退することがあれば、（そのものは）私の弟子でも門徒でもない。このことをよく信じ大切に守りなさい。

となろう。これより、東寺長者の職掌の一つとして、東寺灌頂院における恒例の灌頂（結縁灌頂であろう）の大阿闍梨があったことを指摘できよう。(32) 注目すべきは、標目から東寺長者＝大阿闍梨の図式が導きだされることである。

第五は、弘福寺を以って真雅法師に属すべき縁起第三、である。第二条で、実恵の示寂後は真雅に大経蔵のことを任せるべきことが記されていたが、本条ではその真雅に弘福寺を付嘱すべきことが定められている。四段にわかって本文をあげる。

①右の寺は、是れ飛鳥浄三原の宮の御宇、天武天皇の御願なり。

②而るに天長の聖主、勅を垂《くだ》して永常《ひたすら》に東寺に加えて修治すべきの由畢んぬ。伏して惟《おもんみ》れば、聖恩は是れ少僧が高野に通い詣づるに依って給う所の宿処なり、而已《まくのみ》。之に依って、少僧永くァ師々相伝して修治すべき者なり。

③真雅法師一期の後は、ィ諸の弟子の中に在って前に出身せん者、東寺を掌るべし。ゥ年臈の次第を求むべからず。ェ亦門徒の間に一《もっぱら》成り立たむを以って長者と為《な》すべし。長者為《たら》む者、弘福寺を加え掌るべし。仏陀宮と称《なづ》く。

④己れが宿所と為《す》るのみにあらず。仏の修治を厳《いつく》しくせんことを、ォ宗の計《はかりごと》と為《す》るなり。(33)（傍線筆者）

さきに第十条を紹介したとき、解釈する上で問題が残るとして指摘した表記がみられたのが③の箇所である。なかでも、傍線部イの「諸の弟子の中に在って前に出身せん者、東寺を掌るべし」、エの「門徒の間に一成り立むを以って長者と為すべし」の解釈が問題となる。ともあれ、全文を要約すると、つぎのようになろう。

①弘福寺は、飛鳥浄三原の宮を都としていた天武天皇の御願によって建立された寺である。
②天長の聖主＝淳和天皇は、勅を下されて、末永く弘福寺を東寺管轄下の寺として経営すべきことを命ぜられた。その真意は、少僧（空海）が京都と高野山とを往還する際の宿所とするように、とのおぼしめしであった。そこで、私は永く師資相伝して経営することにした。
③ただし、真雅が示寂したあとは、諸弟子のなかで、先に僧綱に任ぜられたものをもって、東寺を管理・運営させなさい。年臈によるべきでなく、門徒のなか、もっぱら僧綱に任ぜられたものを東寺長者としなさい。その長者は、弘福寺を併せて管理・運営しなさい。また、弘福寺を仏陀宮と称する。
④私の宿所とするだけでなく、仏寺としての威厳を保持することを、宗是とする。

つまり、弘福寺はわたくし空海が淳和天皇から京都と高野山との往還の宿所として賜わったものであり、いま真雅に付嘱するけれども、真雅が示寂したあとは東寺長者が東寺とともに管理・運営しなさい、との趣旨である。

『金剛峯寺建立修行縁起』（以下、『建立縁起』と略称す）によると、

同九年十一月十二日を以って、深く穀味を厭い、専ら坐禅を好む。東寺を以って実恵《じちえ》僧都に付し、神護寺を以って真済僧正に付し、真言院を以って真雅僧正に付し、高雄の旧居を去って南山に移り入る、と云々。(34)

とあり、空海は天長九年（八三二）十一月に高野山に隠棲し、穀類を食べることをやめ、もっぱら坐禅をおこなった。それに先だち、空海が管掌していた寺々を諸弟子に付嘱したとし、実恵には東寺を、真済に神護寺を、真雅に真言院を委ねたとする。この『建立縁起』の記述は、『御遺告』の第一条の

吾れ、去じ天長九年十一月十二日自《よ》り、深く穀味を厭いて、専ら坐禅を好む。皆是れ令法久住の勝計なり。並びに末世後生の弟子・門徒等が為なり。(35)

と第二条・第三条などを典拠として書かれたものと考えられるが、真雅に付嘱したのが弘福寺ではなく、真言院とするところが問題として残る。なぜなら、『御遺告』に真言院は見あたらないからである。(36)

第六は、宗家の年分を試度すべき縁起第十六、である。本条では、二つのこと、すなわち一つは年分度者の課試と得度を金剛峯寺でおこなうべきこと、二つ目はその課試と得度を東寺長者が責任をもっておこなうべきことを定めている。本文をあげると、

①夫れ以れば、件の宗分度者は須く初めに思うが如く東寺にて試度すべし。然れども山家を荒さざらしめんと欲うて、更に改めて奏して官符を金剛峯寺に申し下さんと欲うものなり。敢えて東寺を厭いて南嶽を汲《ひ》かんや。ア今、須く東寺の座主大阿闍梨耶執事してこれを改め直さんことを欲う。

②亦《また》諸の定額の僧の中の能才の童子等を簡び定めて、山家に於いて試度して、即ち東大寺の戒壇に於いて具足戒を受けしめよ。受戒の後、山家に於いて三箇年練行し、厥の後、各々師に随いて密教を受学せよ。具には先の文に在り。

③但しイ座主大阿闍梨と曰うは即ち東寺の大別当の号なり。ウ門徒の間に修学して最初に成り出でて長者たらんを言うなり。臈次を求むべからず。修学を先となして、エ最初に成立せるを長者とせよ。(37)（傍線筆者）

となる。内容を要約してみよう。

①真言宗の年分度者は、最初、東寺で試度するつもりであった。しかるに、高野山が興廃するのを慮り、再度上奏して太政官符を金剛峯寺に下すようおねがいしてほしい。必ずしも、東寺を嫌い南嶽＝高野山を好ましく思うからではない。ア東寺の座主大阿闍梨耶は寺務をとりしきり、このように改めてほしい。

②もろもろの定額僧の童子のうち、才能あるものがいれば選び出して、山家＝金剛峯寺で試度し、東大寺戒壇院

にて具足戒を受けさせ、受戒後は三ヶ年にわたり金剛峯寺で修練させ、これらが終わった後、もとの師から密教を受学させなさい。

③ィここにいう座主大阿闍梨耶とは東寺の大別当の号である。ゥ真言宗の門徒のうち、真言法を最初に成就し、長者に相応しい者を（大別当と）いうのである。臈次ではなく、修学を優先させなさい。ェ最初に真言法の奥旨を成就したものを長者としなさい。

一見すると、①②と③とは関係ないかのように見うけられるが、つぎのように解しておきたい。すなわち、東寺定額僧の童子のなか、優秀な者を選んで年分度者としての課試と得度を金剛峯寺でおこない、東大寺戒壇院で受戒させたのち、三ヶ年の籠山行を課しなさい。その課試と得度を東寺長者が中心となっておこないなさい、と。(38)

ここで留意すべきは、東寺長者の概念を記したと思われる③の部分である。そこには、第十条・第三条と略同じ内容と思われる文章が見られるからである。三つの本文を併記すると、

十条………ァ吾が弟子とならん者の末世後生の弟子の内に僧綱に成立せし者は、ィ上下の臈次を求めず、ゥ最初に成り出づる者を以って東寺の長者となすべし。

三条………真雅法師一期の後は、ァ諸の弟子の中に在って前に出身せん者、東寺を掌るべし。ィ年臈の次第を求むべからず。亦ゥ門徒の間に一成り立たんを以って長者と為すべし。

十六条……但し座主大阿闍梨と曰うは即ち東寺の大別当の号なり。門徒の間に修学してァ最初に成り出でて長者たらんを言うなり。ィ臈次を求むべからず。修学を先となして、ゥ最初に成立せるを長者とせよ。

となる。まず気づくことは、三つとも文章の構造が同じであることである。また、三つには類似した表現もみられることから、同一の内容を別のことばで表したに過ぎないとも考えられる。このような解釈にもとづいて要約したのが、

右の現代語訳である。詳細は後日、改めて検討することにしたいが、これらからは、

東寺長者＝座主大阿闍梨＝東寺大別当

といった図式を導き出すことができよう。

第七は、後生・末世の弟子、祖師の恩を報進すべき縁起第十七、である。この標目は、後生・末世の弟子は、祖師のご恩に報いつつ精進すべし、と解されるが、内容的には今一つ明確にしえない。なぜなら、前半では弥勒菩薩とともに下生するので、この間怠りなく信仰するようにといい、後半には真言宗では囲碁・双六を一切禁止すべきことが説かれるからである。ともあれ、本文を七段にわかってあげてみよう。

①夫れ以れば、東寺の座主大阿闍梨耶は、吾が末世・後生の弟子なり。吾が滅度の以後に、弟子数千万あらんの間の長者なり。門徒数千万なりと雖も、併しながら吾が後生の弟子なり。

②祖師吾が顔を見ずといえども、心有らん者は、必ず吾が名号を聞きて、恩徳の由を知れ。

③是れ吾が白屍の上に、更に人の労《いたわり》を欲《おも》うにあらず。密教の寿命を護り継いて龍華三庭に開かしむべき謀《はかりごと》なり。

④吾れ閉眼の後には、必ず方に兜卒陀天に往生して弥勒慈尊の御前に侍《はんべ》るべし。五十六億余の後に、必ず慈尊と御共に下生し、祇候して吾が先跡を問うべし。亦且《またかつがつ》未だ下らざるの間にも、微雲管より見て、信否を察すべし。是の時に勤め有らんものは祐《さいわい》を得《え》、不信の者は不幸ならん。努力努力《ゆめゆめ》後に疎かに為《す》ること勿れ。

⑤亦《また》僧尼令を案ずるに曰わく。碁《ご》・琴《きん》は制の限りに有ることあらず、と者《いへり》。然れども竊かに密教の心を案ずるに、此の家には此の事無からしむべし。

⑥然る所以《ゆえ》は、若し未練の僧、并びに童子等有って、此の遊びを放《ゆる》されば、必ず後代の過《とが》有らん。何に況んや囲碁・双六をや。一切停止すべし。

⑦若し強《あながち》に此の事を好む者は、都て吾が末世の資にあらず。刹利種性・蔭《おん》子孫を論ぜず。併せて悉く追放せよ。一切に寛宥することを得ること勿れ、と云々。(39)

これを要約すると、

①考えてみるに、東寺の座主大阿闍梨耶は、私の末世後生の弟子であり、私が示寂したあと、数千万人におよぶ弟子のなかの長者である。数千万の門徒も、同じく私の後生の弟子である。

②祖師たる私の顔を見たことがないといえども、心ある者は必ず私の名を聞いて、恩徳がどこにあるかを知りなさい。

③このことは、私が示寂したあと、これまで以上に大切に取り扱ってくれることを望んでいるのではない。ただ、密教の寿命を護りついで、五十六億七千万年後の龍華三庭までも存続させたいとの計略である。

④私は閉眼ののち、必ず弥勒菩薩の浄土である兜卒陀天に往き、弥勒菩薩の御前に祇候しよう。そうして、五十六億余の後には必ず慈尊とともにこの世に下生し、わが縁《ゆかり》の地を訪ねるであろう。また、兜卒陀天にいるあいだは、つねに雲間より信・不信を観察していよう。この時、一心に励んでいる者は幸いをえ、一方、不信の者は不幸となろう。だから、必ず努め励みなさい。

⑤つぎに、「僧尼令」をみると、出家者の碁・琴は制限されていない。しかし、心して密教の精髄を考えてみるに、碁・琴はない方がよい。

⑥その理由は、もし未熟なる僧・童子などがいて、この遊びを放任していると、必ず後代に過失を招くであろう。まして囲碁・双六はなおさらである。一切停止すべきである。

⑦もしこの事をよしとしない者は、すべて私の弟子とはいえない。王族・武士（刹利）、貴族など出自に関係なく、

悉く追放しなさい。一切寛大なる処分をしてはいけない。

となろう。

この十七条で留意すべきことが二つある。第一は、①で東寺の座主大阿闍梨耶＝長者と解される文章がみられることである。この東寺の座主大阿闍梨耶＝長者の構図は、縁起第十六につづくものであり、「座主大阿闍梨耶」「座主阿闍梨耶」なる語句が『御遺告』に多出することとあいまって、注目されるのである。(40)

第二は、五十六億余年ののち、弥勒菩薩が下生される際、空海もともに下生するとの④の記述である。この説は、空海の入定留身信仰に相反するものであり、入定信仰の成立過程を考えるとき、重要となろう。

さてこの条は、①の東寺の座主大阿闍梨耶＝長者、②～④の弥勒下生に関する話、そして⑤～⑦囲碁などを禁止すべき話と三つの部分からなり、一見して連関なきように思われる。とはいえ、囲碁・双六・琴などの娯楽に手を出すものを取り締まるようにとの、東寺長者の職掌の一つを説いたものと解しておく。

第八は、神護寺をして宗家の門徒長者大阿闍梨に口入せしむべき縁起第二十、である。この標目は、神護寺の管理・運営に長者が助言しなさい、との意である。まず、本文を三段にわかってあげると、つぎのようになる。

①夫れ以れば、神護寺は是れ和気氏の建立、八幡大菩薩の主託の庭なり。而るを真縄大夫達の言《の》ぶる所に依りて、余頃年《としころ》修住す。

②爰に真縄大夫達、建立密教の言に於いて、朝夕に宛も護法の相を示すが如し。茲に因って師檀の期《ちぎり》篤きこと肝岫《かんしゅう》に在り。

③加以《しかのみならず》寺院を永代に付嘱して、敢えて内外の汗《こころ》無し。然れども後代に必ず争い嗷《かまびす》しきこと有らん。吾が資末《ばつ》羽《う》等、状に随って進退せよ、而已《まくのみ》。一を得て万を知れ、と云々。(41)

いま一つ意味がとりがたい箇所もあるが、理解したところをあげてみよう。

①考えてみるに、神護寺は和気氏が八幡大菩薩の主託によって建立した寺である。しかるに、和気真綱らの申し出により、このところ、私が修住している。

②真綱らは、密教を建立せんとして、常にあたかも護法のように尽された。そこで、師檀の契りを結んだ。

③そればかりでなく、神護寺を永代に付嘱され、私のものであるとか・ないとかを離れられた。しかしながら、後代、必ずその所有をめぐって紛争が出来しよう。わが末資らは、状況にしたがって管理・運営しなさい(42)。

これが書かれる背景として、神護寺とのあいだに軋轢が生じていたことが考えられよう。ともあれ、本条は長者の職掌の一つとして、神護寺の管理・運営にも配意すべし、との意であると解しておきたい。

第九は、金剛峯寺を東寺に加えて、宗家の大阿闍梨眷務すべき縁起第二十一、である。本条は、金剛峯寺を東寺長者が兼摂すべきことを定めている。本文をあげると、

①右、件の寺は、是れ少僧が私《ひそか》に建立するところなり。然れども官に進めて御願の庭とせるものなり。宜しく是の心を知るべし。

②吾が弟子等の中に、ア先に成立せん長者東寺の座主阿闍梨耶、一向に応《まさ》に管摂すべし。遺告を誤ること勿れ。一を得て万を知れ、と云々(43)。(傍線筆者)

とある。つまり、

①金剛峯寺は私に建立するところであったが、お願いして御願寺としていただいた。このことを肝に銘じるべきである。

②わが弟子たちのなか、アさきに真言の精髄を我がものとし、(東寺)長者で座主阿闍梨耶たるものは、一心にまさ

しく金剛峯寺を管理・維持しなさい。この遺告を誤ることのなきように。

といった内容となろう。

ここで、内容を確認しておきたい。第一は、「官に進めて御願の庭とせるもの」である。これは、承和二年（八三五）二月三十日に金剛峯寺が定額寺となったことを指すのであろう。[44] 第二は、東寺長者が金剛峯寺を兼摂すべきことを規定した「吾が弟子等の中に、先に成立せん長者東寺の座主阿闍梨耶、一向にまさに管摂すべし」である。東寺長者が金剛峯寺を兼摂するようになった端緒は、古来、東寺一長者であった観賢が、延喜十九年（九一九）九月十九日、金剛峯寺座主職を兼帯してからであると、[45] 考えられてきた。このうち、前者は、『御遺告』が書かれた日付を承和二年三月十五日とすることから、時間的には矛盾しない。しかし、後者は大きく齟齬をきたす。この第二十二条からは、『御遺告』の成立は少なくとも延喜十九年以降ということになろう。

ともあれ、東寺長者の職掌の一つとして金剛峯寺の管理・運営をあげることができる。

第十は、東寺座主大阿闍梨、如意宝珠を護持すべき縁起第二十四、である。本条には、まず、如意宝珠の作り方が詳細に説かれ、ついでその功徳が甚深であること、およびみだりに披見すべきでないことを縷々のべる。そうして、この如意宝珠を東寺の座主長者となる人に授くべきことが説かれる。ここには、煩瑣となるので、東寺長者に授くべきことを記す部分だけをあげてみよう。

代々の座主阿闍梨耶、若しは自門の弟子、若しは同門の内の相弟子、并びに諸の門徒衆等の中に堪能ならん者を看定めて、怨親平等の観行を以て預け護らしむべし。若し付法弟子等の中の者を簡びて枝枝に渉らば、大阿闍梨耶の手に留らずして、門門に移って以て不信の者に披露せられん。遂に淡道《あわきみち》と為って、自然に隠没すべし。茲《これ》に因って密教将に滅せんとす。然れば則ち、猶東寺の座主長者為らむ人に必ず応に付属《ふしょく》すべし。彼れ付属せむ

と擬するの日は、三箇日洗浴して、両部の諸尊を観念すべし。亦《また》普天の下、卒土の上の冥官の衆を観じ驚かせ、
四無量観を発起して付属せよ。(46)（傍線筆者）

ここでは、如意宝珠を弟子のなかでも枝葉末節のものが相承すれば、やがてはしもじもの不信者の手にわたり披露されるにおよぶと、真言の教えは隠没し滅亡するであろうから、東寺の座主長者となる人に授くべきであるという。如意宝珠の信仰は、舎利信仰の一種と考えられ、後七日御修法において、空海請来の舎利を大壇上に安置し、東寺長者を大阿闍梨として供養法が修されることと無関係ではないと考える。とはいえ、この如意宝珠の問題は、種々なる問題を含んでいるので、別稿で検討することにしたい。(47)

なお、この条の標目および本文からも、東寺座主大阿闍梨＝東寺座主長者の図式を画くことができよう。

以上の考察をふまえて、（1）東寺長者とは何か、（2）初代の東寺長者は誰か、（3）東寺長者の職掌は何か、を整理すると、つぎのようになろう。

まず、（2）の初代の東寺長者は誰かであるが、第二条に、実恵の徳を讃えて、初代の東寺長者とすべきことが定められていた。

ついで、（1）の東寺長者とは何かであるが、第十・十一・六・三・十六条にいくつかの概念規定がみられた。そのなか、注目されたのが同じ文章構造をもつ第十・三・十六条であった。再録すると、

十条………吾が弟子とならん者の末世後生の弟子の内にァ僧綱に成立せし者は、ィ上下の臈次を求めず、ゥ最初に成り出づる者を以って東寺の長者となすべし。

三条………真雅法師一期の後は、諸の弟子の中に在ってァ前に出身せん者、東寺を掌るべし。ィ年臈の次第を求むべからず。亦門徒の間にゥ一《もつぱら》成り立むを以って長者と為《な》すべし。

十六条……但し座主大阿闍梨と曰うは即ち東寺の大別当の号なり。門徒の間に修学してァ最初に成り出でて長者たらんを言うなり。ィ臈次を求むべからず。修学を先となして、ゥ最初に成立せるを長者とせよ。

傍線部アとウをいかに解するかが問題であり、かつ十分に理解できない箇所でもある。同様の表記が、第六条に「門徒の内、最初に成り立たん者」、第二十二条に「先に成立せん長者東寺の座主阿闍梨耶」とみられた。これらのなか、意味するところがもっとも明確に把握できるのは第十条であり、

僧綱に補任された者のうち、臈次には関係なく、最初に補任された者を東寺長者としなさい。

と解した。また『御遺告』には、東寺長者＝座主大阿闍梨耶＝座主大別当と解される文章が散見された。別に第十条には「長者は座主である」、第十一条に「座主官長を敬い尊重しなさい」と解される文章があり、長者・大阿闍梨・座主・別当といった様々なことばでもって表現されているところに、わかりにくさがあった(48)。これらをいかに解するかの詳細は、後日を期すことにしたい。

最後に、（3）の東寺長者の職掌は何かであるが、『御遺告』には七つの職掌がみられた。それらを列挙すると、

①東寺大経蔵の管理（第二条）、
②御願の灌頂会の大阿闍梨を勤めること（第六条）、
③弘福寺の管理・運営（第三条）、
④年分度者の課試と得度（第十六条）、
⑤神護寺の管理・運営（第二十条）、
⑥金剛峯寺の管理・運営（第二十二条）、
⑦真言宗僧団規律の堅持（第十七条）、

となる。(49)

三　寛信撰『東寺長者次第』の検討

歴代の東寺長者を記した史料のなか、現存するもっとも古いものが天養二年（一一四五）秋(50)、寛信が撰述した『東寺長者次第』、略称『長者次第』である。

この『長者次第』にもとづいて、いかなる僧が東寺長者に就任したか、を確認しておきたい。長者を歴任した僧とその任日を一覧表にすると、表7のようになる。ここでは、最初の四長者である定昭が補任された安和二年（九六九）の翌天禄元年（九七〇）までを取りあつかうことにする(51)。

なお、一言付け加えると、寛信は『長者次第』の序文に、

古次第等、皆疎簡なるを以って一二の長者分らず。纔《わず》かに只任日を注するのみ。予聊か文籍を考え、粗《ほぼ》徳行を出だす(52)。（以下略、傍線筆者）

と記し、古い次第はきわめて簡略なもので、ただ任日を注記するだけのものであった。そこで、私に少し徳行（事績）を付け加えた、と告白していることである。ここにいう「任日」が何を指すのか、長者への任日であったのか、またそれらは信頼できるものなのか、などを合わせて考えてみたい。

なお、さきにみた『御遺告』第十条に、「僧綱に補任された者のうち、臈次には関係なく、最初に補任された者を東寺長者としなさい」と解した一文が存在した。そこで表7では、東寺長者の任日と僧綱に補任された日時、並びに僧綱における順位とを比較するときの便を慮り、僧綱に任ぜられた真言宗僧を合わせて収録した。

僧　　綱		
僧正	僧都	律師
	空海小３・26	
	空海小	
	空海小	
	空海大５・28	
	空海大	
	空海大	
	空海大	
	空海大	
	空海大	
	空海大	
	空海大	
	空海３・21寂	
		実恵５・10
		実恵
		実恵
		実恵
	実恵小９・28	実恵
	実恵小	
	実恵小	
	実恵小	真済権11・９
	実恵小	真済権
	実恵小	真済権
	実恵小	真済
	実恵小10・寂	真済正４・23
		真紹権４・23
		道雄12・２
		真済
		道雄
		真紹正６・28
		真雅権６・28
		真済
		真紹
		道雄
		真雅
	道雄小12・	真済
		真紹
		道雄

表7　東寺長者一覧（寛信撰『東寺長者次第』による）

西暦	和暦	東寺長者			
		一長者	二長者	三長者	四長者
824	天長元	空海6・16			
825	同　2	空海			
826	同　3	空海			
827	同　4	空海			
828	同　5	空海			
829	同　6	空海			
830	同　7	空海			
831	同　8	空海			
832	同　9	空海			
833	同　10	空海			
834	承和元	空海			
835	同　2	空海3・21寂			
836	同　3	実恵5・10			
837	同　4	実恵			
838	同　5	実恵			
839	同　6	実恵			
840	同　7	実恵			
841	同　8	実恵			
842	同　9	実恵			
843	同　10	実恵	真済11・9		
844	同　11	実恵	真済		
845	同　12	実恵	真済		
846	同　13	実恵	真済		
847	同　14	実恵11・13寂	真済11・昇 真紹11・任		
848	嘉祥元	真済	真紹		
849	同　2	真済	真紹		
850	同　3	真済	真紹		

		真雅
		円明権７・
		円明正12・
	道雄小6・8寂	真済
	真済小７・７	真紹
		真雅
		円明寂
	真済小	真紹
		真雅
	真済権大10・25	真紹
	真雅小10・25	真雅
		恵運権10・25
	真済権大	真紹
	真雅小	恵運権
	真済権大	真紹
	真雅小	恵運権
真済10・１	真済権大	真紹
	真雅小	恵運権
	真雅大11・１	
真済10・27	真雅大	真紹
		恵運権
真済	真雅大	真紹
		恵運権
真済	真雅大	真紹
		恵運権
真済２・25寂	真雅大	真紹
		恵運権
	真雅大	真紹
		恵運権
	真雅大	真紹
		恵運権
	真雅大	真紹
		恵運権
真雅２・16	真雅大	真紹
	恵運小２・16	恵運権
	真紹権小２・16	常暁権２・16
真雅	恵運小	常暁権11・30寂
	真紹権小	
真雅	恵運小	常暁権
	真紹権小	
真雅	恵運小	常暁権

851	仁寿元	真済	真紹			
852	同　2	真済	真紹			
853	同　3	真済	真紹			
854	斉衡元	真済	真紹			
855	同　2	真済	真紹			
856	同　3	真済	真紹			
857	天安元	真済	真紹			
858	同　2	真済	真紹			
859	貞観元	真済	真紹			
860	同　2	真済２・25寂 真雅　任	真紹			
861	同　3	真雅	真紹			
862	同　4	真雅	真紹			
863	同　5	真雅	真紹			
864	同　6	真雅	真紹			
865	同　7	真雅	真紹			
866	同　8	真雅	真紹			
867	同　9	真雅	真紹			

	真紹権小	
真雅	恵運小	常暁権
	真紹権小	
真雅	恵運小	常暁権
	真紹権小	宗叡権1・27
	真紹小1・27	
真雅	恵運小	常暁権
	真紹小	宗叡権
真雅	恵運小9・22寂	常暁権
	真紹小	宗叡権
真雅法務3・14	真紹小	常暁権
		宗叡権
真雅法務	真紹小7・7寂	常暁権
		宗叡権東寺別当
真雅	宗叡権小12・29	常暁権
		宗叡権
		真然12・29
真雅法務	宗叡権小	真然東寺別当
		常暁権
真雅法務	宗叡権小東寺別当	真然東寺別当
		常暁権
真雅法務	宗叡権小東寺別当	真然東寺別当
真雅	宗叡権小	真然
真雅1・3寂	宗叡権小	真然
宗叡10・23		
宗叡東寺別当		真然東寺別当
宗叡東寺別当		真然
宗叡		真然
宗叡	真然権小10・7	真然
		源仁10・7
宗叡3・22寂	真然権小東寺別当	源仁東寺別当
	真然小11・22	源仁
	源仁小11・22	
	真然小	
	源仁小	
	真然小	
	源仁小11・22寂	
	真然権大4・7	益信権4・7
	真然権大	益信権
真然10・2	真然権大	益信正5・17
真然9・11寂		益信

868	同　10	真雅	真紹			
869	同　11	真雅	真紹			
870	同　12	真雅	真紹			
871	同　13	真雅	真紹			
872	同　14	真雅	真紹			
873	同　15	真雅	真紹 7・7 寂			
874	同　16	真雅				
875	同　17	真雅				
876	同　18	真雅	宗叡　任			
877	元慶元	真雅	宗叡			
878	同　2	真雅	宗叡			
879	同　3	真雅 1・3 寂	宗叡 1・昇			
880	同　4	宗叡				
881	同　5	宗叡				
882	同　6	宗叡				
883	同　7	宗叡	真然　任			
884	同　8	宗叡 2・26寂	真然 2・昇			
885	仁和元	真然	源仁10・22任			
886	同　2	真然	源仁			
887	同　3	真然	源仁11・22寂			
888	同　4	真然	益信 3・30任			
889	寛平元	真然	益信			
890	同　2	真然	益信			
891	同　3	真然 9・11寂	益信 9・昇			

	益信小12・22	益信
	益信	
	益信小	聖宝権12・22
	益信12・29法務東寺別当	聖宝12・29法務
	益信権大10・14法務	聖宝権
		峯斅権10・16
	益信権大東寺別当	聖宝権法務東寺別当
		峯斅権
	益信権大法務	聖宝権東寺別当
	聖宝小12・28	峯斅権
	益信権大法務東寺別当	峯斅権東寺別当
	聖宝小法務東寺別当	
	益信権大法務	峯斅権
	聖宝小法務	
益信3・2法務東寺別当	益信権大	峯斅権
	聖宝小法務	
益信法務	聖宝大1・14法務	峯斅権
益信法務	聖宝大	峯斅正
聖宝権3・23法務		承俊権
		観賢権共に3・23
益信法務東寺別当		峯斅東寺別当
聖宝権法務東寺別当		承俊権
		観賢権
益信法務		峯斅東寺別当
聖宝権法務		承俊正2・29
		観賢権
益信法務	峯斅小8・8東寺別当	峯斅東寺別当
聖宝権法務		承俊12・7寂
		観賢正8・8
		禅念権8・8
益信法務東寺別当3・7寂	峯斅小東寺別当	観賢東寺別当
聖宝正10・7法務東寺別当		禅念権
聖宝東寺別当法務	峯斅小東寺別当	観賢東寺別当
		禅念権
聖宝東寺別当法務	峯斅小4・29寂	観賢東寺別当
		禅念権7・27寂
聖宝7・6寂		観賢東寺別当
	観賢小3・22東寺別当	観賢
		禅安権3・22
		神日権3・22
	観賢小東寺別当	禅安権　神日権

892	同　4	益信				
893	同　5	益信				
894	同　6	益信				
895	同　7	益信	聖宝12・29任	峯斅12・29任		
896	同　8	益信	聖宝	峯斅		
897	同　9	益信	聖宝	峯斅		
898	昌泰元	益信	聖宝	峯斅		
899	同　2	益信	聖宝	峯斅		
900	同　3	益信	聖宝	峯斅		
901	延喜元	益信	聖宝	峯斅		
902	同　2	益信	聖宝	峯斅		
903	同　3	益信	聖宝	峯斅		
904	同　4	益信	聖宝	峯斅		
905	同　5	益信	聖宝	峯斅		
906	同　6	益信3・7寂	聖宝3・昇	峯斅 観賢10・7任		
907	同　7	聖宝	(峯斅)	観賢		
908	同　8	聖宝	(峯斅4・29寂)	観賢4・昇		
909	同　9	聖宝7・6寂	観賢7・昇			
910	同　10	観賢				
911	同　11	観賢				

	観賢小5・15法務東寺別当	禅安権5・15法務　神日権
	観賢小東寺別当法務	禅安権法務　神日権
	観賢小東寺別当法務	禅安権法務3・13寂 神日権
	観賢小東寺別当法務	神日権
	観賢権大4・5東寺別当	神日正4・5　10・27寂 無空権4・5
	観賢権大法務東寺別当	無空権
	観賢権大法務東寺別当	無空権　延僘権2・24 観宿権2・24
	観賢権大法務東寺別当	無空権　延僘権　観宿権
	観賢権大法務東寺別当	無空権　延僘権　観宿権
	観賢権大法務東寺別当	無空権6・26寂 延僘権　観宿権
	観賢権大法務東寺別当	延僘権　観宿権
	観賢大5・30東寺別当法務	延僘権　観宿権
	観賢大東寺別当法務	延僘権　観宿権
観賢権3・23 6・10寂	観賢大	延僘権
		観宿正3・23 8・10東寺別当
		済高権8・23
		観宿東寺別当
		延僘権　済高権
	観宿権小7・15　東寺別当	観宿 延僘権東寺別当　済高権
	観宿大閏8・28　東寺別当	延僘権
	延僘権小閏8・28東寺別当	済高権12・27　東寺別当 会理権6・28 神予権6・28
	観宿大東寺別当10・20寂	済高権東寺別当
	延僘権小法務東寺別当12・13寂	会理権東寺別当 神予権
		済高権東寺別当
		会理権東寺別当　神予権
		済高正10・27東寺別当
		会理正10・27東寺別当
		神予正10・27
		蓮舟権10・27
		済高東寺別当
		会理東寺別当　神予
		蓮舟権　貞崇権9・13

912	同　12	観賢				
913	同　13	観賢				
914	同　14	観賢				
915	同　15	観賢				
916	同　16	観賢				
917	同　17	観賢				
918	同　18	観賢				
919	同　19	観賢				
920	同　20	観賢				
921	同　21	観賢				
922	同　22	観賢				
923	延長元	観賢				
924	同　2	観賢				
925	同　3	観賢6・11寂 観宿8・10任	延僘6・17任			
926	同　4	観宿	延僘			
927	同　5	観宿	延僘			
928	同　6	観宿12・19寂 済高12・27任	延僘12・13寂 会理12・27任			
929	同　7	済高	会理			
930	同　8	済高	会理			
931	承平元	済高	会理			
932	同　2	済高	会理			

		済高東寺別当
		会理東寺別当　神予
		蓮舟権6・16
		貞崇権10・20東寺別当
		済高東寺別当
		神予6・16寂
		会理東寺別当
		貞崇権東寺別当
	済高小12・12東寺別当	済高東寺別当　会理
	会理権小12・12	貞崇正12・12東寺別当
	12・27寂	
	済高小東寺別当	貞崇東寺別当
	済高小東寺別当	貞崇東寺別当
	済高小東寺別当	貞崇
	貞崇権小8・27	
	東寺別当	
	済高小東寺別当	
	貞崇権小東寺別当	
	済高大12・14東寺別当	貞誉権12・14
	貞崇権小東寺別当	泰舜権12・14
	済高大東寺別当	貞誉権
	貞崇権小東寺別当	泰舜権12・28東寺別当
	済高大12・22寂	貞誉権
	貞崇権小東寺別当	泰舜権東寺別当
	貞崇権小東寺別当	貞誉権　泰舜権東寺別当
	貞崇権小東寺別当7・23寂	貞誉権7・8寂
		泰舜権東寺別当
		泰舜権東寺別当
		寛空権12・29
		泰舜権東寺別当　寛空権
		泰舜権東寺別当　寛空権
		泰舜権東寺別当
		寛空権12・4東寺別当
	寛空権小12・26	泰舜権東寺別当11・3寂
		寛空権東寺別当
		延鑑権12・26
	寛空権小東寺別当	延鑑権3・10東寺別当
	寛空権小	延鑑権
	寛空権小	延鑑権　定助権12・2
	寛空権小	延鑑権　定助権
	寛空小3・19	延鑑正3・19　定助権

933	同　3	済高	会理	蓮舟２・23任 蓮舟７・17寂 貞崇10・20任		
934	同　4	済高	会理	貞崇		
935	同　5	済高	会理12・24寂	貞崇12・24昇		
936	同　6	済高	貞崇			
937	同　7	済高	貞崇			
938	天慶元	済高	貞崇			
939	同　2	済高	貞崇			
940	同　3	済高	貞崇			
941	同　4	済高	貞崇	泰舜12・28任		
942	同　5	済高11・25寂	貞崇11・昇 貞誉　任	泰舜　昇		
943	同　6	貞崇	貞誉	泰舜		
944	同　7	貞崇７・22寂	貞誉７・８寂	泰舜７・昇		
945	同　8	泰舜				
946	同　9	泰舜				
947	天暦元	泰舜	壹定　任・寂			
948	同　2	泰舜	寛空12・４任			
949	同　3	泰舜12・３寂	寛空12・昇			
950	同　4	寛空	延鑑３・11任			
951	同　5	寛空	延鑑			
952	同　6	寛空	延鑑			
953	同　7	寛空	延鑑			
954	同　8	寛空	延鑑			

		寛延権３・19
	寛空小	延鑑　定助権　寛延権
	寛空小12・28法務	延鑑　定助正12・28
		寛延権
	寛空小法務	延鑑　定助４・13寂
		寛延権
	寛空大１・17東寺別当法務	延鑑
	延鑑権小12・27	寛延権８・13寂
	寛空大東寺別当法務	
	延鑑権小	
寛空権８・９東寺別当法務	寛空大　延鑑権小	
寛空権法務	延鑑小12・28	救世権12・28
寛空権東寺別当法務	延鑑小	救世権
寛空権東寺別当法務	延鑑小	救世権
寛空正７・20東寺別当法務	延鑑権大７・20東寺別当	救世正７・20
		寛静権７・20
寛空東寺別当法務	延鑑権大東寺別当４・10寂	救世12・24東寺別当
		寛静正12・28
寛空	救世権小12・26	救世　寛静
寛空法務	救世権小	寛静
寛空法務	救世小３・11	寛静
	寛静権小３・11	寛忠権３・11
寛空法務	救世小この年寂	寛忠権
	寛静権小　寛忠権小３・11	千挙権５・28
寛空法務	寛静権小　寛忠権小	千挙権

もとづいて記した。

「６・16任」とあれば、６月16日に任命されたことを示す。

れるので、東寺長者に任命された僧と僧綱に補任された僧との連関を確認するために設けた。

六国史を参考にして改めたところがある。

た。それぞれの種別を以下のように表記した。


「権大」と表記した。

場合は、僧名のあとに「正」を付して区別した。

３・26」とあれば、３月26日に空海が小僧都に補任されたことを示す。

思われるけれども、東寺長者を考える上で参考になるので、それらも併記した。

955	同　9	寛空	延鑑		
956	同　10	寛空	延鑑		
957	天徳元	寛空	延鑑		
958	同　2	寛空	延鑑		
959	同　3	寛空	延鑑		
960	同　4	寛空	延鑑		
961	応和元	寛空	延鑑		
962	同　2	寛空	延鑑		
963	同　3	寛空	延鑑		
964	康保元	寛空	延鑑		
965	同　2	寛空	延鑑３・27寂 救世12・27任		
966	同　3	寛空	救世		
967	同　4	寛空	救世	定昭１・25任	
968	安和元	寛空	救世	定昭	
969	同　2	寛空	救世	寛忠閏５・10任	定昭閏５・任
970	天禄元	寛空	救世	寛忠	定昭

1、この「東寺長者一覧」では、東寺長者・僧綱の欄を設けた。
1、東寺長者の欄は、「一長者」から「四長者」まで細分し、寛信撰『東寺長者次第』の記録に
1、表には、東寺長者への任日・昇補の日・示寂日をそれぞれ任・昇・寂の略字で表記した。
1、僧綱の欄は、東寺長者は僧綱の上臈のものから「一長者」「二長者」と任命されたとみなさ
1、僧綱の欄は、興福寺本『僧綱補任』の記録にもとづいて記した。ただし、僧綱への任日は、
1、僧綱の欄は、僧正・僧都・律師の欄に細分し、僧綱への任日・昇補の日・示寂日を併記し
①僧綱の欄は、僧名・僧綱の種類・任日（昇補の日）の順に記した。
②僧正の欄は、権僧正の場合、僧名のあとに「権」を付して表記した。
③僧都の欄は、小（少）僧都・大僧都の別を「小」「大」で表記し、権官の場合は「権小」
④律師の欄は、権律師の場合、僧名のあとに「権」を付した。権律師から正律師に昇補した
⑤僧綱への任日・昇補の日は、僧綱の種類（名称）のあとにアラビア数字で記した。「空海小
1、興福寺本『僧綱補任』には、「東寺別当」「法務」の書入れが散見される。これらは後筆と

以下、表7にもとづいて、『長者次第』の特色というか、留意すべき点をあげてみよう。

その第一は、初代の東寺長者を空海とすること、その任日を造東寺所別当に補任された天長元年（八二四）六月十六日とすることである。(53)

第二は、第二代長者実恵の任日を、律師に任ぜられた承和三年（八三六）五月十日とすること、言い換えると、僧綱に任ぜられた日をもって長者への任日とすることである。(54)第三代真済も、僧綱に任ぜられた日をもって、長者への任日とみなしている。(55)しかし、この僧綱への任日＝長者への任日は、あとにつづく真紹以下の真雅・宗叡・真然・源仁などには適用できない。そのあとの益信・峯斅は、僧綱に任ぜられた日に比較的近い日付けがみられるとはいえ、完全には一致しない。(56)

第三は、以上のことから、何をもって長者に補任されたとみなせばよいか、の基準が立てられないことである。

第四は、この「何をもって長者に補任されたとみなせばよいか」を考える上で、きわめて示唆に富むのが、第十七代の一長者であった定昭（照）の天元四年（九八一）八月十四日付の辞表である。すなわち、

　謹んで辞す

　　ア興福寺・東寺・金剛峯寺別当職の事

右、定昭、若年の時従《よ》り、法華一乗を誦し、并《あわ》せて念仏三昧を修して、先年、往生極楽の記を蒙る。而るに近曽《ちかごろ》夢の中で、悪趣に堕すべきの由を見る。定めて知る、件等の寺務に依りて示現する所なりと。ィ往年の告の如く往生極楽せんが為に、謹んで辞すること件の如し。

　天元四年八月十四日大僧都定昭(57)（傍線筆者）

とある。ではなぜ、辞表を呈上したのか。表中には、「往年の告の如く往生極楽せんが為に」（傍線部イ）ともっとも

らしい理由が記されているけれども、実際は二度までも僧綱の上臈者に長者の席を譲る破目になったからであろう。すなわち、一回目は、安和二年（九六九）閏五月、上臈の寛忠が長者に補任されたため、三長者であった定昭はこの席を寛忠にゆずり、史上初とはいえ、格下の四長者に移った(58)。二回目は、この辞表を呈上した天元四年八月である。定昭は一長者であったけれども、やはり上臈の寛朝が長者に補任されるうわさを聞き、寛朝が補任されるまえの八月十四日、辞表を提出したのであった(59)。ちなみに、寛朝は同月三十日付で任ぜられた(60)。以上より、定昭は恐らく、このような措置に反発する意を表したものと解されるのである。

このこともさることながら、それ以上に、この辞表で重要なことは、事書き（傍線部ア）に、

謹んで辞す、興福寺・東寺・金剛峯寺別当職の事

と記すことである。寛信はこの辞表のまえに、

（天元）四年八月十四日、東寺長者・興福寺別当等を辞す辞表を左に載す(61)（傍線筆者）

と前置きして引用しており、この二つを勘案すると、

東寺長者＝東寺別当

の図式が成り立つのである。つまり、東寺長者とは東寺別当の別称であったといえよう(62)。

さいごに、初期の東寺長者ははたして公的に認められた職であったのか、言いかえると、いかなる手続きで任命されたのか、について見ておきたい。さきの辞表が誰に宛てて出されているかが判明すれば、いかなる手続きで任命されたかがわかるけれども、残念ながら、この辞表には宛て名はない。とはいえ、寛信は真雅の項の尻付きに、

ア官符無く、任日不分明なり。仁海僧正自筆の長者次第に之を入れず。但し、真済と宗叡との中間に真雅が執行すること分明なり。或いは云く、口宣を蒙り行ぜらるるか。将に押行わるるべきか、と云々(63)。（傍線筆者）

と記している。この「どうした訳か真雅を補任したときの官符がみあたらず、任日を明確にしがたい」（傍線部ア）との記述を信ずるならば、東寺長者は太政官符をもって補任されたとも考えられる。しかし今日、少なくとも九・十世紀の補任に際して出された官符、並びにそれに類するものは一切見あたらない。

よって現時点では、初期の東寺長者は公的に認められた職であったとはいい難い、といえよう。

四　六国史にみる長者歴任者

ここでは、寛信撰『長者次第』に名前があがっている東寺長者を歴任した僧の事績を「六国史」で確認しておきたい。スペースの関係から、①「六国史」への初出の記事、②長者に補任された直後の記事、③最後の記事、の三つだけを抽出し、一覧表にした。それが表8である。

結論からいうと、六国史には「東寺長者」および真言宗にかかわる「長者」なることば、ならびに「東寺別当」なることばは、一切見られなかった。このことは、もし初期の真言教団内で「東寺長者」なることばが遣われていたとしても、それは朝廷のあずかり知らない職であったことを裏づける証拠となろう。

五　太政官符類にみる長者歴任者

つぎに、九・十世紀に出された太政官符類によって、東寺長者を歴任した僧の肩書を確認しておきたい。太政官符とは、太政官が天皇の意向をうけて出す公文書の一つであり、僧の肩書が記されることが多い。ここでも、原則とし

表8　六国史にみられる東寺長者歴任僧（長者補任直後の記事は、『長者次第』に記された長者への任日を基準とした）

長者世代	僧名	六国史初出の記事	長者補任直後の記事	六国史最後の記事
2	実恵	承和三（八三六）五・十 伝燈大法師位実恵為律師	承和七（八四〇）九・二十八 律師伝燈大法師位実恵為少僧都	元慶八（八八四）三・二十六① 就少僧都実恵。受学金剛界大法
3	真済	承和十（八四三）十一・九 大法師真済為権律師	承和十四（八四七）四・二十三 権律師真済為律師	貞観二（八六〇）二・二十五 僧正伝燈大法師位真済卒
	真紹	承和十四（八四七）四・二十三 大法師真紹為権律師	嘉祥元（八四八）六・二十八 権律師真紹為正	貞観十一（八六九）一・二十七 権少僧都真紹乎少僧都尓
4	真雅	嘉祥元（八四八）六・二十八 大法師真雅為権律師	貞観三（八六一）十一・十一② 大僧都伝燈大法師位真雅	元慶三（八七九）一・三 僧正法印大和尚位真雅卒
5	宗叡	貞観十一（八六九）一・二十七 宗叡乎権律師尓	元慶二（八七八）四・九 権少僧都法眼和尚位宗叡奏言	元慶八（八八四）三・二十六 僧正法印大和尚位宗叡卒
6	真然	貞観十六（八七四）十二・二十九 伝燈大法師位真然（中略）並為律師	元慶七（八八三）十・七 権律師法橋上人位真然為権少僧都	仁和元（八八五）三・二十六 権少僧都法眼和尚位真然（中略）並為少僧都
7	源仁	元慶七（八八三）十・七 伝燈大法師位源仁（中略）並為律師	仁和元（八八五）十・二十二 律師法橋上人位源仁並為少僧都	
8	益信	仁和三（八八七）一・二十九 伝燈大法師位益信伝授阿闍梨位灌頂		
9	聖宝	仁和三（八八七）三・九 伝燈大法師位聖宝伝授阿闍梨位灌頂		

①は宗叡卒伝。
②は讃岐国の佐伯直氏が宿禰の姓を賜った記事。

表9　太政官符類にみられる東寺長者歴任僧（長者補任直後の記事は、表8に準ずる）

長者世代	僧名	太政官符類初出の記事	長者補任直後の記事	太政官符類最後の記事
2	実恵		承和七（八四〇）十二・五 少僧都伝燈大法師位実恵	承和十三（八四六）三・十五 少僧都伝燈大法師位実恵表
3	真済	承和七（八四〇）十二・五 伝燈大法師位真済	嘉祥三（八五〇）一・九 律師伝燈大法師位真済	仁寿三（八五三）四・十七 少僧都伝燈大法師位真済
	真紹	承和七（八四〇）十二・五 伝燈大法師位真紹	嘉祥三（八五〇）一・九 律師伝燈大法師位真紹	貞観十一（八七〇）五・二十七 少僧都法眼和尚位真紹
4	真雅	嘉祥三（八五〇）一・九 律師伝燈大法師位真雅	貞観十四（八七二）三・九 僧正法印大和尚位真雅	
5	宗叡			
6	真然	元慶六（八八二）五・十四 金剛峯寺別当権律師法橋上人位真然	仁和元（八八五）六・二十二 権少僧都法眼和尚位真然	
7	源仁		仁和三（八八七）三・九 少僧都法眼和尚位源仁	
8	益信		寛平二（八九〇）十一・二十三 （円成寺）別当権律師法橋上人位益信	寛平七（八九五）三・六 少僧都法眼和尚位益信
9	聖宝	寛平七（八九五）十二・十三 権律師法橋上人位聖宝	延喜三（九〇三）六・五 権僧正法印大和尚位聖宝奏状	
10	観賢	昌泰三（九〇〇）十一・二十九 （仁和寺）別当伝燈大法師位観賢奏状	延喜十九（九一九）七・ 権大僧都法眼和尚位観賢奏状	

て、①太政官符類への初出の記事、②長者に補任された直後の記事、③最後の記事、の三つだけをもって一覧表にした。表9がそれである。

結論を記すならば、これら太政官符類にも「東寺長者」、および「長者」「東寺別当」なることばは一切見られなかった。この結論は、さきの六国史の記事を検討したときと全く同じであり、やはり九・十世紀には東寺長者なる職が公的なものではありえなかったことを物語っていると考える。

六　真雅の言上書

公的・私的いずれにしろ、東寺長者なる職が九世紀には存在しなかったであろうことを傍証する史料として注目されるのが、元慶二年（八七八）十一月十一日付の真雅の言上書である。この言上書は、真雅が陽成天皇に草創期の真言教団における付法次第を言上したときの記録といわれ、空海の十大弟子をはじめ、合計二十一名の相承系譜が記されている。

さっそく全文をあげてみよう（なお、引用するに際して、東寺長者を歴任した僧の名前をゴチとした）。

言上す。

本朝真言宗ァ伝法阿闍梨師資付法次第の事

合二十一人

入唐根本祖師贈大僧正法印大和尚位**空海**付法弟子十人

僧正伝燈大法師位**真済**

僧正法印大和尚位**真雅**
少僧都伝燈大法師位**実恵**
少僧都伝燈大法師位道雄（木於寺和尚云々、智証伯父云々、華厳寺、）
律師伝燈大法師位円明
伝燈修行賢大法師位真如
伝燈大法師位杲隣
伝燈大法師位泰範
伝燈大法師位智泉
伝燈大法師位忠延

イ第二阿闍梨少僧都伝燈大法師位**実恵**（付法弟子二人）
少僧都法眼和尚位恵運
権少僧都法眼和尚位**真紹**

僧正法印大和尚位**真雅**（付法弟子五人）
律師法橋上人位**真然**
十禅師伝燈大法師位真皎
十禅師伝燈大法師位**源仁**
十禅師伝燈大法師位載宝
伝燈大法師位恵宿

伝燈修行賢大法師位真如付法弟子二人

権僧正法印大和尚位一演

伝燈大法師位由蓮

伝燈大法師位杲隣付法弟子二人

伝燈大法師位円行

十禅師伝燈大法師位真隆

ウ第三阿闍梨僧都法眼和尚位**真紹**付法弟子一人

権少僧都法眼和尚位**宗叡**

以前、阿闍梨師資付法次第を注し顕し言上すること件の如し。

元慶二年十一月十一日　　僧正法印大和尚位**真雅**奉る(64)（傍線筆者）

どこに注目すべきかといえば、傍線部である。すなわち、事書き並びに実恵と真紹の付法の弟子を記すところにみられる「阿闍梨」なることばである。再録すると、

本朝真言宗㋐伝法阿闍梨師資付法次第の事

㋑第二阿闍梨少僧都伝燈大法師位実恵

㋒第三阿闍梨僧都法眼和尚位真紹

となり、特に、実恵を「第二阿闍梨」、真紹を「第三阿闍梨」と呼称している点である。

『長者次第』によると、この言上書が呈上された元慶二年は、真雅が一長者に就任してから十九年目であり、示寂する前年にあたる。もしこの時点で、真言教団内だけで通用する呼称にしろ、「東寺長者」なる職が存在し、真雅が

その地位に就いていたとするならば、「長者」の呼称を使用していてもおかしくないと思われるのに、ここでは「伝法阿闍梨」および「第二（三）阿闍梨」の呼称が使われている。また、真雅の肩書は「僧正法印大和尚位」である。これは何を意味するのであろうか。

ここで、想起されるのが、真言宗におかれた年分度者にかんする太政官符である。さきに分析した『御遺告』に、東寺長者の職掌の一つに、年分度者の課試と得度があった。真言宗におかれた年分度者は、承和二年（八三五）正月、新たに三名が置かれたことから出発し[65]、仁寿三年（八五三）に三名[66]、延喜九年（九〇九）に四名が加増され[67]、最終的には十名となったけれども、その変遷の過程でたびたび太政官符が出された。それらの官符中に、年分度者を選任するときの試験官、つまり課試者として「伝法阿闍梨」の名がみられるので、つぎに紹介してみたい。

「伝法阿闍梨」の名がみられる官符は、二つある。一つは、空海の奏請により、年分度者にかんする根本規定が定められた承和二年八月二十日付のそれである。そこには、

伏して請う。伝法阿闍梨遺属相承の者と、伝法を許さるる一両人と、相い共に省寮を経ず、金剛峯寺に於いて文義十条を課試せしめよ[68]。（傍線筆者）

とある。この「伝法阿闍梨遺属相承の者と、伝法を許さるる一両人と」のところを、かつて

真言密教の正嫡として付嘱された伝法阿闍梨と、次代に法を伝えることを許された一・二の者とが

と解し、一歩進めて「東寺長者みずからが中心となって」とみなしておいた[69]。

いま一つは、真済の奏請によって三人の加増が認められた仁寿三年四月十七日付の太政官符である。そこには、

今、須らく伝法阿闍梨、付法の証師三人と与に、東寺に於いて前後を論ぜず、同じく共に二月以前に試み畢るべし[70]。（傍線筆者）

とある。これはそのまま「伝法阿闍梨は付法の証師三人とともに」とみなしておきたい。

この年分度者の課試には、空海の並々ならぬものを私は感じる。そもそも空海が年分度者の制度に託したことは、「東寺長者みずからが中心となって資質のすぐれた学生を選び、十八道一尊法の修行と経論の学習のために、高野山での六ヶ年の籠山を課し、行学を兼ねそなえた国家に有用な僧を養成することであり、このことをもって、真言密教の永続化をはかられたのであった」と、かつて愚考した。(71)

ここに、「東寺長者」と解釈したのが、まさに、さきの「伝法阿闍梨遺属相承の者」である。つまり、「伝法阿闍梨遺属相承の者」=「東寺長者」と解したのであるが、=(イコール)の関係の真偽はしばらく措くとしても、真言宗の中心にいたのが、ほかでもない「伝法阿闍梨」であったと考える。

以上より、「東寺長者」の呼称が使われる以前は、「伝法阿闍梨」が使われていたのであり、そのことを傍証する史料がさきの二つの官符であったといえよう。(72)

七 「長者」の初出史料

つぎに、真言宗に関連する史料中、「長者」なる呼称がみられる最古の史料を紹介してみたい。「長者」がみられる史料は三つあり、いずれも空海が唐から請来した『三十帖策子』に関するもので、延喜十九年(九一九)十一月二日および同月九日の日付を有する。

第一は、醍醐天皇が漢文でつづった日記『醍醐天皇御記』の延喜十九年十一月二日の条である。「長者」の初出史料であり、しかもきわめて史料的価値が高いと思われるので、煩を恐れず、その全文をあげることにする。

右大臣（忠平）に仰せしむ。二つの事を又仰せしむ。故大僧正空海、唐自《よ》り持ち来れる真言法文策子、東寺に蔵《おさ》めしめ、他所に出ださず。并《あわ》せてア真言長者阿闍梨一人をして永代に守護すべきの由、彼の寺に仰せ渡さるべきの事、イ此の法文の事由、去年三月一日の日記に具さなり。権大僧都観賢、請うるに公家の宣旨を蒙ること厳重なり。此の物、又新造の物、此の策子の料筥、今日を以って彼の寺に送り遣すべし。仍って此の事を仰せしむ。蔵人所藤原幾蠕《ちかより》をして、真言法文を納むべき筥一合を権大僧都観賢の許に送付せしむ。(73)（原漢文、傍線筆者）

この条は、傍線部イに記されているように、前年の三月一日の条(74)——まさに散失せんとしていた『三十帖策子』を、観賢に命じてすべて回収させ、この日叡覧なされたこと——をうけた形で書かれており、三つのことが命ぜられている。すなわち、①『三十帖策子』を東寺経蔵に納め、門外不出とすること、②それを真言（宗の）長者である阿闍梨一人をして永代に守護すべきこと、③蔵人所藤原幾蠕をして、『三十帖策子』を納める筥一合を観賢のもとに送り届けるべきこと、の三つである。(75)

特筆すべきは、傍線部アに「真言長者阿闍梨一人をして永代に守護すべきの由」と、「真言長者」なる語がみられることである。この表記からは、すでにこの時点で「真言長者」なる職が置かれていたと解しておく。

第二の史料は、右の醍醐天皇の意向を東寺に伝え、あわせて革製の筥一合を東寺に届けたときの延喜十九年十一月二日付の左弁官下文である。そこには

勅を奉るに、件の法文、宜しく経蔵に全収し、外に出ださず、宗の長者をして、永代に守護すべし、者《てへり》。(76)（傍線筆者）

とあって、「宗の長者」なる語がみられる。内容は、さきの『醍醐天皇御記』の①②と同じなので、再説しない。重要なことは、この下文が公的文書であることである。そこに、「宗の長者をして、永代に守護すべし」と、既定のこととして「宗長者」が使われているので、やはり、「宗長者」なる職は延喜十九年には存在していたといえよう。

第三は、『三十帖策子』が真然によって東寺経蔵から持ち出され、再び東寺経蔵に納められるまでの顚末を、天皇の命を受けて観賢が撰述した『三十帖策子勘文』[77]（以下、『勘文』と略称す）であり、延喜十九年十一月九日の日付を有する。この『勘文』には、六ヶ所に「宗（之）長者」「宗之長」といった語句がみられ、東寺長者の成立を考える上で看過できない、根本史料の一つである。ともあれ、それらの文章を列挙してみよう。

①勘え申す、真言根本阿闍梨入唐求法の法文冊子三十帖、本の如く本寺の経蔵に納め宗の長者をして代々相承せしむべきの事

②厥《そ》の後、律師実恵、宗の僧綱と為り、先師の迹を守る。次いで少僧都に転任し、具に宗の事を建て行う。次に、同じく弟子の僧正真済、宗の長と為りて、宗の事を進止す。此の両代の間、堅く東寺に収めて、都て移動せず。

③根本阿闍梨、入唐請来するところの真言法文を以て、東寺に収め、代々の宗の長者、相伝えて渡し来たる。

④ア、設令《たとい》先師、件の法文を以て随身して、山に留むと云うと雖も、今末世に至りては護持の人乏し。門徒の僧綱宗の長者、取り出して護持するに、更に何の妨か有らん。

イ、況んや元来東寺に収め、今亦《また》本所に置き、代々の宗の長者相承する者をや。此れ尤も先師の本意に叶うべし。

ウ、観賢、愚昧の質を以て、忝なくも宗の長者と為り、先師の遺迹に就いて、蓋《なん》ぞ其の本意を尋ねん。[78]（傍線筆者）

要約しながら、少し内容を整理してみよう。

①は巻頭におかれた事書きであり、空海請来の『三十帖策子』を本来あった東寺経蔵に納め、宗の長者の管理下に置いて、末永く代々相承していきたい、とする。この「宗長者」の用法は、すでに宗の長者なる制度が確立されてい

て、その長者のもとで、といった意味で使われていると考える。

②は、『三十帖策子』が東寺経蔵にはじめて安置されたあと、実恵・真済へと厳重に受け継がれ、経蔵から持ち出されることなどなかった、と記すところである。ここで、実恵を「宗僧綱」といい、真済を「宗之長」と表記する。特に、この「宗之長」の表記は真済の時代に、すでに長者の制度があったかのように受けとれるが、そのことを裏付ける史料はない。したがって、ここでは、これ以上の穿鑿はしないでおく。

③は、最近のことしか知らない人が、『三十帖策子』はもともと高野にあったのだ、と主張するのを受け、天台宗では最澄が請来した法文だけを延暦寺に収蔵する例をあげて、論駁した一節である。つまり、根本阿闍梨たる空海が入唐請来したところの根本法文は、東寺経蔵に収納し、代々の宗の長者が厳重に相伝・継承してきたのだ、という。この「代々宗長者」は、文脈から、比較的早くから長者の制度があったと解することができる表記といえよう。

④は、『勘文』の最後に置かれたまとめの部分である。ここには、「宗（之）長者」が三回も集中してみられ、かつ観賢自身が長者であることを明記しており、特に重要な箇所である。

一つ目はアのところである。いかなる文脈で使われているかをみておく。「たとえ先師みずからが高野山まで随身し、高野山に留め置くといったとしても、いまは末世であり、厳格に護持できる人はいない」の文をうけて、「だから、門徒の僧綱・宗之長者が取り出して護持するのに、何の不都合があろうか、ありはしない。」という。この「門徒僧綱宗之長者」をいかに解するかは、見解の分かれるところであろうが、ひとまず、「真言宗の門徒にして僧綱の一員たる真言宗の長者」と解しておく。

二つ目はイのところである。要約すると、「ましてや、もともと東寺経蔵に収蔵していたのであり、今また、本来の場所に安置し、代々の宗の長者が末永く護持・継承していくのである。このようにすることが、空海の本意にもっとも叶うことである。」となろう。ここの「代々宗長者」は、今より以降の長者が末永く、との意であろう。

三つ目はウのところである。ここは、「わたくし観賢は、生まれながらに愚昧であるけれども、忝くも宗の長者になった。だから、先師（空海）ゆかりの遺跡について、どうしてその本意を尋ねないことがあろうか、そんなことはない。」となろう。ここに「観賢以二愚昧之質一、忝為二宗長者一」とあって、今まさに、観賢が長者職に就いていることを明記している。このことから、延喜十九年の時点で、「宗長者」なる職が設けられていたことは間違いない。

以上、延喜十九年に書かれた三つの史料をみてきた。そこには、「真言長者阿闍梨」「宗長者」「宗之長」「代々宗長者」「門徒僧綱宗之長者」などの語句がみられた。よって、延喜十九年十一月には、すでに「真言（宗）長者」なる職が置かれていたとみなしてよい、と考える。ただ、留意すべきことは、「東寺長者」とは記されていない点である。

八 「東寺別当」から「東寺長者」へ

右の考察から、「東寺長者」の呼称はまだ見られないけれども、やがて「東寺長者」に発展するであろう「宗長者」「宗之長」「代々宗長者」「門徒僧綱宗之長者」「真言長者阿闍梨」といった呼称が、延喜十九年（九一九）十一月に書かれた三つの史料で確認できた。

ところで、寺院別当制について精力的に研究を進めておられる牛山佳幸氏が、「東寺長者」の成立過程に関して、極めて示唆に富んだ見解を提示している。すなわち、

造寺別当がそのまま寺家別当に移行したらしいことが初期の記録からうかがわれるので、最初から寺務統括者が〝長者〟という名称で始まったとするこれまでの理解はむろん誤りである。（中略）東寺別当制の興味深い点は、

初期の段階（恐らく造寺別当から寺家別当に転換した頃）から複数制をとっていることであり、昌泰三年（九〇〇）には早くも定員四人に達している。(79)

といい、造寺別当がそのまま寺家別当に移行し、やがてこの別当の呼称が長者に変化したとみなされた。その長者に変化した時期については、「確言は持てない」といいながら、

十一世紀初頭までには東寺内で〝長者〟の呼称が定着していることは『平安遺文』所収文書によって明らかであり、興福寺本『僧綱補任』で〝東寺別当〟から〝東寺長者〟に表記法が変化するのも、ほぼ同じ頃であるという点も多少の参考になろう。(80)

といい、十一世紀初頭までには「東寺長者」に変化していたのではなかったか、とみなされた。この牛山説を整理すると、

造寺別当　→　寺家別当　→　東寺長者

と、三段階にわたって発展したと解されているといえよう。東寺だけに限定すれば、これでもよいのであろうが、「東寺長者」は真言宗一門の統括者に対する呼称であったとみなされることを勘案すると、別の展開過程が考えられよう。

そこで、筆者は上来の考察をふまえて、「東寺長者」の成立過程を二つの系統にわかって考えてみたい。すなわち、

・東寺統括者………　造東寺所別当　→　東寺別当（寺家別当）
・真言宗統括者……　伝法阿闍梨　→　宗長者
→　東寺長者

の二系統である。ここで結論的なことを記すならば、この二系統のうちの「東寺別当」と「宗長者」とが統合されて、「東寺長者」が成立したと考える。

その成否はともあれ、つぎに、それぞれの段階における根本史料をあげてみよう。

第一の「造東寺所別当」は、空海が撰述した「故の贈僧正勤操大徳の影讃并びに序」に、

弘仁四年に抜でらるに律師を以ってす。（中略）皇帝之を歎じて、即ち少僧都に任じ、造東寺別当を兼ぬ。[81]（傍線筆者）

とあって、空海が補任される前に、勤操が造東寺所別当に任ぜられていたことを記す。空海がこの職に補任されたのは、天長元年（八二四）六月十六日、造西寺所別当に移った長恵に替わってのことであった。[82]空海が閉眼した承和二年（八三五）三月の時点でも、東寺の主要堂塔は未完成であったので、少なくともこの職は、空海在世中はずっと置かれていたとみなしておきたい。[83]

第二は「伝法阿闍梨」。牛山氏は、「造東寺別当」から「寺家別当」にそのまま移行したとみなした訳であるが、承和二年以降、東寺別当の初見と考えられる仁和四年（八八八）五月の真然まで、史料の上で造東寺別当は確認できない。ここで想起されるのが、さきに紹介した「伝法阿闍梨」である。伝法阿闍梨は、承和二年八月二十日付と仁寿三年（八五三）四月十七日付の太政官符にみられ、さらに元慶二年（八七八）十一月十一日付の「真雅言上書」にも記されていた。よって、この間の真言宗一門の統括者は「伝法阿闍梨」であった、とみなしておきたい。

第三は東寺別当、牛山氏のいわれる寺家別当である。ここでは、東寺別当を明記する二通の文書を紹介したい。一通は、仁和四年五月二十四日付の東寺解由状案である。

東寺　　案

与前都維那伝燈満位僧神忠解由之事

右、依元慶八年四月廿三日符任之、仁和四年四月十一日

得替解任、仍与解由如件、

仁和四年五月廿四日　都維那伝燈満位僧「寿仁」

別当権大僧都法眼和尚位「真然」

伝燈大法師位「峯斅」

上坐伝燈大法師位「延高」

寺主伝燈法　師位「峯秀」　○「造東寺印」二十二アリ[84]（傍線筆者）

とあり、別当権大僧都法眼和尚位として真然の自署がみられる。

あと一通は、昌泰三年（九〇〇）三月□日付の東寺上座某解由状である。ここには、

□□

与前上座伝燈大法師位神□

右、去夏□□五月廿三日得替解任、

□□（仍与）解由如件

昌泰三年三月□日　都維那伝燈法師位

別当僧正法印大和尚位「益信」

少僧都法眼和尚位「聖宝」

権律師法橋上人位「岑斅」

伝燈大法師位「命雋」

上座伝燈満位僧「貞栄」

寺主伝燈法師位「慶進」　○「造東寺印」十二余丁ヲ踏ス(85)（傍線筆者）

とあって、別当僧正法印大和尚位の益信をはじめ、同じく僧綱の一員であった聖宝・峯斅の署名がみられる(86)。この時期に、東寺に別当職が置かれていたことの傍証となるのが、寛平九年（八九七）六月二十六日付の太政官符である。この官符は、益信の奏請により、再度、年分度者の課試を東寺でおこなうことが勅許されたときのものであり、その課試者として

唯《ただ》課試の日は、勅使及び宗の僧綱の東寺別当為る者多少、彼の両寺の座主・別当、及び東寺定額僧等の中の証師為るに堪えたる者一人を率いて、旧に依って、毎年二月以前、東寺に於いて之を試みよ(87)。（原漢文、傍線筆者）

とある。ここには、「勅使及び真言宗徒で僧綱に属する東寺別当たる者多少は、金剛峯寺と神護寺の座主・別当、及び東寺定額僧等の中の証師為るに堪えたる者一人を率いて」、旧の規定によって、毎年二月以前に、東寺において課試すべきことが記されている。何よりも、「東寺別当為る者多少」とは、複数の東寺別当の存在が意識されていたといえよう(88)。

これらより、「東寺別当」なる職が置かれていたことは間違いない。

第四は「宗長者」である。「宗長者」および類似の表記が、さきに一節を設けて論じたように、延喜十九年（九一九）十一月に書かれた三つの史料の計十一ヶ所にみられた。留意すべきは、この時点で、「宗長者」が新設されたとするものではなく、いずれも「宗長者」が既知のこととして記されていることである。どこまで遡りうるかは定かでないが、九世紀初頭から「氏長者」の制度が存在しており(89)、「宗長者」はその影響化に案出されたものと推察しておく(90)。

第五は「東寺長者」である。「東寺長者」の初見は『御遺告』であった。そこには、「東寺に長者を立つべき縁起第

十」「諸の弟子等、并びに後生末世の弟子とならん者、東寺長者を敬ふべき縁起第十一」なる項目がみられた。よって、この『御遺告』が成立したころには、真言宗一門の統括者に対する呼称としての「東寺長者」が、確立しつつあったと考える。しかし、『御遺告』の成立年代に結びつく具体的な史料は、いまだ持ち合わせていない。(91) ひとつの目途としては、『御遺告』の最古の写本である金剛寺本奥書に見える安和二年（九六九）があるだけである。(92)

以上より、いまだ推測の域をでるものではないけれども、ここでは、真言宗一門の統括者としての「東寺長者」なる呼称が成立する過程として、一つの仮説を提示しておきたい。すなわち、「東寺長者」なる呼称は、

・東寺統括者………造東寺所別当 → 東寺別当（寺家別当）→ 東寺長者
・真言宗統括者……伝法阿闍梨 → 宗長者 → 東寺長者

なる二系統の流れの「東寺別当」「宗長者」なる名称とその職掌とが統合されて成立したのであった、とみなしておきたい。

おわりに

以上、八節にわたって長々と論じてきたところを要約すると、つぎのようになる。

従来、空海閉眼後の真言宗は、承和三年（八三六）五月十日に任ぜられた実恵を嚆矢とする東寺長者を中心として維持・運営されてきた、と解されてきた。これは、後世に編纂された『東寺長者次第』『東寺長者補任』などの記述を鵜呑みにしたものであって、九・十世紀の公文書・六国史類には、「東寺長者」は一切見出せない。現存する史料における初見は、空海の遺言状と見なされてきた十世紀中ごろ成立の『御遺告』であり、これにつぐのが康平三年

（一〇六〇）十一月成立の成尊撰『真言付法纂要抄』である。(93)

第二節では、まず『御遺告』にみられる「東寺長者」「長者」をすべて抽出し、検討を加えた。その結果、四つの特色が認められた。（一）実恵を（初代の）東寺長者とみなすこと、（二）東寺長者とは、臈次には関係なく、最初に僧綱に補任された者をかく称すること、（三）東寺長者＝座主大阿闍梨耶＝座主大別当と解される文章が散見されること、（四）東寺長者の職掌として、①東寺大経蔵の管理、②御願の灌頂会の大阿闍梨を勤めること、③年分度者の課試と得度、④弘福寺の管理・運営、⑤金剛峯寺の管理・運営、⑥神護寺の管理・運営、⑦真言宗僧団規律の堅持、の七つをあげうること、の四つである。

第三節では、東寺長者歴任者を集成した現存最古の史料『長者次第』にもとづいて、四長者がはじめて置かれた安和二年（九六九）までの東寺長者の一覧表を作成し、あわせてこの間に僧綱に補任された真言僧を対比させた。その結果、（一）『長者次第』からは、何をもって東寺長者と称するのかの答えは見出しえなかった。（二）天元四年（九八一）の定昭（照）の辞表から、東寺別当の職にある僧を、一方で東寺長者と称していたことが判明した。

第四・五節では、東寺長者の歴任者とみなされてきた僧の肩書を六国史・太政官符類にもとづいて確認した。その結果、これらの史料には、「長者」「東寺長者」の語は見出せなかった。その結果、もし九・十世紀に「東寺長者」なる呼称が存在したとしても、それは真言宗内だけで通用した私称であったとみなした。

第六節では、元慶二年（八七八）十一月、真雅が陽成天皇に草創期の真言教団における付法次第を言上したときの「真雅言上書」を検討した。この書と、太政官符にみられる年分度者の課試者に関する記述を勘案すると、初期の真言教団では、その中心にいた者を「伝法阿闍梨」と呼称していたのではなかったか、とみなした。

第七節では、真言宗に関する史料のなか、「長者」なる語が見られる最古の三つの史料――『醍醐天皇御記』「弁官下文」『三十帖策子勘文』——に検討を加えた。いずれも延喜十九年（九一九）十一月に書かれたものであり、三つの特色を指摘できた。（一）三つの史料には、「宗長者」「宗之長」「代々宗長者」「真言長者阿闍梨」「門徒僧綱宗之長者」といった語句がみられること、（二）延喜十九年の時点で、すでに「宗長者」なる職が設置されていたとみなしうること、（三）この「宗長者」は、真言宗一門を代表する統括者の意で使用されていること、の三つである。

第八節では、全国の諸寺に寺家別当が置かれていたとの指摘[94]を手がかりに、東寺別当を検索したところ、仁和四年（八八八）五月二十四日付「東寺解由状案」の真然を初出として、九世紀末に三つの史料を見いだすことができた[95]。

そうして、これまでの考察を綜合して、真言宗一門の統括者としての「東寺長者」なる呼称が成立する過程を、

・東寺統括者………造東寺所別当　→　東寺別当（寺家別当）↘

・真言宗統括者……伝法阿闍梨　→　宗長者　→　東寺長者

なる二系統が統合された結果である、とみなした。つまり、一方に、制度としての空海当時の造東寺所別当から真然時代の東寺別当への流れがあり、また一方に、職掌としての実恵・真済時代以来の伝法阿闍梨から観賢時代の宗長者への流れがあった。これら二つの系統は『御遺告』が成立する十世紀中ごろに統合され、「東寺長者」なる呼称と職掌が成立したのではなかったか、と推察した。

残された課題は少なくないけれども、ここでひとまず筆を擱く。いずれも推察に推察をかさねた雑駁な論述ではあるけれども、九・十世紀における東寺長者をとりあげた専論が見出せない今日、いくらかでも今後の研究に資するところがあれば幸いである。[補註2]

註

（1）拙稿「弘福寺別当攷」（皆川完一編『古代中世史料学研究』下、九七頁、註32、一九九八年十月、吉川弘文館）。この一文は、佐

伯有清先生が「真然は元慶三年に東寺の別当となっているので、そのために弘福寺の検校を辞したのであろう」と書かれているのに対して、「真然が東寺別当として転出した説も疑わしい。なぜなら、この当時、東寺別当職が存在していたとは考えがたく」と私見を述べ（同八一頁）、このような註を施したのであった。後述するように、東寺に別当職が置かれていたことは間違いなく（本稿第八節）、私のまったくの誤解であった。この場を借りて、佐伯先生にお詫び申しあげなければならない。ただし、仁和四年（八八八）五月二十四日の時点で、真然が東寺別当であったことは確認できる（同日付東寺解由状案〈『平安遺文』第一巻、二一三〜二一四頁〉）が、元慶三年（八七九）に別当となった史料は見出せない。ちなみに、興福寺本『僧綱補任』によると、貞観十七年（八七五）条の真雅の尻付きに「東寺別当任」とあり、以後、同十八年・元慶元年・同四年・同五年・同八年条に同じく「東寺別当」の尻付きが見られる（『大日本仏教全書』百二十三〈興福寺叢書第一〉九一〜九四頁）。

（2）『御遺告』所収「縁起第二」（『定本弘法大師全集』〈以下、『定本全集』と略称す〉第七巻、三五七頁、一九九二年六月、高野山大学密教文化研究所）。

（3）守山聖真編著『文化史上より見たる弘法大師伝』に明治期を代表する釈雲照・権田雷斧・加藤精神師の偽撰説を紹介する（『同書』一六〜三〇頁、一九三三年八月、豊山派御遠忌事務局）。また、『御遺告』の偽作説を論じた近年の労作に、上山春平『空海』があり（朝日評伝選二四、一九八一年九月、朝日新聞社）、『御遺告』類に関する諸問題を簡潔に記したものに、和多秀乗「遺告・遺誡類」解説がある（『定本全集』第七巻、四七七〜四九六頁、一九九二年六月）。

（4）『東宝記』第七「長者始」の項（東宝記刊行会編『国宝 東宝記原本影印』〈以下、『国宝 東宝記』と略称す〉六二〇〜六二一頁、一九八二年二月、東京美術）。

（5）亮快『顕密威儀便覧』巻下「東寺長者」の項、十丁裏〜十一丁表。なお、活字本は『大日本仏教全書』七十三（服具叢書第一）、三三九〜三四〇頁。

（6）『密教大辞典』「長者」の項（一六〇五頁、一九三一年九月、密教辞典編纂会）。のちに法蔵館から改訂増補版・縮刷版が刊行されている。

（7）『望月仏教大辞典』「長者」の項（第四巻、三七〇六〜三七〇七頁、一九三六年十一月、世界聖典刊行会）。

（8）『国史大辞典』戸田芳実稿「長者」の項（第九巻、五九〇頁、一九八八年九月、吉川弘文館）。

（9）『群書解題』久保田収稿「東寺長者補任」の項（『同書』〈初版〉第二上、六二一〜六二三頁、一九六三年二月、〈四版〉第五、二七四

頁、一九八六年六月、ともに続群書類従刊行会）。

（10）湯浅吉美「東寺観智院金剛蔵本『東寺長者補任』の書誌学的報告」（『成田山仏教文化研究所紀要』第二十号、七四～七五頁、一九九七年三月）。

（11）真木隆行「中世東寺長者の成立―真言宗僧団の構造転換―」（『ヒストリア』第百七十四号、七六～一〇五頁、二〇〇一年四月）。

（12）『東宝記』第七「四人長者始」の項（前掲（註4）書、六二〇頁）。

（13）『東宝記』第七「四人長者始」の項（前掲（註4）書、六二一頁）。

（14）四長者の初例を記す論考は、ことごとく寛忠をもってその初例とするけれども、この寛忠説は誤りである。それは、つぎの三つの理由による。第一は、東寺長者の歴代を記す現存最古の史料である寛信撰『東寺長者次第』の「律師定昭」の項に

安和二年閏五月、上臈寛忠僧都加補長者、仍定昭為四長者、元是三長者、（傍線筆者）

とあり、『同書』「権少僧都寛忠」の項に

安和二年閏五月十日、補長者、〈年六十三、超本長者定昭律師并非長者上臈寛静僧都、職為少僧都、〉長者四人、〈一寛空、二救世、三寛忠、四定昭、〉是初例也、寛平法皇孫、兵部卿敦固親王息、法皇入室、淳祐内供受法灌頂弟子、（傍線筆者）

とあって、安和二年（九六九）閏五月、上臈の寛忠が長者に補任されたため、定昭が四長者に移ったことを明記している（和多昭夫（秀乗）「寛信撰　東寺長者次第」〈『高野山大学論叢』第二巻、一一一頁、一九六六年十月〉）。

第二は、『続々群書類従』第二所収の『東寺長者補任』第一の安和二年の条に、

長者僧正寛空〈法務〉、

少僧都救世〈後七日法行之、九月十五日灌頂行之、〉

律師定照

権少僧都寛忠〈池上真言宗大安寺〉

閏五月十日加任三長者、〈六十三、〉長者四人、初例也、（以下略、傍線筆者）

とあって、ここでも寛忠が三長者に任ぜられたことを記し、翌天禄元年には、寛空・救世・寛忠・定照の順に記している（『続々群書類従』第二、五〇〇頁）。

第三は、東寺観智院に伝存する杲宝撰『東寺長者補任』の安和二年の条にも

一二三長者同　〈閏五月以後《第三長者》定照退為第四或記云安和二—閏五月上臈寛忠僧都加補長者仍定照為四長者〈元是三長者〉〉
・四長者寛忠権少僧都　〈閏五月十日加任長者四人始例也　『一寛空二救世三寛忠四定照』〉
（挿入符による書入れは《》、二行割註は〈〉に入れた、傍線筆者）

とあり、寛忠は三長者となったと記す。『同書』の翌天禄元年の条には「長者四人同」とあり、同二年の条には「三長者寛忠権少僧都」「四長者定照律師」と記す（湯浅吉美「東寺観智院金剛蔵本『東寺長者補任』の翻刻」上〈『成田山仏教文化研究所紀要』第二十一号、八六～八七頁、一九九八年三月〉）。以上より、寛忠は安和二年閏五月に東寺長者に補任されたけれども、その順位は三長者であって、決して四長者ではなかったのである。

(15) 長者選任の方法については、「長者職撰器補任」なる項目をたて、『御遺告』縁起第十の前半部をあげるにすぎない。本文をあげると、つぎの通りである（前掲（註4）書、六二一・六二三頁）。

大師御記に云わく。東寺に長者を立つべき縁起。吾が弟子とならん者の末世後世の弟子の内に僧綱に成立せし者で、上下の臈次を求むるにあらず、最初に成立せんを以って東寺の長者となすべし。長者は既に是れ座主なり。唐の法に准じて座主の号を奏聞せんと欲う、と云々。

(16) 註5に同じ。原本には、送り仮名と返り点が打たれている。訓み下すにあたっては、原本にある送り仮名は片仮名で、私に補った読みは平仮名で表記した。なお、さきに引用した文章のあとに、三箇と拝堂の次第とが記されているので、参考までにつぎにあげておく。

三箇ハ威従二師ト為テ、封戸ノ印ヲ押ス。拝堂ハ、長者、将に小別当〈一ニ凡僧別当ト云フ、学侶ヲ挙テ補ス〉威従二師等ヲ将ヒテ、東門自《よ》リ入リ、便チ西ノ院・食堂・講堂・金堂等ノ所ヲ拝シテ、西ノ院ニ帰リ、長者ノ座席ニ趺坐ス。特ニ三印ヲ押ス。謂ハク大師ノ印・永真〈執行元祖〉ノ印・執行ノ印ナリ。若シ其ノ拝堂ヲ行ハざル者ハ、則ち長者補任〈簿籍ノ名〉ニ載セず。又タ長者ノ座席ヲ許サず。

(17) 註6に同じ。ただし、引用するに際して、①～③の番号を私に付した。

(18) 註7に同じ。同じように、①～④の番号を私に付した。

(19) 註8に同じ。

(20) 註9に同じ。
(21) 註10に同じ。
(22) 真木隆行、前掲（註11）論考、八一頁。
(23) 真木隆行、前掲（註11）論考、八三頁。
(24) ここにとりあげた以外に、佐伯有清先生は、『聖宝』〈人物叢書〉のなかで、

　東寺の長者とは、他寺の座主にあたる地位の名称である。真然の死後、法兄の益信が長者の任を受けついでいたが、ここに益信とならんで聖宝が東寺の長者となったのである。長者が二名補任されると、先任者を一の長者と呼び、つぎを二の長者と称したのである。二の長者となった聖宝は、一の長者益信とともに、真言宗を代表する地位についたのであった。

といい、東寺長者は「他寺の座主にあたる地位の名称である」といわれる（『同書』一五五頁、一九九一年六月、吉川弘文館）。
(25) この奥書は、以下に紹介する（一）（二）の論考並びに収録されている写真と、筆者の原本調査のときの記録にもとづいて活字化した。金剛寺本『御遺告』に言及する論考に、つぎのものがある。（一）小林芳規「御遺告万寿二年角筆点」（同著『角筆文献研究導論』中巻、四九一～五〇四頁、二〇〇四年九月、汲古書院）、（二）小林芳規『角筆文献研究導論』別巻、資料篇、八七～九四頁、二〇〇五年六月、汲古書院、（三）「弘法大師二十五箇条遺告」（『月刊文化財』五百二十五号、二三～二四頁、二〇〇七年六月、第一法規）、（四）梅澤亜希子「弘法大師二十五箇条遺告」（『日本歴史』七百十八号、口絵解説、二〇〇八年三月）。
(26) 『御遺告』所収「縁起第十」（『定本全集』第七巻、三六一頁）。
(27) 『御遺告』所収「縁起第三」（『同右』第七巻、三五八頁）。
(28) 東寺に座主職が正式に置かれたのは、鎌倉末期の徳治三年（一三〇八）正月二十六日、東寺灌頂院において、禅助から伝法灌頂を受法した恩賞として、後宇多法皇が禅助を初めて東寺座主に補任した。『仁和寺御伝』によると、実際の補任は同年三月二十三日であったとする（『同書』「禅助大僧正」の項〈経済雑誌社版『群書類従』第四輯、四七〇頁、一八九三年八月、内外書籍版『群書類従』第三巻、七六八頁、一九三〇年五月〉）。ともあれ、補任にいたる経緯を、法皇はみずから『後宇多法皇宸翰御手印遺告』に「教王護国寺相承の座主職を興隆すべき縁起第十七」と題して記しておられる。ここには重要な後半部だけをあげてみよう。

　①　㋐抑《そもそも》当寺の座主職は、高祖の曰《のたま》わく、唐の法に准じて座主の号を奏聞せんと欲す。先々より思うと雖も、山に入るの間、既に忘脱せしめて、未だ此の事を遂げず。須く諸弟子等必ず此の事を遂ぐべし。皆な是れ不要の言有るにあらず。併せ

て令法久住の謀なり、而已。我が後の資、斯れを難ずること勿れ、と云々。

② ㋑而るに此の事、星霜を経れども果遂の人無し。㋒吾れ伝法の日、勧賞と為して、前大僧正を以って、之に補任し畢《おわ》んぬ。必ず吾が門資に伝うべからずと雖も、当寺の紹隆の為に、前大僧正萬歳の後、奏聞せしめて、後の資に相伝せしめんと欲する者なり。（傍線筆者）

要約すると、まず①で、空海が弟子たちに東寺に座主職を置くべく奏聞するよう遺誡した『御遺告』の縁起第十をあげ（傍線㋐以下）、しかしながら、多くの歳月が過ぎ去っているけれども、このことをなし遂げた人はいない（傍線部㋑）。そこで私は、伝法灌頂を受法した日、その恩賞として、前の大僧正禅助を座主職に補任した（傍線部㋒）。必ずしも私の門弟だけで伝えるべきではないとはいえ、教王護国寺をいよいよ盛んにするために、前大僧正が示寂したあと奏上して、この職をのちの弟子に相伝させたいと願うものである、という。つまり、空海の遺誡をはじめて具現化したのが後宇多法皇であった。この空海による構想を後宇多法皇がはじめて具現化した東寺座主職については、真木隆行氏の論考がある。それによると、東寺座主職は禅助のあと、道意・文観と次第したが、「戦乱のなかにあってそれらの実態が不明のまま、やがてこの職は消滅した」という（真木「東寺座主構想の歴史的変遷」〈『仏教史学研究』第四十一巻第二号、五九〜八二頁、一九九九年三月〉）。

(29) 『御遺告』所収「縁起第十二」（『定本全集』第七巻、三六一〜三六二頁）。

(30) 註2に同じ。

(31) 『御遺告』所収「縁起第六」（『定本全集』第七巻、三五八〜三五九頁）。

(32) 東寺灌頂院が完成するのは、承和十年（八四三）と考えられる。すなわち、同年十一月十六日、実恵の奏請によって、伝法阿闍梨位の灌頂と春秋二季の結縁灌頂を東寺灌頂院で修すべきことが勅許され（『類聚三代格』所収太政官符〈『新訂増補 国史大系』（以下、『国史大系』と略称す）第二十五巻、六八頁〉）、これを受けて、同年十二月九日、真紹に伝法阿闍梨位を授くべき勅許が下り、この月灌頂壇が開かれ、真紹は入壇受法したのであった（『血脈類集記』第二、実恵付法の条〈『真言宗全書』第三十九、四三〜四八頁〉）。結縁灌頂は、翌承和十一年三月十五日に始修され、同十三年三月十五日には秋季にだけ修すべきことが勅許されている（『類聚三代格』所収太政官符〈『国史大系』第二十五巻、六九頁〉）。これらを勘案すると、承和二年三月十五日の日付けを有する『御遺告』が、東寺長者は東寺灌頂院における恒例の灌頂の大阿闍梨を勤めなさい、と記すのは、時間的に早すぎるとも考えられよう。あるいは、東寺灌頂院が空海の構想のもとに建立されたとすれば、そこにおける灌頂の実際についても、空海から細々とした指示が出されていたとみなすこともできよう。

(33)『御遺告』所収「縁起第三」(『定本全集』第七巻、三五七〜三五八頁)。

(34)『金剛峯寺建立修行縁起』(『弘法大師伝全集』〈以下、『伝全集』と略称す〉第一、五四頁)。

(35)『御遺告』所収「縁起第一」(『定本全集』第七巻、三五六頁)。

(36) 真言院といえば、われわれは直ちに宮中の真言院と東大寺内に建立された真言院を想起することができる。前者は、承和元年(八三四)十二月十九日に勅許された後七日御修法の道場として建立されるので、天長九年(八三二)十一月の時点で、付嘱する云々は考えがたい。とすると、『建立縁起』にいう真言院は後者であろうか。確かに、弘仁十三年(八二二)二月に灌頂道場を建立すべしとの勅命はだされているけれども、建物自体の完成は承和三年ころであったといえよう(「官符等編年雑集」所収承和三年閏五月三日付僧綱牒〈『弘法大師全集』(以下、『大師全集』と略称す)第五輯、四五二〜四五四頁、一九六六年一月〈増補三版〉、密教文化研究所〉)。このように考えてくると、『建立縁起』の付嘱説は、直ちに信じることはできないのである。

(37)『御遺告』所収「縁起第十六」(『定本全集』第七巻、三六四頁)。

(38) この三ヶ年の籠山を課す、とする点も、空海の奏請によって、承和二年(八三五)八月二十日付で勅許された年分度者の細則と異なることから、従来云われてきたこと——文章は空海みずからが書いたものではないけれども、その内容・精神は空海の意志を体して弟子が書いたとみなす説——も、疑わしいといえよう。ちなみに、年分度者の細則では、得度ののち、高野山における六年間の籠山を課している。真言宗に置かれた年分度者に関しては、つぎの拙稿を参照いただきたい。①「三業度人の制をめぐる一・二の問題」(高野山大学創立百十周年記念『高野山大学論文集』八五〜一〇八頁、一九九六年九月、高野山大学)、②「三業度人の制の変遷」(福田亮成先生古稀記念『密教理趣の宇宙』一九七〜二二八頁、二〇〇七年三月、智山勧学会)、③「真言宗におかれた年分度者」(加藤精一博士古稀記念論文集『真言密教と日本文化』五二一〜五五六頁、二〇〇七年十二月、ノンブル社)。①と②は、本書第四部第二・三章として収録。

(39)『御遺告』所収「縁起第十七」(『定本全集』第七巻、三六四〜三六五頁)。

(40)「座主大阿闍梨耶」は、第十六条に二つ、第十七・二十四条に各一つの計四ヶ所にみられ、「座主阿闍梨耶」は第二十一・二十二・二十四条に各一つの計三ヶ所にみられる。

(41)『御遺告』所収「縁起第二十」(『定本全集』第七巻、三六六〜三六七頁)。

(42) 『弘法大師行化記』『神護寺略記』などによると、神護寺が空海に付嘱されたのは天長六年（八二九）であった。参考までに、『行化記』天長六年条の本文をあげると、つぎのようにある（『伝全集』第二、七〇・一一六・一五八・二〇六頁）。

今年、正五位下河内守和気朝臣真綱、従五位下弾正少弼和気仲世等、神願寺を以って、空海僧都に付属し奉る。此の寺、元是れ正三位行兼民部卿和気朝臣清麻呂、八幡大神の教えに依りて建立する所なり。（原漢文）

(43) 『御遺告』所収「縁起第二十一」（『定本全集』第七巻、三六七頁）。

(44) 金剛峯寺が定額寺になったことを記す根本史料は、『続日本後紀』巻十、承和八年（八四一）二月戊申（七日）の条である（『国史大系』第三巻、一一六頁）。そこには、つぎのように記されている。

少僧都大法師位実恵言。在㆓紀伊国伊都郡高野山㆒金剛峯寺。去承和二年二月三十日預㆓定額㆒畢。今在㆓深山㆒。無㆑有㆓灯明㆒。望也准㆓定額諸寺㆒。被㆑施㆓灯分㆒。并供㆓養仏聖二座㆒。許㆑之。

(45) たとえば、和多秀乗先生は「長者観賢は自ら金剛峯寺座主を兼摂し、同時に分裂状態にあった諸寺院を東寺中心の本末体制下に収め、真言宗教団の再編成を実現することに成功した。この後、高野山は長く東寺末寺としてその支配をうけることとなった」といわれる（松長・高木・和多・田村著『高野山―その歴史と文化―』一六九頁、一九八四年一月、法蔵館）。なお、観賢の金剛峯寺座主職への補任、並びに東寺一長者による座主職の兼摂を記す比較的古い史料は、寛信撰『長者次第』のつぎの一文であろう（和多昭夫〈秀乗〉「寛信撰　東寺長者次第」『高野山大学論叢』第二巻、一〇三頁）。

同（延喜十九年九月）十九日、任金剛峯寺座主、〈峯禅替、件職、年来真然僧正門跡補来、而今依観賢奏、永付一長者、〉

(46) 『御遺告』所収「縁起第二十四」（『定本全集』第七巻、三七三〜三七四頁）。

(47) 最近、この如意宝珠に対する関心がたかまっており、真言学の分野だけでなく、仏教文学・歴史学などの分野からも少なからず意欲的な論考が公表されている。参考までに、管見にふれたものを記しておきたい。（一）阿部泰郎「宝珠と王権―中世王権と密教儀礼―」（岩波講座『東洋思想』第十六巻〈日本思想2〉一一五〜一六九頁、一九八九年三月）、（二）伊藤聡「重源と宝珠」（『仏教文学』第二十六号、一〇〜二六頁、二〇〇二年三月）、（三）大橋直義「仏舎利相承説と〈家〉―十三世紀の歴史叙述―」（『日本文学』第五十二巻第七号（通六百号）、三四〜四三頁、二〇〇三年七月）、（四）上川通夫①「『如法尊勝法　院宣等　保延六年』」（『古文書研究』第四十号、六八〜七七頁、一九九五年三月）、②「院政と真言密教―守覚法親王の史的位置―」（阿部・山崎編『守覚法親王と仁和寺御流の文献学的研究』論文篇、一四七〜一九四頁、一九九八年二月、勉誠社）、③「文書様式の聖教について―杲宝筆範俊解写―」（東寺文書研究会編『東寺文書にみる中世社会』五三四～五五八頁、一九九九年五月、東京堂出版）、④「如意宝珠法の成立」（覚禅鈔研究会編『覚禅鈔の研究』三七九～四〇一頁、二〇〇四年十二月、親王院堯栄文庫）、（五）門屋温「『宀一山土心水師』をめぐって」（『説話文学研究』第三十二号、九六～一〇五頁、一九九七年六月）、（六）小島裕子「院政期における愛染王御修法の展開―仁和寺守覚法親王相伝『紅薄様』を起点として―」（阿部・山崎編『守覚法親王と仁和寺御流の文献学的研究』論文篇、三一九～三八七頁、一九九八年二月、勉誠社）、（七）杉橋隆夫「四天王寺所蔵『如意宝珠御修法日記』・『同』紙背〈富樫関係〉文書について」（『史林』第五十三巻第三号、一一五～一四〇頁、一九七〇年五月）、（八）内藤榮「「仏舎利と宝珠」展解説」（『仏舎利と宝珠―釈迦を慕う心―』一七二～一八八頁、二〇〇一年七月、奈良国立博物館）、（九）中村本然①「真言密教における如意宝珠〈信仰〉」（智山勧学会編『中世の仏教―頼瑜僧正を中心として―』四一～七九頁、二〇〇五年五月、青史出版）、②「真言密教の修法と如意宝珠」（『高野山大学密教文化研究所紀要』第十八号、一～二九頁、二〇〇五年二月）、（十）藤巻和宏①「宀一山と如意宝珠法をめぐる東密系口伝の展開―三宝院流三尊合行法を中心として―」（『むろまち』第五号、一～一五頁、二〇〇一年三月）、②「如意宝珠をめぐる東密系口伝の展開と宀一山縁起類の生成」（『国語国文』第七十一巻第一号（通八百九号）、一～一七頁、二〇〇二年一月）、③「《資料紹介》宝珠をめぐる秘説の顕現―随心院蔵『宀一山秘記』の紹介によせて―」（『古典遺産』第五十三号、一〇三～一一七頁、二〇〇三年九月）、（十一）牧野和夫「四天王寺国際仏教大学図書館蔵『宝悉地成仏陀羅尼経』奥書識語と随心院蔵『大日如来金口所説一行法身即身成仏経』一巻の解題と紹介―宝珠・舎利と後醍醐天皇の周辺―」（『実践女子大学文学部紀要』第四十七集、一～一三頁、二〇〇五年三月）、（十二）松本郁代「鳥羽勝光明院宝蔵の『御遺告』と宝珠」（覚禅鈔研究会編『覚禅鈔の研究』三四九～三七七頁、二〇〇四年十二月、親王院堯栄文庫）、（十三）村山修一「如意宝珠の霊能」（同著『変貌する神と仏たち―日本人の習合思想―』一五五～一八七頁、一九九〇年三月、人文書院）、（十四）横山和弘「白河・鳥羽院政期の王家と仏教」（『年報中世史研究』第二十八号、八三～一〇六頁、二〇〇三年五月）。（十五）田中貴子「宇治の宝蔵―中世に於ける宝蔵の意味―」（同著『外法と愛法の中世』〈平凡社ライブラリー571〉一二五～一六〇頁、二〇〇六年三月、平凡社、初出は『伝承文学研究』第三十六号、一九八九年五月）。

(48)　『御遺告』には、これらを合成した「宗徒の長者大阿闍梨」（第六条）、「座主大阿闍梨耶」「座主阿闍梨耶」「宗家の門徒長者大阿闍梨」（第二十条）、「宗家の大阿闍梨」（第二十二条）、「長者東寺の座主阿闍梨耶」（第二十二条）、「東寺代々の大阿闍梨」（第二十三条）、「東寺座主大阿闍梨耶」（第二十四条）、「祖師大阿闍梨」（第二十四条）、「東寺の座主長者」（第二十四条）、「座主官長」（第十一条）といった語句が散見されることから、複雑怪奇さを増しているといえよう。

(49) 寛信は表紙見返しに『東寺長者次第』撰述の経緯を記しており、そこに完成した時期を「天養二年初秋に、適《たまたま》其の功を畢《おわ》んぬ」と記す（和多昭夫〈秀乗〉「寛信撰　東寺長者次第」『高野山大学論叢』第二巻、八七頁、一九六六年十月）。

(50) 安和二年に四人の長者が初めてそろったと諸書に記されるけれども、この年、四長者になったのは諸書にいう寛忠ではなく、定昭（照）であったことについては、註14を参照いただきたい。

(51) 寛信撰『長者次第』（和多昭夫、前掲（註49）論考、八七頁）。

(52) 寛信撰『長者次第』には、つぎのように記す（和多昭夫、前掲（註49）論考、八八頁）。

天長元年六月十六日補東寺別当〈年五十一、職為小僧都、大僧都長恵遷西寺替、〉

また、『東宝記』第七「四人長者始」の項に、このときの太政官符を収載しているので、参考までにあげておく（『東宝記』第七「四人長者始」の項〈前掲（註4）書、六二〇～六二一頁〉）。

太政官符　造東寺所

少僧都伝燈大法師位空―

右被右大臣宣(ママ)、奉　勅、件人彼所前別当大僧都

伝燈大法師長恵遷任造西寺所別当之替、補任

□□、所宜承知、符到奉行、参議行正四位下守右大

□□六等伴宿禰国道

□□史安道宿禰副雄

天長元年六月十六日

(53) 寛信撰『長者次第』には、つぎのように記す（和多昭夫、前掲（註49）論考、九二頁）。

承和三年五月十日、任律師、〈出国史、〉并補長者、〈年五十一、〉佐伯氏、讃岐国人、大師上足弟子也、

割註に「出国史」とあるように、『続日本後紀』巻五、承和三年五月戊申（十日）条に、

是日。以㆓伝燈大法師位実恵㆒為㆓律師㆒。

とあって、律師には任ぜられているが、長者のことには何もふれていない（『国史大系』第三巻、五二頁）。

(54) 寛信撰『長者次第』には、つぎのように記す（和多昭夫、前掲（註49）論考、九二頁）。

承和十年十一月九日、任権律師并長者、〈年四十四、二長者之初也、〉紀氏、左京人（以下略）

同じく『続日本後紀』をみると、巻五、承和十年十一月癸巳（九日）条に、

大法師真済為㆓権律師㆒。

とあり、やはり権律師のことだけで、長者なる語はみられない（『国史大系』第三巻、一六二頁）。

(55) ここに名前をあげた六名の僧について、『長者次第』に記す長者への任日と僧綱に任ぜられた最初の記録とを対比すると、つぎのようになる。残念ながら、いずれの僧にも一致した任日は見られない。

僧名	長者への任日	僧綱への任日
真雅	貞観二年（八六〇）任	嘉祥元年（八四八）六・二十八
宗叡	貞観十八年（八七六）任	貞観十一年（八六九）一・二十七
真然	元慶七年（八八三）任	貞観十六年（八七四）十二・二十九
源仁	仁和元年（八八五）十・二十二	元慶七年（八八三）十・七
益信	仁和四年（八八八）三・三十	仁和四年（八八八）四・七
峯斅	寛平七年（八九五）十二・二十九	寛平七年（八九五）十・十六

(56) 寛信撰『長者次第』（和多昭夫、前掲（註49）論考、一一四頁）。

(57) 一回目については、註14を参照いただきたい。

(58) 定昭（照）が辞表を提出した前後のことを、寛信撰『長者次第』は、さきにあげた辞表のあとに、つぎのように記す（和多昭夫、前掲（註49）論考、一一四頁）。

件辞表、僧都自筆、在興福寺一乗院云々、世間云、寛朝任僧正之日、定昭被超越止東寺執行云々、而如此辞表者、先以辞退了、

〈件八月卅日、寛朝任僧正、〉

また、『同書』寛朝の項には

天元四年八月、至一長者、〈年六十七（六イ）、大僧都、〉同卅日、任僧正、

とあり、大僧都の定昭に対して、寛朝は僧正に任ぜられている（和多昭夫、前掲（註49）論考、一一五頁）。

(59) 註58を参照いただきたい。ちなみに、寛朝は僧正に任ぜられるまで、権大僧都だったと考えられ、僧正に任ぜられた時点で、大僧都の定昭を超え、自動的に一長者となったといえよう（和多昭夫、前掲（註49）論考、一一五頁）。これより、僧綱位の高いものがより高位の長者職に就く原則であったことは間違いない。

(60) 註56に同じ。

(61) 興福寺本『僧綱補任』によると、僧綱に任ぜられた真言僧の尻付に「東寺別当」と註記する例が散見される。その初見は、貞観十五年（八七三）条の宗叡であり、以後、同十七年条の真然、同十八年条の宗叡・真然、元慶元年（八七七）条の宗叡・真然とつづく（『大日本仏教全書』百二十三、九一～九二頁）。この『僧綱補任』の註記によると、「東寺別当」なる職は貞観十五年ころに新設されたとみなすこともできよう。この年次は、諸寺に別当制が置かれた画期は貞観十二年十二月二十五日に出された制であった、といわれることと無関係ではないといえよう。この点に関しては、本稿第八節並びに註94を参照いただきたい。

(62) 寛信撰『長者次第』（和多昭夫、前掲（註49）論考、九四頁）。

(63) 元慶二年（八七八）十一月十一日付真雅言上書（三浦章夫編『増補再版 弘法大師伝記集覧』一〇二六～一〇二八頁、一九七〇年六月、高野山大学密教文化研究所）。この真雅言上書を収録する最古の史料は、仁海自筆本の『密教師資付法次第　千心』であり、これに続くのが寛信撰『東寺要集』であろう（『続群書類従』第二十六輯下、四二九～四三〇頁）。仁海の『付法次第』については、つぎの拙稿を参照いただきたい。拙稿「東寺観智院金剛蔵本『密教師資付法次第　千心』」（『高野山大学論叢』第二十八巻、一二三～一八六頁、一九九三年二月）。

(64) 真言宗にはじめて年分度者が置かれたのは、『類聚三代格』巻二所収の承和二年正月二十三日付の太政官符においてである（『国史大系』第二十五巻、七九～八〇頁）。このときは、空海の奏請により勅許されたものであり、金剛頂業一人・胎蔵業一人・声明業一人の計三人であって、これを総称して「三業度人の制」という。三業度人の制およびその後の変遷については、註38にあげた拙稿を参照いただきたい。

(65) 『類聚三代格』巻二所収の仁寿三年（八五三）四月十七日付太政官符（『国史大系』第二十五巻、八〇～八一頁）。これは、真済の奏請にもとづいて下された太政官符である。

(66) 『類聚三代格』巻二所収の延喜七年（九〇七）七月四日付太政官符（『国史大系』第二十五巻、八二～八三頁）。この官符は、本

文の書き出しが「右　太上法皇勅命曰」とはじまっており、寛平法皇の勅命にもとづいて下されたものである。

(67)『類聚三代格』巻二所収承和二年八月二十日付太政官符（『国史大系』第二十五巻、八〇頁）。

(68) 拙稿、（註38①）論考、一〇二頁。

(69) 註66に同じ。

(70) 拙稿、（註38①）論考、一〇三頁。

(71) 真言宗におかれた「伝法阿闍梨位」の制度についての論考に、つぎのものがある。岡野浩二「伝法阿闍梨職位と有職」（虎尾俊哉編『律令国家の政務と儀礼』三〇三〜三四三頁、一九九五年七月、吉川弘文館）。

(72)『醍醐天皇御記』延喜十九年十一月二日条（増補史料大成刊行会編『増補史料大成』1〈歴代宸記〉七三頁、一九六五年八月、臨川書店）。この『醍醐天皇御記』は、逸文を集成したものであり、「御記」本文を引用する最古の史料は、寛信撰『東寺要集』と思われる（『続群書類従』第二十六輯下、四四九頁）。

(73)『醍醐天皇御記』延喜十八年三月一日条には、つぎのように記されている（『増補史料大成』1、六九頁）。

（延喜十八年三月）一日、㋐午尅大僧都観賢令持故大僧正空海自唐齎来真言法文策子卅帖参入、㋑覧訖返付、仰令蔵東寺〔経蔵〕永代不紛失、㋒此策子是空海入唐自所受伝之法文儀軌等也、其文即空海及橘逸勢書也、其上首弟子等相次受伝、至于僧正真然、随身蔵置高野寺、其後律師無空、為彼寺座主時、持此法文出於他所、無空没後其弟子等不返納、所々分散、右大臣忠平奏事之次、語此事間、惜根本法文空欲散失、㋓去年十二月語観賢令尋求、昨日令申求得由、故召見之、（傍線筆者）

内容を要約すると、つぎのようになろう。まず、この日午の刻（正午）に観賢が『三十帖策子』をたずさえて参内した（傍線部㋐）。天皇は、叡覧のあと返付して、「東寺経蔵に納め、永代に紛失せざれ」と仰せしめた（傍線部㋑）。傍線部㋒以下では、『三十帖策子』の成立から叡覧にいたる経緯がつづられる。なかでも、叡覧する直接の契機となったのが、「無空の示寂後、諸弟子が分散所持しており、このままでは根本の法文が空しく散逸してしまう」との、右大臣藤原忠平の進言であった。そうして、昨年十二月、観賢に尋ね求めるよう命じたところ、昨日、すべてを求め得たとの報告があったので、召して拝見に及んだ（傍線部㋓）、という。

(74)「東寺経蔵に納め、他所に出だすことなく、永代に守護すべし」との天皇のことばであったにもかかわらず、『三十帖策子』は、文治二年（一一八六）十月、北院御室守覚法親王の求めにより、仁和寺大聖院経蔵に貸し出されたあと、二度と東寺経蔵には返らなかった。貸し出されたときの経緯を、『東宝記』第六「三十帖策子」の項はつぎのように記す（『国宝 東宝記』六〇五〜六〇六頁）。〈 〉は二行割注。

其の後、心蓮院俊証僧正于時法務寺務の時、文治二年丙午十月五日、三十帖策子并びに大師御筆の両界曼荼羅西院不動堂安置之北院御室守―法親王自《よ》り大聖院御経蔵に借り渡さる。御使行宴法橋于時凡僧別当其の時、灌頂院に於いて御誦経〈執行《厳慶歟》勤之〉を行ぜらる。子細は具さに御誦経文に見ゆ。案文は左に載せるが如し。正文は、東寺宝蔵に納めらる。誦経物上絹一疋御室御沙汰、黄上絹一疋長者御沙汰云々、爾りし自《よ》り以来、年序久しく遷つり、人子細に暗し。今に返納に及ばざるの儀、悲しむべし。悲しむべし。

(75) 『東寺要集』下巻所収の延喜十九年十一月二日付左弁官下文（『続群書類従』第二十六輯下、四四九〜四五〇頁）。その全文をあげると、つぎのようにある。

左弁官下す　東寺

応に真言根本阿闍梨贈大僧正空海入唐求得法文冊子参拾帖を経蔵に安置すべき事

右、右大臣宣す。勅を奉るに、件の法文、宜しく経蔵に全収し、閫外に出ださず、宗の長者をして、永代に守護すべし、者《てへり》。寺宜しく承知すべし。宣に依って之を行え。疎略を得ざれ。

延喜十九年十一月二日　　大史菅野朝臣清方

大弁橘朝臣澄清　（原漢文、傍線筆者）

(76) 観賢が延喜十九年十一月九日付で書いた一文の正式な名称は、『三十帖策子勘文』ではない。本文中には、「勘申真言根本阿闍梨入唐求得法文冊子卅帖如レ本可下納二本寺経蔵一令中宗長者代々相承上之事」なる事書きしかない。この『三十帖策子勘文』という呼称は、長谷宝秀師が「官符等編年雑集」を編纂したとき、この名称を付けて、この一文を収録したことにはじまる（『大師全集』第五輯、五七九頁）。ちなみに、寛信の撰と称される『東寺要集』には、事書きの右上に「般若寺僧正勘文」と記す（『続群書類従』第二十六輯下、四五〇頁）。

(77) 『三十帖策子勘文』（『続群書類従』第二十六輯下、四五〇〜四五二頁。『大師全集』第五輯、五七九〜五八一頁）。

(78) 牛山佳幸「諸寺別当制をめぐる諸問題」（雄山閣出版編『古代史研究の最前線』第二巻、政治・経済編〈下〉、一一七頁、一九八六年十一月、雄山閣出版）。牛山氏は、「昌泰三年（九〇〇）には早くも定員四人に達している」とするけれども、伝統説では四長者の初出は、安和二年（九六九）に寛忠が任ぜられたことにより、それまでの三長者であった定昭（照）が四長者に格下げされたときとする（註14参照）。では、この牛山説の根拠は何であろうか。牛山氏は、別稿で後掲の昌泰三年三月□日付の東寺上座某解由状を引用されている。そこには「益信」以下「慶進」にいたる六名の僧が連署しており（本稿第八節参照）、このなかの「伝燈大法師位「命雋」」を四長者とみなされた結果ではないか、と思われる。しかし、この説には疑問が残る。なぜなら、東寺長者は僧綱に任ぜられた僧のなかから選出されたことと、齟齬を来たすからである。「命雋」は、興福寺本『僧綱補任』による限り、あとにも先にも僧綱に任ぜられた記録はない。また、『長者次第』『長者補任』にも、「命雋」が長者に補任された記録は見あたらない。

(79) 牛山佳幸、前掲（註78）論考、一一七～一一八頁。牛山氏は、ここに「十一世紀初頭までには東寺内で〝長者〟の呼称が定着してい」たといい、「興福寺本『僧綱補任』で〝東寺別当〟から〝東寺長者〟に表記法が変化するのも、ほぼ同じ頃であるという点も多少の参考になろう」といわれるが、筆者が確認したところ、興福寺本『僧綱補任』の尻付きに「東寺長者」が現われるのは、承保二年（一〇七五）の「法印大僧都信覚」が最初である（『大日本仏教全書』百二十三、一九九頁）。そこには「正月十四日任。仁和寺別当。兼法務。東寺長者」とあり、十一世紀初頭の時点ではまだ「東寺長者」は確認できないのである。確かに、『平安遺文』には、長保二年（一〇〇〇）十一月二十七日付の「東寺宝蔵焼亡日記」、同年十二月二十九日付の「造東寺年終帳」に、「長者御封」「長者二口」といった語句は見られるけれども（『平安遺文』四〇四・四〇五号文書〈『同書』第二巻、五三一・五三五頁、一九六四年十月、東京堂出版〉）、「東寺長者」なる語句は見あたらない。なお、牛山氏が「ほぼ同じ頃」と見なされるのは、或いは長保と承保とを混同された結果であろうか。

(80) 『続遍照発揮性霊集補闕鈔』（以下、『性霊集補闕鈔』と略称す）巻十所収「故の贈僧正勤操大徳の影讃并びに序」（『定本全集』第八巻、一九二頁、一九九六年九月）。

(81) 空海が造東寺所別当に補任されたときの太政官符をあげておく（三浦章夫編、前掲（註63）書、五四四頁）。

太政官符す　造東寺所

少僧都伝燈大法師位空海

右、右大臣の宣を被るに偁《い》わく。勅を奉るに、件の人をして、彼の所の前別当大僧都伝燈大法師位長恵、造西寺所別当に遷任するの替わりに、補任すること件の如し、者《てへり》。所宜しく承知すべし。符到らば奉行せよ。

参議行正四位下守右大弁勲六等伴宿禰国道　　従六位上守右大史安道宿禰副雄

天長元年六月十六日
到来同月廿六日奉行、

(82) 空海が「造東寺所別当」と署名するのは、つぎの二つの文書だけのようである。(一)『性霊集補闕鈔』巻九所収、天長三年(八二六)十一月二十四日付の「東寺の塔を造り奉る材木を曳き運ぶ勧進の表」の本文の書き出しに、「右東寺別当沙門少僧都空海等奏す」とあり(『定本全集』第八巻、一六六・二四一頁)、(二)『東宝記』第一「講堂」の項所収の同二年四月二十日付の「東寺新定講堂図」に、「東寺/別当少僧都伝燈大法師位空海」とみえる(『国宝 東宝記』四四頁、『続々群書類従』第十二、一〇頁)。

(83) 仁和四年(八八八)五月二十四日付の東寺解由状案(『平安遺文』第一巻、一七七号文書、一二三〜一二四頁)。ここに引用した二通の文書については、牛山佳幸氏がつぎの論考で、詳細に分析しておられるので、参照いただきたい。牛山「諸寺別当制の展開と解由制度」(同著『古代中世寺院組織の研究』八三〜一三二頁、一九九〇年十一月、吉川弘文館。初出は『古文書研究』第十九号、一九八二年七月)。

(84) 昌泰三年(九〇〇)三月□日付の東寺上座某解由状(『平安遺文』第十巻、補五号文書、二六〜二七頁)。これら二通の文書につづく比較的信頼性の高い史料に、『貞信公記抄』をあげうる。すなわち、延長三年(九二五)八月九日条に、

『官奏』　『僧事、諸寺別当』
九日、有官奏、以増命・延僘為法務、僧綱観宿為東寺別当、(傍線筆者)

とあり、天暦二年(九四八)九月二十五日条に、

廿五日、寛定〔空〕中、依前例被任東寺別当、中使公輔〔橘〕朝臣将来、故観宿僧都弟子等申、以同弟子峯鑒令預造宇治橋、(傍線筆者)

とある(『大日本古記録 貞信公記』一〇三・二六三頁、一九五六年三月、岩波書店)。寛信撰『長者次第』によると、延長三年八月十日付で観宿が一長者に任ぜられ、天暦二年には十二月四日付で寛空が二長者に任ぜられている(寛信撰『長者次第』〈和多昭夫、前掲(註49)論考、一〇四・一〇八頁〉)。これらより、東寺別当に任ぜられた僧を、一方で(真言宗内において)は東寺長者と呼称したとみなすことができよう。

(85) 牛山氏は、ここに見られる「伝燈大法師位「命雋」」を四長者とみなされるが、その説の疑わしい点については、註78を参照いただきたい。

(86) 寛平九年(八九七)六月二十六日付の太政官符(『国宝 東宝記』六九四頁、『続々群書類従』第十二、一五六頁)。

(87)　寛平九年の時点で東寺別当（＝東寺長者）であった僧を確認すると、寛信撰『長者次第』には一長者は益信、二長者は聖宝、三長者は峯斅と、三長者まで存在していたと記す（寛信撰『長者次第』〈和多昭夫、前掲（註49）論考、九九～一〇一頁〉。なお、表7も参照）。また、『東寺長者補任』には、益信と聖宝の名が見られ、峯斅は翌昌泰元年の条にはじめて名が見られ、尻付きに「今年月日三長者に加任される。六十二。三長者の初めなり。或るいは云わく、寛平七年十二月二十九日、聖宝と同日なり、と。」とある（『続々群書類従』第二、四八七頁）。杲宝撰『東寺長者補任』では、『長者次第』同様、益信・聖宝・峯斅の三人が長者職についていたことを記す（湯浅吉美、前掲（註14）論考、七七頁）。峯斅の長者補任の年を、『長者次第』は寛平七年（八九五）十二月とし、杲宝撰『長者補任』は昌泰元年（八九八）とし、『長者補任』は昌泰三年とするけれども、昌泰三年の時点で、複数の別当（＝長者）が在職していたことは間違いないといえよう。

(88)　「氏長者」の初出と思われるのが、『類聚国史』巻第四十、後宮部「采女」の項に収録されている大同元年（八〇六）十月壬申（十三日）条である（『国史大系』第五巻、二六三頁）。読み下すと、

勅すらく、「凡そ氏女を貢するは、事令条に明かにして、皆三十已下十三已上を限る。今須らく㋐氏の長者、氏中の端正なる女を択び貢すべし。其れ十三已上の徒は、心神移り易く、進退未だ定まらず。宜しく女の年三十已上四十已下の配偶無き者を采《と》るべし。或《も》し貢する後に人に適《ゆ》かば、必ず替りを貢せしめよ。又官途忽忙にして、独り取捨し難し。緩怠の事、当に援助有るべし。宜しく㋑長者相補い、仕進するを得しむるべし」と。（傍線筆者）

となり、「氏長者」「長者」と二回みられる。要約すると、後宮職員令に、氏女は十三已上三十已下の端正なる女を貢ずべし、と規定されていたのを、以下のように改定したときの勅である。第一は、氏の長者は、氏中から三十已上四十已下にして、端正で配偶者なき女性を択んで、氏女として貢じなさい。第二は、もしその女性が結婚したならば、必ず替りのものを貢じなさい。第三は、後宮における仕事は多忙であって、氏女が一人でこなすことは困難であり、なかなか仕事がはかどらない。そこで、氏の長者は氏女に助言などをおこない、任務をまっとうできるよう援助しなさい、と。なお、記すにあたっては、黒板伸夫・森田悌編『日本後紀』（訳註日本史料）三九三頁の頭註並びに一二一二頁の補注を参照させていただいた（二〇〇三年十一月、集英社）。

(89)　註88で記したように、「氏長者」の初出は大同元年十月壬申（十三日）条であった。この「氏長者」は、従来、天智三年（六六四）二月丁亥（九日）条を初出とする「氏上《うじのかみ》」に由来するとみなされてきたけれども、近年はその性格・任命の方法・任期の有無などの比較から、「氏長者」と「氏上」との存在形態には少なからず相違がみられるとする説が有力である。たとえば、宇根俊

範氏は両者の違いをつぎのように記される（宇根「平安時代の氏族」、雄山閣出版編『古代史研究の最前線』第二巻、政治・経済編〈下〉、三五頁、一九八六年十一月）。

氏上は、右にみたごとく族中長老たる人物であり、その意味において族制的体質を残す氏の統率者であった。ために必ずしも官位第一の者とは限らず、年齢・経験・位階等を考慮したうえで、氏人全体を統率しうるにふさわしい者が氏人達の協議を経て選出され、その任期もおそらく終身であったろう。

それに対し、氏長者は、ア官位第一の者が任命されるごとく、官僚的原理によって変質した氏の統率者であった。そのためイ任期は終身ではなく、ウ同一氏族内での官位の逆転によっては氏長者の変更・再任もあり得たのである。

その成否は他に譲らざるをえないけれども、ここに記された「氏長者」の性格は、「東寺長者」の性格と一脈通じる点が見受けられる。すなわち、①傍線部アと僧綱位第一の僧を一長者とすること、また僧綱位にもとづいて長者の順位が決まること、②傍線部イは「東寺長者」も同じであること、③傍線部ウも同様であり、「東寺長者」の順位の変更・再任がみられること、などである。これらを勘案して、「その影響のもとに案出された」とみなした。後日、改めて検討することにしたい。さいごに、「氏長者」に関する論考のいくつかをあげておく。

（一）竹内理三「氏長者」（同著『貴族政治の展開』〈竹内理三著作集第五巻〉八九～一一四頁、一九九九年八月、角川書店。初出は『史淵』第六十号、一九五四年）、（二）橋本義彦「藤氏長者と渡領」（坂本太郎博士古稀記念会編『続日本古代史論集』下巻、五八七～六一八頁、一九七二年七月、吉川弘文館）、（三）岡野友彦「源氏長者の淵源について」（『国史学』第百四十九号、一五～二九頁、一九九三年三月）、（四）宇根俊範①「氏爵と氏長者」（坂本賞三編『王朝国家国政史の研究』三一～八〇頁、一九八七年三月、吉川弘文館）、②「平安時代の氏族」（雄山閣出版編『古代史研究の最前線』第二巻、政治・経済編〈下〉、三二～四一頁、一九八六年十一月、雄山閣出版）、（五）田島公「「氏爵」の成立―儀式・奉仕・叙位―」（『史林』第七十一巻第一号、三五～九三頁、一九八八年一月）、（六）岡野浩二「興福寺俗別当と勧学院」（『仏教史学研究』第三十四巻第二号、六七～九九頁、一九九一年十月）、（七）村井康彦「氏上から氏長者へ」（笠谷和比古編『公家と武家Ⅱ―「家」の比較文明史的考察―』二九～五二頁、一九九九年十一月、思文閣出版）。

（90）「康保五年（九六八）〈戊辰〉六月十四日　仁海記」なる奥書を有する『金剛峯寺建立修行縁起』（以下、『建立縁起』と略称す）には、『御遺告』にもとづいて記されたと考えられる文章が三ヶ所に見られる。二つは、「長者」なる語句がみられることから、残りの一つは内容的に『御遺告』が下敷きとなっている文章である。とすると、この『建立縁起』が成立したときには、まだ『御遺告』しか持ち合わせていなかった、言い換えると、『御遺告』に替わる新しい史料はまだ成立していなかったとみなすこともできよう。ともあれ、『建立縁起』にみられる『御遺告』にもとづく文章をあげておこう（『伝全集』第一、五三・五五・五六頁）。

ア、同十四年癸卯正月十九日を以って、永く東寺を以って和尚に給う。勅使は大納言正三位右大将民部卿藤原朝臣良房なり。勅書別に在り。之に因って請来せる法文・曼荼羅・道具等、並びに御願の一切経論・天台の法文等、㋐大経蔵に納め代々の長者に預く。

イ、承和二年三月十五日、又云わく。「吾れ、入定に擬するは来る二十一日、寅の剋なり。自今以後、人の食を用いず。仁等、悲泣すること莫れ。又、素服を着ること勿《なか》れ。吾れ入定の間、知足天に往きて慈尊の御前に参仕す。五十六億余の後、慈尊下生の時、必ず須く随従して吾が旧跡を見るべし。此の峯、等閑にすること勿れ。顕には、丹生山王の所領、官持大神を勧請して、嘱託する所なり。冥には、古仏の旧基、両部の諸尊を召集して安置する所なり。跡を見て必ず其の體威を知り、音を聞いて則ち彼の慈臏を弁ずる者なり。吾が末世の資、千萬ならん。親たり、吾が顔を知らずと雖も、㋑一門の長者を見、及び此の峯に寄宿せん者は、必ず吾が意を察すべし。吾が法、陵遅せんと擬する剋は、吾れ必ず緇徒禅侶の中に交わって、此の法を興さん。我執の甚しきにあらず。法を弘むる計ごとなるのみ

ウ、今云わく。「金剛峯寺をば、大師最も宗と為したまい、㋒年分度者を申し度し、㋓修理料を門徒の中に掟《さだ》め置き、㋔精進修行には此の峯を以って、三年籠居すべし、と云々。（傍線筆者）

このうち、㋐の傍線部は、さきに紹介した『御遺告』縁起第二との関連が指摘できる。一方、㋒は同じくさきに紹介した縁起第十六、及び「宮中の御願、正月修法の修僧等、各《おのおの》所得の上分を分ちて高野寺の修理雑用に充つべき縁起第十五」が下敷きになっていることは間違いない。

（91）『平安遺文』によると、「東寺長者」なる語句が見出される最初の文書は、延久四年（一〇七二）十月二十八日付の「讃岐国善通寺所司解案」（一〇八七号文書）と同日付の「讃岐国曼荼羅寺僧善範解」（一〇八八号文書）であり、それぞれ次のような事書きではじまる（『同遺文』第三巻、一一〇八〜一一〇九頁、一九六三年二月）。

讃岐国善通寺所司等解申請東寺長者　御室政所裁事

漫荼羅寺住僧善範解申請東寺長者御室政所裁事　（傍線筆者）

また、前者には「右寺者、此弘法大師御先祖建立無止前跡也、仍代代之間、東寺長者所別当成下給也」（傍線筆者）といった文章も見られ、代代にわたって東寺長者が別当を派遣していたことが記されている。とはいえ、「東寺長者」を明記する史料で、これを遡りうるものは、後に掲げる康平三年（一〇六〇）十一月に成立した成尊撰『真言付法纂要抄』だけしか確認できないのが現状である。『御遺告』が成立したと考えられる十世紀中ごろから、あまりに時間的隔たりの大きいことが気がかりといえよう。

（92）成尊撰『真言付法纂要抄』（『伝全集』第一、八八頁）。つぎに、関連する文章をあげておく。

天長元年、神泉苑に於いて祈雨の法を修し、霊験掲焉なり。少僧都に任じ、並びに東寺別当大僧都長恵を以って造西寺所に遷任し、弘法大師を以って造東寺所に補任す〈此れ東寺長者の始めなり〉（原漢文、傍線筆者）

（93）牛山佳幸氏は、寺院に置かれた別当制度を三段階にわかって理解された。すなわち、①造寺別当の成立、②造寺別当から寺家別当へ、③寺家別当から別の呼称へ、の三段階である。少し説明を加えると、奈良時代から平安初期にかけてみられた造寺別当の制は、延暦二十三年（八〇四）に置かれた東大寺別当を初見とする寺家別当制に移行し、貞観十二年（八七〇）十二月二十五日付で出された制を画期として諸寺別当制が確立し、その後、別当に変わる呼称または別当を超越する職——座主・長者・長吏・検校・執行法印など——を置いて寺院機構は統括されていったとみなされた。そこで、つぎに画期の契機となった貞観十二年（八七〇）十二月二十五日の制をあげてみよう。『日本三代実録』巻十八、同日条による（『国史大系』第四巻、二八二頁）。

又『㋐諸大寺并に有封の寺の別当三綱は、四年を以て秩限と為し、遷代の日、即ち解由を責めよ。但し廉節称すべき徒は、年限を論ぜず、殊に功績を録し、官に申して重く賞せよ。㋑自余の諸寺は、官符に依りて別当に任じ、及《また》尼寺の鎮は、並に此の例に同じくし、其の未だ解由を得ざる輩は永く任用せず、亦公請《くじょう》に預からしめざれ。但し僧綱の別に勅《こと》ありて、別当に任ぜられし者は、此の限に在らず』と。

又『㋒諸寺の別当を長官《かみ》と為し、㋓三綱を任用《にんよう》と為す。解由の与不を勘知し、並びに覚りて遺漏を挙げ、及び理不尽なるに依りて返却する等の程、一《もつぱら》京官と同じくし、其の与不の状は、綱所をして押署せしめよ』と。（傍線筆者）

ここに定められた諸寺別当制の特色・意義を、牛山氏は三つ指摘されている。すなわち、第一は解由制度の適用及びその前提としての四年任期制・四等官制の導入に示されるように、別当が官人身分に準じた扱いを受けるに至ったこと、第二は日本独自の僧職ともいうべき別当が中国・朝鮮に制度的源流の求められる三綱を指揮下に置くようになったこと、第三は尼寺の相対的地位の低落を伴なうものであったこと、の三つである（牛山、前掲（註78）論考、一一四頁）。ともあれ、牛山氏は東寺長者の制を、諸寺別当制が確立したあと、別当に変わる呼称として置かれたものとみなされた。この指摘には賛意を表することができるが、「東寺長者」なる呼称が成立する過程、並びに「東寺長者」なる呼称がいつ成立したのか、については、見解を異にするものである。

(94)　全国の諸寺に別当制が置かれたとの牛山佳幸氏の指摘にもとづき、真言宗に属する諸寺を調べたところ、いくつかの寺院に別当なる職がみられた。その初例と思われるものを一覧表にすると、表10のようになった。

(補註1)　脱稿後、つぎの論考が刊行された。清水明澄「『御遺告』に見る東寺長者の称について」(『密教学会報』第四十五号、五三～七六頁、二〇〇八年三月)。問題点の指摘はなされているが、それに対する考察と結論は十分に説得力を持つものとはなっていないように思われる。ともあれ、初期の東寺長者に関する本格的な研究は緒についたばかりといえよう。

(補註2)　脱稿後、すでに承和十年(八四三)十一月の時点で、「宗長者」なる語が使用されていたとも見なしうる史料を見出した。極めて微妙な問題をはらんでいるので、ここでは史料の紹介だけに止めておきたい。その史料とは、実恵の奏請により、東寺灌頂院における伝法阿闍梨位の灌頂と春秋二季の結縁灌頂が勅許されたときの承和十年十一月十六日付の太政官符である(『類聚三代格』巻二〈『国史大系』第二十五巻、六八頁〉)。該当するところだけを記してみよう。

先受㆓阿闍梨位㆒者。覆審試定。録㆓其名簿㆒。別当相署奏聞。然後待㆓報答㆒。令㆘其宗長老阿闍梨於㆓東寺㆒授㆗與伝法職位㆖。(傍線筆者)

問題とは、傍線部を、『類聚三代格』は「宗長老阿闍梨」とするのに対して、この官符を引用する『東宝記』が「宗長者阿闍梨」と記している点である(『東宝記』第四「東寺伝法結縁二箇灌頂勅裁」の項〈前掲(註4)書、三二八～三三二頁〉)。なお、この官符を引用する早い時代の史料である仁海撰『灌頂御願記』の古写本は、「宗長老阿闍梨」と書写しており(高野山金剛三昧院蔵『灌頂御願記』〈特18・カ金・39〉二十八丁裏、『大日本仏教全書』百十六〈遊方伝叢書第四〉、四九一頁)、もともとは「宗長老阿闍梨」であった蓋然性が強いと思われる。とはいえ、もし「宗長者阿闍梨」であったならば、「宗長者」の初出年次が延喜十九年(九一九)から承和十年(八四三)へと、一気に七十六年も遡ることになる。「宗長老」「宗長者」のいずれが正しいかについては、後日、再検討することにしたい。

表10　真言宗諸寺におかれた寺家別当

寺院名	別当がみられる年次と僧名		出典	備考
弘福寺	貞観十五（八七三）ヵ	貞操	太政官牒	弘福寺には貞観十七年（八七五）に検校職が置かれ、真然が任ぜられた。以後、寿長・聖宝が歴任している。
	貞観十八（八七六）九・七	寿長	太政官牒	
	元慶三（八七九）二・二十五	聖宝	太政官牒	
	元慶七（八八三）三・四	聖宝	太政官牒	
	昌泰三（九〇〇）	観賢	太政官牒	
	延喜三（九〇三）十・二十六	観賢	太政官牒	
広隆寺	貞観年中（八五九〜八七六）	玄虚	広隆寺資材交替実録帳	
金剛峯寺	元慶六（八八二）五・十四	真然	『類聚国史』巻百七十九	
観心寺	元慶七（八八三）九・十五	峯芸	観心寺縁起資材帳	
東　寺	仁和四（八八八）五・二十四	真然	東寺解由状案	
	昌泰三（九〇〇）三・	益信	東寺某上座解由状	
		聖宝		
		峯斅		
	延喜十五（九一五）九・十一	観照	東寺伝法供家牒	
仁和寺	寛平二（八九〇）十一・二十三	幽仙	太政官符	
	昌泰三（九〇〇）十一・二十九	観賢	太政官符	
円成寺	寛平二（八九〇）十一・二十三	益信	太政官符	
醍醐寺	延喜六（九〇六）	寛蔵	聖宝自筆処分状	
神護寺	延喜二十三（九二三）一・二十四	観宿	神護寺実録帳	
	延長六（九二八）十二・三十	仁樹	同右	

弘福寺の検校・別当については、拙稿、（註1）論考を参照いただきたい。
『類聚国史』巻百七十九、太政官符以外は、『平安遺文』に収録されている。

第三部　空海と綜芸種智院

第一章　綜芸種智院攷

はじめに

六十二年にわたる空海の生涯には、空海の宗教活動を物心両面にわたって支え、支援を惜しまなかった多くの檀越がいたからこそ、あれだけの大きな仕事を成し遂げることができたと考える。その空海の活動をささえた代表的な檀越の一人に藤原三守(1)がいる。

「藤原三守」と聞いて、何を想起されるであろうか。誰しも最初に指をおるのは、「綜芸種智院式并に序」（以下、「綜芸種智院式」と略称す）の一説

辞《じ》納言藤大卿《どうげんとうたいけい》左九条の宅《いえ》有り。地は弐町《じてい》に余り、屋《おく》は五間《ごけん》なり(2)。

ではなかろうか。あるいは、拙稿「最晩年の空海」(3)をお読みになった方は、空海が承和元年（八三四）から同二年にかけて、真言宗・東寺・高野山の永続化をはかって天皇に上表したことが悉く成功した裏に、上卿《しょうけい》をつとめた三守の尽瘁があったことであろうか。あるいは、弘仁年間に空海が三守と取り交わした手紙であろうか(4)。

空海と三守を考える場合の重要なポイントは右の三点に尽きるけれども、上卿をつとめた三守の功績以外は、いまだ解明されているとはいいがたいのが現状であると考える。たとえば、空海と三守との交友はいつ始まったのか。明

確な時期はわからないが、両者の出逢いは空海が唐から帰国し、入京をゆるされた大同四年（八〇九）まで遡るのではないか、と推察する。それは、若き日の三守が、嵯峨天皇と一心同体、懐刀のような存在であったからである。(5) つまり、弘仁十二年（八二一）十一月の藤原冬嗣等にあてた手紙に、

㋐大同の初年、乃《すなわ》ち岸に著くことを得たり。即ち将来する所の経及び仏像等、使の高判官に附して、表を修《つくろ》うて奉進し訖《おわ》んぬ。

㋑今上、暦を馭《ぎょ》して恩卉木《きもく》に普く、勅《みことのり》有りて、進むる所の経仏等を返し賜う。兼ねて宣するに、以て真言を伝授せよ、と。(6)（傍線筆者）

と書かれたこの時点から、空海と三守の交友ははじまったとみなしておきたい。

この見方が許されるならば、両者の交友は、空海の三十六歳・大同四年から六十二歳で閉眼するまで、実に二十七年間におよんだことになる。それを三期にわけると、以下のようになろう。

第一、弘仁期（八一〇～八二三）……嵯峨天皇の懐刀としての三守

第二、天長期（八二四～八三三）……綜芸種智院の寄進者としての三守

第三、承和期（八三四～八三五）……上卿三守

そこで、本稿では、天長期の空海と三守、特に綜芸種智院は開設されたか否か、を中心に、私見を述べることにしたい。

一　先行研究の検討

十年ほど前までは、綜芸種智院が開設されたことを疑う見解は、まったくみられなかったといってよい。しかしながら、近年は疑わしいとみなす論考が目につく。実は私も、今日残された史料からは、開設されたとは断言できない、と考える。その根拠は何か。つぎの三つである。

第一は、綜芸種智院に関する信頼できる根本史料は、

（1）天長五年（八二八）十二月十五日付で空海が撰述した「綜芸種智院式并びに序」（『性霊集補闕抄』巻十）(7)

（2）承和十二年（八四五）九月十日付「民部省符案」所収「実恵奏状」（『平安遺文』七十七号文書）(8)

の二つだけであって、具体的な実態がまったくつかめないこと。

第二は、「綜芸種智院式」は勧進の書であること。

第三は、学びたい人すべてに門戸を開放した庶民教育の学校とみなされてきたけれども、この当時の社会状況を勘案すると、実際に学べる人がどれほどいたか、恐らく皆無に等しかったのではないか、と考えられること。

一つ一つについては、あとに詳述することとし、ここで先行研究を一瞥しておきたい。

綜芸種智院に関する論考のうち、一九八四年までに出されたもので代表的な論考は、一九八四年十一月刊行の久木幸男・小山田和夫編『論集　空海と綜芸種智院―弘法大師の教育―』上巻（以下、『論集　空海と綜芸種智院』と略称す）に収録された二十八篇の論文――戦前十篇と戦後十八篇――に尽きるといってよい。(9) つまり、この論文集には詳細な解説が付されており、そこには二十八篇以外の論考についても言及されているので、これ一冊あれば、綜芸種智院に関する

研究史が概観できるからである。

ところで、『国史大辞典』第七巻所収の「綜芸種智院」の項目（一九八六年刊行）は、この論集を編まれた久木幸男氏の執筆である。とすると、この項目はこの時点での綜芸種智院についての最大公約数的な内容であるといっても過言でないであろう。その全文を、私に八段落にわかってあげてみよう。(10)

①空海が天長五年（八二八）ごろ、藤原三守から邸宅の寄進を受けて東寺近傍に建てた学校。

②名称は『大日経』具縁品の「兼二綜衆芸一」、『大品般若経』六喩品の「用二一切種智一知二一切法一已」に由来する。

③設立趣意書ともいうべき「綜芸種智院式并序」（『性霊集』一〇）によると、三教院とも呼ばれている。この三教が仏儒道の三教を指すのか、顕密二教および儒教を意味するのかについては定説がないが、空海が構想した本院の教育課程は、仏教・儒教はもちろん、インドの諸科学などをも含み、全東アジアの諸学・諸思想を総合する壮大なものであった。それを僧俗共学の形で学ばせようとしたもので、特に僧侶が世俗書を、俗人が仏典を学ぶことを予定しており、また民衆子弟の入学を期待していた。

④当時は上層民衆を下級官人に採用する政策も採られていたので、この期待は実現の可能性を十分もっていたと思われる。

⑤教師の選択に意を用い、大学にならって学生に対する無料給食制を計画していることが、「綜芸種智院式并序」から知られるが、これらの計画の達成度や教官・学生数など、実態については不明の点もある。

⑥しかし本院廃絶時の承和十二年（八四五）に書かれた「実恵奏状」（『東寺文書』民部省符案所引）によると、経営財源としての荘園が設定され教科書なども用意されていたことが知られる。

⑦このころまでは学校としての機能がよく保持されていたと思われるが、この年、院の施設は沽却され、その代

価をもって丹波国大山の田畠が伝法会の財源として買得されて、東寺領大山荘が成立した。

⑧本院がこのように二十年足らずの短期間に廃絶した原因については諸説があり、空海の構想の非現実性、後継者の無理解や財政難、政府の下級官人採用策の転換による入学者減などにその理由が求められたが、いずれも推測の域を出ていない。（傍線筆者）

①に「空海が天長五年（八二八）ごろ…東寺近傍に建てた学校」といい、⑦に「このころまでは学校としての機能がよく保持されていたと思われる」といっており、これが活字になった一九八六年の時点では、綜芸種智院が実際に開校していたと考えられていたことは間違いない。

はたしてそうであったであろうか。その正否はしばらくおき、『論集　空海と綜芸種智院』が刊行された一九八四年以降に発表された綜芸種智院に関する論考をみておこう。

私が知りえた一九八四年以降の論考は、つぎの五篇である。

1、宮城洋一郎「弘法大師伝と万濃池・綜芸種智院」一九九〇年五月(11)

2、高木訷元「綜芸種智院の創設」一九九七年四月(12)

3、古田栄作「〈綜芸種智院〉試論」二〇〇一年三月(13)

4、太田次男「空海「綜芸種智院式」に関する私見—私立学校の創設を続って—」二〇〇三年二月(14)

5、児堀　功「綜芸種智院の構想と実態」二〇〇七年三月(15)

これらも含めて、本稿で主題とする綜芸種智院が実際に開設されていたか否かに関連することとして、①綜芸種智院が開設されたことを疑う論考、②「綜芸種智院式」を勧進の書と見なす論考、をあげると、つぎのようになる。

①開設を疑う論考………　太田次男（二〇〇三年）・児堀功（二〇〇七年）

②勧進の書とみなす論考…　和多秀乗（一九八一年）・児堀功（二〇〇七年）

右にあげた和多・太田・児堀三氏の要点だけを、簡単に紹介しておきたい。

第一は、和多秀乗「空海と学校教育」である。(16) 重要と想われるところを六つ抜萃しておく。

①㋐天長五年（八二八）十二月十五日、大僧都空海は綜芸種智院という名の大学を開校し、大学設立の趣旨とその具体的な教育内容を天下に宣言し、建学の精神についての理解と財政的後援を江湖にもとめた。

②空海自身は清貧で私財の蓄えもなかった。そこで自分の理想を理解してくれる人々に対し財政的援助を懇願した。㋑綜芸種智院式は勧進の書でもある。そして経営者空海は成功した。

③㋒十七年間にわたって存続したことは確かなようだ。

④空海入滅後十年たって、㋓承和十二年（八四五）に綜芸種智院は廃絶された。

⑤綜芸種智院廃絶の理由について、多くの人は経済問題にあると指摘する。なる程空海の綜芸種智院経営は多くの篤志家による一時的あるいは臨時の寄附を財源とすることによって成り立って来た。

⑥真の理由は経営に人を得なかったことに由ると言わねばならない。（傍線筆者）

ここで確認しておきたいことの第一は、空海は天長五年十二月に開校し、十七年間存続したけれども承和十二年に廃絶されたといい（傍線部㋐㋒㋓）、綜芸種智院は開設されていたとみなす点である。第二は、「綜芸種智院式」を勧進の書とみなす点である（傍線部㋑）。

第二は、太田次男「空海「綜芸種智院式」に関する私見―私立学校の創設を繞って―」である。(17) これは講演録であるから長文であるが、同じく要点として六つのことを抜萃してみたい。

①序文の「本願忽ちに感ず、名を樹てて綜芸種智院と曰ふ、試に式を造る記に曰く」に注目し、「三教院を創り

たい、といったら、直ちに三守から土地と建物とが寄進されたので、喜びいさんで、年来の希望を試案として、一気に吐き出したのが、この「式」であろう」という。

②「今願う所は、一人《いちじん》恩を降し、三公力《ちから》を勠《あわ》せ、諸氏の英貴、諸宗の大徳、我れと志《し》を同じくせば、百世《はくせい》まで継ぐことを成さん」なる一文があり、この「今願う所は」からは、着手には未だ程遠い段階だといえる、とみなされる。

③内容的に「式」といえるのは、「師を招くの章」以下であるが、「具体性はまだ希薄で、学校設立の準備期間でいえば、まだ極く早期という外はありますまい」という。

④実恵らが綜芸種智院を沽却したときの上奏文の一部「先師故大僧都空海大法師、私に一の黌を建て、名を綜芸院と曰う。将に以て経史を設けて教業に備え、田園を配して支用に宛つべし。宿心未だ畢らず。人化し時遷り、功業期する所、方に触れて済《な》し難し。弟子等商量して彼の院を沽却し、件の田を買い取りぬ。」を引き、「宿心未だ畢らず、これが学校ができなかったということを示す最も貴重な一句」であるといい、実恵は民部省に提出する書類に、事実を隠さずに「創設出来なかったとはっきり明記した」ともいわれる。

⑤多くの論文が、式が書かれた天長五年を院設立の時期とみなすけれども、三年後の天長八年六月十四日、病により大僧都を辞しており、「最も大事な時期に、空海に学校経営者としての姿が全くみられ」ないことも、疑わしい点であるといわれる。

⑥結論として、「綜芸種智院の設置を繞って可能な範囲で資料に当ってみましたが、結局、種智院という学校は設置されなかったというのが私の結論といえます」という。（傍線筆者）

さいごの結論をみるまでもなく、綜芸種智院は開設されなかったとの趣旨で全体が貫かれているといえようが、論拠の面からはそれほど説得力をもったものとはいいがたい。

第三は、児堀功「綜芸種智院の構想と実態」である。私の知るかぎり、綜芸種智院にかんする論考では、一番新しいものであり、かつ「「綜芸種智院式」を全体の構成や前後の文脈に留意して読み直し、設立目的・教育対象・教育内容・運営形態・設立計画の進め方といった空海の構想全体を再検討したい。[18]」（傍線筆者）との視点から「綜芸種智院式」を全体的・総合的に論じられた切れ味するどい勝れた論考と考える。傍線をひいたそれぞれの項目についての卓見は、あとで紹介することとし、ここでは児堀氏の結論部分だけをあげておく。

（あ）綜芸種智院が設立されたかどうかを断定することはできない。ただ、いずれにせよ空海は、（い）国家的支援を取り付けるのに失敗したため、（う）官吏・僧侶養成システム改革を通じた政治改革・宗経改革という綜芸種智院構想の本旨を、何ら実現することができなかったのである。[19]（傍線筆者）

全体的にみて、空海の綜芸種智院構想は失敗におわったと総括されているといえよう。傍線部（あ）は、その通りであると私も考える。しかし、傍線部（い）と（う）は、はたしてここまで言いきることができるかは、意見の分かれるところであろう。私見は、以下、「綜芸種智院式」を分析・検討するところで述べることにしたい。

二 「綜芸種智院式」の分析・検討

ここで、児堀功氏が提示された項目とその結論について、一つ一つ検証していきたいと考える。その前に、「綜芸種智院式」全体の構成をみておきたい。ここには、私に付した小見出しと私に二十段落にわけた段落番号をもって表記した。なお、二十の段落は、最初と最後の二文字をもって示すことにする。

大序　①「辞納…居北」、②「湧泉…相続」、③「貧道…冒地」、④「不労…記曰」

全体の序。冒頭に藤原三守から寄進された左京九条の邸宅の構成とすばらしい環境を語る。そして、かねてから顕密二教と儒教の三教を教える学校を創りたいとの希望をもっており、その計画を語ると、直ちに三守から邸宅の寄進をうけたので、そこを「綜芸種智院」と名づけた。そこで、試みに「式」を作ったので記してみる、という。

〈式本文〉

序　⑤「若夫…惟宝」、⑥「故能…而誰」、⑦「是以…覚苑」

式の序。仏教と世俗の学問の両方を兼学しなければ、人格の完成は期待できない、と総合教育の必要性を力説し、僧は仏典だけでなく俗典をも、また大学で学ぶ学生は外典ばかりでなく仏典をも学ぶべきだと考えて綜芸種智院をたて、三教の典籍をおさめ、それら専門の諸先生を招こうと考えた、と。

批難一　⑧「或難…跡穢」、⑨「答物…扶保」、⑩「然則…善也」

或る人が非難していう。かつてそのような私学——吉備真備の二教院・石上宅嗣の芸亭院——が創られたけれども、すべて途中で挫折しているが、あなたの学校は大丈夫か、と。

答えていう。「今願う所は、一人恩を降し、三公力を勠《あわ》せ、諸氏の英貴・諸宗の大徳、我と志を同じうせば、百世継ぐことを成さん」と、多くの人たちの協力があれば大丈夫である、という。

批難二　⑪「或有…何益」、⑫「答大…善哉」

また非難していう。国家が学校を置いているのに、そんな小さな学校でどれほど役立つのか、と。

答えていう。唐の都には各坊ごとに、また地方にも県・郷ごとに学校があり、才智あるものが都城にあふれ、六芸に秀でたものが国々に満ちている。わが国には学ぶ環境が整っていない。貴賤・貧富にかかわりなく誰でも学べる学校が必要であり、そのような学校をいま創りたいのだ。

問答　⑬「難者…宝洲」、⑭「余雖…良因」
もしそのような学校ができれば、国を益し、人を利す、真にすぐれた計画といえよう。

師を招く章　⑮「招師…雅言」
学問における四つの条件――処・法・師・資――を記す。なかでも優れた師を重要視する。

道人伝受事　⑯「一道…指授」　僧侶に顕密の教えを教授すべきことを願う。
俗博士教授事⑰「一俗…不仰」　俗典の先生に教授すべきこととその心得を説く。
師資糧食事　⑱「一師…須給」　道俗、師資ともに食事を給すべきことを説く。完全給費制。
勧進の文　⑲「雖然…群生」　わずかな物でいいから喜捨し、この計画を助けてほしい。
日付　⑳「天長…海記」　天長五年十二月十五日空海記す。

本題に入るまえに、いま一度、指摘しておきたいことは、綜芸種智院が開設されたか否かを考えるときの根本史料は、二つしかないことである。すなわち、
①設立趣意書をかねた勧進の書である空海撰「綜芸種智院式」＝天長五年（八二八）十二月十五日付
②綜芸種智院を売却したときの「民部省符」＝承和十二年（八四五）九月十日付
である。このうち、②は売却することを許可したときの記録であって、なぜ売却するに至ったかを考えるときの根本史料である。綜芸種智院の設立目的・教育対象・教育内容・運営形態・設立計画の進め方などを知る手がかりを与えてくれるのは、「綜芸種智院式」だけであり、この「式」の徹底した分析・検討がまたれるのであった。

そこで以下に、児堀氏の創意にもとづいて設定された項目を参照しながら、「綜芸種智院式」の内容を分析することにしたい。本稿では、五つの項目――大序・設立目的・教育対象・運営方針・設立計画の進め方――をもうけた。

1　大序

まず、「大序」の全文をあげてみよう（頭に付した〇番号は、私に二十段落にわけた段落番号である）。

①(あ)辞納言藤大卿左九条の宅有り。地は弐町に余り、屋は五間なり。東は施薬慈院《せやくじいん》に隣《とな》り、西は真言の仁祠《じんし》に近《ちか》し。生休帰真《せいきゅうきしん》の原《はら》南に迫り、衣食出内《いいしすいだい》の坊《ぼう》北に居す。

②涌泉水鏡《ようせんすいけい》のごとくにして表裏なり。流水汎溢《はんいつ》して左右なり。松竹《しょうちく》風来って琴箏《きんしょう》のごとし。梅柳《ばいりゅう》雨催して錦《きん》繍《しゅう》のごとし。春の鳥哢声《ろうせい》あり、鴻鴈于《こうがんゆ》き飛ぶ。熱渇臨《ねつかつのぞ》めば即ち除き、清涼憩《せいりょういこ》えば即ち至る。兌《にし》には白虎の大道あり、離《みなみ》には朱雀の小沢《しょうたく》あり。緇素逍遙《しそしょうよう》する、何ぞ必ずしも山林のみならんや。車馬《しゃば》往還すること朝夕に相続《つ》ぐ。

③貧道、物を済《すく》うに意《こころ》有り。(い)竊《ひそ》かに三教の院を置かんことを庶幾《こいねが》う。(う)一言《いちげん》響きを吐《は》けば千金即ち応ず。永く券契《けんけい》を捨てて遠く冒地《ぼうじ》を期す。

④(え)給孤《きっこ》の金《かね》を敷《し》くことを労せずして忽《たちま》ちに勝軍の林泉を得たり。(お)本願忽ちに感ず。名を樹《た》てて綜芸種智院と曰《い》う。(か)試《こころみ》に式を造る記に曰く。（傍線筆者）

太田氏は、「本願忽ちに感ず、名を樹てて綜芸種智院と曰う、試に式を造る記に曰く」に注目され、三教院を創りたい、と長年の想いを語ったら、直ちに三守から土地と建物とが寄進されたので、喜びいさんで、年来の希望を試案として、一気に吐き出したのが、この「式」であろう。これが直ちに学校の設立に結び付けら

れるなどということはとてもできない。（趣意）[20]

といわれる。

大序で注目すべきことは、

ア、空海は三教院を創りたいとの希望をはやくから持っていたこと（傍線部い）、

イ、三守から土地と建物とが寄進されて、本願がただちに実現しそうになったこと（傍線部う～お）、

ウ、そこで「試に式を造る記」を記したのが、この「式」であったこと（傍線部か）、

の三つである。前掲の本文③④に記された空海のことばを素直に解すると、この「式」はあくまでも「試案」であって、「正式」のものとはいえない。三守からの寄進がよほど嬉しかったのであろう、「式」の冒頭に三守から寄進された邸宅の素晴らしさを記すこと自体、正式のものとすれば、全体の構成上そぐわないであろう。太田氏がいわれる「喜びいさんで」が、確かに感じられるのである。

2　設立目的

ここからは、「式」本文について検討する。まず、設立の目的である。

はじめに、太田・児堀両氏の見解を紹介しておく。太田氏は、綜芸種智院設置の眼目は、「僧侶の中で外典をも学びたいとする者」と「若い俗人や好学の下層の人に対しても学校をひらかなくてはならんというようなこと」であったという。[21]その根拠は、つぎのところであった。

⑰あ若し青衿黄口《せいきんこうこう》の文書を志し学ぶ有らば、絳張《こうちょう》先生、心《こころ》慈悲に住し、思い忠孝を存して貴賤を論ぜず、貧富を看ず、宜しきに随って提撕《ていぜい》し、人を誨《おし》うることに倦《う》まざれ。三界は吾が子なりというは大覚の師吼《しく》、四海は

兄弟なりというは将聖《しょうせい》の美談なり。仰がずんばある可からず。（傍線筆者）(22)

特に、傍線部㋐を「若い俗人や好学の下層の人」とみなしたのであった。「僧侶の中で外典をも学びたいとする者」とは、典拠としてあげた文章の直前にある「若し道人意《こころ》に外典を楽《ねが》はば、茂士孝廉《もしこうれん》、宜しきに随って伝授せよ。(23)」にもとづく。

一方、児堀氏は、目的は二つあったといわれる。その第一は、「綜合主義教育を確立して道俗分離を打破し、学問・教育の機能不全を解消すること」であったとみなされる。(24)その典拠とされたのが、

⑤若し夫れ九流六芸は代《よ》を済《すく》うの舟梁《しゅうりょう》。十蔵五明は人を利するの惟れ宝なり。⑥故に能く㋐三世の如来兼学して大覚を成じ、十方の賢聖綜通《けんしょうそうつう》して遍知を証す。㋑未だ有らじ、一味美膳を作《な》し、片音妙曲《へんいんびょうきょく》を調ぶる者は。身《み》を立つるの要《よう》、国を治むるの道、生死を伊陀《いだ》に断じ、涅槃を蜜多《みった》に証することと此れを棄《す》てて誰ぞ。⑦是《ここ》を以て㋒前来《ぜんらい》の聖帝《せいてい》賢臣、寺を建てて院を置き、之を仰いで道を弘む。然りと雖も㋓毘訶《びか》の方袍《ほうほう》は偏に仏経を翫《もてあそ》び、㋔槐序《かいしょ》の茂廉《もれん》は空しく外書《げしょ》に耽《ふけ》る。三教の策、五明の簡《ふだ》の若《ごと》きに至っては、壅《ふさ》がり泥《なず》んで通ぜず。㋕肆《かるがゆえ》に綜芸種智院を建て、普く三教を蔵《おさ》めて諸の能者《のうしゃ》を招かんとす。（傍線筆者）(25)

であった。これを要約して、児堀氏はつぎのようにいわれる。

空海は、世俗の学問（九流六芸）と仏教（十蔵五明）を綜合的に学ぶことの必要性を訴え、綜合主義教育によらなければ、立身の要点や治国の道を会得することも、煩悩を断って悟りの境池（ママ）に入ることも不可能だと主張している。これは官吏養成も僧侶養成も綜合主義教育によるべきだとの主張と言えよう。(26)

つづいて、「槐序の茂廉は空しく外書に耽る」「毘訶の方袍は偏に仏経を翫び」を、「世俗の学問と仏教がそれぞれ大

学と寺院に分離している現状を」厳しく非難した語句ととらえ、「わが国の学問・教育は機能不全に陥っている」と指摘したうえで、「だからこそ綜芸種智院を設立して、三教にわたる書籍をそろえ諸分野の専門家を教師に招くのだと述べている」[27]といい、さきにあげた設立の目的を記されたのであった。

確かに、世俗の学問と仏教を綜合的に学ばなければ人格の完成は期待できないといい、空海が総合教育の必要性を力説されていることは間違いない。しかし、「官吏養成も僧侶養成も綜合主義教育によるべきだとの主張」とまで言いきれるであろうか。また、僧は仏典だけを、大学の学生は外典（仏典以外の書物）ばかりを学んでいる弊害を打破すべく綜芸種智院を開設したいと考えたことは読みとれるけれども、「わが国の学問・教育は機能不全に陥っている」とまで言えるであろうか。疑問なしといえない。

そもそも「世俗の学問と仏教を綜合的に学ばなければ人格の完成は期待できない」との考えはどこからきているのであろうか。空海自身が「綜芸」の出典を『大日経』第一、入曼荼羅具縁真言品の「漫荼羅位初阿闍梨。応発菩提心。妙慧慈悲兼綜衆芸」[28]とするように、阿闍梨とはいかなるものか、に求められる。すなわち、『大日経』の注釈書である『大日経疏』に阿闍梨の十三徳を説いて

一に大菩提心を発し、二に善巧妙慧に住して大慈悲行を為し、三に衆芸を兼綜し、四に常に深く十縁生句を観察して般若波羅蜜を行じ、五に三乗の教理に通達し、六に善く真言の実義を解し、七に能く衆生の心行を了知して機根の鑑別を謬らず、八に諸仏菩薩の聖語を諦信し、九に伝法阿闍梨の灌頂職位を受け、又能く曼荼羅を図画し、十に性柔和にして我執なく、十一に真言行に於いて善く決定を得て三密の法則に熟練し、十二に諸尊の三摩地を謬らずして善く瑜伽相応の法を修習し、十三に勇猛の大菩提心を起して倦怠せず。これを阿闍梨の十三徳と云ふ。[29]

と記す。ここに、阿闍梨とはあらゆることに精通していなければならないと説く、このことに依拠して、空海は人格

の完成には綜合教育が必要であると力説したものと考える。

児堀氏のいわれる設立目的の第二は、「大学で学ぶことのできない人々への教育の普及」であったという(30)。その根拠は、

⑪或いは人有って難じて曰く。国家広く庠序《しょうじょ》を開いて諸芸を勧め励ます。霹靂《へきれき》の下《もと》、蚊響《ぶんけい》何《いかん》が益かあらむ。

⑫答う。大唐の城《じょう》には坊坊に閭塾を置きて普く童稚《とうち》を教え、県県に郷学《きょうがく》を開いて広く青衿《せいきん》を導く。是の故に才《さい》子《し》城に満ち、芸士《げいし》国に盈《み》てり。今《いま》是の華城《かせい》には但《ただ》一つの大学のみ有りて閭塾有ること無し。是の故に貧賤の子弟、津を問うに所無し。遠坊の好事《こうじ》、往還するに疲るること多し。今《いま》此の一院を建てて、普く瞳矇《とうもう》を済《すく》わんとす。亦《また》善からざらんや。（傍線筆者）(31)

である。児堀氏は、つぎのように要約する。「すでに国家によって大学・国学が開かれ充実した教育体制が布かれているのだから、綜芸種智院など無用ではないか、との難者の主張に反論する形で、唐の教育事情を例にわが国の教育普及度の低さを指摘し、教育の普及（普済瞳矇）を設立目的に掲げて院の有用性を訴えている。空海が「貧賤子弟、無レ所レ問レ津」の解消をめざし、大学で学ぶことのできない庶民子弟を院の教育対象に予定していたことは明白である」という(32)。

確かに、綜芸種智院の設立の一班が「普く瞳矇を済わん」ことにあったことは間違いないであろう。しかし、この「瞳矇」をいかに解するかが問題である。この点は、項を改めて論じることにしたい。

3　教育対象

従来、綜芸種智院とは「知識を求め学問を好むものは、貴賤の身分や貧富にかかわりなく、すべて平等に学ばせ」

る「私立の総合大学」といったとらえ方がなされてきた(33)。つまり、学びたい人すべてに門戸を開放した庶民教育の学校といったイメージでとらえられてきたのであった。しかるに最近、「普く瞳矇を済わん」の「瞳矇」の解釈をめぐって、新しい見解が示されている。それらを紹介するとともに、私見を記してみたい。

まず、久木幸男氏である。久木氏は、「空海が「普く童蒙を済う」の意思に発した学校設立の構想がどのような現実的基盤をもつものだったかという問題が等閑に附されたままで」あったと先行研究を批判し、「空海が綜芸種智院に入学するべき者として予定した「遠坊の好事」とは、この有力百姓の子弟だったのではないかと考えられる」といわれる(34)。この考えを敷衍させ、さきにあげた『国史大辞典』「綜芸種智院」の項では、

> それを僧俗共学の形で学ばせようとしたもので、（中略）また民衆子弟の入学を期待していた。当時は上層民衆を下級官人に採用する政策も採られていたので、この期待は実現の可能性を十分もっていたと思われる(35)。

といい、「民衆子弟」「上層民衆」の人たちが実際に学ぶことができる「可能性を十分もっていた」といわれた。

つぎは、児堀功氏であり、教育の対象者を二つあげる。一つは大学学生と諸寺院の学僧であり、いま一つは庶民子弟である。前者については、さきにあげた第一の設立目的は、「庶民教育とは基本的に結びつかない。大学・寺院教育の「空耽外書」「偏翫仏経」の弊害を解消するためには、当然、大学学生と諸寺院の学僧を教育対象としなければならないはずである。」といい、「官吏養成も僧侶養成も綜合主義教育によるべきだと主張しているのだから、綜芸種智院は官吏・僧侶養成機関と解するのが自然である」ともいわれる(36)。

僧侶を教育対象と解することに抵抗はないけれども、大学学生を対象とする点には違和感をおぼえる。「大学・寺院に取って代わろうとするのではなく、大学・寺院と提携して学生・学僧を一時的に院に受け入れる体制をつくり、既存の官吏・僧侶養成システムを補完するのであれば、必ずしも非現実的な構想とは言えない(37)」といわれるけれども、

定員四百名の大学学生――必ずしも定員を満たしていたわけではなかったとはいえ――を院に受け入れるには、多くの困難がともなったであろう。何よりもまず、百二十年あまりの伝統ある大学制度を大幅に改編する必要が出来したであろう。もし、学生に仏典を学ばせることが主眼であれば、何も多数の学生を院まで来させるには及ばないであろう。なぜなら、行学を積んだ有徳の僧侶を大学に派遣すればよいからである。

後者の庶民子弟が教育の対象であったとみなす説についてみておく。児堀説を要約すると、以下のようになろう。(38)

ア、「普く瞳矇を済う」に関連して、「貴賤を看ること莫れ」「貴賤を論ぜず、貧富を看ず」と、貴賤・貧富を度外視する記述がみられるけれども、㋐すべての人を受け入れたとは考えがたい。㋑能力による入学制限があったのではないか。

イ、「式」に「九経九流、三玄三史、七略七代、若しは文、若しは筆等の書の中に、若しは音《おん》、若しは訓《くん》、或いは句読、或いは通義」とあって、教育内容の幅広さを強調する記述はあっても、読み書きといった初歩的な教育内容を示す記述は見当たらない。

ウ、ある程度の教育水準を満たす者に入学者を限定し、高度な専門教育のみを扱ったと推測される。

エ、「貧賤子弟」とは、まったく教育を受けていない一般民衆子弟ではなく、㋒大学には入れないものの相当の読み書き能力などを身につけている庶民上層の一部と考えられる。このような者たちに理想的な総合主義教育を普及させることこそ、「普く瞳矇を済う」の具体的な内容ではなかったか。

オ、「普く瞳矇を済う」をこのようにとらえると、「一見無関係に思える教育の普及と綜合主義教育による道俗分離の打破という二つの設立目的の間に、相互補完的な関係を見いだすことができる。すなわち、綜合主義教育による道俗分離の打破は、教育改革によって官吏・僧侶の資質向上を図るものであり、庶民上層への綜合主義教育の

普及は、官吏・僧侶にふさわしい人材をより広く募り、その量産を図るものである」という。（傍線筆者）

そうして、以上を総括してつぎのようにいわれる。

①空海が綜芸種智院の教育事業の意義について述べる「国を益するの勝計、人を利するの宝洲なり。」の「益国」「利人」とは、綜合主義教育によって育成された真の賢士、真の覚者が、わが国の政治および仏教を正しく導き、国家を繁栄させ人々を救済することを意味すると考えられる。

②綜芸種智院設立の究極的な目的は、官吏・僧侶養成システム改革を通じた政治改革・宗教改革であり、国家そのものの救済、すべての人々の救済であったと言えよう。(39)

さきに、綜芸種智院は従来、学びたい人すべてに門戸を開放した庶民教育の学校とみなされてきた。しかしながら、この当時の社会状況を勘案すると、実際に学べる人がどれほどいたか、恐らく皆無に等しかったのではないか、と考えられる、と述べた。

綜芸種智院が開設されたかどうか、を考える上で、運営資財が確保できたかどうかとともに、疑義をいだく大きな要因の一つが、実際に開設されたと仮定して、いかなる人たちが学ぶことができたか、であった。「庶民教育の学校」の庶民をどのレベルの人をさすのかは、あまり議論されてこなかったように想われる。このことを正面から論じたのは、前掲の久木・児堀の両氏くらいであろう。

久木氏は、有力百姓の子弟とか、上層民衆の子弟を教育の対象にしていたとみなされた。一方、児堀氏は「まったく教育を受けていない一般民衆子弟ではなく、大学には入れないものの相当の読み書き能力などを身につけている庶民上層の一部」を対象としたのではないかといわれる。

ここで、空海当時の大学の状況をみておきたい。延暦から天長年間にかけて、大学は恐らく定員を大幅に割ってい

たと想われる。それは、たびたび大学における学問奨励の勅がだされているからである。(40) 延暦以降だけでも、

①延暦十三年（七九四）十月十一日付太政官符
②同　十四年（七九五）十月八日付太政官符
③同二十一年（八〇二）六月十七日付勅
④大同　元年（八〇六）六月十日付勅
⑤弘仁　三年（八一二）五月二十一日付勅
⑥天長　元年（八二四）八月二十日付太政官符

と六回もだされている。このうち、「綜芸種智院式」が書かれた直前の⑥天長元年八月二十日付太政官符には、

右、参議従三位多治比《たじひの》真人今麻呂の奏状を検ずるに偁《い》わく。（中略）伏して望むらくは、㋐諸氏の子孫、咸《みな》大学寮に下して経史を習読せしめ、㋑学業用うるに足れば、才を量《はか》りて職を授けんことを。宜しく㋒五位已上の子孫にして㋓年廿已下《よりしも》の者、咸大学寮に下すべし。（番号・傍線筆者）(41)

とある。ここには注目すべき点が四つある。

第一は、五位以上の貴族の子弟すべての入学を命じていることである（傍線部㋐㋒）。

第二は、傍線部㋓に「年二十已下の者、咸大学寮に下すべし」とあって、入学を命ぜられたのが、二十歳以下のすべての子弟であったことである。

第三は、傍線部㋐に「経史を習読せしめ」とあって、儒学のほかに、史学も学習させたことである。

第四は、学業成績に応じて卒業生を官人として登用することを謳っていることである（傍線部㋑）。

このような状況を勘案すると、児堀氏のいわれる「庶民上層の一部」も大学に入れたのではないかとも考えられるの

である。

この当時、庶民といわれる一般民衆は、毎年のように襲いくる天変地異(42)のなかで、はたして私立の学校に行くなどということが可能であったのであろうか。大学生・国学生は税金を免除されていたが、私立の学校で学ぶ庶民はそうではなかった。久木氏のいわれる「上層民衆」、児堀氏のいわれる「庶民上層」といえども、同じであった。とすると、ある一人が学問するためには、その身内でもってそのものの税を負担しなければならなかった。

たとえ一人であったとしても、学ばせるだけの余裕が、どれほどの人たちにあったかは甚だ疑わしいといわざるをえない。

4 運営方針

では、空海は綜芸種智院をいかに運営していこうとしていたのであろうか。

児堀氏は、「一つの私塾ではなく、国家的支援による運営という形態の学校として構想されていた」といわれる(43)。それは、「式」のつぎの記述を踏まえてのことであった。

⑧或《ある》ひと難じて曰く。然れども猶事《なおこと》先覚に漏れて終《つい》に未だ其の美を見ず。何《いかん》となれば㋐備僕射《びぼくや》の二教、石納言《せきとうけん》の芸亭《うんてい》、此《かく》の如き等《ら》の院、並びに皆始め有れども終わり無く、人去りて跡穢《あとけがれ》たり。

⑨答う。物の興廃は必ず人に由る。人の昇沈は定めて道《どう》に在り、大海は衆流に資《よ》って深きことを致し、蘇迷《そめい》は衆《しゅ》山《さん》に越えて高きことを成す。大廈《たいか》は群材の支持する所、元首は股肱《ここう》の扶《たす》け保つ所なり。

⑩然れば則ち㋑類多き者は竭《つ》き難く、偶《たぐ》い寡《すくな》き者は傾き易し、自然の理の然ら使《しむ》るなり。㋒今願う所は、一人《いちじん》恩を降し、三公力《ちから》を勠《あわ》せ、諸氏の英貴、諸宗の大徳、我れと志《し》を同じくせば、百世《はくせい》まで継ぐことを成さん。

（傍線筆者）(44)

そうして、右の文の要点を三つ指摘される。すなわち、

㋐吉備真備の二教院や石上宅嗣の芸亭院が短期間で廃絶したのは、個人事業であったからである（傍線部㋐）。

㋑事業への協力者の多寡がその存続を左右する（傍線部㋑）。

㋒だから、天皇以下、大臣をはじめ諸卿および諸宗の高僧たちがこぞって賛同・協力してくれれば、綜芸種智院を恒久的に存続させることができる（傍線部㋒）。(45)

といい、特に㋒に注目されたのであった。

たしかに、傍線部㋒からは、「国家的支援による運営という形態の学校を構想されていた」とみなすこともやぶさかではない。がしかし、このことを実行されたかどうかは別の問題といえよう。また、「今願う所は」は、こうあってほしい、といった願望を記したとも解され、このことばは勧進の書であることの一証左ともいえよう。

5　設立計画の進め方

従来、綜芸種智院は「式」が書かれた時点で開設されたとみなす説が有力であった。(46)しかるに、「式」を丁寧に読めば、「式」そのものが勧進の書であって、設立にむけての準備段階で書かれたものであると解するのが妥当であると考える。

この点について、児堀氏の論考を要約すると、以下のようになる。(47)

ア、運営方針を「今願う所は」と願望の形で述べていることから、この「式」が書かれた時点では、㋐院の運営を開始できる段階ではなかった。

イ、「師資糧食の事」で完全給費制を記したあとに、「然りと雖も道人素《もと》より清貧を事とす。未だ資費を弁ぜず」とあって、㋑運営財源を確保する前の段階であったことがわかる。

ウ、㋒「式」が設立準備段階で書かれたのは、運営財源確保のために有志の寄付を募っていること、その勧進の文が全体の結び位置を占めていることは重要な意味をもつ。

エ、設立に先立って寄付を募る必要があったため、設立目的や綜合主義教育の理念、運営方針、教育方針などの概要を知ってもらわねばなるまい。だから、㋓宣伝、勧進のために「式」は書かれたと推測できる。

オ、藤原三守から邸宅の寄進を受けた後、間もなく「式」を書いて広く世間に綜芸種智院構想を宣伝し、勧進を展開する一方、天皇や有力貴族、諸宗の高僧に対して個別に協力を要請し、国家的支援を取り付けようとしたのだろう。

カ、そして、運営財源を確保し国家の制度的保障を得たうえで運営を開始する計画だっただろうから、㋔院が設立されたとすれば、天長六年以降と考えねばならない。（傍線筆者）

私見でも、「綜芸種智院式」そのものを勧進の書と解するので、ここで述べられていることは大筋で認めてよいと考える。

6　綜芸種智院の実態—院は存在したか—

さきに見たように、天長五年十二月十五日付の「綜芸種智院式」は、藤原三守から邸宅の寄進をうけて、三教院を開設したいとの年来の願いが実現する可能性がみえてきたことから、財源を確保するために書かれた勧進の書であった。

では、綜芸種智院は実際に開設されたのか、がつぎなる問題となる。このことを考える上で重要な手がかりを与えてくれるのが、承和十二年（八四五）九月十日付民部省符案である。すでに述べたように、この民部省符案は綜芸種智院の売却を許可されたときの文書であり、そこに引用された「実恵奏状」が参考となる。

空海なきあと東寺を預っていた実恵は、綜芸種智院を売却するにいたった経緯をつぎのように記している。

先師・故大僧都空海大法師、㋐私に一黌《いつこう》を建て、名づけて綜芸院と曰う。㋑将《まさ》に以って経史を設けて教業に備《そな》え、田園を配して支用に充てんとす。㋒宿心未《いま》だ畢《おわ》らず。㋓人化し時遷《うつ》り、功業期する所、独《ひと》り方《まさ》に済《な》し難し。㋔弟子等商量して彼の院を沽却し、件の田を買い取りぬ。（番号・傍線筆者）[48]

ここでのキーワードは傍線部㋒の「宿心未だ畢らず」であり、これをいかに解するかである。

ともあれ、要約してみよう。

㋐先師空海は、わたくしに一つの学校を建て、それを綜芸院といった。

㋑そこに経書や史書をおいて勉学にそなえ、田園をわりあてて経費にあてようとなされた。

㋒けれども、宿願をはたすことはできなかった。

㋓人は亡くなり時は移って、この大事業をわれわれだけで成し遂げることは難しくなった。

㋔われわれ弟子たちは協議し、綜芸院を売却して、丹波国大山荘を買い取ることにした。

ところで、児堀氏は、「宿心未レ畢」の具体的内容が問題であるといい、この鍵はその理由を記す直前の「将以…支用」をいかに解するかであり、その解釈は分かれているとして二説をあげる。一つは高橋俊乗氏に代表される「田園を配して支用に充つ」が不十分であったとする説であり、今一つは久木氏の「経史を設けて教業に備う」と「田園を配して支用に充つ」は一対であって、前者が未達成であったとは考えがたいので、両方とも達成されており、院の運

営は順調であったとする説である。(49)

この久木説をうけて、児堀氏は自説を展開する。すなわち、

> ①「財源が確保されていたとしても院の運営が順調だったとは限らないし、設立さえ確実ではない」とし、その理由を「綜芸種智院は国家的支援により運営される官吏・僧侶養成機関として構想されており、国家の制度的保障なしには継続的運営は困難と考えられるからである」（傍線筆者）という。

ついで、「式執筆から十数年で院が売却されていることから、空海は国家的支援を取り付けるのに失敗したのは明らかであ」り、「宿心未レ畢」は暗にそのことを言ったものであるとする。そして、結論として

> ②綜芸種智院が設立されたかどうかを断定することはできない。ただ、いずれにせよ空海は、国家的支援を取り付けるのに失敗したため、
>
> ③官吏・僧侶養成システム改革を通じた政治改革・宗教改革という綜芸種智院構想の本旨を、何ら実現することができなかったのである。(50)（傍線筆者）

と断言されたのであった。

右の児堀説に対する私見を記しておきたい。

たしかに、綜芸種智院が設立されたかどうかを判断するときのキーワードが「宿心未レ畢」であることは間違いない。「宿心未レ畢」をいかに解すればよいか。「三教院を設立しようとした空海の宿願すべてが叶えられなかった」と解すべきか、それとも「綜芸種智院は開設されたけれども、有終の美をかざることができなかった」と解すべきか、意見の別れるところである。

それとともに、その直前に記された「将以設二経史一而備二教業一、配二田園一而充二支用一」の解釈も、簡単そうで意外

と難しい。特に「将」の訓みと解釈である。『角川　大字源』によると、二つの訓みと四つの意味を記す。

①まさに…べし。　ア、すじとしてそうあるべき、そうすべきである。
　イ、かならず、きっと。確信を示す。

②まさに…せんとす。ア、行為や状態などが起こり生じようとするのにいう。
　イ、…しようと思う。…するつもり。[51]

ちなみに、さきにあげた要約では、②の訓みを採用した。

「宿心未レ畢」について、太田氏は、「宿心未だ畢らず」が学校ができなかったということを示す最も貴重な一句であり、実恵は、民部省に提出する書類に、事実を隠さずに「創設出来なかったとはっきり明記した」と、前者の解釈を示された。[52]児堀氏も、「国家的支援を取り付けるのに失敗したため」綜芸種智院構想は何ら実現しなかったと、太田氏と同様、綜芸種智院は設立をみなかった、と解釈された。

それはさておき、児堀氏の見解について、一、二疑義を記してみたい。第一の疑義は、児堀氏は傍線部ⓐで「国家的支援を取り付けるのに失敗した」といわれるけれども、たった二つの史料だけをもって、はたしてそこまで言い切ることができるであろうか。空海は、天皇に正式に支援を要請する場合、常に上表文の形式をもってお願いしたのであった。[53]「一人・三公」にお願いした例があるので紹介してみよう。それは、天長三年（八二六）十一月二十四日付で東寺の塔材を曳き運ぶことを勧進したときの上表文である。

①今塔幢《とうどう》の材木近く東山に得たり。僧等今月十九日従《よ》り夫《ふ》と与《とも》に曳き運ぶ。木は大きに力は劣にして功を成さんこと太だ難し。譬へば蟷螂《とうろう》の車に対《むか》い、蚊虻《ぶんぼう》の嶽を負わんが如し。ⓐ一人《いちじん》の孝恩、百官の忠心に非ず自《よ》りんば、何ぞ能く先聖の御願を荘厳し、広大の仏事を成就せん。

②(い)今望むらくは、六衛八省親王京城等をして力を勠《あわ》せ、誠を竭《つく》して各《おのおの》曳くこと一味ならしめん。但し東西二寺の工夫をして、各引木を持ちて材を安じて相刻ましめよ。然れば則ち子来《しらい》の人夫雲の如くに集り、塔幢の材木不日にして到りなん。

③(う)僧等の微願是の如し。天慈允許せば諸司に宣付したまえ。(54)（傍線筆者）

ところで、空海と藤原三守との関係であるが、三守はある時点から、空海のあらゆる活動を裏で支えていた強力な檀越ではなかったかと考える。(55)それは財力があり、かつ朝廷にも顔がきく、これ以上の人物はいないといってもよい檀越であった。さきにみたように、空海最晩年の勅許を悉く成就させたのが三守であったことからすると、もし、綜芸種智院の開設にあたって、天皇の支援を要請したのであれば、必ずや成功したはずである。しかるに、今日そのような史料は全く伝存しない。断定はできないけれども、「国家的支援を取り付けるのに失敗した」のではなく、諸般の事情で、空海は天皇への要請はしなかったとみるしかない。裏返せば、財政的には極めて厳しかったのではないかと推察されるのである。

第二の疑義は、傍線部(い)で、綜芸種智院構想の本旨は「官吏・僧侶養成システム改革を通じた政治改革・宗教改革」であったとみなされる点である。これも、「綜芸種智院式」だけをもって、そこまで言えるか疑問である。何よりも、「官吏養成システム改革」「僧侶養成システム改革」そして「政治改革」「宗教改革」、どれ一つとっても片手間でできるようなものとは思えない。天長五年の時点では、真言宗の年分度者の勅許はまだであった。みずからの教団の僧侶養成システムも整備されていない状況(56)のなかで、もろもろの改革まで視野にいれておられたとは、到底考えがたいことと言わねばならない。たしかに、示唆に富んだ指摘であるとは想われるけれども。

おわりに

以上、児堀氏の論考には、ほかの先行研究には見られない卓見がいくつも見られた。今後、綜芸種智院が開設されていたか否か、を論ずる場合、児堀氏の論考に再検討を加えるところから始めるべきであろう。今回は、感想のような形でしか言及できなかったけれども、今一度、原点に還ってこの問題を考えていきたいと想う。

ともあれ、本稿を閉じるにあたり、綜芸種智院が開設されたか否かについての私見をまとめておきたい。

最初に記したように、今日、われわれが有する綜芸種智院に関する信頼できる史料は、二つだけであった。この二つだけでは、具体的なことは皆目分からない。したがって、現存する史料からは、開設されたとは考えがたいのである。児堀氏がいわれた「官吏・僧侶養成機関」として開設されていたとすれば、綜芸種智院で学んだ、教えた、といった記録がもう少し伝存していてもよいと考えるが、皆無である。このことは何を物語るのであろうか。開設されたとして、実際に学ぶことができた人がどれほどいたか、についても、疑わしいのである。

また、この「綜芸種智院式」を執筆したあと、空海が何らかの行動、特に天皇への働きかけをおこなっていたとすれば、空海の檀越であり、かつ政治の中枢部にいた藤原三守がきちっとフォローしてくれたはずであるけれども、そのような痕跡はまったく見られない。

「綜芸種智院式」そのものが、試みの案であり、財政的支援を要請するための「勧進の書」であったことは、「式」の本文を読めば明白である。私が「勧進の書」と見なすのは、「式」の末尾のつぎの一文である。

⑲然りと雖も道人素《もと》より清貧を事とす。未だ資費を弁ぜず。且《しばら》く若干《そこばく》の物を入る。若し国を益し、人を利するに

意有り、迷を出で覚を証することを志求せん者は、同じく涓塵《けんじん》を捨てて此の願を相い済え。(57)

ここで空海は、「いま理想的な学校を創ろうとしているけれども、私は僧であって清貧を宗としており、まとまったものは何も持ちあわせていない。だから、今は僅かなものしか提供できない。もし、国益をまし人々の幸福を願うこころをもつ人、また覚りの境地を求める人がいたならば、私とこころを一つにして、僅かなものでもいいので喜捨し、私の願いを助けていただきたい。」と、財政的な支援を懇願しているのである。

以上を綜合すると、史料的な制約もあって、現時点では、綜芸種智院そのものが開設されたとは考えがたいのである。

註

（1）藤原三守にかんする主要な論考に、つぎのものがある。（一）渡辺直彦「嵯峨院司」（同著『日本古代官位制度の基礎的研究』増補版、二七二～二七五頁、一九七二年十月、吉川弘文館）、（二）柳井滋「綜芸種智院と藤原三守」（『論集 空海と綜芸種智院―弘法大師の教育―』上巻、三〇一～三二〇頁、一九八四年十一月、思文閣出版。初出『国語と国文学』第五十四巻第十一号、一九七七年十一月）、（三）大和典子「右大臣藤原三守と前東宮学士小野篁」（『政治経済史学』第二百八号、一五～二三頁、一九八三年十一月）、（四）後藤昭雄「入唐僧の将来したもの―讃と碑文―」（『論集 平安文学』2、一六～三〇頁、一九九五年五月、勉誠社）、（五）渡里恒信「藤原三守についての一考察―嵯峨天皇との関係―」（『古代文化』第四十七巻第六号、四二～四七頁、一九九五年六月。のちに同著『日本古代の伝承と歴史』に収録、二〇〇八年三月、思文閣出版）、（六）拙稿「最晩年の空海」（『密教文化』第二百十六号、一～四四頁、二〇〇六年三月）、（七）西本昌弘「『高野雑筆集』からみた空海と藤原三守の交流」（『古代史の研究』第十三号、四〇～五六頁、二〇〇六年十二月）、（八）井上辰雄「藤原三守―蕃邸の旧臣―」（同著『嵯峨天皇と文人官僚』一六九～一八二頁、二〇一一年二月、塙書房）。

（2）『続遍照発揮性霊集補闕抄』巻第十所収「綜芸種智院式并に序」（『定本弘法大師全集』〈以下、『定本全集』と略称す〉第八巻、一八六頁、一九九六年九月、高野山大学密教文化研究所）。

（3）拙稿、前掲（註1（六））。

(4) 藤原三守あての空海書状についての論考に、以下のものがある。西本昌弘、前掲（註1（七））。
(5) 渡里恒信、前掲（註1（五））論考を参照いただきたい。
(6)『高野雑筆集』所収、藤原冬嗣等あて空海書状（『定本全集』第七巻、一〇七〜一〇八頁、一九九二年六月）。
(7)『続遍照発揮性霊集補闕抄』巻第十所収「綜芸種智院式」（『定本全集』第八巻、一八六〜一九〇頁）。
(8) 承和十二年九月十日付「民部省符案」（『平安遺文』第一巻、七〇〜七二頁、一九六四年四月、東京堂出版）。
(9) 久木幸男・小山田和夫編『論集 空海と綜芸種智院』（一九八四年十一月、思文閣出版）所収の二十八の論考を記しておく。（一）薄晩翠「弘法大師の教育一班」、（二）佐々木月樵「『山家学生式』と『綜芸種智院式』」、（三）長沼賢海「宗教学院の沿革」、（四）高橋俊乗「綜芸種智院について」、（五）黒上正一郎「教育思想家としての弘法大師」、（六）中村直勝「弘法大師の教育」、（七）中村孝也「一代の大宗師」、（八）長岡慶信「弘法大師の教育」、（九）金子大栄「山家学生式と綜芸種智院式―特に「教育問題」となる一方面から―」、（十）住田恵孝「教学史上に於ける伝法会研究」、（十一）桃裕行「上代に於ける私学」、（十二）林友春「綜芸種智院の教育とその教育史的意義」、（十三）唐沢富太郎「空海の真言一乗、十住心の人間形成的意味」、（十四）中川善教「教育者としての弘法大師」、（十五）井上義巳「密教に於ける人間形成の理念」、（十六）鈴木祥造「綜芸種智院成立過程に関する一考察」、（十七）薗田香融「綜芸種智院式并序」、（十八）渡辺照宏・宮坂宥勝「わが国最初の庶民学校の創設」、（十九）海老原遙「空海の教育思想」、（二十）矢島玄亮「綜芸種智院をめぐりて」、（二十一）中野義照「上人の教育思想」、（二十二）山本智教「弘法大師の生涯」、（二十三）斉藤昭俊「弘法大師の教育とその変遷」、（二十四）柳井滋「綜芸種智院と藤原三守」、（二十五）竹田暢典「山家学生式と綜芸種智院式」、（二十六）和多秀乗「空海と学校教育」、（二十七）田中文盛「弘法大師と弟子教育」、（二十八）櫛田良洪「空海の人間作りの思想」。
(10) 久木幸男「綜芸種智院」『国史大辞典』第七巻、三三七頁、一九八六年月、吉川弘文館。
(11) 宮城洋一郎「弘法大師伝と万濃池・綜芸種智院」『千葉隆乗博士古稀記念論集 日本の社会と仏教』二三一〜二五〇頁、一九九〇年五月、永田文昌堂。
(12) 高木訷元「綜芸種智院の創設」（同著『空海―生涯とその周辺―』二四五〜二四九頁、一九九七年四月、吉川弘文館）。
(13) 古田栄作「〈綜芸種智院〉試論」（『大手前大学人文科学部論集』第一号、五一〜六九頁、二〇〇一年三月）。
(14) 太田次男「空海「綜芸種智院式」に関する私見―私立学校の創設を繞って―」（『斯道文庫論集』第三十七輯、三三〜六〇頁、二

○○三年二月)。
(15) 児堀功「綜芸種智院の構想と実態」(『日本歴史』第七百六号、七〇~七八頁、二〇〇七年三月)。
(16) 和多秀乗「空海と学校教育」(久木・小山田編『論集 空海と綜芸種智院』三四三~三四八頁)。初出は『大学時報』第百五十七号、一九八一年三月。
(17) 註14に同じ。
(18) 児堀功、前掲(註15)論考、七〇頁。
(19) 児堀功、前掲(註15)論考、七六頁。
(20) 太田次男、前掲(註14)論考、四六~四七頁。
(21) 太田次男、前掲(註14)論考、五二頁。
(22) 「綜芸種智院式」(『定本全集』第八巻、一九〇頁)。
(23) 註22に同じ。
(24) 児堀功、前掲(註15)論考、七一頁。
(25) 「綜芸種智院式」(『定本全集』第八巻、一八七頁)。
(26) 註24に同じ。
(27) 註24に同じ。
(28) 『大日経』第一、入曼荼羅具縁真言品(『大正新脩大蔵経』〈以下、『大正蔵経』と略称す〉第十八巻、四頁上)。
(29) ここにあげた十三徳は、『密教大辞典』「阿闍梨耶」の項からの引用である(『同書』二三頁)。『大日経疏』では、「一に…、二に…」といったように整理された形で記されているわけではないけれども、十三の徳目の説明がみられるのである。『大日経疏』巻第三「阿闍梨の十三徳」(『大正蔵経』第三十九巻 六一一頁中~六一四頁上)。
(30) 児堀功、前掲(註15)論考、七一~七二頁。
(31) 「綜芸種智院式」(『定本全集』第八巻、一八八頁)。
(32) 児堀功、前掲(註15)論考、七二頁。
(33) 高木訷元、前掲(註12)書、二四七・二四五頁。

(34) 久木幸男「綜芸種智院の民衆的性格とその限界」（同著『日本古代学校の研究』四四九〜四五〇頁、一九九〇年七月、玉川大学出版部）。
(35) 註10に同じ。
(36) 児堀功、前掲（註15）論考、七一頁。
(37) 註36に同じ。
(38) 児堀功、前掲（註15）論考、七一〜七二頁。
(39) 児堀功、前掲（註15）論考、七三頁。
(40) 奈良時代末期から平安初期にかけて、大学における学問奨励の勅がたびたび出されていたこととそれらの勅の内容については、つぎの論考を参照いただきたい。拙稿「少年時代の空海—仏道を志したのはいつか—」（『高野山大学論叢』第四十七巻、一〜三一頁、二〇一二年二月）。以下にあげる六つの太政官符・勅の出典等については、拙稿に明記しているので、そちらを見ていただきたい。
(41) 『類聚三代格』巻七所収、天長元年（八二四）八月二十日付太政官符（『新訂増補 国史大系』第二十三巻、二八四頁）。
(42) 空海時代の天変地異がいかに過酷であったかについては、つぎの論考を参照いただきたい。拙稿「空海時代の天変地異」（『密教学研究』第四十五号、二五〜八九頁、二〇一三年三月）。
(43) 児堀功、前掲（註15）論考、七三頁。
(44) 「綜芸種智院式」（『定本全集』第八巻、一八八頁）。
(45) 註43に同じ。
(46) たとえば、さきに本稿で紹介した和多秀乗先生は「天長五年（八二八）十二月十五日、大僧都空海は綜芸種智院という名の大学を開校し」と記している（本稿三二一頁参照）。
(47) 児堀功、前掲（註15）論考、七四〜七五頁。
(48) 承和十二年九月十日付「民部省符案」（『平安遺文』第一巻、七一頁）。
(49) 児堀功、前掲（註15）論考、七六頁。
(50) 註49に同じ。

(51) 尾崎雄二郎等編『角川　大字源』「助字解説」二二二九・二二三二頁、一九九二年二月、角川書店。
(52) 太田次男、前掲（註14）論考、五六頁（趣意）。
(53) 空海の最晩年に出された上表文が参考となろう。それらについては、拙稿、前掲（註1（六））論考を参照いただきたい。
(54) 『東宝記』第二「塔婆五層」の項所収天長三年十一月二十四日付「大師御草勧進表」（『国宝　東宝記原本影印』一四四〜一四五頁、一九八二年二月、東京美術）。なお、『続遍照発揮性霊集補闕抄』巻第九には、「東寺の塔を造り奉る材木を曳き運ぶ勧進の表」と題して、空海の上表文だけを収録する（『定本全集』第八巻、一六七頁）。
(55) 空海と藤原三守とのあいだが親密であったことをうかがわせるのは、弘仁七年（八一六）、嵯峨天皇の不予に際して、空海に病気平癒の祈禱をお願いするなど、しばしば手紙のやり取りをしていることである。西本昌弘前掲（註1（七））論考、並びに拙稿（本書第一部第一章）を参照いただきたい。
(56) 真言教団に後継者養成の勅許が下されたのは、空海が閉眼する直前の承和二年（八三五）正月二十二日（二十三日）のことであった。このとき勅許された年分度者は、金剛頂業一人・胎蔵業一人・声明業一人の計三人であり、これを三業度人の制という。この制度に込められた空海の意思等については、つぎの論考を参照いただきたい。拙稿「三業度人の制をめぐる一・二の問題」（『高野山大学論文集』八五〜一〇八頁、一九九六年九月、高野山大学。本書第四部第二章に収録）。
(57) 「綜芸種智院式」（『定本全集』第八巻、一九〇頁）。

第二章　造大輪田船瀬所別当補任説をめぐって

はじめに

平成十五年（二〇〇三）六月二十八日付の新聞紙上に、空海の伝記を考えるうえで注目すべき発掘調査の記事が掲載された。その記事とは、神戸港の起源とされる「大輪田泊」の遺構が確認されたことを報じたものである。[1]『朝日新聞』の記事を要約すると、

①奈良時代に大輪田泊が存在したことを裏付ける八世紀後半から十世紀前半にかけての遺構が、神戸市兵庫区で見つかったこと。

②発掘現場は、神戸港近くの同市兵庫区芦原通一丁目の店舗建設用地で、約四〇平方メートルを発掘したこと。

③見つかった遺構は、五つの柱穴（深さ四〇センチ、直径約四〇～五五センチ）と、東西に延び、約五メートル間隔で平行する二条の溝跡（幅約三メートル、深さ約一メートル）。

④この跡地からは須恵器や椀などが出土し、それらから奈良時代後半から平安時代前半にかけての遺構であることが特定できたこと。

⑤柱穴は掘っ立て柱建物跡で、港を管理する役人が住んでいた官舎の可能性があり、また二条の溝跡は、満潮時の

ための排水施設だったことも考えられること。

⑥十世紀前半より後は使用された形跡がなく、平清盛が日宋貿易の拠点として整備した大輪田泊は、別の場所であった可能性が高いこと。

などが記されている。(2)

ではなぜ、この記事が注目されるのかといえば、天長二年（八二五）三月、空海が造大輪田船瀬所の別当、つまり大輪田泊を修造する最高責任者に任ぜられたとする史料が伝存するからである。(3) しかしながら、これまで大輪田泊について論じたものには、空海が造大輪田船瀬所の別当に補任されたことを取りあげたものは一つも見あたらない。(4)

そこで、本稿では二つのことを考えてみたい。第一は、天長二年三月、空海が造大輪田船瀬所の別当に任ぜられたとみなしてよいか否かであり、第二は、平安初期における大輪田泊の変遷についてである。

一　「造大輪田船瀬所別当」補任の太政官符

はじめに、天長二年（八二五）三月、空海が造大輪田船瀬所の別当、つまり大輪田泊を修造する最高責任者に任ぜられたとする史料を紹介しておきたい。その史料とは、『弘法大師行化記』（群書類従本）(5)にだけ見られる、太政官符をふくむつぎの文章である。

　　　五年補大輪田造船瀬所別

当云三月十一日賜太政官符於造大輪田船瀬使散位従

七位上良臣豊穂等摂津国司云々

大僧都伝燈大法師位空海

右宛造船瀬所別当許使国承知一事以上依例行

之符到奉行参議右大弁従四位上兼行陸奥出羽按

察使武蔵守勳六等伴宿禰国造（ママ）

右大史正六位上高岳宿禰潔門

これは、貞和二年（一三四六）の書写奥書をもつ名古屋大須文庫本によって翻字したものである。(6) どこまでが地の文で、どこからが太政官符の本文とみなせばよいか明確にしがたいけれども、内容を整理すると、以下の四つとなろう。すなわち、

①天長二年三月、空海は造大輪田船瀬所別当に補任された。

②同年三月十一日付の太政官符が、（散位）従七位上の良臣豊穂をはじめとする造大輪田船瀬使と摂津国司に下された。

③その官符によると、「大僧都伝燈大法師位空海を造船瀬所別当にあてることを許す。摂津国はこのことを承知しなさい。造船瀬所に関することはすべて、前例にまかせておこないなさい。この官符が到着したならば、文面の通りに実行しなさい」とある。

④この文書を作成したのは、「参議右大弁従四位上兼行陸奥出羽按察使武蔵守勳六等伴宿禰国道」と「右大史正六位上高岳宿禰潔門」の二人である。

の四つである。

ここで、問題点を三つ指摘しておきたい。第一は、②にあげた「造大輪田船瀬使散位従七位上良臣豊穂等摂津国

司」である。すなわち、どこで切ればよいのか不明確だからである。「造大輪田船瀬使散位従七位上良臣豊穂」とひと続きに読むと、「散位」は位階はもっているけれども職務のないものをいうから、「造大輪田船瀬使」と「散位」とのあいだに齟齬をきたす。「造大輪田船瀬使」と「散位従七位上良臣豊穂」など摂津国の役人と解しても、なぜ従七位上で散位の良臣豊穂の名前だけが記されているのかの説明がつかず、落ち着きが悪い。弘仁七年（八一六）十月二十一日付の太政官符に、「造船瀬使兵部少丞正六位上菅野朝臣牛足」とみえることから(7)、混乱をまねくので散位を（　）に入れ、「（散位）従七位上の良臣豊穂をはじめとする造大輪田船瀬使と摂津国司」と解しておく(8)。

第二は、「大僧都伝燈大法師位空海」の「大僧都」である。この問題は、造大輪田船瀬所別当に補任されたのが天長二年三月なのか、それとも天長五年三月であったのか、とも関連する。後者の任日・天長五年は、上掲の官符が『弘法大師行化記』の天長二年条に収録されているにもかかわらず、そのはじめに「五年補大輪田造船瀬所別当（傍線筆者）」と記されていることに起因する問題である。補任されたのがいつであったかについては、すでに和多秀乗先生が論じている(9)。そこでは、④に名前が記されている伴国道の陸奥出羽按察使への再任と実際に任地に赴いた時期の考察から、空海の別当補任を天長二年三月のことであったとみなしている。つまり、天長五年三月の官符とみなすと、国道は同年二月に任地・陸奥に赴いており、官符に署名することはできない。よって、官符は天長二年三月のものとみなした(10)。

私は、造大輪田船瀬所使に関する制度の面からも、天長二年三月の官符とみなしてよいと考える。すなわち、天長八年（八三一）四月二十一日付の太政官符(11)で、造大輪田船瀬所使の任期が「六年遷替」と定められていることから、この年がちょうどその六年目の交替時期であったと考えると、交替期をむかえた造船瀬所使は六年前の天長二年に任命されたことになる。このことからも、空海が造大輪田船瀬所別当職についたのは、天長二年三月であったといえよう。とすると、空海が少僧都から大僧都に昇補したのは天長四年五月二十八日であったので、この「大僧都」は誤りといえよう。(12)

第三は、空海が造大輪田瀬所別当に補任されたことを史実とみなしてよいか否か、である。この点に関しては、二つのことを指摘しておかねばならない。一つは「造大輪田船瀬所別当」に関する史料がこの空海のもの一つだけであること、あと一つはこの別当補任の官符が『弘法大師行化記』以前の空海伝には収録されていないこと、いいかえると十二世紀中ごろの成立と考えられる『行化記』が最古の史料であること、の二つである。

節を改めて、大輪田泊の歴史を概観し、あわせて造大輪田船瀬所別当が存在したか否かを考えてみたい。

二　大輪田泊の所在

本題にはいる前に、大輪田泊の所在地についてみておきたい。

大輪田泊の位置について、最初に言及されたのは喜田貞吉氏であろう。すなわち、

> 和田は即ち古への大輪田泊より起れる名にして、和田崎和田松原等の称あり。東尻池に字和田、字船所とてあるは、嘗て此の地が和田の港たりし時代ありしことを示せるものにして、其の後ここに注げる湊川下流に生せし新地にまで、其の名の及べるものなりとす。(13)

といい、今の新湊川の河口東部にある東尻池町付近に比定された。

これに対して、千田稔氏は『行基年譜』の「大輪田船息《ふなすえ》　在摂津国兎原郡宇治」(14)を手がかりとして考察され、「『行基年譜』の記述にしたがうならば」と限定したうえで、

図１　大輪田泊遺構発見場所

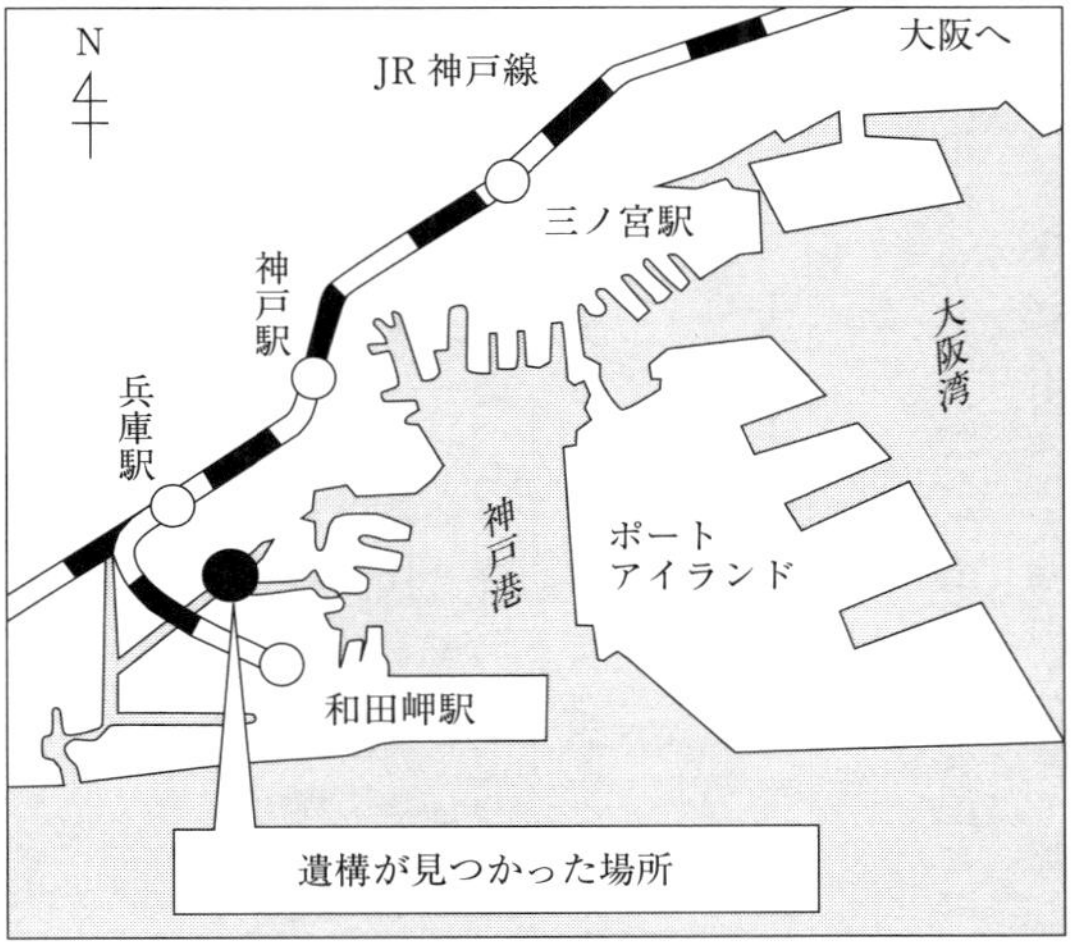

2003年６月28日付『朝日新聞』より作成。

図２　大輪田泊址想定図

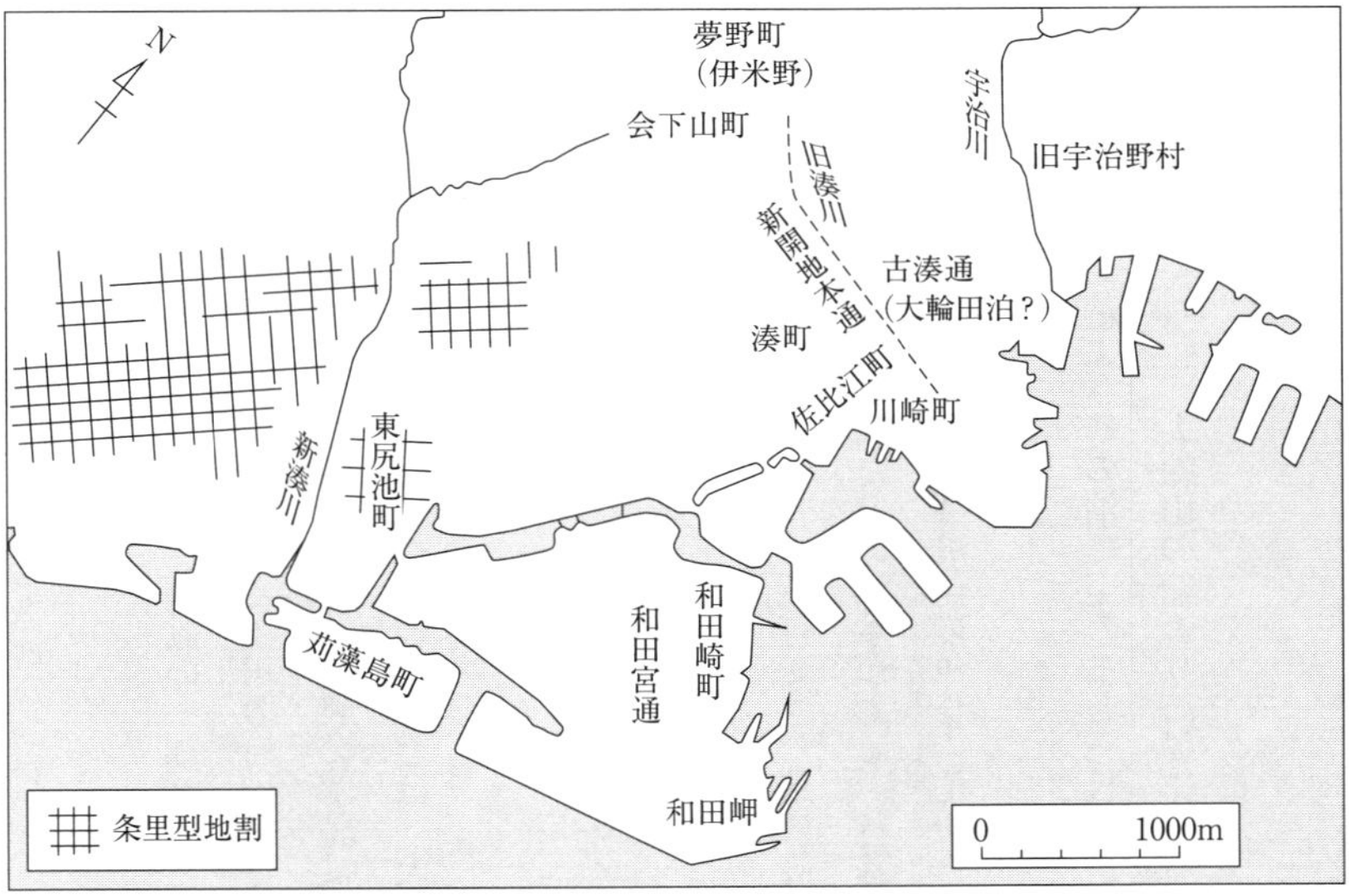

千田稔『埋もれた港』小学館、2011年より。

大輪田船息つまり大輪田泊は、湊川（現在の新開地本通）の河口部付近と考えることの妥当性が高い(15)。

と結論付けられた。

この千田説が有力視されてきたが、今回、その西の兵庫駅に近い芦原通一丁目から港湾施設の一部と考えられる遺構が発掘されたのである。この場所は、喜田氏のいわれる東尻池町付近と千田氏のいわれる湊川の河口部付近のちょうど中間に位置する(16)。ともあれ、今回の発掘で大輪田泊の位置がほぼ確定できたことにより、史料の解読にも新たな展望が開けることとなった。特に、官舎の一部ともみなされる掘っ立て柱の建物跡が見つかったことは、大輪田泊の機能を考える上からも、特筆すべき発掘といえよう(17)。

三　大輪田泊と空海の「造大輪田船瀬所別当」補任説

大輪田泊は、五泊の一つであった(18)。五泊とは、山陽道沿いに、大坂から西にほぼ一日で航行できる地に設けられた五つの港、すなわち川尻・大輪田・魚住・韓《からさき》・檉生《むろう》をいい、行基によって創設されたとの伝承がある。行基が関与したとする説は、延喜十四年（九一四）に成立した三善清行著『意見十二箇条』「重ねて播磨国の魚住《うおずみ》の泊《とまり》を修復せんと請うこと」に、

> 右、臣伏して山陽・西海・南海三道の舟船海行の程を見るに、檉生の泊より韓の泊に至ること一日行、韓の泊より魚住の泊に至ること一日行、魚住の泊より大輪田《おおわだ》の泊に至ること一日行、大輪田の泊より河尻に至ること一日行。これ皆行基菩薩、程を計り建て置けるところなり(19)。（以下略、傍線筆者）

とあり、『行基年譜』にも「天平十三年（七四二）記」の船瀬二所の項に、

大輪田船息　在摂津国兎原郡宇治
神前船息　在和泉国日根郡日根里　近木郷内申候[20]

と記されている。この行基関与説は、伝承の域を出ないとみなす見解もあるけれども[21]、五泊に比定される現地には行基の名がついた地名や行基を開基とする寺が存在することから、ある種の真実を伝えているとみなすことができよう[22]。

天平年間に行基集団によって開設された大輪田の泊は、宝亀年間（七七〇～七八〇）律令国家によって造船瀬所が設置され、船瀬の再造営・整備がおこなわれた。このときの経費は、地元の豪族からの私物貢納によってまかなわれたとみなされている[23]。すなわち、『続日本紀』には、天応元年（七八一）から延暦十年（七九一）にかけて、播磨国にあった船瀬の修理のために地元の豪族から稲が寄進された記録がみられる。年代順に記すと、つぎのようになる。

①『続日本紀』巻第三十六、天応元年正月庚辰（二十日）の条[24]
播磨国の人大初位下佐伯直諸成に外従五位下を授く。稲を造船瀬所《ふなせをつくるところ》に進《たてまつ》れるを以《もち》てなり。

②『続日本紀』巻第三十八、延暦四年四月己卯（十五日）の条[25]
大初位下日下部連国益に外従五位下を授く。稲を船瀬に献《たてまつ》れるを以てなり。

③『続日本紀』巻第四十、延暦八年十二月乙亥（八日）の条[26]
播磨国美嚢《みなぎ》郡大領正六位下韓鍛《からかぬち》首広富、稲六万束を水児《かこの》船瀬に献る。外従五位下を授く。

④『続日本紀』巻第四十、延暦十年十一月壬戌（六日）の条[27]
播磨国の人大初位下出雲臣人麿に外従五位下を授く。稲を水児《かこの》船瀬に献れるを以てなり。

ここに記された四例のうち、③と④には「水児船瀬」とあることから、いずれも加古川の河口に設けられていた水児船瀬の修理のために稲を献じ、その見返りとして外従五位下を授かったものである。また②には、「船瀬」とだけしか記されていないが、稲を寄進した日下部連国益の考察から、この船瀬も水児船瀬とみなされている。[28] 一方、①の「造船瀬所」については、特定の船瀬をさすのではなく、播磨国にあったいくつかの船瀬の修復のための寄進であったとみなされている。[29] ともあれ、個々の事例にあたると、いずれの寄進者も交易活動をおこなっていた人物であったことが報告されている。このなか、とくに有名なのが①の佐伯直諸成である。なぜなら、彼はこの私物貢納を足がかりとして中央官界に進出し、最終的には兵馬正のポストを手に入れている。また、彼は播磨の佐伯直の出身で、かつ交易活動をおこなっていたことから、讃岐の佐伯直氏とも交流があったことが考えられ、この点からも注目される。[30] このように、奈良時代の末に、播磨国にあった船瀬の修復が在地の豪族からの寄進によっておこなわれたことは間違いない。

弘仁の初めには再び荒れていたらしく、『日本後紀』巻二十二、弘仁三年（八一二）六月辛卯（五日）条に「遣㆑使修㆓大輪田泊㆒」とあって、修復するために造船瀬使が派遣された。[31] 四年後の弘仁七年十月、修復工事がほぼ終わったらしく、それに伴う措置が同月二十一日付の太政官符でなされた。官符の本文をあげると、

太政官符

応㆑掌㆓修作大輪田船瀬㆒事

右得㆓造船瀬使兵部少丞正六位上菅野朝臣牛足等解㆒偁、前件船瀬造作略訖、仍申送者、右大臣宣、宜㆘廃㆓使者㆒付㆓属国司㆒、永預㆓交替㆒相続令㆖作、若致㆓損壊㆒、拘以㆓解由㆒、其収㆓官私船米㆒、及役㆓水脚《ミツシ》㆒等事、随㆓損多少㆒勘㆓録文度㆒、先申後行、

弘仁七年十月廿一日[32]

とあり、ここには三つのことが記されている。すなわち、

①造船瀬使兵部少丞正六位上菅野朝臣牛足などから、大輪田船瀬の造作をほぼ終えたことが解状をもって報告されてきた。

②そこで朝廷は、二つのことを命じた。第一は、造船瀬使を廃止し、大輪田船瀬の管理・維持を摂津国に移管する。ついては交替して管理・造作をおこない、長く相続させること。

③第二は、もし、損壊したならば、まずその損壊の多少とどれほどの経費・人員が必要かを解由状でもって報告し、そのあとで修復をおこなうこと。その経費は大輪田船瀬を利用する公私の船米から徴収し、また修復に要する人員は水脚《みつし》を使役すること。

である。ここで特筆すべきことの第一は、造船瀬使が廃止され、大輪田船瀬の管理・維持が摂津国に移管されたことである。第二は、損壊したときの修復の経費・人員を利用者負担としたことである。この背景にはおそらく、律令国家にとっても修復の費用が大きな負担になっていたことが窺えよう。ともあれ、これより行基集団によって開設されてから、約三十年に一度の割合で大掛りな修復工事がおこなわれたことが知られる。

つぎの記録は、大輪田泊使の任期を六年とする天長八年（八三一）四月二十一日付の太政官符である。官符の本文をあげてみよう。

太政官符

応レ定二造大輪田泊使遷替年限一事

右被二大納言正三位兼行左近衛大将民部卿清原真人夏野宣一偁、奉　レ勅、件使一任永用、既倦二成功一、自今以後、六年遷替、功過灼熱量レ事褒貶(33)、其遷替之日、宜レ責《トル》二解由一、

天長八年四月廿一日

これより、二つのことを読み取ることができる。一つは、「件使一任永用、既倦二成功一」とあって、大輪田泊使に任命されてから長期間たつと、工事を成し遂げようとする気持ちが段々萎えてくる。そこで、今後は六年で交替すると年限を定めたこと。二つ目は、「功過灼熱量レ事褒貶、其遷替之日、宜レ責二解由一」とあって、交替するにあたっては任期中の功績と過失を明確にし、その多寡に応じて褒貶を加えること。交替の日に必ず解由状をとること、の二つである。

ここで、三つのことを指摘しておきたい。第一は、大輪田泊の管理と維持は一度摂津国に移されたが、天長八年四月二十一日以前のある時点で、再度律令国家に移され中央から大輪田泊使が派遣されていたことである。第二は、大輪田泊使が派遣された時期であるが、官符に「一任永用。既倦二成功一。」とあって、中だるみのような状態が生じていたことが窺える。この官符で六年を任期とすべきことが規定されており、これを一つの基準とするならば、六年前の天長二年ごろ、律令国家によって大輪田泊使の派遣がおこなわれたとみなしておきたい。第三は、天長二年ごろ、ふたたび大輪田泊使が派遣されたときは臨時の職であったが、この時点で「六年遷替」と規定されたことから、常置の職に質的に変化したことである。

このようにみてくると、空海を造大輪田船瀬所別当に任命した『弘法大師行化記』所収の天長二年三月十一日付の太政官符が、俄然、現実味を帯びてくる。推測の域を出るものではないが、二、三私見を記してみよう。天長八年四月二十一日付の太政官符から、天長期のはじめに大輪田泊使が派遣されていたことは間違いない。ここで問題となるのは、

一、一度、摂津国に移管しておきながら、なぜ、天長二年の時点で中央から大輪田泊使を派遣することになったのか。

二、なぜ、空海が造大輪田船瀬所別当に任ぜられたのか。

の二つである。

天長二年は、弘仁七年夏に修復工事が完了し、その管理が摂津国に移管されてから九年目である。この時点で大輪田泊使が派遣された理由の一つは、おそらく大輪田泊が使用に堪えられないほどの甚大な損傷をこうむっていたこと、律令国家は速やかに大輪田泊の機能を回復すべきであると考え修復工事を急いだこと、である。緊急の修復工事がおこなわれたのではないかと考える根拠の一つは、空海が造大輪田船瀬所別当に任ぜられたとする官符である。弘仁十二年五月に満濃池の修築別当に任命されたとき[34]と同様に、ときの律令国家は空海のカリスマ性に期待するとともに、緊急性を要したがゆえに、同じく臨時に「別当」なる職・肩書きをもって対処したのではなかったかと考える[35]。

空海が造大輪田船瀬所別当になることは、国家が恩恵をこうむるばかりでなく、空海にとっても、いや空海一族にとっても他人事ではなかったと考える。なぜなら、空海の生家である讃岐の佐伯直氏は、早くから船を持ち、船による大掛りな交易活動をおこなっていたと考えるからである[36]。後述するように、この当時、大輪田泊は大阪湾・瀬戸内海における海上交通のかなめとなる港だったことから、空海一族にとっても、この港が使えるかどうかは死活問題でもあったであろう。空海の造大輪田船瀬所別当を疑問視する方もおられる[37]けれども、このように考えると、別当補任は真実味を増してこよう。

修復工事を急いだ背景として、この当時の大輪田泊の重要性も無視できない。すなわち、大輪田泊は大阪湾航路と瀬戸内海交通の結合地点に位置するという地理的条件が一つ。弘仁期に水上交通規定が定められたことからも明らかなように、この当時水上交通が活況を呈してきたのに伴い、律令国家が瀬戸内海を航行する船の掌握に乗り出し、その任務が大輪田泊使に任されていたこと、などが指摘されている[38]。

以上より、大輪田泊の修復工事を緊急におこなわなければならなくなったことから、天長二年三月、空海が臨時の職としての「造大輪田船瀬所別当」に補任されたこともあり得た、と考える。

四　天長以降の大輪田泊

空海が臨時の職としての「造大輪田船瀬所別当」に補任されたことの正否はともかく、天長八年（八三一）四月以降も、たびたび大輪田泊の維持・運営に関する官符が出されているので、それらによって、その後の変遷を追ってみよう。

まず、承和三年（八三六）五月丙辰（十八日）には、同月十四日に難波津を出帆した遣唐使船[39]が大風をさけて大輪田泊に寄宿したことが『続日本後紀』にみられる。本文をあげると、

丙辰、夜裏大風、暴風交切、折レ樹廃レ屋、城中人家不レ壊者希、斯時入唐使舶寄ニ宿摂津国輪田泊一、遣ニ看督近衛一人於船処一、河水汎溢不レ得ニ通行一、更遣下左兵衛少志田辺吉備成一問中其安危上、[40]

とある。これより、四つのことを知りうる。すなわち、

①十八日夜半、暴風疾風にみまわれた京都では、樹は折れ、家は壊れ、大半の家が廃屋となってしまったこと。
②唐に向かっていた四隻の遣唐使船は、この嵐をさけて大輪田泊に寄宿したこと。
③朝廷は、遣唐使一行の無事を確認するために、近衛一人を船処（大輪田泊）に派遣したが、洪水のため行くことができなかったこと。
④そこで、さらに左兵衛少志田辺吉備成を派遣し、一行の安否をたずねさせたこと。

の四つである。このとき、遣唐使船がどれほどの被害をこうむったかについては、記録がないので不明といわざるをえないけれども、七月十五日に大宰府から「今月二日遣唐使四船共進発畢」との知らせ(41)が届いており、大事には至らなかったものと思われる(42)。

つぎの記録は、京に向かう公私の船の数と荷物の種類、および挟杪《かどり》の姓名をきちっと報告するように命じた承和五年三月二十三日付の太政官符である。官符の本文をあげてみよう。

太政官符

応レ言二上向レ京公私船数及勝載一事

右造大輪田船瀬使所レ収勝載料雑物、及所レ役水脚《ミツシ》等、毎年四季造レ帳進レ官、其来尚矣、今検二彼帳一、直録二物色人数一、無レ顕二其国船一、覆二勘公文一事理不レ慥、被二右大臣宣一偁、宜下下二符諸国一、毎年令レ申与二彼使帳一相共計会上、仍須下下二知所部一、勘二録向レ京公私船数并勝載及挟杪《カドリノ》姓名等一、毎月附《サツケテ》二告朔郡司一令レ申、至二于年終一惣計造レ帳附二税帳使一言上上、不レ得二疎略一、

承和五年三月廿三日(43)

これより、四つのことを読み取ることができる。すなわち、

①造大輪田船瀬使が徴収した勝載料雑物および使役した水脚の名は、毎年四季ごとに帳簿を作り所轄の役所に報告させてきたが、このところその提出が遅れ勝ちであること。

②また提出された帳簿をみると、ただ徴収した物の種類と水脚の人数とが記録されているだけで、どこの国の船から徴収したかが明確でなく、詳しく調べるにも確かな手がかりがえられないこと。

③そこで、律令国家は諸国に官符を下し、郡司をして、京にむかう公私の船の数とその荷物、および挟杪の姓名等

を勘録し、月ごとに告朔郡司に付して報告すること、また年度末には一年間の総数を記した帳簿を作り、税帳使に付して言上すること、を命じた。

④その一方で、諸国から提出された帳簿と造大輪田船瀬使が作成した帳簿とを照合する（計会）こと、を命じた。

の四つである。

この官符の趣旨は、京に向かう船に関する諸国からの報告と造大輪田船瀬使が作成した帳簿とを照合することによって、律令国家が瀬戸内海を航行する船の実態を把握しようとしたものとみなされている。それとともに、二つの問題点が指摘されている。第一は、弘仁七年に摂津国にその管理・維持が移された大輪田船瀬であったが、なぜ造大輪田船瀬使が復置されたのかであり、第二はなぜ諸国と造大輪田船瀬使に帳簿を提出させたのかである。その答えとして、前者では律令国家が従来難波津が果たしていた役割を大輪田船瀬にもたせようとしたためであろうとし、後者では造大輪田船瀬使や官船運漕に関する不正の防止と瀬戸内海を航行する船の実態を掌握するためであろうといわれる(44)。その当否はしばらくおき、造大輪田船瀬使と「造」が冠されていることは、その職掌のなかに船瀬の修復・修理がふくまれていたといえよう。

承和十一年十月庚辰（一日）に、左京の人で玄蕃助従六位上の日置宿禰真浄など六名が、日置宿禰を改めて三統宿禰をたまわっている(45)。その三統宿禰をたまわった六名の一人に、「造輪田使主典大初位上□継」なる人物がみられる。この「造輪田使」は、おそらく「造大輪田船瀬使」を省略した形と考えられ、つづいて「主典大初位上□継」とあることから、この当時、大輪田船瀬使に四等官がおかれていたといえよう。

弘仁七年（八一六）十月二十一日付の太政官符で、船瀬修復・管理の経費は大輪田船瀬を利用する公私の船米から徴収すると規定されたが、いかほど徴収するかの具体的な数値は明記されてなかった。このことに関する史料が、承

和十三年十月五日付の太政官符である。そこには、

　依二件例一令レ輸二勝載一斛別五合(46)

とある。「件の例により」とあることから、この「斛別五合」は以前から規定されていたものといえよう。すなわち、積載している荷物一石ごとに五合を徴収したことが知られる。

なお、この官符の趣旨は公船からの勝載料の徴収免除を命じたものであった。この官符は、左兵衛府の解に応えたものであったが、事書きに「応レ罷レ輸二勝載料米一事」とあり、本文中に「自余諸司所レ運米亦宜レ准レ此」(47)とあって、左兵衛府だけでなく諸司にも適用された。よって、これ以後の勝載料は、私船にのみ課せられることになった。

同じく船瀬の修復に要する人員についても、弘仁七年十月二十一日付の太政官符で、大輪田船瀬を利用する公私の船の水脚を使役するように規定されていたが、嘉祥二年（八四九）九月三日付の太政官符により、この身役にかわり役料をもって納めるように変更された。その官符をあげると、

　太政官符

　　応下南海山陽両道公私船水脚停二身役一令上レ輸《イタサ》二役料一事

右得二讃岐国解一偁、諸郡司解偁、進官雑物綱丁等申云、舟檝之行《アルキ》本ヨリ自無レ期、占《ミテ》レ雲ヲ而発《タチ》、瞻レテ風ヲ而泊ル、若失二一時一違以二千里一、而造大輪田船瀬使、旧立二長例一以来役二三日一、風潮引レ船之便尽二於役所一、貢二進雑物一之期違二於式例一、望請、言二上由緒一被レ免二此役一者、謹請二官裁一者、右大臣宣、永免二件役一、船瀬難レ修、仍須下二道諸国公私舟船水脚、共停二身役一令上レ輸二役料一、其輸法一人日米一升五合、至レ有二造作一雇二役当土一、若取レ料乖レ法并強役二水脚一者、罪以二重科一、曾不二寛宥一、

　　嘉祥二年九月三日(48)

となる。この官符を整理すると、以下のようになろう。

①この官符は、讃岐国の解にもとづいて南海・山陽二道に属する諸国に出されたものである。

②讃岐国は、進官雑物を運送する綱丁らの要望を解状にしたため、つぎのように訴えてきた。（ア）船舶の運航は、天候を敏感に察知しておこなっており、機を失すると大きな損失を招くことになる。（イ）（その最大の障害が）造大輪田船瀬使が定めた船瀬修復のための三日の使役である。（ウ）このために、雑物貢進の期日が式例と違い、苦労をかこっている。（エ）ついては、この三日の使役を免除してほしい。

③この要望に対して朝廷は、（オ）この役を全廃すると、船瀬の修復が困難となる。よって、身役は停止するが、役料をもってこれに替えたい。（カ）その役料は、一人あたり一日米一升五合とする。（キ）造作・修理の必要が生じたときは、摂津国に雇役をもとめて実施する。（ク）役料の違法な徴収、および水脚を使役した場合は、必ず重科をもってのぞむこと。（ケ）この対象となるのは、南海・山陽二道諸国の公私舟船の水脚である。と回答した。

ここでは三つの点に留意すべきであろう。第一は、弘仁七年十月に定められた大輪田船瀬の修復のための使役は三日間であったことである。第二は、この身役をとどめ、かわって一人あたり一日米一升五合の役料が課せられることになったことである。三日分だと、四升五合となる。第三は、修理・造作する必要が生じたときは、摂津国から賃金をはらって人を集め、実施されるようになったことである。この身役から役料へ変更された背景について、「その理由の如何を問わず船舶による物品輸送が金銭によって処理される傾向を強くしてきたことの表れである」、と杉山宏氏はみなしている。(49)

四年後の仁寿三年（八五三）十月十一日には、少破の場合には中央の指示を仰ぐことなく、摂津国が独自に船瀬庄田稲をもって修復してよい、との太政官符が出された。官符の本文は、つぎのとおりである。

太政官符

応レ修二造大輪田船瀬石掠《イシクラ》并官舎等小破一事

右得二摂津国解一偁、件石掠毎レ起二風波一頗致二破損一、其功程廿人以下、須二支度申レ官修造一、而申レ官之後待レ報之間、少破之物弥《ミ》致二大損一、望請、毎年以二船瀬庄田稲二百束已下一、国司加二検校一永修造、但非常之損申レ官修造、謹請二官裁一者、右大臣宣、依レ請、

仁寿三年十月十一日(50)

この官符の文章は、その大半が摂津国から提出された解状を再録したものである。その解状の内容を要約すると、

①造大輪田船瀬の防波堤（石椋）は、風波が起きるたびごとに破損する有様である。修覆に要する人員が二十人以下の場合は、官に報告し、許可を待って摂津国で修造してきた。

②しかるに、官に報告し、その返事を待っているあいだに、少破が大破になる場合が少なくない。

③ついては、船瀬の庄田稲二百束以下でもって修造できる少破の場合は、防波堤（石椋）であれ官舎であれ、摂津国司の判断でもって修造したい。

④もちろん、非常の損害（大破）をこうむった場合には、従来通り、官に報告して修造したい。

となる。この訴えに対して朝廷は、「請うるに依れ」と全面的に認めたのであった。

ここで注目すべきは、「修造大輪田船瀬石掠并官舎等」と船瀬にあった施設の名称を具体的に記していることであり、「船瀬庄田稲二百束已下」と船瀬に付随する庄田の存在を知りうることである(51)。

四十四年後の寛平九年（八九七）九月十五日に、摂津の国司をして大輪田船瀬を検校すべき太政官符が出された。

最初に「件の船瀬の修営、既に畢んぬ」とあることから、この官符は、大掛りな修復工事の終わるのをまって出されたのであろう。ともあれ、本文をあげてみよう。

　太政官符

　　応レ令下一摂津国司一検中校大輪田船瀬上事

右件船瀬修営既畢、如レ聞、彼地毎レ有二風波一、動致二損害一、少破所レ漸《イタル》終成二大破一、加以土人愚暗不レ識二公損一、侵二盗材木一至レ令二頽壊一、不レ加二検校一何絶二煩費一、大納言正三位兼行左近衛大将藤原朝臣時平宣、宜下二知国司一、令中専一検校上、若有二疎略一非レ理致損、遷替之時拘二其解由一、

　　寛平九年九月十五日[52]

例によって要約すると、

①大輪田船瀬の修営が終わったけれども、聞くところによると、かの地は風波あるたびに損害をこうむるという。しかも、ともすれば少破が大破となってしまう。

②その上、現地の人たちは愚暗で国家の損失になることも知らず、船瀬の材木を奪い取るので頽壊におよぶのである。これを取り締まらなかったならば、無駄な出費を断つことはできない。

③そこで、摂津国司に命じて、専一に検校させることとした。

となろう。これより、大輪田船瀬は、自然の災害による損傷だけでなく、無理解な人たちによる侵盗という人災もあって、その運営・維持には困難がともなっていたことが知られ、より一層厳重に検校することを命じたのであった。

おわりに

以上、空海が造大輪田船瀬所別当に補任されたか否かを中心に、大輪田船瀬の変遷をみてきた。上来述べてきたところを整理し、一、二問題点を記して、この稿を閉じることにしたい。

五泊の一つ大輪田泊は、天平年間に行基集団によって開設されたと見なされるが、奈良時代の詳細は不明である。弘仁三年（八一二）六月五日、律令政府は造船瀬使を派遣して修復にあたらせた。この修造は同七年十月にほぼ終了、朝廷は造船瀬使を廃して、船瀬の管理・運営を摂津国司に委ね、破損したときの修復はそのつど船瀬を利用する公私の船米を徴収し、水脚を使役することとした。船米の徴収は一石につき五合、水脚の使役は三日であった。

天長八年（八三一）四月、造大輪田泊使の任期が六年と規定された。造大輪田泊使が再置されたのがいつであったかは定かでないが、空海の造大輪田船瀬所別当補任を命じた天長二年三月十一日付の太政官符が、俄然真実味を増してこよう。私は、造大輪田泊使が再置されたのは、天長二年ごろであったと考える(53)。承和十三年（八四六）十月、公船からの勝載料（一石につき五合あて）の徴収が停止され、もっぱら私船からの勝載料と水脚の使役に頼ることになった。

嘉祥二年（八四九）九月には、船の運航におおきな支障を来たすとして、水脚の使役を止め、替わって一人一日一升五合の役料を徴収し、修造は地元の人夫を雇用しておこなうこととした。四年後の仁寿三年（八五三）十月には、防波堤（石椋《いしくら》）や官舎などが破損した場合、二十人以下の人員で修造可能な少破のときは船瀬庄田の稲二百束已下をもって国司の監督下で工事をおこない、大破のときは朝廷の判断を仰ぐこととした。寛平九年（八九七）九月、摂津の国司に対し、厳重に検校するよう命じた。それは、注意を怠ると少破が大破となり、また心ない住民による材木の盗難などで頽壊におよぶからであった。

　つぎは問題点である。大輪田泊について詳細に論じられた松原氏の論考に対して、二つの疑義をあげてみたい。一つは、仁寿三年十月以降、船瀬の修理はもっぱら船瀬庄田の稲をもっておこなわれたかのように解しておられる点である。[54] さきに記したように、二十名以下の人員で修復できる少破の場合にかぎり、国司の裁量にまかせておこない、船瀬庄田の稲二百束がその費用にあてられた、と私は解した。船瀬庄田の稲二百束は十石に相当するが、[55] これはあくまで少破の際の費用であり、官符に「但非常之損申レ官修造」とあるように、大破にいたったときは太政官に言上し修造におよんでいるので、費用も別であったと考える。したがって、嘉祥二年九月の官符で徴収することになった役料「一人日米一升五合」は、仁寿三年以降も徴収されていたのではなかったかと考える。その根拠は、仁寿三年十月十一日付の官符に、役料の徴収停止をはじめ、役料に関する文言が一切みられないことである。

　あと一つは、造大輪田船瀬使は嘉祥二年から仁寿三年の間に廃止されたとみなされる点である。[56] 松原氏はその根拠として、嘉祥二年の官符には造大輪田船瀬使の名がみえるけれども、仁寿三年の解文は摂津国司より出されていることをあげておられる。確かに、寛平九年九月の官符にも、造大輪田船瀬使の名はみられない。よって、やはり廃止されたとみるべきかもしれないが、では、つぎの二つの史料はどのように解すればよいであろうか。

①『延喜交替式』延喜二十一年（九二一）正月二十五日成立

凡造大輪田泊使、六年為レ限、遷替日責二解由一、[57]

②『日本紀略』後篇三、天暦元年（九四七）七月五日の条

五日戊子、於二陣頭一諸卿被レ定二造輪田使及諸国申解文事一、[58]

このうち、①は造大輪田泊使の任期を六年とする規定であり、②は諸卿が造輪田使および諸国から提出された解文の事を定めたとある。造大輪田船瀬使は、常置の官ではなく、必要に応じて置かれた臨時の官であったとみなす見解もあり、慎重に対処すべきであろう。今後の課題としたい。

さいごに、天長二年三月十一日に、空海が造大輪田船瀬所別当に補任されたとみなしてよいか否かである。別当補任の太政官符は、『弘法大師行化記』、しかも「群書類従本」にしか記載されていないといった史料的な制約もあるけれども、上述したように、満濃池修築別当と同様に、短期間の臨時の職としての別当補任であればあり得たであろう、とみなしておきたい。最終的な結論は、『行化記』の総合的な研究をまってだすことにしたい。

註

（1）『朝日新聞』（大阪本社版）平成十五年六月二十八日号には、「神戸港　やはり奈良時代から存在」と題する一文が掲載された。また、地元の『神戸新聞』にも同じ日付で、「「大輪田泊」の遺構確認」と題する一文が掲載された（『文化財　発掘出土情報』第二百五十九号、四八頁、二〇〇三年八月）。

（2）記事の全文は、拙稿「空海伝に関する考古学的発掘・二題」に再録しているので、参照いただきたい（『密教学会報』第四十二号、三～二二頁、二〇〇四年）。

（3）史料とは、『弘法大師行化記』（群書類従本）所収の天長二年三月十一日付の太政官符である。あとに詳説する。

（4）大輪田泊について詳述する論考に、つぎのものがある。㈠喜田貞吉「大輪田泊」（神戸市役所編『神戸市史』別録一、一九二三年。覆刻版、六五～八四頁、一九七一年、名著出版）、㈡杉山宏「大輪田船瀬」（同著『日本古代海運史の研究』一八三～一九〇頁、一九七八年、法政大学出版局）、㈢千田稔「大輪田泊」（同著『埋もれた港』〈小学館ライブラリー139〉九三～九七頁、二〇〇一年二月。初出は一九七四年、学生社）、㈣松原弘宣「八・九世紀における船瀬」（同著『日本古代水上交通史の研究』一九一～二三二頁、一九八五年、吉川弘文館）。これらの論考は、空海が造大輪田船瀬所別当に補任されたとする『行化記』所収の太政官符には一切ふれない。しかるに、社会事業について論じたつぎの二著㈤㈥には、簡単ではあるけれども、空海と大輪田泊のことが記されている。その個所をあげると、つぎの通りである。

㈤吉田久一『改訂日本社会事業の歴史』（五五頁、一九六六年、勁草書房）。

　空海は摂津大和田泊の修覆（ママ）やその他にもこれに類似したことを行ったという言い伝えの多いことも、この方面に優れた手腕を持っていたことを物語るものであろう。

㈥守屋茂『仏教社会事業の研究』（二二三頁、一九七一年、法蔵館）。

　彼にして新興宗教の開拓興隆という時代的な特異な状況の中に置かれなかったとしたら、先蹤行基をも抜き出た民衆の伴侶としての伝道者となっていたかも知れない。それは、天長五（八二八）年三月、彼は摂津国大輪田船瀬所の別当に補任されている（『行化記』）ことからして、そういうことが考えられる。

㈦和多秀乗「弘法大師と良臣について」（中野義照編『弘法大師研究』一八〇頁、一九七八年、吉川弘文館）は、右の二著にふれて、つぎのように記している。

　この文章（㈤の吉田氏の文章）は、吉田氏が空海の大輪田造船瀬所別当就任を、事実か伝説か、いずれの側に入れられているのか明確ではないが、伝説の部類と解釈されていることはほぼ間違いない。

（5）『弘法大師行化記』を利用するにあたっては、留意すべきことが二つある。その一つは、四種の『行化記』が伝存していることである。すなわち、㈠藤原敦光本、㈡群書類従本、㈢行遍本、㈣勝賢（深賢書写）本、の四つであり、これら四本には項目のばらつきがみられる。第二は、他の史料には見あたらない太政官符を多く収録することから特異な空海伝として注目されているにもかかわらず、その成立過程および成立年代が確定していないことである。ちなみに、和多先生はこの『行化記』について、

　一般に『弘法大師行化記』には敦光本等四本があるといわれているが、それら四本間の差異は本質的なものではなく、平安時代末期に成立した伝記であることに変わりはない（和多秀乗、前掲（註4㈦）論考、一七九頁）。

と記されているけれども、四本間の差異はやはり無視できない問題をはらんでいると考える。

（6）大須文庫本は、国文学研究資料館が調査・公開している影印を利用させていただいた。参考までに奥書を記しておく。

　貞和二年丙戌六月中旬於高野山以持明院御本書
　写畢

（7）『類聚三代格』巻十六「船瀬并浮橋布施屋事」所収、弘仁七年（八一六）十月二十一日付の太政官符（『新訂増補国史大系』〈以下、『国史大系』と略称す〉第二十五巻、四九一頁）。

（8）大須文庫本『弘法大師行化記』は、ここで取りあげた「散位」だけでなく、誤写並びに不審をいだかされる箇所が少なくない。また、表記の統一に関しても気になるところがある。たとえば、引用した文章の一行目では「大輪田造船瀬所別当」とあるのに対して、二行目では「造大輪田船瀬使」とあり、「造」の位置が異なっている。また、この天長二年三月十一日付の太政官符について、比較的詳しく論じられたのが和多秀乗先生である。特に、良臣豊穂を取りあげているけれども、いま問題としている肩書きにみえる「散位」には、まったく触れていない（和多秀乗、前掲（註4㈦）論考、一八三〜一八四頁）。

（9）和多秀乗、前掲（註4㈦）論考、一七八〜一八三頁。

（10）伴国道に関する詳細な論考に、つぎのものがある。佐伯有清「大伴宿禰国道伝考」（『成城文芸』第百四十八号、一〜六一頁、一九九四年）。

（11）『類聚三代格』巻五「交替并解由事」所収、天長八年（八三一）四月二十一日付太政官符（『国史大系』第二十五巻、二四八頁）。

（12）空海が大僧都に昇補したのを天長四年（八二七）五月二十八日であったと記すのは、興福寺本『僧綱補任』である。この興福寺本にもとづいて論じた拙稿に対して、笹岡弘隆氏が疑義を表明されているけれども、必ずしも説得力をもつものとはいえないと考える。笹岡氏の論考は、つぎのものである。笹岡「空海伝における問題点—僧綱官補任に関して—」（『豊山学報』第四十四号、八一〜一二一頁、二〇〇一年）。

（13）喜田貞吉「福原と和田と兵庫との別」（『神戸市史』別録一、一六〇〜一六一頁）。

（14）『行基年譜』「天平十三年記」（『続々群書類従』第三、四三四頁）。

（15）千田稔、前掲（註4㈢）書、九六頁。

（16）千田稔、前掲（註4㈢）書、九五頁所収の「大輪田泊址想定図」、ならびに『朝日新聞』掲載の地図を転載したので、そちらで確認いただきたい。

（17）今回発掘された場所が、間違いなく大輪田泊であることを決定づける木簡などが引き続き発掘されることを期待したい。

（18）大輪田泊の歴史を記すにあたり、註4の㈠〜㈣にあげた四氏の論考を参照させていただいた。記して謝意を表する。

（19）三善清行『意見十二箇条』。本稿では、『日本思想大系』8所収の竹内理三校注本を使用した（一〇〇頁、一九七九年、岩波書店）。

（20）註14に同じ。

(21) 喜田貞吉氏は、「川尻を以て出発点とする平安朝時代の五泊の制が、行基の時に成れりや否やに就いて疑なきにあらざるなり」などと、五泊の設置が行基の時代までは遡りえないであろうとみなされる（喜田「五泊考―五泊の制定は行基の事業にあらず―」〈『歴史地理』第三十七巻第六号、四四一～四四四頁、一九二一年〉）。

(22) 松原弘宣氏は、大阪湾を三点でむすぶ神前・難波・大輪田の航路と、播磨の樫生・韓・魚住、そして摂津の大輪田という瀬戸内海航路とを連結させる航路を構想・設置したのは行基集団ではなかったかと考える、といわれる（松原、前掲（註4㈣）書、二〇八頁）。『行基年譜』の記事は、信頼性の高いことが井上光貞氏によって論じられていることから、少なくとも大輪田泊が行基集団によって開設されたことだけは信じてよいであろう（井上「行基年譜、特に天平十三年記の研究」〈『井上光貞著作集』第二巻、三五五～四一一頁、一九八六年、岩波書店〉）。千田稔氏は、五泊すべての開設を行基時代まで遡らせることには慎重を期すべきであろう、といわれる（千田、前掲（註4㈢）書）。なお、千田氏は同書で、五泊の所在地の比定に関する詳細な考証をおこなっていることを付記しておく（八五～一〇四頁）。

(23) 松原弘宣、前掲（註4㈣）書、一九五～二〇一頁。

(24) 以下、『続日本紀』の本文は、新日本古典文学大系16『続日本紀』五（一九九八年、岩波書店）の訓読文をもってあげる。『続日本紀』五、一七一頁。

(25) 『続日本紀』五、三二五頁。

(26) 『続日本紀』五、四四九頁。

(27) 『続日本紀』五、五一一頁。

(28) 松原弘宣、前掲（註4㈣）書、一九七頁。

(29) 松原弘宣、前掲（註4㈣）書、一九六～一九七頁。

(30) 私物貢納によって位階を授けられる献物叙位、および佐伯直諸成についての論考に、つぎのものがある。㈠野村忠夫「献物叙位をめぐる若干の問題―各政権の政策と官人構成の視角から―」（弥永貞三先生還暦記念会編『日本古代の社会と経済』下巻、一～三六頁、一九七八年、吉川弘文館）、㈡松原弘宣、前掲（註4㈣）書、一九五～二〇一頁、㈢直木孝次郎「佐伯直諸成のカバネについて」（『続日本紀研究』第十巻六・七合併号、一九～二〇頁、一九六三年）、㈣福島好和「播磨国の佐伯直氏について」（『人文論究』第四十五巻第一号、一～一五頁、一九九五年）。

(31)『日本後紀』巻二十三、弘仁三年六月五日の条（『国史大系』第三巻、一一四頁）。
(32) 註7に同じ。
(33) 註11に同じ。
(34) 三浦章夫編『増補再版弘法大師伝記集覧』に、空海が満濃池修築別当に任命されたときの関連史料が集成されているので参照いただきたい（『同書』弘仁十二年五月二十七日条、四五三～四六〇頁、一九七〇年、高野山大学密教文化研究所）。
(35) このように考えることによって、別当すなわち造大輪田船瀬所別当に関する史料は、『行化記』所収の官符が唯一のものであることの説明もつくのではなかろうか、と考える。
(36) 讃岐国多度郡を本貫地としていた空海の生家・佐伯直氏は、早くから船を有し、交易活動をおこなっていた一族ではなかったか、との思いを強くしている。詳しくは以下の拙稿を参照いただきたい。拙著『弘法大師空海の研究』所収「空海の出自—讃岐国佐伯直論—」「空海の誕生地」（五六～一四四頁、二〇〇六年二月、吉川弘文館）。
(37) 和多秀乗先生は、造大輪田船瀬所別当に関する史料は『弘法大師行化記』一つしかないことから、空海の別当補任の結論は保留としている。一方で、「天長二年の官符が偽書であるとすれば、尚更良臣豊穂の名が意味をもってくる」「良臣の存在は、偽書という疑いが強くなればなる程、かえって迫真力をもってわれわれに訴えてくる」といった文言がみられ、天長二年三月十一日付の太政官符を偽文書とみなしているようである（前掲（註4㈦）論考、一八三～一八四頁）。
(38) 松原弘宣、前掲（註4㈣）書、二二一～二二二頁参照。
(39)『続日本後紀』巻五、承和三年五月壬子（十四日）条（『国史大系』第三巻、五三頁）。
(40)『続日本後紀』巻五、承和三年五月丙辰（十八日）条（同右）。
(41)『続日本後紀』巻五、承和三年七月壬午（十五日）条（『同右』第三巻、五六頁）。
(42) しかしながら、翌七月十六日には、同じく大宰府から「奏二遣唐使第一第四両船漂蕩却廻之状一、両船密封奏、同共到来」なる知らせがもたらされており、結局、この年の入唐は果されなかった（『続日本後紀』巻五、承和三年七月癸未〈十六日〉条〈同右〉）。
(43)『類聚三代格』巻十六「船瀬并浮橋布施屋事」所収、承和五年三月二十三日付太政官符（『国史大系』第二十五巻、四九二頁）。
(44) この官符の趣旨に関しては、松原弘宣、前掲（註4㈣）書、二二一～二二二頁を参照した。
(45)『続日本後紀』巻十四、承和十一年十月庚辰（一日）の条（『国史大系』第三巻、一七〇頁）。

(46)『類聚三代格』巻十六「船瀬并浮橋布施屋事」所収、承和十三年十月五日付太政官符（『国史大系』第二十五巻、四九三頁）。
(47)註46に同じ。
(48)『類聚三代格』巻十六「船瀬并浮橋布施屋事」所収、嘉祥二年九月三日付太政官符（『国史大系』第二十五巻、四九三頁）。
(49)杉山宏、前掲（註4㈡）書、一六一頁。また松原氏も、「吉田孝氏が述べられたように、雑徭から雇役による方式が船瀬においてもみられるものといえよう」と、その裏に律令国家の基本姿勢の変換をみておられる。
(50)『類聚三代格』巻十六「船瀬并浮橋布施屋事」所収、仁寿三年十月十一日付太政官符（『国史大系』第二十五巻、四九一頁）。
(51)九条家冊子本『中右記』裏文書の「摂津国租帳」（補〇四六番）に、「船瀬功徳田」と「船瀬料田」の記録がみられる。すなわち、巻頭に合計した数字が、

船瀬功徳田肆町壱段参拾歩
船瀬料田弐拾壱町拾段《ママ》伍拾壱歩、

とあり、菟原郡の条に

船瀬功徳田捌段参佰肆拾弐歩

と、八部郡の条に、

船瀬功徳田参町弐段伍拾壱歩
造船瀬料田弐拾壱町捌拾壱歩

と記されている（『平安遺文』第十巻、七九・九二・九三頁）。また、杉山宏氏は「船瀬庄田は輸租の荘園の荘田であり、船瀬付近の荘園を指定し、その荘園の租を船瀬修理のために使用したものと考えられる」とみなされた（杉山、前掲（註4㈡）書、二〇〇頁）。
(52)『類聚三代格』巻十六「船瀬并浮橋布施屋事」所収、寛平九年九月十五日付太政官符（『国史大系』第二十五巻、四九二頁）。
(53)註4にあげたように、大輪田泊を本格的に取りあつかった論考で、天長二年三月十一日付の太政官符に言及するものは皆無である。造大輪田船瀬使の再置の時期については、「天長年間までには復活していたと考えられる」（杉山宏、前掲（註4㈡）書、一八四頁）、「天長八年以前のいずれかの時点で復活された」（松原弘宣、前掲（註4㈣）書、二一七頁）といった見解がみられるけれども、具体的な年次をあげるものはない。

(54) 松原弘宣、前掲(註4㈣)書、二二四〜二二八頁。ここでは、仁寿三年の制と同額の財源を得るためには、何艘の船が大輪田船瀬を利用すればよいかをめぐって、種々の試算がなされている。
(55) 松原弘宣氏の論考による(松原、前掲(註4㈣)書、二二七頁)。
(56) 松原弘宣、前掲(註4㈣)書、二二五頁。ここでは、船瀬庄田が設置されるのにともない、大輪田船瀬の管理も国司の責任となったことが、造大輪田船瀬使の廃止につながったとみている。
(57) 『延喜交替式』(『国史大系』第二十六巻、五八頁)。
(58) 『日本紀略』後篇三、天暦元年七月五日条(『同右』第十一巻、五一頁)。

第三章　空海と法華講会

——「天長皇帝為故中務卿親王講法華経願文」攷——

はじめに

空海の漢詩文を集成した『遍照発揮性霊集』(以下、『性霊集』と略称す)十巻[1]には、仏事法会に際して撰述された願文[2]が四十一篇収められている。そのうちの二十八篇は、葬儀・七七日忌・一周忌・三周忌などの追善の仏事[3]に関するものである。したがって、これらの願文は、空海が人の死と死後の追善仏事に対して、いかなる考えを持ち、どのように対処したか、また平安朝初期における葬儀・周忌法要などの仏事がいかなるものであったかを知る上で、貴重な史料であるといえる。しかしながら、これら空海の願文についての論考は数篇が知られるにすぎない[4]。しかも、それらは主として作善の内容などを文章にそって説明しただけのものといってよく、今日、個々の願文についての検討が十分になされているとは思われない。

それはさておき、四十一篇の願文のなかには、仏事に際して法華経が書写され、また講讃された時のものを七篇見[5]いだすことができる。その一つに、「天長皇帝、故中務卿親王のために法華経を講ずる願文」[6](以下、「故中務卿親王のための願文」と略称す)がある。これは天長四年(八二七)九月、淳和天皇が施主となり、故中務卿親王すなわち伊予親王のために、薬師如来と脇侍の日光・月光菩薩像を造り、法華経を書写して四日間、法華講会を修し、田地・道場の文具などを橘寺に施入した時の願文である。

『性霊集』に対する注釈は、平安朝末期から今日に至るまで、少なからず著わされてきた。[7]けれども、この願文についての先学の見解は一様でない。それは、

四箇日の間巻を開き、文を尽し、旗鼓して義を談す。[8]（原漢文）

の個所をいかに理解するかによる。『性霊集』の一等すぐれた注釈書といわれる運敞の『性霊集便蒙』には、この個所に対する注は見あたらない。そこで、最近発表された二、三の説を古い順にあげると、つぎのようになる。

㈠　坂田光全師は、「四日八講で、四日間に毎日朝夕二座を勤めて法華八講を講ずること」と注し、解説でも「冥福の為に法華八講を勤修せし有り様を記」したものと述べる。[9]

㈡　岩波古典文学大系本の『三教指帰・性霊集』（以下、大系本『性霊集』と略称す）、並びに『弘法大師著作全集』の校注者は、語句の注として、「四日八講で、毎日朝夕二座をつとめる法会」[10]と坂田光全師の説とほぼ同じ注をほどこしているが、解説では法華八講の語句はまったく使われていない。[11]

㈢　勝又俊教師は、「空海と仏事法会」のなかでこの願文を取り上げ、「四日間、法華経を講讃し、その法会の盛儀であることを述べ、ついでこの造像・写経・講会の善業にあわせて……」と解説しておられるが、法華八講の時の願文とは見なしていないようである。[12]

このように、「四箇日の間巻を開き云々」に対しては、ほぼ同様の解釈がなされている。しかし、この願文全体を法華八講の願文とみるか否かの点で、見解を異にしていると思われる。[13]

この時の講会が法華八講であったかどうかはしばらくおくとしても、今日この願文は、伊予親王の追善菩提のために法華講会をなし、田地・道場の支具を橘寺に施入した時のもの、との解釈が一般的になされているが、はたしてこ

のような見方でよいのであろうか。後述するように、この講会には当時の各宗のトップクラスの僧侶が出仕しており、私には単なる追善仏事としての法華講会であったとは思われないのである。

そこで、本稿では、㈠この願文は法華八講を修した際の願文であるか否か、㈡この願文はいかなる意味・性格をもつ願文であるか、の二つの点について、愚見を述べることにしたい。

一　法華八講とは何か

法華八講とは法華経八巻を八座にわかち、証義・講師・聴衆を定めてその経義を講説する法会をいい(14)、八講、御八講、御八講会、法華会とも称される。

わが国における法華八講は、延暦十五年（七九六・一説に同十二年）(15)勤操僧正が石淵寺において八座の講会を修したことにはじまるといわれる(16)。これは通常「石淵八講」とよばれ、永観二年（九八四）源為憲が撰した『三宝絵詞』(17)、元亨二年（一三二二）虎関師錬が著わした『元亨釈書』(18)などにそのいわれが載せられている。『三宝絵詞』によって、その概略を記すと、つぎのようになる。

大安寺栄好は年老いた母を寺の外に養っていたが、母に先立って死んでしまった。栄好の長年の同法であった勤操は、栄好の死を老母には知らさず、栄好に代って養っていたところ、たまたま息子の死を知った老母は悲しみのあまり死んでしまった。勤操は七人の同法とともに、老母を石淵寺の山麓に葬った。その折、仏前に法華経八巻を見いだした勤操は「七々日の忌の間は、此寺に来て一日に一鉢をまうけて、一人に一巻講ぜむ。年ごとの忌日にも、今日の八人力を合て、其日ををはりにあてて、四日講を修して、八巻の経を説む。名をば同法八講といひて、年ごとにやまじ」と提案した。すると、七人の僧も「みなあわれにたうとき事也。必ず可然」と契って、延暦十五年の七七日よりはじめて、後々の年の忌日ごとにおこなった。[19]

右からは、石淵八講が実際にはどのような形でおこなわれたのかを詳らかに知ることはできない。しかし、これによって、つぎの三つの点を指摘することができよう。すなわち、石淵八講は、㈠忌日の仏事、追善仏事として取りおこなわれたもので、㈡忌日を講会の終わりの日とし、㈢法華経八巻を朝夕二巻ずつ四日間で講説供養するものであった。『三宝絵詞』は十世紀末の成立とはいえ、右にあげた三つの点は、ある法華講会が法華八講であったかどうかを見分ける、一つの基準とすることができると考える。以下、追善の仏事として法華経が講説された例を通して、このことを検討してみよう。

六国史の追善仏事の記述のなかに、法華経が講ぜられたことがはじめて現われるのは、承和十四年（八四七）七月戊寅（十五日）条である。この日は同九年七月十五日に崩じた嵯峨天皇の国忌の日にあたり、仁明天皇は父嵯峨帝のために清涼殿に名僧を請じ、法華経を講ぜしめた。[20] 翌嘉祥元年（八四八）七月壬申（十五日）の嵯峨天皇の国忌にも高雄山寺に設斎し、実敏・願勤・道昌・光定等をして清涼殿に講ぜしめ、[21] 仁寿元年（八五一）三月壬午（十日）藤原良房は嘉祥三年三月二十一日に崩じた仁明天皇の御周忌のために、私第において法華経を講じた。[22] これらには、何日間の法会であったのか、忌日が法会のいつにあたるのかといった記述はない。したがって、法華八講であったかどうかを明らかにすることはできない。

ついで、貞観元年（八五九）八月二十一日太皇大后藤原順子は、天安二年（八五八）八月二十七日崩じた御子文徳天皇の周忌斎会として、双丘寺に六十僧を請じて五日の間法華経を講じた。[23] 太皇大后正子内親王は貞観二年五月十一日、承和七年五月八日崩じた夫帝淳和天皇のために、淳和院裏に斎会を設けて五ヶ日講ぜしめ、[24] 元慶五年（八八一）十一月二十六日太皇大后藤原明子は染殿宮に前年十二月二日崩じた清和太上天皇の周忌斎会を設け、諸大寺の高僧を請じて五ヶ日間、法華経を講ぜしめた(25)。これらはいずれも講会の期間を五ヶ日と記すが、いつから五ヶ日かが明らかでないため、忌日との関係をもう一つ明確にすることができない。したがって、忌日の前後をとって法華経が講ぜられているとはいえ、ただちにこれらの講会が法華八講であったとみなすことはできない。あるいは、後世盛んとなる法華経八巻に開結二経、すなわち無量義経、観普賢経を加えた十講であったと解することもできよう(26)。それはともかく、以上の例から追善の仏事に法華経が講ぜられていたことだけは知ることができよう。

時代は少し降るが、確実に法華八講が修された例をみてみよう。『菅家文草』巻第十一・十二には追善の法会に法華経が書写、講説された時の願文が十四篇見いだされる。それらを挙げると表11のようになる(27)。『菅家文草』にはこのほかにも追善仏事に関する願文が六篇あり(28)、これら二十篇の願文によって当時の追善仏事の有様をうかがい知ることができる。表11のうち、整理番号12・13・14は講経がおこなわれたかどうか明らかでないが、あとの十一篇では法華経が講説されている。つぎにその二、三についてみてみよう。

貞観六年八月、大枝豊岑・真岑兄弟は父母のために法華八講をおこないたいと願いつつ亡くなった母の宿願を、その一周忌にとげた。その時の願文に、

即勧二請慈悲諸仏於今朝一、移二来寂滅道場於此地一、降二雪山之緇侶一、講二貝葉之宝典一（中略）仍奉レ写二法華経一云々。奉レ図二地蔵菩薩一鋪一、丹青騁《ハセ》レ功ヲ、不レ異二雲献之真容一、翰墨呈レ精、当レシ同ジカル二龍宮之秘典一二、即自二十一日一至二十四日一、此則先妣往年之宿心(29)。

とあり、法華経を書写し、地蔵菩薩を図絵して四日間で八講を修したことがわかる。

貞観十八年四月には、安倍貞行が華山寺において、みずからの周忌追福にあてた逆修八講を修している。その願文に

敬奉レ写二妙法蓮華経一部一、即於二華山寺一、礼二請高僧一、演二説妙義一、起二廿三日一、至二廿六日一、朝夕八座、敬二礼三尊一、(30)

とあって、やはり朝夕二座ずつ、四日間で八講を終えている。

表11 『菅家文草』にみる法華八講

	西暦	年月日	通番号	願主	願文趣旨	写経	造像・図絵	法会期間
1	八六三	貞観 五・十二・十三	637	源能有	先妣周忌	(法)(仏)		
2	八六四	〃 六・八・十五	638	大枝豊岑等	先妣周忌	(法)	(図)地蔵菩薩	四日八講
3	八六八	〃 十・八・二十七	641	惟喬親王	先妣周忌	(法)(観)		一日講経
4	八六九	〃 十一・九・二十五	642	安倍宗行	先妣周忌	(法)(観)(無)(般)		八講
5	八七四	〃 十六・十一・十	646	源湛	亡室七七日忌	(法)	阿弥陀	
6	八七六	〃 十八・四・二十三	647	安倍貞行	自身逆修	(法)		四日八講
7	八八一	元慶 五・十・二十一	650	菅原道真	父母追善	(法)(観)(無)(般)	観音	四日八講
8	〃	〃 五・十一・二十六	651	藤原明子	清和帝周忌	(法)(無)(観)(般)	薬師・日光・月光	四日八講
9	八八二	〃 六・三・十三	652	源全姫家人	源全姫七七日忌	(法)(無)(観)(般)	大日・四仏・四菩薩	
10	八八三	〃 七・三・十八	654	藤原某室家	自身逆修	(法)(無)(観)(般)		四日八講
11	八八四	〃 八・二・十二	655	藤原山陰	亡室周忌	(法)(無)(観)(頂)	(図)毗盧遮那曼荼羅	四日八講
12	〃	〃 八・四・十	657	藤高経	先妣周忌	(阿)(地)(金)(般)(法)(無)(観)(阿)(頂)(転)(般)	無量寿・地蔵・金剛因・普賢・金剛語・観音・弥勒・文殊・大勢至	
13	八八六	仁和 二・七・十三	660	源済子	外祖母七七日忌	(法)(無)(観)(般)(転)	(図)帝釈	
14	八八七	〃 三・十一・二十七	661	源済子	外祖母追善		(図)延命・帝釈・一字観音	

写経、造像・図絵の欄は、つぎの略号を用いて示した。(法)法華経、(観)観普賢経、(無)無量義経、(般)般若心経、(仏)仏名経、(頂)仏頂尊勝陀羅尼、(金)金光明経、(阿)阿弥陀経、(地)地蔵経、(転)転女成仏経、(図)図絵。

菅原道真は元慶五年十月、遺誡により父母追善のための八講を営んでいる。すなわち、

起二廿一日一至二廿四日一、礼二拝禅衆一ヲ、開二批法筵一。所レ仰者、新ニ成リシ観音像。所レ説者、旧《ムカシ》写セシ法華経。始謂ヘラク

就二冥報一以共利セムト二存亡一。今願、仮二善功一而同導カムコトヲ二考妣一。[31]

と願文にあり、この時も四日八講であったことがわかる。ほかにも、四日八講であったとみなすことのできる願文が三篇ある。このように、法会期間がわかる八篇のうち、六篇が四日八講であったことから、九世紀後半におこなわれた八講の主流はほぼ四日八講であったことがうかがえよう。しかし、上掲した願文の被供養者はその忌日を明らかにすることができないので、ここでも法会期間と忌日との連関をみることはできない。

さらに、鎌倉時代はじめに成立したとみられる『年中行事秘抄』[32]には、平安時代中期から後期にかけて年中行事化された種々の仏事を載せている。なかでも法華八講は十八例とすこぶる多い。それらを列挙すると、表12のようになる。時代は降るとはいえ、十八例中十一例が四日八講であること、前掲の『菅家文草』の例などから、平安時代における法華八講の期間は、基本的には朝夕二座ずつの四日八講であったとみなすことができよう。

以上、「石淵八講」ならびに六国史、『菅家文草』、『年中行事秘抄』などの例から、ある法華講会を法華八講と呼ぶことのできる基準として、つぎの三点をあげることができよう。

㈠　法華八講は忌日の仏事、追善仏事として執りおこなわれた。
㈡　忌日を八講の最初の日とする例もなくはないが[34]、原則として忌日を八講の最終日として講ぜられた。
㈢　わが国における初期の八講は、朝夕二巻ずつ、四日間を法会期間として執りおこなわれるのが主流であった。

ここで、「故中務卿親王のための願文」が、先にみた法華八講と呼びうる基準に合致しているかどうかをみてみよう。問題となるのはつぎの箇所である。

謹んで天長四年九月日を以て、敬って薬師如来の羯磨身と日月遍照両大士の羯磨身とを造り、金文の蓮華法曼荼羅を写す。兼て致仕の僧都空海、少僧都豊安、致仕の律師施平、律師戴栄、泰演、玄叡、明福等を延喔して講匠

表12 『年中行事秘抄』にみる法華八講一覧

月日	八講名	始修年次	被供養者	忌日	期間
正・四	法性寺八講	天暦五(九五一)ころ	藤原隠子	正月四日初日	四日八講
・十五	円教寺八講	永承二(一〇四七)	後朱雀天皇		四日八講
・十九	最勝光院八講	寿永二(一一八三)	高倉天皇		四日八講
二・十二	円融院八講	寛弘元(一〇〇四)	円融天皇	二月十二日結願	四日八講
四・十四	法成寺阿弥陀堂八講				四日八講
・十六	新東北院八講				四日八講
五・五	円宗寺八講	延久五(一〇七三)	後三条天皇		四日八講
六・十八	法性寺八講				四日八講
・二十二	円教寺八講	長和二(一〇一三)	一条天皇	六月二十二日結願	
・二十九	最勝寺八講	保元三(一一五八)	鳥羽天皇		四日八講
七・三	法勝寺八講	天承元(一一三一)	白河天皇		
・八	最勝光院八講	治承二(一一七八)	平　滋子		四日八講・五日八講(註33)
・十九	尊勝寺八講	天仁二(一一〇九)	堀河天皇		四日八講
八・十	法性寺八講	天禄元(九七〇)	藤原忠平	八月十四日結願	五日八講
・二十二	仁和寺八講		光孝天皇	八月二十六日結願	
十・十七	吉祥院八講	元慶五(八八一)	菅原清公	十月十七日初日	
十一・三十	法成寺八講	長元元(一〇二八)	藤原道長	十二月四日結願	五日八講
十二・十九	慈徳寺八講	寛弘元(一〇〇四)	藤原詮子	十二月二十二日結願	四日八講

忌日の欄の初日・結願は、忌日を法会の初日・結願のいずれに当てているかを示したものである。

と為し、泰命を都講とし、慈朝を達嚫とす。法相には中継、隆長等、三論には寿遠、実敏等、真言には真円、道雄等二十の智象を聴法の上首として、四箇日の間巻を開き、文を尽し、旗鼓して談義す。并に永く若干の色の物を捨入す。其の水田十余町は毎年の春秋両節にす。(35)（以下略、原漢文）

この部分は故人の菩提を弔わんがためになされた作善の様子が記された段である。すなわち、天長四年九月、故伊予親王の追善菩提のために、薬師如来と脇侍の日光・月光両菩薩を造立し、金泥をもって法華経を書写し、空海をはじめ諸宗の学匠を啒請して講匠、都講、達嚫とし、また聴法の上首として、四日のあいだ法華経を講讃した有様と、并せて水田十余町を春秋二季の講会料として橘寺に施入することが記されている。

先にみた法華八講の基準を、この願文にあてはめてみると、伊予親王が薨じたのは大同二年（八〇七）十一月十二日であるから、㈡忌日が講会の最終日に当たっていない点は異なる。だが、㈠の追善の仏事であること、㈢講会期間が四日であること、の二点は法華八講の基準を満たしているといってよい。

追善の仏事でありながら、なぜ、この講会は忌日におこなわれなかったのであろうか。この点については後述することにして、ここではこの願文が法華八講のものかどうかについて、考察を進めよう。私は先述した八講の基準を満たす二つの点と、つぎに挙げる二つのことから、この願文は八講を修した際のものとみなしてよいと考える。

第一は、空海が法華八講に十分な知識をもっていたと考えられることである。天長五年（八二八）四月十三日、空海みずから筆をとった「故贈僧正勤操大徳の影の讃」に、勤操の徳を讃えて、

三千の仏名を礼すること廿一年、八座の法花を講ずること三百余会。師吼の雅音聴く者腸を絶つ、迦陵の哀響見る者愛死す。(36)（以下略、原漢文、圏点筆者）

と、勤操はその生涯に三百余会の法華八講を修したことを記している。勤操ははじめに述べたように、わが国におけ

る法華八講の始修者であった。この勤操と空海との関係であるが、空海は弘仁七年（八一六）高雄山寺にて勤操に伝法灌頂を授け(37)、天長五年四月勤操の周忌法会にはその影像の讃嘆文を撰した(38)。また近年まで、勤操は空海の師主であったとみなされてきた。それほどに、両者は親密な間柄であった。さらに、想い起されるのが、『性霊集』の「桓武皇帝の奉為に太上御書の金字の法花を講ずる達嚫(39)」である。これは天長三年三月、淳和天皇が父帝桓武天皇の追善のために、太上嵯峨帝の真筆法華経をもって八箇日間、西寺において八講をおこなった時の願文である。すなわち、

去んじ延暦の末に桓武皇帝、龍に駕して天に入る。太上親ら龍管を握って、太行皇帝の奉為に金字の法花経一部七巻を写し奉って海岳に答し奉る。（中略）謹んで西の仁祠に託けて、金仙の霊を馮み仰ぐ、精舎を厳餝し名僧を延屈して、八箇日の間太上御礼の金字の法花を講演す(40)。（以下略、原漢文）

とあって、この願文に対する先学の見解は法華八講を行った時のものとして、ほぼ一致している。

「故中務卿親王のための願文」以外にも、空海が関係した法華八講の願文がみられることから、空海が法華八講について、少なからず識っていたとみることは、首肯されよう。

第二は、『本朝高僧伝』の著者師蛮が、この時の講会を法華八講であったとみなしていることである。すなわち、「故中務卿親王のための願文」に講匠として名をつらねている玄睿の伝に

天長四年丁未九月。禁中慶㆓讃薬師仏像㆒。四日八座講㆓演教義㆒。豊安、載栄、空海、泰演、明福、及睿等列㆓于講主㆒。中継、寿遠、実敏、真円、道雄等二十員。為㆓聴法衆㆒公卿百僚厳粛莅㆑事(41)。（以下略）

とあって、空海の願文を参照して書いたとも思われる記述を見いだすことができる。

以上、ながながと述べてきたが、これらを考え合わせると、「故中務卿親王のための願文」は伊予親王の追善のために、法華八講を修した際の願文であった、といえる。

二　「故中務卿親王のための願文」と怨霊説

「故中務卿親王のための願文」をみて一番奇異に感じることは、講匠として名を連ねている十五名の僧――空海・豊安・施平・戴栄[42]・泰演・玄叡・明福・泰命・慈朝・中継・隆長・寿遠・実敏・真円・道雄――は、この当時のわが国を代表する高僧ばかりであったと考えられることである。すなわち、興福寺本『僧綱補任』によると、つぎのように、泰演・泰命・隆長・寿遠・真円をのぞく十名が、天長四年（八二七）およびそれ以後僧綱に任ぜられている。

空海　天長元年少僧都。同四年大僧都。承和二年（八三五）隠居。
豊安　弘仁七年（八一六）律師。天長四年少僧都。承和二年大僧都。同七年入滅。
施平　弘仁七年律師。天長九年入滅。
歳栄　天長三年権律師。承和四年入滅。
玄叡　天長三年権律師。同四年律師。承和七年入滅。
明福　天長四年律師。承和二年少僧都。同十年大僧都。嘉祥元年（八四八）入滅。
慈朝　承和三年律師。同五年入滅。
仲継　天長九年律師。承和十年入滅。
実敏　承和十年律師。嘉祥元年少僧都。仁寿三年（八五三）大僧都。斉衡三年（八五六）入滅。
道雄　承和十四年律師。嘉祥三年少僧都。仁寿元年入滅。
寿遠　承和元年維摩講師。

同じく『僧綱補任』をみると、天長四年九月当時の僧綱のメンバーは、

律　師修円五月廿八日戊子任㆓少僧都㆒。（以下略）

小僧都空海五月廿八日任㆓大僧都㆒。

律　師修哲　　施平

豊安同日任㆓少僧都㆒。　権律師歳栄

玄叡同日転正。　律　師明福同日任。法相宗。興福寺。生年五十一。臈卌一。(43)

の八名であり、このうち修円・修哲をのぞく六名がこの八講に出仕していることがわかる。

古代律令制下の当時、寺院・僧尼は国家の統制下におかれていたとはいえ、上述したように当時の各宗のほぼトップクラスの僧侶ばかりを集めて修されたこの法華八講は、単なる追善の仏事としてのそれではなく、別に何か特別な意味をもつ八講ではなかったか、と考えるのは、私だけであろうか。これを解く鍵は、この八講の被供養者であった伊予親王にあるのではないかと考える。そこでつぎに、六国史、『日本紀略』などによって延暦から弘仁年間にかけての親王の事績をみてみよう。

伊予親王は桓武天皇の第三皇子として生をうけた。母は藤原是公の女吉子であった。親王の名がはじめて史上にあらわれるのは、延暦十一年（七九二）二月十五日加冠したときである(44)。同十五年一月十日に剣を帯びることが許され(45)、ついで三品式部卿となり(46)、同二十三年九月三日には近江国蒲生郡の荒田五十三町を賜わった(47)。この間、桓武天皇は遊猟・巡幸の際、栗前野、北野、大井、愛宕などにあった伊予親王の山荘や亭に、前後八回にわたって行幸している(48)。大同元年（八〇六）五月九日、中務卿兼大宰帥に任ぜられた(49)。そして、翌二年十月二十八日伊予親王事件がおこる。

伊予親王事件とはつぎのような一連のできごとをさす。すなわち、同月二十七日、大納言藤原雄友は藤原宗成が伊

予親王にすすめて、ひそかに不軌をはかっていることをきき、右大臣藤原内麻呂にこのことをつげ、伊予親王も宗成が自分に謀叛のことを勧めたと奏したので、宗成を左近衛府に繋留した。同月三十日、宗成を左近衛士府に移して取り調べたところ、宗成は叛逆の首謀は親王であると申したてたので、安倍兄雄、巨勢野足らに兵百五十人を率いさせ、親王の第を囲み、親王を捕えた。十一月二日、親王とその母藤原吉子を川原寺の一室に幽閉し、飲食をとらせなかった。同十一日にはこの事件に関係した人物の官を解き、伊予親王を廃することを桓武天皇陵に報告した。同十二日親王母子は薬を服して死に、十三日に宗成らが諸国に配流されて、事件は一応の決着をみた。(50)

この事件は藤原仲成が宗成をあやつって親王に鋒先を向け、平城天皇およびその側近の対立者、すなわち藤原雄友・同友人・同乙睿・橘安麻呂・同永継らを朝廷から排除し、皇大弟神野親王のちの嵯峨天皇の勢力をおさえる意図のもとにおこされたできごとであったといわれる。(51)実際、『日本後紀』大同三年十月丁卯（十九日）条の安倍朝臣兄雄の卒伝に、

伊予親王無レ罪而廃。当二上盛怒一。群臣莫二敢諫者一。(52)

とあるように、親王に罪はなく、時の人はこの事件を哀れんだという。

その後、弘仁元年（八一〇）七月二十七日嵯峨天皇、伊予親王、その母吉子にそれぞれ百人・十人・二十人の度者を賜い、(53)同十年三月二十一日親王と母吉子の位号がもとに復され、(54)同十四年七月二十五日にも同じく位号が復されている。(55)

このようにみてくると、弘仁元年以後、同十年・十四年と三回にわたり、無実の罪によって命をたった親王とその母吉子に対して、二人の名誉回復措置とでもよびうる処置がなされたことが知られる。では、これらの措置はどのような社会状況のもとでとられたのであろうか。それぞれの措置がとられた前後をみてみよう。

弘仁元年（八一〇）七月二十七日条前後――この年、嵯峨天皇は不予により正月元旦の朝賀を廃朝し(56)、七月になってもその病は回復しなかった。すなわち、七月十三日川原・長岡両寺に使を遣わして誦経させ(57)、十八日には天皇の病気は高畠陵すなわち乙牟漏の陵の祟りによるものとされ、右大弁藤原藤継、陰陽頭安倍真勝らを高畠陵に遣わして鎮祭させている(58)。また二十日精行の禅師を延喁して天皇の病に侍せしめ(59)、二十六日には天下諸国に七日のあいだ殺生を禁断せしめ(60)、二十七日崇道天皇、伊予親王、藤原吉子のために百三十人を度し(61)、二十九日には崇道天皇のために川原寺において法華経一部を奉写させている(62)。さらに、三十日藤原藤継を使として伊勢大神宮に奉幣し(63)、八月八日にも石上神に奉幣し(64)、同十一日には太政官において百五十僧を招じて七日のあいだ薬師法を行ぜしめるなど(65)、天皇の病気回復のためにあらゆる手段がこうじられた。嵯峨天皇の病状がもっとも悪かったこの時期に、

七月十三日　川原・長岡両寺において誦経す。

七月二十九日　崇道天皇のために川原寺において法華経一部を奉写す。

と、伊予親王とその母吉子が幽閉されていた川原寺において、二度にわたって誦経・写経がおこなわれ、そのなかで崇道天皇とともに二人に度者が授けられていることは、一体何を語るのであろうか。

周知のごとく、崇道天皇は桓武天皇の弟で、もと早良親王といい、延暦四年（七八五）九月二十三日におこった藤原種継暗殺事件に連座して皇太子の位を廃され、一時乙訓寺に幽閉され、のち宮内卿石川垣守らによって淡路に移送される途中、絶命した人物である。この事件は種継の存在に不満をもった大伴氏が中心となって、まず種継を殺し、皇太子早良親王をおしたてて朝廷をくつがえし、親王を皇位につけようとした策動であったといわれるが(66)、早良親王はこの暗殺事件および謀叛の企てに直接の関係はなかった。このような訳で、早良親王は桓武天皇および親王のあとを受けて皇太子となった安殿親王、のちの平城天皇に祟りをもたらす怨霊とされ、延暦十年ころから大同年間にかけ

表13　桓武天皇の早良親王に対する慰撫

延暦四（七八五）	十一・二十五	安殿親王、皇太子となる。
延暦九（七九〇）	九・	皇太子、病気になる。
延暦十（七九一）	十・二十七	皇太子、みずから病軀をおして伊勢神宮にでかけ、病気平癒を祈願す。
延暦十一（七九二）	六・五	皇太子の病のため、畿内の名神に奉幣す。
	六・十	皇太子の病は早良親王の祟りと卜される。
延暦十六（七九七）	五・二十	怪異のため、僧二人を淡路国へ遣して転読悔過し、早良親王の霊に謝す。
延暦十九（八〇〇）	七・二十三	早良親王を崇道天皇と追称し、その墓を山陵とよび、使を遣して崇道天皇山陵に鎮謝せしむ。
	七・二十六	淡路国津名郡の戸二烟を崇道天皇陵にあてる。
延暦二十四（八〇五）	正・一	聖体不予。廃朝。
	正・十四	崇道天皇のために淡路国に寺を建立す。
	二・十九	聖体不予のため、諸国国分寺において薬師悔過を修せしむ。
	四・五	崇道天皇のために諸国に小倉を建て、正税四十束をもって国忌および奉幣の列にあずからしめ、怨霊に謝す。
	四・十一	改葬崇道天皇司を任ず。
	五・十一	聖体平善のために紀伊国伊都郡に三重塔を建立せしむ。
	七・二十七	唐国物を天智・光仁・崇道の三天皇陵に献ず。
	十・二十五	崇道天皇のために、一切経を書写す。
延暦二十五（八〇六）	三・十七	延暦四年の種継暗殺事件に縁って配流されたものを存亡にかかわらず本位に復せしめ、崇道天皇のために諸国国分寺僧をして春秋二仲月に七日間、金剛般若経を読ましむ。この日、桓武天皇崩す。

て、しばしば早良親王に対する慰撫、奉謝がおこなわれた。それらを列挙すると、表13のようになる。

弘仁元年九月二十七日、伊予親王とその母吉子が崇道天皇と並んで度者を賜わっていることは、とりもなおさず、当時の人々が伊予親王母子を崇道天皇に対する見方と同じ見方、すなわち祟りをもたらす怨霊、または怨霊に近い存在としてみていたと考えることができよう。

弘仁十年（八一九）**三月二十一日条前後**――この年は畿内を中心に連年の飢饉によって、春先から食べ物にも困窮する有様であったようである。すなわち、二月二十日このところ稲が稔らないため、百姓は飢え、倉廩はすべて空になって賑給するものもなくなり、このままでは飢えた窮民によって不測の事態もおこりかねないとの判断から、畿内に使を遣わして富豪の貯をもって困窮のものに借貸することになり[67]、三月二日には山城・美濃・若狭・能登・出雲等の国の飢饉に対し、この急場をしのぐため、畿内同様に富豪の貯をもって窮民に借貸せしめ[68]、同十四日には青麦を馬に食べさせることが禁じられた[69]。これらをうけて、同二十一日伊予親王とその母吉子の位号を本に復する詔が出され[70]、四月八日には諸大寺の安居料が停止された[71]。その文中に「以二国用乏絶一也」と記されていることからも、連年の飢饉はその度合を増していたことが察せられよう。このような時期に、伊予親王母子の位号が本に復されたわけであり、その詔の中に「朕有レ所レ思」という語が見いだされる[72]。この語は延暦二十五年三月十七日、種継事件によって配流されたものを存亡にかかわらず本位に復せしめ、崇道天皇のために諸国国分寺僧をして春秋七日間、金剛般若経を読ましめた時の勅にも見いだされた[73]。とすると、この二つの勅の裏には同じ考えが支配していたとみることはできないであろうか。つまり、ここでも伊予親王に対して、崇道天皇同様に祟りをもたらす怨霊とする見方がなされていたと思われるのである。

弘仁十四年（八二三）**七月二十五日条前後**――この年も全国的な疫病の流行と連年の旱に相当苦しめられていたようである。すなわち、五月五日伊賀国の飢病の民に賑給がなされ[74]、六日には疫病の全国的な流行と百姓の窮弊によって相撲人を貢ずることが停止され、また京内および畿内諸国に賑給がなされた[75]。七月に入ると祈雨のため、四日和泉国大鳥・積川両社に[76]、七日伊勢大神宮[77]、十七日は雨師神にそれぞれ奉幣がなされた[78]。同十九日には長門国に対して連年の旱と疫病によってこの年の庸が免ぜられ、美濃・阿波両国の飢病の百姓には賑給がなされ[79]、二十日にも同じ理由によって、参河・遠江両国のこの年の庸を免じている[80]。これらをうけて、同二十五日伊予親王とその母吉子の位号が改めて本に復された[81]。その後も、八月六日多数の病人の出た近江国に対して、病料にあてるため穀二千斛が支給されるなど[82]、この年は社会不安をまねく原因となる天変地異が頻繁におこっていることが知られる。

以上、名誉回復措置と私に名づけた処置がとられた前後をみてきたが、いずれも聖体不予、飢饉、疫病の流行、旱など社会不安をまねくできごとがおこっている最中に、度者の賜与、位号の本復がおこなわれていた。このことから、それら社会不安をまねく要因の一つに伊予親王等の存在が考えられ、それを慰撫し、奉謝するために、このような名誉回復措置がなされたとみることができよう。

おわりに――怨霊慰撫の法会――

では、八講が修された天長四年はどのような年だったのであろうか。この年の正月、天皇は病気がちであった。聖体不予のため、元日の朝賀の儀を停止し[83]、五日には大和国高市郡にあった高志内親王の墾田十町を春秋の悔過料として橘寺に施入し、綿三百屯をもって川原寺に誦経し、東西二寺においては四十九僧を喠請して一七日間、薬師悔過を修している[84]。この昨年末からの病気は後日の占いによって、稲荷神社の樹を伐れる罪・祟りによるものとされたものの[85]、五日に橘寺に墾田十町を施入し、川原寺において誦経させるなど、伊予親王に関係した寺が登場することは、やはりこの時の病気も伊予親王の怨霊によるものとの考えが、一部には持たれていたようにみうけられる。それはさておき、特筆すべきことは七月十二日からはじまった地震である。地震の記載のある日を『類聚国史』によってあげ

ると、[86]

七月　十二日・十四日・十五日・十六日・十九日・二十一日・二十二日・二十四日・二十五日・二十七日・二十九日・三十日

八月　三日・五日・六日・八日・十二日・十四日・十五日・十六日・十九日・二十二日・二十四日

九月　一日・二日・七日・八日・九日・十日・十三日・十五日・二十日・二十二日

十月　二日・四日・十一日

となり、約三ヶ月間に三十六回の地震が記録されていることである。[87]この地震の最中の九月に四日間、当時の各宗のトップクラスの僧を集めて、伊予親王のために修された法華八講は、何を物語っているのであろうか。私は上にみてきたように、ここでもこの絶え間なく続いた地震の原因の一つに伊予親王とその母吉子の存在が考えられていたと解したい。だからこそ、その霊を慰撫するため、追善の仏事としてもっとも丁重な法華八講が選ばれ、地震の最中に各宗の高僧を請じて八講が修されたのであったと考える。

　このようにみてくると、少々穿ちすぎた見方とも受けとられようが、つぎの二つのことから、上のような見方も首肯されるであろう。

　一つは承和六年（八三九）九月五日、伊予親王に一品が、母吉子に従三位が贈られた。[88]この時も、太上嵯峨天皇の不予と無関係ではなかったと考えられることである。すなわち、これに先立つ八月一日、同四日の条に、

　庚戌朔。嵯峨太上天皇不予。天皇為レ之朝覲。黄昏還宮。[89]

　癸丑。嵯峨太上天皇。聖躬未二平服一。天皇重亦朝覲。奉二為太上天皇一。読二経于延暦寺一。祈二翌日之瘳一。[90]

とあり、同二十三日の条に

壬申。請二真言僧十六口於常寧殿一。令レ修二息災之法一、有二物恠一也。(91)

とあることから、この贈品、贈位も嵯峨太上天皇の不予によるものであったといえる。

もう一つは貞観五年（八六三）五月二十日、神泉苑で執りおこなわれた御霊会の御霊として、崇道天皇、橘逸勢らとともに、伊予親王母子の名が記されていることである。(92)『三代実録』に

所謂御霊者。崇道天皇。伊予親王。藤原夫人。及観察使。橘逸勢。文室宮田麻呂等是也。並坐レ事被レ誅。冤魂成レ厲。近代以来。疫病繁発、死亡甚衆。天下以為。此災。御霊之所レ生也。始レ自二京畿一。爰及二外国一。毎レ至二夏天秋節一。修二御霊会一。(93)（以下略）

とあって、ここに記された六名は「坐事被誅」れた人であり、疫病を広めたり、祟りをもたらす存在として、当時の人々から畏怖されていたことがわかる。また、「近代以来。疫病繁発。死亡甚衆。天下以為。此災。御霊之所生也」とあることは、とりもなおさずこの御霊会は先に伊予親王についてみてきた延長線上に位置するものであることが知られよう。

以上より、天長五年九月におこなわれた法華八講は、追善の仏事として修されたものではあるが、その目的は当時の人々から怨霊として畏怖されていた伊予親王母子の霊を慰撫するための八講であった、と考える。

註

（1）周知のように、『性霊集』は弟子の真済（八〇〇〜八六〇）が編集したもので、編纂当初十巻であったが、十一世紀中頃までに巻八・九・十の三巻は散佚した。承暦三年（一〇七九）仲冬上旬、仁和寺の済暹は佚文を拾い集めて『続遍照発揮性霊集補闕抄』三巻を編んで巻八・九・十とし、もとの七巻と併せて十巻とした。いまいうところの十巻とはこれをさす。『性霊集』には百十二篇の漢詩文を載せるが、空海の御作は百八篇といわれる。詳しくは大系本『性霊集』の解説を参照されたい。

（2）空海の願文の特徴は、大部分のものが四つの段落からなっていて、ほぼ定型化されていることである。すなわち、各段落は、

第一段――仏の教え、特に密教の教えの勝れていること、および大日如来などの諸仏・諸尊の境界とその徳を述べ、それへの帰依が説かれる。

第二段――故人の生前の徳を称讃し、他界した悲しみと忽ちにして忌日が巡ってきたことが記される。

第三段――法会の年月日と故人の菩提を弔わんがためになされた経典の書写、仏像の造立、曼荼羅および諸尊像の図絵、経典の講演・読誦、法会の模様などが記される。

第四段――願意が述べられ、追善供養の功徳によって、一方では故人の霊がすみやかに成仏せんことを願い、また一方ではその功徳が現世に残った人達にも及び、親族の福寿と聖朝の安穏、天下泰平を祈り、最後に諸天をはじめ一切衆生――生命あるものすべて――が悉く菩提を証せんことを祈念する。

といった内容をもつ。『性霊集』の目次、および各文章のはじめに付された表題に「達嚫」「表白」とあるものも、「願文」とあるものと形式・内容の上から同一範疇に入ると考えられるので、本稿では一括して願文と称することにする。

（3）葬儀を追善仏事とすることには問題があろうが、本稿では残りの十三篇と区別する意味から、追善仏事のなかで取り扱う。四十一篇の願文を法会の種類別に分けると、つぎのようになる。

葬儀	3	三七日忌	1	七七日忌	2	一周忌	9	三周忌	2	二十周忌　2
法事	4	不明	5	祈願会・曼荼羅供など追善仏事以外の法会	13					

なお、個々の願文の題名・その内容などについては、末尾に「性霊集願文表」を付しておいたので、それを参照していただきたい。

（4）空海の願文を取り扱った主な論考につぎのものがある。㈠若木快信「弘法大師の法華経観―法華経開題を中心として―」（『智山学報』新五号、一〇七～一二八頁、一九三四年）、㈡中野義照「弘法大師の生活と思想―特に遍照発揮性霊集を中心として―」（『密教文化』第四十五・四十六合併号、一～一六頁、一九五九年）、㈢勝又俊教「弘法大師と仏事法会」（『芙蓉博士古稀記念　密教文化論集』一一～四七頁、一九七一年）のちに同著『弘法大師の思想とその源流』（一九八一六年、山喜房仏書林）に収載（以下、前者を①、後者を②とする）、㈣大沢聖寛「弘法大師と祈願法会」（『豊山教学大会紀要』第三号、九五～一一三頁、一九七五年）。

（5）大系本『性霊集』に付された通番号で示すと、45・46・63・65・68・69・79の七篇である。

（6）『性霊集』巻第六（『定本弘法大師全集』〈以下、『定本全集』と略称す〉第八巻、九四～九五頁、一九九六年九月、高野山大学密教文化研究所）。この題名は巻首の目次のそれであって、本文に付された題は「天長皇帝、故中務卿親王の為に田及び道場の支具を捨てて橘寺に入る願文」（原漢文）である。

（7）大系本『性霊集』の解説（六六〜七〇頁）には、写本二十五種、刊本八種があげられている。それによると、今日知られている最古の注釈書は『続性霊集補闕鈔』の編者済暹が著わした『顕鏡鈔』三巻（東寺蔵）である。

（8）『性霊集』巻六所収「故中務卿親王のための願文」『定本全集』第八巻、九五頁。

（9）坂田光全述『性霊集講義』二〇六頁、一九四二年、高野山出版社。

（10）勝又俊教編修『弘法大師著作全集』（以下、『著作全集』と略称す）は「……二座をつとめる法会の間」とする（『同書』第三巻、二五七頁、一九七三年、山喜房仏書林）。

（11）大系本『性霊集』二九〇〜二九一・四八頁。『著作全集』第三巻、二五六〜二五七・六一一頁。

（12）勝又俊教、前掲（註4㈢）論文、①二二〜二三頁、②二五八頁。

（13）たとえ、この願文が法華八講の時のものでなかったとしても、法華八講および法華講会を歴史的に取り扱う以下の論考には、同時代の最澄の法華講会には言及するが、空海の関係したそれは全く取り上げられていない。㈠桜井徳太郎『講集団成立過程の研究』一九六二年、㈡山本信吉「法華八講と道長の三十講」上・下（『仏教芸術』第七十七・七十八号、一九七〇年）、㈢高木豊『平安時代法華仏教史研究』一九七三年、平楽寺書店、㈣稲城信子「法華八講に関する一試論―捧物から院供花へ―」（『古代研究』第二十二号、一九八一年）。

（14）山本信吉、前掲（註13㈡）論文（上）、七一頁参照。初期の法華八講がどのような様式で執りおこなわれたかは、明らかでない。空海の「故中務卿親王のための願文」には、講匠・都講・達嚫・聴法の名が見られ、寛平元年（八八九）九月、嘉祥寺において光孝天皇の周忌のための法華八講が修されたが、『扶桑略記』巻二十二によると、講師・読師・呪願・梵唄・散華・三礼・堂達の配役の名が見られる（『大日本史料』第一編之一、二一〇〜二一三頁）。

（15）延暦十五年始修を説く史料については註18参照。延暦十二年始修説をとるのは、寛弘七年（一〇一〇）ごろに撰せられた「法華八講縁起事」（『大日本仏教全書』寺誌叢書第二『諸寺縁起集』所収）である（高木豊、前掲（註13㈢）書、二〇九〜二一一頁参照）。

（16）史料によって始修年次が異なるとはいえ、石淵八講を八講の濫觴とする点ではほぼ一致している。しかし、「弥勒寺本願大師善仲善算縁起文」（護国寺本『諸寺縁起集』所収）によると、全く別の伝承を伝えている。これは摂津弥勒寺のちの勝尾寺の八講に関する伝承であり、天応元年（七八一）十月四日入寂した開成への報恩のために、翌延暦元年、同寺僧は四日間、法華八講を勤修し、以後これを恒例としたというものである（高木豊、前掲（註13㈢）書、二一一〜二一二頁参照）。

(17)『三宝絵詞』中（『大日本仏教全書』巻百十一、五四〜五七頁）。

(18)『元亨釈書』巻二（『新訂増補国史大系』（以下、『国史大系』と略称す）第三十一巻、五一〜五二頁）。その他に十二世紀前期に成立した『東大寺要録』所収の「法華会縁起」、同じく十二世紀半ごろに編纂された『伊呂波字類抄』などにも延暦十五年始修を記している（高木豊、前掲（註13）書、二〇九〜二一三頁参照）。また、長保四年（一〇〇二）十月、東三条院詮子のために修された宸筆御八講の願文にも、八講が勤操によって始修されたことについての記述のあることが指摘されている（山本信吉、前掲（註13㈡）論文（上）、七三頁）。

(19)註17に同じ。高木豊、前掲（註13㈢）書を参照させていただいた。

(20)『続日本後紀』巻十七、承和十四年七月戊寅（十五日）条（『国史大系』第三巻、二〇〇頁）。

(21)『続日本後紀』巻十八、嘉祥元年七月壬申（十五日）条（『同右』第三巻、二一四〜二一五頁）。

(22)『日本文徳天皇実録』巻三、仁寿元年三月壬午（十日）条（『同右』第三巻、二七頁）。

(23)『日本三代実録』巻三、貞観元年八月二十一日条（『同右』第四巻、三六頁）。

(24)『日本三代実録』巻四、貞観二年五月十一日条（『同右』第四巻、五一頁）。

(25)『日本三代実録』巻四十、元慶五年十一月二十六日条（『同右』第四巻、五〇六〜五〇七頁）。

(26)わが国における十講は延暦十七年（七九八）十一月、最澄が比叡山において天台大師智顗の忌日に修したのが最初であり、民間では延喜十八年（九一八）藤原忠平が五日を限って講説させたのを早い例とする（高木豊、前掲（註13）書、二〇三頁参照）。

(27)本稿では、岩波日本古典文学大系72『菅家文草・菅家後集』（以下、大系本『文草』と略称す）を用いた。よって、大系本に付された通番号を並記する。なお、本表を作成するにあたっては、山本信吉氏の前掲（註13㈡）論文（上）を参照させていただいた。

(28)大系本『文草』通番号639・640・653・658・659・666。

(29)大系本『文草』五九〇頁。

(30)大系本『文草』五九七頁。

(31)大系本『文草』五九九頁。

(32)『年中行事秘抄』の成立年代は『群書解題』第五（三六〜三七頁）によった。本文は『群書類従』第六輯所収本（四七一〜五七一頁）を用いた。表を作成するにあたっては、高木豊氏の前掲（註13㈢）書を参照させていただいた。

(33)『年中行事秘抄』につぎのごとく四日八講と五日八講の例を並記している（『群書類従』第六輯、五三〇頁）ので、ここにも両説をあげることにする。

最勝光院御八講事。安元三年七月八日有二御事一。

安元三年七月五日壬寅。自二今日一四ヶ日。於二内裏一被レ始二修御八講一。

治承二年七月八日己巳。自二今日一限二五ヶ日一。於二最勝光院一被レ修二御八講一。自二今年一於二此寺一被レ行レ之

(34)『年中行事秘抄』の正月四日「法性寺御八講始事」の条（前掲（註32）書、四七八頁）に、

天暦元年正月四日。大后登遐日也。仍天皇染二宸筆一奉レ書二法華経於弘徽殿一。有二御八講一。其後移二彼寺一永為二年事一。後院司等行レ事。

とあり、同じく十月十七日「吉祥院御八講事」の条（『同前』五四一〜五四二頁）に、

父清公十月十七日薨。（元慶）五年十月廿二日丁酉。菅家奉レ供二養吉祥院一給。

とあって、この二つの八講は忌日を八講の初日にあてていると考えられる（表12参照）。

(35)『性霊集』巻六所収「故中務卿親王のための願文」（『定本全集』第八巻、九四〜九五頁）。

(36)『性霊集』巻十所収「故贈僧正勤操大徳の影讃」（『同右』第八巻、一九三頁）。

(37)『性霊集』巻十所収「故贈僧正勤操大徳の影讃」（『同右』第八巻、一九四頁）。

(38)『性霊集』巻十所収「故贈僧正勤操大徳の影讃」（『同右』第八巻、一九一〜一九五頁）。この讃は勤操の伝記を知る上で、もっとも基本的かつ詳細なものである。

(39)『性霊集』巻六所収「桓武皇帝のための達嚫」（『同右』第八巻、九二〜九四頁）。

(40)『性霊集』巻六所収「桓武皇帝のための達嚫」（『同右』第八巻、九二〜九三頁）。

(41)『本朝高僧伝』巻第五「和州西大寺玄睿伝」（『大日本仏教全書』巻百二、一〇八〜一〇九頁）。

(42)『大日本仏教全書』巻百二十三所収の興福寺本『僧綱補任』はすべて「歳栄」とし（八〇〜八二頁）、大系本『性霊集』は「載栄」とする（二九〇頁）。

(43)『僧綱補任』第一、天長四年の条（『大日本仏教全書』巻百二十三、二〇頁）。

(44)『日本紀略』前篇十三、延暦十一年二月庚子（十五日）条（『国史大系』第十巻、二六五頁）。

(45)『日本紀略』前篇十三、延暦十五年正月癸卯（十日）条（『同右』第十巻、二六九頁）。

(46)『日本後紀』巻十二、延暦二十三年二月二十日条（『同右』第三巻、三二頁）に「乙卯。巡二行京中一。御二式部卿三品伊予親王第一。」とあることから、これ以前に三品式部卿に任ぜられていたことを知りうる。

(47)『日本後紀』巻十二、延暦二十三年九月甲戌（三日）条（『同右』第三巻、三四頁）。

(48)『日本後紀』、『類聚国史』、『日本逸史』によって行幸の年月日を記すと、つぎのようになる。延暦十二年（七九三）二月四日、同年九月二十二日、同十四年二月二十七日、同十七年八月十三日、同二十二年八月十九日、同年八月二十七日、同二十三年二月二十日、同年五月十一日。

(49)『日本後紀』巻十三、大同元年五月壬申（九日）条（『国史大系』第三巻、五九頁）。

(50)『日本紀略』前篇十三、大同二年十月辛巳（二十七日）～同十一月丙申（十三日）条（『同右』第十巻、二八六頁）。伊予親王事件については、以下の論考に詳述されている。㈠大塚徳郎『平安初期政治史研究』二六～三八頁、一九六九年、吉川弘文館、㈡佐伯有清『新撰姓氏録の研究』研究編、一八一～二一三頁、一九六三年、吉川弘文館、㈢目崎徳衛『平安文化史論』二九～四〇頁、一九六八年、桜楓社。なお本稿を作成するにあたって、佐伯有清先生の著書を多く参照させていただいた。

(51) 佐伯有清、前掲（註50㈡）書、二〇二～二〇三頁参照。

(52)『日本後紀』巻十七、大同三年十月丁卯（十九日）条（『国史大系』第三巻、七八頁）。

(53)『日本紀略』前篇十四、弘仁元年七月乙丑（二十七日）条（『同右』第十巻、二九二頁）。

(54)『日本紀略』前篇十四、弘仁十年三月己亥（二十一日）条（『同右』第十巻、三〇八頁）。

(55)『日本紀略』前篇十四、弘仁十四年七月丁丑（二十五日）条（『同右』第十巻、三一七頁）。

(56)『日本紀略』前篇十四、弘仁元年正月壬寅（一日）条（『同右』第十巻、二九一頁）。

(57)『類聚国史』第三十四、帝王部十四天皇不予、弘仁元年七月辛亥（十三日）条（『同右』第五巻、二二一頁）。

(58)『類聚国史』第三十四、帝王部十四天皇不予、弘仁元年七月丙辰（十八日）条（『同右』第五巻、二二一頁）。

(59)『類聚国史』第三十四、帝王部十四天皇不予、弘仁元年七月戊午（二十日）条（『同右』第五巻、二二一頁）。

(60) 『類聚国史』第三十四、帝王部十四天皇不予、弘仁元年七月甲子（二十六日）条（『同右』第五巻、二二一頁）。
(61) 『類聚国史』第三十四、帝王部十四天皇不予、弘仁元年七月乙丑（二十七日）条（『同右』第五巻、二二一頁）。
(62) 『類聚国史』第三十四、帝王部十四天皇不予、弘仁元年七月丁卯（二十九日）条（『同右』第五巻、二二一頁）。
(63) 『類聚国史』第三十四、帝王部十四天皇不予、弘仁元年七月戊辰（三十日）条（『同右』第五巻、二二一頁）。
(64) 『類聚国史』第三十四、帝王部十四天皇不予、弘仁元年八月丙子（八日）条（『同右』第五巻、二二一頁）。
(65) 『類聚国史』第三十四、帝王部十四天皇不予、弘仁元年八月己卯（十一日）条（『同右』第五巻、二二一～二二二頁）。
(66) 佐伯有清、前掲（註50(二)）書、一八七～一九二頁参照。
(67) 『類聚国史』第八十四、政理部六、弘仁十年二月戊辰（二十日）条（『国史大系』第五巻、四八一～四八二頁）、『同書』第百七十三、災異部七、同日の条（『同上』第六巻、一八七頁）。
(68) 『類聚国史』第八十四、政理部六、弘仁十年三月庚辰（二日）条（『同右』第五巻、四八二頁）。
(69) 『日本紀略』前篇十四、弘仁十年三月壬辰（十四日）条（『同右』第十巻、三〇八頁）。
(70) 註54に同じ。
(71) 『類聚国史』第百七十八、仏道部五、弘仁十年四月乙卯（八日）条（『国史大系』第六巻、二二八頁）。
(72) その全文を挙げるとつぎのようになる（註54に同じ）。

己亥。詔。朕有レ所レ思。宜レ復二故皇子伊予。夫人藤原吉子等本位号一。（圏点筆者）

(73) その文を挙げるとつぎのようになる（『日本後紀』巻十三、延暦二十五年三月辛巳（十七日）条〈『国史大系』第三巻、五三～五四頁〉）。

辛巳。勅。縁二延暦四年事一配流之輩。先已放還。今有レ所レ思。不レ論二存亡一。宜レ叙二本位一。（中略）奉二為崇道天皇一。令下二諸国国分寺僧一。春秋二仲月別七日。読中金剛般若経上。（以下略、圏点筆者）

(74) 『類聚国史』第百七十三、災異部七、弘仁十四年五月戊午（五日）条（『国史大系』第六巻、一九六頁）。
(75) 『類聚国史』第七十三、歳時部四、弘仁十四年五月己未（六日）条（『同右』第五巻、三五七頁）、『同書』第百七十三、災異部七、同日条（『同右』第六巻、一九六頁）。
(76) 『日本紀略』前篇十四、弘仁十四年七月丙辰（四日）条（『国史大系』第十巻、三一七頁）。

(77)『日本紀略』前篇十四、弘仁十四年七月己未（七日）条（『同右』第十巻、三一七頁）。
(78)『日本紀略』前篇十四、弘仁十四年七月己巳（十七日）条（『同右』第十巻、三一七頁）。
(79)『類聚国史』第百七十三、災異部七、弘仁十四年七月辛未（十九日）条（『国史大系』第六巻、一九六頁）。
(80)『類聚国史』第百七十三、災異部七、弘仁十四年七月壬申（二十日）条（『同右』第六巻、一九六頁）。
(81)註55に同じ。
(82)『類聚国史』第百七十三、災異部七、弘仁十四年八月丁亥（六日）条（『国史大系』第六巻、一九六頁）。
(83)『日本紀略』前篇十四、天長四年正月癸亥（一日）条（『同右』第十巻、三二四頁）。
(84)『類聚国史』第三十四、帝王部十四、天長四年正月丁卯（五日）条（『同右』第五巻、二二二頁）。
(85)『日本紀略』前篇十四、天長四年正月辛巳（十九日）条（『同右』第十巻、三二四頁）。
(86)『類聚国史』第百七十一、災異部五、天長四年七月～十月条（『同右』第六巻、一六〇～一六一頁）。
(87)この時の地震はその後も続き、同じく『類聚国史』によると、同年十一月に四回、十二月にも五回記録されている（『同右』第六巻、一六一頁）。
(88)『続日本後紀』巻八、承和六年九月癸未（五日）条（『国史大系』第三巻、九一頁）。
(89)『続日本後紀』巻八、承和六年八月庚戌（一日）条（『同右』第三巻、八九頁）。
(90)『続日本後紀』巻八、承和六年八月癸丑（四日）条（『同右』第三巻、九〇頁）。
(91)『続日本後紀』巻八、承和六年八月壬申（二十三日）条（『同右』第三巻、九〇頁）。
(92)この神泉苑での御霊会を取り扱った主な論考に、つぎのものがある。㈠佐伯有清「殺牛祭神と怨霊思想」（同著『日本古代の政治と社会』二二五～二六六頁、一九七〇年、吉川弘文館）、㈡岩城隆利「御霊信仰の発生」、㈢高取正男「御霊会の成立と初期平安京の住民」、㈣柴田実「祇園御霊会—成立と意義—」（㈡～㈣、ともに京都大学文学部読史会編『国史論集』、一九五九年）、㈤菊池京子「御霊信仰の成立と展開—信仰支持の階層を中心として—」（『史窓』第十七・十八合併号、一九六〇年）。右は私が見ることのできた論考だけである。その他の論考については、佐伯有清、前掲（註92㈠）論文ならびにその追記（『同書』二六六頁）を参照されたい。
(93)『日本三代実録』巻七、貞観五年五月壬午（二十日）条（『国史大系』第四巻、一一二～一一三頁）。

法会の場所	写　経	講　経	造　像	図　絵	施　入	願　意
太宰府	法華経・般若心経			千手観音・四摂八供養菩薩等		1 2 3 4
			阿弥陀三尊		灌頂幡一流小幡四十口	1 3 4
			(十一面観音)		墾田一町	1 4
	理趣経	理趣経		金剛界・理趣会曼荼羅		1 4
	金光明経・法華経・孔雀経・阿弥陀経・般若心経					1 4
			釈迦牟尼仏・観音・虚空蔵	四大忿怒王・四摂八供養・八大天王・法曼荼羅・三昧耶曼荼羅		1 3
						1 2 3 4
	大日経	大日経		金剛界微細会曼荼羅		1 4
高野山						1 4
西寺	法華経	法華八講				1 2 3 4
神護寺		大日経			伝法料田四庄を神護寺に	1 4
神護寺	大日経	大日経		金剛界一印会曼荼羅		1 4
	金剛般若経	金剛般若経				1 2 3 4
橘寺	法華経	法華八講	薬師三尊		水田十余町を橘寺に	1 2 4
西寺	梵網経	梵網経				1
	法華経・般若心経	法華経				1
						1
						1 4
神護寺						1 4

表14 『性霊集』願文表

	西暦	和　暦	通番号	願　文　名	願文の種類
1	807	大同 2・2・11	65	太宰少弐田中氏の亡母のための願文	一周忌
2	814	弘仁 5 以前	64	参議菅野真道の亡父母・亡妻のための願文	不明
3	815	〃 6・10・15	51	式部丞笠仲守の亡父のための願文	不明
4	821	〃 12・9・7	55	故中納言藤原葛野麿のための願文	三周忌
5	〃	〃 12・10・8	63	参軍葛木氏の亡父のための願文	三周忌
6		弘仁年間	49	故中務卿伊予親王故藤原吉子のための願文	不明
7		弘仁年間	53	藤原葛野麿の亡児のための願文	一周忌ヵ
8	824	天長元・10・22	56	大夫笠仲守の亡母のための願文	一周忌
9	825	〃 2・5・14	73	亡弟子智泉のための願文	葬儀
10	826	〃 3・3・10	45	桓武天皇のための達嚫	二十周忌
11	〃	〃 3・10・8	70	弟子真体の亡妹のための願文	七七日忌
12	827	〃 4・5・22	66	左衛門権佐笠仲守の亡妻のための願文	一周忌
13	〃	〃 4・7・	48	故左大臣藤原冬嗣のための願文	一周忌
14	〃	〃 4・9・	46	故中務卿伊予親王のための願文	二十周忌
15	828	〃 5・4・13	78	先師のための表白	一周忌
16	829	〃 6・7・18	79	大夫三島助成の亡息女のための表白	一周忌
17		年月日未詳	74	亡弟子真際のための達嚫	葬儀
18		〃	59	前丹波守清原氏の亡妻のための達嚫	葬儀ヵ
19		〃	67	左近将監藤原氏の亡母のための願文	三七日忌

	真実摂経					1　　4
	大日経	大日経		金・胎両部曼荼羅		1
	理趣経	理趣経		大曼荼羅陳列		1
					忌日料として25斗を奉入	1
						1　　4
						1 2　4
						1 （大部分欠損）
	法華経			阿弥陀仏	伽藍修理料として米30斗	1　　4
	金剛般若経					2　4
	華厳経	華厳経				1 2　4
				金・胎両部曼荼羅、五大虚空蔵等26鋪		2 3 4
宮中五畿七道		仁王経				1 2 3 4
大極・清涼殿	〈大般若転読〉					3 4
高野山						
唐招提寺	大般涅槃経等127巻	一乗を講読				4
法華寺					千灯料として墾田等法華寺に施入	1
東大寺						4
					幡20流仏菩薩神王等60躯	1　3 4
	法華経					2　4
	11部の経典	金剛頂経			55体の大曼荼羅	
	〈大般若転読〉					3 4

20		〃	71	弟子真境の亡父のための願文	七七日忌
21		〃	75	孝子の亡母のための表白	一周忌
22		〃	76	弟子忠延の亡母のための表白	一周忌
23		〃	57	僧寿勢の先師のための願文	法事
24		〃	80	ある人の亡伯父のための願文	法事
25		〃	82	ある人の亡親のための願文	法事
26		〃	83	ある尼僧の先師のための願文	法事
27		〃	50	藤原葛野麿の亡児のための願文	不明
28		〃	69	林学生の亡父母のための願文	不明
29	813	弘仁4・10・25	52	中納言藤原葛野麿のための願文	祈願
30	820	〃 11・以降	62	知識の華厳会のための願文	華厳会
31	821	〃 12・9・7	54	四恩の奉為に2部の大曼荼羅を造る願文	曼荼羅供
32	825	天長2・閏7・19	84	公家の仁王講のための表白	攘災
33	827	〃 4・5・	47	淳和天皇大極殿にて雨乞を修するための願文	雨乞
34	832	〃 9・8・22	85	高野山万灯会の願文	万灯万花会
35	834	承和元・2・11	72	唐招提寺の達嚫の文	講経
36		年月日未詳	58	和気夫人、法華寺に千灯料を施入する願文	施入
37		〃	60	東大寺において三宝を供養する願文	三宝供養
38		〃	61	大夫荒城氏が幡上の仏像を造り奉る願文	仏像造立
39		〃	68	播磨守和気氏の攘災のための願文	攘災
40		〃	77	仏経を講演し、四恩の徳を報ずるための表白	報恩
41		〃	81	和尚、天皇の奉為に大般若経を転読する願文	祈願

1．通番号欄は、検索の便のために、日本古典文学大系本『三教指帰・性霊集』の作品番号を掲げた。

1．願意の欄は、つぎの略号を用いて示した。

①故人の頓証菩提を祈念する。

②法会の功徳が現世に残った親族にもおよび、その人びとの福寿を祈る。

③聖朝の安穏と天下泰平を祈る。

④諸天をはじめ、十方の一切衆生（生命あるものすべて）が悉く菩提を証せんことを祈る。

（付記）本稿を脱稿したあとで、中野義照先生が「弘法大師の生活と思想―特に遍照発揮性霊集を中心として―」（『密教文化』四十五・四十六合併号、一九五九年）のなかに、本稿の趣旨と略同じことを述べていることを知った。そこには、

大同二年（八〇七）皇子伊予親王が藤原の宗成の不軌に連なったと誤認されたことに端を発する。親王は母の藤原吉子と共に捕えられて河原寺に幽閉せられ飲食を通ぜず両人共に毒を仰いで忿死された。社会の人々は一般にあつい同情をかれらによせた。聖体の不予とか旱魃などがその祟であると信ぜられ親王に対して二度も法要が営まれている。天長四年（八二七）淳和天皇はその追福のため橘寺に田地と法具とを施入し、薬師三尊を刻み、法華経を書写せしめ、空海等の二十人を集めて法華八講を行わしめている（六〜七頁）。

とあり、概括的に述べられたものであるから、本稿を発表することもあながち無意味ではないと考え、ここに発表させていただくことにした。

第四章　空海と広智禅師

はじめに

空海と交渉をもったと考えられる人物は、上は恵果和尚、嵯峨・淳和両帝をはじめとする僧侶・皇族・貴族から、下は名もない一般民衆に至るまで少なからず存在した。いま、これらの人々を空海の著作の中に求めるならば、約四百八十名の名前を数えあげることができる。(1)しかし、このなか、その人物の事績が知られているのはごく限られた人だけで、大半は名前のみでいかなる人物であったか不明の人たちである。(2)空海の生涯をたどるとき、重要なかかわりをもったと思われる人物にも、後者に属する人が少なくない。

その一人に「広智禅師」がいる。空海は、「広智禅師」なる人物に、密教経論の書写を依頼した書簡、(3)ならびに「十喩を詠ずる詩」(4)を贈っている。この「広智禅師」については今日まで、いかなる人物をさすのか定かでなく、先学の見解もつぎのように分かれている。(5)

(一)『性霊集便蒙』の著者運敞（一六一四～九三）は、『元亨釈書』の「円仁伝」を引いて、下野国大慈寺の広智菩薩か、とし、(6)

(二)『性霊集聞書』の著者（未詳）は、同じく『元亨釈書』を引用して、河内国小野寺の恵達か、とする。(7)

㈢日本古典文学大系本『三教指帰・性霊集』の校注者は、「十喩を詠ずる詩」の頭注では「不詳。下野国都賀郡大慈寺の広智（慈覚大師円仁の師）という」と述べ、「空海をめぐる人物略伝」の項では運敞の『性霊集便蒙』を典拠としながら、円仁と広智を同一人物と解している。(8)

筆者は、空海から書簡、ならびに「十喩を詠ずる詩」を贈られた「広智禅師」とは下野国大慈寺の広智菩薩であった、と確信するに至った。この点に関しては、すでに拙稿「十住心思想の成立過程について」(9)で簡単に触れたけれども、その後、広智について二、三のことを知ることができた。よってここに、あらためてその経緯を記し、あわせて広智の人となりについても、卑見を述べることにしたい。

一　広智禅師あて書状の分析

まず、『高野雑筆集』（以下、『雑筆集』と略称す）巻上所収の三月二十六日付「下野広智禅師」あて書簡からみていこう。それはつぎのようにある。

幽蘭心なければども気遠く、美玉深く居ても価貴し。闍梨、遐方に僻処すれども、善称、風雲と与んじて周普す。甚だ善し、甚だ善し。

貧道、大唐に遊んで習い得たる所の真言秘蔵、其の本未《いま》だ多からざるに縁って、久しく講伝を滞る。今思わく、衆機の縁力に乗じて、神通の宝蔵を書写せんことを。所以に弟子の僧康守を差して彼の境に発向せしむ。冀《こいねが》わくは彼の金剛薩埵の悲願に乗じて、待雨《たいう》の種子を扣勧《こうかん》せんことを。今、康守金剛子に因《よ》る。不宣。釈空海白《もう》す。

三月二十六日

下野広智禅師待童[10]　謹空（原漢文、以下同じ）

この書簡は年次を欠いているが、その内容はみずから入唐請来したところの真言法門を講読・流伝せしめんがために、弟子の康守を遣わして、密教経論の書写を懇請したものである。『雑筆集』巻上にはこのほか、常陸の徳一菩薩（四月五日付）、万徳菩薩、甲州の藤太守、常州の藤使君などにあてた、同じく密教経論の書写を依頼した書簡八通を見出すことができる。[11]しかし、いずれも年次を欠くものである。

ここで想起されるのが、弘仁六年（八一五）四月一日の日付をもつ「諸の有縁の衆を勧めて秘密蔵の法を写し奉るべき文」[12]（以下、「勧縁疏」と称す）である。本疏は仏身論、修行の方法、教説の優劣、成仏の遅速などの面から顕密の相違、優劣を明確に述べ、この最妙なる密教に結縁して密教経論三十五巻を書写してくださるよう有縁の人々に依頼し、もって秘密法門の流伝をはかった時のもので、その末尾はつぎのように記されている。

貧道、帰朝して多年を歴《ふ》と雖も、時機いまだ感ぜず。広く流布すること能くせず。水月別れ易く、幻電駐まり難し、元より弘伝を誓う。何ぞ敢えて韜黙せん。今、機縁の衆の為に読講宣揚して仏恩を報じ奉らんと欲う。然るに、猶其の本多からずして法流擁滞す。是《ここ》を以て弟子の僧康守・安行等を差して彼の方に発赴せしむ。（中略）庶《こいねが》わくは無垢の眼を豁《ほがら》かにして三密の源を照し、有執の縛を断じて五智の観に遊ばしめん。今、法を弘め人を利する至願に任えず、敢えて有縁の衆力を憑《よ》り煩わす。不宣。謹んで疏す。

弘仁六年四月一日　　沙門空海疏す[13]

これを先にあげた広智あて書簡と比べてみると、文の長短はあるものの、一見して同じ内容をもつことがわかる。このことから、『雑筆集』所収の密教経論の書写を依頼した九通の書簡は、すべて弘仁六年のものであり、「広智禅師」あて書簡も、弘仁六年の三月二十六日のものとみなされている。

栂尾の高山寺には、弘仁六年に書写された『金剛頂一切如来真実摂大乗現証大教王経』（以下、『大教王経』と略称す）三巻が現存する。(14) この経巻にはつぎの奥書がある。

一切経本
　上野国　縁（緑）野郡　浄院寺
　　掌経仏子　教興
　　掌経仏子
　　写経主仏子　教興
　　経師近事　法慧
　弘仁六年歳次乙未六月十八日即是平城宮御宇神野天皇之世也
奉為皇帝皇妃太子諸皇左右大臣洪基无動六親七世裕徳有餘近需自身遠洽他界一切行者法眼(15)无上菩提正因

すなわち、弘仁六年六月十八日、上野国緑野郡の浄院寺において教興が写経主となり、法慧の助力をえて書写されたことがわかる。この経巻は釈一乗忠撰『叡山大師伝』のつぎの記述

（弘仁）六年秋八月。（中略）適《まさ》に講筵竟て、本願に催されて東国に向う。盛に功徳を修して、其の事を為せり。二千部一万六千巻の法華大乗経を写し、上野下野の両国に各おの一級の宝塔を起て、塔別に八千巻を安置す。其の塔の下に於いて、毎日法華経を長講すること一日も闕かさず、兼ねて金光明、仁王等の大乗経を長講す。弘願の逮《およ》ぶ所、後際豈に息まんや。所化の輩、百千万に逾え、見聞の道俗、歓喜せざるはなし。爰《ここ》に上野国浄土院の一乗仏子教興・道応・真静、下野国大慈院の一乗仏子広智・基徳・鸞鏡・徳念等あり。本是れ故道忠禅師の弟子な

り。延暦年中に遠く伏膺して、師資を闕かず。斯《こ》れ其の功徳句当者なり。(16)（圏点筆者、以下同じ）

と、年次、人名、経典の書写などに関連する内容をもつことから、これまで弘仁六年から同七年にかけておこなわれた最澄の東国巡礼に関連させて論じられてきた。(17)

しかし、この『大教王経』巻第一の表紙見返しには

秘密経王三十六巻、弘仁六年五月依
海阿闍梨之勧進、上毛沙門教興書進、(18)

なる識語が見出される。ここに「弘仁六年五月依海阿闍梨之勧進……書進」と明記されていることは、とりもなおさず、この経巻は最澄の東国下向のときに書写されたものではなく、先にみた空海の弘仁六年四月一日付「勧縁疏」の勧進に応えて書写されたものであることを明確に語っているといえる。この表紙見返しの記述はつぎの二つの点からも信頼してよい。

(一)薗田香融氏が円澄の「相承血脈譜」、『慈覚大師伝』、「徳円阿闍梨付法文」、弘仁七年五月一日付泰範あて最澄書状などを典拠として、最澄の東国巡化は『叡山大師伝』にいう弘仁六年から七年にかけてではなく、弘仁八年であったと述べていること。(19)

(二)『金剛頂一切如来真実摂大乗現証大教王経』は、通常『金剛頂経』の名で呼ばれる密教経典の一つで、真言宗では『大日経』とともに真言教学の中心をしめる所依の経典である。(20)最澄の東国巡化がいかなる目的のものであったか、(21)また最澄の依って立つ教学が何であったか、などを考え合わせると、『大教王経』と最澄とはただちに結びつきがたい。(22)

よって、高山寺に現存する『大教王経』三巻は、表紙見返しの識語のように、空海の勧進に応えて教興が写経主と

なって書写されたものであるとみてよい。

ここで、写経主である「上毛沙門教興」に注目したい。すでに指摘されているように[23]、この教興は最澄が浄土院と大慈院に宝塔各一基を建立し、法華経を安置した時の功労者七名の一人であった。すなわち、

上野国浄土院　一乗仏子教興、道応、真静、

下野国大慈院　一乗仏子広智、基徳、鸞鏡、徳念[24]、

の七名はすべて故道忠禅師の弟子であり、そのなかに「広智」なる人物が見出される。筆者はこの「下野国大慈院一乗仏子広智」こそ、空海が密教経論の書写を依頼した「下野広智禅師」ではなかったかと考える。いまのところ、『雑筆集』の「下野広智禅師」と『叡山大師伝』にみえる「下野国大慈院　一乗仏子広智」とが同一人物であることを直接示す史料は見当らない。とはいえ、つぎの三つの理由から、二人の広智は同一人物であるとみなしてよい。

㈠高山寺所蔵の『大教王経』が空海の勧進に応えて書写されたことはすでに述べた。しかし、今日、写経主である浄土院の教興と空海とを直接結びつける史料は見当らない。とすると、二人の間には仲立ちがいたと考えられ、その仲立ちがすなわち広智ではなかったかと思われるのである。つまり、この『大教王経』の書写は、空海から「勧縁疏」「書簡」によって密教経論書写の依頼を受けた大慈院の広智が、兄弟弟子にあたる浄土院の教興に働きかけて実現したものと考えられることである。

㈡最澄の伝記で一等古い一乗忠撰『叡山大師伝』[25]、藤原時平等の撰で延喜元年（九〇一）に成った『日本三代実録』[26]、元亨二年（一三二二）虎関師錬が著わした『元亨釈書』[27]、明和八年（一七七一）以降に編纂された『天台霞標』[28]などを見ると、いずれも広智の居所を、空海の広智あて書簡と同じ下野国としていること。および、寛平入道親王

（真寂）・源英明の撰した『慈覚大師伝』によると、広智は「徳行該博にして戒定を具足し、己を虚しくして他を利」したため、人々から「広智菩薩」と親しく呼ばれていたとする記述と[29]、空海が書簡の冒頭で、

幽蘭心なけれども気遠く、美玉深く居ても価貴し。闍梨、遐方に僻処すれども、善称、風雲と与んじて周普す。甚だ善し、甚だ善し[30]。

と、言辞をつくして「居所は遠くはなれておりますが、あなたの名声は伝え聞いております」と述べていることとの間には、相通ずるものが見受けられることである。

(三)経典の書写などの勧進を依頼する場合、経済力を第一として周囲に対する影響力のより大きい人物が選ばれたと考えられる[31]。

図3　広智をめぐる相承系譜

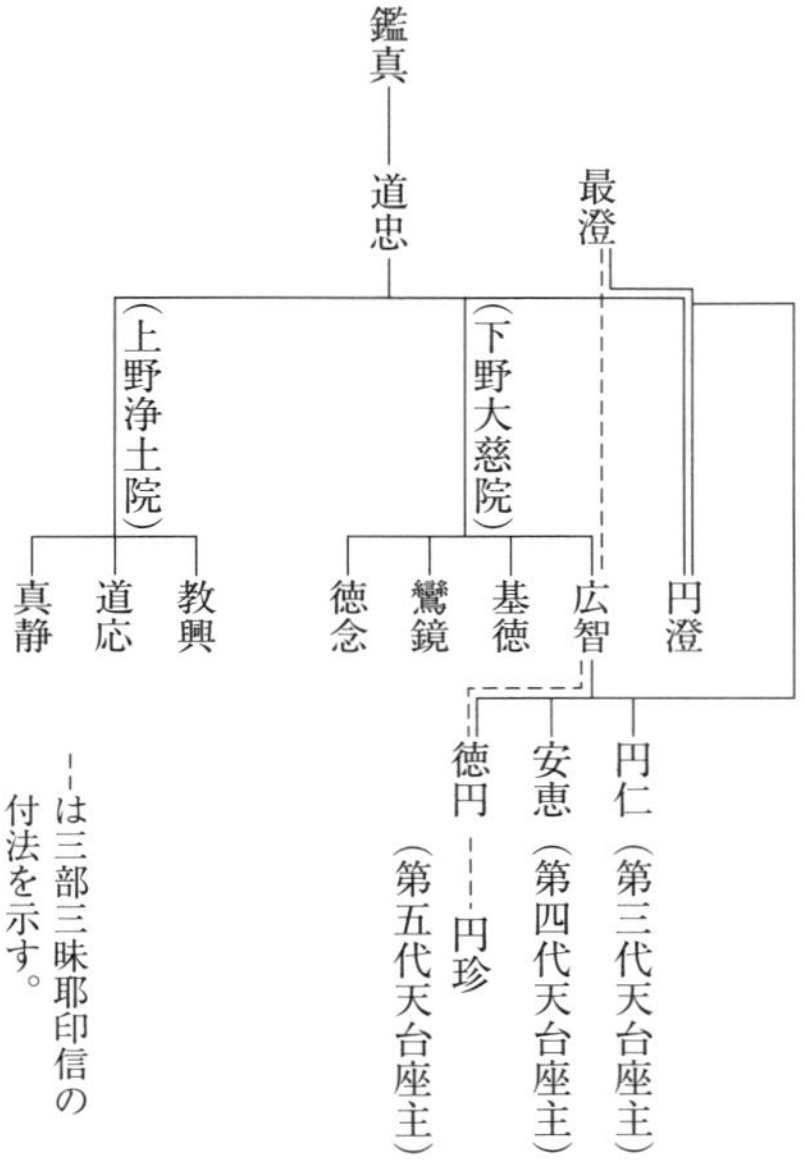

図3のように、広智は第三代、第四代の天台座主となった円仁、安恵のかつての師であり、第二代座主の円澄とは兄弟弟子にあたる人物であった。また、一般民衆からは親しく「広智菩薩」と呼ばれていた。さらに、広智の師道忠が延暦十六年（七九七）、最澄の一切経論章疏記等の書写の願に応えて二千余巻の経論を助写していることなど[32]を考え合わせると、空海が経論の書写を依頼した広智なる人物は、下野大慈院の広智であったとみなしても差しつかえない。

以上より、『雑筆集』の「下野広智禅師」と『叡山大師伝』『三代実録』『元亨釈書』『天台霞標』等に見出される

下野国大慈院の「広智菩薩」とは同一人物であったと考える。

二　「十喩を詠ずる詩」の分析

次に「十喩を詠ずる詩[33]」をみておく。これは『大日経』住心品に説かれる十縁生句を典拠[34]に、真言行を修するとき、つぎつぎに浮かんでくる妄想を打破しなければならないものとして、十種の比喩――如幻・陽燄・如夢・鏡中像・乾闥婆城・響・水月・如泡・虚空花・旋火輪――をもって示したもので、天長四年（八二七）三月一日の日付をもつ。問題となるのは十喩の詩に付された「跋尾」と呼ばれるつぎの一文である。

此れ是の十喩の詩は修行者の明鏡、求仏の人の舟筏なり。一たび誦し、一たび諷ずれば、塵巻と与《とも》んじて義を含み、一たび観じ、一たび念ずれば、沙軸と将《とも》んじて理を得。故に翰札を揮うて東山の広智禅師に贈る。物を観ては人を思う。千歳に忘るること莫れ。

上都神護国祚真言寺沙門少僧都遍照金剛[35]

右の文からは、この詩がいかなる状況のもとで書かれたのかを知ることはできない。しかし、「故に翰札を揮うて、東山の広智禅師に贈る」と記されていることから、東山の広智禅師に贈られたことだけは明らかである。「はじめに」に記したように、この「東山の広智禅師」については、これまで未詳とされながら、種々の説が出されてきた。筆者はつぎの理由から、この広智禅師も下野国大慈院の広智菩薩を指すと考える。

㈠上述したように、弘仁六年（八一五）、広智は教興などに働きかけて空海からの密教経論の書写依頼に応えていること。

(二)天長七年(八三〇)閏十二月十六日、広智は三部三昧耶の印信を徳円に授けており[36]、このことから天長七年までは広智の存命が確認できること。

である。特に、広智が空海の写経依頼に応えていることから、両者の間には弘仁六年以降も交流が続いていたと考えられ、その一コマとして天長四年に「十喩を詠ずる詩」が空海から広智に贈られたと見ることは、さして不自然とは思われないことである[37]。

もし、このような見方が許されるならば、この「東山の広智禅師」も下野国大慈院の広智菩薩であったとみなしてよい。

三　広智禅師の生涯と思想

では、下野大慈院の広智菩薩とはどのような人物だったのであろうか。残念ながら、広智についての史料は断片的なものしか残っていない。しかしながら、それらの史料を手掛りに、以下、可能な限り広智の事績をたどり、あわせて広智の教学についても触れることにする。

その前に、広智の師であった道忠菩薩をみておきたい[38]。

道忠に関する一等古い史料は、一乗忠撰の『叡山大師伝』[39]であり、これにつづく史料に、元亨二年(一三二二)成立の『元亨釈書』[40]、慧堅の『律苑僧宝伝』[41]、元禄十五年(一七〇二)師蛮が著わした『本朝高僧伝』[42]などがある。一等詳しい史料としては、元禄十四年に成立した義澄著『招提千歳伝記』所収の「道忠律師伝」があげられる。そこにはつぎのようにある。

律師道忠、不レ知二何許人一也、師二事ス吾祖大僧正一ニ、戒行氷潔ニシテ、緇白尊慕ス、吾祖称賛シテ曰フ二持戒第一一ト、嘗テ行二化シ東州一ニ、好テ行フ二利済一ヲ、国ノ人号スル二菩薩一ト也、天台ノ円澂(澄)未タ為レ童時、慕テ二師之徳一、夙夜ニ服労、曾テ無シ二難色一、師哀テ二其懇誠一ヲ、授ニ以テス二菩薩戒一ヲ。又伝教大師欲シテレ弘二通セント台教一ヲ、書二写ス経巻一ヲ、師殊ニ助ク二其ノ功一ヲ云、[43]賛曰、(以下略)

これら五種の史料を整理すると、つぎのようになる。

㈠道忠の出自は不詳。彼は鑑真和上に師事し、和上から「持戒第一」の弟子といわれていた。

㈡道忠は早くから東国に下向し、民衆教化につとめたので、人々から「東国の化主」「菩薩」と慕い仰がれた人物であった。

㈢延暦十六年（七九七）最澄が一切経の書写を発願したとき、道忠は二千余巻の経論を書写してこれを助成し、それ以降、道忠の弟子達は最澄・叡山教団と師資の関係を闕かなかったといわれる。

㈣叡山の第二代座主となった円澄は、はじめ道忠に師事し、菩薩戒を受けた。

㈤道忠の弟子は円澄のほか、下野国大慈院の広智・基徳・鸞鏡・徳念、上野国浄土院の教興・真静の七人がいた。

道忠の没年はいずれの史料にも明記されていない。しかし、延暦七年十八歳で弟子入りした[44]円澄が、同十七年叡山に登っている[45]ことからみて、道忠は延暦十七年前後に示寂したものと思われる[46]。

つぎに、広智の事績みていこう。

広智はすでに述べたように、道忠の弟子で下野国大慈院に住し、徳行該博にして戒定を具足し、己を虚しくして利他行に努めたため、人々から「菩薩」の名で親しく呼ばれていた人物であった。また、天長二年（八二五）八月の「参議伴国道書」は「如来之使として如来之事を行なう」[47]といった言葉をもって、広智を称讃している。

広智が文献にあらわれる最初は、延暦十三年の円仁が誕生したときである。すなわち、『日本三代実録』巻八・貞観六年（八六四）正月十四日条に収められた「円仁卒伝」に、

円仁、俗姓壬生氏、下野国都賀郡人也、当テ二産時一ニ有リ二紫雲一、見ユ二其家上一ニ、家人無シレ見コト、于レ時ニ有リレ僧、名テ曰ウ二広智一ト、国ノ人号ス二広智菩薩一ト、広智覘二望シテ雲気一ヲ、乃チ知ルレ起コトヲ二於檀越壬生氏ノ家一ニ、甚ダ以テ奇トスレ之ヲ、秘シテ而不ズレ言、誡テ二其ノ父母一ヲ、善能ク愛養スベシ、久シク而シテ円仁喪ウレ父ヲ、随テレ母ニ育長ス、年甫テ九歳ニシテ、付二託ス広智菩薩一ニ、円仁幼ク而シテ警俊、風貌温雅[48]ナリ、（以下略）

とあるように、広智は円仁が生まれた時、紫雲のたなびくのを見て彼の生家をたずね、父母を誡しめたことが知られる。また、『慈覚大師伝』・『元亨釈書』などにはこの時、広智が「この児が成長したなら必ず自分に与えられるであろう」と円仁の出家を予言した話を載せている[49]。この出家を予言した話は、広智と円仁との関係の浅からぬことを物語ったフィクションともうけとれなくはない。しかし、紫雲のたなびくのをみて円仁の生家をたずねた話は、円仁伝には必ずといってよいほど見出される[50]。したがって、広智が円仁の出家を予言した話はさておき、延暦十三年に円仁が生まれた時、彼の生家をたずねた点には信をおいてよいであろう。

これをうけて、延暦十九年には叡山の第四代座主となった安恵が七歳で広智に師事し[51]、同二十一年には九歳になった円仁が広智の門に入っている[52]。そののち、広智は二人を最澄に付嘱すべく、大同元年（八〇六）には十三歳の安恵を伴ない[53]、同三年七月には十五歳の円仁をたずさえて叡山に登った[54]。これら広智一門と叡山との関係は先に述べたように、広智の師道忠が延暦十六年に最澄の一切経書写を助成したことにはじまるものであり、円澄・安恵・円仁などの叡山への登山入門を経て、両者の関係はその後ますます緊密の度合を深めていった。

すなわち、大同五年五月十四日には叡山止観院妙徳道場において、広智みずから三部三昧耶の印信を最澄から授け

られた[55]。この三部三昧耶の印信は最澄が入唐した折、貞元二十一年（八〇五）四月十九日越州泰岳霊巌寺にて順暁阿闍梨から伝授されたもので、最澄の請来本とも目される印信が四天王寺と毘沙門堂に現存し[56]、最澄みずからも『顕戒論縁起』で二ヶ所にこの印信全文を載せている[57]。それらによると、

毗盧遮那如来三十七尊曼荼羅ノ所

阿鑁藍吽欠(唅)[58]　　上品悉地

阿尾羅吽欠　　中品悉地

阿羅波者那　　下品悉地

灌頂伝授三部三昧耶阿闍梨沙門順暁、図様契印ノ法、大唐貞元二十一年四月十八日、泰嶽霊巌寺鎮国道場大徳内供奉沙門順暁、於テ㆓越府ノ峯山頂道場㆒ニ、付シ㆓三部三昧耶㆒ヲ、牒ス㆓弟子冣澄㆒ニ、大唐国開元ノ朝ニ、大三蔵婆羅門国ノ王子法号善無畏、従リ㆓仏国ノ大那蘭陀寺㆒、転シ㆓大法輪㆒ヲ、至リテ㆓大唐国㆒ニ、転シテ付㆓嘱ス伝法ノ弟子僧義林㆒ニ、亦是国師大阿闍梨一百三歳ナリ、今在テ㆓新羅国㆒ニ転ス㆓大法輪㆒ヲ、又付ス㆓唐ノ弟子僧順暁㆒ニ、是鎮国道場ノ大徳阿闍梨ナリ、又付シテ㆓日本国弟子僧取澄㆒ニ、転セシム㆓大法輪㆒ヲ、僧取澄ハ是第四付嘱ノ伝授ナリ、唐ノ貞元二十一年四月十九日書記ス、令ム㆓仏法ヲシテ永永ク不㆑ラ絶エ、阿闍梨沙門順暁、録シテ付ス㆓取澄㆒ニ[59]、

とあり、この印信は善無畏―義林―順暁―最澄と次第したことが知られる。最澄は唐から帰朝後そうそうの延暦二十四年九月一日、高雄山寺で灌頂をおこなったが、その折伝授されたのはこの三部三昧耶の法であり、道証・修円・勤操・正能・正秀・広円など八人が受法した[60]。その後、最澄が三部三昧耶の伝授をおこなったのは大同五年五月十四日の広智と、弘仁八年（八一七）三月六日の徳円だけである[61]。しかし、どうした訳か徳円には印信が授けられなかった。それはさておき、大同五年の広智への伝授はつぎの二つの点から信頼してよいであろう。すなわち、

㈠園城寺所蔵の智証大師関係文書のなかに、最澄から広智に与えられた印信の円珍当時の写しが見出されること。(62)
㈡後述するごとく、この印信は最澄から

最澄—広智—徳円—円珍

と次第して伝授され、徳円から円珍へ与えられた印信の原本がやはり智証大師関係文書中に現存すること。(63)

である。この三部三昧耶の印信（形式）は今日でも台密十三流のうち、法曼・大原・穴太・石泉・双厳・三昧の六流に「根本大師印信」として継承されているといわれる。(64)とすると、このような印信が広智に授けられたことは、最澄が広智を一人の伝法者としていかに見ていたかを窺わせるものであろう。

ついで、弘仁八年には先に述べたように、最澄の東国巡化にともなう宝塔建立事業を援助している。そして、同年五月十五日、できたばかりの上野国緑野寺の法華塔前において、円澄とともに最澄から両部の灌頂を授けられた。この記述は、明和八年（一七七一）から文久二年（一八六二）にかけて敬雄・慈本によって編纂された『天台霞標』所引の承和四年（八三七）二月十四日付「円澄相承血脈」(65)にだけしか見出されないものである。弘仁八年三月六日、同じく緑野寺にて徳円に三部三昧耶の付法がおこなわれていることは、(66)つづいて両部の灌頂が開壇されたことを窺わせる一つの証左とはなるであろうが、ただちに信をおきがたい。なぜなら、円澄の寂年には異説が多く、弘仁三年、(67)天長十年（八三三）、(68)承和三年、(69)同四年説などがあるが、(70)今日では承和三年十月二十六日示寂説がほぼ定説となっている。(71)とすると、承和四年二月十四日付のこの血脈自体の信憑性が疑わしくなってくるからである。それに、最澄がはたして両部の灌頂を授けることができたのか、の点についても問題が残されており、(72)このことからも疑問はけしがたい。ともあれ、天台宗では弘仁八年五月十五日の広智・円澄への灌頂は事実あったこととみなされているようである。

天長二年八月□日付の「参議伴国道書」に、

（前略）禅師（＝最澄）以テ二去弘仁八年ヲ一。為ニレ令ンカ三一切衆生ヲシテ、直ニ至ラ二道場ニ一、結二縁シテ八島之内ニ一、奉ルレ写シ二法華経六千部ヲ一、今聞ク、下野国小野寺ノ沙弥広智、伏シテ依テ二師ノ教ニ一写ス二千部ヲ一、毎ニレ年行ジレ檀ヲ、毎日長講シテ、揚ゲ二一乗ノ奥義ヲ一、述フ二十如之妙旨ヲ一、正法将ニベシレ来ル、若人更起、所レ謂為シテ二如来之使ト一、行フ二如来之事ヲ一、是ヲ以テ左相君、遙ニ加エ二随喜ヲ一、持奏シテ令ムレ度セ、今使ムルハ二円教ヲ東被セ一、唯憑ル二斯ノ人ニ一、努力、努力、(73)（以下略）

とある。これについて、田村晃祐氏は「広智は一乗の奥義、十如の妙旨など天台の教えを広めたので、天長二年に至って特別に得度することが許された」(74)と解している。筆者はそうは思わない。上述してきたように、広智は鑑真から持戒第一の弟子と称された道忠の弟子で、叡山へは少なくとも三度は登っており、最澄から三部三昧耶の印信・両部の灌頂まで授けられた広智が、この年に至るまで得度を受けていなかったとは到底考えがたい。なぜなら、「左相君」は周知のごとく「左大臣」の唐名で、『公卿補任』によると左大臣は延暦二年（七八三）三月十九日に薨じた藤原田麿以降、天長二年四月五日に任ぜられた藤原冬嗣までおかれなかった。(75)したがって、文意からみれば冬嗣が左大臣になった天長二年四月五日以後に「持奏令度」られたことになる。しかし、「伴国道書」における官位の表記は記事の年次に関係なく、これが書かれた天長二年八月当時の官位をもって記していると考えられる。たとえば、弘仁十三年（八二二）叡山に大乗戒壇が設置された条に、

左大臣正二位藤原朝臣冬嗣　中納言正三位良峯朝臣安世(76)

とあるが、この二人の官位はいずれも天長二年のものであり、弘仁十三年当時は

冬嗣……右大臣従二位　　安世……中納言従三位(77)

であったごとくである。とすると、一歩譲って「持奏令度」を「特別に得度することが許された」と解しても、それが天長二年であったとみなすことはできない。広智の得度年次を明確に記す史料がほかに得られない今日、早急に結

論を出すことは差し控えなければならないが、筆者は広智は弘仁八年から天長二年の間に度牒をえて、それまでの私度僧から正式の僧侶となっていたと解しておく。

天長七年閏十二月十六日、広智は下野国大慈山寺において三部三昧耶の印信を徳円に授けた[78]。これは彼の生存が確認できる最後の記事であって、この時の印信が『天台霞標』に収載されている[79]。また、承和九年（八四二）五月十五日に徳円が円珍に与えた「徳円阿闍梨印信」[80]にもこのことが明記されている。この「徳円阿闍梨印信」は原本が園城寺所蔵の智証大師関係文書のなかに現存し、広智の生存が確認できるだけでなく、三部三昧耶の印信の相承系譜を知る上でも実に貴重な史料といわねばならない。その全文を挙げると、つぎのようになる。

毗盧遮那如来曼荼羅所
阿鑁藍吽欠上[81]
阿尾羅吽欠中
阿羅波遮那下

灌頂伝授、金剛界五部曼荼羅、三十七尊、三種悉地法、阿闍梨沙門徳円図様契印法、大日本承和九年五月十五日、梵釈寺鎮国道場、十禅師比叡山延暦寺天台法華宗沙門伝燈法師位「徳円」、即チ於二テ西塔院転法輪鎮国道場ノ本師釈迦如来像ノ前一ニ、付二シ三部三昧耶一ヲ、牒二ス弟子僧円珍一ニ、大唐開元ノ朝、三蔵大阿闍梨大善無畏ハ、元ト是レ婆羅門国ノ王子ナリ、従二リ中天竺大那蘭陀寺一来リテ達二ス漢境一ニ、伝二ジ大法輪ヲ大唐ノ弟子僧義林阿闍梨一ニ、阿闍梨伝二ズ弟子僧順暁阿闍梨一ニ、阿闍梨大唐貞元廿一年四月十八日、於二テ越府峯山頂道場一ニ、付二ス本国ノ最澄阿闍梨一ニ、皆ナ是レ国師供奉大徳ナリ矣、澄阿遮梨去ル大同五年五月十四日、比叡山止観院妙徳道場ニテ伝二授ス広智阿闍梨一ニ、皆ナ有二リ印信一、師々相付也、復タ澄阿遮梨去ル弘仁八年三月六日、下野州大慈山寺ニテ伝二付ス弟子徳円ニ一、印署未タスシテレ蒙ラ、大師遂ニ没去シヌ、天長七年潤十二月十六日、為ニレ取ムガ二印信ヲ一、於テ二野州大慈山道場ニ一、更受クニ広智阿闍梨ニ一、方ニ給フ二印信ヲ一、今マ阿闍梨徳円嗣ク二師跡ヲ一故ニ、伝二授ス弟子僧円珍ニ一、最後ニ紹二継シテ仏種ヲ一、莫レレ断ツ、広智和上ハ是レ第五ノ付嘱、沙門徳円ハ第六ノ付嘱ナリ、僧円珍ハ第七ノ付嘱ナリ、曖々トシテ含ミレ光ヲ、随テレ機ニ伝授セヨ、普ク利二益シ有情ヲ一、自他同ク期サンレ仏ヲ、努々力々、日本承和九年五月十五日書キ記ス、今仏法長劫ニ不ズレ絶エ、阿闍梨沙門「徳円」、録シテ付ス二弟子僧円珍ニ一、[82]

つまり、この三部三昧耶の印信は

善無畏―義林―順暁―最澄―広智―徳円―円珍

と次第したもので、いま第七伝としてここに円珍に付嘱することを明記している。また、この印信には徳円の受法の経緯をつぎのように記している。すなわち、徳円は最初、弘仁八年三月六日、下野国大慈山寺にて最澄から付法されたが印信を授けられないうちに師は示寂した。そこで、天長七年潤十二月十六日、大慈山寺にて改めて広智から伝授をうけ、印信を給わったと。

これによって、広智が少なくとも天長七年末までは存命であったことがわかる。

以上が『日本三代実録』『元亨釈書』「付法印信」「相承血脈」などから知ることのできた広智についての全てである。これに上述した弘仁六年の空海からの写経依頼、天長四年の「十喩の詩」の贈呈を加えても、まことに微々たるものでしかない。しかし、これらから広智の活躍年代はほぼ知ることができ、それは延暦十三年から天長七年のあいだを中心とした約四十年間であった。

つぎに広智の教学について見ておきたい。

広智の教学を知りうる史料としては、天長二年八月付「参議伴国道書」が唯一のものといってよい。すでに触れた

ように、そこには、

広智は毎日（法華経を）長講して（法華）一乗の奥義を掲げ、十如（天台）の妙旨を述べており、天台教学の東国への布教はただ一人この人による。(83)（趣意）

とまでいわれ、「如来の使として、如来の事を行なう」(84)といった語句も見出される。これに、

㈠延暦十六年（七九七）広智の師道忠が最澄の一切経書写を助成したのは、道忠が天台教学をある程度学んでいたからであったと考えられていること。(85)

㈡師道忠と最澄との関係もあってか、弟子の安恵・円仁を相ついで叡山に送り込み、最澄に付嘱していること。

㈢みずからも三部三昧耶の印信、両部灌頂を最澄から伝授され、また最澄の宝塔建立事業を助成するなど、広智一門と叡山教団との間には密接な関係が窺われること。

を考え合わせると、広智の教学は明らかに天台教学であったと思われる。

四　二人の出逢いとその契機

このように見てくると、空海が叡山教団と密接な関係をもち、天台教学を信奉していた広智に密教経論の書写を依頼していることは、一見奇異に感じられるかも知れない。しかし、つぎのように考えれば、その疑いは氷解するであろう。つまり、空海は下野国を中心とした東国における広智一門の経済力・組織力・影響力などを高く評価し、それらを十分に計算した上で、彼に密教経論の書写を依頼したのであった、と。

広智一門の経済力・組織力については、つぎの二つからも窺い知ることができる。一つは延暦十六年（七九七）、師

の道忠が最澄の一切経の書写事業を助けて、二千余巻の経論を書写していることに先例が求められ、一つは広智の兄弟弟子であった教興が写経主となって書写された『大教王経』三巻が現存することである。また、時代は少し降るが、承和元年（八三四）五月十五日に、

勅、令下相模、上総、下総、常陸、上野、下野等国司、勠レ力写二取一切経一部一、来年九月以前奉進上、其経本在二上野国緑野郡緑野寺一。(86)（圏点筆者）

と、一切経書写の勅が東国六ヶ国に出されている。ここにみられる緑野寺はいうまでもなく、弘仁六年に書写された『大教王経』の写経主教興が住していた緑野寺である。そこに「其の経本は上野国緑野郡緑野寺に在り」とあることは、想像をたくましくすれば、緑野寺には手本となる一切経が完備していて、いつでも写経のできる体勢が整っていたとも考えられる。

もし、このような理解が正しければ、後に触れるように、空海は東国における仏教界の動静をかなりの程度まで把握していて、広智に白羽の矢を立てたものと考える。

最後に、空海と広智との交友がいつ頃からはじまったのかについて見ておきたい。

弘仁六年の広智あて書簡の冒頭をみると、

幽蘭心なけれども気遠く、美玉深く居ても価貴し。闍梨、遐方に僻処すれども、善称、風雲と与んじて周普す。甚だ善し、甚だ善し。(87)

とあり、空海は広智を蘭の芳香とか玉の高貴さに譬え、「居所は遠くはなれておりますが、あなたの名声は伝え聞いております」と、丁重かつ敬意をこめて書いている。空海と最澄との間で取り交わした書簡は約三十通見られるが、(88)このように丁重な書き出しではじまるものは見当らない。とすると、密教経論の書写依頼という事情はあったにしろ、

少し丁重すぎるように見受けられる。

このことより、両者の交流は弘仁六年（八一五）三月二十六日付の書簡をもってはじまったものと思われる。では、空海はいつ、いかなる契機でもって広智を知るようになったのか、がつぎに問題となろう。今日、空海が東国へ趣いたことを記す信頼できる史料はない。もちろん、空海と広智との出逢いを記した史料もない。そこで、推測の域を出るものではないが、空海が広智を知るに至った経緯として、つぎの二つのケースが考えられよう。

第一に想起されるのは、弘仁五年八月三十日の日付をもつ「沙門勝道、山水を歴て玄珠を瑩く碑[89]」である。この碑文は、空海が勝道（七三五—八一七）の意をうけた前下野国伊博士の懇請により、二荒山の勝景および同山を開創した沙門勝道の補陀洛山初登頂を讃えるために撰したもので、『性霊集』巻二に収載されている。その内容・構成は、㈠序文、㈡勝道の出自と略歴、㈢前後三回におよぶ登頂の記録、㈣補陀洛山の山容と山頂からの眺め、㈤後年、湖（中禅寺湖）を遊覧した時の光景、㈥神宮寺の建立、㈦講師への補任・華厳精舎の建立と祈雨、㈧碑文撰述の経緯、㈨全体を総括する詩、㈩執筆の由来、からなっている。

このなか、特に㈣と㈤における風景描写は流麗なことばをもって詳細に記述しており、それはあたかもその光景を目の前にして綴ったごとくである。しかし、空海は本文中に、

人の相知ること必ずしも対面して久しく話《かた》るのみにしも在らず。意通すれば、則ち傾蓋の遇なり。余と道公と生年より相見ず。幸に伊博士公に因って其の情素の雅致を聞き、兼ねて洛山の記を請うことを蒙る。余不才にして仁に当れり。敢えて辞譲せず。輒《すなわ》ち拙詞を抽でて并に絹素の上に書す[90]。

と、すべて伊博士からの伝聞をもとに、書いたことを明らかにしている。そこで、筆者はその詳細な記述から、空海はこの碑文を撰するにあたり、伊博士から勝道、補陀洛山についてはもちろんのこと、下野国を中心とした東国一円

の動静についてもつぶさに聞いたはずであり、その時広智の存在についても知識を得ていたことはほぼ間違いないと考える。それはつぎの点からも首肯されるであろう。

すなわち、この碑文の主題は補陀洛山への初登頂という偉業をなしとげた勝道を讃嘆することであるけれども、その舞台はまさしく広智の住していた下野国であった。勝道は天平七年（七三五）、同国芳賀郡の若田氏に生をうけ、延暦年中（七八二〜八〇六）に上野国の講師に任ぜられていた期間以外は補陀洛山をはじめ、勝道が建立した神宮寺・華厳の精舎を根拠地として活躍していたと考えられる。この華厳精舎は、同国都賀郡城山に建てられた寺で、広智が住していた大慈院は同じ郡内にあった(91)。また、広智の居住していた大慈院と、伊博士が住んでいたであろう国学（国府内）(92)とは、直線距離にして約二十キロしかはなれていなかった。勝道と伊博士とは、碑文中に

前の下野の伊博士公、法師と善《よ》し、秩満して京に入る。時に法師、勝境の記の無きことを歎いて属文を余《わ》が筆に要《もと》む。伊公、余に与《くみ》す、故に固辞すれども免れず。虚に課《おお》せて毫を抽《ぬきい》ず(93)。

とあるように、実に親しい間柄であって、任期を終えて帰京する博士に、空海への碑文撰述の依頼を託してできあがったのがこの碑文である。勝道は弘仁八年三月、八十三歳で入寂しており(94)、したがって広智よりも若干年長ではあったが、両者はほぼ同じ時代・同じ地方を中心にして生きた僧であったといえる。博士の職務は国学において学生を教授し、課試することを原則としたが(95)、以上の点から、伊博士が人々から菩薩の名で慕われていた広智を知らなかったとは考えがたい。

このような見方が許されるならば、伊博士から空海に碑文の撰述が依頼された時、勝道だけでなく、広智をはじめ東国一円の僧侶の動静にも話が及んだであろうことは疑いない。そのことは弘仁六年、広智への書簡と時を同じくして東国へ出された、密教経論の書写依頼の書簡八通の宛名からも窺うことができよう。

第二は、広智と叡山教団との密接な結びつきから、叡山関係の人物を介して知るに至ったケースが考えられる。その場合、最澄から聞き及んだとみることはまずできないであろう。なぜなら、広智一門と最澄との交渉は大同元年（八〇六）ごろからはじまり、空海と最澄との交友は弘仁三年末の二度にわたる灌頂を頂点として大同四年ごろから続いていた。したがって、可能性が全くないわけではない。しかし、空海と最澄との関係は弘仁四年末からは次第に疎遠となって行き、同五年の時点ではほぼ冷えきっていたと考えられるからである(96)。

そこで、想い起こされるのが泰範である。泰範ははじめ元興寺で学び(97)、のちに最澄の門に転じた。その年次は詳かでないけれども、弘仁元年正月十九日には最澄と「住持仏法(98)」を作って寺観を定め、同三年五月八日付「僧最澄遺告(99)」では泰範を山寺総別当兼文書司とし、円澄を伝法座主に任じていることから、比較的早く最澄の許に入り、将来を嘱望されていたものと思われる。しかしながら、同三年六月二十九日には暇を請い、最澄の許を去っている(100)。その後、同年十二月十四日高雄山寺にて空海から胎蔵灌頂を、翌年三月六日に金剛界の灌頂を受けてからは再三(101)、再四にわたる最澄からの帰山懇請(102)にも応じず、空海の許にとどまり、空海門下の四哲とまで称せられるほど、初期の真言教団にあって重要な役割をはたした(103)。

上に述べたように、泰範は弘仁元年最澄とともに「住持仏法」を作り、寺観を定めていることから、この当時叡山にいたと考えられる。一方、広智は大同元年には安恵を、同三年には円仁をたずさえて最澄に付嘱すべく叡山に登っており、同五年（＝弘仁元年）五月十五日には広智自身が一乗止観院において三部三昧耶の印信を授けられた。したがって、おそくとも弘仁元年の時点では泰範と広智との間に面識ができていたと考えられ、弘仁六年空海は密教経論の書写を依頼するにあたって、泰範から広智についての進言をうけたとみることもできよう。

以上、問題提起の意味も含めて、少々あらっぽい推論を述べたが、いずれとも決しがたい。しかし、広智あて書簡に「闍梨、遐方に僻処すれども、善称、風雲と与んじて周普す[104]」とあるのは、一種の外交辞令ともうけとれるが、一つの示唆を与えてくれるものであろう。

おわりに

以上、高山寺所蔵の『大教王経』を手懸りに、空海から書簡ならびに「十喩の詩」を贈られた「広智禅師」なる人物について考察を加えた。

その結果、「広智禅師」とは鑑真から「持戒第一」と称された道忠の弟子で、人々から「菩薩」の名で親しく呼ばれ、下野国大慈院に住していた「広智菩薩」その人であったと考える。広智は弟子の安恵・円仁を最澄のもとに送り込み、またみずからも三部三昧耶の印信、両部灌頂を受法するなど、叡山教団と密接な結びつきをもっていた。したがって、広智の教学も法華一乗、すなわち天台教学を中心とするものであって、その活躍年代は延暦十三年（七九四）から天長七年（八三〇）にかけてのほぼ四十年間であった。

では何故、空海は天台教学を信奉し、叡山教団と密接な関係にあった広智に密教経論の書写を依頼したのであろうか。このことについては、広智の師道忠に先例が求められるように、広智一門の経済力・組織力・影響力などを十分に評価した結果であったといえよう。空海と広智との交友は弘仁六年（八一五）の書簡にはじまり、その後も「十喩の詩」から窺えるように両者の間には交流が続いていたと思われる。

空海が広智を知るに至った経緯としては、弘仁五年「沙門勝道、山水を歴て玄珠を瑩く碑」の撰述を懇請した前下野の伊博士から伝え聞いたケースと、弘仁六年当時最澄のもとから空海の門に帰していた泰範から伝聞したケースとの二つが考えられよう。

史料の制約もあって、重複が多く、はなはだ雑駁な論述となったが、これまでとかく諸説の出されてきた「広智禅師」の人物比定には一つの解決をみたと考える。しかし、広智に関連して残された問題も少なくない。たとえば、

㈠なぜ、密教経論の書写依頼は弘仁六年におこなわれたのか。書写依頼は東国に集中しておこなわれたふしが見受けられるが、それはいかなる目的をもってなされ[105]、その成果はいかばかりであったか。

㈡初期の天台教団にとって、東国仏教なかでも道忠一門のはたした役割の大きさには瞠目すべきものがあるが、空海は東国を、またその地の仏教をいかに見、どのように対処なされたか。

などがあげられよう。

これらの点については、今後の課題としたい。

註

（1） ここで取り上げた空海の著作はつぎの六種である。

「御請来目録」（密教文化研究所発行『弘法大師全集』第一輯、六九～一〇四頁）。

「諸開題」（『同右』第一輯、六三三～八五四頁）。

「三教指帰」（『同右』第三輯、三二四～三五八頁）。

「遍照発揮性霊集」（『同右』第三輯、三八五～五六二頁）。

「高野雑筆集」（『同右』第三輯、五六三～六一〇頁）。

「拾遺雑集」（『同右』第三輯、六一一～六四七頁）。

これらの人々を五十音順に配列した索引を『空海をめぐる人々・人名索引』と題して『密教学会報』第十七・十八合併号に載せておいた（八～二〇頁、一九八〇年三月）。あわせて参照していただきたい。

（2） このことは、日本古典文学大系71『三教指帰・性霊集』の付録「空海をめぐる人物略伝」（五七三～五八八頁）を一瞥すれば、

首肯されるであろう。

(3)『高野雑筆集』巻上、広智あて空海書状（『定本弘法大師全集』〈以下、『定本全集』と略称す〉第七巻、九二～九三頁、一九九二年六月、高野山大学密教文化研究所）。

(4)『遍照発揮性霊集補闕抄』（以下『性霊集補闕抄』と略称す）巻十「十喩を詠ずる詩」（『定本全集』第八巻、二〇六～二一一頁、一九九六年九月）。

(5)これらの見解はすべて「十喩を詠ずる詩」の「広智禅師」に対するものである。

(6)『性霊集便蒙』巻第十（『真言宗全書』巻四十二、三五四頁）。

広智禅師未レ詳、釈書曰、円仁野之下州都賀郡人、同郡大慈寺僧広智徳行兼優、俗号二広智菩薩一者也、父以レ仁付レ智、智後付二伝教大師一云々、蓋謂レ是乎、

なお、田村晃祐氏は『高野雑筆集』を引いて、大師が写経を依頼した「広智禅師」とは道忠の弟子広智であったとみなしている（「道忠とその教団」『二松学舎大学論集』〈一九六六年度〉一四六頁・一五六頁、一九六七年）。小野勝年氏も『性霊集補闕抄』巻十を引いて、円仁の師広智は空海とも交友があった、と述べている（『入唐求法巡礼行記の研究』第四巻、三四五頁、一九六四年二月、鈴木学術財団）。しかし、両者ともその論拠は示されていない。ほかに塩入亮忠・中野義照編『伝教大師・弘法大師集』（『仏教教育宝典』三、一九七二年、玉川大学出版部）の校注者は「下野国の人。円仁の師」（『同書』四一九頁頭注）とする。『弘法大師著作全集』第三巻の校注者は「十喩を詠ずる詩」の注では「下野国都賀郡大慈寺の広智禅師か」とし、『高野雑筆集』の注では「伝未詳」とする（『同書』四五三・四七五頁、一九七三年、山喜房仏書林）。

(7)坂田光全講述『性霊集講義』四三九頁、一九四二年、高野山出版社。

また『聞書』には『釈書』を引きて曰く「釈書恵達の伝の下に河内国小野寺に居住す。広智菩薩と号す。此れ時代も同じ。若し近きを取らば之を指すべきか」と。

この説は以下の二点から、聞書の著者、または引用者の誤読、あるいは誤記とみて大過ないと思われる。

(一)『元亨釈書』の恵達の伝（『大日本仏教全書』〈以下『仏教全書』と略す〉巻百一、一二五〇頁）は、

釈慧達、姓秦氏、美州人、事二薬師寺仲継一学二法相一、嘗上二比良山一修練者久、仁寿帝不豫召レ達加護、達出レ山入レ宮、帝疾即差、元慶二年八月二日滅、年八十三、達於二薬師寺一毎歳修二万灯会一、始自二行年三十八一至二終歳一、年数反復亦可レ恠云、

とあって、「河内国」「小野寺」「広智菩薩」などの語は見当らない。しかし、これらの語は延暦寺第四代座主となった「釈安慧」の伝（『同書』一六五～一六六頁）につぎのように見出される。

釈安慧、姓狛《コマ》氏、内州大県《おほかた》郡人、母夢レ呑二明星一有レ孕、延暦十三年生、及二四五歳一聡敏超軼、七齢事二州之小野寺広智一、俗之号二菩薩一者也、（以下略）

ここには安慧は小野寺に住していた広智菩薩に師事したとあり、聞書の著者がいう恵達は小野寺に住して広智菩薩と呼ばれていたとする記述と異なる。よって、聞書は明らかに読み誤ったものと考えられ、恵達は安慧に訂正されるべきであろう。

㈡安慧の伝は『釈書』のほか(1)『日本三代実録』安慧卒伝の逸文（飯田瑞穂「尊経閣文庫蔵『類聚国史』抄出紙片について―『三代実録』逸文の紹介―」『高橋隆三先生喜寿記念論集古記録の研究』二〇四～二〇五頁、一九七〇年）、(2)『阿娑縛抄名匠等略伝』（『仏教全書』巻四十一、三二一頁）、(3)『拾遺往生伝』巻上（『続群書類従』第八輯上、二二九頁）、(4)『天台座主記』（『校訂増補天台座主記』一七～二二頁、一九七三年）、(5)『本朝高僧伝』巻六（『仏教全書』巻百二、一二二頁）、(6)『東国高僧伝』巻四（『仏教全書』巻百四、四二頁）などに見出される。『天台座主記』以外は、『元亨釈書』の記述とほぼ同じである。

したがって、「恵達」は「安慧」の誤りであり、聞書の説は誤記、誤読から出た説といえる。

(8) 日本古典文学大系71『三教指帰・性霊集』四六〇・五八八頁、一九六五年。

(9) 拙稿「十住心思想の成立過程について」『密教学研究』第十号、一〇一～一三四頁、一九七八年三月。

(10) 註3に同じ。

(11) 『高野雑筆集』の巻首には、密教経論の書写を依頼した書状を集中して収録する。『定本全集』第七巻、九一～九五頁。高木訷元師は、空海はこの時東国だけでなく、筑紫へも経論書写の依頼を出していたとされる（「空海と最澄の交友について」『高野山大学論叢』第三巻、一～六頁、一九六六年）。

(12) 『性霊集補闕抄』巻九「勧縁疏」（『定本全集』第八巻、一七三～一七六頁）。写本によっては日付を四月一日とするものがある。

(13) 『性霊集補闕抄』巻九「勧縁疏」（『同右』第八巻、一七六頁）。

(14) 高山寺所蔵『大教王経』に言及した論考に、つぎのものがある。㈠三浦周行編『伝教大師伝』二〇一～二〇二頁、一九二一年、㈡日下無倫「緑野寺一切経に就て―弘仁六年写経奥書考―」（『真宗史の研究』七二八～七四二頁、一九三一年）、㈢塩入亮忠『伝教大師』二九四頁、一九三七年、㈣田村晃祐、前掲（註6）論文、一四六頁、㈤鶴岡静夫『古代寺院の成立と展開』七三～九〇頁、

一九七五年、吉川弘文館、㈥高木訷元「弘法大師請来の経疏をめぐる一、二の問題」（中野義照編『弘法大師研究』五八頁註2、一九七八年、吉川弘文館）、㈦拙稿、前掲（註9）論文、一二五〜一二六頁。

(15)『高山寺経蔵典籍文書目録』第一、一二一〜三頁、一九七三年、東京大学出版会。

この識語は各巻末に見出され、そこには後世の加筆も見られるが、収載部分は三巻とも全同である。また、本経典の跋文は、

田中塊堂『日本古写経現存目録』九一頁、一九七三年

同　『日本写経綜鑑』三〇〇〜三〇二頁、一九七四年（初版一九四二年）

にも載せられているが、後述する表紙見返しの識語はない。

(16) 一乗忠撰『叡山大師伝』（『伝教大師全集』〈以下『伝教全集』と略す〉第五、付録三〇〜三一頁、一九七五年四月〈複刻〉、世界聖典刊行協会）。

(17) 註14にあげた㈠・㈡・㈢・㈤の論考。この中㈡には延暦十六年に道忠が助成した最澄の一切経書写の事業が、この時まで継続されておこなわれていたとうけとれる記述がみられる。

(18)『高山寺経蔵典籍文書目録』第一、一二一頁。

(19) 薗田香融「最澄とその思想」（日本思想大系4『最澄』四八九〜四九一頁、一九七四年五月、岩波書店）。

天長二年（八二五）八月付「参議伴国道書」（『天台霞標』二編巻之二所収〈『仏教全書』巻百二十五、一五六頁〉）に

禅師以㆓去弘仁八年㆒、為㆑令㆔一切衆生、直至㆓道場㆒、結㆓縁八島之内㆒、奉㆑写㆓法華経六千部㆒、今聞下野国、小野寺沙弥広智、伏依㆓師教㆒写㆓千部㆒、毎年行㆑檀、毎日長講、揚㆓一乗奥義㆒、述㆓十如之妙旨㆒、正法将㆑来、（以下略）

とある点も、最澄の東国巡化が弘仁八年であったことを裏付けるものであろう。

(20) 松長有慶『密教の歴史』六三〜七三頁参照、一九六九年、平楽寺書店。

(21) 薗田香融氏は弘仁八年二月に成った最澄の『照権実録』の執筆動機、天長二年八月付「参議伴国道書」の内容の検討などから、徳一との対決を東国巡化の動機の一つと見なしておられる（前掲（註19）論文、四九〇〜四九一頁）。

(22) 最澄は弘仁三年十月二十四日付書状で空海に「大教王経一部三巻」の借覧を申し込んでおり（『伝教全集』巻五、四五四〜四五五頁）、弘仁十年十二月五日に撰した『内証仏法相承血脈譜』にも『大教王経』を引用している（『同書』巻一、二四二頁）ことから、最澄と本経とが全く結びつかないというわけではない。

(23) 註14の諸論文。
(24) 註16に同じ。
(25) 同右。
(26) 『日本三代実録』巻八、貞観六年正月十四日条（円仁卒伝）（『新訂増補国史大系』〈以下、『国史大系』と略称す〉第四巻、一二四～一二七頁）。
『日本三代実録』安慧卒伝逸文（飯田瑞穂、前掲（註7㈡）論文参照）。
(27) 『元亨釈書』巻二、釈安慧の項（『国史大系』第三十一巻、五三頁）、『同書』巻三、釈円仁の項（『同書』六〇～六四頁）。
(28) 『天台霞標』二編巻之二、天長二年八月付「参議伴国道書」（『仏教全書』巻百二十五、一五五～一五七頁）、『同書』二編巻之四「大慈広智菩薩」の項（『同書』二二〇～二二二頁）など。ほかに註7にあげた「安慧伝」、および種々の「円仁伝」に、もとの師である広智に関する記述が見出される。
(29) 『慈覚大師伝』（『続群書類従』第八輯下、六八三～六八四頁）、『日本高僧伝要文抄』第二所収の「慈覚大師伝」（『仏教全書』巻百一、三二頁）、『天台霞標』二編巻之四所収の「慈覚大師別伝」（『仏教全書』巻百二十五、二二一頁）。
(30) 註3に同じ。
(31) 図3は、『叡山大師伝』、『三代実録』、園城寺蔵「徳円付嘱円珍印信」、『元亨釈書』、『日本高僧伝要文抄』、『阿娑縛抄』、『本朝高僧伝』、『東国高僧伝』などにもとづいて私に作成した。なお、田村晃祐氏もほぼ同じ系図をあげておられる（前掲（註6）論文、一四五頁）。
(32) 『叡山大師伝』（『伝教全集』第五、付録七頁）。
(33) 『御室相承記』二、大御室の「被仰召次事」の項に、空海御筆の「十喩詩」に関する記述がつぎのようにみられる（『仁和寺史料』寺誌編一、二〇頁、一九六四年、吉川弘文館）。

　治暦三年秋、東宮御薬数月不痊、自八月十三日己未、於閑院修孔雀経法、第四日々中、始聞頌音、自此日平復、結願日賜弘法大師御筆十喩詩一巻、付銀枝、権中納言能長于時大夫、取之、又賜御馬二疋、

なお、この詩を取りあげた論考につぎのものがある。

㈠松坂旭信「十喩詩及び跋に就きて」（『密宗学報』第八十五号、五一～五三頁、一九二〇年）、㈡酒井紫朗「弘法大師と十喩につ

いて」（『密教学会報』第十三号、二～二八頁、一九七四年）、㈢中田勇次郎「十喩詩跋尾」（『弘法大師真蹟集成』解説、一六九～一七〇頁、一九七四年、法蔵館）、㈣拙稿、前掲（註9）論文、㈤小久保和夫、「十喩詩跋尾」（『空海之書―弘法大師真蹟大成―』資料編、二九一～二九二頁、一九八〇年）。

(34) 『大日経』は、くわしくは『大毘盧遮那成仏神変加持経』といい、真言宗においては『金剛頂経』とともに所依の経典とされる。日本古典文学大系71『三教指帰・性霊集』には「『詠十喩詩』出典一覧表」と題して、この詩の典拠となった『大日経』住心品、およびその註釈書『大毘盧遮那経疏』（略称『大日経疏』）の当該個所があげられている。また、註33㈡にあげた酒井論文では空海の詩、漢訳『大日経』、チベット訳『大日経』、漢文『大日経疏』、チベット文『大日経釈』の五つが対照されている。

(35) 「十喩詩跋尾」『定本全集』第八巻、二一一頁。

(36) ㈠天長七年閏十二月十六日付「広智付法印信」（『天台霞標』二編巻之四〈『仏教全書』巻百二十五、二二二一～二二二二頁〉）、㈡承和九年（八四二）五月十五日付「徳円付嘱円珍印信」（『智証大師全集』下巻、一二九三～一二九四頁、『天台霞標』二編巻之二〈『仏教全書』巻百二十五、一七五～一七六頁〉、『大日本史料』第一編之二、五七一～五七二頁）。㈡の印信には「徳円」の朱の方印七十六個を押した原本が園城寺に伝来している（講談社刊『秘宝園城寺』三八三頁解説参照、一九七一年。園域寺編『園域寺文書』第一巻、二三〇～二三一頁、一九九八年十月、講談社）。

(37) 弘仁十年三月十日、空海は下野太守に書状を送り、銀鉤等の施与を謝している（『雑筆集』下〈『定本全集』第七巻、一二三頁〉）。これも空海と下野国との間で、弘仁六年以降も交流が続いていたことを示すものといえよう。

(38) 道忠に言及した論考につぎのものがある。註14にあげた㈠～㈤・㈦論文、および薗田香融、前掲（註19）論文。

(39) 一乗忠撰『叡山大師伝』（『伝教全集』第五、付録七頁・三一頁）。

(40) 『元亨釈書』第十三「道忠法師」（『仏教全書』巻百一、一五九頁）。

(41) 『律苑僧宝伝』巻第十「道忠律師伝」（『仏教全書』巻百五、一二一頁）。

(42) 『本朝高僧伝』巻五十七「武州慈光寺沙門道忠伝」（『仏教全書』巻百三、七五九頁）。

(43) 『招提千歳伝記』巻中之一「道忠律師伝」（『仏教全書』巻百五、三四八頁）、以上の他に、註44にあげる円澄関係の史料にも道忠の名が見出される。

(44) 円澄に関する主な史料に次のものがある。

㈠『阿娑縛抄明匠等略伝』「円澄和尚」（『仏教全書』巻四十一、三二〇〜三二一頁）。

㈡『元亨釈書』巻二「釈円澄」（『同右』巻百一、三四〜三五頁）。

㈢『本朝高僧伝』巻五「江州延暦寺沙門円澄伝」（『同右』巻百二、一〇七〜一〇八頁）。

㈣『東国高僧伝』巻二「延暦寺円澄法師伝」（『同右』巻百四、二二一〜二二三頁）。

㈤『天台霞標』二編巻之二「寂光円澄大師」（『同右』巻百二十五、一五七〜一六二頁）。

㈥『天台座主記』「円澄和尚」（『校訂増補 天台座主記』八〜九頁、一九七三年四月、第一書房）。

(45) 註44にあげた㈡・㈣・㈤の史料は延暦十七年とするが、㈠は同十六年とする。

(46) 『本朝高僧伝』の「円澄伝」（『仏教全書』巻百二、一〇八頁）に

　及ニ忠順世一、拝ニ最澄和尚于睿峯一、削染革ニ今名一

とあることは、このことを裏付けるものであろう。なお、田村晃祐氏は「道忠の確実な生存年代は七三四―七九七年であり、生年は恐らく七三四年前後、歿年は八〇〇年頃であったと思われる」と述べている（前掲（註6）論文、一四三頁）。

(47) 『天台霞標』二編巻之二、天長二年八月「参議伴国道書」（『仏教全書』巻百二十五、一五六頁）。

(48) 『日本三代実録』巻八、貞観六年正月十四日辛丑条「円仁卒伝」（『国史大系』第四巻、一二四頁）。

(49) ㈠『慈覚大師伝』（『続群書類従』第八輯下、六八四頁）、㈡『元亨釈書』巻三「釈円仁」の項（『仏教全書』巻百一、三八頁）、㈢『日本高僧伝要文抄』第二「慈覚大師伝」（『仏教全書』巻百一、三二頁）、㈣『阿娑縛抄明匠等略伝』「慈覚大師」の項（『仏教全書』巻四十一、二九八頁）、㈤『本朝高僧伝』巻六「円仁伝」（『仏教全書』巻百二、一一五頁）。

(50) 註48・49にあげた諸史料のほか、『東国高僧伝』第三「慈覚大師伝」（『仏教全書』巻百四、二二五〜二二七頁）があげられる。

(51) 註7にあげた諸史料のうち、年齢を明記するのは㈠・㈡―(1)・(3)・(5)・(6)の史料である。ただし、(5)は「髫年」とする。

(52) 註48・49にあげた史料のうち、年齢を九歳の年にかけるのは48・49―㈠・㈢・㈣の四史料である。

(53) 註7にあげた史料のうち、㈠・㈡―(1)・(2)・(3)・(5)にその年齢を明記する。

(54) 註48・49に同じ。

(55) 註36に同じ。

(56) 大山仁快「最澄伝受順暁阿闍梨付法印信」（『仏教芸術』八〇〜九五頁、第九十六号、一九七四年）および同論文八〇頁注1の諸

論考参照。

(57)『顕戒論縁起』巻上（『伝教全集』巻一、二七九〜二八〇・二九〇〜二九一頁）。また『内證仏法相承血脈譜』にもこの印信の一部が引用されている（『伝教全集』巻一、二四三〜二四四頁）。

(58)最澄請来本と目される四天王寺所蔵印信、園城寺所蔵の「最澄付広智印信」（円珍当時の写し）・「徳円付嘱印信」（原本）はいずれも「吽」とするが、現行の真言は「唅」である。

(59)註57に同じ。

(60)『顕戒論縁起』巻上（『伝教全集』巻一、二九一〜二九二頁）、『叡山大師伝』（『伝教全集』巻五、付録二〇〜二四頁）。

(61)註36㈡に同じ。

(62)大山仁快、前掲（註56）論文、八五頁。

(63)註36㈡、大山仁快、前掲（註56）論文、八五頁、前掲（註36）『秘宝園城寺』三八三頁の小野勝年氏解説。

(64)大山仁快、前掲（註56）論文、八六頁注9。

(65)『天台霞標』二編巻之二「円澄相承血脈」（『仏教全書』巻一二五、一六〇頁）。

(66)註36㈡に同じ。

(67)『明匠等略伝』（『仏教全書』巻四十一、三二一頁）には「弘仁三年十月廿六日。於㆓寂光道場㆒化去。春秋六十六」とある。

(68)『日本紀略』前篇十五、天長十年十月壬寅（廿日）条（『国史大系』第十巻、三三八頁）。「壬寅、延暦寺座主円澄卒。春秋六十二」とある。『高野春秋編年輯録』巻第一にも略同じ記述が見られる（『仏教全書』巻百三十一、一四頁）。

(69)『天台座主記』巻一「円澄和尚」（『新訂増補天台座主記』九頁）。そこには「同（承和）三年丙辰十月廿六日入滅年六十六」とある。

(70)『元亨釈書』巻二「釈円澄」（『仏教全書』巻百一、一六七頁）。「承和四年十月二十六日告㆓弟子慧亮㆒曰、（中略）便於㆓寂光道場㆒其夜三更奄然卒、寿六十六、臘三十四」とある。『本朝高僧伝』にも略同じ記述が見られる（『仏教全書』巻百二、一〇八頁）。

(71)『望月仏教大年表』二八一頁（一九〇九年）、渋谷慈鎧編『訂正日本天台宗年表』一三頁（一九七三年）はともに承和三年十月に項目を立てている。ただし『真言宗年表』二九頁（一九三一年）は承和四年入寂説をとる。

(72)弘仁十年から同十一年に成立した最澄の『内證仏法相承血脈譜』『顕戒論縁起』には、順暁から両部を相承した如く記している。しかし、最澄の唐における受法は三部三昧耶の印信だけであり、両部の相承は疑問視されている。もちろん、空海からは弘仁三年十一月、同十二月に両部の灌頂を受法してはいるが、これらはあくまで持明灌頂であり、伝法灌頂ではない（那須政隆「伝教大師所伝の密教」〈『伝教大師研究』一〇〇九〜一〇三二頁、一九七三年、早稲田大学出版部〉、木内央「伝教大師の胎金両部相承について」〈『印仏研究』第十三巻第一号、一六四〜一六五頁、一九六五年〉参照）。

(73) 『天台霞標』二編巻之二「参議伴国道書」（『仏教全書』巻百二十五、一五六頁）。

(74) 田村晃祐、前掲（註6）論文、一五〇〜一五二頁。田村氏は三度にわたって「特別に得度が許された」ことを記している。

(75) 『公卿補任』延暦二年の条、天長二年の条（『国史大系』第五十三巻、六三・九五頁）。

(76) 註73に同じ。

(77) 『公卿補任』弘仁十三年の条（『国史大系』第五十三巻、九二頁）。

(78) その月日を閏十月十六日とする活字本もみられるが、天長七年の閏月は十二月であるから十二月が正しい。原本にはもちろん閏十二月十六日とある。

(79) 註36(一)に同じ。

(80) 註36(二)に同じ。

(81) 註58に同じ。

(82) 註36(二)に同じ。

(83) 註73に同じ。

(84) 同右。

(85) 田村晃祐、前掲（註6）論文、一四〇〜一四一頁。

(86) 『続日本後紀』巻三、承和元年五月乙丑（十五日）条（『国史大系』第三巻、二六頁）。

(87) 註3に同じ。

(88) 今日、最澄から空海にあてた書簡は二十四ないし二十五通、空海から最澄にあてた書簡は五ないし六通存在するといわれる（川崎庸之「「伝教大師消息」について」〈『田山方南華甲記念論文集』三六〜四六頁、一九六三年、田山方南先生華甲記念会〉、高木訷元、前掲（註11）論文、一頁）。

(89) 『遍照発揮性霊集』巻二「沙門勝道の碑」（『定本全集』第八巻、二一〜二七頁）。

(90)『遍照発揮性霊集』巻二「沙門勝道の碑」（『同右』第八巻、二七頁）。

(91) 勝道の略歴はすべて「沙門勝道、山水を歴て玄珠を瑩く碑」による。広智の住していた大慈院は俗に小野寺と号し、下都賀郡小野寺村小野寺にその址があるといわれる（三浦周行編『伝教大師伝』三一一〜三一二頁）。また、益田宗氏は、「城山は、一説によれば、下野の国府の北四・五里のところ、のちの例幣使街道の板橋付近にあたるといわれる」と述べている（『日光市史』上巻、八二二頁、一九七九年）。

(92) 桃裕行氏は「国学は無論国府にあり、国庁に接して建てられたものと思われる」と述べる（『上代学制の研究』四三四頁、一九四七年、目黒書店）。

(93)「沙門勝道の碑」（『定本全集』第八巻、二五〜二六頁）。

(94)『補陀落山建立修行日記』（『続群書類従』第二十八輯上、一三二頁）。

(95) 碑文中に「前の下野の伊博士公、法師と善し、秩満して京に入る」とあることから、伊博士は国博士であったと考えられる。国博士は『令義解』巻一、職員令（『国史大系』第二十二巻、六三頁）に

凡そ国博士、医師は、国別に各一人。（以下略）

とあるように、国ごとに一人置かれていた。その職務は国学において教授、課試をおこなうほかに、史生同様の行政事務に従事していた例も多いといわれる（日本思想大系3『律令』六〇〇〜六〇一頁、補注27）。

(96) 拙稿、前掲（註9）論文、一一九〜一二〇頁参照。

(97) 弘仁三年（八一二）十二月十四日の高雄山寺における胎蔵灌頂の暦名に「二泰範元興寺般若」（『定本全集』第八巻、二二九頁）とあり、同十二年の両相国あて書簡にも「東大杲隣・実恵、元興泰範、大安智泉等稍得二大法之旨趣一」（『同書』第七巻、一〇七頁）とあることから、泰範が元興寺の僧であったことは疑いないであろう。

(98)『平安遺文』四八九九番、弘仁元年正月十九日「住持仏法」（『同書』第十巻、三八〇〇〜三八〇一頁）。そこには、『仁和寺記録』十九の「伝教大師求法書」によって、つぎのようにいだす。

老苾蒭敬白　同法衆御前

応住持仏法事

合且記三条　　※「伝教全集」により「旦」を「且」に改める。

一、最澄年及天命、起居無便、且待隠於弊菴、調停心神、伏願同法眷属不懐異心、住持仏法、
一、洙泗有四人、遙薗有八人、読書伝法、古今一揆、自今以後定受業数、不欲多見多語、住房有限、学堂是学頭、
一、最澄心神未調、耳根眼根練行不安、一切之事先令聞泰範禅師、治珍禅師、伝欲聞最澄、彼此各々自告語、貧道不有所楽、

大同五年正月十九日　最澄早慎記

『伝教全集』巻五（『同書』四二三頁）にも「応住持仏法事」と題して載せられているが、第三条の全文および年記が「延暦二十年辛巳十一月日　最澄建願記」と異なっている。この相違について論じたものを見ないが、三浦周行編、前掲（註14㈠）書、塩入亮忠、前掲（註14㈢）書、渋谷慈鎧編、前掲（註71）書、塩入亮忠・中野義照編、前掲（註6）書、守山聖真編著『文化史上より見たる弘法大師伝』（一九三三年、豊山派遠忌事務局）は、すべて弘仁元年のことと見なしている。

(99)「弘仁三年遺書」（『伝教全集』巻五、四二五頁）、『平安遺文』四三五一番（『同書』第八巻、三二六七頁）。

(100)『平安遺文』四三五四番、最澄あて泰範書状（『同書』第八巻、三二六八頁）。

(101)『高雄灌頂記』（『定本全集』第八巻、二二九・二三六頁）。

(102)たとえば最澄の弘仁七年五月一日付泰範あて書簡、四月二十一日付泰範あて書簡（『伝教全集』巻五、四六八～七一頁、『平安遺文』四四一〇番、四四一一番〈『同書』第八巻、三三九〇～三三九一頁〉）からそのことを窺い知ることができる。

(103)泰範は、弘仁七年（八一六）からはじまる高野山の開創にあたって、実恵とともにまっさきに高野山に派遣され（『定本全集』第七巻、一〇一頁）、承和四年（八三七）四月五日東寺に三綱および二十一口の定額僧がおかれた時の僧綱牒には、その最上首に「伝燈大法師泰範年六十臈卅六東大寺」（『増補再版 弘法大師伝記集覧』九七九頁）と名を列ねている。泰範の寂年は詳かではないが、これが泰範に関する最後の記述と思われる（日本古典文学大系71『三教指帰・性霊集』五八七～五八八頁「泰範」の項参照）。↓補遺

(104)註3に同じ。

(105)空海は『勧縁疏』に書写の目的を

貧道、謹んで教命を承て服勤し学習して以て弘揚することを誓う。貧道、帰朝して多年を歴ると雖も時機未だ感ぜず、広く流布すること能くせず。（中略）今、機縁の衆のために読講宣揚して仏恩に報じ奉らんと欲う。然るに猶其の本多からずして法流擁滞す（『定本全集』第八巻、一七五～一七六頁）。

と記している。しかし、書写依頼が東国に集中していることは、弘仁五年最澄が渡海の願を果たさんがために九州に赴いているこ

と無関係ではないように思われ、その裏には別の意図があったとみなおしておきたい。

【補遺】

註103において、泰範にかんする最後の記録として、承和四年四月五日付の僧綱牒をあげたけれども、その後、この「僧綱牒」そのものを偽文書ではないかと考えるようになった。その根拠は、以下の通りである。泰範は、空海の四哲・十大弟子の一人に数えられる。ところが、承和三年五月五日付の唐青龍寺あて実恵等書状に、印可をうけた八名の僧が記されている。そのなかに泰範の名前はない。しかるに、翌年のこの僧綱牒には、その最上首に名前が記されていた。この齟齬をいかに解すればよいか。もし、承和四年まで泰範が存命であったとすれば、同三年五月五日付の書状に名前があってしかるべきであるにもかかわらず、記されていなかった。この齟齬は、どのように考えても説明がつかない。ちなみに、この僧綱牒をのぞくと、泰範の名がみられる最後は弘仁十二年十一月とみなされる藤原冬嗣にあてた空海書状である。また、僧綱牒に記された三綱と二十一口の僧名の配列にも不自然さがみられた。これらを手がかりに、僧綱牒の真偽と泰範の事績に再検討を加えたのが、拙著『弘法大師空海の研究』第三部第三章に収載した「泰範の生年をめぐる諸問題—承和四年四月五日付僧綱牒の信憑性—」である（初出は『高野山大学論叢』第三十七巻、二〇〇二年三月）。参照いただければ幸いである。

附論1　空海と田少弐

はじめに

空海の漢詩文を集めた『遍照発揮性霊集』（以下、『性霊集』と略称す）十巻[1]には、仏事法会に際して撰述された願文[2]が四十一篇収められている。そのうちの二十八篇は、葬儀・七七日忌・一周忌・三周忌などの追善の仏事[3]に関するものである。したがって、これらの願文は空海が人の死と死後の追善仏事に対して、いかなる考えをもち、どのように対処したか、また平安朝初期における葬儀・周忌法要などの仏事がいかなるものであったかを知る上で、貴重な史料であるといえる。

これら空海の願文についての論考は、数篇数えあげることができるが[4]、それらは主として作善の内容などを文章にそって説明しただけのものといってよく、今日個々の願文についての検討が十分になされているとは思われない。

それはさておき、四十一篇の空海の願文のなか、もっとも注目すべきものの一つに、「田少弐が先妣の忌斎を設くるが為の願文」[5]（原漢文、以下「田少弐の願文」と称す）がある。これは大同二年（八〇七）二月十一日、大宰府次官の田中氏が亡母の一周忌法要を営んだ時の願文であり、空海の願文中もっとも古いものであって、その後作成された願文類の雛形をなすものであるからである。すなわち、空海の願文の特徴は、大部分のものが四つの段落からなっていて、ほぼ定型化――四段形式――されていることである。(6) この「田少弐の願文」は、その典型的なものといってよく、つぎのごとき四段からなっている。

第一段――まず父母の恩は広大であって、その恩に報いるには仏の力をかりなければ達成できない、と仏の恩を述べ、

第二段――ついで亡母の生前の徳を讃嘆し、他界の悲しみと忽ちにして一周忌が巡って来たことを述べる。

第三段――「是《ここ》を以て大同二年仲春十一日」と法会の期日と、菩提を弔わんがために千手観音を中心とする十三尊図を図絵し、『法華経』八巻・『般若心経』二巻を書写して斎会を設け、供養した旨を述べ、

第四段――最後に、この功徳によって一方では亡母の霊が速やかに成仏せんことを願い、一方では現世における父の長寿と聖朝の安穏・天下泰平を祈り、一切の有情――生きとし生けるものすべて――が悉く菩提を証せんことを念じている。

特に、このような願文が入唐帰朝後四ヶ月たらずにして作成されていること、千手千眼大悲菩薩と四摂八供養菩薩からなる千手観音曼荼羅が作成されていること、『法華経』『般若心経』といった大乗経典が書写されていること　などは、空海の信仰の上から、また教学・密教美術を考える上からも注目してよいと考える。(7)

一　先行研究の検討

ところで、この願文の施主である田少弐、つまり大宰府次官である田中氏については、その名前をはじめ、いかなる人物であったかについても、いまだ明らかにされていない。むしろ「伝未詳」と決めつけられて、精査されなかっ

た形跡さえみられる。(8)それはともあれ、ここで「田少弐」についての先学の見解を二、三みておきたい。

まず、『文化史上より見たる弘法大師伝』は、得仁撰『弘法大師年譜』第四の大同二年（八〇七）丁亥「是年二月十一日。師在鎮西為田中氏修先亡周忌」条の頭註

類史（三十五ィ）云。延暦二十五年。出従五位下田中朝臣八月麻呂名。恐是人歟。尚俟後考。(9)

を引用して、つぎのように疑問を呈している。すなわち、

この類史云云と云ふのは、類聚国史第卅五の桓武天皇崩御の条下であって、それには

従五位下田口朝臣息継、田中朝臣八月麻呂六位以下六人為養役夫司

とあるのがそれであるが、単にかうあるからと云ふて大師入唐帰朝時代に筑紫に居た田少弐と解するのも無理かも知れない。(10)

と述べ、また

恐らくは太宰府附近に居住して居た土豪であろう。(11)

と記している。確かに、大同二年に近い時期の資料ではあるが、田中朝臣八月麻呂が大宰少弐であったとか、大宰少弐を歴任したとか、大宰府との関係が明記されていない以上、この『類聚国史』の記事だけをもって、ただちに八月麻呂を「田少弐」と解することはできない。

第二に、松崎英一氏は「平安初期の帥弐」のなかで、

願文中に「先妣田中氏（中略）大同二年仲春十一日」とあるので田少弐が先妣田中氏のため大同二年二月十一日忌斎を設けたこと、田少弐の亡母が田中氏であったことが知られる。田少弐が即田中姓であるかは一応疑ってかかるべきであろうから、可能性としては田中朝臣・田口朝臣などが考えられ、田中浄人・田口息継などが候補に

あげられようが決め手に欠ける。(12)

と述べている。松崎氏のいうように、田少弐が即田中姓であるか否かを疑ってかかるべきであることには私も同感であるが、この場合、願文中に「先妣田中氏」と明記されていること、後に詳述する『千手儀軌』の奥書(13)に「少弐田中朝臣」と記されていることなどから、私は「田少弐」は田中姓でよいと考える。したがって、松崎氏が決め手に欠けるとしながら田少弐の候補としてあげた田中浄人・田口息継のうち、田口息継は候補からはずしてよいであろう。(14)一方、田中浄人については後述するように、その経歴から私は「田少弐」とはみなさない。

第三に、高木訷元師は「兜卒の山・高野への歩み―弘法大師の生涯―」のなかで、

大師が筑紫に帰り着いたとき、大宰府の帥（長官）は中務卿をかねた伊予親王であったが（中略）次官補ともいうべき少弐は二人いて、その一人は延暦二十三年正月に赴任した藤原朝臣藤嗣であり、他の一人が田中朝臣弐家郎君であった。(15)

と記している。あとにつづく文から、この田中朝臣弐家郎君を「田少弐」とみなしていることがわかる。この田中朝臣弐家郎君は、おそらく『千手儀軌』の奥書

……付伝少弐田中朝臣弐家郎君就図書頭惟良貞道宿禰学問……(16)

にもとづいて記したものと思われるが、後述するように、私は奥書全体の文意から「少弐田中朝臣」と「弐家郎君」とを切りはなして解した方がよいと考えており、したがって田中朝臣弐家郎君なる人物は実在しなかったと考える。

以上のように、「田少弐」の人物比定について、田中朝臣八月麻呂・田中朝臣浄人・田中朝臣弐家郎君といった見解の相違がみられた。私も、「田少弐」を特定できるだけの史料を持ちあわせているわけではないが、今日見ることができる史料を検討し、現存する史料からはこの人が「田少弐」に一番近い人物であろうと考えた一端を、上に指摘

した点に留意しつつ、論じることにしたい。

二　大宰府の官人構成と少弐

はじめに、大宰府の構成員とその位階についてみておくことにする。『令義解』巻一、職員令第二[17]・官位令第一[18]にもとづいて、大宰府の構成員、およびその官職に相当する位階を記すとつぎのようになる。

主神	一人	正七位下			
帥	一人	四品・従三位			
大弐	一人	正五位上	少弐	二人	従五位下
大監	二人	正六位下	少監	二人	従六位上
大典	二人	正七位上	少典	二人	正八位上
大判事	一人	従六位下	少判事	一人	正七位上
大令史	一人	大初位上	少令史	一人	大初位下
大工	一人	正七位上	少工	二人	正八位上
博士	一人	従七位下	陰陽師	一人	正八位上
医師	二人	正八位上	竿師	一人	正八位上
防人正	一人	正七位上	防人佑	一人	正八位上
防人令史	一人	大初位下	主船	一人	正八位上

主　厨　　一人　正八位上　　史　生　廿人

このなか、特に留意すべきことは大弐と少弐の定員で、大弐は一人、少弐は二人であったこと、またその位階は大弐が正五位上、[19]少弐が従五位下相当であったことである。[20]これより、従五位下に相当する田中某なる人物を「田少弐」として捜し出せばよいことになる。

つぎに、大宰府官人の任官記録をみていき、大同二年当時、確かに田中某なる大宰少弐が存在したか否かを確認しておくことにする。[21]『日本後紀』『日本紀略』『類聚国史』などの史料によって、延暦十六年（七九七）から弘仁三年（八一二）にかけての大宰府官人・官職に関する記録を年表風に記すと、表15のようになる。[22]

このなか、問題となるのは、延暦十八年一月二十九日に大宰少弐に任官された石川朝臣清直、同十九年に任官された大伴宿禰弥嗣、[23]同二十三年一月二十四日に任官された藤原朝臣藤継、[24]この三人の動向である。

まず、経歴のよくわかる藤原朝臣藤継についてみておく。藤継は中務大輔鷹取の二男で左大臣魚名の孫にあたる。延暦十二年五月常陸掾に任ぜられ、同十六年十一月十五日中務少丞、同十八年二月二十日式部大丞、同年五月十日従五位下となり、同二十年五月十日因幡守、同二十二年十月十五日権右少弁を歴任し、同二十三年正月二十四日大宰少弐に任ぜられた。[25]この少弐任官の記録は、『日本後紀』によるものであり、『公卿補任』[26]には「大宰大弐」とあり、『弘法大師行化記』所収の大同二年（八〇七）四月二十九日付大宰府牒[27]には「大弐従四位下藤原朝臣藤嗣」とあって、少弐は大弐の誤りではないかとも考えられる。しかし、㈠延暦二十四年正月の藤嗣の位階は、少弐の位階に相当する「従五位下」であって大弐に相当する「正五位上」でないこと、㈡大弐には大同元年一月二十八日参議で正四位下の菅野朝臣真道が任官されており、[28]これ以前に藤継が大弐を辞任したとか、また他の官に遷任された記録がみあたらないことから、延暦二十三年正月の藤継の任官は大宰少弐であったと考える。[29]その後、藤継は延暦二十五年（大同元年・

表15　大宰府官人・官職に関する記録

年月日		事項
延暦十六（七九七）	二・九	参議正四位下藤原雄友を大宰帥に任ず。（後五・10、後二十一・100）
延暦十七（七九八）	四・十五	参議大宰大弐石川真守致仕す。（公・73）
延暦十八（八〇〇）	一・二十九	従四位下藤原葛野麻呂を大宰大弐に、従五位下石川清直を大宰少弐に任ず。（後八・16）
延暦十九（八〇〇）		この年従五位下大伴弥嗣を大宰少弐に任ず。（類六十六・280）
延暦二十（八〇一）	七・	従四位下藤原仲成を大宰大弐に任ず。（公・82）
延暦二十三（八〇四）	一・二十四	従五位下藤原藤継を大宰少弐に任ず。（後十二・30）
大同元（八〇六）	一・二十八	参議正四位下菅野真道を大宰大弐に任ず。（後十三・51）
		唐朝、日本国使大宰大監高階遠成を中大夫試太子中允とす。（朝野群載20）＊1
	二・十三	大宰大弐の相当位を改めて従四位下とす。（後十三・52）
	五・九	三品伊予親王を中務卿兼大宰帥に任ず。（後十三・59）
	五・十八	正四位下藤原縄主を従三位に叙し、大宰帥に任ず。（公・79）
	十・二十二	空海、遣唐判官大宰大監高階遠成に付して『新請来経等目録』を進献す。（同目録）＊2
大同二（八〇七）	二・十一	空海、田少弐のために願文を撰す。（性霊集7）＊3
大同三（八〇八）	五・二十一	従五位下紀長田麻呂を大宰少弐に任ず。（後十七・71）
	十一・二十七	従五位上多治比今麻呂を大宰少弐に任ず。（後十七・79）
弘仁元（八一〇）	九・十九	四品阿保親王を大宰権帥に任ず。（後二十・90）
弘仁三（八一二）	一・十二	式部卿三品葛原親王を大宰帥に、参議従四位上藤原藤継を大宰大弐に、従五位下藤原葛成を大宰少弐に任ず。（後二十二・111）

＊1　『朝野群載』巻二十（『国史大系』第二十九巻、四五七～四五九頁）。
＊2　『御請来目録』（『定本弘法大師全集』第一巻、三～五頁）。
＊3　『性霊集』巻第七「田少弐の願文」（『同右』第八巻、一二三～一二四頁）。

八〇六）五月十八日従五位上、同年六月二十九日には従四位上に昇り、大同三年正月二十一日右京大夫を兼ね、同年五月二十一日兵部大輔に任ぜられた(30)。同じ日紀長田麻呂が藤継に替って大宰少弐に任ぜられている(31)。これより、大同二年二月当時、藤嗣が大宰少弐であったことは、ほぼ間違いないであろう。

つぎに、延暦十八年一月に任官された石川朝臣清直であるが、清直に関する記録は極めて少ない。わずかに、延暦十八年一月二十九日従五位下で大宰少弐に任ぜられ(32)、大同元年二月十六日左小弁に転じ(33)、弘仁元年九月十日従四位下に昇り(34)、同三年九月二十一日卒去したことが(35)、知られるにすぎない。大同元年二月に左少弁に任ぜられていることから、大同二年二月当時、清直が大宰少弐でなかったことは確かである。しかし、ここで考えておかねばならないことは、少弐の在任期間である。清直は延暦十八年一月に少弐に任ぜられ、大同元年に左小弁に転じていることから、この間ずっと少弐であったとすると足かけ八年になり、在任期間がこのように長期にわたったか否かが問題である。周知のごとく、『日本後紀』巻九・十・十一、すなわち延暦十九年正月から同二十二年十二月までは散佚しており、この間のことを確かめることができないのは残念であるが、先にみた藤原朝臣藤継の経歴から推察して、三ないし四年の任期で交替したのではないかと考える(36)。とすると、延暦十八年一月から三ないし四年後は同二十二・二十三年となり、ちょうど同二十三年一月に藤原朝臣藤継が大宰少弐に任ぜられており、したがって清直に替って藤継が任ぜられたとみることはできないであろうか。もしこのような見方が許されるならば、大宰少弐二人のうちの一人は、

石川朝臣清直延暦十八年一月二十九日任→藤原朝臣藤継延暦二十三年一月二十四日任→紀朝臣長田麻呂大同三年五月二十一日任

と次第して受け継がれていったことが考えられる(37)。

最後に、大伴宿禰弥嗣であるが、弥嗣に関する記録も必ずしも多いとはいえない。弥嗣は従三位伯麻呂の男で、延暦十九年（八〇〇）従五位下で大宰少弐となり(38)、大同三年八月二十二日中務少輔に(39)、弘仁五年九月二十五日大蔵少輔

に任ぜられた[40]。同七年従五位上、同十三年正五位下に昇り、同十四年従四位下・越後守となり、同年七月二十二日六十三歳で卒去している[41]。延暦十九年に大宰少弐に任ぜられてから、大同三年八月に中務少輔になるまで、足かけ九年が経過しており、弥嗣がこの間ずっと少弐を勤めていたと考えることは、清直の場合と同じく少し無理があると思われる。そこで、清直と同じように三ないし四年で交替したと考えると、大同三年十一月二十七日に多治比真人今麻呂が大宰少弐に任ぜられていることから[42]、二人の少弐のうち、もう一人の少弐は、

大伴宿禰弥嗣延暦十九年任→□□□□□□□→多治比真人今麻呂大同三年十一月二十七日任

と次第して受け継がれていったのではないかと考える。このような理解が正しければ、この空欄に入るのは、とりもなおさず、大同二年二月に亡母の一周忌法要をおこなった「田少弐」といわれる田中某しか考えられない。

以上の考察に、後述する『千手儀軌』奥書の記述を考え合わせると、大同二年二月当時、田少弐すなわち田中朝臣某なる大宰少弐が実在していたことは、ほぼ間違いないと考える。

三　田少弐とは誰か

田中朝臣某なる大宰少弐が実在していたことが確かめられた。では、田中朝臣某とはいったい誰であったのかを、以下に検討していきたい。

延暦年間（七八二〜八〇六）から承和年間（八三四〜八四八）にかけての田中朝臣の姓をもつ人物を、『続日本紀』『日本後紀』『続日本後紀』などから抽出すると、

田中朝臣吉備　田中朝臣浄人　田中朝臣大魚　田中朝臣清人　田中朝臣八月麻呂

表16　田中朝臣の事跡

年月日		事項
延暦四（七八五）	一・九	従五位上田中朝臣吉備を正五位下とす。（続三十八・504）
延暦七（七八八）	十一・二十五	正六位上田中朝臣浄人を従五位下とす。（続三十九・532）
延暦八（七八九）	一・六	正六位上田中朝臣大魚を従五位下とす。（続四十・533）
	四・十四	従五位下田中朝臣浄人を伊勢介とす。（続四十・535）
延暦九（七九〇）	三・二十六	従五位下田中朝臣清人を下総介とす。（続四十・544）
延暦十六（七九七）	二・九	従五位下田中朝臣浄人を造酒正とす。（後五・10）
	二・十五	従五位下田中朝臣清人を宮内少輔とし、従五位下田中朝臣大魚を造酒正とす。（後五・11～12）
延暦二十三（八〇四）	四・五	従五位下田中朝臣八月麻呂を右衛士佐とす。（後十二・31～32）
大同元（八〇六）	一・二十八	右衛士佐従五位下田中朝臣八月麻呂、上総権介を兼ねる。（後十二・50～51）
	三・十八	従五位下田中朝臣八月麻呂・田口朝臣息継、六位以下六人を養役夫司とす。（後十三・54）
	四・十二	右衛士佐従五位下田中朝臣八月麻呂、越後守を兼ねる。（後十三・56）
弘仁元（八一〇）	九・二十七	従五位下田中朝臣清人を造西寺長官とす。（後二十・90）
	十・二	従五位下田中朝臣清人を左京亮とす。（後二十・92）
	十一・二十二	従五位下田中朝臣清人を従五位上とす。（後二十・92）
弘仁二（八一一）	七・二十三	従五位上田中朝臣浄人を大蔵少輔とす。（後二十一・103）

田中朝臣千尋　　田中朝臣真氏　　田中朝臣許侶継　　田中朝臣真成

の九名をみいだすことができた[43]。このなか、千尋[44]・真氏[45]・許侶継[46]・真成[47]の四名は、天長二年（八二五）以降に記録が見られる人物であるから一応はぶき、残り五名の事跡を、延暦元年（七八二）から弘仁年間（八一〇～八二三）に限って年表風に列挙すると、表16のようになる[48]。

このなか、延暦十六年二月九日条にみえる田中朝臣浄人と、同年二月十五日条にみえる田中朝臣清人は、この時代

「浄」と「清」とは史料に混同されて使われる例が多いこと、同一人物とみて位階に矛盾が生じないこと、[49]同じ日付に二人の名前がみられないことなどから、同一人物であると考える。[50]すると、田中朝臣の候補は五名ではなく、吉備・清（浄）人・大魚・八月麻呂の四人にしぼられてくる。この四名のなか、田中朝臣吉備は延暦四年一月九日に一度だけ、従五位下に叙せられた記事しか見られない。また田中朝臣大魚にしても、延暦八年一月六日従五位下となり、同十六年二月十五日造酒正に任ぜられた記録だけで、しかも大同二年から十年も前のことであるから、「田少弐」に結びつく確率は極めて薄いと思われる。

とすると、残るのは田中朝臣清（浄）人と田中朝臣八月麻呂の二人である。この二人の経歴から、いずれが大宰少弐に任ぜられた人物としてふさわしいかを検討した結果、私は八月麻呂がよりふさわしい人物であると考える。それはつぎの三つの理由による。

第一は、八月麻呂の記録は延暦二十三年・大同元年と大同二年に近い年代に集中して出てき、その位階は従五位下で大宰少弐のそれに相当し、また右衛士佐・兼上総権介・兼越後守などの経歴からみて、大宰少弐に任ぜられても不思議ではないと考えることである。

第二は、八月麻呂の最後の記録は、大同元年四月十二日兼越後守に任ぜられたものであるが、『日本後紀』巻十三大同元年五月一日の条に、

従五位上百済王聡哲為二越後守一[51]

とあり、この日百済王聡哲が正式に越後守に任ぜられていることから、五月一日以降に八月麻呂が大宰少弐に任ぜられたことは十分考えられることである。[52]

第三は、清（浄）人についてであるが、延暦十六年二月十五日から弘仁元年までの十四年間、清人に関する記録が

全くみられないことからこの間の動静が不明である。その官位をみると、位階は延暦七年に従五位下となり、弘仁元年十一月に従五位上にのぼっているので、大同年間は少弐のそれに相当する。しかし、官職は延暦の前半には伊勢介・下総介と地方官をつとめたが、延暦十六年以降は造酒正・宮内少輔・造西寺長官・左京亮・大蔵少輔と、もっぱら都における官職、つまり京官にだけ任ぜられていることから、遠隔の地の大宰少弐に任ぜられたとは考えがたいことである。

以上のことから、私は今日残された史料にみられる田中朝臣のなかでは、田中朝臣八月麻呂が「田少弐」に一番近い人物であると考える。

おわりに——空海書写の『千手儀軌』——

最後に、最近知りえた「田少弐」、および入唐帰朝後の九州における空海を知る手懸りともなる史料を紹介することにしたい。

その史料とは、宝菩提院所蔵の『千手儀軌』奥書である。この『千手儀軌』は、昭和二年十一月六日から十二日まで、恩賜京都博物館を会場におこなわれた第十三回大蔵会の陳列目録に収められているもの(53)で、その奥書とはつぎのものである。すなわち、

蔵本批云、見説、此唐梵対書大悲瑜伽本末両巻、並是高雄空海和上、以㆓大同初㆒、従㆑唐帰㆓大宰㆒、自書㆑之、付㆓伝少弐田中朝臣㆒、弐家郎君、就㆓図書頭惟良貞道宿禰㆒学問、仍言次将㆑奉㆓宿禰㆒、〻〻、命㆓詮暉法王子㆒□収㆓山坊㆒、円珍面承㆓宿禰㆒、海要覧者任意、以㆓今暉子没㆒無㆓人収㆑之、故以□納㆓珍所㆒

元慶五年十七日（ママ）　　　　　　　　　　　　沙門円珍記

（朱書）『延久四年九月十一日奉受了暹誉　同受宰生君』

保延六年閏五月十一日奉随円阿闍梨受了　俊暁[54]（読点・返り点・圏点は筆者）

とあり、この奥書は元慶五年（八八一）円珍によって書かれたことがわかる。文中には明確に意味のとれない個所もあるが、理解しえたところを記すと、およそつぎのような内容であると思われる。

この漢字と梵字を対書した大悲瑜伽の本末両巻は、高雄の空海和上が大同のはじめ、唐から大宰府に帰ってこられ、みずからこれを書写され、少弐田中朝臣に与えて伝えたものである。少弐田中朝臣の若君は、図書頭である惟良宿禰貞道について学問していた時、ふとしたことからこの『唐梵対書大悲瑜伽』を惟良宿禰に差しあげてしまった。惟良宿禰は詮暉に命じて、これを山坊（比叡山カ）に収められた。上に記したことの次第は、円珍が親しく惟良宿禰からうけたまわったところである。[55]しかるにいま詮暉が亡くなり、だれもこれを所持するものがいなくなった。このようなわけで、わたくし円珍のところでお預かりすることになった。

元慶五年十七日　　　　　　　　　　　　沙門円珍記す

この奥書の内容から、つぎの二つのことが指摘できよう。

第一は、大同のはじめに唐から帰朝した空海がみずから書写し、少弐田中朝臣に付与した「唐梵対書大悲瑜伽本末」すなわち『千手儀軌』は、大同二年二月十一日に「田少弐」が修した亡母の周忌法要と密接な関係をもつものであると考える。なぜならば、空海が撰した願文に、

是を以て大同二年仲春十一日、恭んで千手千眼大悲菩薩、並びに四摂八供養摩訶薩埵等の一十三尊を図絵し、并びに妙法蓮華経王一部八軸・般若心経二軸を写し奉る。[56]（以下略、原漢文）

とあり、この時図絵されたのは、千手千眼大悲菩薩と四摂八供養菩薩の十三尊からなる千手観音曼荼羅であった。私はこの『千手儀軌』をまだ披見していないので、儀軌の内容について論じることははばかられるが、『千手儀軌』の題名から、この時図絵された千手観音曼荼羅はこの『千手儀軌』にもとづいて作成されたのではなかったかと考えられるからである。(57)たとえ、図絵に直接的な関係がなかったとしても、千手観音曼荼羅と『千手儀軌』との間に、少なからぬ関連を認めることは許されるであろう。

第二は、『千手儀軌』の伝領関係を明らかに知ることができることである。すなわち、空海が書写して少弐田中朝臣に付与されたあと、少弐の若君が学問の師であった図書頭惟良宿禰貞道にゆずり、貞道は詮暉に命じて山坊に収め、詮暉が亡くなったあと所持するものがなくなったので、詮暉の師でもあった円珍が預かるところとなった。したがって、この『千手儀軌』は、

空海→少弐田中朝臣→弐家郎君→図書頭惟良宿禰貞道→詮暉→円珍

と伝領されたことがわかる。

ここに名前のあがった六名のなか、真言宗の開祖である空海、第五代天台座主となった円珍の事績については、今さら記すまでもないであろう。図書頭惟良宿禰貞道は、『続日本後紀』によると、つぎのような経歴が知られる。天長十年（八三三）十一月十八日正六位上から従五位下となり、(58)承和三年（八三六）七月六日文章博士から図書頭に転じ、(59)同六年一月十一日伊勢介を兼ねた。(60)同八年三月二十日再び兼伊勢介に任ぜられ、(61)同年閏九月二十八日播磨権介を兼ね、(62)同十二年一月七日従五位上に進み、(63)同年七月三日武蔵介を兼ね、(64)同十三年一月十三日にはみたび伊勢介を兼ねている。(65)そののち、貞道がいつまで存命であったかは知ることはできないが、承和三年七月に図書頭に任ぜられてから最後の記録である同十三年一月までの間、ずっと図書頭を勤めていた。この期間は、円珍の二十三歳から三十三歳にかけて

の時代であって、これらを考え合わせると、奥書の記述は信頼してよいであろう。

詮暉は、『行歴抄』天安三年（八五九）正月十九日条に

飯の後、詮暉法師と共に滋賀の粟園に到る。梵釈寺の洪大徳・幽都師らに相見え、ここより更に行きて弘法寺に到りて、慈叡阿闍梨に相見えたり。すなわち大比叡大神宮に参詣して幣帛をたてまつり、すべて入唐初後のことを謝す。弘法寺に廻りて宿りぬ。(66)

とあり、この日詮暉は、前年の六月に帰朝し十二月末に京に入っていた円珍のお伴をして、京から滋賀の粟園を経て坂本の弘法寺にいたり、比叡神社に参詣し、弘法寺に帰って宿泊している。貞観四年（八六二）四月六日、伝灯満位の詮暉は伝灯法師湛海とともに内供奉十禅師に任ぜられ、(67)同十六年十一月七日には円敏とともに円珍から金剛界法を授けられている。(68)このように、円珍と詮暉との間には、師弟関係が認められる。このことから、奥書の二人に関する記述は、事実を伝えているものと考えて大過ないであろう。

上述したように、六名の登場人物のなか、四名までが実在した僧・官人であったことが確認でき、これら四名は年代的にみても矛盾しないと考えられることから、この奥書に見える残り二人の人物、すなわち少弐田中朝臣・弐家郎君に関する記述についても、信をおいてよいと考える。

以上の『千手儀軌』の奥書の考察から、大同二年二月十一日、千手観音曼荼羅を図絵して亡母の周忌法要を修した「田少弐」とは、この奥書にみえる少弐田中朝臣某その人であり、あらたに少弐には図書頭惟良宿禰貞道について学問を修めた子息のいたことが、あきらかとなった。(69)

註

（1） 周知のように、『性霊集』は弟子の真済（八〇〇〜八六〇）が編纂したもので、当初は十巻であったが、十一世紀中ごろまでに

巻八・九・十の三巻は散佚した。承暦三年（一〇七九）仲冬上旬、仁和寺の済暹は佚文を集めて『続遍照発揮性霊集補闕抄』三巻を編んで巻八・九・十とし、もとの七巻と併せて十巻とした。いまいうところの十巻とはこれをさす。

（2）空海の願文は、大部分のものが四つの段落からなっていて、ほぼ定型化されているところに特徴がある（各段落の内容については註6参照）。『性霊集』の目次、および各文章のはじめに付された表題に「達嚫」「表白」とあるものも、「願文」とあるものと、形式・内容構成の上から同一範疇に入ると考えられるので、本稿では一括して願文と称することにする。

（3）葬儀を追善仏事とすることには問題があろうが、本稿では残りの十三篇と区別する意味から、追善仏事のなかでとりあつかう。四十一篇の願文の題名・内容については、「性霊集願文表」と題して拙稿「弘法大師と法華講会」（『中川善教先生頌徳記念論集 仏教と文化』同朋舎出版、一九八三年四月）の巻末に付しておいたので、これを参照していただきたい。また、願文の法会別分類については、同拙稿註3参照。なお、この拙稿は本書第三部第三章に収録。

（4）空海の願文を取り扱った主な論考に、つぎのものがある。㈠若木快信「弘法大師の法華経観―法華経開題を中心として―」（『智山学報』新五号、一〇七～一二八頁、一九三四年）、㈡中野義照「弘法大師の生活と思想―特に遍照発揮性霊集を中心として―」（『密教文化』第四十五・四十六合併号、一～一六頁、一九五九年。のちに日本名僧論集第三巻『空海』に収録。一～二〇頁、一九八二年、吉川弘文館）、㈢勝又俊教「弘法大師と仏事法会」（『芙蓉博士古稀記念 密教文化論集』一一～四七頁、一九七一年。のちに同著『弘法大師の思想とその源流』に収録。二四一～二九〇頁、一九八一年、山喜房仏書林）、㈣大沢聖寛「弘法大師と祈願法会」（『豊山教学大会紀要』第三号、九五～一一三頁、一九七五年）、㈤布施浄慧「大師の追善思想―性霊集の願文を中心として―」（『仏教文化論集』第四輯、一七九～二三九頁、一九八四年）、㈥福田亮成「空海の宗教的実践―特に追善仏事を中心として―」（『密教文化』第百四十九号、八～二〇頁、一九八五年。のちに同著『空海思想の探求』に収録。二六五～二八三頁、二〇〇〇年、大蔵出版）、㈦拙稿「弘法大師と法華講会―「天長皇帝為故中務卿親王講法華経願文」考―」（『中川善教先生頌徳記念論集 仏教と文化』一四三～一七三頁、一九八三年、同朋舎出版）。

（5）『性霊集』巻第七「田少弐の願文」（『定本弘法大師全集』〈以下、『定本全集』と略称す〉第八巻、一一三～一一四頁）。この題名は本文に付されたものであって、巻首の目次は「田少弐が孝子として斎を設くる願文」（原漢文）である。

（6）四段からなる各段落は、つぎのような内容をもつ。

第一段―仏の教え、特に密教の教えの勝れていること、および大日如来などの諸仏・諸尊の境界とその徳を述べ、それへの帰依が説かれる。

第二段―故人の生前の徳を称讃し、他界した悲しみと忽ちにして忌日が巡ってきたことが記される。

第三段―法会の年月日と故人の菩提を弔わんがためになされた経典の書写、仏像の造立、曼荼羅および諸尊像の図絵、経典の講讃・読誦、法会の模様などが記される。

第四段―願意が述べられ、追善供養の功徳によって、一方では故人の霊がすみやかに成仏せんことを願い、また一方ではその功徳が現世に残った人達にも及び、親族の福寿と聖朝の安穏、天下泰平を祈り、最後に諸天をはじめ一切衆生が悉く菩提を証せんことを祈念する。

（7） この点については、すでに勝又俊教師（前掲（註4㈢）論文、二七〇～二七二頁）、濱田隆氏（「弘法大師と密教美術」〈中野義照編『弘法大師研究』三一六～三一七頁、一九七八年、吉川弘文館〉）も注目されている。

（8） 『性霊集』の註釈書にはつぎのように記されている。寛文十一年（一六七一）に成立した運敞撰『性霊集便蒙』は

田ハ田中姓也。少弐ハ官也。職原ニ曰。少弐相当従五位下。唐名ハ都督少卿。殊ニ撰ンテ二其人ヲ一任レス之ヲ。

と記すだけである。（『真言宗全書』第四十二、二四四頁）。昭和になって出版された坂田光全述『性霊集講義』（一九四二年）では「田は田中にして姓、小弐は官にして太宰府の次官なり」（二七四頁）と、日本古典文学大系71『三教指帰・性霊集』（一九六五年）では「田中姓。伝未詳。「少弐」は太宰府次官。従五位下相当。」（三三三頁）と、『弘法大師著作全集』第三巻（一九七三年）では「田は田中姓。少弐は太宰府次官。伝は未詳。」（三〇九頁）と、『弘法大師空海全集』（一九八四年）では「「少弐」は太宰府の次官。「田」は、姓田中氏。伝は未詳。」（四七九頁）と記し、いずれもほぼ同じ内容であって、『性霊集便蒙』を出ていない。そのなかにあって、得仁は天保四年（一八三三）に撰した『弘法大師年譜』巻四で「田小弐未レ詳二何人一」といい、頭註に後にふれる『類聚国史』を引いて田中朝臣八月麻呂を「恐是人歟。尚俟二後考一。」という（『真言宗全書』第三十八、八四頁）。

（9） 『弘法大師年譜』巻四（『真言宗全書』第三十八、八四頁）。

（10） 守山聖真編著『文化史上より見たる弘法大師伝』二五七頁、一九三一年、豊山派御遠忌事務局。

（11） 註10に同じ。

（12） 松崎英一「平安初期の帥弐」（『九州歴史資料館開館十周年記念 大宰府古文化論叢』上巻、三九三頁、一九八三年）。

（13） 合本『大蔵会展観目録』所収第十三回大蔵会陳列目録、二三一頁（一九八一年十一月合本復印、文華堂書店）。

(14) ちなみに、田口朝臣息継の経歴を『日本後紀』によってみると、つぎのようになる（『新訂増補 国史大系』〈以下、『国史大系』と略称す〉により巻数と頁数を漢数字・アラビア数字でカッコ内に併記する）。

延暦十六年（七九七）正月七日正六位上から従五位下にのぼり（五・8）、同年二月十五日雅楽助に任ぜられ（五・11）、同月二十四日鋳銭次官に転じた（五・12）。大同元年（八〇六）三月十八日田中朝臣八月麻呂、六位以下の六人とともに養役夫司となり（十三・54）、同三年五月九日右少弁につき、以前に任ぜられていた阿波守を兼ね（十七・70）、同年六月二十八日左少弁に転じた（十七・74）。弘仁元年（八一〇）九月十日権右中弁正五位下から右中弁にのぼり（二十・86）、同三年二月十日民部大輔（二十二・111）、同年八月朔日右中弁を歴任した（二十二・116）。いつ阿波守に任ぜられたかは不明であるが、大同三年五月以降、記録のとぎれる弘仁三年八月まで、ずっと阿波守を兼任していた。なお延暦二十三年六月二十日付「東大寺家地相換券文」には、「検校鋳銭長官従五位下田口朝臣『息継』」と自署しており、この当時従五位下にのぼり、鋳銭長官となっていたことが知られる（『平安遺文』第一巻、一九頁）。

このように、大同二年当時、従五位下と大宰少弐に相当する位階であり、また阿波守を兼任していたとはいえ、息継の官職は雅楽助・鋳銭次官・鋳銭長官・養役夫司・右少弁・左少弁・権右中弁・右中弁・民部大輔・右中弁と、一貫して都を中心とするものであったことから、大宰少弐に任ぜられた確立はうすいと考える。

(15) 高木訷元「兜率の山・高野への歩み—弘法大師の生涯—」（松長有慶・高木訷元・和多秀乗・田村隆照共著『高野山　その歴史と文化』一二四頁、一九八四年、法蔵館）。ここに「大宰府の帥（長官）は中務卿をかねた伊予親王であった」と記されるが、この伊予親王は藤原朝臣縄主に訂正されるべきであろう。なぜなら、大同元年五月九日、伊予親王は確かに「中務卿兼大宰帥」に任ぜられたが（『日本後紀』巻十三〈『国史大系』第三巻、五九頁〉）、九日後の同月十八日藤原朝臣縄主が正式に大宰帥に任ぜられた（『公卿補任』延暦二十五年条〈『同上』第五十三巻、七九頁〉）。これより、空海が帰朝したと考えられている大同元年十月には、まさしく藤原朝臣縄主が大宰帥であったからである。

(16) 註13に同じ。

(17) 職員令第二『令義解』第一（『国史大系』第二十二巻、五九～六〇頁）。

(18) 官位令第一『令義解』第一（『同右』第二十二巻、五～二八頁）。

(19) 『日本後紀』巻十三、大同元（八〇六）年二月丁未（十三日）条に、

勅。准レ令。大宰大弐是正五位上官。宜三改為二従四位下官一。(『国史大系』第三巻、五二頁)

とあって、大弐の相当位階が正五位上から従四位下に改められた。

(20) 大弐と少弐の職掌は、職員令第二に「大弐一人。掌らんこと帥に同じ。少弐二人。掌らんこと大弐に同じ。」とあって、大宰府次官として帥と同じであったことが知られる(『国史大系』第二十二巻、六〇頁)。ちなみに、帥の職掌は職員令第二につぎのようにある(『同上』第二十二巻、五九~六〇頁)。

帥一人。掌らんこと、祠社のこと、戸口《ごく》の簿帳のこと、百姓を字養《じよう》せんこと、農桑を勧め課《おお》せんこと、所部を糺《ただ》し察《み》んこと、貢挙、孝義、田宅、良賤、訴訟、租調、倉廩、徭役、兵士、器仗、鼓吹、郵駅、伝馬、烽候、城牧、過所、公私の馬牛、闌遺の雑物のこと、及び寺、僧尼の名籍のこと、蕃客、帰化、饗讌の事。

なお、記すにあたって日本思想大系3『律令』(一九七六年、岩波書店)を参照した(『同書』一九一頁)。

(21) 大宰府官人、とくに帥・大弐・少弐の補任・在任期間についての論考に、つぎのものがある。㈠田中篤子「大宰帥・大宰大弐補任表」(『史論』第二十六・二十七合併号、四九~九三頁、一九七三年)、㈡右田文美「大宰少弐考—附 大宰少弐補任表—」(『史論』第三十一号、二〇~五一頁、一九七七年)、㈢渡辺正気「八・九世紀の大宰府考究府官在任年表」(『九州歴史資料館研究論集』第五号、三〇~三九頁、一九七九年)、㈣松崎英一「平安初期の帥弐」(『九州歴史資料館開館十周年記念 大宰府古文化論叢』上巻、三七九~四〇一頁、一九八三年)。

(22) 各条文の末尾の( )内は、出典名と頁数を表わす。書名は、後=『日本後紀』、類=『類聚国史』、紀=『日本紀略』、公=『公卿補任』の略号で示し、巻数を漢数字で記した。頁数は『日本後紀』などが収載されている『国史大系』第三、五、十、五十三巻の頁数をアラビア数字で記した。

(23) 大伴宿禰弥嗣は、史料によっては弥継とも記されている。

(24) 藤原朝臣藤継も、藤継と藤嗣が混同して用いられている。

(25) 藤原朝臣藤継の経歴は、『公卿補任』弘仁三年条(『国史大系』第五十三巻、八六頁)と、『日本後紀』巻八、延暦十八年五月十日条・『日本後紀』巻十二、同二十三年一月二十四日条(『同書』第三巻、二一・三〇頁)によって記した。

(26) 『公卿補任』弘仁三年条(『国史大系』第五十三巻、八六頁)。

(27) 『弘法大師行化記』所収、大同二年四月二十九日付大宰府牒(『弘法大師全集』首巻、一九八頁、『弘法大師伝全集』第二、六二・九七・一四四・一八四～五頁、『平安遺文』第八巻、三三五一頁）。

(28)『日本後紀』巻十三、大同元年一月癸巳（二十八日）条（『国史大系』第三巻、五一頁）。

(29) この延暦二十三年正月二十四日、藤継が少弐・大弐いずれに任官されたかの問題については、櫛田良洪・高木訷元両師も大宰府牒の「大弐従四位下藤原朝臣藤嗣」を引いて論じている。高木師は「当時、藤嗣は少弐であったから、この牒自体、多少疑わしい点もある」といい（高木、前掲（註15）書、一二四頁）、櫛田師もつぎのように大宰府牒そのものに疑問を呈している（『空海の研究』二五七頁、一九八一年、山喜房仏書林）。

これは観世音寺三綱に太宰大弐従四位下藤原藤嗣の府牒である。因みにこの藤原朝臣藤継は弘仁三年正月十二日に「参議従四位上藤原朝臣藤継為二太宰大弐一」と『日本後紀』二十二に見えるので、「弘法大師行化記」の大宰府牒は眉唾物である。若し二年の誤とすると前後の話がつじつまが合わないし、（イ）大同二年（八〇七）五月には右近衛中将従四位上で右京大夫摂津守であってまだ太宰大弐にはなっていないし、（ロ）藤継が藤嗣になっている点などから「弘法大師行化記」の府牒は文体の上からも正しくないものであり、信頼し兼ねるものである。（傍線（イ）・（ロ）は筆者）

このなか、（イ）の部分の大同二年は、『日本後紀』巻二十一、弘仁二年（八一一）五月十四日条に、

右近衛中将従四位上藤原朝臣藤嗣為二兼右京大夫一。摂津守如レ故。（『国史大系』第三巻、一〇一頁）

とあることから弘仁二年の誤記であり、（ロ）の藤継と藤嗣とのちがいについては註24に記したように、史料中にも混同して使われるので問題とはなりえない。大宰府牒の全体の信憑性についてはしばらくおくとして、「大弐従四位下藤原朝臣藤嗣」の大弐の表記については、以下のごとく考えることはできないであろうか。高木・櫛田両師とも、官すなわち大弐・少弐のちがいには言及しているが、位階にはふれていない。そこで、まず藤継の位階であるが、『公卿補任』によると、藤継は延暦二十五年（八〇六）五月十八日に従五位上に、同年六月二十九日従四位下に昇り、大同四年（八〇九）四月十四日従四位上に進んでいる（『国史大系』第五十三巻、八六頁）。このことは、『日本後紀』巻十七、大同三年五月二十一日条に、「右京大夫従四位下藤原朝臣藤嗣為二兼兵部大輔一」とあることからも信じてよく、したがって府牒の「従四位下」は大同二年当時の藤継の位階としては正しいといえる。つぎに、官の大弐であるが、私はつぎのような事情を反映したものと解したい。つまり、延暦二十三年正月二十四日　藤継は大宰少弐に任ぜられ、大同元年正月二十八日　参議正四位下菅野朝臣真道が大宰大弐に任ぜられた。『公卿補任』大同二年条によると（『国史大系』第五十三巻、八〇～八一頁）、この年四月十六日、勅によって参議の号が停められ、かわって観察使が置かれた。真

道は四月二十二日、延暦二十四年正月十四日に任ぜられた参議を停められ、山陰道観察使についた。一方、大宰帥の藤原朝臣縄主も、同日延暦十七年八月十六日以来つとめた参議をとかれ、西海道観察使に任ぜられた。このように、大同二年四月大宰府の長官である帥の藤原縄主、次官の筆頭である大弐の菅原真道はともに参議から観察使に任ぜられていることから、この二人はおそらく遙任であったと思われる。とすると、大宰府で実際に実務にあたっていた最高責任者は、帥・大弐にかわって少弐がつとめていたことが考えられる。したがって、実際には少弐であったにもかかわらず、帥・大弐と同等の職掌をこなしていた少弐の一人藤継に対して、府牒を作成するとき、「大弐従四位下……」と記してしまったのではないかと考える。

(30) 『日本後紀』巻十七、大同三年五月壬寅（二十一日）条（『国史大系』第三巻、七一頁）。『公卿補任』弘仁三年条（『同上』第五十三巻、八六頁）。

(31) 『日本後紀』巻十七、同右の条（『同右』第三巻、七一頁）。

(32) 『日本後紀』巻八、延暦十八年一月甲戌（二十九日）条（『同右』第三巻、一六頁）。

(33) 『日本後紀』巻十三、大同元年二月庚戌（十六日）条（『同右』第三巻、五二頁）。

(34) 『日本後紀』巻二十、弘仁元年九月丁未（十日）条（『同右』第三巻、八六頁）。

(35) 『日本後紀』巻二十二、弘仁三年九月丙子（二十一日）条（『同右』第三巻、一一九頁）。

(36) 少弐の任期を明記したものを知らないが、藤継に替って少弐となった紀朝臣長田麻呂の経歴からも、ほぼ三ないし四年で交替したであろうことが推察できる。すなわち、長田麻呂は大同三年（八〇八）五月二十一日、藤継の後任として少弐になり、弘仁三年（八一二）正月二十一日、玄蕃頭に転じ、同日長田麻呂に替って藤原朝臣葛成が少弐に任ぜられており、長田麻呂は三年八ヶ月弱のあいだ少弐であった。

(37) 渡辺正気氏も同様の見方をしている（前掲（註21(三)）論文、三六頁）。

(38) 『類聚国史』巻六十六、弘仁十四年七月甲戌（二十二日）条（『国史大系』第五巻、二八〇頁）。

(39) 『日本後紀』巻十七、大同三年八月辛未（二十二日）条（『同右』第三巻、七六頁）。

(40) 『日本後紀』巻二十四、弘仁五年九月戊戌（二十五日）条（『同右』第三巻、一二八頁）。

(41) 註38に同じ。

(42) 『日本後紀』巻十七、大同三年十一月甲辰（二十七日）条（『国史大系』第三巻、七九頁）。

(43)　田中朝臣の姓をもつ人物として、『続日本紀』には延暦以前に、飯麻呂・稲敷・浄足・小麻呂・多太麻呂・足麻呂・難波麻呂・法麻呂・広根・三上の十名を数えることができる。また、『日本三代実録』には貞観年間（八五九〜八七七）に、厚子・保子の二名を見いだすことができるが、いずれも少弐田中朝臣との直接的な関係はうすいと考えられるので、ここには取りあげなかった。

(44)　千尋の記録は天長二年（八二五）一月七日、正六位上から従五位下になった一つだけである（『類聚国史』巻九十九〈『国史大系』第六巻、一六頁〉）。

(45)　真氏の記録も、天長六年（八二九）一月七日、正六位上から従五位下になった一つだけである（『類聚国史』巻九十九〈『同右』第六巻、一九頁〉）。

(46)　許侶継は天長十年（八三三）五月八日　左衛門少尉で正六位上から従五位下にのぼり（『続日本後紀』巻一〈『同右』第三巻、一一頁〉）、承和元年（八三四）正月十二日、左衛門権佐に任ぜられた（『同上』巻三〈『同右』第三巻、二二頁〉）。

(47)　真成は承和六年（八三九）九月七日従五位下で玄蕃頭に任ぜられた記録だけである（『同右』巻八〈『同右』第三巻、九一頁〉）。

(48)　大宰府官人の任官記録と同様、各条文の末尾に出典名と頁数をあげた。書名は、続＝『続日本紀』、後＝『日本後紀』の略号で示し、巻数を漢数字で記した。頁数は両書が収載されている『国史大系』第二・三巻の頁をアラビア数字で記した。

(49)　つまり、弘仁元年十一月二十二日清人が従五位下から従五位上に昇進し、翌二年七月二十三日従五位上の浄人が大蔵少輔に任ぜられている。名前の漢字がことなるので一見別人にみえるが、弘仁二年の位階が前年昇進した従五位上になっており、前後で矛盾しないことをいう。

(50)　吉川弘文館発行の『六国史索引』二・三も、清人と浄人を同一人物とみなしている（『同書』二、一一〇頁、『同書』三、六八頁）。

(51)　『日本後紀』巻十三、大同元年五月甲子（一日）条（『国史大系』第三巻、五八頁）。

(52)　大同三年六月九日条にも「正五位下百済王聡哲為二刑部大輔一。越後守如レ故。」とあって、大同元年五月に百済王聡哲が越後守に任ぜられたことは、間違いない（『同右』第三巻、七三頁）。

(53)　合本『大蔵会展観目録』二二九〜二四七頁（前掲（註13）書）。

(54)　註13に同じ。理解できる範囲で読点・返り点を付し、人名と考えられる個所の右に圏点を入れた。↓補遺1

(55)　「海要覧者任意」とは「空海が必要に応じてご覧になりたい時はご随意になさって結構です」といった意味か。↓補遺2

(56)　『性霊集』巻七「田少弐の願文」（『定本全集』第八巻、一二四頁）。

(57) 空海の『御請来目録』・『三十帖策子目録』には『千手儀軌』に相当する典籍は見あたらない。また、千手観音関係のものとしては、『御請来目録』に「金剛頂瑜伽千手千眼観自在念誦法　一巻」が見いだされるにすぎない（『定本全集』第一巻、九頁）。

(58) 『続日本後紀』巻二、天長十年十一月庚午（十八日）条（『国史大系』第三巻、一八頁）。

(59) 『続日本後紀』巻五、承和三年七月癸酉（六日）条（『同右』第三巻、五六頁）。

(60) 『続日本後紀』巻八、承和六年一月甲子（十一日）条（『同右』第三巻、八四頁）。

(61) 『続日本後紀』巻十、承和八年三月辛卯（二十日）条（『同右』第三巻、一一八頁）。

(62) 『続日本後紀』巻十、承和八年閏九月甲子（二十八日）条（『同右』第三巻、一二三頁）。

(63) 『続日本後紀』巻十五、承和十二年一月甲寅（七日）条（『同右』第三巻、一七三頁）。

(64) 『続日本後紀』巻十五、承和十二年七月戊申（三日）条（『同右』第三巻、一七八頁）。

(65) 『続日本後紀』巻十六、承和十三年一月乙卯（十三日）条（『同右』第三巻、一八四頁）。

(66) 『行歴抄』（『大日本仏教全書』百十三、二九三頁）。小野勝年『入唐求法行歴の研究』下（四〇三～四〇五頁、一九八三年四月、法蔵館）を参照させていただいた。

(67) 『日本三代実録』巻六、貞観四年四月六日甲辰条（『国史大系』第四巻、九〇頁）。

(68) 敬光編『智証大師年譜』貞観十六年甲午条（『智証大師全集』下巻、一三九一頁、一九一八年十二月、園城寺事務所）。

(69) 空海と九州・大宰府関係者との交友は、大宰少弐田中朝臣某だけでなく、入唐帰朝の際の遣唐判官で『御請来目録』の進献を託した高階真人遠成、空海の書簡が残る筑前太守栄井王・大宰府安少弐などとの交友もあげることができる（『高野雑筆集』には五通の書簡がみられる〈『定本全集』第七巻、一〇四・一一〇・一一二・一一三・一一七～一一八頁〉）。したがって、これらの人々との交友についても検討するつもりであったが、紙数の関係もあって論じることができなかった。後日を期したい。

（付記）脱稿後、本稿で取りあげた『千手儀軌』が、『大正新脩大蔵経』第二十巻所収の不空訳『金剛頂瑜伽千手千眼観自在菩薩修行儀軌経』二巻（一〇五六番、七二～八三頁）の校本として依用されていることを知った。『大正蔵経』の脚注に記されている『千手儀軌』の奥書（同経・八一頁）は、つぎのようにあり、「大蔵会陳列目録」のそれと語句が若干異なっている（圏点は相違する語句）。

蔵本批云、見説此唐梵対書大悲瑜伽本末両巻、並是高雄空海和上、以大同初従唐帰大宰自書之付伝少弐田中朝臣、弐家良君就図書頭惟良貞道宿禰学問、仍言次将奉宿禰、宿禰令詮暉法王子収山坊、円珍面承宿禰、海要覧者任意云云、今暉子没無人収之、

故以喚納珍所、

元慶五年五月十七日　沙門円珍記

延久四年九月十一日奉受了　暹誉

保延六年潤五月十一日奉随円阿闍梨受了　俊皎

この奥書の内容の検討、および『千手儀軌経』と千手観音曼荼羅との関連などについては、稿を改めて論じることにしたい。

同じく脱稿後、延暦二十四年（八〇五）四月二十四日付で東大寺にあてた太政官牒（『平安遺文』第一巻、二〇頁）に、

使造宮少属従七位上田中朝臣名守

とあり、田中朝臣名守の名をみいだすことができた。しかし、名守の位階は従七位上であって、大宰少弐に相当する位階である従五位下とはずいぶんかけはなれている。したがって、大同二年（八〇七）の時点で、名守が大宰少弐に任ぜられた可能性は極めて低く、名守をもって田少弐とみなすことはできないと考える。

【補遺1】

唐から帰朝した空海が書写して田少弐に付伝した『千手儀軌』の奥書について、後藤昭雄氏が新しい写本を紹介している（同著『天台仏教と平安朝文人』三七~四二頁、二〇〇二年、吉川弘文館）。新しい写本とは、大阪河内長野市の金剛寺蔵本である。この写本によると、東寺宝菩提院本では意味のとれなかったところが氷解する。この著書には、奥書部分の写真が収載されている。これにもとづいて奥書を翻刻しておきたい。

蔵本批云、見説、此唐梵封書大悲瑜伽本／末両巻ハ並是レ高雄ノ空海和上、以大同ノ初ニ、従／唐ニ帰大宰ニ、自書之ニ、付伝少弐田中朝臣、弐家／郎君、就図書頭惟良貞道宿禰学問、仍／言次将奉宿禰、々々、令詮暉法子権収山／坊、円珍面承宿禰誨、要覧者任意ニ云云、／今暉子没、无人収之ニ、故以喚納珍所、／

元慶五年五月十七日　沙門円珍記

＊「々々」は「之」、「円珍面」の「面」は挿入符号を付し右傍に書く。「誨」ははじめ「海」と書き、左傍に訂正符号を付し、右傍に書く。

【補遺2】

「海」の解釈に窮して「空海が必要に……」としたが、金剛寺本によると「海」は「誨」の誤写であった。

附論2　弘福寺別当攷

はじめに

弘福寺は、奈良県高市郡明日香村大字川原にあって、川原寺とも称された。飛鳥・藤原京の時代には、大官大寺・飛鳥寺・薬師寺とともに四大官寺の一つであった。その創建年代は、異説が多いけれども、天智天皇（六六八～六七一在位）のころとみる説が有力である。(1)

『遺告二十五箇条』（以下『御遺告』と略称す）の「弘福寺を以て真雅法師に属すべき縁起第三」によると、弘福寺は京から高野山への往還の宿所として淳和天皇から空海がたまわったとする。(2) これが事実であるならば、弘福寺は天長年間（八二四～八三四）に真言宗に属することになったとみなされる。一方、東寺には、九世紀後半から十世紀初頭にかけての弘福寺検校・別当の補任に関する太政官牒六通が伝存する。これらの官牒はつとに注目され、すでにいくつかの論考がみられる。(3) 特に、六通の太政官牒と『御遺告』との関係について、大多数の先学は、『御遺告』の記述は九世紀末に弘福寺が東寺の末寺となったあとに創作されたものであるとみなされている。これに対して、私は若干見解を異にする。

そこで、本稿ではまず六通の太政官牒の内容を検討し、ついで『御遺告』の縁起第三が書かれるにいたった経緯について、私見を述べることにしたい。

一　六通の太政官牒

はじめに、東寺に伝存する六通の太政官牒とその内容を年代順にみておきたい。(4)
まず、東寺に伝存する太政官牒六通のリストをあげてみよう。

1貞観十七年（八七五）三月　十六日付　真然を検校に任ず
2貞観十八年（八七六）九月　七日付　寿長を別当に任ず
3元慶　三年（八七九）二月二十五日付　聖宝を別当に任ず
4元慶　七年（八八三）三月　四日付　聖宝を別当に重任す
5寛平　六年（八九四）　月　日付　聖宝を検校に任ず
6延喜　三年（九〇三）十月二十六日付　観賢を別当に重任す

以下、一つ一つの太政官牒の本文をあげ、その内容を確認しておく。

㈠貞観十七年（八七五）三月十六日付太政官牒

太政官牒弘福寺
　　権律師法橋上人位真然
右、右大臣宣、件律師宣
為彼寺検校者、寺宜承知、

依宣行之、牒到准状、故牒、

貞観十七年三月十六日右大史正六位上山田宿禰弘宗牒

参議正四位下行左大弁兼讃岐守藤原朝臣(5)

権律師法橋上人位の真然が、弘福寺検校に補任されたときの官牒である。この官牒には、前任者との交替に関する文言等が一切みられない。よって、このとき真然が初代の弘福寺検校に任ぜられたと考えておきたい。(6)

(二)貞観十八年(八七六)九月七日付太政官牒

太政官牒弘福寺

伝燈法師位寿長年五十　臈廿九大安寺

右、右大臣宣、件法師宜補別当、

伝燈大法師位貞操秩満之替

者、寺宜承知、依宣行之、牒到

准状、故牒、

貞観十八年九月七日正六位上行左少史印南野臣「宗雄」牒

従五位上守左中弁藤原「朝臣」(7)

伝燈法師位の寿長が、貞操の秩満の替りとして、弘福寺別当に補任されたときの官牒である。貞操がいつから別当であったかは、貞操に関する史料がこの文書だけであるため、詳らかにしえない。

(三)元慶三年(八七九)二月二十五日付太政官牒

太政官牒弘福寺

伝燈大法師位聖宝年五十一臈卅　東大寺
右、右大臣宣、件法師宜補彼寺別
当、伝燈大法師位寿長辞退之替
者、寺宜承知、依宣行之、牒到准状、
故牒、
元慶□（三）年二月廿五日右大史正六位上印南野臣「宗雄」牒
参議正四位下行左大弁兼左近衛中将近江権守源「朝臣」(8)

伝燈大法師位の聖宝が、寿長の辞退したあとをうけて、弘福寺別当に補任されたときの官牒である。寿長が別当を辞退した理由は、別当から検校に昇格したためではなかったか、と上島有・佐伯有清の両氏はみなしている。(9) この当否についてはあとで詳述したい。

(四)元慶七年（八八三）三月四日付太政官牒

太政官牒弘福寺
応重任別当伝燈大法師位僧聖宝
右、右大臣宣、奉　勅、件聖宝
宜更延壱任者、寺宜承知、
依宣行之、牒到准状、故牒、
元慶七年三月四日左大史正六位上兼行竿博士家原朝臣「高我」牒
正五位下守右中弁兼行大学頭紀伊守巨勢「朝臣」

「　　　　到来八月三日
奉行
検校権律師　　都維那「栄仁」
別　当
上　座「智契」
寺　主「延高」(10)　　」

同じく伝燈大法師位の聖宝が、弘福寺別当に重任されたときの官牒である。この文書の後半にみえる「検校権律師」とは誰か明らかにしえない、と石上英一氏はいわれる(11)。これについても、あとで詳述しよう。

㈤寛平六年（八九四）月　日付太政官牒

太政官牒弘福寺
　権律師法橋上人位聖宝
右、大納言正三位兼行左近衛大将皇
太子傅陸奥出羽按察使源朝臣能有
宣、件聖宝宜補彼寺検校、伝燈大
法師位寿長死闕之替者、寺宜承知、
依宣行之、牒到准状、故牒、
　寛平(六)□　□外従五位下行右少史兼春宮少属□
遣唐副使従五位上兼守右少弁行式部少輔文章博士讃岐介紀「朝臣」(12)

権律師法橋上人位の聖宝が、寿長の死闕の替わりとして、弘福寺検校に補任されたときの官牒である。この文書で問題となるのは、磨滅によって日付が今一つ不確かなことである。ここには、『大日本史料』・上島有氏の説にもとづいて寛平六年のものとして掲げた。(13) これが正しければ、聖宝はこの年十二月二十二日に権律師に任ぜられているので、弘福寺検校補任はそれ以後の十日足らずのあいだに限定できることになる。(14)

㈥延喜三年（九〇三）十月二十六日付太政官牒

太政官牒弘福寺
　応重任別当権律師観賢
右得彼寺牒偁、別当観賢以去昌泰
三年著任、今年既以秩満、在任之間、
有能無損、望請被重任、令済寺家給、
請官裁者、右大臣宣、奉　勅、依請者、寺
宜承知、依宣行之、牒到准状、故牒、
　　延喜三年十月廿六日　正六位上行右少史菅野朝臣「正職」牒
従四位下行左中弁兼□□□（木工頭）源「朝臣」(15)（傍線筆者）

権律師の観賢が、弘福寺別当に重任されたときの官牒である。傍線部に「去昌泰三年著任」とあることから、はじめて補任されたのは昌泰三年（九〇〇）であったことが知られる。

右にみてきた六通の太政官牒を整理すると、表17のようになる。

表17から、二つのことを指摘しておきたい。その第一は、年代が大きく飛んでいる個所があるので、さきにみた六

通以外にも検校・別当を補任したときの文書が存在したことである。たとえば、検校については真然が最初の任期を終えたであろう元慶三年から寿長が任ぜられた際にいたる三ないし四回の補任がおこなわれ、別当に関しては聖宝が重任の任期を終えたであろう仁和三年（八八七）から観賢が任ぜられた昌泰三年にいたる間に、少なくとも二回の補任がおこなわれたと考えられるからである。[16]

第二は、六通の官牒で検校・別当に任ぜられた真然・寿長・聖宝・観賢の四人は、すべて真雅の弟子・孫弟子であったことである。具体的に記すと、[17]真然は真雅の付法の弟子であり、聖宝は真雅の入室の弟子であるとともに真然の付法の弟子であった。観賢は同じく真雅の入室の弟子であるとともに聖宝の付法の弟子であり、寿長は真然の付法の弟子であった。このように、この四名は真雅一族と称してもよい僧たちであった。

表17　弘福寺検校・別当補任一覧（表中の㈠〜㈥は文書番号）

西暦	和暦	弘福寺検校	弘福寺別当
	?		貞操任㈡
八七五	貞観十七	三・十六　真然任㈠	
八七六	〃　十八		九・七　寿長任（貞操秩満）㈡
八七九	元慶　三		二・二十五　聖宝任（寿長辞退）㈢
八八三	〃　七	八・三　真然㈣	三・四　聖宝重任㈣
	?	寿長任㈤	
八九四	寛平　六	十二・　聖宝任（寿長死闕）㈤	
九〇〇	昌泰　三		観賢任㈥
九〇三	延喜　三		十・二十六　観賢重任㈥

二　『御遺告』の縁起第三——空海への給与説——

ここで、弘福寺は高野山への往還の宿所として淳和天皇から空海がたまわったと記す『御遺告』の縁起第三の内容を確認しておきたい。本文をあげると、つぎのようになる。

一、以二弘福寺一ヲ可レ属二真雅法師一ニ縁起第三

右ノ寺ハ是レ飛鳥浄三(ママ)原ノ宮ノ御宇天武天皇ノ御願也。而ニ天長ノ聖主垂《クタ》シテレ勅ヲ永常《ヒタスラ》ニ加ヘテ二東寺一ニ可二修治一ス之由畢ヌ。伏シテ惟レハ聖恩ハ是依三テ少僧通《カヨ》ヒ二詣《マウ》ツルニ高野一ニ所レノ給フ宿処而已。依レ之少僧永ク可二キ師師相伝シテ修治一ス者ノ也。但真雅法師一期ノ後者諸ノ弟子之中ニ在前ニ出身セム者ノ可レシ掌《ツカサト》二ル東寺一ヲ。不レ可レ求二ム年臈ノ次第一ヲ。亦門徒之間ニ以テ二一《モハラ》成立《ナリタ》タム一ヲ可シレ為二長者一ト。為《タ》ラム二長者一者ノ可レ加ヘ二掌《ツカサト》ル弘福寺一ヲ。称《ナ》ツク二仏陁宮一ト。非レス為《ス》ルノミニ二己《ヲノレ》カ宿所一ト厳《イツクシク》センコトヲ二仏ノ修治一ヲ為《ス》二ル宗ノ計《ハカリコト》一ト(18)也。

内容を整理すると、以下の八ヶ条にまとめることができよう。すなわち、

一、弘福寺は、飛鳥浄御原宮に都があった時代に、天武天皇の御願として建立されたこと。
二、天長天皇、すなわち淳和天皇は、弘福寺を東寺に付嘱して永く修治すべきことを勅されたこと。
三、この天皇の恩を考えてみるに、私（空海）が高野山に通い詣でるための宿所としてたまわったものであること。
四、私は弘福寺を永く師々相伝して修治すべきこととし、いま真雅法師に付嘱すること。
五、真雅一期のあとは、諸弟子のなか、私が存命中（在前）に出家した者をもって東寺を管掌すべきこと。決して臈次の順序とすべきでないこと。

六、（東寺）長者は、門徒のあいだを上手にまとめられる者（亦門徒之間以一成立）をもって選ぶべきこと。
七、（東寺）長者となった者は、弘福寺を管掌すべきこと。
八、弘福寺は宿所としてだけ利用するのではなく、仏陁宮と称し、仏事を厳修すべきことを宗規とする。

といった内容になろう。

『御遺告』は、古来、空海の遺言状と信じられてきたけれども、明治以降、空海真撰が疑問視され、今日では十世紀中ごろの撰述とみる説が有力である[19]。このことは、右にあげた七に「（東寺）長者が弘福寺を管掌すべし」とあるにもかかわらず、六通の太政官牒によって検校・別当に任ぜられた真然・寿長・聖宝・観賢は、少なくとも補任された時点ではだれ一人東寺長者でなかったことも[20]、『御遺告』の成立がこれら四名の補任よりも降ることを物語っていよう。

それはさておき、弘福寺の検校・別当を補任したときの六通の官牒、および『御遺告』との関係にふれた論考があるので、節をあらためて紹介しよう。

三　先行研究の検討

上述した弘福寺の検校・別当への補任、ならびに『御遺告』との関連について論じた先行研究に、つぎのものがある。

一、福山敏男「川原寺（弘福寺）」　一九四八年二月刊
二、堀池春峰「弘法大師と南部仏教」　一九七八年三月刊
三、上島有『東寺文書聚英　解説篇』　一九八五年十月刊

四、石上英一「弘福寺文書の基礎的考察」一九八五年三月刊
五、佐伯有清「弘福寺の別当」一九九一年六月刊

以下、順次その内容を一瞥してみたい。

第一に、福山敏男氏は、弘福寺の歴史を論じるなかで、

東寺文書の貞観十七年三月の太政官牒に、権律師真然を弘福寺の検校となすとあり、弘福寺と真言宗との関係はここに始まる。真然は弘法大師の弟子であるから、真然の事蹟から、後になつて溯つてその師の弘法大師が弘福寺を朝廷より賜はつたと云ふ説が云ひ出されたのであらう。同じ東寺文書の貞観十八年九月の太政官牒には、貞操の秩が満ちた替として大安寺の僧寿長を弘福寺の別当に任ずることを記し、同じく寛平六年の太政官牒には、寿長の死闕の替として聖宝を弘福寺の検校に補することを記してゐる。(21)

と記している。ここには、空海が弘福寺を朝廷からたまわったとの『御遺告』の説は、真然が検校に任ぜられた事蹟にもとづき、後世いい出された説である、と注目すべき指摘がなされている。はたしてこれは妥当な説であるかといえば、再考されるべきである、と私は考える。ここでは問題点を指摘するだけにとどめ、私見はあとで一括して述べることにしたい。

第二は、堀池春峰師である。(22)堀池師は、空海と大安寺との関係を論ずるところで、勤操が弘仁十一年（八二〇）十月弘福寺（川原寺）別当であったことから説きおこし、「淳和天皇の勅により、空海の高野山往還の宿泊を慮り、空海に附属し、空海より真雅に所管させたというが、その年紀は全く明らかでない」とし、

真雅在世中の貞観十七年（八七五）三月の太政官牒には、空海の甥真然が弘福寺別当に補せられ、翌十八年九月には弘福寺別当貞操の秩満の替りとして、大安寺寿長が任命されている。かかる史実よりみれば『御遺告』の所

伝は真言密教流布により弘福寺が密教化し、東寺末になった以後に生じた所伝といえる。

と、福山氏とほぼ同じ指摘をしている。ついで、「空海が大安寺別当に任ぜられたことは、まさに画期的なことであった」とし、「大安寺と空海の関係を考える上で注目すべき今一つの点は、甥智泉や真然の大安寺入寺の問題であろう」とされ、

> 空海と戒明、智泉・真然と大安寺、三論と真言宗の関係より帰納して、空海一族と大安寺の関係は、真言開宗期に果した影響はきわめて大なるものがあり、『御遺告』の如き大安寺を本寺とする所伝に発展し、二十歳の年長の勤操を空海の師として最も妥当とする伝承が生じたものと思われる。

と結論づけている。

この堀池説に対して疑義を呈すると、まず『御遺告』の淳和天皇が高野山往還の宿所として空海にたまわったとする説は、真然・寿長が検校・別当に任ぜられて弘福寺が密教化し、東寺末になったあとに生じた説とみなされる点である。その二は、貞観十八年九月七日付太政官牒の

> 伝燈法師位寿長年五十臈廿九大安寺[23]

を大安寺寿長とみなし、大安寺と真言教団、ひいては空海と大安寺との密接な結びつきの論拠とされる点である。この「大安寺」は、本寺が大安寺であることを示しているのであって、官牒が発給された時点のことをいっているのではない。貞観十八年当時の寿長は、真然のもとで真言僧として活躍しており、決して大安寺僧とはいえないと考える。[24]その三は、弘福寺が真言化する背景として、大安寺の役割を強調される点も気になるところである。

第三は、上島有氏である。[25]上島氏は専門の古文書学の立場から、上にあげた六通の太政官牒に解説を加えている。そのなかで、㈠これらの文書は弘福寺の検校・別当の補任状であること、㈡弘福寺の寺務機関は、検校・別当および

三綱からなっていたこと、㈢検校・別当は、弘福寺が空海に高野山往反の宿所として勅給されて以降は、空海の弟子たちが代々これらの役職に任命されたこと、などを指摘している。

上島氏の解説に対して疑問をいだく点の第一は、高野山往反の宿所として弘福寺が空海に勅給されたことを事実とみなし、代々の検校・別当に空海の弟子たちが任ぜられたとみなすことである。その二は、元慶三年（八七九）二月、寿長辞退のあとをうけて聖宝が別当に補任されたわけであるが、この寿長辞退の理由を検校に昇格したためであったとみなす点である。前者については、今日、空海が弘福寺を勅給されたとする確証はない。後者については、あとに詳述するごとく、昇格したためではなく、師の真然が多忙を極めることになったので、高野山の経営をはじめ、師の仕事を肩替わりするためであったと考える。

第四は、石上英一氏である。(26)石上氏は、堀池春峰氏の説を全面的に継承して、「空海の甥の智泉・真然が初め大安寺僧であった」こと、その真然が貞観十七年に弘福寺検校に任ぜられ、翌貞観十八年には大安寺僧寿長が別当に補任されたことにもとづいて、大安寺と弘福寺、そして真言宗との関係を、

大安寺勤操の弘福寺別当補任に見られる如き大安寺の弘福寺への影響力の確立を利用して、空海及び真言宗・東寺の勢力は真言僧を検校・別当に送込むことにより弘福寺を支配下に入れたのである。その端緒が貞観十七年の真然の検校補任であった。かかる現実を基として、十世紀後半には『御遺告』第三条に記されるように、天長九年（八三二）に高野山往還の宿舎として弘福寺が空海に賜与され、更に空海が真雅に附属したという伝承が生れた。

と記している。

この石上説に対して二つの点で見解を異にする。その第一は、『御遺告』にいう高野山往還の宿所として弘福寺を

勅給したとする説は、貞観十七年の真然を嚆矢として真言僧が検校・別当に補任されたことをふまえて生まれた伝承であるとみなす点である。その二は、大安寺の弘福寺への影響力の確立を利用して、真言宗・東寺の勢力が真言僧を検校・別当に送り込むことにより弘福寺を支配下に入れたと、堀池氏同様、大安寺の影響力を強調する点である。石上氏が弘福寺への大安寺の影響力を論じるときにあげる勤操・智泉・真然・寿長のなか、勤操が弘福寺別当であったのは弘仁十一年十月であり(27)、智泉は天長二年に高野山で示寂しており(28)、真然が弘福寺検校に任ぜられた貞観十七年からはいずれも五十年も前のことである。真然・寿長は貞観年間に検校・別当に補任された僧であり、たしかに大安寺を本寺としたけれども、二人とも高野山を中心に活躍していた真言僧であって、もはや大安寺の僧とみなすことはできない、すなわち、真然は高野山第二世といわれるように、空海亡き後の高野山に住して、高野山が真言宗の根本となるべきであるとの信念のもと、空海が計画した高野山の伽藍を完成させた人物であった(29)。一方、寿長は真然の付法の弟子であり、貞観の末から示寂した寛平六年（八九四）までの二十余年のあいだ、師の真然に替わって実質的に高野山の経営にあたっていた人物であった(30)。以上より、真言僧の弘福寺への進出の背景に、大安寺の影響力を強調することは、再考されるべきであると考える。

第五は、佐伯有清先生である(31)。佐伯先生は、聖宝の伝記を叙述するなかで、聖宝が弘福寺別当・検校に補任された経緯をつぎのように記している。

　真雅の寂滅から二ケ月にもならない（元慶三年）二月二十五日に、聖宝は真然の門弟寿長が弘福寺の別当を辞退したのに替わって別当に補任されたのである。さらに聖宝は、任期四年が経《ママ》った元慶七年（八八三）三月四日に、ひきつづいて別当を重任し、結局、聖宝は弘福寺別当を二期八年勤めたのである。

聖宝を弘福寺の別当に引き立てたのは、真然であったことは確実である。というのは、真然は貞観十七年（八七五）三月に弘福寺の検校となっており、一期四年を勤めて、丁度聖宝が別当になった元慶三年に聖宝の先任者である寿長と検校の任を交替したらしく、いずれにしても真然は弘福寺を管理する地位にあったからである。真然は元慶三年に東寺の別当となっているので、そのために弘福寺の検校を辞したのであろう。

聖宝は、元慶七年（八八三）三月、弘福寺の別当に再任されている。その十一年後の寛平六年（八九四）に弘福寺の検校寿長が寂滅したため、そのあとを受けて聖宝は同寺の検校に補せられた。

この佐伯説に対しても、つぎの点で疑義をいだく。それは、聖宝が別当に任ぜられた元慶三年、聖宝の先任者寿長が検校に昇り、検校であった真然はその職を辞して東寺別当に転じたとみなす点である。後述するように、真然は元慶七年八月の時点でも、依然として弘福寺検校であった。また、真然が東寺別当として転出したとする説も疑わしい。なぜなら、この当時、東寺別当職が存在していたとは考えがたく(32)、おそらく東寺長者の想い違いであろうと想われるからである。(補註)

以上、ながながと先行研究をみてきたが、注目すべきことは、上島・佐伯の両氏をのぞく残り三氏がそろって、弘福寺は高野山往還の宿所として淳和天皇から勅給されたとの『御遺告』の説は、貞観十七年に真然が検校に補せられたあと、真言僧が相ついで検校・別当に補任され、弘福寺が真言化し、東寺末となった以後に生じた伝承である、とみなしていることである。

はたしてこれは妥当な説といえるのであろうか。その是非は節をあらためて論じることにしよう。

四　検校権律師・寿長辞退の理由

本題に入るまえに、さきに六通の太政官牒を紹介したとき、未解明の点および疑義ありとして保留にしておいた二つの問題について、私見を述べておきたい。

第一の未解明の点とは、元慶七年（八八三）三月四日付の官牒が弘福寺に到来したときの記録にみられる「検校権律師」である。石上英一氏は、この「検校権律師」が具体的に誰をさすかは不明である、という。私は真然であると考える。つぎに、その理由を記そう。

『類聚国史』巻百七十九、元慶六年五月十四日条に、真然の奏請によって真言宗の年分度者六人のうち、金剛峯寺分三人は金剛峯寺からの推薦者を待って試度すべきことを勅許したときの記録が見られる。そこに真然の肩書きが、

紀伊国伊都郡金剛峯寺別当権律師法橋上人位真照（ママ）等申牒偁[33]

と記されている。この当時、権律師・法橋上人位で金剛峯寺別当の職にあった「真照」なる人物は見当らず、この「真照」は「真然」の書き誤りといえる[34]。これより、元慶六年五月十四日の時点で、真然は金剛峯寺別当でかつ権律師であったことが知られる。

一方、『日本三代実録』巻四十四、元慶七年十月七日条に、

権律師法橋上人位真然為二権少僧都一[35]。

とあり、この日、真然は権律師から権少僧都に昇補されている。『僧綱補任』をみても、元慶七年三月四日付の官牒が弘福寺に到来した八月三日の時点で、弘福寺検校を勤めることができ、権律師に該当する人物は、真然をおいて他

にいない(36)。

以上より、真然は少なくとも貞観十七年（八七五）三月十六日に初代の弘福寺検校に補任されてから元慶七年八月まで、一貫して検校職にあったと考える(37)。

第二は、疑義ありと記した元慶三年二月二十五日付官牒の「寿長辞退」の理由についてである。

この日、寿長の辞退のあとをうけて、聖宝が弘福寺別当に任ぜられた。この「寿長辞退」の理由を、上島有・佐伯有清の両氏は検校に昇格したためではなかったかとみなす。かつて私も同様に推測したけれども(38)、真然が元慶七年八月の時点でも弘福寺検校であったことがさきに確認できたので、検校への昇格説は成り立たない。

では、いかなる理由が存在したのであろうか。さきに私は、師の真然の身辺が多忙を極めることになったので、高野山の経営をはじめ、師の仕事を肩替りするためであった、と述べた。ここで、少し説明を加えてみたい。

寿長が別当職を辞退した元慶三年正月三日、真然の師である真雅が示寂した(39)。真雅のあと、東寺一長者には天台宗出身の宗叡が任ぜられた。真然と宗叡は何かにつけて対立し不仲であったと伝えられており、真雅の示寂にともなって、真然には都における多忙な日々が訪れたのではなかったかと考える。そこで寿長は、真然に替わって主に高野山の諸事万端をまかされたのではなかったかと想われる。以下にあげる『高野春秋編年輯録』（以下『高野春秋』と略称す）の記事が、このあたりの事情を物語っていよう。すなわち、『高野春秋』巻第三、寛平元年（八八九）条に、

三月廿一日。然師以㆓此山㆒全附㆓属寿長僧都㆒。老倦故也。行年八十七。

同月。寿長師任㆓高野座主㆒。考。座主次第記。仁和五年。寿長僧都任㆓高野座主㆒。（五年即寛平元也。）(40)　（傍線筆者）

とあり、この年の三月、寿長は新たに置かれた高野山座主職に任ぜられ、高野山のすべてを真然から付嘱されている。

また、『同書』巻第三、寛平六年条には、

寛平［考］一本無寛平二字。六年甲寅春正月朔日。座主寿長朝拝山務執行于爰廿个年。譲二法弟無空律師一。(41)
同月　日。権律師無空補二座主一。是依二長師之執奏一也。寿長師退位替。（傍線筆者）

とあって、この年の正月、座主職を権律師無空に譲っているが、ここに「山務を執行すること二十ヶ年」とあり、これを信ずるならば、寿長は貞観十七年ころから山務を執りおこなっていたことになる。(42) とすると、寿長は真雅の存命中から真然の片腕として高野山の経営に加わり、真雅の示寂後は真然に替わって山務をとりしきっていたことが考えられよう。

それはともあれ、以上より、元慶三年二月に寿長が弘福寺別当職を辞退したのが、検校に昇格したためでは断じてなかったといえよう。

五　真雅の別当補任説

さきに紹介した先行研究のなかで、福山敏男・堀池春峰・石上英一の三氏は、空海が高野山往還の宿所として淳和天皇から弘福寺をたまわったとする『御遺告』の説は、貞観十七年（八七五）以降、真然をはじめとする真言僧が弘福寺検校・別当に任ぜられたことをふまえて後世創作された、とみなしていた。この説は、はたして妥当な説といえるのであろうか。私は、再考されるべきであると考える。

それは、真雅のもっとも古い伝記である『故僧正法印大和尚位真雅伝記』（以下、『真雅伝記』と略称す）に、

承和二年有レ勅任二弘福寺別当一。時卅五。臈十七。(43)

と、承和二年（八三五）に勅によって真雅が弘福寺別当に任ぜられたと記しているからである。この『真雅伝記』は、

その末尾に、

右件伝記、弟子等相共甄録如二前件一。

寛平五年六月三日[44]

とあって、真雅の示寂後十四年目の寛平五年（八九三）に、真雅の弟子達が撰述したものである。単に成立年代が一番古いというだけでなく、『日本三代実録』元慶三年（八七九）正月三日条の真雅卒伝が全面的に『真雅伝記』にもとづいて書かれている[45]ということからも、真雅の伝記のなかで、内容的にも極めて信憑性の高い史料であると考えられる。

しかしながら、さきにみた先行研究ではだれ一人この史料に言及していない。弘福寺別当の初出史料は、弘仁十一年（八二〇）十月十七日付の「川原寺牒」である。そこには三綱とともに別当の勤操が、

別当少僧都伝燈大法師「勤操[46]」

と自署しており、これより承和二年の時点で別当が置かれていたことは間違いなく、その職に真雅が任ぜられることも十分ありうることであった。

とはいえ、勤操が別当であった弘仁十一年から真然が検校に任ぜられた貞観十七年までの五十年あまり、弘福寺の別当・三綱等に関する史料はこの『真雅伝記』以外に見当たらない。

では、承和二年に勅によって真雅が弘福寺別当に補任された説は、事実とみなしてよいのであろうか。いま一度、真雅をはじめ弘福寺に関係をもった人物の足跡を整理して、このことを検討してみよう。

真雅は、元慶三年正月三日に七十九歳で示寂している。したがって、真然が検校に補せられた貞観十七年三月、寿長が別当に任ぜられた同十八年九月は、真雅にとって最晩年ではあったが存命中であった。『真雅伝記』が成立した

寛平五年は、真雅の弟子たち、すなわち真然・寿長・聖宝・観賢がつぎつぎと弘福寺検校・別当に補任されていた、まさにその最中であった。したがって、これらの事実をふまえて真雅の別当補任説が創作されたとみなすこともできなくはない。

しかしそれは、つぎの二つの事柄が矛盾なく説明できた場合にのみ、成り立ちうる説といえよう。その一つは、『真雅伝記』が真雅の弘福寺別当補任をなぜ承和二年としたのかであり、いま一つは、なぜ貞観十七年以降、真雅の入室・付法の弟子たちが弘福寺検校・別当に連続して任ぜられたのかである。前者については、後世偽作された話とするならば、その必然性を見出しがたい。後者に関しては、真雅の存命中に真然・寿長が検校・別当に任ぜられていることから、その背後に真雅の意志を読みとることができる。すなわち、真雅は承和二年に別当に補任されてからずっとその職にあって弘福寺の実権を掌握しており、その立場を利用して真然と寿長を検校・別当につけ、その後真雅直系の僧が弘福寺検校・別当に補任される下地ができあがった、と考えると辻褄があう。つまり、真雅が弘福寺別当に補任された事実がまずあり、真雅の意志が反映されて、その後真雅直系の僧たちが検校・別当に任ぜられた、と考えるのである。

とすると、真雅はなぜ、貞観十七年三月に新たに設けた検校職に愛弟子の真然をつけ、弘福寺の経営をまかせたのであろうか。

一つ想起されることは、前年の貞観十六年三月二十三日、貞観寺の諸堂が完成したので、諸宗の高僧百人を屈請して大斎会が修されたことである(47)。『真雅伝記』によると、貞観寺には金剛界堂(太皇太后・藤原明子御願)・大堂礼堂(朝廷御願)・胎蔵堂(真雅私願)・新堂(太政大臣・藤原良房願)・南堂(真雅念誦堂)・灌頂堂食堂庻廊雑舎(寺所造)・宝塔(西三条右大臣・藤原良相願)・五大堂(同上)・経蔵鐘楼南大門(木工寮所造)といった堂塔が建てられたという(48)。この寺はもと嘉祥寺西院といい、貞観四年七月に貞観寺と改称された[49]。大斎会の願文によると、貞観寺は嘉祥三年（八五〇）三月、清和天皇が降誕するにあたり、藤原良房の請により、良房の娘染殿皇后のために尊勝法を修した道場にはじまるという[50]。このように、真雅にとって貞観寺はその当初から良房と相謀って建立した寺であるとともに、朝廷・政界の中枢と密接な関係をもつにいたった感慨深い寺でもあった。まさに畢生の大事業となった貞観寺が完成したいま、真雅は余生を静かに送りたいと願った。それは大斎会直後の貞観十六年七月、法務・僧正の職を辞したいと願い出ていることから間違いない[51]。それとともに、真雅は七十歳代の半ばに達していたので、年齢的にも、都における法務・僧正・東寺長者としての職掌以外に、貞観寺・弘福寺を管掌することは困難となりつつあったのではなかったか。そこで、都から遠い弘福寺に検校職を新設し、愛弟子の真然を送り込むことによって、間接的とはいえ、弘福寺の経営に関与できる態勢を残したのではなかったか、と考える。

では、なにゆえ真雅は、承和二年に三十五歳の若さで弘福寺の別当に任ぜられたのであろうか。

この年三月二十一日、真雅の師であり、実兄でもあった空海が高野山で閉眼した[52]。よって、閉眼を前にした空海が真雅を弘福寺別当に推薦したと考えられなくもないが、確証はない。一つ想い起こされることは、真雅は二十三歳のとき、勅命によって内裏において三十七尊の真言を梵号で唱えたところ、その珠を貫くがごとき美声に嵯峨天皇をはじめ聴くものはことごとく酔いしれたと、『真雅伝記』『日本三代実録』真雅卒伝などに記されていることである[53]。この強烈な印象によって天皇のおぼえめでたく、承和二年の弘福寺別当の撰任にあたり、真雅が撰ばれたとも考えられるが、これも推測の域を出るものではない。

ところでここに、真雅が別当に任ぜられた翌年、つまり承和三年五月の時点で、真雅が弘福寺に移住していたと考えてよい史料がある。承和三年五月五日付で、「日本国真言道場付法弟子実恵等」から唐長安青龍寺の「同法師兄」

にあてた書簡がある。(54) これは、承和の遣唐使の一員として真言宗から派遣される請益僧真済と留学僧真然に託して青龍寺に届けようとした書簡であり、空海が示寂したことをその師恵果和尚の墓前に報告し、あわせて恵果和尚の霊座料として夏冬の法服二襲を、供養青龍曼荼羅料として空海着用の衲袈裟一具を贈ることなどが記されている。このなかに、空海からの伝法の印可を受けた八人の弟子の一人として真雅の名が、

然ルニ門人蒙ル二伝法印可ヲ一者ハ。皇子禅師及ヒ牟漏ノ真泰。東寺ノ実恵。嶺東ノ杲隣。神護ノ忠延。弘福ノ真雅。東大ノ円明。入唐ノ真済法師等。各随テ二居処ニ一流二-伝ス秘教ヲ一。(55)（傍線筆者）

と記されている。この「弘福真雅」からは、真雅が別当職についていたかは判然としないけれども、「各おの居処に随って秘教を流伝す」と記されていることから、少なくともこの当時、真雅が弘福寺に居住していたことだけは疑いないといえよう。(56)

以上より、承和二年に真雅が勅命によって弘福寺別当に任ぜられたことは事実であったと考えるけれども、真雅と弘福寺を結びつける契機を明確にすることはできない。

おわりに――給与説の真実――

最後に、もう一度『御遺告』縁起第三の内容について考えてみたい。上述したごとく、縁起第三の主題は、淳和天皇からたまわった弘福寺を空海が真雅に付嘱する話であった。ではなぜ、このような伝承が生まれたのであろうか。

上来述べてきたことを総合すると、まず真雅が弘福寺別当に補任された事実があり、そのあとで空海が淳和天皇から弘福寺をたまわったとの説が付加され、さらに空海から真雅に付嘱されたとの話に発展した、と私は考える。

もし、このような見方が首肯されるならば、空海には弘福寺と結びつけられるだけの要素が存在したことを指摘できる。それは大同二年（八〇七）十月に勃発した伊予親王事件とのかかわりにおいてである。

伊予親王事件[57]とは、つぎのような一連のできごとをさす。すなわち、大同二年十月二十七日、大納言藤原雄友は藤原宗成が伊予親王にすすめて、ひそかに不軌をはかっていることを聞き、右大臣の藤原内麻呂にこのことを告げた。伊予親王も宗成が自分に謀叛のことを勧めたと奏したので、宗成を左近衛府に繋留した。同月三十日、宗成を左衛士府に移して取り調べたところ、宗成は、叛逆の首謀は親王であると申したてたので、安倍兄雄・巨勢野足らに兵百五十人を率いさせ、親王の第を囲み、親王を捕えた。十一月二日、親王とその母藤原吉子を川原寺（弘福寺）の一室に幽閉し、飲食をとらせなかった。同月十一日、この事件に関係した人物の官を解き、伊予親王を廃する状を桓武天皇陵に報告した。翌十二日、親王母子は薬を服して薨じ、十三日に宗成らが諸国に配流され、事件は一応の決着をみた[58]。

伊予親王事件は大同二年のできごとであったが、その後、天皇の不予・疫病の流行・旱・飢饉・頻発する地震など社会不安をまねく事象がおきるたびに、川原寺および川原寺と道一本へだてた北に隣接する橘寺において、誦経・追善の法会が執りおこなわれた。たとえば、弘仁元年（八一〇）、嵯峨天皇は不予により正月元旦の朝賀を廃朝し[59]、七月になってもその病は回復しなかった。そこで、七月十三日川原・長岡両寺に使を遣わして誦経させ[60]、同十八日には天皇の病気は高畠陵すなわち乙牟漏の祟りによるものとされ、右大弁藤原藤継・陰陽頭安倍真勝らを高畠陵に遣わして鎮祭させている[61]。また、同二十日には精行の禅師を延晒して天皇の病に侍せしめ[62]、同二十六日には天下諸国に七日のあいだ殺生を禁断せしめ[63]、翌二十七日崇道天皇・伊予親王・藤原吉子のために百三十人を度し[64]、二十九日には崇道天皇のために川原寺において法華経一部を奉写させている[65]。さらに、翌三十日藤原藤継を使として伊勢大神宮に奉幣し[66]、八月八日にも石上神に奉幣し[67]、同十一日には太政官において百五十僧を招じて七日のあいだ薬師法を行ぜしめるなど[68]、天皇の病気本復のためにあらゆる手段がこうじられた。天皇の病状がもっとも悪かった七月、伊予親王とその母吉子が幽閉されていた川原寺において、二度にわたって誦経・写経がおこなわれ、そのなかで崇道天皇（廃太子早良親王）[69]とともに伊予親王・吉子にも度者が授けられていることは、天皇の不予はこれら三人の怨霊のなせることと認識されていたからにほかならない。

一方、天長四年（八二七）の正月、天皇は病気がちであった。聖体不予のため、元日の朝賀の儀が停止され[70]、五日には大和国高市郡にあった高志内親王の墾田十町を春秋の悔過料として橘寺に施入し、綿三百屯をもって川原寺に誦経し、東西両寺においては四十九僧を屈請して七日のあいだ薬師悔過が修された[71]。この前年末からの天皇の病気は、後日の占いによって稲荷神社の樹を伐れる罪・祟りによるものとされたが[72]、五日に橘寺に墾田十町を施入し川原寺に誦経するなど、伊予親王に関係した寺が登場することは、やはりこの時の病気も伊予親王らの怨霊によるものとの考えが、一部には持たれていたようにみうけられ、注目される。

また、この年の七月から十月にかけては地震が頻発している。『類聚国史』によると、七月十二日から十月十一日の約三ヶ月間に三十六回の地震が記録されている[73]。この陸続としておきる地震のさなかの九月、四日間にわたり、橘寺において各宗のトップクラスの僧二十名——空海・豊安・施平・戴（載）栄・泰演・玄叡・明福・泰命・慈朝・中継・隆長・寿遠・実敏・真円・道雄など——を請じて、伊予親王とその母吉子のために法華八講が修された[74]。この橘寺における法華八講に、空海は講匠の一人として参加し、この八講の趣旨を記した「天長皇帝、故中務卿親王の為に田及び道場の支具を捨て橘寺に入るる願文」[75]を撰述した。

このように、川原寺は伊予親王事件のあと、怨霊の寺としてしばしば記録の上に登場する。空海は弘仁二年十一月[76]から翌年十月まで、同じく怨霊として恐れられていた早良親王が幽閉された寺である乙訓寺に居住していたこともあり、空海が怨霊の寺・川原寺と何らかの関わりを持っていたとみることも、あながち荒唐無稽とはいえないであろう。とすると、承和二年に空海からの推輓をうけて真雅が弘福寺別当に補任されたとみることも、十分考えられることといえよう。

空海が高野山往還の宿所として淳和天皇から弘福寺をたまわったとする『御遺告』の説は、従来、貞観十七年（八七五）以降、真然をはじめとする真言僧が弘福寺検校・別当に任ぜられたことをふまえて後世創作された、とみなされてきた。しかしながら、全くの創作とは考えがたく、特に空海が閉眼にさいして弘福寺を真雅に付嘱する『御遺告』の記述は、少なくとも承和二年（八三五）に真雅が弘福寺別当に任ぜられた事実をふまえてかかれたものである、とみなしておきたい。

註

（1）網干善教「川原寺をめぐる七つの問題」には、弘福寺の創建年代について、以下の八つの説が紹介されている。すなわち、㈠敏達天皇十三年（五八四）創建説、㈡孝徳天皇白雉四年（六五三）以前とする説、㈢斉明天皇元年（六五五）説、㈣斉明天皇七年（六六一）説、㈤天智天皇時代とする説、㈥天武二年（六七三）三月以前説、㈦天武天皇十五年（六八六）説、㈧光仁天皇宝亀五年（七七四）説、の八つである（網干善教・NHK取材班『謎の大寺　飛鳥川原寺』三七〜四六頁、一九八二年六月、日本放送出版協会）。

（2）『遺告二十五箇条』縁起第三（弘法大師著作研究会編『定本弘法大師全集』〈以下、『定本全集』と略称す〉第七巻、三五七〜三五八頁）。

（3）東寺に伝存する弘福寺検校・別当に関する六通の太政官牒に言及する論考に、つぎのものがある。㈠福山敏男「川原寺（弘福寺）」（同著『奈良朝寺院の研究』八七〜一〇九頁、一九四八年二月、高桐書院）、㈡堀池春峰「弘法大師と南都仏教」（中野義照編『弘法大師研究』一〇一〜一五九頁、一九七八年三月、吉川弘文館）、㈢①上島有編著『東寺文書聚英　図版篇』一二〜一五頁、一九八五年十月、同朋舎出版（以下、上島『図版篇』と略称す）、②同編著『東寺文書聚英　解説篇』三一〜三四頁、一九八五年十

月、同朋舎出版（以下、上島『解説篇』と略称す）、㈣石上英一「弘福寺文書の基礎的考察―日本古代寺院文書の一事例―」（『東洋文化研究所紀要』第百三冊、一一五～一六一頁、一九八七年三月。のち同著『古代荘園史料の基礎的研究』上に収録、四三～八七頁、一九九七年七月、塙書房）、㈤佐伯有清「弘福寺の別当」（同著『聖宝』一一八～一二六頁、一九九一年六月、吉川弘文館）、㈥拙稿①「真然大徳の御事蹟」10（『高野山時報』二千五百七十六号、四～六頁、一九九〇年十一月）、②「弘福寺別当について」（『宗教研究』第七十巻第四輯（通巻三百十一）、二〇五～二〇六頁、一九九七年三月）。

（4） 東寺に伝存する六通の太政官牒の原本および平安時代の写しと考えられるものは、「東寺文書」礼四の箱に収録されている。また、同文書の江戸時代の写しが観智院金剛蔵に伝存する（第百八十五函、第三十二号文書）。さらに、『大日本史料』第一編・『平安遺文』・上島『解説篇』に活字化されている。本稿では、上島『図版篇』にもとづいて本文を掲げたが、判読が困難な部分については江戸時代の写し・活字本を参照した。

（5） 貞観十七年三月十六日付太政官牒（上島『図版篇』一五頁。『大日本史料』第一編之一、五二二頁。『平安遺文』第九巻、三四四九頁）。

（6） 石上英一、前掲（註3㈣）論文、一三七頁。前掲（註3㈣）書、六五頁を参照させていただいた。

（7） 貞観十八年九月七日付太政官牒（上島『図版篇』一二頁。『大日本史料』第一編之二、一八九～一九〇頁。『平安遺文』第九巻、三四五〇頁。上島『解説篇』一八八頁）。

（8） 元慶三年二月二十五日付太政官牒（上島『図版篇』一三頁。『大日本史料』第一編之四、五七～五八頁。『平安遺文』第九巻、三四五二頁。上島『解説篇』一八八頁）。なお『大日本史料』・『平安遺文』は年号を「元慶二年ヵ」とする。また、聖宝の﨟を『平安遺文』、上島『解説篇』とも「﨟廿」とするが、江戸時代の写しによって「﨟卅」とする。『大日本史料』は「﨟卅ヵ」とする。ところでこの文書の紙面には太政官印が十顆捺されており、原文書と考えられる。とすると、元慶三年（八七九）に聖宝は年齢が五十一歳、﨟が三十であったことになる。この年齢は、天長九年（八三二）に生まれ、延喜九年（九〇九）七月六日に七十八歳で示寂したとする通説よりも三歳の年長となる（通説は、大隅和雄『聖宝理源大師』一九七六年四月、醍醐寺、および佐伯有清『聖宝』一九九一年六月、吉川弘文館による）。また、通説は﨟について言及しない。いま詳述する紙数がないので、これらの聖宝の年齢と﨟については、稿を改めて論じることにしたい。

（9） 上島『解説篇』三三頁。佐伯有清、前掲（註3㈤）書、一一九頁。

（10）元慶七年三月四日付太政官牒（上島『図版篇』一三頁。『平安遺文』第九巻、三四六一頁）。
（11）石上英一、前掲（註3㈣）論文、一三七頁。前掲（註3㈣）書、六五頁。
（12）寛平六年月日付太政官牒（上島『図版篇』一四頁。『大日本史料』第一編之二、一八九頁）。
（13）讃岐介であった紀長谷雄の経歴から考えるならば、一年あとの寛平七年（八九五）の八月十三日までのものともみなしうる。すなわち、『公卿補任』延喜二年（九〇二）条によると、長谷雄は寛平七年八月十三日に従五位上から正五位下に昇り、同月十六日に右少弁から大学頭に転じているからである。しかし、本文中に「伝燈大法師位寿長死闕之替」とあり、寿長が示寂した年のものと考えるならば、寛平六年とするのが妥当であろう。それは、『高野春秋編年輯録』（以下、『高野春秋』と略称す）巻第三、寛平六年条（『大日本仏教全書』〈以下、『仏教全書』と略称す〉百三十一、三七頁）に、

　同月　日。権律師無空補㆓座主㆒。是依㆓長師之執奏㆒也。寿長師退位替。

とあって寿長が金剛峯寺座主職を無空に譲っていることと、軌を一にすると考えられるからである。
（14）佐伯有清、前掲（註3㈤）書、一二五頁でも同様の指摘がなされている。なお、聖宝の権律師補任を、興福寺本『僧綱補任』は十二月二十二日とし（『仏教全集』百二十三、四六頁）、寛信撰『東寺長者次第』は十二月二十三日とする（『高野山大学論叢』第二巻、一〇〇頁）。
（15）延喜三年十月二十六日付太政官牒（上島『図版篇』一四頁。『大日本史料』第一編之三、四〇六～四〇七頁）。
（16）貞観十八年（八七六）九月七日、貞操の秩満の替として寿長が弘福寺別当に任ぜられたが、貞操が別当に任ぜられたときの文書は存在しなかった可能性が高い。それは、別当を補任するとき、官符（牒）の発給をもって補任する制が確立するのは貞観年間であり、それ以前は宣命をもって任命していたとの指摘があるからである（佐伯俊源氏のご示教による）。『日本三代実録』巻十八、貞観十二年（八七〇）十二月二十五日条（『新訂増補国史大系』〈以下、『国史大系』と略称す〉第四巻、二八二頁）に、

　又諸大寺并有封寺別当三綱。以㆓四年㆒為㆓秩限㆒。遷代之日。即責㆓解由㆒。但廉節可㆑称之徒不㆑論㆓年限㆒。殊録㆓功績㆒。申㆑官褒賞。自余諸寺。依㆓官符㆒任㆓別当㆒。及尼寺鎮並同㆓此例㆒。其未㆑得㆓解由㆒之輩。永不㆓任用㆒。亦不㆑預㆓公請㆒。但僧綱別当勅任㆓別当㆒者。不㆑在㆓此限㆒。（傍線筆者）

とある。これを信ずるならば、官符（牒）による別当の補佐は、貞観十二年以降、制度化されるにいたったものと考えられよう。
（17）まず真雅・真然・聖宝・観賢の師弟関係を、寛信撰『東寺長者次第』にみると、つぎのようになる（『高野山大学論叢』第二巻、

九七〜一〇二頁)。

権少僧都真然

元慶七　月　日、補長者、年、二長者、佐伯氏、讃岐国人、大師甥并入室御弟子、真雅僧正灌頂弟子、（中略）

権僧正聖宝（中略）

承和十四年、随真雅僧正出家得度、年十六、（中略）

元慶四年、随真然僧正受両部大法、年四十九、（中略）

律師観賢

延喜六年十月七日、補長者、年五十四、三長者、律師、与師主聖宝相並、

伴氏、或云秦氏、讃岐国人、真雅僧正入室、聖宝僧正灌頂弟子、（以下略、傍線筆者）

つぎに、真雅・真然・寿長の師弟関係について、『真言付法血脈仁和寺』にはつぎのような付法系譜がみられる（『高野山大学密教文化研究所紀要』第六号、五二頁）。

真雅――真然――無空
　　　　　　　寿長
　　　　　　　惟首

(18) 註2に同じ。

(19) 『御遺告』の現存する最古の写本は、桂五十郎（湖邨）氏旧蔵（現在、金剛寺蔵）のもので、つぎの奥書を有する（『定本全集』第七巻、解説、四八八頁）。

不得違
失故告

承和二年三月十五日

入唐求法
沙門空海

安和二年七月五日以有縁本書写　暦能

(別筆朱書)「万寿二年六月十六日於車宿自僧都(仁海)御口習承已了
(カ)　求法沙門　覚源」
(又別筆)「宮僧正覚源御書也云々　伝領成賢」

ここに、安和二年（九六九）七月五日に有縁本をもって書写したとあることから、原本成立の下限を安和二年におくことができる。『御遺告』の成立年代を論じたものは少なくないが、いまだ定説をみるにはいたっていない。なお、さきに掲げた奥書の写真が、密教文化研究所編『弘法大師全集』首巻に収載されている（口絵85）。↓補遺1

(20)　弘福寺検校・別当に任ぜられた年代と東寺長者となった年代を併記すると、つぎのようになる。ただし、東寺長者となった年代は、すべて寛信撰『東寺長者次第』にもとづく。

真然	貞観十七年（八七五）検校	元慶七年（八八三）二長者
寿長	貞観十八年（八七六）別当	※長者にならず
聖宝	寛平六年（八九四）検校	寛平七年（八九五）二長者
観賢	昌泰三年（九〇〇）別当	延喜六年（九〇六）三長者

(21)　福山敏男「川原寺（弘福寺）」（福山、前掲（註3㈠）書、一〇〇頁）。
(22)　堀池春峰「弘法大師と南都仏教」（堀池、前掲（註3㈡）論文、一一七〜一一八頁）。
(23)　貞観十八年九月七日付太政官牒の全文は、本書四六七頁に収載する。
(24)　寿長が真然のもとで真言僧として活躍していたことについては、本書四八一〜四八二頁を参照いただきたい。
(25)　上島有『東寺文書聚英　解説篇』（前掲（註3㈢②）書に同じ。
(26)　石上英一「弘福寺文書の基礎的考察」（石上、前掲（註3㈣）論文、一三七〜一三八頁。前掲（註3㈣）書、六五頁）。
(27)　『平安遺文』第一巻、四六号文書（『同書』三一頁）。
(28)　智泉の示寂を『高野春秋』巻第一、天長二年条は、つぎのように記す（『仏教全書』百三十一、一一頁）。
五月十四日。智泉入二寂于此山一。自二舌根一放二五色光明一。行年卌七高祖著二追悼之文一。性霊集往見焉。
また、空海には後事を託すべく期待していた愛弟子智泉の死を慟哭した「亡弟子智泉が為の達嚫の文」（『遍照発揮性霊集補闕抄』

巻第八〈『定本全集』第八巻、一三八〜一四一頁〉が伝存する。

(29) 真然の生涯に言及した新しい論考に、つぎのものがある。㈠和多秀乗「真然大徳の御生涯」(『高野山第二世 伝燈国師真然大徳伝』一〜九九頁、一九九〇年九月、高野山第二世伝燈国師真然大徳千百年御遠忌大法会事務局)、㈡拙稿「高野山を建設した第二世中院僧正・真然大徳」(『曼荼羅ルネサンス』一四四〜一四九頁、一九九一年三月、朝日新聞社)。

(30) 註24に同じ。

(31) 佐伯有清「弘福寺の別当」(佐伯、前掲(註3㈤)書に同じ)。

(32) 東寺に別当職(正しくは造東寺別当)が置かれていたのは空海の在世中までで、空海が入定した承和二年(八三五)以後は新たに置かれた東寺長者職が別当職の職掌等をひきついだものと考える。↓補遺1

(33) 『類聚国史』巻百七十九、仏道部六、諸宗、元慶六年五月十四日条(『国史大系』第六巻、二四六頁)。

(34) 金剛峯寺に別当職がいつから置かれていたかは、詳らかでない。確かな史料上への初出は、前掲の(註33)『類聚国史』巻百七十九、元慶六年(八八二)五月十四日条であると考える。

(35) 『日本三代実録』巻四十四、元慶七年十月七日庚子条(『国史大系』第四巻、五四一頁)。

(36) 興福寺本『僧綱補任』の元慶七年の条はつぎのようにある(『仏教全書』百二十三、三四頁)。

僧正　宗叡　　　権僧正遍照
大僧都興照 正月廿八日入滅
法眼和尚位円珍 三月廿六日叙㆓法橋㆒。十月七日叙㆓当階㆒。依㆓勅宣㆒也。是則主上御降誕。至㆓成立日㆒。頼㆔大師祈念得㆓保在㆒故也。〔困七十二〕
律師　平恩 十月七日転㆓任小僧都㆒　　円宗 同日任小僧都十二月廿二日入滅
　　真然 同日転㆓任権小僧都㆒　　権律師平智 八月十七日入滅〔困八十三〕
　　豊栄　　延寿〔困法務〕
律師　源仁 十月七日任。真言宗。東大寺。南池院。　　玄津 同日任律宗東大寺〔困河内国人佐伯氏〕
　　祥勢 同日任。律宗。東大寺。東寺別当。　　義叡 同日任。法相宗。薬師寺。已講労。僧戒明弟子。〔困七十〕
権律師隆海 同日任。三論宗。元興寺。已講労。〔困六十九〕

房忠同日任。法相宗。興福寺。□□□□基秀□□海安等任之。已講労。
講師峯基法相宗元興寺

（37）別当の秩限は四年と規定されていたが、同じ規定のなかに「廉節称すべきの徒は年限を論ぜず」とあり、この解釈次第では二期あるいはそれ以上別当職に在任することも可能となろう。別当の秩限に関する規定は、註16所引の『日本三代実録』貞観十二年十二月二十五日条、および『延喜式』巻二十一、玄蕃寮の項（『国史大系』第二十六巻、五四〇～五四一頁）にみられる。

（38）拙稿、前掲（註3㈥①）論考に同じ。

（39）『日本三代実録』巻三十五、元慶三年正月三日癸巳条の真雅卒伝（『国史大系』第四巻、四四三頁）。

（40）『高野春秋』巻第三、寛平元年条（『仏教全書』百三十一、三六頁）。

（41）『高野春秋』巻第三、寛平六年条（『同右』百三十一、三七頁）。

（42）『高野春秋』巻第二、貞観十八年条に、

貞観十八年丙申春正月朔旦。寿長法師朝拝専［考］作堂一専執ニ行山務一。真然師安レ老故也。寿長師。去年三月以来専助ニ修山務一故如レ此。

なる一文を記録している（『同右』百三十一、三二頁）。

（43）『真雅伝記』（『弘法大師伝全集』〈以下、『伝全集』と略称す〉第十、附録、一一頁）。

（44）『真雅伝記』（『同右』第十、附録、一三頁）。

（45）真雅卒伝が『真雅伝記』に依拠して書かれていることは、つぎの論考に詳述されている。小山田和夫「『故僧正法印大和尚位真雅伝記』と『日本三代実録』真雅卒伝について」（『日本歴史』第三百六十三号、一四～二五頁、一九七八年八月）。

（46）註27に同じ。

（47）『日本三代実録』第二十五、貞観十六年三月二十三日壬午条（『国史大系』第四巻、三三九～三四〇頁）。

（48）『真雅伝記』の本文はつぎのようにある（『伝全集』第十、附録、一一頁）。

仁寿二年和尚発心シテ始テ建ツ二貞観寺一ヲ。其ノ造作次第如レシ右《左カ》。先ツ作リ二金剛界堂一ヲ。即奉レル造リ二卅七尊ノ像并ニ天等ノ像総テ七十余軀一ヲ。是レ大（ママ）皇太后ノ御願也。次ニ作ル二大堂礼堂一ヲ。即奉レル造リ二尊勝仏ノ像観音地蔵菩薩ノ像。并ニ金色ノ梵王帝釈四天王ノ像一ヲ。是レ朝庭（ママ）ノ御願也。次ニ作ル二胎蔵堂一ヲ。即奉レル造リ二胎蔵曼荼羅仏ノ像并ニ天等ノ像一ヲ。是レ和尚ノ私願也。次ニ作ル二新堂一ヲ。即奉レル造リ二金色ノ釈迦仏ノ像左右脇士。并ニ檀色ノ梵王帝釈四天王等ノ像一ヲ。是レ先ノ太政大臣ノ願也。次ニ作ル二南堂一ヲ。即奉レル造リ二金銅ノ仏像十余軀一ヲ。是レ和尚ノ私ノ念誦堂也。

次作灌頂堂并食堂度廊雑舎等。已上専寺所造。次作宝塔。即奉造五大虚空蔵菩薩像五軀。是西三条右大臣願也。次作五大堂。即奉造五大尊像。是亦西三条右大臣願也。次作経蔵鐘楼二宇并南大門（已上木工寮所造）

(49)『日本三代実録』巻二十二、貞観十四年（八七二）七月十九日丁亥条の「貞観寺申牒」に、つぎのように記されている（『国史大系』第四巻、三一一頁）。

貞観四年七月廿七日以嘉祥寺西院。号貞観寺。

(50)註47に同じ。本文をあげると、つぎのごとくである。

夫貞観寺者。先皇仁寿之初。今上降誕之日。星垂長男之光。月有重輪之慶。故太政大臣美濃公〔良房〕。憂龍姿之不免在襁褓。憐鳳徳之未得勝衣。与僧正真雅和尚私相謀。使念諸仏之加持。修真言之秘密。

(51)『日本三代実録』巻二十六、貞観十六年七月十一日丁酉条（『国史大系』第四巻、三四五頁）。この上表は聞きとどけられなかったので、真雅は同年八月二十日・八月二十六日と三たび表をたてまつっているが、ついに許されなかった（『同上』第四巻、三四七・三四八頁）。

(52)『続日本後紀』巻四、承和二年三月丙寅（二十一日）条に空海示寂の記事が、同三月庚午（二十五日）条に空海の卒伝が記されている（『同右』第三巻、三八～三九頁）。

(53)『真雅伝記』（『伝全集』第十、附録、一一頁）は、

廿三有勅参入内裏。於御前唱誦真言卅七尊梵号。声如貫珠舌端不渋。皇帝悦之厚施。

と記し、『日本三代実録』巻三十五、元慶三年正月三日癸巳条の真雅卒伝（『国史大系』第四巻、四四三頁）は、

徴侍内裏。於帝御前。誦真言卅七尊梵号。音響清徹。宛如貫珠。聴者莫不絶倒。帝大悦之。

とある。

(54)承和三年五月五日付で唐青龍寺にあてた実恵等の書簡は、東寺観智院文書のなかにその写しが伝存する。また、この書簡を収録するもっとも古い史料は、金剛仏子某が仁平二年（一一五二）四月に撰述した『弘法大師御伝』上・下二巻と考えられる。『弘法大師御伝』には、三つの活字本がある。㈠『続群書類従』第八輯下、五二六～五六二頁、一九〇四年十月、続群書類従完成会、㈡『伝全集』第一、一九一～二二七頁、一九三五年四月、六大新報社、㈢『弘法大師全集』首巻、五八～一〇五頁、一九六七年六月（増補三版）、密教文化研究所。

(55)　承和三年五月五日付実恵等書状、『続群書類従』第八輯下、五五五頁。『伝全集』第一、二一九頁。『弘法大師全集』首巻、九五頁。

(56)　この承和三年五月五日付の書簡は、つぎの六つの理由から、間違いなくこの日付で書かれたものであり、かつ信憑性の高い史料であると考える。第一は、この書簡と密接な連関を有する文書群が伝存することである。すなわち、①承和三年五月十日付唐青龍寺あて実恵等信物目録、②同四年正月九日付実恵上表文、③同四年四月六日付唐青龍寺あて実恵等信物目録、④開成四年（八三九）正月三十日付実恵等あて唐青龍寺円鏡等環状、⑤同四年閏正月三日付実恵等あて唐青龍寺義真等信物目録であり、つぎのような内容をもつ。①は、五月五日付書簡に「今附二上ル青龍大阿闍梨霊座料一トシテ法服二襲（中略）亦贈二ル那辺ノ付法闍梨並ニ同法侶一ニ土毛色目如レシ別ノ」と記された別紙の信物目録にあたり、恵果和尚の霊座にたてまつる夏冬の法服各一襲、ならびに真言宗見存の伝法阿闍梨および同門に贈る衲袈裟一具・練束絮・水精念珠・刀子などのリストからなる。②は、承和三年の遣唐使派遣が遣唐船の遭難・漂流のために中止となり、遭難した者は「船上の忌む所」との指摘をうけ、真済・真然に替わって元興寺の円行の派遣を懇請した実恵の上表である。③は、入唐する円行に託した恵果和尚の墳墓に献ずる夏法服、ならびに真言道場見伝阿闍梨および諸金剛仏子等に送る美濃紙・播州紙・刀子・黄絁の目録である。④は、円行に託して青龍寺に贈った書簡・信物に対する礼状であり、書簡への礼、もたらされた信物を恵果影前に供したこと、信物等の返礼として円行が帰国するにあたり経法道具等を託する旨が記される。⑤は、④の還状に「奉酬之信備如二別紙一」と記された青龍寺義真等からわが国真言教団に贈られた信物の目録であり、海阿闍梨影前供養紗などの絹織物を列記する。よって、五月五日付の書簡は、これらの最初に位置する文書であり、①の信物目録と一対をなすことが知られる。

第二は、開成四年正月三十日付の青龍寺からの還状が伝存すること、およびその還状に「得二日本国伝燈大師円行将実恵和尚等八人書問一。円鏡等十人謹還レ状」とあって、わが国真言教団から書簡・信物が円行に託されていたことである。円行に託されていたのであれば、最初の派遣員であった真済・真然にもちろん書簡・信物が託されたことが推考され、その一つがとりもなおさず五月五日付の書簡であったと考えられるからである。

第三は、五月五日付の書簡で伝法印可をうけたと記される皇子禅師（真如）・真泰・実恵・杲隣・忠延・真雅・円明・真済の八名は、翌四年四月六日付の目録の末尾にそろって名を連ねていることである。また、開成四年正月三十日の還状に「遂有二門弟八人一奉レ教流化」と記されていることからも、円行が齎持した実恵等の書簡（本文は伝来していない）にも、空海から伝法印可を受けた門弟に関する文言のあったことが知られるからである。

第四は、五月五日付の書簡は唐青龍寺の「同法師兄」にあてたものであり、師の空海が恵果和尚から受法した密教が隆盛に向かいつつある現況と空海の示寂を、その師恵果の霊前に報告することが主要な目的の一つであったことから、真実こそが書かれるべきであり、虚偽を書く必要も理由も見出しがたいからである。

第五は、円行は開成四年（八三九）正月十三日に勅許によってはじめて長安青龍寺を訪れ、同十五日には青龍寺の円鏡等六人の大徳と本教の玄理を論じ、閏正月三日には義真和尚を師主として阿闍梨位の灌頂を受法したことなどが、『霊巌寺和尚請来法門道具等目録』（『大正新脩大蔵経』第五十五巻、一〇七一～一〇七四頁）・円仁撰『入唐求法巡礼行記』開成四年二月二十五日条などに記されていることからも、円行の入唐および青龍寺往僧等との信物の授受が裏付けられることである。

第六は、承和三年に出発した遣唐使船は五月十四日に難波津を出帆しているので、五月五日・同十日付の実恵等の書簡・信物目録は、時間的経過からみて齟齬をきたさないことである。これらの書簡と信物は、おそらく難波津で乗船を待つばかりの真済・真然のもとに届けられたものであろう。

以上より、承和三年五月五日付で青龍寺にあてた書簡が書かれたことは疑いないとすれば、前年勅によって別当に任ぜられていた真雅を、「弘福真雅」と記すことは、十分に考えられることといえよう（引用文はすべて金剛仏子某撰『弘法大師御伝』〈『伝全集』第一、二一九～二二四頁〉によった。承和四年正月九日付の実恵上表文は、『平安遺文』に四四四〇号文書として収録されている〈第八巻、三二一七頁〉）。

なお、これら一連の文書を取り扱った論考に、つぎのものがある。㈠佐伯有清『最後の遣唐使』六八～七四頁、一九七八年十月、講談社現代新書。のちに講談社学術文庫に収録（二〇〇七年十一月）、㈡拙稿「真然大徳の御事蹟」5（『高野山時報』二千五百六十九号、二～五頁、一九九〇年八月）、㈢和多秀乗、前掲（註29㈠）論文、三〇～三九頁、㈣高田淳「入唐僧円行関係文書の紹介―付、円行小伝―」（『国学院大学図書館紀要』第六号、三一～七三頁、一九九四年三月）、㈤佐藤長門「入唐僧円行に関する基礎的考察」（『国史学』第百五十三号、五三～九五頁、一九九四年五月）。

(57) 伊予親王事件については、以下の論考に詳述されている。㈠佐伯有清『新撰姓氏録の研究　研究篇』一八一～二一三頁、一九六三年四月、吉川弘文館、㈡目崎徳衛『平安文化史論』二九～四〇頁、一九六八年十一月、桜楓社、㈢大塚徳郎『平安初期政治史研究』二六～三八頁、一九六九年三月、吉川弘文館。なお、本稿を作成するにあたっては、佐伯有清先生の前掲書を参照させていただいた。

(58)『日本紀略』前篇十三、大同二年十月辛巳（二十七日）～十一月丙申（十三日）条（『国史大系』第十巻、二八六頁）。佐伯有清先生は、この事件は藤原仲成が宗成をあやつって親王に鉾先を向け、平城天皇およびその側近の対立者、すなわち藤原雄友・同友人・同乙睿・橘安麻呂・同永継らを朝廷から排除し、皇太弟神野親王のちの嵯峨天皇の勢力をおさえる意図のもとに起こされたできごとであった、という（佐伯有清、前掲（註57(一)）書、二〇二～二〇三頁）。

(59)『日本紀略』前篇十四、弘仁元年正月壬寅（一日）条（『国史大系』第十巻、二九一頁）。

(60)『類聚国史』第三十四、帝王部十四天皇不予、弘仁元年七月辛亥（十三日）条（『同右』第五巻、二二一頁）。

(61)『同右』第三十四、帝王部十四天皇不予、弘仁元年七月丙辰（十八日）条（『同右』第五巻、二二一頁）。

(62)『同右』第三十四、帝王部十四天皇不予、弘仁元年七月戊午（二十日）条（『同右』第五巻、二二一頁）。

(63)『同右』第三十四、帝王部十四天皇不予、弘仁元年七月甲子（二十六日）条（『同右』第五巻、二二一頁）。

(64)『同右』第三十四、帝王部十四天皇不予、弘仁元年七月乙丑（二十七日）条（『同右』第五巻、二二一頁）。

(65)『同右』第三十四、帝王部十四天皇不予、弘仁元年七月丁卯（二十九日）条（『同右』第五巻、二二一頁）。

(66)『同右』第三十四、帝王部十四天皇不予、弘仁元年七月戊辰（三十日）条（『同右』第五巻、二二一頁）。

(67)『同右』第三十四、帝王部十四天皇不予、弘仁元年八月丙子（八日）条（『同右』第五巻、二二一頁）。

(68)『同右』第三十四、帝王部十四天皇不予、弘仁元年八月己卯（十一日）条（『同右』第五巻、二二一～二二二頁）。

(69)崇道天皇は桓武天皇の弟で、もと早良親王といい、延暦四年（七八五）九月二十三日におこった藤原種継暗殺事件に連座して皇太子の位を廃され、一時乙訓寺に幽閉され、のち宮内卿石川垣守らによって淡路に移送される途中、絶命した人物である。この事件は種継の存在に不満をもった大伴氏が中心となって、まず種継を殺し、皇太子早良親王をおしたてて朝廷をくつがえし、親王を皇位につけようとした策動であったといわれるが、早良親王はこの暗殺事件および謀叛の企てに直接の関係はなかった。親王は桓武天皇および親王のあとを受けて皇太子となった安殿親王、のちの平城天皇に祟りをもたらす怨霊とされ、延暦十年（七九一）ころからしばしば早良親王に対する慰撫・奉謝がおこなわれた（本書三八九～三九〇頁参照）。

(70)『日本紀略』前篇十四、天長四年正月癸亥（一日）条（『国史大系』第十巻、三二四頁）。

(71)『類聚国史』第三十四、帝王部十四、天皇不予、天長四年正月丁卯（五日）条（『同右』第五巻、二二二頁）。

(72)『日本紀略』前篇十四、天長四年（八二七）正月辛巳（十九日）条（『同右』第十巻、三二四頁）。

(73)『類聚国史』第百七十一、災異五、地震、天長四年七月辛未（十二日）～十月己亥（十一日）条（『同右』第六巻、一六〇～一六一頁）。この年の地震はその後もつづき、同じく『類聚国史』には十一月に四回、十二月に五回記録されている（『同上』一六一頁）。

(74)天長四年九月、橘寺で修された法華八講の様子を記した空海の願文の一節をあげると、つぎのようにある（『定本全集』第八巻、九四～九五頁）。

謹んで天長四年九月日を以て、敬つて薬師如来の羯磨身と日月遍照両大士の羯磨身とを造り、金文の蓮華法曼荼羅を写す。兼て致仕の僧都空海、少僧都豊安、致仕の律師施平、律師戴栄、泰演、玄叡、明福等を延𡀍して講匠と為し、泰命を都講とし、慈朝を達嚫とす。法相には中継、隆長等、三論には寿遠、実敏等、真言には真円、道雄等二十の智象を聴法の上首として、四箇日の間、巻を開き文を尽し、旗鼓して談義す。并に永く若干の色の物を捨入す。其の水田十余町は毎年春秋両節にす。（原漢文）

(75)『遍照発揮性霊集』巻六「故中務卿親王のための願文」（『定本全集』第八巻、九四～九五頁）。なお、この願文の内容を分析した論考につぎのものがある。拙稿「弘法大師と法華講会―「天長皇帝為故中務卿親王講法華経願文」考―」（『中川善教先生頌徳記念論集　仏教と文化』一四五～一七三頁、一九八三年三月、同朋舎出版）。本書第三部第三章に収録。

(76)元永元年（一一一八）に醍醐寺の聖賢が撰述した『高野大師御広伝』に、つぎの官符を収載する（三浦章夫編『増補再版　弘法大師伝記集覧』二七一～二七二頁、一九七〇年六月、高野山大学密教文化研究所）。

同年（弘仁二年）十一月九日、下太政官符於治部省云、

僧空海

右検案内、太政官去十月廿七日下彼省符偁、件僧住山城国高雄山寺、而其処不便、省宜承知令住同国乙訓寺者、今被右大臣宣偁、令別当彼寺永預修造事者、省宜承知、依宣行之、寮宜承知、依件施行、

この官符は、従来、空海を高雄山から乙訓寺に移住させ、別当に任じて寺の修造にあたらせたものとみなされてきた。しかるに、佐伯有清先生は「『彼の寺を別当して、永く修造の事に預ら令む』となっており、別当が動詞として記述されているので、空海が乙訓寺の別当となったとするのは疑わしい。（中略）空海が乙訓寺の別当という職掌に就いたことは、おそらくなかったであろう」

と、空海の別当への補任を疑っている（佐伯有清『最澄と空海―交友の軌跡―』七一～七二頁、一九九八年一月、吉川弘文館）。
↓補遺2

（補註）佐伯説に対して疑義を呈したけれども、その後、東寺長者職はいつ置かれたかを検討する過程で、ここに記した疑義のあやまりであったことに気づき、その訂正と佐伯先生に対する非礼をお詫びしたことがある（本書第二部第三章註1、二九二～二九三頁）。ご参照いただければ幸いである。

【補遺1】

註19に、『御遺告』の現存最古の写本である桂五十郎氏旧蔵本を紹介した。戦後ずっと所在不明であったので、或いは第二次世界大戦で灰燼に帰したのかと推察していたところ、近時、高幡不動で有名な金剛寺に伝存することがわかった。この古写本は、平成十八年（二〇〇六）三月に重要文化財に指定された。この金剛寺蔵本に関する論考については、本書第二部第三章の註25（二九六頁）に記しておいたので、そちらを参照していただきたい。

【補遺2】

註76で、空海は乙訓寺の別当に任ぜられたとみなす従来の説は疑わしい、との見解を佐伯有清先生が提示されたことを紹介した。この説に対して、厳密な意味では別当職でなかったとしても、別当に準ずる政治力・指導力をもって寺の修理・造営にあたっていたことを、かつて論じたことがある。ご参照いただきたい。拙稿「乙訓寺別当補任説をめぐって」（拙著『弘法大師空海の研究』三七二～四一〇頁、二〇〇六年二月、吉川弘文館。初出は高野山大学仏教学研究室編『高木訷元博士古稀記念論集　仏教文化の諸相』二〇〇〇年十二月、山喜房仏書林）。

第四部　真言宗の年分度者

第一章　最晩年の空海

はじめに

空海は、元号が天長（八二四〜八三三）から承和（八三四〜八四八）にかわるころから、真言宗教団と東寺・高野山の永続化をはかるための方策を、矢継ぎばやに打った。具体的にそれらの事跡をあげると、

①承和元年（八三四）八月二十三日の「仏塔を造り奉る知識の書」による檀越への勧進（1）
②同年十二月十九日の宮中真言院における御修法の勅許（2）
③同年十二月二十四日の東寺五十口のうちから三綱を選任する勅許（3）
④翌二年正月六日の東寺に僧供料を置き、修講すべき勅許（4）
⑤同年正月二十二日（二十三日）の真言宗年分度者の勅許（三業度人の制）（5）
⑥同年二月三十日の金剛峯寺の定額寺認定（6）

などをあげることができる。

これら空海最晩年の事績に注目したのが、石田尚豊氏である。石田氏は、「弘法大師と後七日御修法—空海の実像（死を決して何を為したか）—」をまとめられ、その書き出しをつぎのように記している。

空海は承和元年（八三四）十二月十九日に、宮中に別に一室を設け、真言宗のみの僧侶によって、玉体安穏、鎮護国家、五穀豊穣を祈願するための後七日御修法を行うことを上奏し（『性霊集』巻第九、『続日本後紀』巻第三）、十日後の同月二十九日には勅許が下されている（『類聚三代格』巻二）。翌年正月八日から行おうとする新規の修法に対して、暮も押し迫った十九日に上奏するなど尋常の沙汰ではない。それもわずか十日間で行政処理をすませ勅許が下るという迅速さには、ただならぬ気配を感じさせる。果せるかな、翌承和二年三月二十一日に到って空海は示寂する（『続日本後紀』巻第四）。この切迫感の根源は空海の示寂にあったのである。死のわずか三か月前、死期を予側した空海は、もしこの期を逸すならば、生きて後七日御修法を迎えることは永遠にできないし、また己が死ねばこの御修法を実現することすら覚束ない。そう諦観した空海は、何としても年内に勅許を得なければならないという、死に直面しての空海の、この御修法にかけるすさまじいばかりの執念がうかがわれる。後七日御修法の上奏が、確実に死期を予測したうえでのことであったとするならば、空海は何時死を意識し、示寂に到るまでにいかなる行動をとったかという、空海の史的背景のうえから、あらためて後七日御修法上奏の時点に想をよせることとしよう(7)。

ここで石田氏は、暮も押し迫った十二月十九日に上奏すること自体尋常ではないが、それにもまして、十日後の二十九日に勅許が下るという迅速さには、ただならぬ気配を感じる。この背後には、死を意識した空海のすさまじいばかりの執念が感じられるといい、後七日御修法の上奏は、死期を予測したうえでのことであったとすれば、（一）空海が死期を意識したのはいつであったか、（二）それから示寂に到るまでにいかなる行動をとったか、を問題とされ、後七日御修法の上奏を中心に論じられた。そうして、なぜ、わずか十日間で行政処理をすませ、後七日御修法の勅許が下されたのかの理由として、二つのことを指摘された。

すなわち、一つには、空海は南都諸大寺の学僧と早くより交渉を持ち、顕教に対しても深い造詣を有したためであった。(8)特に、空海と関係の深い、①元興寺……護命・仲継・泰範・守寵・道昌、②大安寺……佐伯院・実恵・智泉・真然・戒明・道慈・善議・勤操、③東大寺……真言院・道雄・実忠・真如、④興福寺……修円・徳一・賢憬、などとの交流にふれ、長年にわたる空海の南都仏教に対する布石をあげている。第二には、しかしながら後七日御修法の上奏文には、南都仏教との単なる融和策では済まされない障壁があり、それを敢然と越ええた背景として、すでに上奏文と符合する理論が『十住心論』中に披瀝されており、無理なく受け入れられる下地ができていた、とみなした。(9)

たしかに、このような根回しともいえる行動が布石としてあったことも事実であるけれども、後七日御修法の勅許をはじめとする空海最晩年の一連の行動の裏には、別の一面がうかがえるように想われる。そこで、はじめに空海が最晩年に打った真言宗教団と東寺・高野山の永続化をはかるための方策を一瞥するとともに、この別の一面にひかりをあててみることにしたい。

一　天長七年以降の空海の事績

石田尚豊氏は、空海が死期を意識したのは、天長八年（八三一）六月十四日付で淳和天皇に奉った「疾に嬰《かか》って上表して職を辞する奏状」のときからであろうとみなす。その当否はしばらく措き、われわれも空海の晩年の事蹟を表18の「空海略年表」によってみておきたい。(10)ここには、空海示寂の五年前にあたる天長七年から承和二年（八三五）三月の閉眼にいたるまでをとりあげた。主だった事績については、あとに根本史料をあげて詳述するので、ここでは

表18　空海略年表

天長七年（八三〇）		この年、勅により『秘密漫荼羅十住心論』十巻、『秘蔵宝鑰』三巻を撰述し、進献す。
天長八年	六月七日	東寺において、真雅に伝法灌頂職位を授く。〔血脈類集記二〕
	六月十四日	**病により、大僧都を辞せんことを上表す。許されず。**〔性霊集九、紀略十四、空海僧都伝、行化記〕
	九月二十五日	延暦寺の円澄等、空海に書状を寄せて、真言教法を受学せんことを請う。〔仁和寺記録十九、戒文下〕（註11）
天長九年	一月十四日	最勝会結願し、紫宸殿において護命等と議論す。〔紀略十四、国史百十七〕
	八月二十二日	**高野山において、万灯万華会を修す。**〔性霊集八〕
	十一月十二日	**高野山に帰り、穀味を厭いて専ら坐禅す。**〔遺告、東寺文書〕
天長十年	二月十一日	真雅に真言の秘印を授く。〔血脈類集記二〕
		この年高野山（金剛峯寺）を真然に付嘱し、実恵に助成せしむ。〔行化記、弘法大師伝裏書〕
承和元年（八三四）	二月十一日	故如宝のために、寿延等を率いて『大般涅槃経』など百二十七巻を書写し、百僧を請じて講讃供養す。〔性霊集八〕
	二月	東大寺真言院において、『法華経』を釈し〔法華経釈〕、『般若心経秘鍵』を道昌に講ぜしめる。〔東大寺要録四、行化記〕
	八月二十三日	**高野山に毘盧遮那法界体性塔二基、並に両部曼荼羅を建立せんがために檀越を勧進す。**〔性霊集八〕
	十二月十九日	**後七日御修法の勅許下る。毎年、内裏で行なわれる御斎会の期間に、宮中真言院において真言法を修すことを恒例とす。**〔続日本後紀三〕
	十二月二十四日	**東寺真言僧五十口のなかより、東寺三綱を撰任せしむ。**〔類聚三代格二〕
		この年、実恵、神護寺別当に補任される。〔東寺長者補任一〕
承和二年	一月六日	**奏請により、東寺の功徳料千戸のうち、二百戸を僧供料とすることを勅許される。**〔続日本後紀四〕
	一月八日	内裏において後七日御修法を厳修す。〔東寺長者補任一〕
	一月二十二日	**奏請により、真言宗年分度者三人を賜う。**〔続日本後紀四、類聚三代格二〕
	二月三十日	**金剛峯寺が定額寺となる。**〔続日本後紀十、国史百八十〕
	三月十五日	**諸弟子等に遺告す。**〔遺告、高野大師御広伝、行化記〕
	三月二十一日	**高野山において閉眼す。御年六十二。**〔続日本後紀四〕
	八月二十日	年分度者三人の試度・六年の籠山などの細目が勅許される。〔高野大師御広伝〕（註12）

ゴチは石田尚豊氏がとりあげた項目、傍線を付した項目は教団内の後継者養成に関する項目。

まず概略をつかんでいただきたい。

この略年表からも、承和元年八月以降の項目の多さが目につくであろう。ともあれ、空海は死の意識をいつから懐いていたか、から見ていこう。

1　死の予感

はじめに、石田氏が、空海が死期を意識したとみなされた天長八年（八三一）六月十四日付の(13)「疾に嬰《かか》って上表して職を辞する奏状」をあげよう。これは、淳和天皇に奉った上表文である。

沙門空海言《もう》す。空海恩沢に沐《ぼく》せし従《よ》り、力を竭《つく》して国に報ずること歳月既に久し。常に願うらくは、蚊虻《ぶんぼう》の力を奮って海岳の徳を答せんと。

然るに今、①去《いん》じ月の尽日《じんじつ》に悪瘡體《あくそうてい》に起って吉相現ぜず。両楹《りょうえい》夢に在り、三泉忽ちに至る。龍顔《りゅうがん》を恋《した》いて呼咽《こえつ》し、鸞闕《らんけつ》を顧みて肝《きも》を爛《ただら》す。夫れ許由《きょゆう》が小子なる、猶、万乗を脱《まぬ》かる。況や沙門何ぞ三界を願わん。伏して乞う。②永く所職《しょしき》を解いて常に無累《ぶるい》に遊ばん。但愁《うれ》うらくは、幸に輪王に逢いたてまって所願を遂げざらんことを。

伏して請う。陛下、③終わりに臨むの一言《いちげん》を顧みることを賜うて、三密の法教を棄てたまわざらんことを。生《しょう》生《じょう》に陛下の法城と為り、世世《せせ》に陛下の法将と作《な》らん。心神恍忽《こうこつ》として思慮陳《の》べず、と云々。

天長八年五月庚辰の日大僧都空海上表す。（傍線筆者）(14)

この奏状からは、つぎの三つのこと（傍線部）が注目されると考える。

第一、先月の晦日、つまり五月三十日に悪瘡が体にでき、半月たった今日にいたっても快方に向うきざしがまったくみられないことである。

第二、そこでお願いいたしたきことは、何とぞ大僧都の職をお解きいただき、自由の身となって利他行に励ませていただきたい。それにつけても残念なことは、金輪聖王にも等しい陛下にめぐり逢えたのに、いまだ鎮護国家・万民豊楽の所願を十分に成し遂げていないことである。

第三、さらなるお願いは、この最後の願い(解任)をお聞き届けいただきますとともに、三密の法教＝密教をお見捨てなきよう。また末永く陛下の麗しき治世がつづきますことと、代々陛下の法将として守護いたしたきことである。

このうち、重要なことは、(ア)悪瘡とは具体的にどのようなものであったのか、また(イ)この悪瘡はその後の空海にいかなる影響を及ぼしたのか、である。(ア)の悪瘡は何をさすかについては腫物の一種と見なされる以外、明確ではない。しかし、「両楹夢に在り、三泉忽ちに至る」とあって、死を予感させることばが綴られており、発症から半月あまりで職を辞したいと申し出ていることからも、空海の身体上には深刻な状態が惹起していたことは間違いないであろう。(イ)のこのときの悪瘡はしばらくして回復したのか、それとも承和二年(八三五)まで続いたのか、であるが、石田氏は後者の立場をとっていると思われる。すなわち、

なかでも承和元年十二月十四日以降の一連の行動は、東寺三綱の設置、後七日御修法の勅許、東寺僧供料二百戸の充当、真言宗年分度僧の決定、金剛峯寺の定額寺昇格など、死を前にした空海は、息もつかせぬ早業で、積年の宿願を逐一上奏し、これらすべてに勅許を得て立法化することに成功したことは、まことに驚嘆のほかはない。しかし空海はこれら立法化に傾注するばかりでなく、空海なき後の真言諸寺院をどのように経営するかに心を砕いたのである。(中略)空海は死の迫るとともに、同族同郷の実慧を中心に、次の世代を担う若い弟の真雅や、甥

の真然に後者を託すべく、万全の布陣を着々と進めていったのである。以上の経緯から後七日御修法の上奏が、天長八（八三一）年の死を意識してより示寂に到る空海布石の枢軸をなすものであったことを改めて認識すべきであろう。（傍線筆者）[15]

と記している。

私は、このときの悪瘡は承和元年八月以降の事績に直接の影響はなかったのではないか、と考える。その理由の一つは、空海は翌天長九年八月、高野山で修された最初の法会である万灯万華会に登山したと推察することである。あと一つは、空海は、弘仁三年（八一二）十月・同十二年十一月、そしてこの天長八年六月とほぼ十年に一度の割で、体調を崩していたことが指摘されていることである。前者については、あとで触れるのでそこにゆずり、ここでは後者についてみておきたい。

まず、弘仁三年十月であるが、最澄が泰範にあてて出した同年十一月五日付の書状に、つぎのように記されている。

右、最澄、去る月の二十七日、頭陀の次《ついで》を以って乙訓寺に宿し、空海阿闍梨に頂謁す。（中略）同月二十九日を以って、阿闍梨は永く乙訓寺を辞し、永く高雄山寺に住す。即ち告げて曰く。空海生年四十、期命尽くべし。是《ここ》を以って、仏を念ぜんがための故に、此の山寺に住す。東西すること欲せず。宜しく持するところの真言の法を最澄闍梨に付属すべし。惟《ねが》わくは、早速に今年の内に付法を受取せられよ、と云々（中略）来る十二月十日を以って、受法の日と定めること已に畢んぬ、と云々。（以下略、傍線筆者）[16]

周知のように、最澄は空海との交友がはじまった大同四年（八〇九）から伝法灌頂の受法を願っていたけれども、なかなか実現しなかった。この手紙は、興福寺維摩会から帰りの十月二十七日、弟子の光定とともに乙訓寺に空海を訪ね、念願の灌頂受法のことをお願いしたところ、十二月十日に約諾が得られた。そこで、最澄のもとをさり近江国高島郡にいた泰範に、ともに入壇することを勧めたものである。おそらく唐から帰朝後、初対面の両者であったが、その最澄に対して「空海生年四十、期命尽くべし」、と空海は語ったという。また、最澄は十一月十四日、受法の準備のため高雄山寺に登山したところ、突然、あす胎蔵灌頂壇を開くと告げられ、同月十五日、和気真綱・和気仲世・美濃種人とともに急遽受法している(17)。十月二十七日の時点での約束が十二月十日であったことから、約一ヶ月早まったことになる。この授法を急いだ裏には、空海の「期命尽くべし」に象徴される体調の十全でなかったことが指摘されている。

弘仁十二年十一月の事例をみておこう。『高野雑筆集』上所収の藤原冬嗣等にあてた空海書状に、つぎのように記されている。

> 嗟乎《ああ》、俗にあって道を障《ふさ》ぐこと、妻子尤も甚だし。道家の重累は弟子、是れ魔なり。弟子の愛を絶って国家の粒を却《しりぞ》けんには如かず。斗藪して道に殉《したが》い、兀然《ごつぜん》として独坐せば、水菜能く命を支え、薜蘿《へきら》是れ吾が衣たり。修する所の功徳、以って国の徳に酬う。所有の経仏等は杲隣、実恵等に伝授す。恐らくは、人、金剛に非ず。蜉蝣《ふゆう》是れ寿《よわい》なり。一去の後、再面期し難し。二・三の弟子等、両相国に属し奉る。伏して願わくは、時々検を垂れて秘教を流伝せば、幸甚、幸甚。
>
> 白雲の中、松柏豈に変ぜんや。此生と他生と、形異にするも心同じ。（以下略、傍線筆者）(18)

空海は、この年四月から九月にかけて、唐から請来したところの曼荼羅等の剥落・損傷がはげしいので、あらたに「大悲胎蔵大曼荼羅一鋪八幅、金剛界大曼荼羅一鋪九幅、五大虚空蔵菩薩・五忿怒尊・金剛薩埵・仏母明王各四幅一丈、十大護の天王、蘗嚕拏天《きゃろだてん》の像、龍猛菩薩・龍智菩薩の真影等、都て二十六鋪」を図絵し、同年九月七日、開眼供養を修した(19)。また、五月から約三ヶ月にわたり、郷里の満濃池の築堤別当として堤防の修理にあたり、見事に完成させた。[20] このようなことが重なったためであろうか、この手紙では身心の不調を訴え、弟子の面倒をお願いしたい、また密教の流伝にも意を注いでいただきたい、と綴っている。特に、「人、金剛に非ず。蜉蝣是れ寿なり。一去の後、再面期し難し」「此生と他生と、形異にするも心同じ」といったことばに、死を予感させるものが感じられるのである。

そうして、天長八年六月の大僧都辞任の上表となるわけである。このように、空海は約十年ごとに身体の不調を訴えているが、弘仁三年十月・同十二年十一月の二回は、ほどなく回復したようにみうけられる。確かに、天長八年六月の大僧都辞任の場合は、訴えた相手も立場も前二回とは異なっているけれども、翌九年八月の高野山における万灯万華会に参列したとみなすならば、生命に別状なき状態にまで回復していたといえよう。よって、この天長八年六月の上表と承和元年（八三四）八月以降の事績とは、直接は結びつかない、結びつけて論じるべきではない、と考える。

2　高野山への隠棲

古来、さきの悪瘡の影響からか、空海は天長九年（八三二）十一月十二日、高野山に隠棲《いんせい》したとみなされてきた。たとえば、高木訷元師もつぎのように記しておられる。

この年十一月、空海は高雄山寺を実恵や真済等の弟子にゆだねて高野山に隠棲し、永く穀味をいとって山中に仏を念じた。翌年の天長十年（八三三）には、高野山を弟子の真然に付属し、実恵に助成せしめたという（『弘法大師行化記』）。すでに智泉なき今、同じ讃岐の佐伯氏出身で甥でもあった真然に高野山の後事を託したことになる。[21]

この年の高野山隠棲を記す根本史料は、『遺告二十五ヶ条』のつぎの一文と考えられる。

吾れ去る天長九年十一月十二日より、深く穀味を厭いて、専っぱら坐禅を好む。皆、是れ令法久住の勝計、並びに末世後生の弟子・門徒等の為なり。方に今、諸弟子等、諦聴せよ、諦聴せよ。吾が生期、今幾《いくばく》ならず。仁等《なんじら》好く住し、慎んで教法を守れ。吾れ永く山に帰らん。(22)

しかしながら、この天長九年十一月の高野山隠棲説を、私は採らない。なぜなら、『御遺告』よりも史料的に信憑性の高い実恵等の書状が伝存するからである。その書状とは、空海閉眼の翌年にあたる承和三年（八三六）五月五日付で、入唐する真済・真然に託して、青龍寺東塔院の恵果和尚の墓前に、空海が示寂したことを報告したときのものである。そこには、つぎのように記されている。

其の後、和尚、南山を卜地して、一つの伽藍を置き、終焉の処と為《す》。其れを名づけて金剛峯寺と曰う。今上の承和元年を以って、都を去り行きて住す。二年の季春、薪尽き火滅す。行年六十二。(23)

この書状は、さきにも記したように、空海が示寂したことを青龍寺東塔院の恵果和尚の墓前に報告するものであり、嘘・偽りを書く必要はなかったと考えると、その記載内容は限りなく史実に近いものといえよう。ここに「今上の承和元年を以って、都を去り行きて住す」とあることから、空海が高野山で最期をむかえるため、最終的に山に帰ったのは閉眼する前年、つまり承和元年であったことは間違いない、と私は考える。

また、高木師が天長九年に諸寺の管理・運営を諸弟子にゆだね、翌十年に高野山を真然に付属したとみなすことも、承和元年以降のことであったといえよう。特に、真然への高野山の付嘱は、この当時の真然の立場からは事実とは考えられず、後世、空海が計画した伽藍を真然が完成させたことから派生した説といえる。(24)

3　高野山万灯会

空海は、天長九年（八三二）八月二十二日、高野山における最初の法会・万灯万華会の願文を草している。空海の入定信仰の拠りどころともいわれる、有名な「虚空尽き、衆生尽き、涅槃尽きなば、我が願いも尽きん」と誓願された法会が、この万灯万華会であった。参考までに、願文の全文をあげてみよう。

恭《つつし》んで聞く。黒暗《こくあん》は生死の源《みなもと》、遍明は円寂の本《もと》なり。其の元始を原《たず》ぬれば、各《おのおの》因縁有り。日灯《にっとう》空に擎《かか》げて唯《ただ》一天の暗《あん》を除き、月鏡《がっきょう》漢に懸けて誰か三千の明を作《な》さんや。大日遍く法界を照らし、智鏡高く霊台を鑒《かんがみ》るが如くに至っては、内外の障り悉く除き、自他の光り普く挙《あ》ぐ。彼の光りを取らんと欲《おも》わば、何ぞ仰止《ぎょうし》せざらん。

是《ここ》に於いて、空海、諸の金剛子等と与《とも》んじて、金剛峯寺に於いて、聊《いささか》か万灯万華の会を設けて両部の曼《もう》荼羅、四種の智印に奉献す。期《ご》する所は、毎年一度、斯《こ》の事を設け奉って、四恩を答し奉つらん。虚空尽き、衆生尽き、涅槃尽きなば、我が願いも尽きん。

爾《しか》れば廼《すなわ》ち、金峯《きんぷ》高く聳《そび》えて安明の培訴《ほうろう》を下し眼《み》、玉毫《ぎょくごう》光りを放って忽ちに梵釈《ぼんじゃく》の赫日《かくじつ》を滅《け》さん。濫字の一炎、乍《たちま》ちに法界に飃《ひょう》して病を除き、質多《しった》の万華、笑《えみ》を含んで諸尊眼《まなこ》を開かん。仰ぎ願くば、斯《こ》の光業《こうごう》に籍《よ》って自他を抜済せん。無明の他、忽ちに自明に帰し、本覚の自、乍ちに他身を奪わん。無尽の荘厳、大日の慧光を放ち、刹塵の智印、朗月の定照を発《ひら》かん。六大の遍ずる所、五智の含《がん》ずる攸《ところ》、排虚沈《はいきよちん》地《ち》、流水遊林、惣《す》べて是れ我が四恩なり。同じく共に一覚に入らん。

天長九年八月二十二日（傍線筆者）(25)

ここで問題となるのは、願文の内容もさることながら、この万灯万華会に際して、空海が高野山に足を運んだか否か、である。言い換えると、前年の六月、悪瘡によって大僧都を辞任したいと願った空海の健康は、この時点で回復していたか否か、である。結論からいうと、このとき空海は高野山に足を運んでいたと考える。それは、この願文の傍線部に、

是に於いて、空海、諸の金剛子等と与んじて、金剛峯寺に於いて、聊か万灯万華の会を設けて両部の曼荼羅、四種の智印に奉献す。(26)

と記されているからである。わたくし空海は、もろもろの弟子たちとともに、金剛峯寺において、ささやかながらも万灯万華の会を設け、多くの灯明・多くの花でもって両部の曼荼羅諸尊、四種の曼荼羅諸尊を荘厳したてまつる、といい切っているところは、みずからその場に臨まれてのことばと解したい。つづく、

期する所は、毎年一度、斯の事を設け奉って、四恩を答し奉つらん。虚空尽き、衆生尽き、涅槃尽きなば、我が願いも尽きん。(27)

も、空海自身が発したことばとみたとき、より効力を増すのであって、代読させたとは考えがたい。特に、後半の「虚空尽き」以下は、『華厳経』十地品を下敷きにした大誓願とはいえ、この宇宙に存在する一切のものを心安らかな世界、涅槃に送りとどけるのが私の願いであり、一切のものを涅槃に送りとどけた暁に、私の願いも終わる、は、大乗の菩薩行の極致といえよう。

くり返しになるが、空海はこの時点で健康を回復していた、と私は考える。

4　法界体性の塔二基

空海は、承和元年（八三四）八月二十三日、高野山に建設中の伽藍の一日もはやい完成を願って、檀越に「一銭一

文をあげると、

粒」の喜捨をお願いした。そのときの勧進の文が、「勧進して仏塔を造り奉る知識の書」（『性霊集』巻八）である。本

敬って勧む、応に仏塔・曼荼羅等を造り奉るべきの書。

夫れ諸仏の事業は大慈を以って先と為《し》、菩薩の行願は大悲を以って本と為《す》。慈は能く楽を与え、悲は能く苦を抜く。抜苦与楽の基《もとい》、人に正路を示す、是れなり。所謂《いわゆる》正路に二種有り。一には定慧門、二には福徳門なり。定慧は正法を開き、禅定を修するを以って旨と為《し》、福徳は仏塔を建て、仏像を造するを以って要と為《す》。三世の諸仏、十方の薩埵、皆斯《こ》の福智を営んで仏果を円満す。

是の故に比《しきり》の年、四恩を抜済し、二利を具足せんが為に、金剛峯寺に於いて毘盧遮那法界体性の塔二基、及び胎蔵金剛界両部の曼荼羅を建て奉る。

然るに今、工夫数多《しゆた》にして粮食《ろうしよくつ》給き難し。今思わく、諸の貴賤の四衆と斯《こ》の功業を同うせん。一塵大嶽を崇《たこ》うし、一滴広海を深うする所以は、心を同うし力を戮《あわ》するが致す所なり。

伏して乞う。諸の檀越等、各《おのおの》一銭一粒の物を添えて斯《こ》の功徳を相い済《すく》え。然れば則ち、営む所の事業不日にして成り、生《な》す所の功徳万劫にして広からん。四恩は現当の徳に飽《あ》き、五類は幽顕の福を饒《ゆたか》にせん。同じく無明の郷《さと》を脱して斉《ひと》しく大日の殿に遊ばん。敬って勧む。

承和元年八月二十三日（傍線筆者）(28)

とある。この日付・八月二十三日からは、万灯万華会を修するために高野山に登って、伽藍の建設事業が予想以上に遅れていることに心を痛め、筆をとったものといえよう。

ともあれ、ここでは二つのことを問題としたい。第一はここに記された「毘盧遮那法界体性の塔二基、及び胎蔵金

剛界両部の曼荼羅」は何をさすのかであり、第二はこの時点で高野山の伽藍はどの程度できていたのかである。第一の「毘盧遮那法界体性の塔二基」は、『大日経』の世界を象徴する塔である大塔と『金剛頂経』の世界を象徴する塔である西塔をさすことで、ほぼ一致した見解がみられる。(29) しかし、「胎蔵金剛界両部の曼荼羅」については、字面のとおりに胎蔵・金剛界の二部の曼荼羅と解するものと、胎・金を合わせた堂とみなされる講堂、いまの金堂とみなす見解がある。いまは、後者の解釈にしたがっておきたい。(30)

第二の問題は、史料の制約もあっていま一つ明らかではない。とはいえ、ここに「工夫数多にして粮食給き難し」といい、それがために諸の檀越らに「わずかばかりの金子・食糧でもいいから喜捨いただき、この堂塔建立という善業を助けていただきたい（各一銭一粒の物を添へて斯の功徳を相い済え）」といっていることから、空海の在世中に何とか完成させたいとの思いで、工事が急がれていたことが窺える。康保五年（九六八）六月十四日の奥書を有する『金剛峯寺建立修行縁起』には、空海在世中に十八丈の多宝塔一基・三間四面の講堂一宇・二十一間僧坊一宇が完成していたと記す(31)けれども、二十一間僧坊だけができていたらしい。ともあれ、この知識の書からは、承和元年八月の時点で工事が急がれていたことと大々的に勧進活動がおこなわれたであろうことが知られるのである。(32)

5　後七日御修法の勅許

年代的には、このあとに承和元年（八三四）十二月十九日付の後七日御修法の勅許がくる。しかしながら、あとに詳述するので、ここでは触れないでおく。

6　東寺三綱の選任

承和元年（八三四）十二月二十四日、東寺に置かれた五十口の真言宗僧のなかから、東寺の三綱を選任すべき勅許が下った。そのときの太政官符は、つぎの通りである。

太政官符す

　応に真言宗五十僧の内を以って東寺三綱に充つべきの事

右、①大僧都伝燈大法師位空海の表に偁《い》わく。「謹んで太政官去る②弘仁十四年十月十日の符を案ずるに偁《い》わく。『右大臣宣す。勅を奉《うけたまわ》るに、今より以後《このかた》、真言宗僧五十人をして東寺に住さしむ。若し僧に闕有らば、一尊法を受学し、次第功業有る僧を以て之を補せよ。道は是れ密教、他宗の僧を雑住せしむること莫れ、』者《てへり》。③伏して望むらくは、三綱の外、鎮知事等は、一切省除せん。其れ三綱は、五十僧の内より択び充て用いん、」者《てへり》。従二位行大納言兼皇太子傅藤原朝臣三守宣す。④勅を奉《うけたまわ》るに、請うるに依れ。

　承和元年十二月廿四日（傍線筆者）(33)

この官符からは、つぎの四つのことを知りうる（傍線部）。すなわち、

①「大僧都伝燈大法師位空海の表に偁わく」とあることから、この官符は空海の上表にもとづいて出されたこと。

②ここに弘仁十四年（八二三）十月十日付の官符が引用されていることから、弘仁十四年十月十日付で真言宗僧五十人を東寺に住まわせたことは間違いないこと。

③この時点でお願いしたのは、「三綱の外、鎮知事等は、一切省除せん。其れ三綱は、五十僧の内より択び充て用いん」とあって、五十僧のなかから三綱だけを選任し、鎮知事らは省除することであった(34)。

④「勅を奉るに、請うるに依れ」とあることから、空海の願いはすべて允許されたこと。

である。なお、記憶にとどめておいていただきたいのは、「従二位行大納言兼皇太子傅藤原朝臣三守宣す」の箇所である。なぜなら、空海の願いを天皇に取りつぎ、天皇の意向を聞き、この官符を作成させて下達したのが、この藤原三守であったからである。

7　功徳料千戸のうち、二百戸を僧供料とする

承和二年（八三五）正月六日、東寺の功徳料千戸のうち、甲斐国五十戸・下総国百五十戸の計二百戸を僧供料とし、東寺において経典を講讃することが勅許された。『続日本後紀』巻四、正月壬子（六日）の条に、

①大僧都伝燈大法師位空海の奏に曰わく、「弘仁十四年の詔《みことのり》に依り、真言宗僧五十人をして東寺に住まわせ、三密門を修せしめんと欲《ほ》っす。②今、堂舎已《すで》に建つ。③修講未だ創《はじ》まらず。願わくば、且《かつう》は④東寺に入れらるる官家功徳料千戸の内、二百戸甲斐国五十戸 下総国百五十戸を以って僧供に充て、国家の為に薫修し、人天を利済せん。」⑤之を許す。(35)（傍線筆者）

とあり、この一文から五つのことを知りうる（傍線部）。

①ここにも「大僧都伝燈大法師位空海の奏に曰わく」とあって、この件も空海の上奏に応えて勅許されたこと。

②「今、堂舎已に建つ」とあり、この当時、東寺の建物がほぼでき上がっていたこと。

③「修講未だ創まらず」とあって、いまだ修講はおこなわれていなかったこと。ここにいう「修講」とは、経典の講讃と解することができるけれども、あとの「国家の為に薫修し、人天を利済せん」からは、修法・密教儀礼も含まれているとみなした方がよさそうである。

④「東寺に入れらるる官家功徳料千戸の内、二百戸を以って僧供に充て」とは、真言宗僧五十人が修講をおこなう

供料に二百戸が割き充てられたこと。

⑤「之を許す」とあって、この件でも全面的に、空海の上奏が認められたこと、がわかる。

8　年分度者三人の勅許

つぎは、承和二年（八三五）正月二十二日付で真言宗年分度者三人が勅許された事績（三業度人の制）であるが、別に詳述したことがある(36)ので、ここでは太政官符の引用などはおこなわない。

9　金剛峯寺が定額寺となる

承和二年（八三五）二月三十日、金剛峯寺が定額寺に列せられ、官寺に準ずる寺となった。定額寺の定義は、いまだ定かでない(37)。しかし、つぎにあげる一文からは、毎年、一定の仏餉《ぶつしょう》灯分料を支給されることが約束された寺といえそうである。

ところで、この定額寺の記録は、『続日本後紀』巻十、承和八年二月戊申（七日）の条に、

少僧都大法師位実恵言《もうさ》く。紀伊国伊都郡高野山に在る金剛峯寺は、去る承和二年二月卅日、定額に預かり畢んぬ。今深山に在り、灯明有ること無し。望むらくは定額の諸寺に准じて、灯分を施《い》れられ、并に仏聖二座を供養せられんことを。之を許す(38)。

とある。ここで注目したいのが、

ア、「去る承和二年二月卅日、定額に預かり畢んぬ」

イ、「今深山に在り、灯明有ること無し」

ウ、「定額の諸寺に准じて、灯分を施れられ、并に仏聖二座を供養せられんことを」の三つである。特に、アからは、承和二年二月三十日、金剛峯寺が定額寺に列せられたこと。イ・ウからは、この当時、高野山が灯明料も確保できずきびしい状況におかれていたこと、がわかる。後者からは、実恵の悲痛な叫びが聞こえてきそうである。

10　真雅への付法、高野山の真然への付嘱、実恵の神護寺別当補任

さきの表18に、

天長八年（八三一）六月　七日　東寺において、真雅に伝法灌頂職位を授く。〔血脈類集記二〕

天長十年二月十一日　　真雅に真言の秘印を授く。〔血脈類集記二〕

承和元年（八三四）　　この年、実恵、神護寺別当に補任される。〔東寺長者補任一〕

と記しておいたが、いずれも確証はないと想われる。なぜなら、空海から伝法灌頂を受法した諸弟子のなか、その受法の年次が明らかなのは、天長元年に二十五歳の若さで受法した真済だけである。『日本三代実録』巻四、貞観二年（八六〇）二月二十五日の真済卒伝によると、

真済、少年にして出家し、大乗道を学び兼ねて外伝に通ず。夙に識悟有り。大僧都空海に従い、真言教を受く。大師海公、其の器量を鑑み、特に提誘を加う。遂に両部の大法を授け、伝法阿闍梨と為す。真済、時に年廿五、時の人、之を奇とす。(39)（傍線筆者）

とある。後世の史料は、主だった弟子の空海からの伝法灌頂受法を、これに倣って二十五歳とすることが多い。特に真雅には、その二十五歳の天長二年に、空海から伝法灌頂を受法したことを記す印信「天長の大事」なるものが伝存

するが、印信そのものの歴史から考えても、後世に偽作されたことは明らかである。[41] したがって、空海からの受法の年次・種類などを確定するには種々なる手続きを経る必要があり、ただちに真偽を云々することはできない。一応、疑ってかかった方が賢明であろうと考える。

右にあげた三項目のうち、実恵が承和七年まで神護寺別当であったことは、『原本東宝記』第十三　僧宝上草稿本所収の承和七年十二月五日付の太政官符からほぼ信じてよい。その官符には、

伝燈大法師位真済　東大寺

右、神護寺別当に定む。少僧都伝燈大法師位実恵の替なり。[42]

とあり、実恵に替わって真済が神護寺別当に任ぜられたことが知られる。しかし、実恵がいつ神護寺別当に補任されたかは明らかでない。空海が最終的に高野山に隠棲したのが承和元年であったことから考えると、『東寺長者補任』巻第一、承和十四年条の「承和の初めに神護寺別当に補さる」[43]は、ほぼ妥当な説といえよう。

二　後七日御修法上表文の検討

前節では、空海晩年の事績を根本史料によって一瞥した。本節では、石田氏が注目された後七日御修法に関する上奏文と勅許されたときの太政官符の内容を分析しておきたい。

まず、『続日本後紀』巻三　承和元年（八三四）十二月乙未（十九日）条によって、空海の「宮中真言院の正月御修法の奏状」の全文と、これに応えて出された勅許の内容をあげてみよう。わかりやすさを慮って、私に改行を多くした。

大僧都伝燈大法師位空海上奏して曰《もう》さく。

空海聞く。如来の説法に二種の趣《おもむき》有り。一つには浅略趣、二つには秘密趣なり。

浅略趣と言っぱ、諸経の中の長行《ぢようごう》偈頌《げじゆ》、是なり。

秘密趣と言っぱ、諸経の中の陀羅尼、是なり。

浅略趣とは、太素、本草等の経に病源を論説し、薬性《やくしよう》を分別するが如し。

陀羅尼の秘法とは、方《ほう》に依って薬を合わせ、服食《ぶくじき》して病を除くが如し。

若し病人に対《むか》って、方経を披き談ずとも痾《やまい》を療するに由無し。必ず須らく病に当てて薬を合わせ、方に依って服食すれば、乃ち病患を消除し、性命《せいめい》を保持することを得べし。

然るに今、講じ奉る所の最勝王経は、但《ただ》其の文を読み、空しく其の義を談ずれども、曾て法に依って像を画き、壇を結びて修行せず。甘露の義を演説するを聞くと雖も、恐らくは醍醐の味を嘗《な》むることを闕かんことを。

伏して乞う。今より以後、一《もつぱら》経法に依って、経を講じる七日の間、特に解法《げほう》の僧二七人、沙弥二七人を択んで、別に一室を荘厳し、諸の尊像を陳列し、供具を奠布《てんぷ》して真言を持誦せん。然れば則ち、顕密の二趣、如来の本意に契《かな》い、現当の福聚《ふくじゆ》、諸尊の悲願を獲《え》ん。

勅す。請うるに依れ。之を修して、永く恒例と為《せ》よ。(44)（傍線筆者）

この『続日本後紀』の記事により、内容を分析・検討するまえに、解決しておかなければならない問題が出来した。それは、後七日御修法の勅許が下されたのはいつであったか、の問題である。さきに紹介した石田氏は、承和元年十二月十九日に空海が上奏し、同月二十九日に勅許をえた、とみなす(45)。しかしながら、この『続日本後紀』の傍線部「勅す。請うるに依れ。之を修して、永く恒例と為よ。」によるならば、承和元年十二月十九日は勅許が下った日となる。

ではなぜ、石田氏は十二月十九日を上奏の日、同月二十九日を勅許の日とみなしたのであろうか。おそらく、上掲の『続日本後紀』の記事をそっくり収録する『性霊集補闕抄』巻九所収「宮中真言院の正月御修法の奏状」の書き出しが

承和元年十一月（ママ）乙未、大僧都伝燈大法師位空海上奏して曰《もう》さく。(46)

ではじまっていること、『類聚三代格』巻二に収録される後七日御修法を勅許したときの太政官符の日付が承和元年十二月二十九日となっていること(47)、の二つから、導き出されたものと考える。しかし、さきに記したように、十二月十九日は勅許された日とみなすべきであって、空海が上奏した日とはいえない。後七日御修法の上奏・勅許に関する信頼できる史料は、上掲の『続日本後紀』の記事と『類聚三代格』巻二所収の太政官符の二つである。この二つの史料は、いずれも勅許に関する記録であるが、そこには空海が上奏した日は明記されていない。よって、空海が上奏した日は不明といわざるをえない。

残された問題は、勅許された日をいつとみなすか、である。いま一度史料を整理すると、『続日本後紀』は承和元年十二月十九日であったとし、『類聚三代格』所収の太政官符は同月二十九日と記す。十日を隔てて二度勅許が下されたとは考えがたいので、十九日・二十九日のいずれかが正しく、どちらかが誤記、または誤写といえよう。

ここに、太政官符の日付を承和元年十二月十九日と記す史料があるので紹介したい。それは、高野山正智院蔵の『東寺官符集』である。鎌倉時代に書写されたこの『官符集』には、真言宗に出された平安・鎌倉時代の太政官符十六通・太政官牒六通・官宣旨一通が収録されている。このなかに、いま問題としている後七日御修法が勅許されたときの太政官符も収載されており、その日付は「承和元年十二月十九日」となっている(48)。十九日・二十九日のいずれが正しいかを断定するには、さらにいくつかの写本を参酌しなければならないけれども、『続日本後紀』・正智院本『東

寺官符集』により、ひとまず、勅許が下されたのは十二月十九日とみなしておきたい。

これより、石田氏のいわれる十二月十九日上奏、十日後の二十九日勅許説は再検討されるべきであると考える。しかしながら、石田氏がいわれるように、上奏から勅許までに要した時間は数ヶ月には及ばなかった、おそらく一月を超えることはなかったであろうと、私も考えたい。それは、つぎの三つの理由による。

第一は、二ヶ月あまりの間に五つの勅許が下されており、ここにはやはり尋常でないものが感じられるからである。この裏には、政治的な力の介在があったものと考える。

第二は、その政治力を大いに発揮したのが、上卿《しょうけい》を務めた藤原三守であったと考えられることである。このことについては後述したい。

第三は、空海には短期間で勅許をえた前例があることである。それは高野山の下賜が勅許されたときであり、弘仁七年（八一六）六月十九日に上表し[49]、二十日後の七月八日、太政官符が紀伊国司に下されている[50]。

以上より、石田氏のいわれる十日後は根拠のとぼしい数字といえそうだが、上奏してから短期間のうちに勅許をたまわったことはほぼ間違いないと考える。

では、後七日御修法の上奏はいかなる考え、目的のもとになされたのであろうか。上奏文の内容をみておこう。空海は、「如来の説法に二種の趣有り。一つには浅略趣、二つには秘密趣なり。」と書き出して、浅略趣＝顕教と秘密趣＝密教との相違・優劣を明確にし、いま御斎会でおこなわれている『金光明最勝王経』の講讃だけでは不十分であり、密教の修法が不可欠であって、二つが揃うことにより、大きな効果・功徳がえられることを強く訴えた。

上奏文の内容を要約すると、つぎの五つとなろう。

①如来の説法には二つの趣きがある。つまり、浅略趣と秘密趣の二つである。
②浅略趣とは、諸経のなかの長行と偈頌をさし、秘密趣とは、諸経のなかの陀羅尼である。
③浅略趣は、病の原因・理由とその病をとりのぞくに効果がある薬物・植物（病理・薬草学）を説く『太素経』『本草経』のような教えである。たとえば、病人に対して、その病の原因と何が効くか（病理・薬草学）を説くだけで、病をとりのぞくに実効がない教えである。これに対して秘密趣は、『太素経』『本草経』の記述にもとづき、薬を調合し飲むことによって、実際に病を取り除く教えであり、病に応じて薬をあわせ、実際に服食して疾患を消除し、性命を保持することができる教えである。
④いま、御斎会《ごさいえ》でおこなわれている『金光明最勝王経』の講讃は、まさに浅略趣のそれであり、しきりに文を読み、義を談ずといえども効果は期待できない。なぜなら、法によって諸尊の像を画き、壇を築いて修法しないからであり、甘露にも等しい講讃をいくら聞いても、醍醐の味（最高の功徳）をえることはできない。そこでお願いがある。秘密趣である密教の経法にもとづいて修法をおこないたい。すなわち、御斎会がおこなわれる七日間、善く密教の法に通達した僧（解法の僧）十四人と沙弥十四人を択び、別に一つの部屋を荘厳し、諸の尊像を陳列し、供養の道具を整えて、諸尊をたたえる真言を持誦したい。
⑤顕密の二趣、すなわち『金光明最勝王経』の講讃と密教の経法にもとづいた修法との二つが揃うならば、如来出世の本意にかない、現在と未来にわたる福聚、顕密諸尊の大悲の本願を獲得することができるであろう。
この論法からすると、浅略趣に比定される御斎会にはまったく効果が期待できない。したがって、石田氏のいわれるように、南都諸宗の僧たちからの反駁・非難があってもおかしくない。にもかかわらず、勅許をみたのは、一つには空海の長年にわたる南都諸寺の僧たちとの交友のしからしめるところであり、一つには空海の強い意志と空海の理

想実現のために奮闘した藤原三守の力によるところ大であった、と私は考える。(51)

その正否はともあれ、つぎに、この上奏にもとづいて勅許されたときの太政官符があるのでみておきたい。その官符とは、『類聚三代格』巻二所収の承和元年十二月二十九日付のものである。本文をあげると、

太政官符す

応《まさ》に年毎に修法せしむべきの事

右、②従二位行大納言兼皇太子傅藤原朝臣三守の宣を被《こう》むるに偁《い》わく。勅を奉《うけたまわ》るに、宜しく①大僧都伝燈大法師位空海の表に依り、毎年、宮中の金光明会講経一七日の間、真言宗の解法の僧二七人、沙弥二七人を択んで、一室を荘厳し、別に修法せしめ、③同じく国家を護持し、共に五穀を成熟せしむべし。

承和元年十二月廿九日(52)（傍線筆者）

とある。

極めて短いものであるが、三つのことを指摘しておきたい（傍線部参照）。第一は、「大僧都伝燈大法師位空海の表に依り」とあって、この官符は空海の上表にもとづいて出されたこと。第二は、「従二位行大納言兼皇太子傅藤原朝臣三守の宣を被むるに偁わく」から、空海の上表を天皇に取りつぎ、意向をうかがってこの官符を下したのが藤原三守であったこと。第三は、後七日御修法を勅許する目的を、「同じく国家を護持し、共に五穀を成熟せしむべし」と御斎会に准じていること、である。このうち、第二と三は、さきにあげた『続日本後紀』承和元年十二月乙未（十九日）条にはみられない新しい情報である。特に、第二の藤原三守に留意いただきたい。なお、この官符の日付＝十二月二十九日は、先述のように、本来十九日であったものが、転写の際または何らかの理由であやまって「廿九日」と記さ

れるようになったものとみなしておきたい(53)。

三　空海と藤原三守

石田氏は、後七日御修法の勅許が十日間という超スピードで下されたことに注目され、その理由を二つ提示された。すなわち、一つは空海が南都諸大寺の学僧と早くより交渉を持ち、顕教に対しても深い造詣を有していたこと、一つは上奏文と符合する理論が『十住心論』中に披瀝されており、無理なく受け入れられる下地ができていたこと、の二つである。後七日御修法の勅許だけに限定すると、これでいいのであろうが、最晩年の五つの勅許を綜合して考えたとき、別の側面を指摘できそうである。

承和元年（八三四）十二月十九日から翌二年二月三十日までのわずか二ヶ月あまりという短期間に、空海が申請した五つの事柄がすべて勅許されている。五つの事柄と上卿を務めた藤原三守の官符に記された肩書きをあげると、

1、承和元年十二月十九日、宮中真言院における御修法の勅許、
「従二位行大納言兼皇太子傅藤原朝臣三守の宣を被むるに偁わく」

2、同年十二月二十四日、東寺真言宗僧五十口のうちから三綱を選任する勅許、
「従二位行大納言兼皇太子傅藤原朝臣三守宣す」

3、承和二年正月六日、東寺に僧供料を置き、修講すべき勅許、

4、同年正月二十二日（二十三日）、真言宗年分度者の勅許（三業度人の制）、
「従二位行大納言兼皇太子傅藤原朝臣三守宣す」

5、同年二月三十日、金剛峯寺が定額寺に認定される。

　*官符、現存せず。

6、同年八月二十日、真言宗年分度者の試業並びに得度の日処を定むべき勅許、

　「従二位行大納言兼皇太子傅藤原朝臣三守宣す[54]」

となる。石田氏の言をかりると、一つの勅許をえるだけでも数ヶ月から半年はかかると考えられる事柄が、なぜ、この二ヶ月あまりのあいだに集中して勅許されたのか、しかも後七日御修法にいたっては暮の押しせまったこの時期に、神業に近い猛スピードで勅許されたのか、を考えたとき、私は空海の上表を天皇に取りついだ上卿の藤原三守に注目したい。

上卿について、土田直鎮先生はつぎのように記している。

> 朝廷で太政官の行う諸公事を、上首として指揮する公卿。行事上卿ともいう。上《しょう》と略称し、たまたま公事の当日参内した公卿の上級者を上卿にあてる時は日上《ひのしょう》とも称する。諸公事は年中恒例、臨時の政事、神事、仏事以下、大小多数あるが、内廷行事を除き太政官の行う公事では上卿がそれぞれ定められて奉行する。そして公事の大小に応じてどのクラスの公卿が上卿をつとめるかが大体きまっていて、たとえば元日・白馬《あおうま》などの節会は、一上《いちのかみ》や大臣が内弁《ないべん》と称して指揮し、仁王会《にんのうえ》は多く大納言が検校《けんぎょう》と称して上卿の役にあたる類である。このほか、諸公事はほとんどすべて公卿の中の中納言以上が上卿となって行う例であって、参議は、国忌・吉田祭などきわめてわずかの小事の上卿を勤めるほか、やや大きな公事に際して行事宰相として上卿の副となる程度である。この点は、官符や官宣旨を、自分の名を冠して宣下する上卿は必ず中納言以上の公卿に限られていることとも相通ずるのであって、参議は一段格の低いものとされている。諸公事の上卿は、年中恒例の行事のうち、釈奠《せきてん》・祈念

祭・春日祭など約二十ほどについては前年末に公卿分配と称して、大臣が諸公卿にそれぞれの上卿を割り当てる例であるが、以外のものについてはその時々に指定される。また分配で定められた上卿も、あとで故障が生じて改定されることが少なくない。このようにして定められた上卿は、その担当の公事に関しては準備から執行、跡始末に至るまでのすべてを弁官や外記などの掛官を指揮して取りしきるのであって、相当の心得を必要とする。(55)

（以下略、傍線筆者）

これによると、上卿は朝廷における政務の評議あるいは儀式に際して、出席者のなかで最上位の公卿が勤めるのが慣例であって、弁官や外記などを指揮して太政官符や官宣旨の作成・宣下をおこなったことがわかる。

空海の上表に対して勅許が出された承和元年十二月から翌二年二月にかけての公卿の上席者を『公卿補任』でみると、

左大臣　正二位　藤原緒嗣　六十一歳
右大臣　従二位　清原夏野　五十三歳
大納言　従二位　藤原三守　五十歳
中納言　正三位　源常　二十三歳
　　　　従三位　藤原愛発　四十七歳
　　　　正三位　藤原吉野　四十九歳(56)

となる。この一覧によると、本来であれば、上卿は大臣であった藤原緒嗣・清原夏野が勤めるのが筋であったと思われるが、空海の上表には、ことごとく藤原三守が上卿を勤めている。土田直鎮先生が作成された一覧によって、承和元年と同二年の上卿を勤めた回数をみると、

承和元年　右大臣　　清原夏野　八回
　　　　　大納言　　藤原三守　七回
同　二年　右大臣　　清原夏野　十回
　　　　　大納言　　藤原三守　二回
　　　　　権中納言　藤原良房　四回　＊ただし、良房が権中納言に叙せられたのは四月七日。(57)

とある。三守がつとめた上卿のうち、承和元年は七回のうちの二回が、同二年は二回のうちそのすべてが空海の上表のときであり、合計すると約半数にのぼる。これは一体何を物語るのであろうか。

穿った見方かも知れないが、空海が二ヶ月あまりのあいだに五つの勅許をえることができたのは、上表の内容が前もって藤原三守に伝えられ、三守の主導のもとに勅許されるにいたったのではなかったか、と考える。その根拠として、三つの事柄をあげることができる。第一は空海と三守とのあいだには長い交流がもたれていたこと、第二は三守が空海の檀越の一人であったと考えられること、第三は三守が仏教に対して篤い信仰をもっていたと考えられること、である。

第一に関して、まず、三守の経歴をみてみよう。(補註1) 三守の経歴(58)で特筆すべきは、嵯峨天皇の信任をえて、二十二歳から五十六歳で没するまでの三十五年間、ずっと懐刀のような存在であったことである。三守は、南家武智麻呂の曽孫、巨勢麻呂の孫、阿波守真作の五男であった。延暦四年（七八五）に生まれた三守は、大学に学び、大同四年（八〇九）五月、二十二歳の若さで東宮主蔵正となった。このときから嵯峨天皇との密接な関係が生じ、弘仁二年（八一一）二月には蔵人頭に叙せられ、同七年十月には三十二歳で参議に列し、同九年六月春宮大夫を兼ね、同十二年正月従三位権中納言となり、同十三年三月皇大后宮大夫を兼ね、翌十四年五月中納言、同年十一月二十日に正三位となったが、嵯峨天皇が退位したのをうけて同月二十二日諸職を辞し、嵯峨院に仕えた。天長五年（八二八）三月大納言として復帰し、同十年三月には従二位に叙せられるとともに皇太子傅を兼ね、承和五年（八三八）正月十日右大臣となり、同七年七月七日、五十六歳で薨じた。

さきにも記したように、二十二歳で東宮であった嵯峨天皇に仕え、即位されてからも蔵人頭をはじめ、内蔵助・右近衛少将・内蔵頭・春宮亮・式部大輔・左兵衛督など主要な諸職を歴任するとともに、嵯峨天皇のサロン、いわゆる唐風文化の担い手の一人でもあった。おそらく、空海との出逢いも、この嵯峨天皇のサロンでの漢詩・書などを通じてのことであったと思われる。残念ながら、三守の漢詩は伝存しない。とはいえ、三守が嵯峨天皇のサロンに出入りしていた漢詩人と交流をもっていたことは、『続日本後紀』巻九所収の「三守薨伝」に、

詩人を招引して、杯を接《まじ》え席に促《せま》る。(59)

とあり、『経国集』巻十一に、滋野貞主が三守に贈った詩に唱和した嵯峨上皇の漢詩

滋貞主が「城外にして鶯を聴き、前藤原中納言に簡する作」に和す、一首太上天皇(60)

が見られることから間違いない。

嵯峨天皇のサロンで出逢った空海との交流は、やがて空海の外護者・檀越へと発展したと推考される。すなわち、空海がすべての人びとに門戸を開放したことで有名な綜芸種智院が開設された場所は、ほかでもない藤原三守の邸宅跡であった。このことが、天長五年十二月、空海が撰した「綜芸種智院式并序」に、つぎのようにみられる。

辞納言《じどうごん》藤大卿左九条の宅有り。地は弐町に余り、屋は五間なり。東は施薬院に隣り、西は真言の仁祠に近し。生休帰真の原、南に迫り、衣食出納の坊、北に居す。(61)

ここに「辞納言藤大卿左九条の宅有り」とあり、三守から寄進された邸宅をつかって設立しようとしたのが綜芸種智

院であった[62]。

もう一点、三守が真言宗の檀越であったことを明記する史料をあげてみよう。それは、承和三年（八三六）五月五日付で大唐青龍寺内供奉義明阿闍梨をはじめとする同法衆にあてて出された実恵等の書状である。そこには、

外護の大檀主は、今上陛下・北面の后宮、及び大納言二品藤原朝臣・右大弁四品和気朝臣、近くは我が道場を持し、遠くは四海を宅懐す。惟うにまた遙に之を加護せん[63]。

とあり、「大納言二品藤原朝臣」が三守をさす。ここに、天皇・皇后両陛下と和気真綱とともに、外護の大檀主四人のなかに名が列ねられており、空海の最晩年における外護者の一人であったことは間違いない。

第三の仏教信仰であるが、ここでは特に三守と天台宗との連関をみてみよう。天長十年十月二十八日付の光定上表文に、

最澄法師云わく、桓武天皇御願の宗を建立し、二師（義真・円澄）弘めらる。（中略）亦云わく、御願の興隆は、四賢臣に憑る。其の四賢臣とは、故贈正一位左大臣兼行左近衛大将藤原朝臣冬嗣・故贈従二位行大納言兼右近衛大将良峰朝臣安世・現有の従二位行大納言守春宮坊傅藤原朝臣三守・故参議従四位上兼守右大弁行陸奥出羽按察使伴宿禰国道なり[64]。（以下略、傍線筆者）

とあって、三守は藤原冬嗣・良峰安世・伴国道とともに、最澄が開いた天台宗を支える四賢臣の一人として、生前の最澄からも篤い信頼をよせられていたのであった。また、『天台座主記』には、

弘仁十四癸卯二月廿六日　勅により寺額を賜い延暦寺と号す。（中略）三月三日　勅して中納言藤原朝臣三守・右中弁大伴宿禰国道を以て、寺家別当に定め置かる。此れ従り以後、左大臣を以て検校と為し、左大弁・左大史を以て別当と為す[65]。

とあり、弘仁十四年三月三日、三守は伴国道とともに延暦寺の俗別当となり、最澄亡きあとの延暦寺を物心両面から支えたのであった[66]。たとえば、天長八年九月二十五日付で最澄の弟子円澄等三十五名が、密教の受法を空海に乞うたときの書状に、

別当大納言正三位兼行弾正弼《尹イ》藤原　在判[67]

と署名し、天長十年三月二十五日付の円珍度縁にも、

従二□（位）行大納言兼皇太子傅藤□（原）朝臣（自署）[68]「三守」

と、別当の筆頭者として署名しており、三守が真言・天台両宗にわたる檀越であったことは間違いない。

おわりに

以上のことを踏まえて、空海の上表にもとづいて勅許された四つの太政官符の上卿を藤原三守が勤めたこと[69]を考えると、空海から三守に、前もって上表する内容が伝えられ、三守が上卿となって事を運ぶ段取りができていたのではなかったか、と推考する。みずからの閉眼を見透かしたかのように、その直前の二ヶ月あまりで、懸案であった事項に、つぎつぎと勅許をえた空海の政治力・手腕は、まことに見事というしかない。その裏で、空海の計画の実現に尽瘁したのが藤原三守であった。

さいごに、いま一度、五つの勅許された事項を並べてみよう。

1、承和元年十二月十九日、宮中真言院における御修法の勅許、

2、同年十二月二十四日、東寺におかれた真言宗僧五十口のうちから東寺三綱を選任する勅許、

3、承和二年正月六日、東寺に僧供料を置き、修講すべき勅許、
4、同年正月二十二日（二十三日）、真言宗年分度者の勅許（三業度人の制）、
5、同年二月三十日、金剛峯寺の定額寺認定、

これをみて、あらためて空海の細やかな配意を思わずにはおれない。つまり、1と4は真言宗教団そのものの永続化をめざしたものであり、2と3は東寺の今後を考えての、同じく5は高野山の存続を考えての布石であった。[70]ここには、空海が心血をそそいだ真言宗教団・東寺・高野山の三つがそろって取りあげられており、その微塵の隙もない布石の見事さに、あらためて驚嘆させられるのである。[71]

註

（1）『続遍照発揮性霊集補闕抄』（以下、『性霊集補闕抄』と略称す）巻第八所収「仏塔を造り奉る知識の書」（『定本弘法大師全集』〈以下、『定本全集』と略称す〉第八巻、一五九～一六〇頁、一九九六年九月、高野山大学密教文化研究所）。
（2）『続日本後紀』巻三、承和元年十二月乙未（十九日）条（『改訂増補 国史大系』〈以下、『国史大系』と略称す〉第三巻、三一～三二頁）。なお、『類聚三代格』巻二所収の太政官符の日付けは、承和元年十二月二十九日となっている（『国史大系』第二十五巻、六七頁）。後述するように、勅許されたのは十二月十九日であったとみなしておきたい。
（3）『類聚三代格』巻二、承和元年十二月二十四日付太政官符（『国史大系』第二十五巻、五六頁）。
（4）『続日本後紀』巻四、承和二年正月壬子（六日）条（『同右』第三巻、三五頁）。
（5）この三業度人の制が勅許された日を、『続日本後紀』では承和元年正月戊辰（二十二日）とし（『国史大系』第三巻、三六頁）、『類聚三代格』巻二所収の太政官符では承和元年正月二十三日とする（『国史大系』第二十五巻、七九～八〇頁）。
（6）『続日本後紀』巻十、承和八年二月戊申（七日）条（『国史大系』第三巻、一一六頁）。
（7）石田尚豊「弘法大師と後七日御修法―空海の実像（死を決して何を為したか）―」（同著『空海の帰結―現象学的史学―』五五頁、二〇〇四年八月、中央公論美術出版。初出は、『弘法大師と現代』一九八四年三月、筑摩書房）。
（8）石田尚豊、前掲（註7）書、六〇～六六頁。

(9)　石田尚豊、前掲（註7）書、五六～五八頁。

(10)　この略年表は、三浦章夫編『増補再版弘法大師伝記集覧』〈以下、『伝記集覧』と略称す〉一九七〇年六月、密教文化研究所）を参照しながら、新たに作成したものである。

(11)　この円澄ら書状の日付を、『続群書類従』所収の『伝教大師消息』は天長元《八イ本》年九月二十五日とし（『続群書類従』第二十八輯上、三九〇～三九一頁）、仁和寺本『伝教大師求法書』は天長八年十月二十四日とする。いずれが正しいか、いまだ確定できていないので、ここではしばらく天長八年九月二十五日付としておく。なお、『伝教大師全集』巻五所収の『伝教大師消息』には、この円澄ら書状は収録されていない。また、この円澄ら書状を取りあつかった主な論考に、つぎのものがある。㈠高木訷元「「三年にして功を畢えなん」考―伝教大師の真言付法―」（『村中祐生先生古稀記念論文集　大乗仏教思想の研究』四七五～四九三頁、二〇〇五年六月、山喜房仏書林）、㈡拙稿「空海と最澄の交友―訣別にいたる過程を中心に―」（拙著『弘法大師空海の研究』三二八～三七一頁、二〇〇六年二月、吉川弘文館）。↓補遺1

(12)　この八月二十日条は、空海の閉眼後の事績であるが、空海の上奏をうけて藤原三守が上卿となって行政処理をおこない勅許されているので、空海最晩年の一連の事績と軌を一にするものと考え、ここに一緒に掲げた。

(13)　「疾に嬰《かか》って上表して職を辞する奏状」は、日付を「天長八年五月庚辰の日」とするけれども、この年の五月に「庚辰」の日はない。五月に「庚」のつく日は、庚子（三日）、庚戌（十三日）、庚申（二十三日）の三日だけである。そこで、つぎの二つの理由から、この「庚辰」の日は六月十四日とみなしておく。第一は、『日本紀略』前篇十四が「六月庚辰（十四日）大僧都空海上表して云々。勅答して云々」と、「庚辰」を六月のこととみなしていることである（『国史大系』第十巻、三三二頁）。第二は、勅答の日付けが「天長八年六月日」となっていることである（『定本全集』第八巻、一六六頁）。

(14)　『性霊集補闕抄』巻第九所収「疾に嬰って上表して職を辞する奏状」（『定本全集』第八巻、一六五頁）。なお、『性霊集補闕抄』には、続いてこの奏状に対する勅答が収載されているので、参考までに記しておく（『定本全集』第八巻、一六五～一六六頁）。

勅す。忽ちに抗表を省《み》て綱維を締《す》つることを知んぬ。啻《ただ》繁を撥《はら》うことを期すれども、未だ通論に允《かな》わず。何となれば、粋哲《すいてつ》の世に出づる道存するを是れを崇しとす。達鑒の機に応ずる物を済うて倦まず。曷《なん》ぞ必ずしも仁義を縲鏁《るいさ》にし、負任を桎梏《しっこく》なりとして耀《ひか》りを言《こと》の帰《おもむき》に掩《おほ》い、声を銷《け》すは咄哉《たっさい》なる者なり。

況や密門稍《ようや》く啓《ひら》け、真言載《はじめ》て歇《あ》ぐと雖も、之を学ぶ者纔かに其の階庭を践《ふ》んで之を褰《かか》ぐる者未だ其の堂廡《とうぶ》を践《ふ》まず。公輸《こうしゅ》に非ず自《より》んば蟠節《はんせつ》を如何んがせん。宜しく法流を霑《うるお》して統号を辞すること勿るべし。昔道罔《どうけい》危うきに臨んで更に保ち、慧慶将に没せんとして全たきことを蒙る。斯れ固《まこと》に実徳内に充《み》ち、徴衛外《ちょうえいほか》に発すればなり。

然れば則ち法師病を現じて終わりを告ぐること自ら詳かんずれども、亦宜しく心を厝《はげま》して善く救療《くりょう》を加うべし。道林、微笑して重ねて粛祖《しゅくそ》の朝《ちょう》に来り、竺法、衲を被《き》て再び琅耶の邸に入らん。

天長八年六月日

(15) 石田尚豊、前掲（註7）書、五七～五八頁。

(16) 『伝教大師消息』所収　弘仁三年十一月五日付泰範あて最澄書状（『続群書類従』第二十八輯上、三九九～四〇〇頁。『伝教大師全集』第五、四六二～四六四頁）。

(17) 『灌頂暦名』弘仁三年十一月十五日の項（『定本全集』第八巻、二二八頁）。

(18) 『高野雑筆集』所収、藤原冬嗣等あて空海書状（『同右』第七巻、一〇八頁）。

(19) 『遍照発揮性霊集』（以下、『性霊集』と略称す）巻第七所収「四恩のおんために二部の大曼荼羅を造する願文」（『定本全集』第八巻、一〇八～一一〇頁）。

(20) 満濃池の築堤別当としての事績については、前掲（註10）『伝記集覧』を参照いただきたい（四五三～四六〇頁）。

(21) 高木訷元『空海―生涯とその周辺―』二五六頁、一九九七年四月、吉川弘文館。

(22) 『遺告二十五ヶ条』（『定本全集』第七巻、三四四頁）。『定本全集』本には、「令法久住勝計并」の七字が欠落していると思われる。なぜなら、『御遺告』の最古の写本である安和二年（九六九）七月の書写にかかる金剛寺蔵本をはじめとする諸本には、この七字が記されているからである。

(23) 『弘法大師御伝』下所収、承和三年五月五日付実恵等書状（『弘法大師伝全集』〈以下、『伝全集』と略称す〉第一、二一九頁）。

(24) 真然が天長十年（八三三）に高野山を付嘱されたとみなす説に対する疑義の第一は、三年後の承和三年（八三六）五月、留学僧として入唐の途についていることである。もし、空海から直々に高野山を付嘱されたのであれば、最低でも二十年は唐土に留まって勉学しなければならない留学僧に任命されること自体考えがたいことといわねばならない。第二の疑義は、留学僧に任命されたのは空海在世中のことであり、留学僧として派遣される最終決定は空海その人の推薦によったと考えられることである。このような考えが首肯されるならば、天長十年の時点で真然が高野山を付嘱されたとは考えがたいといえる。真然の留学僧選任の問題については、つぎの拙稿を参照いただきたい。拙稿「承和の遣唐使」（拙著『真言密教の系譜』一五七～一九五頁、二〇〇五年三月、高野山大学）。

(25)『性霊集補闕抄』巻第八所収「高野山万灯会の願文」（『定本全集』第八巻、一五八～一五九頁）。

(26)『性霊集補闕抄』巻第八所収「高野山万灯会の願文」（『同右』第八巻、一五八頁）。

(27)註26に同じ。

(28)註1に同じ。

(29)㈠佐和隆研「金剛峯寺伽藍の配置」（同著『日本の密教美術』二〇五～二〇六頁、一九六一年五月、便利堂）、㈡山田耕二『高野山』（四六～四七頁、一九八六年十一月、保育社）などを参照いただきたい。

(30)「胎蔵金剛界両部の曼荼羅」を字義通りに胎蔵・金剛界の両部曼荼羅とみなすのが佐和隆研氏であり（前掲（註29㈠）論考、八〇・八九頁）、石田尚豊氏であり（前掲（註7）書、五七頁）、山田耕二氏である（前掲（註29㈡）書、五二頁）。しかし、この二つの曼荼羅が講堂の東西に懸けられたこと、金剛峯寺伽藍でもっとも早く建立に着手されたのが講堂であったと考えられていること、などを勘案するならば、両部の曼荼羅＝講堂（のちの金堂）とみなすこともできるのではないか、と私は考える。

(31)『金剛峯寺建立修行縁起』（『伝全集』第一、五四頁）。なお、『金剛峯寺建立修行縁起』の新しい校訂本並びに論考に、つぎのものがある。㈠拙稿「『金剛峯寺建立修行縁起』の研究（一）」（『高野山大学密教文化研究所紀要』第十一号、二一～八〇頁、一九九八年一月）。㈡拙稿「『金剛峯寺建立修行縁起』覚書」（『山崎泰廣教授古稀記念論文集　密教と諸文化の交流』一一七～一五〇頁、一九九八年八月、永田文昌堂）。

(32)講堂は承和五年（八三八）ころに完成し、大塔は貞観の末（八七六）ころに完成したとみなす見解が有力である（佐和隆研、前掲（註29㈠）論考、二一三～二一四・二一七～二一八頁参照）。

(33)註3に同じ。なお、官符における引用文の関係を明示するために、私に「　」『　』を入れた（以下同じ）。

(34)高木訷元師は、この承和元年（八三四）十二月二十四日付の東寺の三綱を選任すべき勅許に関して、
　空海の上表によって東寺の真言僧五十人の中から、三綱、鎮知事を択任することが許されている。

とみなした（高木、前掲（註21）書、二五七頁）。本文に記したように、「三綱の外、鎮知事等は、一切省除せん。」とあることか

ら、このとき、東寺に置かれた五十口の真言僧のなかから選任されたのは三綱だけであって、鎮知事は含まれていなかったと考える。

(35) 註4に同じ。

(36) 拙稿「三業度人の制をめぐる一・二の問題」(『高野山大学創立百十周年記念 高野山大学論文集』八五〜一〇八頁、一九九六年九月、高野山大学)。本書第四部第二章に収録。

(37) 『国史大辞典』の「定額寺」の項によると、定額寺の概念に五説があることが記されている(『同書』第七巻、四六四頁、一九八八年八月、吉川弘文館)。五説とはつぎの五つであるが、いずれにも長短があり、いまだ定説をみるまでにはいたっていない。(一)一定数を限った寺院、(二)一定量の経済的支給物を受ける寺院、(三)一定人員の官僧が置かれる寺院、(四)公に寺号を定め、官より寺額を授与される寺院、(五)国家による存立の承認を得たる寺院。

(38) 註6に同じ。

(39) 『日本三代実録』巻第四、貞観二年二月二十五日丙午条(『国史大系』第四巻、四八頁)。

(40) 真雅・実恵の空海からの受法については、つぎの論考を参照いただきたい。㈠松長有慶「真雅僧正の受法」(同著『松長有慶著作集』第三巻、三二九〜三四六頁、一九九八年四月、法蔵館。初出は『伊藤真城・田中順照両教授頌徳記念 仏教学論文集』一九七九年十一月、東方出版)。㈡拙稿「実恵受具年齢攷」(『佐藤隆賢博士古希記念論文集 仏教教理思想の研究』二四九〜二七〇頁、一九九八年五月、山喜房仏書林)。

(41) わが国の真言宗において、灌頂を授けた付法の弟子に、紙に書かれた印信がいつから授与されるようになったのかについては、これまた、いまだ定説はないといえよう。今日残る最古の印信として、『密教大辞典』「紹文」の項には延喜三《ママ》年(九二五)二月二十三日付で、観賢が壹定に授けた紹文を載せる(『同書』一二〇九頁)。このことからもわかるように、真言宗における紙に書かれた印信の歴史は、空海の時代までは遡りえないと考える。私見の一端をつぎの論考に記しておいたので、参照いただきたい。拙稿「『印信 法務御房集』の研究―(一)解題・本文校訂・影印―」(『高野山大学密教文化研究所紀要』第十八号、三一〜一一六頁、二〇〇五年二月)。

(42) 『原本東宝記』第十三「凡僧別当初例」所収 承和七年十二月五日付太政官符(『国宝東宝記 紙背文書影印 草稿本(巻九―巻十三)・裏書』三三一頁、一九八六年三月、東京美術)。活字本『東宝記』では、第七、僧宝上「凡僧別当初例」の項にみえる

（『続々群書類従』第十二　一三六頁）。この『原本東宝記』と活字本『東宝記』との関連については、つぎの論考で詳述したので、参照いただきたい。拙稿「泰範の生年をめぐる諸問題—承和四年四月五日付僧綱牒の信憑性—」（拙著『弘法大師空海の研究』四三〇～四三八頁、二〇〇六年二月、吉川弘文館。初出は『高野山大学論叢』第三十七巻、二〇〇二年二月）。

(43)『東寺長者補任』巻第一、承和十四年条（『続々群書類従』第二、四七八頁）。

(44)『続日本後紀』巻三、承和元年十二月乙未（十九日）条（『国史大系』第三巻、三一～三二頁）。

(45)註7に同じ。

(46)『性霊集補闕抄』巻九所収「宮中真言院の正月御修法の奏状」（『定本全集』第八巻、一六二頁）。

(47)『類聚三代格』巻二所収、承和元年十二月二十九日付太政官符（『国史大系』第五巻、六七頁）。

(48)『東寺官符集』所収、承和元年十二月十九日付太政官符（山本信吉編『正智院文書』三二二頁、二〇〇四年三月、吉川弘文館）。

(49)『性霊集補闕抄』巻九所収「紀伊国伊都郡の高野峯に入定の処を請け乞わせらるる表」（『定本全集』第八巻、一六九～一七一頁）。

(50)『御手印縁起』所収、弘仁七年七月八日付太政官符（『同右』第七巻、三三五～三三六頁）。

(51)承和元年十二月から翌年二月にかけて、空海が上表して勅許された五つ（六つ）の事柄すべてに上卿をつとめた藤原三守を考えたとき、三守の存在がいかに大きかったかが理解できよう。三守がいなければ、はたして六つのことすべてが実現したかどうか。まさに人と時とをえた結果といえよう。

(52)註47に同じ。

(53)この正史にみられる日付と太政官符の日付の違いは、あるいは佐伯有清先生のいわれる、つぎのような事情にもとづくとも考えられよう。佐伯先生は、最澄が最後に計画した大乗戒壇独立の勅許の日付に関して、

大乗戒の制を認可する「太政官符」が発行されたのは、最澄寂後の七日後にあたる弘仁十三年（八二二）六月十一日であった。この日に勅許があったとみなすのは誤りであろう。勅許がでてから一—四ヶ月後に「太政官符」が発行されるのが例であったことからして（佐伯有清『新撰姓氏録の研究』研究篇）、最澄の上表申請に対する允許の詔勅が出されてのちに、「太政官符」が発行されたと考えるのが自然である。したがって、『日本後紀』の逸文記事である『類聚国史』巻百七十九、仏道六、諸宗の弘仁十三年六月壬戌（三日）条に、最澄の上奏の言を引いて、大乗戒の制について、「之を許す」とあるのは、最澄の死の前日の六月三日に、勅許があったことを正確に伝えているのである。勅許のあった八日後に「太政官符」が発行されたのは、

最澄の入滅によって発給が急がれたのであろう。

と記している（同著『最澄と空海―交友と軌跡―』三三九頁、一九九八年一月、吉川弘文館）。

(54) 6の承和二年八月二十日の太政官符は、空海の閉眼後の事柄であるけれども、空海の上表にもとづき藤原三守が上卿をつとめて官符が出されているので、空海最晩年の一連の事績と軌を一にするものであり、参考までに併記した。

(55) 『国史大辞典』「上卿」の項（『同書』第七巻、四九六頁、一九八六年十一月、吉川弘文館）。

(56) 『公卿補任』承和元年・同二年の項（『国史大系』第五十三巻、一〇三～一〇四頁）。

(57) 土田直鎮「上卿について」（同著『奈良平安時代史研究』二八四頁、一九九二年十一月、吉川弘文館。初出は、坂本太郎博士還暦記念会編『日本古代史論集』下、一九六二年九月）。

(58) 以下の三守の経歴は、つぎの二つの史料にもとづいて記した。㈠『続日本後紀』巻九、承和七年七月七日条「三守薨伝」（『国史大系』第三巻、一〇七～一〇八頁）。㈡『公卿補任』弘仁七年～承和七年項（『国史大系』第五十三巻、八八～一〇八頁）。また、三守に関する論考に、つぎのものがある。㈠柳井滋「綜芸種智院と藤原三守」（久木幸男・小山田和夫編『論集 空海と綜芸種智院―弘法大師の教育―』上巻、三〇一～三二〇頁、一九八四年十一月、思文閣出版。初出は『国語と国文学』第五四巻第十一号、一九七七年十一月）、㈡渡辺直彦「嵯峨院司の研究」（同著『日本古代官位制度の研究』二七二～二七四頁、一九七二年十月、吉川弘文館）。

(59) 『続日本後紀』巻九、承和七年七月七日条「三守薨伝」（『国史大系』第三巻、一〇八頁）。

(60) 『経国集』巻十一（『新校 群書類従』第六巻、一六二頁、一九三一年十月）。なお、つぎの著書に、『経国集』本文の校合・訳註などが収録されているので参照いただきたい。小島憲之『国風暗黒時代の文学』下Ⅰ、三二二五～三二二七頁、一九九一年六月、塙書房。この書により、嵯峨太上天皇の漢詩を参考までに記しておく。

　邃谷《すいこく》の黄鶯《くわうあう》儔侶《ちうりよ》無く、冬天に語らず荒林に在り。
　年来り更に陽春の候に遇ひ、渋啼《じふてい》一《ひとたび》喚《よば》ふ旧知の音《こゑ》。

(61) 『性霊集補闕抄』巻第十所収「綜芸種智院式并序」（『定本全集』第八巻、一八六～一九〇頁）。

(62) 綜芸種智院に関する論考は、つぎの書に集成されているので参照いただきたい。㈠久木幸男・小山田和夫編『論集 空海と綜芸種智院―弘法大師の教育―』上巻、一九八四年十一月、思文閣出版。また、新しい論考につぎのものがある。㈡太田次男「空海

「綜芸種智院式」に関する私見―私立学校の創設を繞って―」（『斯道文庫論集』第三十七輯、三三一～六〇頁、二〇〇三年二月）。↓補遺2

(63) 註23に同じ。

(64) 『伝述一心戒文』所収の天長十年十月二十八日付光定上表文（『伝教大師全集』巻一、六四〇～六四一頁。『平安遺文』第八巻、四四三五番、三三二四頁）。なお、この上表文には、天長十年（八三三）七月四日の義真示寂後に出来した円修一派との確執を記すなかに、「別当従二位行大納言守春宮坊傅藤原朝臣三守・正三位権中納言藤原朝臣吉野」と、この当時、三守が別当であったことが記されている。

(65) 渋谷慈鎧編『校訂増補天台座主記』義真和尚の項、五～六頁、一九七三年四月、第一書房。

(66) 延暦寺の俗別当については、つぎの論考に詳述されているので参照いただきたい。菊地京子「俗別当の成立―とくに〝官人〟俗別当について―」（塩入良道・木内堯央編『最澄』〈日本名僧論集第二巻〉三九〇～四三三頁、一九八二年十二月、吉川弘文館。初出は『史林』第五十一巻第一号、一九六八年一月）。↓補遺3

(67) 『伝教大師消息』所収の天長八年九月二十五日付円澄ら書状（『続群書類従』第二十八輯上、三九一頁、『伝記集覧』七三七頁）。

(68) 天長十年三月廿五日付円珍度縁（園城寺編『園城寺文書』第一巻、四六～四七頁、一九九八年十月、講談社）。なお、『同書』所収の①天長十年四月十五日付の円珍受戒公験、②同日付の円珍戒牒にも、まったく同じ署名がみられる（『同上』第一巻、四六～五一頁）。

(69) ここには四つの太政官符と記したけれども、おそらく承和二年二月三十日に金剛峯寺が定額寺に列せられたときも、藤原三守が重要な役割をはたしていたことは想像に難くないといえよう。

(70) 特に、高野山のことに腐心していたことが伺えるのが、承和二年八月二十日の太政官符である。空海は、高野山の衰退するのを慮って、三人の年分度者の課試・得度とも高野山でおこなうこととし、得度の終わった度者には高野山における六年間の籠山を課したのであった。その詳細については、註36にあげた拙稿をご覧いただきたい。

(71) さいごに、古来、空海の遺言状とみなされてきた『遺告二十五ヶ条』に、後七日御修法に関連する条項が二つあるのでみておきたい。一つは「二十四口の定額僧を以って、宮中の正月後七日の御願の修法の修僧に請用すべき縁起第十四」である（『定本全集』第七巻、三六三頁、一九九二年六月）。本文は、前後二つの段落からなる。すなわち、

①夫れ以《おもんみ》れば大唐青龍寺の住僧数千なり。中に就いて供僧一百口を定む。皆、秘密の徒《ともがら》なり。即ち内道場の御願の正月の修僧等に、此れを以って請用《しょうよう》せらる。但し今、物の意《こころ》を案ずるに、我が日本国《やまとのくに》の修僧十五口の中に、大阿闍梨耶一人、入室の弟子一人〈謂く、入室の弟子とは、是れ仏舎利等を守らしめんが為なり〉三綱の中に行事一人、今、十二口を以って年替《としがわり》に請用すべし。彼の支度、皆、式の文に在り。努力《ゆめゆめ》、他僧を請用せしむること勿《なか》れ。須《すべから》く先ず七日以前に修僧等の名簿《めいぼ》を録《しる》して奏聞すべし。

②次に修僧を参入せしめ畢《おわ》っての後、亦奏聞せよ。若し、殿上の仰せに省《はぶ》き捨てらるる僧徒在らば、厥《そ》の人なりと雖も、速やかに罷《まか》り出さしむべし。此れに依って、非門徒の僧を請補することを得ざれ。但し大阿闍梨の心に任せて、門徒の中の智行の者を簡《えら》び定めて、亦奏聞を経て請用せよ、まくのみ、と云々。

とある。前段①では、修僧十五口のうち、大阿闍梨耶一人・入室の弟子一人（舎利守）・行事一人をのぞく十二口は、東寺に置かれた二十四口の定額僧のうちから隔年に請用し、七日以前に名簿を作成し奏聞すること、後段②では、真言院に参入したあと、罷免された僧があれば、大阿闍梨は門徒のなかから智行すぐれた者を択び奏聞すること、とある。東寺に二十四口の定額僧が置かれたのは、『東宝記』所収の僧綱牒によると、承和四年（八三七）四月五日であり、また修僧十五口とすることなど、ここに記された内容は、空海の上表文とは少なからず隔たりがあり、後代の実情を反映して書かれたものと推考する。なお、承和四年四月五日付でおかれた二十四口の定額僧については、註42の拙稿で詳説しているので、そちらを参照いただきたい。

もう一つは、「宮中の御願、正月修法の修僧等、各《おのおの》所得の上分を分ちて高野寺の修理雑用に充つべき縁起第十五」である（『定本全集』第七巻、三六三～三六四頁）。本文をあげると、

夫れ以《おもんみ》れば大唐青龍寺の祖師、天台山の下《もと》に私の小伽藍を建立せられたり。彼を新禅寺と名づく。内道場の正月の施物の上分を以って、彼の道場を修理せしむ。亦青龍寺大衆の年中の所得の上分を以って、彼の寺の用に充てしむ。此れ凡の政《まつりごと》に非ず、師資の跡を芳《こうば》しくする謀《はかりごと》なり。後生の資、咲《わら》ひ難ずること莫《なか》れ、と云々。

とあり、後七日御修法の修僧は、その供料を割いて金剛峯寺の修理・雑用に充てることを要請したものである。修僧にいかほどの布施・供料が給されたかは定かでないが、これも後世の実情を踏まえて書かれたものとみなしておきたい。

（補注）この原稿をまとめていたときは、空海と藤原三守の交友の全貌をつかんでいなかったので、この時点での三守の経歴については、以下に記した官職・位階を中心とした理解でしかなかった。しかるに、弘仁期に三守あての空海書状三通が伝存することを手

がかりに検討した結果、初期の真言教団にとって、天皇をのぞくと、最大の外護者・檀越であったと考えるにいたった。そのことを論じたのが、本書第一部第一・二章である。あわせて参照いただきたい。

【補遺1】

註11に、天長八年九月二十五日付円澄ら書状を取りあつかった論考を紹介したが、その後発表されたものを記しておく。㈠高木訷元「平安時代の顕密仏教形成の起点―最澄と空海―」(『奥田聖應先生頌寿記念 インド学仏教学論集』九四四～九四五頁、二〇一四年三月、佼成出版社)、㈡山田壽三①「円澄和上受法啓状」の研究―(一) 本文校訂―」(『密教学会報』第五十号、一五三～一七二頁、二〇一二年三月)、②「円澄和上受法啓状」の研究 (二) ―この書状の信憑性をめぐって―」(『高野山大学大学院紀要』第十三号、六三～七九頁、二〇一三年二月)。

【補遺2】

筆者自身、綜芸種智院は開設されなかったとの見解を相当前から持っていたけれども、論考としてまとめるまでには至っていなかった。しかるに、太田次男・児堀功の両氏が、綜芸種智院は計画されただけで、実際には開設されなかったとの論考を発表されたのに誘発され、自説をまとめたのが本書第三部第一章「綜芸種智院攷」である。久木・小山田編『論集 空海と綜芸種智院』以降に公刊された論考のリストも収録している(本書三二〇頁)ので、拙稿を参照いただきたい。

【補遺3】

その後発表された俗別当にかんする論考を記しておく。佐藤全敏「平安時代の寺院と俗別当」(同著『平安時代の天皇と官僚制』一五七～二二七頁、二〇〇八年二月、東京大学出版会)。

第二章　三業度人の制

はじめに

空海は、元号が天長（八二四〜八三三）から承和（八三四〜八四八）にかわるころから、真言宗教団と東寺・高野山の永続化をはかるための方策を矢継ぎばやに打った。その一つに、三業度人の制がある。(1)これは、承和二年（八三五）正月二十三日、空海の上表にもとづいて真言宗に三人の年分度者——金剛頂業・胎蔵業・声明業——が下賜されたことをいう。この勅許にひきつづき、同年八月二十日、これら三人の年分度者の選考の方法・場所・期日などを定めた太政官符が下されたが、この官符はあまり注目されていないように思われる。(2)

しかしながら、この承和二年八月二十日付の官符には、最晩年の空海の一つの意志・考えが読みとれることから、もっと注目されてよい、と私は考える。そこで、本稿では、この八月二十日付の官符をめぐる二、三の問題、すなわち（一）この官符の真偽、（二）この官符にみられる上表文の作者、（三）官符の内容などについて、若干私見を述べることにしたい。

一　承和二年正月の太政官符

はじめに、真言宗に年分度者が勅許されたときの承和二年正月の官符についてみておきたい。なぜなら、一つには年分度者の下賜を願われた空海の上表文が引かれていることにより、年分度者に対する空海の考えを知りうるからであり、一つには内容が大きく相違する二通の官符が伝存するからである。まず、後者の問題からみていこう。

1　二通の太政官符

さきに記したように、承和二年（八三五）正月、空海の上表にもとづいて、真言宗に待望の年分度者が勅許された。その数は、三密の法門に准じて三人と定められ、一人は『金剛頂経』系の密教を専攻する金剛頂業、一人は『大日経』系の密教を専攻する胎蔵業、一人は真言密教を学習するときの基本となる梵字・悉曇を専攻する声明業、にわけられた。これより、真言宗におかれた三人の年分度者は、「三業度人の制」と称される。

華厳・天台・律・三論・法相の諸宗に計十二人の年分度者が置かれたのは延暦二十五年（八〇六）正月二十六日のことであった(3)ので、宗を対象にした年分度者の設置は、実に三十年ぶりのことであった。また、天台宗におくれること三十年にして、真言宗に年分度者が置かれたことになる。

それはさておき、この真言宗に年分度者が勅許された日が承和二年正月のいつであったかについては、問題がないわけではない。それは、正月二十二日・同二十三日と日付を異にするだけでなく、内容的にも大きく相違する二通の太政官符が伝存するからである。以下、この二通の官符の真偽について、一瞥しておきたい。

正史の一つ『続日本後紀』巻第四、承和二年正月戊辰（二十二日）の条には、

戊辰。大僧都伝燈大法師位空海。上《テ》レ表《ヲ》請《フ》レ度《センコトヲ》二真言宗年分《ノ》僧三人《ヲ》一。許《ス》レ之《ヲ》。(4)

とあって、正月二十二日、真言宗に年分僧三人を得度させることが勅許された。六国史の記事を神祇・帝王・後宮など事項別に分類し、年代順に収録した『類聚国史』には、この真言宗年分僧の記事が二ヶ所にみられ、いずれも日付を正月二十二日としている。(5)これより、『続日本後紀』の真言宗年分僧の記事の日付は、はじめから二十二日付であったといえよう。

一方、太政官符類を集成した『類聚三代格』巻二には、承和二年正月二十三日付の太政官符が収載されている。(6)正月二十二日・同二十三日と、日付が一日異なるだけであれば、いずれかの史料が書写の際に書き誤ったものと、単純に考えることもできようが、ことはそれほど簡単ではない。なぜなら、『類聚三代格』所収の正月二十三日付の太政官符と、内容が大幅に相違する二十二日付の太政官符が別に伝存するからである。(7)

そこでつぎに、問題の二つの太政官符の内容を比較・検討してみたい。いずれも長文なので、ここには度人の学習すべき経論等を記した前半だけを、上下にわかってあげよう。上段は『類聚三代格』巻二所収の承和二年正月二十三日付の官符であり、下段は「官符等編年雑集」所収の同年正月二十二日付の官符である。

正月二十三日付太政官符(8)	正月二十二日付太政官符(9)
太政官符	太政官符　治部省
応度真言宗年分者三人事	応度真言宗年分僧三人事
一、金剛頂業一人	一、金剛頂瑜伽経業一人

応学十八道一尊儀軌及守護国界主陀羅尼経一部十巻

一、胎蔵業一人

応学十八道一尊儀軌及六波羅密（ママ）経一部十巻

右二業人応兼学卅七尊礼懺経一巻。金剛頂発菩提心論一巻。釈摩訶衍論一部十巻。

一、声明業一人

応書誦梵字真言大仏頂及随求等陀羅尼。

右一業人応兼学大孔雀明王経一部三巻。

応学金剛頂瑜伽経所説諸尊法之中一尊儀軌。及龍猛菩薩所造発菩提心論一巻。金剛頂十八会指帰一巻。可兼暗誦梵字大随求陀羅尼。又可習四種曼荼羅義。

一、大毘盧遮那成仏経業一人

応学大毘盧遮那経所説諸尊法之中一尊儀軌。及大毘盧遮那経住心品。并疏五巻。兼可暗書誦梵字大仏頂陀羅尼。又可習即身成仏義。

右沙門大僧都伝燈大法師位空海奏曰。此二部経王名秘密真言蔵。金剛頂経梵本有十万偈。大唐所翻一百余巻。有十八会。一一会各説三十七尊。乃至百八尊。四種曼荼羅四印等。（中略）

一、声明業一人

応暗書誦梵字悉曇章一部二巻。兼可誦大孔雀明王経一部三巻。又可習声字実相義。

右同前奏曰。仏法所説不過五明。言五明者。一声明。二内明。三因明。四医方明。五工巧明。言声明者四明之本体三蔵之根源。（以下略）

これをみると、両者で共通するのは、声明業の『孔雀明王経』三巻だけである。反対に、大きく相違する点は三つある。その第一は、二十三日付の官符に比べて、二十二日付のものがより長文となっていることである。第二は、学習すべき経論の数はあまり変わらないけれども、その内容が大きく異なっていることである。すなわち、二十三日付の官符では、金剛頂業が『十八道一尊儀軌』と『守護国界主陀羅尼経』十巻、胎蔵業が『十八道一尊儀軌』と『六波羅蜜経』十巻、それに両業ともに学ぶべきものとして『三十七尊礼懺経』一巻、『金剛頂発菩提心論』一巻、『釈摩訶衍論』十巻が規定されている。これに対して、二十二日付の官符では、金剛頂業が『金剛頂瑜伽経』所説の一尊儀軌・『発菩提心論』一巻・『金剛頂十八会指帰』一巻・『梵字大随求陀羅尼』・『四種曼荼羅義』の五つ、胎蔵業が『大毘盧遮那経』所説の一尊儀軌・『大毘盧遮那経』住心品と『同疏』五巻・『梵字大仏頂陀羅尼』・『即身成仏義』の五つの経軌類が定められている。また、声明業では、二十三日付の官符が『梵字真言』・『大仏頂陀羅尼』・『随求陀羅尼』・『大孔雀明王経』三巻と規定するのに対して、二十二日付の官符は『梵字悉曇章』二巻・『大孔雀明王経』三巻・『声字実相義』を学ぶべしとする。第三は、二十二日付の官符にだけ空海の著作を学ぶべき規定がみられ、『四種曼荼羅義』『即身成仏義』『声字実相義』なる著作があげられていることである。(10)

では、この二通の官符はいかなる関係にあるのであろうか。ここで、これらの官符に対する先学の見解をみてみよう。

十四世紀中ごろに活躍した東寺三宝の一人・杲宝は、その著『東宝記』第八に、

私に云く。已上両通の官符は、利鈍二機に被ぶらしむるか。廿二日の官符は、所学尤も広し。又両部の大経所説の一尊法の儀軌を所学と為《す》。是れ利根の人の所行なり。廿三日の官符は、所学太だ狭し。又十八道一尊の儀軌を所学と為《す》。是れ鈍根の人の所習なり。(11)

と記す。すなわち、二通の官符ともに本物とみなし、二十二日付は学ぶところもっとも広く利根の人を対象としたものであり、二十三日付は学ぶところはなはだ狭く鈍根の人を対象としたものである、と利鈍二根にわかって解釈している。江戸末期の得仁は、上に記した杲宝の説をそのまま引用し、「これ官符に広略二途あるにより、其の日異なるなり」[12]と短くコメントするだけである。

つぎに、守山聖真編著『文化史上より見たる弘法大師伝』は、まず杲宝の説を紹介し、それをうけて五つの理由をあげ、二十二日付の官符を後世の偽作とみなしている。[13]五つの理由とは、(一)利鈍二根をわかって年分度者を賜った例がないこと、(二)杲宝の説によるならば、利根の人三人・鈍根の人三人の計六人の年分度者が置かれたとみなされること、(三)二十二日付の官符に『即身成仏義』『声字実相義』を習うべしというのは、常途に異なること、(四)同官符の終わりに「若無レ僧者令二伝法阿闍梨臨時度一補レ之」と、臨時の度者を認定しているのも前例に異なっていること、(五)利鈍二根のために二通の官符が出されたとすれば、仁寿三年(八五三)四月の官符に、しかるべき記述があってよいのに、二十三日付の官符しかみられないこと、の五つである。ついで、偽作された理由を、『続日本後紀』の正月二十二日の記事にみあうものがないので、つじつまを合せるために後世作られたのであろうとする。しかしながら、偽作された時期については一切ふれていない。

栂尾祥雲師は、二通とも正式の官符とみなし、はじめに二十二日付をもって勅許されたけれども、その所学の程度が高いので、これを簡易にして再奏せられ、二十三日付で再度勅許されたとみなした。[14]これには賛意を表することができない。なぜなら、二十二日に官符が下され、その学習内容が難しいとの理由で、その日のうちに奏上したとしても、たとえそれが空海の奏請であったとしても、翌二十三日にふたたび勅許が下されることは、公式文書の性格から、手続上、不可能であるからである。

森田龍僊師は『高野山第二世伝燈国師伝』で、『東宝記』の説にならって、「二通の官符があるのは、その年によって機根に優劣があるから、おのずから難易の学課を設け、よろしきに従ってこれを適用せんがためである」といわれ、二通とも正式の官符とみなしている。(15)

最後に、和多秀乘先生は、『文化史上より見たる弘法大師伝』の偽作説に準拠し、それを補強する説を展開された。(16)すなわち、(一)二十三日付官符の三業の内容が簡単明瞭であるのに対し、二十二日付の官符は雑多で統一を欠くこと、(二)二十二日付官符の金剛頂瑜伽経業に『菩提心論』『梵字大随求陀羅尼』『四種曼荼羅義』を入れ、大毘盧遮那経業に『梵字大仏頂陀羅尼』『即身成仏義』を入れていること、両者共通のものがないこと、声明業に『声字実相義』が入っていること、これらは得度以前の年分度者の学習課目としては適切を欠くこと、(三)二十二日付官符に「空海奏曰」が三ヶ所あり、前の二つは各業の学習の内容や要項とはいえないこと、第三の奏状の前半も別の文章を接続したものであること、(四)仁寿三年(八五三)四月の官符等に、承和二年の官符は正月二十三日付となっていること、の四つの点から偽作説を補強され、『類聚三代格』所収の二十三日付官符が正しいとされた。

以上より、従来、二十二日付と二十三日付の二通の官符に対しては、二通とも正式の官符とみなす説と、二十三日付官符だけを正式のものとし、二十二日付官符を後世の偽作とみなす説の二説あったことが知られる。

ところで、私も、二十二日付の官符は後世偽作されたものであると考える。偽作説の論拠は、『文化史上より見たる弘法大師伝』と和多先生の説によって、ほぼ論じつくされているので、屋上屋を架すことになるけれども、一、三気づいたことを補足しておきたい。

第一は、仁寿三年四月十七日、真済の上表にもとづいて真言宗の年分度者が三名加増され、あわせて試問・得度の場所と期日が改められたときの官符に、先帝去る承和二年正月廿三日を以て、殊に年分度者を賜い、毎年九月廿四日、金剛峯寺に於いて、課業を試定し得度せしむ。(17)

と引用され、延喜七年（九〇七）七月四日、寛平法皇の勅命により、真言宗に年分度者四名が加増され、合計十名になったときの官符にも、

真言宗年分総じて六人なり。其の三人は、大僧都空海の上表に依りて、去る承和二年正月廿三日之を置く。(18)

と引用されていることから、承和二年正月の官符は、二十三日付であったと考えられることである。

第二は、元永元年（一一一八）醍醐寺聖賢が撰述した『高野大師御広伝』、大治二年（一一二七）の成立とみなされている『金剛峯寺雑文』などに収載されている、承和二年八月二十日付の太政官符に、

謹んで太政官今年正月廿三日の符を按ずるに偁《い》わく。真言宗の年分度者は、三密の法門に准じて、毎年三人之を度すべし。(19)

と引用されていることである。この八月二十日付の官符は、官符類を集成した『類聚三代格』にみられないので、その取りあつかいには慎重を期さねばならない。しかし、さきにあげた延喜七年七月四日付の官符にも、

同年八月廿日更に亦上表して、金剛峯寺に於いて之を試みん。(20)

とみられることから、承和二年八月二十日付の官符が存在したことはほぼ信じてよいであろう。

第三は、金剛峯寺が年分度者の試定結果を報告したときの永観元年（九八三）九月二十五日付の文書に、三人の度者が奉読した経論名が記されているが、これが二十三日付の官符に記された経論名と見事に合致することである。この文書は、『金剛峯寺雑文』『東宝記』第八などに収録されており、つぎのような内容である。

金剛峯寺

試定言上去年分度者三人事

金剛業学生

文忌寸伊頼　年卅五右京二条三坊戸主正六位上同姓永頼戸口

奉読

守護国界主陀羅尼経一部十巻

釈摩訶衍論一部十巻

菩提心論一巻

卅七尊礼懺一巻

十八道真言一巻

一尊儀軌一巻

十条義

試文十所九得一略

義十条八得二略

胎蔵業学生

坂上大宿禰助正　年廿一右京二条四坊戸主正六位上同姓助忠戸口

奉読

六波羅蜜経一部十巻

論等如上

声明業学生
坂上大宿禰安範　年廿五　右京二条四坊戸主従五位下同姓行松戸口
奉読
孔雀経一部
大仏頂真言一巻
随求真言一巻
十八道等如上
右、去年分度者三人依レ例試定言上如レ件
永観元年九月廿五日　都維那師伝燈大法師位
阿闍梨座主僧正法印大和尚位
別当雅慶
上座大法師位
寺主大法師位(21)

ここに記された金剛業・文忌寸伊頼、胎蔵業・坂上大宿禰助正、声明業・坂上大宿禰安範が奉読した経論のなか、文忌寸伊頼の『十条義』以下の三行をのぞくと、ことごとく正月二十三日付官符に記された経論と一致する。この文書の真偽はしばらく措くとしても、この文書の内容から、永観元年当時、年分度者が学習すべき経論としては、二十三日付の官符のものだけ知られていた、とみることができる。逆に、二十二日付官符に記載された経論が一点もみられないことから、この当時、二十二日付官符はまだ存在していなかった、とみることもできよう。ちなみに、二十二日付官符を収載するもっとも古い文献は、元永元年（一一一八）に成立した聖賢撰『高野大師御広伝』である。(22)第四は、和多先生も指摘しているように、二十二日付官符は凡長で要領をえない。特に、三ヶ所ある「空海奏曰」は、その直前にあげた経論の説明とおぼしき文言が記されているけれども、一読しただけで雑然とした感じを強くいだかせられることはいなめない。

以上より、二十二日付官符は永観元年以降、元永元年までの間に偽作されたものと考える。したがって、真言宗に年分度者が勅許されたのは、『類聚三代格』所収の承和二年正月二十三日付の太政官符をもってであったとみなしておきたい。

2　承和二年正月二十三日付官符の内容

二通の太政官符の真偽問題が決着したので、ここであらためて承和二年（八三五）正月二十三日付の官符の内容をみておきたい。

さきに述べたように、真言宗に年分度者が置かれたのは、空海の上表にもとづいてであった。二十三日付の官符には、空海の上表文の一節が引用されている。これによって、空海がいかなる考えのもとに、年分度者の下賜を希求されたかをみてみよう。

空海の上表文は、つぎのようにある。

以前大僧都伝燈大法師位空海の表に偁《い》わく。華厳・天台・律・三論・法相等七宗の教えは、皆是れ先代の　聖帝賢臣、十三大寺を建立して、十二人の年分度者を賜い、広く田園利稲を入れ、経論を講説する料に充て、各《おのおの》業を分って習学せしむ。是の故は昔従《よ》り今に迄《いたる》まで人法 欝《さかり》に興り、師資絶えざらん。今真言一宗は、人法新たに起り、流伝するに年浅し。猶天恩に漏れ後学憑《たのみ》とするところ無し。謹んで太政官去る弘仁十四年十一（ママ）月十日の符を案ずるに偁《い》わく。右大臣宣す。勅を奉《うけたまわ》るに、真言僧五十人をして、今より以後、東寺に住さしめよ、者《てへり》。伏して望むらくは、彼の七宗の例に准じて年分を蒙り賜わらんことを、者《てへり》。(23)

空海はまず、（一）南都六宗に天台宗を加えた七宗には代々の天皇によって十三大寺が建てられ、十二人の年分度者が置かれ、経論の講説料として田園・利稲なども施入され、人法ともに盛んとなっていて、これらの教えは将来にわたって師資相伝される体制が整っていること。（二）しかるに、わが真言宗は新しく興った教えであって、わが国に伝来してから日も浅く、まだ年分度者を賜わっていない。このままだと、後学の者が真言の教えを学びたくても、たのみ・依所とするところがなくなってしまう恐れがあること。（三）確かに、弘仁十四年（八二三）十月十日、官符をもって真言宗僧だけ五十人を東寺に住まわせることにしていただいたけれども、これだけでは十分とはいえない。とみずからの滅後に対する愁いを披瀝され、（四）そこで、かの七宗の例にならって、真言宗にも是非とも年分度者を賜わりたい、と上表されたことを知りうる。

これはただちに受理されるところとなり、正月二十三日、「如来の教えは一つたりとも廃すること可《よから》じ。宜しく三密の法門に准じて、年ごとに三人を度すべし」(24)と勅が下され、真言宗に三人の年分度者――金剛頂業・胎蔵業・声明業――が置かれることになった。

二　承和二年八月二十日付の太政官符

承和二年（八三五）八月二十日、あらためて太政官符が下され、真言宗におかれた年分度者三人の選考の方法・場所・期日などが定められた。この官符は、空海の上表にもとづいて下されたもので、真言宗におかれた年分度者の根本規定ともいえるものがみられることから、注目される。そこで、まずこの官符の全文をあげておく。

太政官符す

応に真言宗年分度者の学業を試み、並に得度の日処を定むべきの事

右、大僧都伝燈大法師位空海の表に偁《い》わく。謹んで太政官今年正月廿三日の符を按ずるに偁《い》わく。①真言宗の年分度者は、三密の法門に准じて、毎年三人之を度すべし、者《てへり》。②其れ真言は伝法の人に非ざれば課試を聴さず。伏して請う。③伝法阿闍梨遺属相承の者と、伝法を許さるる一両人と、相い共に省寮を経ず、④金剛峯寺に於いて⑤文義十条を課試せしめよ。太政官去る延暦廿五年正月廿六日の符に准じて、通五以上の者を以て及第と為《し》、⑥即《すなわち》便状を具して官に申さば、例に依りて裁下せられん。但し受戒の後六年、彼の寺に住して国家の奉為《おんため》に三密の法門を修せしめん、者《てへり》。従二位行大納言兼皇太子傅藤原朝臣三守宣す。勅を奉《うけたまわ》るに、請うるに依れ。⑦但し九月廿四日を以って、永く得度の日と為《な》せ。

承和二年八月廿日(25)（番号筆者）

1　八月二十日付官符の問題点

内容の検討に入るまえに、解決しておかなければならない問題が二つある。一つはこの官符の真偽であり、一つは上表者は誰であったかである。

第一の真偽問題からみていこう。従来、この官符自体、あまり注目されなかったこともあってか、この官符を疑ったものをみない。本文にも、疑わしいところは見いだしがたい。しいてあげると、官符の日付が空海の閉眼後である

ので、空海の肩書きに、

右故大僧都伝燈大法師位空海の表に偁《い》わく。[26]（傍線筆者）

と、「故」の字が付されていてもいいのではないかと思われるほかは、特に疑わしい点は認められない。けれども、一つ気がかりなことがある。それは、太政官符類を集めた『類聚三代格』に、この官符が収録されていないことである。だが、仁和元年（八八五）六月二十二日、真然大徳の奏請にもとづき、真言宗の年分度者の制を旧儀にもどしたときの玄蕃寮牒に、ほぼ全文が引用され、[27]延喜七年（九〇七）七月四日、寛平法皇の勅命によって年分度者四人を加増されたときの官符にも、

同年八月廿日更に上表して、金剛峯寺に於いて之を試みん。[28]

と引かれている。さらに、元慶六年（八八二）五月十四日付の官符、寛平九年（八九七）六月二十六日付の官符にも、それぞれ

即《チ》以《テ》二九月廿四日天皇降誕之日辰一《ヲ》。便《チ》於《テ》二此伽藍一《ニ》試度《ス》。[29]

爾後毎年九月廿四日。天皇降誕之日辰。於《テ》二金剛峯寺一《ニ》試《ミ》レ之《ヲ》度《セリ》レ之《ヲ》。[30]

と、八月二十日付官符と同一の内容がみられる。これらから、八月二十日付で官符が下されたことだけは、間違いないであろう。

しかしながら、その本文が、さきにあげたものと同一であったかは定かでない。なぜなら、仁和元年六月二十二日付の玄蕃寮牒にほぼ全文が引用されるけれども、この引用文とさきにあげた承和二年八月二十日付官符の本文とのあいだで、語句が若干異なっているからである。それを例示すると、つぎのようになる。上段に八月二十日付官符を、下段に玄蕃寮牒をあげ、いずれか一方にだけ見られる語句に傍線を付す。

承和二年八月二十日付官符

其真言者非伝法之人不聴課試。伏請令伝法阿闍梨遺属相承者与被許伝法一両人。相共不経省寮。於金剛峯寺課試文義十条。准太政官去延暦廿五年正月廿六日符。通五以上者以為及第。即便具状申官。依例被裁下。但受戒之後六年。令住彼寺奉為国家修三密法門者。(31)

仁和元年六月二十二日付玄蕃寮牒

夫真言宗者非伝法人不聴課試。伏請令伝法阿闍梨遺属相承者。与被許伝法弟子一両人。不経省寮。於金剛峯寺。課試文義十条。即通五以上者以為及第。但受戒之後。令住彼寺。奉為国家修三密法門者。(32)

内容的にみると、上段の八月二十日付官符が、正確かつ勝れていると思われる。それはともあれ、この八月二十日付官符を収載する古文献は、元永元年（一一一八）成立の聖賢撰『高野大師御広伝』(33)と、大治二年（一一二七）の成立とみなされている『金剛峯寺雑文』(34)とである。

つぎに、第二の上表者の問題についてみていく。これは、八月二十日付官符はだれの上奏に応えて下されたか、をめぐる問題であって、空海と実恵の二説がある。すなわち、『文化史上より見たる弘法大師伝』は、

これは大師が出願したものであるか、或は実慧等の遺弟が出願したものか明瞭でない。若し大師が生前に出願したものとすれば太政官符の下ったのが餘りに遅れて居るやうに思われる。然し最初の「右大僧都伝燈大法師位空海表俳」と云ふのからすれば大師の上表のやうに思はれる。(35)

と、空海・実恵いずれとも決していない。これに対して、栂尾祥雲師は、実恵が空海の遺旨を体して上奏した結果、官符が下されたと、つぎのように記している。

しかも大師の生前には、この改奏の運びにいたらず、大師の入定後、この遺旨を体し、実恵大徳が上奏して、その八月二十日、勅許の官符を得、(36)

はたして、上奏者は空海・実恵のいずれであったのであろうか。私は、八月二十日付の官符に、

右大僧都伝燈大法師位空海の表に偁《い》わく。(37)

と明記されていることから、この官符はまさしく空海の上表にもとづいて下されたものであった、と考える。このことは、仁和元年（八八五）六月二十二日付の玄蕃寮牒に、

承和二年八月廿日の符に偁《い》わく。故の大僧都伝燈大法師位空海の奏状に云く。(38)

とあり、延喜七年七月四日付の官符にも、

其の三人は、大僧都空海の上表に依りて、去る承和二年正月廿三日之を置き、同年八月廿日、更に亦上表して、金剛峯寺に於いて之を試みん。(39)

と記すことから、首肯されよう。とするならば、栂尾師が実恵の上奏によるとみなされたのは、おそらくこの官符の日付が空海の閉眼後になっていることからの単なる推測であって、確たる根拠があってのことではない、と思われる。

よって、八月二十日付の官符は、正月二十三日付の官符で三人の年分度者を勅許された空海が、ただちに度者の選考規程などを上表したけれども、上表直後に空海その人が示寂したことなどから勅許の機会を逸し、やっと八月二十日付で官符が下された、と解しておきたい。

2　八月二十日付太政官符の内容

最後に、八月二十日付官符の内容をみておく。空海の最晩年の考えが披瀝されているこの官符は、いくつかの注目すべき内容をもつ。私が理解したところでは、つぎの七項目に整理することができる。前掲の官符本文に付した番号にしたがって記すことにしたい。

①年分度者の数について。三密の法門に准じて三人と定められたこと。

②度者の資格について。「伝法の人に非ざれば、課試を聴さず」とあって、密教を誤りなく体得し、次世代に相伝するだけの資質をそなえた者にだけ、課試を受けることが許されたこと。

③課試者について。真言密教の正嫡として付嘱された伝法阿闍梨と、次世代に法を伝えることを許された一・二の者とが相はかり、監督官庁である治部省・玄蕃寮の立会いをうけることなく、独自に課試をおこなうこと。

④課試の場所について。金剛峯寺においておこなうこと。

⑤課試の方法について。文義十条を出題し、五問以上できた者を及第者とすること。

⑥及第者の取り扱いについて。課試の結果をつぶさに記録して太政官に申し送り、及第者には規定にしたがって度縁を賜い、受戒のあと六年間金剛峯寺に住まわせて、国家の奉為に三密の法門を修せしめること。

⑦得度の期日について。勅命により、毎年九月二十四日とすること。

の七項目が定められた(40)。

このなか、特に注目すべき点を四つあげてみたい。

その第一は、度者と課試を行なう者の資格が厳しく規定されていることである。これは、正しい法の相承を大切に考えてのことであったと思われる。すなわち、官符にある「伝法阿闍梨遺属相承者」とは、付法の正嫡、のちの東寺

長者をさしていったものと考えられる。それは、寛平九年（八九七）六月二十六日付の官符に、

唯《ただ》課試の日、勅使及び宗の僧綱の東寺別当たる者多少は、彼の両寺の座主別当、及び東寺定額僧等の中の証師たるに堪えたる者一人を率いて、旧に依って毎年二月以前に、東寺に於いて之を試みよ。[41]

と、つまり宗の僧綱たる東寺別当は、高野山・神護寺の座主・別当および東寺定額僧のなかから、証師たるに堪えうる者一人を率いて試験をおこなえ、とあることから知りうる。このように、付法の正嫡に課試をおこなわせていることから、空海が真言宗の後継者たる年分度者の選定を、いかに重要視していたかがうかがえるのである。

第二は、受戒のあと六年間、金剛峯寺に籠山させることである。これは、最澄が比叡山に定めた十二年籠山の、すなわち天台宗におかれた二人の年分度者を、大戒を受けたあと十二年間比叡山に住まわせ、山外不出で修学させた制度[42]を、意識してのことであったと考えられる。

第三は、金剛峯寺が課試の場所として選ばれたことである。このことに関して、『遺告二十五ヶ条』の「宗家年分を試度すべき縁起第十六」には、空海ははじめ試験・得度とも東寺でおこなう計画であったが、高野山が荒廃することを考慮し、あらためて上奏して、金剛峯寺でおこなうべく官符を下していただくことにした、とある。[43]課試の場所の決定は、従来、この『御遺告』から、空海の遺旨にもとづくとされてきたけれども、八月二十日付の官符は空海の上表にもとづいて下されていることから、遺旨とみなすことはできない。

第四は、得度の日がときの天皇である仁明帝のご生誕日、すなわち九月二十四日と決められたことである。二十日付の官符では、ただ「但し九月廿四日を以って永く得度の日となせ」[44]と記されるだけである。しかるに、九月二十四日が仁明天皇の誕生日であったことは、元慶六年（八八二）の真然大徳の申牒に、

即チ以テ二九月廿四日天皇降誕之日辰ヲ一。便チ於テ二此ノ伽藍ニ一試度ス[45]。

と、また寛平九年（八九七）六月二十六日付の官符に、

爾後毎年九月廿四日。天皇降誕之日辰。於テ二金剛峯寺一試ミレ之ヲ度セリレ之ヲ(46)。

と記されていることから知りうる。このことは、また一方で、天台宗におかれた年分度者の得度の日が桓武天皇の国忌の日、すなわち三月十七日と定められていたことと、好対照をなしている。

おわりに

以上のように、真言宗におかれた三人の年分度者、すなわち三業度人の制は、承和二年（八三五）八月二十日付の官符を俟って、東寺長者実恵のもとで、実質的に運営されることになった。

空海がこの三業度人の制に託したことは、東寺長者みずからが中心となって、資質のすぐれた学生を選び、十八道一尊法の修行と経論の学習のために六ヶ年の籠山を課し、行学を兼ねそなえた国家に有用な僧を養成することであり、このことをもって、真言宗教団の永続化をはかったもの、と私は考える(補註)。

註

（1）空海がその晩年に真言宗と高野山の永続化をはかった事績として、承和元年（八三四）八月の「知識書」の執筆、同年十二月の東寺における講経の申請と宮中真言院における修法の勅許、翌二年二月の金剛峯寺の定額寺認定などを指摘できる。

（2）承和二年八月二十日付官符について詳述する論考は皆無に等しい。しいてあげるならば、守山聖真編著『文化史上より見たる弘法大師伝』、栂尾祥雲『日本密教学道史』をあげうる。

（3）『類聚三代格』巻二所収の延暦二十五年（八〇六）正月二十六日付の官符には、

応レ分二定年料度者数并学業一事

華厳業二人〈並令ㇾ読二五教指帰綱目一〉
天台業二人〈一人令ㇾ読二大毘盧遮那経一一人令ㇾ読二摩訶止観一〉
律　業二人〈並令ㇾ読二梵網経若瑜伽声聞地一〉
三論業三人〈二人令ㇾ読二三論一一人令ㇾ読二成実論一〉
法相業三人〈二人令ㇾ読二唯識論一一人令ㇾ読二倶舎論一〉

とあって、華厳・天台・律宗にそれぞれ二人、三論・法相にそれぞれ三人ずつの計十二人の年分度者が置かれた（『新訂増補 国史大系』〈以下、『国史大系』と略称す〉第二十五巻、七四～七五頁）。

(4)『続日本後紀』巻四、承和二年正月戊辰（二十二日）条（『同右』第三巻、三六頁）。

(5)『類聚国史』巻百七十九、仏道六、巻百八十七、仏道十四所収の承和二年（八三五）正月戊辰（二十二日）条（『同右』第六巻、二四〇・三一七頁）。

(6)『類聚三代格』巻二所収の承和二年（八三五）正月二十三日付太政官符（『同右』第二十五巻、七九～八〇頁）。

(7)「官符等編年雑集」所収、承和二年正月二十二日付太政官符（『弘法大師全集』〈以下、『大師全集』と略称す〉第五輯、四四四～四四七頁）。

(8)註6に同じ。

(9)註7に同じ。

(10)この三つの著作のうち、現存の『四種曼荼羅義』は、祖風宣揚会編『大師全集』では真偽未詳の部に収載されており、空海の真撰とはみなされていない。また、『即身成仏義』も空海真撰を疑わしいとみなす説も出されている。このなか、前者に関してはつぎの論考がある。㈠真保龍敞「四種曼荼羅義の成立について」（『印度学仏教学研究』第十九巻第一号、二九二～二九五頁、一九七〇年十二月）、㈡松崎恵水「『四種曼荼羅義』について」（『大正大学研究紀要』第七十二号、七九～九〇頁、一九八六年十月）。一方、後者の空海真撰を疑う論考につぎのものがある。㈢大久保良峻「安然による空海撰『即身成仏義』の一受容について」（『印度学仏教学研究』第四十四巻第一号、一〇六～一一一頁、一九九五年十二月）。

(11)『東宝記』第八「真言宗年分度者」の項（東宝記刊行会編『国宝 東宝記原本影印』〈以下、『国宝 東宝記』と略称す〉六八〇頁、東京美術、一九八二年二月、『続々群書類従』第十二、一五三頁）。なお、訓点は『国宝 東宝記』にもとづく。

(12)『弘法大師年譜』巻十一「奏年分度」の項（『真言宗全書』第三十八、二五二頁）。

(13)守山聖真編著『文化史上より見たる弘法大師伝』八六〇頁、一九三三年八月、豊山派一千一百年御遠事務局。

(14)栂尾祥雲『日本密教学道史』一六頁、一九四二年八月、高野山大学出版部。

(15)森田龍僊『高野山第二世伝燈国師伝』五八頁、一九四〇年十月、金剛峯寺。

(16)和多秀乗「真然大徳の御生涯」（『真然大徳記念出版編纂委員会編『高野山第二世伝燈国師真然大徳伝』五四頁、一九九〇年九月、真然大徳千百年御遠忌大法会事務局）。

(17)「官符等編年雑集」所収、仁寿三年（八五三）四月十七日付太政官符（『大師全集』第五輯、四八〇〜四八一頁）。

(18)「官符等編年雑集」所収、延喜七年（九〇七）七月四日付太政官符（『同右』第五輯、五六〇〜五六一頁）。

(19)「官符等編年雑集」所収、承和二年（八三五）八月二十日付太政官符（『同右』第五輯、四四九〜四五〇頁）。

(20)註18に同じ。

(21)永観元年（九八三）九月二十五日付金剛峯寺言上状（『金剛峯寺雑文』〈『弘法大師伝全集』（以下、『伝全集』と略称す）第二、二〇頁〉、『東宝記』第八〈『国宝 東宝記』七〇〇〜七〇三頁、『続々群書類従』第十二、一五七〜一五八頁〉）。

(22)『高野大師御広伝』所収、承和二年（八三五）正月二十二日付太政官符（『大師全集』首巻、一五八〜一六一頁、『伝全集』第一、二六五〜二六七頁）。

(23)註6に同じ。

(24)註6に同じ。

(25)註19に同じ。

(26)『金剛峯寺雑文』所収の仁和元年（八八五）六月二十二日付玄蕃寮牒は、「故大僧都伝燈大法師位空海奏状云」と「故」を付している（『伝全集』第二、一九頁）。

(27)「官符等編年雑集」所収、仁和元年（八八五）六月二十二日付玄蕃寮牒（『大師全集』第五輯、五四四〜五四五頁）。

(28)註18に同じ。

(29)『類聚国史』巻一七九、仏道六、元慶六年（八七七）五月十四日付太政官符（『国史大系』第六巻、二四六頁）。

(30)『東宝記』第八所収、寛平九年（八九七）六月二十六日付太政官符（『大師全集』第五輯、五五三〜五五五頁）。『大師全集』の編

者は、この官符には六つの太政官符、すなわち（1）承和二年（八三五）大師奏によって下された官符、（2）仁寿三年（八五三）真済奏によって下された官符、（3）元慶六年真然表によって下された官符、（4）同八年真然表によって下された官符、（5）仁和五年（八八九）真然表によって下された官符、（6）寛平七年（八九五）新たに下された神護寺年分の官符、が収録されている。このなか、（1）〜（3）は他の史料から確認できるけれども、（4）〜（6）の三つは他に確認すべき史料がえられない、と記す。したがって、この官符の真偽についても論ずべきであろうが、紙数の関係から稿を改めて論じることにしたい。↓補註参照

（31）註19に同じ。

（32）註27に同じ。

（33）『高野大師御広伝』所収、承和二年（八三五）八月二十日付太政官符（『大師全集』首巻、一六三〜一六四頁、『伝全集』第一、二六九頁）。なお、本書の成立年代は、巻末に

今謹《テ》論《スル》二大師之徳行《ヲ》一。智恵文章篆隷工巧異相聖跡皆以《テ》言語道断也。（中略）号《シテ》曰《フ》二大師広伝《ト》一。分《テ》為《ス》二両巻《ト》一。願《クハ》結《ヒ》二良縁《ヲ》於権化《ニ》一。得《ンコトヲ》二利益《ヲ》於当来《ニ》一。于時元永元年月日。（『大師全集』首巻、一七八頁、『伝全集』第一、二七八〜二七九頁）

とあって、元永元年（一一一八）の成立と考えられている。

（34）『金剛峯寺雑文』所収　承和二年（八三五）八月二十日付太政官符（『伝全集』第二、一七〜一八頁）。なお、『雑文』の成立年代については、巻末に「大治二年七月日」（『伝全集』第二、三二〜三二頁）とあるけれども、これが成立の年月か、書写の年月かは詳らかにしえない。なお、『伝全集』の編者は成立年代とみなしている。

（35）守山聖真編著、前掲（註13）書、八八〇頁。

（36）栂尾祥雲、前掲（註14）書、一七頁。

（37）註19に同じ。

（38）註27に同じ。

（39）註18に同じ。

（40）得度の期日については九月二十四日と規定されたが、課試の期日についてはわずかに寛平九年（八九七）六月二十六日付の官符に、「唯課試之日（中略）依《レテ》旧《ニ》毎年二月以前於《テ》二東寺《ニ》一試《ヨ》レ之《ヲ》」とあるだけで、具体的な期日は詳らかにすることができない。

（41）註30に同じ。

(42) 弘仁九年（八一八）五月十三日付の『天台法華宗年分学生式』（六条式）には、

凡《ソ》大乗《ノ》類《ハ》者。即《チ》得度《ノ》年。授《ケテ》二仏子戒《ヲ》一為《シ》二菩薩僧《ト》一。其戒牒《ニハ》請《ハン》二官印《ヲ》一。受《ケ》二大戒《ヲ》一已《ラバ》令《メ》レ住《セ》二叡山《ニ》一。一十二年。不レ出《デ》二山門《ヲ》一。修二学《セシメン》両業《ヲ》一。

凡《ソ》止観業《ノ》者《ハ》。年年毎日。長二転長三講《セシメン》法華。金光。仁王。守護。諸大乗等。護国《ノ》衆経《ヲ》一。

凡《ソ》遮那業《ノ》者《ハ》。歳歳毎日。長二念《セシメン》遮那。孔雀。不空。仏頂。諸真言等。護国《ノ》真言《ヲ》一。

凡《ソ》両業《ノ》学生。一十二年。所修所学。随《イテ》レ業《ニ》任用《セン》。能《ク》行《イ》能《ク》言《ヲハ》常《ニ》住《シテ》二山中《ニ》一。為《シ》二衆《ノ》之首《ト》一。為《ス》二国《ノ》之宝《ト》一。能《ク》言《イテ》不《ルハ》レ能《ハ》レ行《ウコト》。為《シ》二国《ノ》之師《ト》一。能《ク》行《イテ》不《ルハ》レ能《ハ》レ言《ウコト》。為《ス》二国《ノ》之用《ト》一。（『伝教大師全集』巻一、一二頁、傍線筆者）

と、二ヶ所にわたって十二年の籠山が規定されている。また、同年八月二十七日付の『八条式』でも、

凡《ソ》此宗《ノ》得業《ハ》者。得度《ノ》年。即《チ》令《ム》レ受《ケ》二大戒《ヲ》一。受《ケ》二大戒《ヲ》一竟《ラバ》。一十二年。不レ出《テ》二山門《ヲ》一。令《メン》二勤《メテ》修学《セ》一。初《ノ》六年《ハ》聞慧《ヲ》為《シ》レ正《ト》。思修《ヲ》為《ス》レ傍《ト》。一日《ノ》之中。二分《ハ》内学。一分《ハ》外学。長講《ヲ》為《シ》レ行《ト》。法施《ヲ》為《ス》レ業《ト》。後《ノ》六年《ハ》思修《ヲ》為《シ》レ正《ト》。聞慧《ヲ》為《ス》レ傍《ト》。止観業《ニハ》。具《ニ》令《メ》レ修二習《セ》四種三昧《ヲ》一。遮那業《ニハ》。具《ニ》令《メン》レ修二習《セ》三部《ノ》念誦《ヲ》一。（中略）

凡《ソ》有《ラバ》下他宗年分《ノ》之外。得度受具《ノ》者。自《ラ》進《ミテ》欲《スル》三住山十二年。修二学《セント》両業《ヲ》一者上。具《ニ》注《シ》二本寺并《ニ》師主《ノ》名《ヲ》一。明《ニ》取《リテ》二山院《ノ》状《ヲ》一。須《ク》レ安二置《ス》官司《ニ》一。固《ク》経二一十二年《ヲ》一竟《ラバ》。準《シ》二此宗年分《ノ》者《ニ》一。例《シテ》賜《ヘ》二法師位《ヲ》一。若《シ》闕《カバ》二式法《ヲ》一。退二却《セシメヨ》本寺《ニ》一。

凡《ソ》住山《ノ》学生。固《ク》経二一十二年《ヲ》一。依《リテ》レ式《ニ》修学《セバ》。慰二賜《シタマヘ》大法師位《ヲ》一。若《シ》雖《モ》二其業不《ト》レ具《セ》。固《ク》不《シテ》レ出《テ》二山室《ヲ》一。経《ハ》二一十二年《ヲ》一。慰二賜《シタマヘ》法師位《ヲ》一。若《シ》此宗《ノ》者。不レ順《ハ》二宗《ノ》式《ニ》一。不レ住《セ》二山院《ニ》一。或《ハ》雖《モ》レ住《スト》レ山《ニ》。屢煩《ハシ》二衆法《ヲ》一。年数不《ンハ》レ足《ラ》。永《ク》貫二除《シ》官司《ノ》天台宗《ノ》名《ヲ》一。本寺《ニ》退却《セシメヨ》。（『同右』巻一、一四〜一五頁、傍線筆者）

と、やはり十二年の籠山を固く守るべきことが記されている。

(43) 『遺告二十五ヶ条』の縁起第十六の本文をあげると、つぎのようにある（『定本弘法大師全集』第七巻、三六四頁、『大師全集』第二輯、七九六〜七九七頁）。

一可レ試二度宗家《ノ》年分《ヲ》一縁起第十六

夫《レ》以《ニ》件《ノ》宗分《ノ》度者《ハ》須《ク》下如《キハ》二初《メ》思《シカ》一試中度東寺上《ニ》。然《レドモ》而欲《シテ》レ不《ラント》レ令《メ》レ荒《サ》二山家《ヲ》一更《ニ》改《メ》二奏《シテ》官符《ヲ》一欲《フ》レ申《シ》二下《サント》金剛峯寺《ニ》一者也。敢《テ》厭《テ》二東寺《ヲ》一汲《カン》二南嶽《ニ》一哉。今《マ》須《ク》三東寺《ノ》座主大阿闍梨耶《ノ》執事《トシテ》欲レ改《メ》二直《サンコトト》之《ヲ》一。亦《タ》簡二定《シテ》諸《ノ》定額僧《ノ》中《ノ》能才《ノ》童子等《ヲ》一於二山家《ニ》一試度《セヨ》。即於二東大寺《ノ》戒壇《ニ》一受《シメヨ》二具足戒《ヲ》一。受戒之後於二山家《ニ》一三箇年練行《シテ》。厥《ノ》後《チ》各々随レ師《ニ》受二学《メヨ》密教《ヲ》一。具《ニハ》

在二リ先ノ文一ニ而已。但シ曰二座主大阿闍梨一ト者即チ東寺大別当ノ号也。門徒ノ之間ニ修学シテ最初ニ成リ出ンヲ為セヨト二長者一ニ言ウ也。不レ可レ求二臈次一ヲ。修学ヲ為シテレ先ト最初ニ成立スルヲ為二ヨ長者一ト而已。

(44)　註19に同じ。

(45)　註29に同じ。

(46)　註30に同じ。

(補註)　この「おわりに」において、三業度人の制は「東寺長者実恵のもとで」といい、「空海がこの三業度人の制に託したことは、東寺長者みずからが中心となって」といったように、伝統的な東寺長者に対する理解――東寺長者の職が置かれたのは実恵の時代からであったとみなす――の上にたった論述をおこなっている。その後、東寺長者について検討したところ、九・十世紀には東寺長者なる職はいまだ存在していなかったとの結論にいたった。この新たにえられた結論と相矛盾する表記をあらためるべき――書きあらためるとすると、「東寺長者実恵」は「空海の後継者となった実恵」と、「東寺長者みずから」は「真言密教の正嫡として付嘱された伝法阿闍梨みずから」とする――とも考えたけれども、執筆したときの意識のありようを慮り、そのまま残すことにした。

なお、真言宗におかれた年分度者は、仁寿三年（八五三）四月に真済の奏請によって三名加増されたことを契機として、東寺・高野山・神護寺のあいだで試度の場所・日時・方法、および得度の場所等をめぐって、度々確執が生じた。それをみかねた寛平法皇は、延喜七年（九〇七）七月、東寺分として四人の加増を命ぜられた。ここにいたって、三者の争いは収束することとなった。これらの経緯を、「三業度人の制の変遷」と題して、第四部第三章に収録しているので、参照いただきたい。

第三章　三業度人の制の変遷

はじめに

周知のように、空海は、その最晩年の三ヶ月あまりのあいだに、真言宗・東寺・高野山を未来永劫に存続発展させるための布石を、矢継ぎばやにうった[1]。その一つに、承和二年（八三五）正月に勅許をみた真言宗におかれた三人の年分度者、すなわち三業度人の制がある。

真言宗におかれた年分度者は、空海の上表時には三人であったけれども、仁寿三年（八五三）四月に三人、延喜七年（九〇七）七月に四人の加増がみとめられ、最終的に十人となった。この間、ただ単に数が増えただけではなかった。東寺・金剛峯寺・神護寺三者のあいだで、課試と得度の日時・場所などをめぐっての対立がみられ、三業度人の制度は三者の利害がからまって、目まぐるしい変遷をみたのであった。

三業度人の制がおかれた当初の形態については、かつて論じたことがある[2]。そこで本稿では、仁寿三年以降を中心に、真言宗におかれた年分度者——三業度人の制——の変遷を年代順におい、変革の首謀者とその内容、およびその意図するところに光をあててみることにしたい。

一　空海による三業度人の制の新設

真言宗におかれた三人の年分度者、すなわち三業度人の制は、空海の上表文にもとづいて、承和二年（八三五）正月二十三日付の太政官符によって勅許された。(3) このときは、三業――胎蔵業・金剛頂業・声明業――の名称と学習すべき経論等が定められたに過ぎなかった。

以下に取りあげる太政官符類でたびたび言及される年分度者の選考方法、試度の場所・期日などの細則については、同年八月二十日付の太政官符で規定された。よってはじめに、この根本の規定から紹介することにしたい。

まず、太政官符の本文をあげておく。

太政官符す

応に真言宗年分度者の学業を試み、並に得度の日処を定むべきの事

右、大僧都伝燈大法師位空海の表に偁《い》わく。謹んで太政官今年正月廿三日の符を按ずるに偁《い》わく。真言宗の年分度者は、三密の法門に准じて、毎年三人之を度すべし、者《てへり》。其れ真言は伝法の人に非ざれば課試を聴さず。伏して請う。伝法阿闍梨遺属相承の者と、伝法を許さるる一両人と、相い共に省寮を経ず、金剛峯寺に於いて文義十条を課試せしめよ。太政官去る延暦廿五年正月廿六日の符に准じて、通五以上の者を以て及第と為《し》、即《すなわち》便状を具して官に申さば、例に依りて裁下せられん。但し受戒の後六年、彼の寺に住して国家の奉為《おんため》に三密の法門を修せしめん、者《てへり》。従二位行《こう》大納言兼皇太子傅藤原朝臣三守宣す。勅を奉《うけたまわ》るに、請うるに依れ。但し九月廿四日を以って、永く得度の日と為《な》せ。(4)

空海の最晩年の考えが披瀝されているこの官符は、いくつかの注目すべき内容をもつ。私が理解したところでは、つぎの七項目に整理することができる。すなわち、

第一は年分度者の数について。三密の法門に准じて三人と定められたこと。

第二は度者の資格について。「伝法の人に非ざれば、課試を聴さず」とあって、密教を誤りなく体得し、次の世代に相伝するだけの資質をそなえた者にだけ、課試を受けることが許されたこと。

第三は課試者について。真言密教の正嫡として付嘱された伝法阿闍梨と、次世代に法を伝えることを許された一・二の者とが相はかり、監督官庁である治部省・玄蕃寮の立会いをうけることなく、独自に課試をおこなうこと。

第四は課試の場所について。金剛峯寺においておこなうこと。

第五は課試の方法について。文義十条を出題し、五問以上できた者を及第者とすること。

第六は及第者の取り扱いについて。課試の結果をつぶさに記録して太政官に申し送り、及第者には規定にしたがって度縁を賜い、受戒のあと六年間金剛峯寺に住まわせて、国家の奉為に三密の法門を修せしめること。

第七は得度の期日について。勅命により、毎年九月二十四日とすること。

の七項目が規定された。

空海がこの三業度人の制に託したことは、東寺長者みずからが中心となって資質のすぐれた学生を選び、十八道一尊法の修行と経論の学習のために六ヶ年の籠山を課し、行学を兼ねそなえた国家に有用な僧を養成することであり、このことをもって、真言宗教団の永続化をはかったもの、と私は考える。

二　先行研究の検討

三業度人の制について記す代表的な先行研究として、つぎの四つをあげうる。

（1）荒木良仙『度及度縁戒牒の研究』一九二五年九月刊(5)

（2）栂尾祥雲『日本密教学道史』一九四二年八月刊(6)

（3）和多秀乗「真然大徳の御生涯」一九九〇年九月刊（『高野山第二世　伝燈国師真然大徳伝』所収）(7)

（4）山口耕栄「伝統教学—学道と事相—」一九九〇年九月刊（同右）(8)

承和二年（八三五）正月、三業度人の制が最初に置かれてから最終的に十名となった延喜七年（九〇七）七月にいたる変遷をたどるとき、私は表19にあげた九つの太政官符類をあげうる。これら九つの太政官符類は、「はじめに」にも記したように、ただ単に度者の数が増えただけでなく、東寺・金剛峯寺・神護寺の利害もからんで、試度の場所・期日など規定の細部が目まぐるしく改変されたことを物語っている。

それはさておき、右にあげた先行研究は、これら九つの太政官符類すべてに触れてはいない。九つの太政官符類と先行研究がとりあげた官符類を一瞥すると、表19のようになる。

先行研究は、概説書・通史などの制約もあって、大きな推移は記しているけれども、細部については必ずしも十分論じられているとは言いがたいといえよう。

三　真済による改革――三人から六人へ――

空海が真言宗の行く末を案じて新設した「三業度人の制」に、最初に改革の手をくわえたのは、第二代東寺長者となった真済であった。真済は承和三年（八三六）、還学僧として入唐を試みたが嵐に遭って失敗、以後、神護寺に十二年間籠山して修行にはげんだという(9)。その徹底ぶりが嵯峨上皇の目にとまり、内供奉十禅師に抜擢されたとも伝えられる。神護寺における事績のなか、特記されるのが五大虚空蔵菩薩を安置した多宝塔の建立であった。

それはさておき、真済の上表に応えて出された仁寿三年（八五三）四月十七日付の太政官符が『類聚三代格』巻二に伝存するので、それによって真済の改革をみてみよう。まず、太政官符を読み下しにして全文あげると、つぎのよ

表19　三業度人の制をめぐる太政官符類

年月日	事績	荒木	栂尾	和多	山口
承和二年（八三五）正月二十三日	真言宗年分度者の設置（太政官符）	○	○	○	○
八月二十日	細則の勅許（太政官符）	○	○	○	○
仁寿三年（八五三）四月十七日	真済による改革（太政官符）	○	○	○	○
元慶六年（八八二）五月十四日	真然による改革（太政官符）			○	○
同　八年（八八四）	同（官符ヵ）		○	○	○
仁和元年（八八五）六月二十二日	同（玄蕃寮牒）			○	○
寛平七年（八九五）	神護寺分三人の試度を改める（官符ヵ）				
同　九年（八九七）六月二十六日	益信による改革（太政官符）		○	○	
延喜七年（九〇七）七月四日	寛平法皇による改革（太政官符）	○	○		

うになる。

太政官符す

応に真言宗年分度者の学業を試み、并《あ》わせて得度の日処を定むべきの事

右、少僧都伝燈大法師位真済の表に偁《い》わく。先帝、去る承和二年正月廿三日を以て、殊に年分度者を賜い、毎年九月廿四日、金剛峯寺に於いて課業を試定し、得度せしむ。今天台業・華厳宗の如きは、亦加益せらる。伏して望むらくは、六度に准依して度三人を加え、即ち神護寺の宝塔所に於いて試業・剃髪し、聖躬の増長宝寿を護り奉らん。伏して請う、天恩允許して所司に宣付せよ、者《てへり》。

権中納言従三位兼行春宮大夫左近衛中将陸奥出羽按察使藤原朝臣良相宣す。

勅を奉《うけたまわ》るに、真言秘教は至理幽邃なれば、其の門を尋ぬる者、閫奥《こんおう》を究むること罕《ま》れに、其の流れを掬《く》む者、根源を測り難し。法師、志弘道に深く、心利生に在り。大法の未だ広まらざるを嗟《なげ》き、学徒の猶少なきを憂う。欸誠を写出して、以て慇懃を表す。宜しく来請に依りて、並びに得度せしむべし。羨《ねがわ》くは功徳の覃《およ》ぶ攸《ところ》、宇内殷富にして人物穏快に、福祚長久にして宗社遠く存ぜん。宜しく所由詳らかに此の趣を知らしむべし。

但し金剛峯寺は、道程稍《やや》遠くして往復艱険なれば、試業の阿闍梨多く疲倦を生ず。今、須らく伝法の阿闍梨と付法の証師三人と与に、東寺に於いて前後を論ぜず、同じく共に二月以前に文義を試み畢り、五以上に通ずる者を以って及第と為し、即ち状を具して官に申し、例に依りて符を下すべし。

其の宗業を分配し、経論を習読するは、一《もつぱら》承和二年正月廿三日の符に同じ。

但し、前の三人は先に定むる日を改め、先帝の国忌御斎たる三月廿一日に、金剛峯寺に於いて之を度す。

後の三人は、毎年四月三日、神護寺に於いて之を度す。

受戒の後、各おの両寺に住し、六年の後、山を出ることを聴す。

今自《よ》り以後、立てて恒例と為せ。符到らば奉行せよ。

仁寿三年四月十七日(10)

この太政官符は、大きく二つの部分にわかれる。すなわち、真済の上表文を引用した部分と藤原良相がとりついだ勅答の部分の二つである。このことを念頭におき、右の太政官符を要約し、箇条書きにしてみよう。

1、事書きには「応に真言宗年分度者の学業を試み、并わせて得度の日処を定むべきの事」とある。

2、少僧都伝燈大法師位真済の上表文は、つぎのとおりである。

ア、先帝は承和二年正月二十三日をもって年分度者を賜った。そのとき、毎年九月二十四日、金剛峯寺において課試し、得度させる、と規定された。

イ、最近、天台業・華厳宗に年分度者の加増が認められた(11)。

ウ、ついては、真言宗年分度者も、六度に準拠して三人の加増をお願いしたい。その三人は、神護寺宝塔所において試業・得度させ、聖体の増長宝寿を祈念させたい。何とぞ天恩允許していただきたい。

3、藤原良相がとりついだ勅答は、つぎのとおりである。

エ、真済の志は弘道に深く、心は利生にあり、大法のいまだ広まらざるを歎き、学徒のなお少なきを憂うる気持ちはよく分かった。上表文により、得度させることを認めよう。

オ、ただ、金剛峯寺は京から遠く、往復の道中に困難が多いので、試験を担当する阿闍梨の疲労が大きい。よって、伝法阿闍梨と付法の証師三人により、東寺において、二月以前に課試を終えなさい。

カ、文義（十条）のうち、五問以上できた者を及第とし、その名を明記して官に申し出れば、前例に任せて符

（度縁）を下付する。

キ、三業の分け方と学ぶべき経等は、承和二年正月二十三日付の官符に同じである。

ク、先におかれていた三人の得度は、これまでの期日を改め、先帝（淳和天皇）の国忌にあたる三月二十一日、金剛峯寺においておこない、

ケ、今回新たにおかれた三人の得度は、毎年四月三日、神護寺においておこないなさい。

コ、受戒の後、それぞれ三人ずつ金剛峯寺・神護寺に住まわせ、六年の籠山を終えたあと、山を出ることを許す。

サ、以後、このことを恒例としなさい。

ここで、承和二年八月、最初に規定された内容と相違する事項を整理してみよう。相違するのは、オ・ク・ケの個所である。順次、その違いを列挙する。

オ、課試・得度とも金剛峯寺でおこなうよう規定されていたが、往還の道中に困難が多いとの理由で、課試を東寺で二月以前におこなうように改められた。

ク、得度は淳和天皇の誕生日である九月二十四日[12]に金剛峯寺でおこなう規定であったのに対して、さきに下賜されていた三人の年分度者は同天皇の崩御された三月二十一日を得度の日と改められた。

ケ、新たに加増された三人の年分度者の得度を、四月三日、神護寺においておこなうよう規定した。

以上が、新たに三人加増されたことにともない、大きく改められた点である。

ついで、微妙ではあるが、変化がみられるところを記してみたい。それは、試験をおこなう課試者についてである。

承和二年八月の時点では、

真言密教の正嫡として付属された伝法阿闍梨と、次代に法を伝えることを許された一・二の者とが相はかり、監

督官庁である治部省・玄蕃寮の立会いをうけることなく、独自に課試をおこなうこと。

と規定されていた。しかるに、才に「伝法阿闍梨と付法の証師三人」とあり、この当時、四人によって課試をおこなっていたことが知られる点である。また、ここには「治部省・玄蕃寮の立会い」についての記載はない。

真済が天台業・華厳宗の動向を鑑みて、あらたに三人の加増を申請し勅許されたことは評価できるけれども、この加増分はみずから管理・経営してきた神護寺分であった点には、何か釈然としないものが残るのは私だけであろうか。

四　真然による改革——承和二年への回帰——

年分度者の制度に積極的に改変を加え、空海の上表によって規定された最初の制度にもどそうと奮闘したのが、第五代の東寺長者・真然であった。真然には、改革の記録が二つ伝存する。すなわち、

（一）元慶六年（八八二）五月十四日付太政官符（『類聚国史』巻第百七十九）(13)

（二）仁和元年（八八五）六月二十二日付玄蕃寮牒（『金剛峯寺雑文』、『東宝記』八）(14)

の二通の文書である。順次、検討を加えることにする。

第一は、（一）の元慶六年五月十四日付の太政官符である。まず、『類聚国史』巻第百七十九にもとづいて、官符の本文をあげておく。

紀伊国伊都郡金剛峯寺別当権律師法橋上人位真然等申牒に偁《い》わく。

贈大僧正空海、去る延暦年中、名山を歴択し始めて斯の寺を建つ。鎮国護法の為なり。

承和二年、勅有りて年分度者三人を賜う。即ち九月廿四日、天皇降誕の日辰を以て、便ち此の伽藍に於いて試度

す。

仁寿三年に至って、彼の山の途路闊遠・往還に艱多きを以て、東寺に於いて試度す。自後、金剛道場閴《しず》かにして人稀なり。故の僧正真雅、其の此の如くなるを歎き、旧に復さんことを陳請す。未だ裁許を蒙らずして、僧正遷化す。今、当年の学徒は絶えて度せず。既に先皇の勅命に違い、亦本師の宿願に乖けり。海印・貞観・安祥・元慶等の寺の例を検ずるに、各おの本寺に於いて試度す。請う、山場に於いて、課試せんことを。太政官商量すらく、国家制を施すは緇侶に宜しきを得しむ。凡そ法門に在りては、喧訟無からんことを欲す。縦《たと》使《い》南嶽の学徒をして、遂に其の所を失わざらしめなば、則ち山中輦下何ぞ嫌猜有らん。仍ち須らく彼の寺の勾当・老宿等をして、其の学優長に心行整斉なる者を簡び、相共に平署して東寺に送達し、之を待ちて、毎歳課試すべし。若し当年、科第に及ぶ者無くんば、後年、其の闕分を補うべし。専ら高野の人を尽して、他寺の衆に関せざれ。然れば則ち先後本師の凝誠自ら全くし、彼我紛競の愁緒永く断たん。(15)

つぎに、三段にわかって要約してみよう。

最初に、「紀伊国伊都郡金剛峯寺別当権律師法橋上人位真然等申牒に偁わく」とあって、真然らの奏状がつぎのように引用されている。

1、承和二年（八三五）の勅許の内容を記す。

ア、勅により、年分度者三人を賜った。
イ、九月二十四日の天皇降誕の日辰をもって、この伽藍（金剛峯寺）において試度することと規定された。
2、仁寿三年（八五三）の勅許の内容とその後の高野山の様子を記す。
ウ、仁寿三年にいたり、高野山は遠く往還に艱難が多いので、東寺において試度することになった。
エ、その結果、高野山の金剛道場はひっそりとしていて（闃《げき》として）、人影をみることは稀である。
オ、故僧正真雅は、このような状態を歎かれ、旧に戻すべきことを陳請されたが、裁許を得ないで遷化された。
カ、いま、学徒は絶えてしまい、得度もなされないままである。
キ、これは、先帝の勅命に違い、また本師（空海）の宿願にもそむく状態である。
ク、海印・貞観・安祥・元慶寺などの例をみるに、みな本寺において試度がおこなわれている。
ケ、ぜひ高野山の金剛道場において、課試をおこないたい。
3、ついで、以上の申牒に対する官裁とおぼしき文章が記されている。
コ、太政官は、法門にあって諠譁・訴訟の類がおこることは望まない。
サ、南嶽学徒の立場を明確にすれば、嫌猜することもないであろう。
シ、金剛峯寺の勾当・老宿等が「其の学優長にして心行整斉なる者」を選び、東寺に書類が送達されるのを待って、課試をおこなう。
ス、もし、当年、及第する者が無い場合は、後年、その闕分を補うとよろしい。金剛峯寺分は、高野の人を専一に充て、他寺の衆を交えることはしない。
ここでは三つのことを指摘しておきたい。

第一は、仁寿三年から三十年たった高野山の惨状である。「金剛道場関として人稀なり」とあって、三人の年分度者を選出するにもこと欠く有様が垣間見られるのである。元慶三年正月三日に示寂した故僧正真雅も歎き、旧に復すべきことを陳請されたというから、この状態は長くつづいていたものとおもわれる。

第二は、朝廷の対応である。金剛峯寺分は、及第者・有資格者がでるまで確保しておき、決して他寺の僧をもって補充することはしないとするけれども、真雅・真然が訴えた真意が十分に理解されていたとは思われない。

第三は、右の要約には記さなかったけれども、真然申牒の冒頭におかれた一文

贈大僧正空海、去延暦年中、歴二択名山一始建二斯寺一、為二鎮国護法一也、

である。つまり、空海が高野山とかかわりをもった時期および金剛峯寺建立の目的が、空海の謦咳に接しえた最後の人物とも目される真然によって記されている点である。空海が嵯峨天皇に高野山の下賜をお願いされたときの上表文に、

空海、少年の日、好んで山水を渉覧せしに、吉野より南に行くこと一日、更に西に向って去ること両日程にして平原の幽地有り。名づけて高野《たかの》と曰《い》う。計りみるに、紀伊国伊都郡の南に当れり。四面高嶺にして人蹤《にんしよう》蹊絶《みちたえ》たり。上《かみ》は国家の奉為《おんため》に、下《しも》は諸の修行者の為に荒藪《こうそう》を芟《か》り夷《たいら》げて、聊か修禅の一院を建立せん。(16)

と記されていることを踏まえて書いたともいえよう。しかしながら、空海が計画された金剛峯寺伽藍の完成に後半生をささげた真然が、高野山開創の原点、空海の御心におもいを馳せたことばとしてみたとき、注目すべきものといえよう。

第二は、（二）の仁和元年六月二十二日付の玄蕃寮牒である。この牒は、後世の史料集、すなわち大治二年（一一二

七）七月の奥書をもつ『金剛峯寺雑文』にはじめて見られる点が若干気がかりである。(17) けれども、十四世紀半ばに成立した『東宝記』第八巻に、三業度人の制にかんする一連の太政官符類の一つとして収録されているので、信頼してよいと考える。(18)

そこで早速、本文をあげておく。

玄蕃寮牒す　僧綱

　応に阿闍梨及び証師をして専一に真言宗年分三人を試みしむべきの事

牒す。省六月十九日の符に偁《い》わく。太政官去る二月十五日の符を被るに偁《い》わく。

権少僧都法眼和尚位真然の奏状に偁《い》わく。

謹んで太政官去る承和二年八月廿日の符を案ずるに偁《い》わく。

故大僧都伝燈大法師位空海の奏状に云わく。

夫れ真言宗は、伝法の人に非ざれば、課試を聴さず。伏して請う。伝法阿闍梨遺属相承の者をして、伝法を許されたる弟子一両人と与に、省寮を経ずして、金剛峯寺に於いて、文義十条を試課して、即ち通五已上の者を以て及第と為さん。

但し、受戒の後、彼の寺に住して、国家の奉為に三密の法門を修せしめん、者《てへり》。

仍って彼の山に於いて年分度者三人を試すること廿箇年、其の時未だ勅使有らず。

仁寿三年に至って、更に官符を下して、東寺に於いて試度の事を行なわしめ、後に勅使を賜い、監試を告げ加う。

爾《しか》りし自《よ》り以降、山扃《さんけい》寂寞にして緇侶跡已《やみ》ぬ。先師の素懐に違い、更に後輩の疑論を起す。之に因って、去年奏聞して、高野に復せしむ。

但請うらくは、年分の復旧、勅使を陳《つら》ねず、伝法阿闍梨と付法の証師と相共に試度せん、者。

中納言従三位兼行右衛門督源朝臣能有宣す。

勅　を奉るに、請うるに依れ、者。

省宜しく承知すべし。宣に依って行え、者。

寮宜しく承知すべし。件に依って行え、者。

僧綱、状を察し、件に依って之を行え。牒す。

仁和元年六月廿二日(19)

内容を要約する前に、この玄蕃寮牒はいかなる性格の文書であるか、をみておく。なぜなら、この牒は、いくつもの文書・上表文が入れ子状態(20)になっているので、そこを正確に押えておかなければ、内容が正しく理解できないからである。この牒は、上の役所から下の役所に命令を伝達したときの文書の一つで、太政官→治部省→玄蕃寮→僧綱と下達する最終段階のものである。すなわち、この牒は、仁和元年二月十五日付で太政官から治部省に下された官符、それをうけとった治部省が玄蕃寮に下した同年六月十九日付の治部省符の内容を、同年六月二十二日付で玄蕃寮が僧綱に下達したときの文書である。

ここで、内容の要約を記す。

1、この玄蕃寮牒は、仁和元年二月十五日付の太政官符、これをうけとった同年六月十九日付の治部省符の内容を、玄蕃寮が僧綱に下達したときの文書である。

2、二月十五日付の太政官符には、権少僧都法眼和尚位真然の奏状が再録されている。それは、以下の三つの部分からなる。

3、まず、(1) 承和二年八月二十日付の太政官符が引用される。その内容は、

ア、真言宗は、伝法の人にしか課試をゆるしていない。

イ、したがって、課試は伝法阿闍梨遺属相承の者と伝法をゆるされた弟子一両人がおこなう。

ウ、この課試には、治部省・玄蕃寮の役人の立会いを排し、金剛峯寺において文義十条を課し、五已上の者を及第とする。

エ、及第者は、受戒ののち、高野山に住まわせ、国家のおんために三密の法門を修行させる、と記されている。

オ、高野山では二十年間、この規定にもとづいて、年分度者三人の課試をおこなってきたが、この間、勅使を請うことはなかった。

4、ついで、(2) 仁寿三年に下された官符にふれ、

カ、仁寿三年にいたって、東寺で課試をおこなうことになり、いつしか勅使を賜い、監試が加えられることになった。

キ、これ以降、高野山は寂寞となり、学徒も絶えてしまった。

ク、このような状態は、先師(空海)の素懐に違うとともに、後輩の疑論を惹起している。

5、そこで、(3) 前年奏聞し

ケ、金剛峯寺で課試をおこなう旧規に返していただきたい、とお願いした。(21)

6、ここで、さらにお願いいたしたきことは、完全に旧規に返し、勅使の派遣を廃止し、伝法阿闍梨と付法の証師とで試度することを認めていただきたい。

この真然の奏状に対して、光孝天皇は全面的に真然の訴えを聞き届けられ、ひとこと「請うるに依れ」として太政

官符をくだされたのであった。

この玄蕃寮牒からは、数次におよぶ高野山からの訴えが功を奏し、この時点で、承和二年八月の最初の規定にほぼ復旧されたことを知りうる。

五　益信の改革——ふたたび東寺で課試を——

男女をとわず、生存中に従一位に叙されることは稀であった平安時代のはじめ、破格の昇進をとげて従一位に叙された一人に藤原淑子がいる。(22)この淑子の病を祈って験をえたことから信頼を得、檀越として円成寺の開山となり、のちには淑子の推薦によって、寛平法皇の出家・灌頂の大阿闍梨をつとめたのが益信である。益信は、真然示寂のあとをうけて寛平三年（八九一）九月、第六代の東寺長者となった。(23)この政治力をバックに、益信は寛平九年、年分度者の制度の改革を断行した。そのときの記録が、寛平九年六月二十七日付の太政官符である。

官符は、これまでの経緯を書きつらねているので、長文で、かつ煩瑣ではあるが、前例にならって、全文をあげておく。

太政官符す　治部省

応に旧に復して東寺に於いて真言宗年分学生六人を課試すべきの事

右、案内を検ずるに、去る承和二年、大僧都空海の表に依り、三密の法門に准じて、初めて真言年分三人を置けり。爾後、毎年九月廿四日、天皇降誕の晨をして、金剛峯寺に於いて之を試み、之を度せり。降って仁寿三年に及んで、少僧都真済の表に依りて、六度に准じて三人を加う。但し、真済の神護寺宝塔所に於いて試業・剃髪せんとの請に由らず、即ち伝法の阿闍梨、付法の証師と与に東寺に於いて、前後を論ぜず、同じく共に二月以前に試み畢り、前の三人は、先の定日を改めて、先帝の国忌たる三月廿一日、金剛峯寺に於いて之を度し、後の三人は、毎年四月三日、神護寺に於いて之を度す。

元慶六年に至り、権律師真然等の牒に依りて、更に官符を下して偁わく。

金剛峯寺の勾当・老宿等、其の学業優長にして心行整斉なる者を簡んで、相共に平署して東寺に送達し、寺は之を待って、毎歳課試し、専ら高野の人を尽すまで、他寺の衆に関《あずか》らしめず。

同八年、権少僧都真然の奏状に依りて、試度を南嶽に復せらる。但し、旁《あまね》く三密の家を尽し、一山の侶に限る。

仁和五年、権大僧都真然の奏状に依りて、件の年分、高野に於いて専ら高野の分を試度す。

去る寛平七年、新たに格制を下し、神護寺年分三人は、彼の寺に於いて、二月以前に之を試度す。

然れば則ち、承和官符の後は金剛峯寺にて試度共に之を行い、

仁寿の勅旨以降は、東寺に在って之を試み、両山に帰って之を度す。

元慶八年の格は、試度を高野に復すと雖も、遍く学生を本宗に求む。

仁和五年の制は、金剛峯寺に於いて独り一門を試度するの後、其の仁寿所課の三人は、則ち寛平にいたり遂に神護の一寺に任す。

而るに今、権大僧都益信の奏状に偁わく。

六人の年分は、惣て東寺に於いて試すべきの状、官符明白なり。此れ自《よ》りの後、東寺に於いて課試すること、已に年代を経たり。

而るに皆、根本の東寺を去りて、更に枝葉の山寺に移る。

伏して望むらくは、殊に天恩に沐して、旧の如く試を東寺に復せん、者《てへり》。

従三位守権大納言兼右近衛大将行民部卿春宮権大夫侍従菅原朝臣――宣す。

勅を奉るに、高野・神護の年分の試度、一山に於いて之を惣べ、或いは両処に之を分つ。彼此の申請の意、愛憎に渉る。再三の変復、理《ことわり》軽忽に似たり。之を仏教に揆り、之を政途に論ずるに、処置定まらざること、誠に慙愧すべし。

仍って須らく、学生を選挙するの務は、遍く東寺・両山に委《まか》せ、若し三処の外、此の挙に預からんと欲するの輩有らば、仮令《たとい》先自《よ》り常に他寺に住すとも、師に随って宗業を学習するは、復須らく願に任せて三処に分到すべし。彌《いよいよ》益《ますます》練熟修行し、傍人の為に、推譲せられ、然して後に、理に任せて挙して試場に進めしめよ。三処の所司、実に依りて選定し、阿容して人を失うこと得ざれ。

唯《ただ》課試の日は、勅使及び宗の僧綱の東寺別当為る者多少、彼の両寺の座主・別当、及び東寺定額僧等の中の証師為るに堪えたる者一人を率いて、旧に依りて、毎年二月以前、東寺に於いて之を試みよ。不得偏称異党妨客、同宗遞引未生損傷、本業の試訖らば、即ち半分は金剛峯（ママ）にて三月廿一日に出家せしめ、半分は神護寺に帰して、四月三日に入道せしむるの後、住山の限は既に仁寿の格の如くせよ。

当年落第し、後年補闕するは、並に元慶の符に同じ、夫れ両山以て学生を求むるは、先師の旧迹を尋ぬるなり。一寺に会して、以て課試を行なうは、宗業の深淵を逐《お》うなり。山に□（於いて）感有り、寺に於いて愁い無し。未来際を窮して其の訟を断ぜんと欲す。

又頃年聞く如く、他宗にして竟に真言宗に入る者、或いは遜逐名号忽に師資を改め、或いは規階の業を避けて纔かに秘密を視る。済々たる門徒と雖も、頗る党を樹つるが如し。而も悠々たる教理は殆ど是れ虚伝なり。

今自《よ》り以後、之を忌《い》み之を慎み、先師の本願をして軽がろしく地に墜すべからず。彼の一尊法、忽に濫りに転授す。況や三密門能く開知を惜しまんや。良器に至っては、制する限りに在らず。凡そ厥の両山にて選挙し東寺にて試定せば、偶《たまたま》其の理を失わず、将に其の人に遇《あ》うことを得んとすべし、者《てへり》。
省宜しく承知すべし。宣に依って之を行え。符到らば奉行せよ。

右中弁源朝臣　　右少史大春日

寛平九年六月廿六日(24)

つぎに、官符の内容を要約する。2から9までが益信の奏状であり、10は宇多天皇の勅答である。

1、事書きには、「応に旧に復して東寺に於いて真言宗年分学生六人を課試すべきの事」とある。つまり、真済の奏請にもとづいて下された仁寿三年（八五三）四月の官符の内容にもどすことを命じたものである。

2、承和二年（八三五）、大僧都空海の上表により、三密の法門に准じて、はじめて真言宗分三人が置かれ、毎年九月二十四日、淳和天皇の降誕日に金剛峯寺において、課試・得度をおこなう規定であった。

3、仁寿三年、少僧都真済の上表により、六度に准じて三人加増され、六人となった。ただし、真済が願った神護寺宝塔所における課試・得度は却下され、課試は東寺において、伝法阿闍梨と付法の証師とにより、前後を論ぜず、六人とも二月以前におこなうこととなった。一方、得度は二ヶ所に分かれておこなうことになった。前の三人は、さきの定日をあらため、先帝の国忌の日である三月二十一日に金剛峯寺において、あらたに置かれた三人は、四月三日に神護寺において、となった。

4、元慶六年（八八二）、権律師真然の牒により、金剛峯寺の勾当・老宿等が「其の学優長にして心行整斉なる者」を選び、東寺に書類を送達し、その到着を待って、東寺で課試をおこなうこと。また、金剛峯寺分は、高野の人を専一に充て、他寺の衆を交えることはしないこととなった。

5、同八年、権少僧都真然の奏状により、課試・得度を金剛峯寺でおこなうように復された。ただし、課試の対象者を全真言宗とし、高野一山に限ることを停止した。

6、仁和五年（八八九）、権大僧都真然の奏状により、高野の分はもっぱら高野において試度することになった。(25)

7、寛平七年（八九五）、新たに格制が下され、神護寺分三人は、神護寺において二月以前に試度することになった。(26)

8、以上をまとめると、①承和の官符のあとは、課試・得度ともに金剛峯寺でおこない、②仁寿の勅旨以降は、課試は東寺、得度は両山に帰っておこない、③元慶八年の格は、課試・得度とも高野でおこなうよう復したが、学生をあまねく本宗全体にもとめた。④仁和五年の制は、一門の課試・得度とも金剛峯寺でおこなうとなったけれども、⑤仁寿の勅旨で置かれた三人は、寛平七年にいたって、課試・得度とも神護寺でおこなうことになった。

9、いま権大僧都益信の奏状には、つぎのようにいう。①六人の年分度者は、すべて東寺において課試すべきことは、官符に明白である。その後、ずっと東寺にて課試がおこなわれてきた。②「しかるに、皆、根本の東寺を去りて、更に枝葉の山寺に移」ってしまった。③そこでお願いいたしたきことは、課試を東寺でおこなうよう、旧に戻していただきたい。

10、以下は、宇多天皇の意を介した菅原道真がつづった勅答である。

ア、高野・神護の年分度者の課試・得度が、あるときは一山で、またあるときは両処に分かれておこなわれてきた。彼此の申請の意趣は愛憎によっており、また、再三変復されてきたことは軽忽の謗りを免れず、朝廷にも一斑の非があろう。

イ、学生を選挙する実務について。東寺と両山に委ねる。もし、この三ヶ所以外のもので、課試を受けたいと願う場合は、他寺にて宗業を学習するものには、願いにまかせて、三ヶ所のいずれかに住まわせ、練熟修行させ、推薦をえて課試を受けさせなさい。三所の所司は、情状酌量することなく、実力によって選定しなさい。

ウ、課試の日と場所について。課試は、旧により、毎年二月以前、東寺においておこなう。課試者は、勅使と宗の僧綱である東寺別当若干名、金剛峯寺・神護寺の座主と別当、および東寺定額僧のうち証師たるに耐えたるもの一名とする。

エ、得度の場所について。本業の試験が終われば、三人は三月二十一日金剛峯寺において、三人は四月三日神護寺において、得度させる。

オ、六年住山の制について。住山の制は、仁寿の格のとおりにしなさい。

カ、当年落第し、後年補闕する場合は、元慶の官符にしたがいなさい。

キ、両山以外に学生を求めるのは、先師の旧跡を尋ねんがためである。また、一寺において課試をおこなうのは、宗業の深淵を求めてであり、これらによって争いを絶たんがためである（つづいて、真言宗の現状に対して苦言が呈せられているが、煩雑となるので割愛する）[27]。

さきにも記したように、この勅答は、宇多天皇、のちの寛平法皇から絶大の信頼を得、その政治に大きな影響をおよぼした菅原道真が取りついだものであり、彼の学者としての性格からか前例が精査され、かつ真言宗の将来にも配慮した内容となっている。とはいえ、結果的には奏上した益信の意見がいれられ、課試を東寺でおこなうことになった。

最後に、益信の奏状のなかで、留意すべき一文を指摘しておきたい、それは、

而ルニ皆去テ二根本之東寺一ヲ。更ニ移ル二枝葉之山寺一ニ。

である。なぜなら、ここには、東寺を真言宗の根本の寺・本寺とみなし、それ以外の寺を枝葉・末寺とみなす考えが窺がえるからである。やがて、この考えは観賢にいたって鮮明となり、東寺を中心とする本末体制が確立されるのである。

六　寛平法皇の英断——六人から十人へ——

宇多天皇と菅原道真によって高い見地から下された課試を東寺でおこなうとの寛平九年（八九七）六月の裁定後も、真言宗内では、しっくりしないものが依然として残存していたようである。それを見かねた寛平法皇（宇多天皇）は、延喜七年（九〇七）七月、新たに真言宗の年分度者四人を加増して東寺分とし、さきの六人を三人ずつ金剛峯寺分・神護寺分とする英断を下された。このときの太政官符は、「右太上法皇の勅命に曰わく」と書き出されている。よって、以下に紹介する内容は、おそらく寛平法皇ご自身の強い意志によるものであろう、と思われる。ともあれ、内容をみておくことにしよう。

まず、太政官符の本文をあげる。

太政官符す　治部省

応に加え置くべき真言宗年分度者四人の事

右、太上法皇の勅命に曰わく。

伏して案内を検ずるに、真言宗年分、総じて六人、其の三人は、大僧都空海の上表に依りて、去る承和二年正月廿三日之を置き、同年八月廿日、更に亦上表して、金剛峯寺に於いて之を試みむ。所謂、高野寺の年分是れなり。

又其の三人は、少僧都真済の上表に依りて、仁寿三年四月十七日、加え置かれる所なり。即ち、神護寺宝塔所に於いて之を試みん。所謂、高雄の年分是れなり。受戒の後、各おの二寺に栖《す》まわせ、出山の期全く六年に終る。爰に二師没して後、衆論遁《たがい》に起り、或いは謂う、初めに宗分と称す、須らく東寺に於いて之を試みん。或いは執すらく、既に本願有り、何ぞ他処に於いて之を行なわんと。各おの所由有りて、時議定まり難し。数しば遷り且つ改まる、彼の争い此れ愁いなり。

遂に権大僧都益信の申請に依り、東寺に於いて試度すべきの状、去る寛平九年六月廿六日、符を下すこと已に畢んぬ。

厥の後、今に至るまで十有余年、公議一定、更に二論無しと云うと雖も、然れども不平の声、新たに聴こえ間《かわるがわる》鬧《かまび》すし。抑え難きの訟え、故に山に猶満つ。伏して以みれば、宗分を相尋ねて、永く一寺に付さば、則ち二師の遺跡、応に埋没の悲しみを含むべし。更に本願に随って、両寺に返さんと欲せば、則ち三密の根源、恐らくは興隆の望みを失わん。徒に岐路を顧み、漸く共に遺さんと思う。公家に申すにあらずんば、何ぞ全済を得ん。

伏して望むらくは、件の処分を恩議し、旧来の六人は、各おの本山の分に返して、便ち彼の山に於いて之を試み、新たに四口を加えて、将に東寺の料と為し、即ち其の寺に於いて之を試みしめん。仍って、須らく一人は胎蔵界業と為し、六波羅蜜経十巻を読ましめ、一人は金剛界業と為し、守護国界主陀羅尼経十巻を読ましむべし。各おの亦、新翻の仁王経二巻を加えて、同じく両部界兼学（ママ）の業と為さん。二人は声明業と為し、孔雀経三巻・大仏頂真言一巻・大随求真言一巻、及び十八道真言を読ましめ、兼ねて梵字を書せしめよ。其の試度の法は、例に準じて改めざれ。実に其の人を得て、然うして後、授戒せよ。授戒の後、殊に亦試を加え、三時の作法の勤めを闕かず、一人の奉為に其の福を祈らしめ、功徳を功徳に増して、金輪の化、弥いよ長く、善根を善根に加えて、宝暦の運、極り無し。令法久住の思いに任えず、状を勒して陳請す、者《てへり》。

左大臣宣す。勅　を奉るに、御願に依れ。寺特に之を加え置け、者。宜しく承知すべし。宣に依って之を行なえ。

符到らば奉行せよ。

延喜七年七月四日

正六位上左少史物部酋行

参議左大弁従四位上兼行讃岐守紀朝臣長谷雄(28)

では、例によって要約してみよう。

1、事書きは「応に加え置くべき真言宗年分度者四人の事」とある。

2、以下は、「太上法皇の勅命に曰わく」の内容である。

ア、真言宗の年分度者は、総計六人である。

イ、このうち、三人は、大僧都空海の上表により、承和二年（八三五）正月二十三日に置かれ、さらに同年八月二十日、金剛峯寺において課試することになった。これは高野寺の年分度者である。

ウ、残りの三人は、少僧都真済の上表により、仁寿三年（八五三）四月十七日、加へ置かれるところである。すなわち、神護寺宝塔所において課試する、いわゆる高雄の年分度者である。

エ、受戒ののち、三人ずつ両寺に住まわせ、六年間の籠山を課した。

オ、この二師の没後、争論が絶えなかった。あるいは宗分と称して東寺で課試し、あるいは執着して、本願あって定められたものである、なぜ他所で課試をするのか、などと。それぞれ理由あってのことであろうが、たびたびの変更は愁うべきことである。
カ、ついに権大僧都益信の申請により、寛平九年六月二十六日、東寺において試度すべき官符が下された。
キ、その後、今日までの十有余年、「公議一定、更に二論無しと雖も、然れども不平の声、新たに聴こえ間閙すし。抑え難きの訴え、故に山に猶満つ」。そこで、宗分を尋ね、永く一寺（東寺）に付すと、二師の遺跡（金剛峯寺と神護寺）が埋没することになり、また本願にしたがって両寺に返すと、三密の根源を絶たれ、真言宗興隆の望みを失うであろう。両者を遺すには、公家の力を借りる道しかない。
ク、私の希望はつぎのとおりである。
①旧来の六人は、それぞれ本山の分として金剛峯寺・神護寺に返し、両山において試度させる。
②あらたに四人を加へて東寺分とし、東寺において試度させる。
③その内訳は、一人は胎蔵界業。『六波羅蜜経』十巻を読ませる。一人は金剛界業。『守護国界主陀羅尼経』十巻を読ませる。共通のものとして、『新翻仁王経』二巻を課す。二人は声明業。『孔雀経』三巻・『大仏頂真言』一巻・『大随求真言』一巻・『十八道真言』を読ませる。兼ねて梵字を書せしむ。
④試度の方法は、前例に準拠させる。機根の勝れた人を択び、授戒のあとにも試を加え、三時の作法もきちっと勤めさせる。
⑤そうして、玉体安穏と宝祚延長を祈らせたい。
以上の寛平法皇の勅命は、「令法久住の思いに任《た》えず。状《さま》を勒《ろく》して陳請す」と締めくくられている。この陳請は、ただちに左大臣藤原時平によって醍醐天皇に上奏され、延喜七年七月四日、「寺、特に之を加へ置け」と勅許された。

ここで、東寺に置かれた四人の年分度者について整理しておきたい。第一に、四人の内訳と学習すべき経等は、つぎの通りである。

・胎蔵界業一人、『六波羅蜜経』十巻を読ませる。『新翻仁王経』二巻を課す。

・金剛界業一人、『守護国界主陀羅尼経』十巻を読ませる。『新翻仁王経』二巻を課す。

・声明業二人、『孔雀経』三巻・『大仏頂真言』一巻・『大随求真言』一巻・『十八道真言』を読ませる。あわせて梵字を書せしむ。

第二に、課試・得度は東寺においておこなわせた。課試は「例に準じて改めざれ」とあるので、文義十条を課し、五以上を及第としたのであろう。

第三に、六年の籠山制については、明確な記述はみられない。しかし、「授戒の後、殊に亦試を加え、三時の作法の勤めを闕かず」、玉体安穏と宝祚延長を祈らせたい、とあることから、何がしかの籠山制が定められていたとみなすべきかも知れないが、詳細は不詳と言わざるをえない。

それはさておき、半世紀以上にわたって燻りつづけてきた東寺・金剛峯寺・神護寺三者間の年分度者をめぐる争いも、この勅許をもって終焉を迎えることになった。

この勅命は、さきにも記したように、おそらく寛平法皇自身の強い意志によるものであろう。なぜなら、法皇はこの当時、伝法灌頂を受法した正式の真言僧であったからである。そこで最後に、仏道修行者としての法皇の側面を記しておきたい(29)。

法皇の仏道修行は、七、八歳のころからはじまり、十七歳のときには出家することを真剣に考えていた。だが思いがけず、父光孝天皇が元慶八年（八八四）二月帝位につかれ、仁和三年（八八七）十一月、二十歳の法皇も父のあとを襲って第五十九代の天皇位にのぼられた。

しかしながら、仏道への思い絶ち難かったのか、寛平九年七月三日、三十歳の若さで帝位を長子の醍醐天皇に譲った。昌泰二年（八九九）十月二十四日、仁和寺において、益信にしたがって落飾、空理と称した。同年十一月二十四日には、東大寺戒壇院において具足戒を受けて正式に僧となり、延喜元年（九〇一）十二月十三日、東寺灌頂院において益信から伝法灌頂を受法し、ついに密教の付法系譜にその名を記したのであった。

その後は、仁和寺に円堂を建てて秘密観法に精励した。受法は天台宗にもおよび、座主増命について廻心戒・蘇悉地・三部大法灌頂・如意輪観音儀軌などを学んだ。また、法皇には御作の作法次第が九種伝存しており、その傾倒ぶりがうかがえよう。九種の御作次第は、つぎのとおりである。(30)

(1) 十八道念誦次第　一巻
(2) 金剛頂蓮華部心念誦次第　上・下　二巻
(3) 金剛頂蓮華部心念誦次第　一巻
(4) 胎蔵秘密略大軌　本・末　二巻
(5) 胎蔵略述　一巻
(6) 三摩耶戒文　一巻
(7) 三親王灌頂時儀式　晝作法　一巻
(8) 三親王灌頂時儀式　夜作法　一巻
(9) 延喜十八年大覚寺御灌頂式　一巻

おわりに

真言宗を対象としておかれた年分度者、すなわち真言宗年分度者の成立とその後の変遷について一瞥してきた。真言宗年分度者は、三人から出発して六人に加増され、最終的に十人になった。その経緯を年表風に整理すると、表20のようになる。

しかしながら、真言教団に出された年分度者はこれだけではなかった。つまり、真言宗に属する寺院を対象としておかれた年分度者の数は、九世紀半ばから十世紀初頭にかけての約五十年間で十七名を数えた。年分度者がおかれた真言寺院とその数・年次は、つぎのとおりとなる[31]。

1、海印寺　二人　嘉祥四年（八五一）三月二十三日付太政官符（『類聚三代格』二、九五～九六頁）
2、嘉祥寺　三人　天安三年（八五九）三月十八日付太政官符（『類聚三代格』二、九六頁）
　　　　　　　　貞観十四年（八七二）七月十九日付太政官符（『類聚三代格』二、九六～九七頁）
3、安祥寺　三人　貞観元年（八五九）四月十八日付太政官符（『類聚三代格』二、九七～九八頁）
4、大覚寺　二人　元慶五年（八八一）九月二十八日奏状（『菅家文草』九）[32]
5、円成寺　二人　寛平二年（八九〇）十一月二十三日付太政官符（『類聚三代格』二、一〇三頁）
6、仁和寺　二人　寛平二年（八九〇）十二月二十三日付太政官符（『類聚三代格』二、一〇一～一〇二頁）
　　仁和寺　一人　昌泰三年（九〇〇）十一月二十九日付太政官符（『類聚三代格』二、一〇二頁）
7、勧修寺　二人　延喜五年（九〇五）九月二十一日付太政官符（『類聚三代格』二、一〇四～一〇五頁）

これらを合計すると、延喜七年の時点で真言宗におかれたていた年分度者は二十七名となる。この数は、毎年、得度することをゆるされた数であり、数の上からだけでいえば、決して少なくはない。

表20 「三業度人の制」略年表

年月日	事項
承和二年（八三五）正月二十三日	空海の上表により、真言宗に年分度者三人を賜う。金剛頂業・胎蔵業・声明業各一人と学習すべき経論等が定められる。
八月二十日	空海の上表により、試度などの細則が勅許される。治部省・玄蕃寮の立会いを廃し、東寺長者が中心となり高野山で文義十条を課試し、毎年九月二十四日に得度させ、以後六年間の籠山修行を課した。
仁寿三年（八五三）四月十七日	真済の奏請により、三人加増されて六人となる。課試は毎年二月以前に東寺で、得度は三人が三月二十一日高野山で、残り三人は四月三日神護寺でおこない、それぞれ高野山・神護寺で六年の籠山行を課した。
元慶六年（八八二）五月十四日	真然の奏請により、高野山の分は、同山からの推薦者だけに限って課試し、他寺の衆を交えないこととする。
元慶八年（八八四）	真然の奏請により、高野山分の試度は、高野山でおこなうべきこととする。
仁和元年（八八五）六月二十二日	真然の上奏により、課試の制を完全に旧規に返し、勅使の派遣を廃し、伝法阿闍梨と付法の証師とでおこなうこととする。
寛平七年（八九五）	格により、神護寺分三人は毎年二月以前、神護寺にて試度することとする。
寛平九年（八九七）六月二十六日	益信の奏請により、課試・得度・籠山とも仁寿三年官符の制に返すこととし、課試者は勅使・東寺別当若干名・金剛峯寺座主・神護寺別当・東寺定額僧一名と規定された。
延喜七年（九〇七）七月四日	寛平法皇の英断により、東寺分として四人加増され計十人となった。旧来の六人はそれぞれの本山分として金剛峯寺・神護寺に返し、両山にて試度させた。東寺分四人は、胎蔵界業一人・金剛界業一人・声明業二人とし、東寺にて試度させた。

本稿で検討した真言宗年分度者はその後どうなったか、をはじめ、真言宗におかれたこれら二十七名の年分度者の実態の解明は、今後に残された課題である。(33)(34)

註

(1) 最晩年の空海の事績については、つぎの拙稿を参照いただきたい。拙稿「最晩年の空海」(『密教文化』第二一六号、一～四四頁、二〇〇六年三月。本書第四部第一章に収録)。

(2) 三業度人の制にかんする問題点などについては、つぎの拙稿を参照いただきたい。拙稿「三業度人の制をめぐる一・二の問題」(『高野山大学創立百十周年記念 高野山大学論文集』八五～一〇八頁、一九九六年九月、高野山大学。本書第四部第二章に収録)。

(3) 三業度人の制が勅許された日付けに二説ある。一つは『続日本後紀』巻四の承和二年正月二十二日説であり、一つは『類聚三代格』巻二所収の太政官符の同年正月二十三日説である。後世、一貫して二十三日付の太政官符が引用されているので、本稿では二十三日付として論じる。なお、別に正月二十二日付の太政官符が伝存するけれども、これは後世、『続日本後紀』巻四の日付けに合わせて偽作されたものと考える。詳細は、註2の拙稿を参照いただきたい。

(4) 「官符等編年雑集」所収、承和二年(八三五)八月二十日付太政官符(『弘法大師全集』第五輯、四四九～四五〇頁、一九一〇年十二月、六大新報社)。

(5) 荒木良仙『度及度縁戒牒の研究』三六～三七・四六～四七・五二～五三・七三～七四・八二～八五・八七・九四頁、一九二五年九月、仏教制度叢書発行所。のち、一九七七年八月、東洋書院から再刊。

(6) 栂尾祥雲『日本密教学道史』一三～二二頁、一九四二年八月、高野山大学出版部。

(7) 和多秀乗「真然大徳の御生涯」(真然大徳記念出版編纂委員会編『高野山第二世 伝燈国師真然大徳伝』五一～五五・五七・六三～六六頁、一九九〇年九月、真然大徳千百年御遠忌大法会事務局)。

(8) 山口耕栄「伝統教学—学道と事相—」(『同右』一〇一～一〇七頁)。

(9) 真済の入唐の経緯については、つぎの拙稿を参照いただきたい。拙稿「承和の遣唐使」(拙著『真言密教の系譜』一四五～一七九頁、二〇〇五年三月、高野山大学通信教育室)。

(10) 『類聚三代格』巻二、仁寿三年(八五三)四月十七日付太政官符(〈『新訂増補 国史大系』(以下、『国史大系』と略称す)第二十五巻、八〇～八一頁〉）。

(11) 天台業・華厳宗に年分度者の加増が認められたと記すのは、つぎの二つの太政官符をさすのであろう。（一）嘉祥三年（八五〇）十二月十四日付太政官符、事書きに「応に増加すべき年分度者二人の事」とある（『国史大系』第二十五巻、八四～八五頁）。（二）嘉祥四年（八五一）三月二十二日付太政官符、事書きに「応に海印三昧寺をして定額に預からしめて別当を置き、亦年分度者を定むべきの事」とある（『同書』九五～九六頁）。

(12) 承和二年（八三五）八月二十日付と仁寿三年（八五三）四月十七日付の官符は、得度の日を九月二十四日と記すだけで、この日がいかなる日であったかは明記しない。しかるに、元慶六年（八八二）五月十四日付の官符に引用された真然の申牒の一節に、「即ち九月廿四日、天皇降誕の日辰を以って」とあって、九月二十四日が淳和天皇の誕生日であったことが知られるのである。

(13) 『類聚国史』巻第百七十九、仏道六、元慶六年（八八二）五月十四日付太政官符（〈『国史大系』第六巻、二四六頁〉）。

(14) 『金剛峯寺雑文』仁和元年（八八五）六月二十二日付玄蕃寮牒（〈『弘法大師伝全集』（以下、『伝全集』と略称す）第二、一八～一九頁、一九三四年七月、六大新報社〉、『東宝記』第八巻〈東宝記刊行会編『国宝 東宝記原本影印』（以下、『国宝 東宝記』と略称す）六八八～六九〇頁、一九八二年二月、東京美術、『続々群書類従』第十二、一五四～一五五頁〉）。

(15) 註13に同じ。

(16) 『性霊集』巻第九「紀伊国伊都郡高野の峯に入定の処を請け乞わせらるる表」（『定本弘法大師全集』第八巻、一七〇頁、一九九六年九月、高野山大学密教文化研究所）。

(17) 『金剛峯寺雑文』には、三業度人の制にかんする文書は二通しか収録されていない。すなわち、ここに取りあげた仁和元年（八八五）六月二十二日付玄蕃寮牒と仁寿三年（八五三）四月十七日付太政官符の二通である（『伝全集』第二、一八～一九頁）。

(18) 『東宝記』第八巻（『国宝 東宝記』六七二～七〇〇頁、『続々群書類従』第十二、一五四～一五六頁）。

(19) 註14に同じ。

(20) 入れ子状態とは、つぎのようなことをいう。「偁わく」のつぎからが引用文で、その引用文の終わりは「者《てへり》」の前までである。すなわち、「偁わく」があれば、必ず「者」がある。たとえば、「偁わく」が三つあれば、原則として「者」も三つある。そうして、第一番目の「偁わく」と対応する「者」は一番最後に記された「者」であり、二番目の「偁わく」は最後から二つ目の「者」に対応する、といった形になっている。

（21）この元慶八年（八八四）の真然上奏の内容については、つぎに紹介する寛平九年（八九七）六月二十七日付太政官符の方がより詳しい。すなわち、「同八年、権少僧都真然の奏状に依りて、試度を南嶽に復せらる。但し、旁《あまね》く三密の家を尽し、一山の侶に限る。」「元慶八年の格は、試度を高野に復すと雖も、遍く学生を本宗に求む。」とある（本書五八三頁参照）。

（22）藤原淑子にかんしては、つぎの論考が詳しい。角田文衞「尚侍藤原淑子」（同著『紫式部とその時代』五一〇～五三九頁、一九六六年五月、角川書店）。

（23）益信の経歴については、寛信撰『東寺長者次第』を参照した（和多昭夫〈秀乗〉「寛信撰　東寺長者次第」〈『高野山大学論叢』第二巻、九九頁、一九六六年十月〉）。

（24）寛平九年（八九七）六月二十七日付太政官符（『国宝　東宝記』六九〇～六九六頁。『続々群書類従』第十二、一五五～一五六頁）。

（25）この「仁和五年」は、「仁和元年」の写誤であろう。

（26）寛平七年（八九五）の格について記すのはこの太政官符だけであり、注意を要する。しかし、この官符が出される二年前のことであり、かつ上奏者の益信も格が下されるに当たっては、東寺長者として関わっていたと考えられるので、信じてよいであろう。

（27）真言宗に対する苦言とは、つぎの箇所である。

又頃年聞くが如きは、他宗にして竟に真言宗に入る者、或いは遜逐名号忽に師資を改め、或いは規階の業を避けて纔かに秘密を視る。済々たる門徒と雖も、頗る党を樹つるが如し。而も悠々たる教理は殆ど是れ虚伝なり。今自《よ》り以後、之を忌《い》み之を慎み、先師の本願をして軽がろしく地に墜すべからず。彼の一尊法、忽に濫りに転授す。況や三密門能く開知を惜しまんや。良器に至っては、制の限りに在らず。凡そ厥の両山に選挙し東寺に試定せば、偶《たまたま》其の理を失わず、将に其の人に遇《あ》うことを得んとすべし。

（28）延喜七年（九〇七）七月四日付太政官符（『国宝　東宝記』六九六～七〇〇頁。『続々群書類従』第十二、一五六～一五七頁）。

（29）以下は、つぎの拙稿にもとづいて記した。拙稿「仁和寺の創立と寛平法皇」（『印度学仏教学研究』第三十七巻第二号〈通七十四号〉、一四九～一五四頁、一九八九年三月）。

（30）寛平法皇御作の九種の作法次第については、つぎの拙著に全文を翻刻しているので参照いただきたい。拙著『寛平法皇御作次第集成』六六四頁、一九九七年二月、東方出版。

（31）『類聚三代格』所収の太政官符については、その巻数と『国史大系』第二十五巻の頁数を併記した。

(32)『菅家文草』巻第九所収、元慶ム年九月二十八日奏状(日本古典文学大系72『菅家文草・菅家後集』五六二~五六三頁、一九六六年五月、岩波書店)。『菅家文草』では、年号が「元慶ム年」となっているけれども、私見により「元慶五年」とした。その根拠については、註34に記した拙稿の註23を参照いただきたい。

(33) 延喜七年(九〇七)以降の三業度人の制にかんする史料として、唯一残るのが永観元年(九八三)九月二十五日付の「試定言上状」とでも称すべきものである。これは、金剛峯寺が課試の結果を太政官に報告したときの文書である(『金剛峯寺雑文』〈『伝全集』第二、二〇頁〉、『東宝記』第八巻〈『国宝 東宝記』七〇〇~七〇三頁。『続々群書類従』第十二、一五七~一五八頁〉)。

(34) 真言宗に属する七つの寺院におかれた年分度者については、各寺におかれた経緯と年分度者の種類・所業などを整理しておいたので、参照いただきたい。拙稿「真言寺院におかれた年分度者」(『加藤精一博士古稀記念論文集 真言密教と日本文化』〈上〉五二一~五五六頁、二〇〇七年十二月、ノンブル社)。

【補遺】

本稿でとりあげた「三業度人の制」の変遷において、重要な役割をはたした真済・真然・益信を論じるとき、それぞれを第二代・第五代・第六代の東寺長者と表記した。このことは、本書第二部第三章「東寺長者攷」での結論――九・十世紀には東寺長者なる職はいまだ存在していなかった――と齟齬をきたしており、甚だ落着きが悪い。では、真済・真然・益信らをどのように呼称すればよいか、いま、適確なことばを持ちあわせていない。したがって、「東寺長者」なる職はなかったと考えるけれども、便宜上、このことばを使ったことを諒とせられたい。

索　　引

［凡例］

1） 索引は，Ⅰ　人名，Ⅱ　研究者名，Ⅲ　件名，Ⅳ　寺社名，Ⅴ　史料名に分類した。同じ頁に複数回みえるものは，（　）にその回数を記した。

2） 人名は，原則として二度以上みえるものを採録した。

3） 研究者名には，著者・論文名を併記した。ただし，所収書名・雑誌名は省略した。

4） 配列は，五十音順を原則とした。

Ⅰ 人　　名

あ　行

か　行

さ　行

た　行

な　行

は　行

ま　行

や　行

ら　行

わ 行

Ⅱ 研究者名

あ 行

か　行

な 行

は 行

ま　行

や　行

わ　行

Ⅲ 件　　名

あ　行

か　行

さ　行

た 行

な 行

は 行

ま　行

や　行

ら　行

わ　行

Ⅳ　寺　社　名

あ　行

か　行

さ 行

た 行

な 行

は 行

ま 行

や 行

ら 行

V 史料名

あ 行

か 行

た　行

な　行

は　行

ま 行

や 行

ら 行

鶴氏には前著に引きつづきお手伝いいただいた。記して感謝したい。

なお、本書第一部第三章に収録した論考は、平成二十三年十一月五・六日の二日間、金沢大学国際文化資源学センターでおこなわれたシンポジウム「灌頂—王権儀礼のアジア的展開—」において、「空海が伝えた灌頂」と題して口頭発表した原稿をもとに成稿したものである。原稿は、翌年五月に送付していたが、報告書としての出版は、諸般の事情で同二十六年十月となった。しかも、全体を統一・調整するために原文の削除などを編者からもとめられた。そのようなわけで、初出一覧に記した掲載書所収の拙論と本書に収録した論考とのあいだには、少なからず相違するところがあることを申し添えておきたい。

本書刊行に際して、吉川弘文館の一寸木紀夫氏には刊行の労をとっていただいた。心から御礼申しあげたい。

平成二十六年霜月報恩日

法身の里南山にて

武　内　孝　善

部第一章）。この拙い論文をもって、山内のあるご住職をお訪ねしたときのことが忘れがたい。場所柄もわきまえず、空海がいつ誕生したかを熱く語った私に、なぜか「これまで語られてきた入定信仰ではだめです。いまの時代にあった新しい解釈、説き方をしていかなければ、誰も信じてくれませんよ」とおっしゃられた。その高僧は、のちに金剛峯寺座主・高野山真言宗管長をつとめられたが、そのような方の意外なことばに、驚きとともに「我が意をえたり」との想いを強くした記憶がよみがえる。

いま一つ感慨深いのは「最晩年の空海」である。成稿のきっかけは、「祖典を読もう会」を主宰されていた岡村圭真先生の一言、「石田尚豊さんが『空海の起結』を出版された。あなたも一つ「空海の結」を考えてみてはくれまいか……」であった。「三業度人の制」にかんする論考をものしていたとはいえ、まったくもって未知の世界であった。空海の上表に応えて下された太政官符をながめていて、上卿をつとめた「藤原三守」の存在に、はたと気づいた。このことを糸口として、大きな鉱脈を探りあてることができた。つまり、嵯峨天皇の意思の伝達者から出発して、空海晩年の事績を語るとき、三守の存在なくして語りえないまでの大檀越となった三守の姿である。

このような好き縁に導かれて三十余年、真実の空海を求めて、ここまで研究をつづけてきて、本書を上梓できることを本当に嬉しくおもう。とともに、これまでに出逢った多くの方々に、満腔から感謝の誠をささげたい。私事で恐縮であるが、これでやっと、年来の課題であった空海の評伝を執筆する勇気がわいてきた。

最後に、空海の伝記を出版したい、と申しあげたところ、直ちに「お手伝いしましょう」といってくださる方が現われた。その御心に、衷心から感謝申しあげたい。私にとってはまさに、空海が三教院＝綜芸種智院を創りたいとの構想を語ったとき、間髪をいれずみずからの邸宅を差出した藤原三守に匹敵する方であった。これも、空海さんの思し召しと、甘えさせていただくことにしたい。索引の作成には、鶴浩一・高柳健太郎修士の手を煩わせた。なかでも、

あとがき

高野山は平成二十七年春、空海によって開創の斧が入れられてからちょうど一二〇〇年という記念すべき節目の年を迎える。そのようなときに、空海の前半生をとりあつかった前著『弘法大師空海の研究』に引きつづき、その後半生をとりあげた本書を刊行できることを、素直に喜びたいとおもう。

思いかえせば、空海の伝記研究にのめり込んでいった端緒は、市販されている「弘法大師伝」と原史料を読んだときの落差、何か違うぞ、といった違和感をおぼえたことであった。それは、恩師である松長有慶先生から日本密教史を研究するようにとお勧めいただき、博士課程に進学することになったときまで遡る。それまではインド後期密教を専攻しており、日本のことにはまったくの素人であった私は、まず空海の生涯を押さえようと考えた。空海の伝記は掃いて捨てるほどあるので、その一生には今さら付けくわえるべきことは何もないであろう、と高をくくっていた。あに図らんや、実情はまったく逆であった。多くの大師伝は、古い大師伝を批判することもないまま引き写したにすぎないものばかりであった。

空海の伝記研究を志したとき、これだけは間違いない、正真正銘の空海の姿・事績を知りたい、と考えた。そこで採用した方法は、徹底的に史料批判をおこなうこと、後世に付加された伝説・伝承の類をすべて削ぎ落とすこと、であった。そうして残ったものがあるとすれば、それが真実の空海であろう、と考えた。

そのような考えのもと、最初に書きあげたのが「弘法大師伝をめぐる諸問題（一）——誕生年次——」であった（前著第一

第三章　東寺長者攷—九・十世紀を中心として—（『密教文化』第二百二十・二百二十一号　二〇〇八年）

第三部　空海と綜芸種智院

第一章　綜芸種智院攷（川崎大師教学研究所編『仏教文化論集』第十一輯　二〇〇一四年　大本山川崎大師平間寺〈原題「空海と藤原三守—綜芸種智院攷—」〉）

第二章　造大輪田船瀬所別当補任説をめぐって（頼富本宏還暦記念論文集『マンダラの諸相と文化』上　金剛界の巻　二〇〇五年　法蔵館〈原題「空海の造大輪田船瀬所別当補任説をめぐって」〉）

第三章　空海と法華講会—「天長皇帝為故中務卿親王講法華経願文」攷—（中川善教先生頌徳記念論集『仏教と文化』一九八三年　同朋舎出版）

第四章　空海と広智禅師（『密教文化』第百三十一号　一九八〇年〈原題「弘法大師をめぐる人々（一）—広智—」〉）

附論1　空海と田少弐（『密教文化』第百五十八号　一九八七年〈原題「弘法大師をめぐる人々（二）—田少弐—」〉）

附論2　弘福寺別当攷（皆川完一編『古代中世史料学研究』下巻　一九九八年　吉川弘文館）

第四部　真言宗の年分度者

第一章　最晩年の空海（『密教文化』第二百十六号　二〇〇六年）

第二章　三業度人の制（高野山大学創立百十周年記念『高野山大学論文集』一九九六年　高野山大学〈原題「三業度人の制をめぐる一・二の問題」〉）

第三章　三業度人の制の変遷（『福田亮成先生古稀記念　密教理趣の宇宙』二〇〇七年　智山勧学会事務局）

初出一覧

序　論　（新稿）

第一部　空海と嵯峨・平城天皇

第一章　空海と嵯峨天皇・藤原三守（新稿）

第二章　『般若心経秘鍵』上表文攷（『空海研究』創刊号　二〇一四年）

第三章　空海の平城上皇への灌頂授法（『アジアの灌頂儀礼―その成立と伝播―』二〇一四年　法藏館〈原題「空海の伝えた灌頂」〉）

附論　現存最古の灌頂作法次第―『東塔院義真阿闍梨記録円行入壇』の研究―（『高野山大学密教文化研究所紀要』別冊1　一九九九年〈原題「唐代密教における灌頂儀礼―『東塔院義真阿闍梨記録円行入壇』考―」〉、『同紀要』第十二号　一九九九年〈原題「東寺観智院本『東塔院義真阿闍梨記録円行入壇』の研究―本文校訂―」〉）

第二部　空海と東寺

第一章　空海への東寺勅賜説（『高野山大学大学院紀要』第十三号　二〇一三年〈原題「空海と東寺―東寺勅賜説をめぐって―」〉）

第二章　東寺安居会攷（『高野山大学大学院紀要』第十二号　二〇一一年）

著者略歴

一九四九年、愛媛県に生まれる
一九七七年、高野山大学大学院文学研究科博士後期課程単位取得退学
二〇〇二～二〇一一年、文化庁文化審議会専門委員
現在、高野山大学文学部教授、博士（密教学）

〔主要著書〕
寛平法皇御作次第集成（東方出版、一九九七年）
あなただけの弘法大師空海（共著、小学館、二〇〇一年）
弘法大師空海の研究（吉川弘文館、二〇〇六年）
弘法大師伝承と史実（朱鷺書房、二〇〇八年）
空海と密教美術（共著、洋泉社、二〇一一年）

空海伝の研究
後半生の軌跡と思想

二〇一五年（平成二十七）二月十日　第一刷発行

著者　武《たけ》内《うち》孝《こう》善《ぜん》

発行者　吉川道郎

発行所　株式会社　吉川弘文館
郵便番号一一三―〇〇三三
東京都文京区本郷七丁目二番八号
電話〇三―三八一三―九一五一（代）
振替口座〇〇一〇〇―五―二四四
http://www.yoshikawa-k.co.jp/

印刷＝藤原印刷株式会社
製本＝誠製本株式会社
装幀＝山崎　登

ISBN978-4-642-04616-9